U0933074

兰州大学“985工程”建设成果

第二卷·2012

ALMANAC OF GOVERNMENT PERFORMANCE MANAGEMENT IN CHINA

SECOND VOLUME·2012

全国政府绩效管理研究会　兰州大学中国地方政府绩效评价中心　编

中国社会科学出版社

图书在版编目(CIP)数据

中国政府绩效管理年鉴．第2卷，2012年/全国政府绩效管理研究会，兰州大学中国地方政府绩效评价中心编．—北京：中国社会科学出版社，2013.6
ISBN 978-7-5161-2233-4

Ⅰ.①中… Ⅱ.①全…②兰… Ⅲ.①国家行政机关—行政管理—中国—2012—年鉴 Ⅳ.①D63-54

中国版本图书馆CIP数据核字(2013)第048626号

出 版 人 赵剑英
责任编辑 郭晓鸿
特约编辑 王 彬
责任校对 王应来
责任印制 戴 宽

出 版 中国社会科学出版社
社 址 北京鼓楼西大街甲158号(邮编100720)
网 址 http://www.csspw.cn
中文域名:中国社科网 010-64070619
发 行 部 010-84083685
门 市 部 010-84029450
经 销 新华书店及其他书店

印刷装订 环球印刷(北京)有限公司
版 次 2013年6月第1版
印 次 2013年6月第1次印刷

开 本 787×1092 1/16
印 张 35
插 页 2
字 数 746千字
定 价 108.00元

凡购买中国社会科学出版社图书,如有质量问题请与本社联系调换
电话:010-64009791

编辑说明

《中国政府绩效管理年鉴》是融史实性、学术性、资料性为一体的专业年鉴，也是全面实用，文、图、表并茂的综合性大型年刊。以中国政府绩效管理改革和发展为主线，在国际的视野上审视中国政府绩效管理的发展状况和演变态势，记录中国政府绩效管理领域理论研究和实践发展的年度进展，包括理论成果、典型事件、组织与人物、政策法规、实践模式等，注重转型时期我国政府的战略思维、资源配置和公共治理能力建设，以鲜明的风格、系统的内容和一流的质量，提供观察和瞭望中国的政府绩效管理的平台。

《中国政府绩效管理年鉴》的框架结构由篇目、类目 2 个层次组成，共设置 7 个篇目。7 个篇目分别是重要文献、专题研究、实践聚焦、研究报告·热点论文、学术会议·工作会议、大事记和附录。其中“专题研究”篇目邀请相关专家学者撰稿，其他篇目从公开文献中选编，通过原创文献和选编文献相结合的方式，体现年鉴的叙事风格，动态地记录中国政府绩效管理领域的理论和实践进展。

《中国政府绩效管理年鉴》主要服务对象为政府部门，从事政府绩效管理的教学研究机构、中介机构、产业部门的有关人员，以及关注政府绩效管理的企业、非政府组织和社会公众。

《中国政府绩效管理年鉴》每两年出版一卷。《中国政府绩效管理年鉴（第二卷·2012 年）》对 2010 年 1 月 1 日到 2011 年 12 月 31 日间中国政府绩效管理的整体状况和进展进行回溯反映。

为了表示对选编文献作者创造性劳动的尊重，我们将向有关作者奉寄转载稿酬，敬请有关作者与我们联系，告知您的通讯地址。年鉴存在的不足和疏漏，敬请读者批评指正。

《中国政府绩效管理年鉴》编辑部

2012 年 11 月 30 日

目 录

第一篇 重要文献

Ⅰ **法律法规与政策** …… (3)

一 法律法规 …… (3)

二 党的文献 …… (49)

三 中央政府文件 …… (75)

四 地方性法规及地方政府文件 …… (94)

Ⅱ **领导讲话** …… (165)

一 胡锦涛 …… (165)

二 温家宝 …… (167)

三 习近平 …… (175)

四 李克强 …… (176)

第二篇 专题研究

以公共价值为基础的政府绩效治理:源起、架构与研究问题 …… (181)

政府绩效评估方法 …… (195)

中国绩效管理的实践特点与理论价值 …… (221)

国内外政府绩效管理实践比较研究 …… (236)

改革开放以来中国的廉政方略变迁及其绩效评估 …… (252)

科学基金管理绩效评估:基于项目资助与组织管理的视角 …… (267)

政府绩效管理平台研究与设计 …… (278)

构建整体性绩效管理框架:西方政府绩效管理的新视点 …… (295)

第三篇 实践聚焦

Ⅰ **全国的实践概况** …… (307)

Ⅱ **试点部门的实践** …………………………………… (320)
一 财政部 …………………………………… (320)
二 国土资源部 …………………………………… (331)
三 环境保护部 …………………………………… (333)
四 农业部 …………………………………… (334)

Ⅲ **试点省市的实践** …………………………………… (336)
一 北京市 …………………………………… (336)
二 吉林省 …………………………………… (339)
三 福建省 …………………………………… (341)
四 四川省 …………………………………… (345)
五 新疆维吾尔自治区 …………………………………… (346)
六 杭州市 …………………………………… (349)
七 深圳市 …………………………………… (355)

Ⅳ **非试点省的实践** …………………………………… (360)
一 河北省 …………………………………… (360)
二 黑龙江省 …………………………………… (362)
三 浙江省 …………………………………… (362)
四 湖南省 …………………………………… (363)
五 广东省 …………………………………… (365)
六 重庆市 …………………………………… (371)
七 甘肃省 …………………………………… (378)

Ⅴ **非试点市的实践** …………………………………… (380)
一 天津市和平区 …………………………………… (380)
二 山西省太原市 …………………………………… (381)
三 山东省青岛市 …………………………………… (382)
四 河南省平顶山市 …………………………………… (384)
五 广西壮族自治区百色市 …………………………………… (386)
六 四川省宜宾市 …………………………………… (389)
七 陕西省榆林市 …………………………………… (389)

Ⅵ **非试点县的实践** …………………………………… (391)
一 河北省邯郸市磁县 …………………………………… (391)

二　辽宁省抚顺市抚顺县 …… (395)
三　江苏省连云港市灌南县 …… (396)
四　浙江省绍兴市新昌县 …… (398)
五　山东省泰安市新泰市 …… (399)
六　湖南省岳阳市岳阳县 …… (399)
七　广东省江门市鹤山市 …… (400)
八　广西壮族自治区柳州市鹿寨县 …… (402)
九　四川省宜宾市高县 …… (405)
十　宁夏回族自治区银川市贺兰县 …… (408)

第四篇　研究报告·热点论文

Ⅰ　**研究报告** …… (413)
《国家土地督察制度实施五周年绩效评估报告》 …… (413)
《政府向民间组织购买公共服务研究报告》 …… (414)
《2011 年中国政府网站绩效评估总报告》 …… (414)
《2011 年吉林省政府网站绩效评估报告》 …… (415)
《贵州省法治政府建设研究报告》 …… (416)
《2010—2011 年贵州省应急管理状况研究报告》 …… (416)
《2011 年深圳市政府网站绩效评估报告》 …… (416)
《深圳政府绩效管理模式研究报告》 …… (417)
《榆林政府投资项目管理研究报告》 …… (417)

Ⅱ　**热点论文** …… (418)

第五篇　学术会议·工作会议

Ⅰ　**2010 年** …… (425)
Ⅱ　**2011 年** …… (447)

第六篇　大事记

Ⅰ　**2010 年** …… (473)
Ⅱ　**2011 年** …… (486)

第七篇　附　　录

Ⅰ　**中国政府绩效管理著作** …… (501)
Ⅱ　**中国政府基金资助的政府绩效研究项目** …… (512)

一 国家自然科学基金资助项目 …………………………………………………… (512)
二 国家社会科学基金资助项目 …………………………………………………… (513)

Ⅲ 中国各级政府设立的政府绩效管理机构 …………………………………… (514)
一 典型政府绩效管理机构简介 …………………………………………………… (514)
二 国务院各部委及其部门设立的政府绩效管理机构 ………………………… (517)
三 省级政府及其部门设立的政府绩效管理机构 ……………………………… (517)
四 市级政府及其部门设立的政府绩效管理机构 ……………………………… (518)
五 县级政府及其部门设立的政府绩效管理机构 ……………………………… (519)

Ⅳ 中国政府创新奖历年获奖名单 ………………………………………………… (520)
第五届“中国地方政府创新奖”获奖名单 …………………………………………… (520)
第六届“中国地方政府创新奖”获奖名单 …………………………………………… (520)

Ⅴ 国外政府绩效管理著作 ………………………………………………………… (521)
Ⅵ 国外著名基金会资助的政府绩效研究项目 …………………………………… (528)
Ⅶ 国外政府绩效管理研究报告 …………………………………………………… (529)
Ⅷ 国外政府绩效管理的学术会议 ………………………………………………… (533)

Contents

Part 1 Significant Literatures

Ⅰ **Laws, Regulations and Policy** ········· (3)
1. Laws and Regulations ········· (3)
2. Administration Regulation ········· (49)
3. Central Government Documents ········· (75)
4. Local Regulations and Local Government Documents ········· (94)

Ⅱ **Leaders' Speeches** ········· (165)
1. Hu Jintao ········· (165)
2. Wen Jiabao ········· (167)
3. Xi Jinping ········· (175)
4. Li Keqiang ········· (176)

Part 2 Monographic Researches

Public Value - Based Government Performance Governance: Origin, Structure and Research Questions ········· (181)
Methodologies of Government Performance Evaluation ········· (195)
Practice Characteristics and Theretical Value of Chinese Government Performance Managment ········· (221)
Comparative Study on Government Performance Management Practice at Home and Abroad ········· (236)
The Evolution of Honest Government Strategies and Its Performance Evaluation since Reform and Opening - up in China ········· (252)
Management Performance Evaluation of Science Funding Agencies: Perspective from Project Funding and Organizational Management ········· (267)
The Research and Design of the Platform for Government Perfomance

Management ………………………………………………………………… (278)
Constructing Holistic Performance Management Framework: The Latest Viewpoints of Western Government Performance Management in the 21st Century ………………………………………………………………… (295)

Part 3 Practice Focusing

Ⅰ **Overall Practice** ………………………………………………………… (307)
Ⅱ **Practice of Experimental Ministries** ………………………………………… (320)
1. Ministry of Finance ………………………………………………………… (320)
2. Ministry of Land and Resoures ……………………………………………… (331)
3. Ministry of Environmental Protection ……………………………………… (333)
4. Ministry of Agriculture …………………………………………………… (334)

Ⅲ **Practice of Experimental Provinces and Cities** ………………………… (336)
1. Beijing ……………………………………………………………………… (336)
2. Jilin Province ……………………………………………………………… (339)
3. Fujian Province …………………………………………………………… (341)
4. Sichuan Province ………………………………………………………… (345)
5. Xijiang Ughur Autonomous Region ……………………………………… (346)
6. Hangzhou City …………………………………………………………… (349)
7. Shenzhen City ……………………………………………………………… (355)

Ⅳ **Practice of Non - Experimental Provinces** ……………………………… (360)
1. Hebei Province …………………………………………………………… (360)
2. Heilongjiang Province …………………………………………………… (362)
3. Zhejiang Province ………………………………………………………… (362)
4. Hunan Province …………………………………………………………… (363)
5. Guangdong Province ……………………………………………………… (365)
6. Chongqing City …………………………………………………………… (371)
7. Gansu Province …………………………………………………………… (378)

Ⅴ **Practice of Non - Experimental Cities** ………………………………… (380)
1. Heping District, Tianjin ………………………………………………… (380)
2. Taiyuan, Shanxi ………………………………………………………… (381)
3. Qingdao, Shandong ……………………………………………………… (382)

4. Pingdingshan, Henan …… (384)
5. Baise, Guangxi …… (386)
6. Yibin, Sichuan …… (389)
7. Yulin, Shanxi …… (389)

Ⅵ **Practice of Non - Experimental Counties** …… (391)
1. Ci County, Handan, Hebei …… (391)
2. Fushun County, Fushun, Liaoning …… (395)
3. Guannan County, Lianyungang, Jiangsu …… (396)
4. Xinchang County, Shaoxing, Zhejiang …… (398)
5. Xintai City, Tai'an, Shandong …… (399)
6. Yueyang County, Yueyang, Hunan …… (399)
7. Heshan City, Jiangmen, Guangdong …… (400)
8. Luzhai County, Liuzhou, Guangxi …… (402)
9. Gao County, Yibin, Sichuan …… (405)
10. Helan County, Yinchuan, Ningxia …… (408)

Part 4 Research Report · Hot Papers

Ⅰ **Research Report** …… (413)
Performance Evaluation Report of National Land Inspection Institution Implementation for Five Years …… (413)
Report of Studies on Governments Purchasing Pbulic Service from Civil Organiziations …… (414)
Performance Evaluation Report of Chinese Governments Websites in 2011 …… (414)
Performance Evaluation Report of Government Websites in Jilin Province, 2011 …… (415)
Report of Studies on Building Law - Based Government in Guizhou …… (416)
Report of Emergency Management Conditions in Guizhou, 2010—2011 …… (416)
Performance Evaluation Report of Government Websites in Shenzhen City, 2011 …… (416)
Model of Government Performance Management Report in Shenzhen City …… (417)
Report of Managing Government - Invested Projects in Yulin …… (417)

Ⅱ **Hot Papers** …… (418)

Part 5 Academic and Related Non - Academic Conferences

Ⅰ **2010** …… (425)

Ⅱ **2011** …… (447)

Part 6 Memorablia

Ⅰ **2010** …… (473)

Ⅱ **2011** …… (486)

Part 7 Appendix

Ⅰ **Works on Government Performance Management in China** …… (501)

Ⅱ **Projects on Government Performance Management Funded by Chinese Government** …… (512)

1. Projects Funded by NNSF …… (512)
2. Projects Funded by SNSF …… (513)

Ⅲ **Government Performance Management Organizations Established by Chinese Governments** …… (514)

1. Brief Introduction to Typical Government Performance Management Organziation …… (514)
2. Government Performance Management Organziations Established by State Ministries and Their Departments …… (517)
3. Government Performance Management Organziations Established by Provincal Governments and Their Branches …… (517)
4. Government Performance Management Organziations Established by Municipal Governments and Their Branches …… (518)
5. Government Performance Management Organziations Established by County - Level Governments and Their Branches …… (519)

Ⅳ **The List of Previous Winners for Chinese Government Inovotion Award** …… (520)

The List of Previous Winners for the 5th Chinese Local Government Inovotion Award …… (520)

The List of Previous Winners for the 6th Chinese Local Government Inovotion Award …… (520)

Ⅴ **Overseas Works on Government Performance Management** …………………… (521)
Ⅵ **Projects on Government Performance Management Funded by Foreign Prominent Foundation** …………………………………………………………………… (528)
Ⅶ **Overseas Report of Studies on Government Performance Management** ………… (529)
Ⅷ **Overseas Conferences on Government Performance Management** ……………… (533)

第一篇

重要文献

Ⅰ 法律法规与政策

一 法律法规

（一）法律

中华人民共和国行政强制法

（2011年6月30日第十一届全国人民代表大会常务委员会第二十一次会议通过）

第一章 总则

第一条 为了规范行政强制的设定和实施，保障和监督行政机关依法履行职责，维护公共利益和社会秩序，保护公民、法人和其他组织的合法权益，根据宪法，制定本法。

第二条 本法所称行政强制，包括行政强制措施和行政强制执行。

行政强制措施，是指行政机关在行政管理过程中，为制止违法行为、防止证据损毁、避免危害发生、控制危险扩大等情形，依法对公民的人身自由实施暂时性限制，或者对公民、法人或者其他组织的财物实施暂时性控制的行为。

行政强制执行，是指行政机关或者行政机关申请人民法院，对不履行行政决定的公民、法人或者其他组织，依法强制履行义务的行为。

第三条 行政强制的设定和实施，适用本法。

发生或者即将发生自然灾害、事故灾难、公共卫生事件或者社会安全事件等突发事件，行政机关采取应急措施或者临时措施，依照有关法律、行政法规的规定执行。

行政机关采取金融业审慎监管措施、进出境货物强制性技术监控措施，依照有关法律、行政法规的规定执行。

第四条 行政强制的设定和实施，应当依照法定的权限、范围、条件和程序。

第五条 行政强制的设定和实施，应当适当。采用非强制手段可以达到行政管理目的的，不得设定和实施行政强制。

第六条 实施行政强制，应当坚持教育与强制相结合。

第七条　行政机关及其工作人员不得利用行政强制权为单位或者个人谋取利益。

第八条　公民、法人或者其他组织对行政机关实施行政强制，享有陈述权、申辩权；有权依法申请行政复议或者提起行政诉讼；因行政机关违法实施行政强制受到损害的，有权依法要求赔偿。

公民、法人或者其他组织因人民法院在强制执行中有违法行为或者扩大强制执行范围受到损害的，有权依法要求赔偿。

第二章　行政强制的种类和设定

第九条　行政强制措施的种类：

（一）限制公民人身自由；

（二）查封场所、设施或者财物；

（三）扣押财物；

（四）冻结存款、汇款；

（五）其他行政强制措施。

第十条　行政强制措施由法律设定。

尚未制定法律，且属于国务院行政管理职权事项的，行政法规可以设定除本法第九条第一项、第四项和应当由法律规定的行政强制措施以外的其他行政强制措施。

尚未制定法律、行政法规，且属于地方性事务的，地方性法规可以设定本法第九条第二项、第三项的行政强制措施。

法律、法规以外的其他规范性文件不得设定行政强制措施。

第十一条　法律对行政强制措施的对象、条件、种类作了规定的，行政法规、地方性法规不得作出扩大规定。

法律中未设定行政强制措施的，行政法规、地方性法规不得设定行政强制措施。但是，法律规定特定事项由行政法规规定具体管理措施的，行政法规可以设定除本法第九条第一项、第四项和应当由法律规定的行政强制措施以外的其他行政强制措施。

第十二条　行政强制执行的方式：

（一）加处罚款或者滞纳金；

（二）划拨存款、汇款；

（三）拍卖或者依法处理查封、扣押的场所、设施或者财物；

（四）排除妨碍、恢复原状；

（五）代履行；

（六）其他强制执行方式。

第十三条　行政强制执行由法律设定。

法律没有规定行政机关强制执行的，作出行政决定的行政机关应当申请人民法院强制执行。

第十四条　起草法律草案、法规草案，拟设定行政强制的，起草单位应当采取听证会、论证会等形式听取意见，并向制定机关说明设定该行政强制的必要性、可能产生的影响以及听取和采纳意见的情况。

第十五条 行政强制的设定机关应当定期对其设定的行政强制进行评价，并对不适当的行政强制及时予以修改或者废止。

行政强制的实施机关可以对已设定的行政强制的实施情况及存在的必要性适时进行评价，并将意见报告该行政强制的设定机关。

公民、法人或者其他组织可以向行政强制的设定机关和实施机关就行政强制的设定和实施提出意见和建议。有关机关应当认真研究论证，并以适当方式予以反馈。

第三章 行政强制措施实施程序

第一节 一般规定

第十六条 行政机关履行行政管理职责，依照法律、法规的规定，实施行政强制措施。

违法行为情节显著轻微或者没有明显社会危害的，可以不采取行政强制措施。

第十七条 行政强制措施由法律、法规规定的行政机关在法定职权范围内实施。行政强制措施权不得委托。

依据《中华人民共和国行政处罚法》的规定行使相对集中行政处罚权的行政机关，可以实施法律、法规规定的与行政处罚权有关的行政强制措施。

行政强制措施应当由行政机关具备资格的行政执法人员实施，其他人员不得实施。

第十八条 行政机关实施行政强制措施应当遵守下列规定：

（一）实施前须向行政机关负责人报告并经批准；

（二）由两名以上行政执法人员实施；

（三）出示执法身份证件；

（四）通知当事人到场；

（五）当场告知当事人采取行政强制措施的理由、依据以及当事人依法享有的权利、救济途径；

（六）听取当事人的陈述和申辩；

（七）制作现场笔录；

（八）现场笔录由当事人和行政执法人员签名或者盖章，当事人拒绝的，在笔录中予以注明；

（九）当事人不到场的，邀请见证人到场，由见证人和行政执法人员在现场笔录上签名或者盖章；

（十）法律、法规规定的其他程序。

第十九条 情况紧急，需要当场实施行政强制措施的，行政执法人员应当在二十四小时内向行政机关负责人报告，并补办批准手续。行政机关负责人认为不应当采取行政强制措施的，应当立即解除。

第二十条　依照法律规定实施限制公民人身自由的行政强制措施，除应当履行本法第十八条规定的程序外，还应当遵守下列规定：

（一）当场告知或者实施行政强制措施后立即通知当事人家属实施行政强制措施的行政机关、地点和期限；

（二）在紧急情况下当场实施行政强制措施的，在返回行政机关后，立即向行政机关负责人报告并补办批准手续；

（三）法律规定的其他程序。

实施限制人身自由的行政强制措施不得超过法定期限。实施行政强制措施的目的已经达到或者条件已经消失，应当立即解除。

第二十一条　违法行为涉嫌犯罪应当移送司法机关的，行政机关应当将查封、扣押、冻结的财物一并移送，并书面告知当事人。

第二节　查封、扣押

第二十二条　查封、扣押应当由法律、法规规定的行政机关实施，其他任何行政机关或者组织不得实施。

第二十三条　查封、扣押限于涉案的场所、设施或者财物，不得查封、扣押与违法行为无关的场所、设施或者财物；不得查封、扣押公民个人及其所扶养家属的生活必需品。

当事人的场所、设施或者财物已被其他国家机关依法查封的，不得重复查封。

第二十四条　行政机关决定实施查封、扣押的，应当履行本法第十八条规定的程序，制作并当场交付查封、扣押决定书和清单。

查封、扣押决定书应当载明下列事项：

（一）当事人的姓名或者名称、地址；

（二）查封、扣押的理由、依据和期限；

（三）查封、扣押场所、设施或者财物的名称、数量等；

（四）申请行政复议或者提起行政诉讼的途径和期限；

（五）行政机关的名称、印章和日期。

查封、扣押清单一式二份，由当事人和行政机关分别保存。

第二十五条　查封、扣押的期限不得超过三十日；情况复杂的，经行政机关负责人批准，可以延长，但是延长期限不得超过三十日。法律、行政法规另有规定的除外。

延长查封、扣押的决定应当及时书面告知当事人，并说明理由。

对物品需要进行检测、检验、检疫或者技术鉴定的，查封、扣押的期间不包括检测、检验、检疫或者技术鉴定的期间。检测、检验、检疫或者技术鉴定的期间应当明确，并书面告知当事人。检测、检验、检疫或者技术鉴定的费用由行政机关承担。

第二十六条　对查封、扣押的场所、设施或者财物，行政机关应当妥善保管，不得使用或者损毁；造成损失的，应当承担赔偿责任。

对查封的场所、设施或者财物，行政机关可以委托第三人保管，第三人不得损毁或者擅自转移、处置。因第三人的原因造成的损失，行政机关先行赔付后，有权向第三人追偿。

因查封、扣押发生的保管费用由行政机关承担。

第二十七条 行政机关采取查封、扣押措施后，应当及时查清事实，在本法第二十五条规定的期限内作出处理决定。对违法事实清楚，依法应当没收的非法财物予以没收；法律、行政法规规定应当销毁的，依法销毁；应当解除查封、扣押的，作出解除查封、扣押的决定。

第二十八条 有下列情形之一的，行政机关应当及时作出解除查封、扣押决定：

（一）当事人没有违法行为；

（二）查封、扣押的场所、设施或者财物与违法行为无关；

（三）行政机关对违法行为已经作出处理决定，不再需要查封、扣押；

（四）查封、扣押期限已经届满；

（五）其他不再需要采取查封、扣押措施的情形。

解除查封、扣押应当立即退还财物；已将鲜活物品或者其他不易保管的财物拍卖或者变卖的，退还拍卖或者变卖所得款项。变卖价格明显低于市场价格，给当事人造成损失的，应当给予补偿。

第三节 冻结

第二十九条 冻结存款、汇款应当由法律规定的行政机关实施，不得委托给其他行政机关或者组织；其他任何行政机关或者组织不得冻结存款、汇款。

冻结存款、汇款的数额应当与违法行为涉及的金额相当；已被其他国家机关依法冻结的，不得重复冻结。

第三十条 行政机关依照法律规定决定实施冻结存款、汇款的，应当履行本法第十八条第一项、第二项、第三项、第七项规定的程序，并向金融机构交付冻结通知书。

金融机构接到行政机关依法作出的冻结通知书后，应当立即予以冻结，不得拖延，不得在冻结前向当事人泄露信息。

法律规定以外的行政机关或者组织要求冻结当事人存款、汇款的，金融机构应当拒绝。

第三十一条 依照法律规定冻结存款、汇款的，作出决定的行政机关应当在三日内向当事人交付冻结决定书。冻结决定书应当载明下列事项：

（一）当事人的姓名或者名称、地址；

（二）冻结的理由、依据和期限；

（三）冻结的账号和数额；

（四）申请行政复议或者提起行政诉讼的途径和期限；

（五）行政机关的名称、印章和日期。

第三十二条　自冻结存款、汇款之日起三十日内，行政机关应当作出处理决定或者作出解除冻结决定；情况复杂的，经行政机关负责人批准，可以延长，但是延长期限不得超过三十日。法律另有规定的除外。

延长冻结的决定应当及时书面告知当事人，并说明理由。

第三十三条　有下列情形之一的，行政机关应当及时作出解除冻结决定：

（一）当事人没有违法行为；

（二）冻结的存款、汇款与违法行为无关；

（三）行政机关对违法行为已经作出处理决定，不再需要冻结；

（四）冻结期限已经届满；

（五）其他不再需要采取冻结措施的情形。

行政机关作出解除冻结决定的，应当及时通知金融机构和当事人。金融机构接到通知后，应当立即解除冻结。

行政机关逾期未作出处理决定或者解除冻结决定的，金融机构应当自冻结期满之日起解除冻结。

第四章　行政机关强制执行程序

第一节　一般规定

第三十四条　行政机关依法作出行政决定后，当事人在行政机关决定的期限内不履行义务的，具有行政强制执行权的行政机关依照本章规定强制执行。

第三十五条　行政机关作出强制执行决定前，应当事先催告当事人履行义务。催告应当以书面形式作出，并载明下列事项：

（一）履行义务的期限；

（二）履行义务的方式；

（三）涉及金钱给付的，应当有明确的金额和给付方式；

（四）当事人依法享有的陈述权和申辩权。

第三十六条　当事人收到催告书后有权进行陈述和申辩。行政机关应当充分听取当事人的意见，对当事人提出的事实、理由和证据，应当进行记录、复核。当事人提出的事实、理由或者证据成立的，行政机关应当采纳。

第三十七条　经催告，当事人逾期仍不履行行政决定，且无正当理由的，行政机关可以作出强制执行决定。

强制执行决定应当以书面形式作出，并载明下列事项：

（一）当事人的姓名或者名称、地址；

（二）强制执行的理由和依据；

（三）强制执行的方式和时间；

（四）申请行政复议或者提起行政诉讼的途径和期限；

（五）行政机关的名称、印章和日期。

在催告期间，对有证据证明有转移或者隐匿财物迹象的，行政机关可以作出立即强制执行决定。

第三十八条　催告书、行政强制执行决定书应当直接送达当事人。当事人拒绝接收或者无法直接送达当事人的，应当依照《中华人民共和国民事诉讼法》的有关规定送达。

第三十九条　有下列情形之一的，中止执行：

（一）当事人履行行政决定确有困难或者暂无履行能力的；

（二）第三人对执行标的主张权利，确有理由的；

（三）执行可能造成难以弥补的损失，且中止执行不损害公共利益的；

（四）行政机关认为需要中止执行的其他情形。

中止执行的情形消失后，行政机关应当恢复执行。对没有明显社会危害，当事人确无能力履行，中止执行满三年未恢复执行的，行政机关不再执行。

第四十条　有下列情形之一的，终结执行：

（一）公民死亡，无遗产可供执行，又无义务承受人的；

（二）法人或者其他组织终止，无财产可供执行，又无义务承受人的；

（三）执行标的灭失的；

（四）据以执行的行政决定被撤销的；

（五）行政机关认为需要终结执行的其他情形。

第四十一条　在执行中或者执行完毕后，据以执行的行政决定被撤销、变更，或者执行错误的，应当恢复原状或者退还财物；不能恢复原状或者退还财物的，依法给予赔偿。

第四十二条　实施行政强制执行，行政机关可以在不损害公共利益和他人合法权益的情况下，与当事人达成执行协议。执行协议可以约定分阶段履行；当事人采取补救措施的，可以减免加处的罚款或者滞纳金。

执行协议应当履行。当事人不履行执行协议的，行政机关应当恢复强制执行。

第四十三条　行政机关不得在夜间或者法定节假日实施行政强制执行。但是，情况紧急的除外。

行政机关不得对居民生活采取停止供水、供电、供热、供燃气等方式迫使当事人履行相关行政决定。

第四十四条　对违法的建筑物、构筑物、设施等需要强制拆除的，应当由行政机关予以公告，限期当事人自行拆除。当事人在法定期限内不申请行政复议或者提起行政诉讼，又不拆除的，行政机关可以依法强制拆除。

第二节　金钱给付义务的执行

第四十五条　行政机关依法作出金钱给付义务的行政决定，当事人逾期不履行的，行政机关可以依法加处罚款或者滞纳金。加处罚款或者滞纳金的标准应当告知当事人。

加处罚款或者滞纳金的数额不得超出金钱给付义务的数额。

第四十六条　行政机关依照本法第四十五条规定实施加处罚款或者滞纳金超过三十日，经催告当事人仍不履行的，具有行政强制执行权的行政机关可以强制执行。

行政机关实施强制执行前，需要采取查封、扣押、冻结措施的，依照本法第三章规定办理。

没有行政强制执行权的行政机关应当申请人民法院强制执行。但是，当事人在法定期限内不申请行政复议或者提起行政诉讼，经催告仍不履行的，在实施行政管理过程中已经采取查封、扣押措施的行政机关，可以将查封、扣押的财物依法拍卖抵缴罚款。

第四十七条　划拨存款、汇款应当由法律规定的行政机关决定，并书面通知金融机构。金融机构接到行政机关依法作出划拨存款、汇款的决定后，应当立即划拨。

法律规定以外的行政机关或者组织要求划拨当事人存款、汇款的，金融机构应当拒绝。

第四十八条　依法拍卖财物，由行政机关委托拍卖机构依照《中华人民共和国拍卖法》的规定办理。

第四十九条　划拨的存款、汇款以及拍卖和依法处理所得的款项应当上缴国库或者划入财政专户。任何行政机关或者个人不得以任何形式截留、私分或者变相私分。

第三节　代履行

第五十条　行政机关依法作出要求当事人履行排除妨碍、恢复原状等义务的行政决定，当事人逾期不履行，经催告仍不履行，其后果已经或者将危害交通安全、造成环境污染或者破坏自然资源的，行政机关可以代履行，或者委托没有利害关系的第三人代履行。

第五十一条　代履行应当遵守下列规定：

（一）代履行前送达决定书，代履行决定书应当载明当事人的姓名或者名称、地址，代履行的理由和依据、方式和时间、标的、费用预算以及代履行人；

（二）代履行三日前，催告当事人履行，当事人履行的，停止代履行；

（三）代履行时，作出决定的行政机关应当派员到场监督；

（四）代履行完毕，行政机关到场监督的工作人员、代履行人和当事人或者见证人应当在执行文书上签名或者盖章。

代履行的费用按照成本合理确定，由当事人承担。但是，法律另有规定的除外。

代履行不得采用暴力、胁迫以及其他非法方式。

第五十二条　需要立即清除道路、河道、航道或者公共场所的遗洒物、障碍物或者污染物，当事人不能清除的，行政机关可以决定立即实施代履行；当事人不在场的，行政机关应当在事后立即通知当事人，并依法作出处理。

第五章　申请人民法院强制执行

第五十三条　当事人在法定期限内不申请行政复议或者提起行政诉讼，又不履行行政决定的，没有行政强制执行权的行政机关可以自期限届满之日起三个月内，依照本章规定申请人民法院强制执行。

第五十四条 行政机关申请人民法院强制执行前，应当催告当事人履行义务。催告书送达十日后当事人仍未履行义务的，行政机关可以向所在地有管辖权的人民法院申请强制执行；执行对象是不动产的，向不动产所在地有管辖权的人民法院申请强制执行。

第五十五条 行政机关向人民法院申请强制执行，应当提供下列材料：

（一）强制执行申请书；

（二）行政决定书及作出决定的事实、理由和依据；

（三）当事人的意见及行政机关催告情况；

（四）申请强制执行标的情况；

（五）法律、行政法规规定的其他材料。

强制执行申请书应当由行政机关负责人签名，加盖行政机关的印章，并注明日期。

第五十六条 人民法院接到行政机关强制执行的申请，应当在五日内受理。

行政机关对人民法院不予受理的裁定有异议的，可以在十五日内向上一级人民法院申请复议，上一级人民法院应当自收到复议申请之日起十五日内作出是否受理的裁定。

第五十七条 人民法院对行政机关强制执行的申请进行书面审查，对符合本法第五十五条规定，且行政决定具备法定执行效力的，除本法第五十八条规定的情形外，人民法院应当自受理之日起七日内作出执行裁定。

第五十八条 人民法院发现有下列情形之一的，在作出裁定前可以听取被执行人和行政机关的意见：

（一）明显缺乏事实根据的；

（二）明显缺乏法律、法规依据的；

（三）其他明显违法并损害被执行人合法权益的。

人民法院应当自受理之日起三十日内作出是否执行的裁定。裁定不予执行的，应当说明理由，并在五日内将不予执行的裁定送达行政机关。

行政机关对人民法院不予执行的裁定有异议的，可以自收到裁定之日起十五日内向上一级人民法院申请复议，上一级人民法院应当自收到复议申请之日起三十日内作出是否执行的裁定。

第五十九条 因情况紧急，为保障公共安全，行政机关可以申请人民法院立即执行。经人民法院院长批准，人民法院应当自作出执行裁定之日起五日内执行。

第六十条 行政机关申请人民法院强制执行，不缴纳申请费。强制执行的费用由被执行人承担。

人民法院以划拨、拍卖方式强制执行的，可以在划拨、拍卖后将强制执行的费用扣除。

依法拍卖财物，由人民法院委托拍卖机构依照《中华人民共和国拍卖法》的规定办理。

划拨的存款、汇款以及拍卖和依法处理所得的款项应当上缴国库或者划入财政专户，不得以任何形式截留、私分或者变相私分。

第六章 法律责任

第六十一条 行政机关实施行政强制，有下列情形之一的，由上级行政机关或者有关部门责令改正，对直接负责的主管人员和其他直接责任人员依法给予处分：

（一）没有法律、法规依据的；

（二）改变行政强制对象、条件、方式的；

（三）违反法定程序实施行政强制的；

（四）违反本法规定，在夜间或者法定节假日实施行政强制执行的；

（五）对居民生活采取停止供水、供电、供热、供燃气等方式迫使当事人履行相关行政决定的；

（六）有其他违法实施行政强制情形的。

第六十二条 违反本法规定，行政机关有下列情形之一的，由上级行政机关或者有关部门责令改正，对直接负责的主管人员和其他直接责任人员依法给予处分：

（一）扩大查封、扣押、冻结范围的；

（二）使用或者损毁查封、扣押场所、设施或者财物的；

（三）在查封、扣押法定期间不作出处理决定或者未依法及时解除查封、扣押的；

（四）在冻结存款、汇款法定期间不作出处理决定或者未依法及时解除冻结的。

第六十三条 行政机关将查封、扣押的财物或者划拨的存款、汇款以及拍卖和依法处理所得的款项，截留、私分或者变相私分的，由财政部门或者有关部门予以追缴；对直接负责的主管人员和其他直接责任人员依法给予记大过、降级、撤职或者开除的处分。

行政机关工作人员利用职务上的便利，将查封、扣押的场所、设施或者财物据为己有的，由上级行政机关或者有关部门责令改正，依法给予记大过、降级、撤职或者开除的处分。

第六十四条 行政机关及其工作人员利用行政强制权为单位或者个人谋取利益的，由上级行政机关或者有关部门责令改正，对直接负责的主管人员和其他直接责任人员依法给予处分。

第六十五条 违反本法规定，金融机构有下列行为之一的，由金融业监督管理机构责令改正，对直接负责的主管人员和其他直接责任人员依法给予处分：

（一）在冻结前向当事人泄露信息的；

（二）对应当立即冻结、划拨的存款、汇款不冻结或者不划拨，致使存款、汇款转移的；

（三）将不应当冻结、划拨的存款、汇款予以冻结或者划拨的；

（四）未及时解除冻结存款、汇款的。

第六十六条　违反本法规定，金融机构将款项划入国库或者财政专户以外的其他账户的，由金融业监督管理机构责令改正，并处以违法划拨款项二倍的罚款；对直接负责的主管人员和其他直接责任人员依法给予处分。

违反本法规定，行政机关、人民法院指令金融机构将款项划入国库或者财政专户以外的其他账户的，对直接负责的主管人员和其他直接责任人员依法给予处分。

第六十七条　人民法院及其工作人员在强制执行中有违法行为或者扩大强制执行范围的，对直接负责的主管人员和其他直接责任人员依法给予处分。

第六十八条　违反本法规定，给公民、法人或者其他组织造成损失的，依法给予赔偿。

违反本法规定，构成犯罪的，依法追究刑事责任。

第七章　附则

第六十九条　本法中十日以内期限的规定是指工作日，不含法定节假日。

第七十条　法律、行政法规授权的具有管理公共事务职能的组织在法定授权范围内，以自己的名义实施行政强制，适用本法有关行政机关的规定。

第七十一条　本法自2012年1月1日起施行。

中华人民共和国国家赔偿法

（1994年5月12日第八届全国人民代表大会常务委员会第七次会议通过　根据2010年4月29日第十一届全国人民代表大会常务委员会第十四次会议《关于修改〈中华人民共和国国家赔偿法〉的决定》修正）

第一章　总则

第一条　为保障公民、法人和其他组织享有依法取得国家赔偿的权利，促进国家机关依法行使职权，根据宪法，制定本法。

第二条　国家机关和国家机关工作人员行使职权，有本法规定的侵犯公民、法人和其他组织合法权益的情形，造成损害的，受害人有依照本法取得国家赔偿的权利。

本法规定的赔偿义务机关，应当依照本法及时履行赔偿义务。

第二章　行政赔偿

第一节　赔偿范围

第三条　行政机关及其工作人员在行使行政职权时有下列侵犯人身权情形之一的，受害人有取得赔偿的权利：

（一）违法拘留或者违法采取限制公民人身自由的行政强制措施的；

（二）非法拘禁或者以其他方法非法剥夺公民人身自由的；

（三）以殴打、虐待等行为或者唆使、放纵他人以殴打、虐待等行为造成公民身体伤害或者死亡的；

（四）违法使用武器、警械造成公民身体伤害或者死亡的；

（五）造成公民身体伤害或者死亡的其他违法行为。

第四条 行政机关及其工作人员在行使行政职权时有下列侵犯财产权情形之一的，受害人有取得赔偿的权利：

（一）违法实施罚款、吊销许可证和执照、责令停产停业、没收财物等行政处罚的；

（二）违法对财产采取查封、扣押、冻结等行政强制措施的；

（三）违法征收、征用财产的；

（四）造成财产损害的其他违法行为。

第五条 属于下列情形之一的，国家不承担赔偿责任：

（一）行政机关工作人员与行使职权无关的个人行为；

（二）因公民、法人和其他组织自己的行为致使损害发生的；

（三）法律规定的其他情形。

第二节 赔偿请求人和赔偿义务机关

第六条 受害的公民、法人和其他组织有权要求赔偿。

受害的公民死亡，其继承人和其他有扶养关系的亲属有权要求赔偿。

受害的法人或者其他组织终止的，其权利承受人有权要求赔偿。

第七条 行政机关及其工作人员行使行政职权侵犯公民、法人和其他组织的合法权益造成损害的，该行政机关为赔偿义务机关。

两个以上行政机关共同行使行政职权时侵犯公民、法人和其他组织的合法权益造成损害的，共同行使行政职权的行政机关为共同赔偿义务机关。

法律、法规授权的组织在行使授予的行政权力时侵犯公民、法人和其他组织的合法权益造成损害的，被授权的组织为赔偿义务机关。

受行政机关委托的组织或者个人在行使受委托的行政权力时侵犯公民、法人和其他组织的合法权益造成损害的，委托的行政机关为赔偿义务机关。

赔偿义务机关被撤销的，继续行使其职权的行政机关为赔偿义务机关；没有继续行使其职权的行政机关的，撤销该赔偿义务机关的行政机关为赔偿义务机关。

第八条 经复议机关复议的，最初造成侵权行为的行政机关为赔偿义务机关，但复议机关的复议决定加重损害的，复议机关对加重的部分履行赔偿义务。

第三节 赔偿程序

第九条 赔偿义务机关有本法第三条、第四条规定情形之一的，应当给予赔偿。

赔偿请求人要求赔偿，应当先向赔偿义务机关提出，也可以在申请行政复议或者提起行政诉讼时一并提出。

第十条 赔偿请求人可以向共同赔偿义务机关中的任何一个赔偿义务机关要求赔偿，该赔偿义务机关应当先予赔偿。

第十一条 赔偿请求人根据受到的不同损害，可以同时提出数项赔偿要求。

第十二条 要求赔偿应当递交申请书，申请书应当载明下列事项：

（一）受害人的姓名、性别、年龄、工作单位和住所，法人或者其他组织的名称、住所和法定代表人或者主要负责人的姓名、职务；

（二）具体的要求、事实根据和理由；

（三）申请的年、月、日。

赔偿请求人书写申请书确有困难的，可以委托他人代书；也可以口头申请，由赔偿义务机关记入笔录。

赔偿请求人不是受害人本人的，应当说明与受害人的关系，并提供相应证明。

赔偿请求人当面递交申请书的，赔偿义务机关应当当场出具加盖本行政机关专用印章并注明收讫日期的书面凭证。申请材料不齐全的，赔偿义务机关应当当场或者在五日内一次性告知赔偿请求人需要补正的全部内容。

第十三条 赔偿义务机关应当自收到申请之日起两个月内，作出是否赔偿的决定。赔偿义务机关作出赔偿决定，应当充分听取赔偿请求人的意见，并可以与赔偿请求人就赔偿方式、赔偿项目和赔偿数额依照本法第四章的规定进行协商。

赔偿义务机关决定赔偿的，应当制作赔偿决定书，并自作出决定之日起十日内送达赔偿请求人。

赔偿义务机关决定不予赔偿的，应当自作出决定之日起十日内书面通知赔偿请求人，并说明不予赔偿的理由。

第十四条 赔偿义务机关在规定期限内未作出是否赔偿的决定，赔偿请求人可以自期限届满之日起三个月内，向人民法院提起诉讼。

赔偿请求人对赔偿的方式、项目、数额有异议的，或者赔偿义务机关作出不予赔偿决定的，赔偿请求人可以自赔偿义务机关作出赔偿或者不予赔偿决定之日起三个月内，向人民法院提起诉讼。

第十五条 人民法院审理行政赔偿案件，赔偿请求人和赔偿义务机关对自己提出的主张，应当提供证据。

赔偿义务机关采取行政拘留或者限制人身自由的强制措施期间，被限制人身自由的人死亡或者丧失行为能力的，赔偿义务机关的行为与被限制人身自由的人的死亡或者丧失行为能力是否存在因果关系，赔偿义务机关应当提供证据。

第十六条 赔偿义务机关赔偿损失后，应当责令有故意或者重大过失的工作人员或者受委托的组织或者个人承担部分或者全部赔偿费用。

对有故意或者重大过失的责任人员，有关机关应当依法给予处分；构成犯罪的，应当依法追究刑事责任。

第三章 刑事赔偿

第一节 赔偿范围

第十七条 行使侦查、检察、审判职权的机关以及看守所、监狱管理机关及其工作人员在行使职权时有下列侵犯人身权情形之一的，受害人有取得赔偿的权利：

（一）违反刑事诉讼法的规定对公民采取拘留措施的，或者依照刑事诉讼法规定的条件和程序对公民采取拘留措施，但是拘留时间超过刑事诉讼法规定的时限，其后决定撤销案件、不起诉或者判决宣告无罪终止追究刑事责任的；

（二）对公民采取逮捕措施后，决定撤销案件、不起诉或者判决宣告无罪终止追究刑事责任的；

（三）依照审判监督程序再审改判无罪，原判刑罚已经执行的；

（四）刑讯逼供或者以殴打、虐待等行为或者唆使、放纵他人以殴打、虐待等行为造成公民身体伤害或者死亡的；

（五）违法使用武器、警械造成公民身体伤害或者死亡的。

第十八条 行使侦查、检察、审判职权的机关以及看守所、监狱管理机关及其工作人员在行使职权时有下列侵犯财产权情形之一的，受害人有取得赔偿的权利：

（一）违法对财产采取查封、扣押、冻结、追缴等措施的；

（二）依照审判监督程序再审改判无罪，原判罚金、没收财产已经执行的。

第十九条 属于下列情形之一的，国家不承担赔偿责任：

（一）因公民自己故意作虚伪供述，或者伪造其他有罪证据被羁押或者被判处刑罚的；

（二）依照刑法第十七条、第十八条规定不负刑事责任的人被羁押的；

（三）依照刑事诉讼法第十五条、第一百四十二条第二款规定不追究刑事责任的人被羁押的；

（四）行使侦查、检察、审判职权的机关以及看守所、监狱管理机关的工作人员与行使职权无关的个人行为；

（五）因公民自伤、自残等故意行为致使损害发生的；

（六）法律规定的其他情形。

第二节 赔偿请求人和赔偿义务机关

第二十条 赔偿请求人的确定依照本法第六条的规定。

第二十一条 行使侦查、检察、审判职权的机关以及看守所、监狱管理机关及其工作人员在行使职权时侵犯公民、法人和其他组织的合法权益造成损害的，该机关为赔偿义务机关。

对公民采取拘留措施，依照本法的规定应当给予国家赔偿的，作出拘留决定的机关为赔偿义务机关。

对公民采取逮捕措施后决定撤销案件、不起诉或者判决宣告无罪的，作出逮捕决定的机关为赔偿义务机关。

再审改判无罪的，作出原生效判决的人民法院为赔偿义务机关。二审改判无罪，以及二审发回重审后作无罪处理的，作出一审有罪判决的人民法院为赔偿义务机关。

第三节 赔偿程序

第二十二条 赔偿义务机关有本法第十七条、第十八条规定情形之一的，应当给予赔偿。

赔偿请求人要求赔偿，应当先向赔偿义务机关提出。

赔偿请求人提出赔偿请求，适用本法第十一条、第十二条的规定。

第二十三条 赔偿义务机关应当自收到申请之日起两个月内，作出是否赔偿的决定。赔偿义务机关作出赔偿决定，应当充分听取赔偿请求人的意见，并可以与赔偿请求人就赔偿方式、赔偿项目和赔偿数额依照本法第四章的规定进行协商。

赔偿义务机关决定赔偿的，应当制作赔偿决定书，并自作出决定之日起十日内送达赔偿请求人。

赔偿义务机关决定不予赔偿的，应当自作出决定之日起十日内书面通知赔偿请求人，并说明不予赔偿的理由。

第二十四条 赔偿义务机关在规定期限内未作出是否赔偿的决定，赔偿请求人可以自期限届满之日起三十日内向赔偿义务机关的上一级机关申请复议。

赔偿请求人对赔偿的方式、项目、数额有异议的，或者赔偿义务机关作出不予赔偿决定的，赔偿请求人可以自赔偿义务机关作出赔偿或者不予赔偿决定之日起三十日内，向赔偿义务机关的上一级机关申请复议。

赔偿义务机关是人民法院的，赔偿请求人可以依照本条规定向其上一级人民法院赔偿委员会申请作出赔偿决定。

第二十五条 复议机关应当自收到申请之日起两个月内作出决定。

赔偿请求人不服复议决定的，可以在收到复议决定之日起三十日内向复议机关所在地的同级人民法院赔偿委员会申请作出赔偿决定；复议机关逾期不作决定的，赔偿请求人可以自期限届满之日起三十日内向复议机关所在地的同级人民法院赔偿委员会申请作出赔偿决定。

第二十六条 人民法院赔偿委员会处理赔偿请求，赔偿请求人和赔偿义务机关对自己提出的主张，应当提供证据。

被羁押人在羁押期间死亡或者丧失行为能力的，赔偿义务机关的行为与被羁押人的死亡或者丧失行为能力是否存在因果关系，赔偿义务机关应当提供证据。

第二十七条 人民法院赔偿委员会处理赔偿请求，采取书面审查的办法。必要时，可以向有关单位和人员调查情况、收集证据。赔偿请求人与赔偿义务机关对损害事实及因果关系有争议的，赔偿委员会可以听取赔偿请求人和赔偿义务机关的陈述和申辩，并可以进行质证。

第二十八条 人民法院赔偿委员会应当自收到赔偿申请之日起三个月内作出决定；属于疑难、复杂、重大案件的，经本院院长批准，可以延长三个月。

第二十九条 中级以上的人民法院设立赔偿委员会，由人民法院三名以上审判员组成，组成人员的人数应当为单数。

赔偿委员会作赔偿决定，实行少数服从多数的原则。

赔偿委员会作出的赔偿决定，是发生法律效力的决定，必须执行。

第三十条 赔偿请求人或者赔偿义务机关对赔偿委员会作出的决定，认为确有错误的，可以向上一级人民法院赔偿委员会提出申诉。

赔偿委员会作出的赔偿决定生效后，如发现赔偿决定违反本法规定的，经本院院长决定或者上级人民法院指令，赔偿委员会应当在两个月内重新审查并依法作出决定，上一级人民法院赔偿委员会也可以直接审查并作出决定。

最高人民检察院对各级人民法院赔偿委员会作出的决定，上级人民检察院对下级人民法院赔偿委员会作出的决定，发现违反本法规定的，应当向同级人民法院赔偿委员会提出意见，同级人民法院赔偿委员会应当在两个月内重新审查并依法作出决定。

第三十一条 赔偿义务机关赔偿后，应当向有下列情形之一的工作人员追偿部分或者全部赔偿费用：

（一）有本法第十七条第四项、第五项规定情形的；

（二）在处理案件中有贪污受贿，徇私舞弊，枉法裁判行为的。

对有前款规定情形的责任人员，有关机关应当依法给予处分；构成犯罪的，应当依法追究刑事责任。

第四章 赔偿方式和计算标准

第三十二条 国家赔偿以支付赔偿金为主要方式。

能够返还财产或者恢复原状的，予以返还财产或者恢复原状。

第三十三条 侵犯公民人身自由的，每日赔偿金按照国家上年度职工日平均工资计算。

第三十四条 侵犯公民生命健康权的，赔偿金按照下列规定计算：

（一）造成身体伤害的，应当支付医疗费、护理费，以及赔偿因误工减少的收入。减少的收入每日的赔偿金按照国家上年度职工日平均工资计算，最高额为国家上年度职工年平均工资的五倍；

（二）造成部分或者全部丧失劳动能力的，应当支付医疗费、护理费、残疾生活辅助具费、康复费等因残疾而增加的必要支出和继续治疗所必需的费用，以及残疾赔偿金。残疾赔偿金根据丧失劳动能力的程度，按照国家规定的伤残等级确定，最高不超过国家上年度职工年平均工资的二十倍。造成全部丧失劳动能力的，对其扶养的无劳动能力的人，还应当支付生活费；

（三）造成死亡的，应当支付死亡赔偿金、丧葬费，总额为国家上年度职工年平均工资的二十倍。对死者生前扶养的无劳动能力的人，还应当支付生活费。

前款第二项、第三项规定的生活费的发放标准，参照当地最低生活保障标准执行。被扶养的人是未成年人的，生活费给付至十八周岁止；其他无劳动能力的人，生活费给付至死亡时止。

第三十五条　有本法第三条或者第十七条规定情形之一，致人精神损害的，应当在侵权行为影响的范围内，为受害人消除影响，恢复名誉，赔礼道歉；造成严重后果的，应当支付相应的精神损害抚慰金。

第三十六条　侵犯公民、法人和其他组织的财产权造成损害的，按照下列规定处理：

（一）处罚款、罚金、追缴、没收财产或者违法征收、征用财产的，返还财产；

（二）查封、扣押、冻结财产的，解除对财产的查封、扣押、冻结，造成财产损坏或者灭失的，依照本条第三项、第四项的规定赔偿；

（三）应当返还的财产损坏的，能够恢复原状的恢复原状，不能恢复原状的，按照损害程度给付相应的赔偿金；

（四）应当返还的财产灭失的，给付相应的赔偿金；

（五）财产已经拍卖或者变卖的，给付拍卖或者变卖所得的价款；变卖的价款明显低于财产价值的，应当支付相应的赔偿金；

（六）吊销许可证和执照、责令停产停业的，赔偿停产停业期间必要的经常性费用开支；

（七）返还执行的罚款或者罚金、追缴或者没收的金钱，解除冻结的存款或者汇款的，应当支付银行同期存款利息；

（八）对财产权造成其他损害的，按照直接损失给予赔偿。

第三十七条　赔偿费用列入各级财政预算。

赔偿请求人凭生效的判决书、复议决定书、赔偿决定书或者调解书，向赔偿义务机关申请支付赔偿金。

赔偿义务机关应当自收到支付赔偿金申请之日起七日内，依照预算管理权限向有关的财政部门提出支付申请。财政部门应当自收到支付申请之日起十五日内支付赔偿金。

赔偿费用预算与支付管理的具体办法由国务院规定。

第五章　其他规定

第三十八条　人民法院在民事诉讼、行政诉讼过程中，违法采取对妨害诉讼的强制措施、保全措施或者对判决、裁定及其他生效法律文书执行错误，造成损害的，赔偿请求人要求赔偿的程序，适用本法刑事赔偿程序的规定。

第三十九条　赔偿请求人请求国家赔偿的时效为两年，自其知道或者应当知道国家机关及其工作人员行使职权时的行为侵犯其人身权、财产权之日起计算，但被羁押等限制人身自由期间不计算在内。在申请行政复议或者提起行政诉讼时一并提出赔偿请求的，适用行政复议法、行政诉讼法有关时效的规定。

赔偿请求人在赔偿请求时效的最后六个月内，因不可抗力或者其他障碍不能行使请求权的，时效中止。从中止时效的原因消除之日起，赔偿请求时效期间继续计算。

第四十条 外国人、外国企业和组织在中华人民共和国领域内要求中华人民共和国国家赔偿的，适用本法。

外国人、外国企业和组织的所属国对中华人民共和国公民、法人和其他组织要求该国国家赔偿的权利不予保护或者限制的，中华人民共和国与该外国人、外国企业和组织的所属国实行对等原则。

第六章 附则

第四十一条 赔偿请求人要求国家赔偿的，赔偿义务机关、复议机关和人民法院不得向赔偿请求人收取任何费用。

对赔偿请求人取得的赔偿金不予征税。

第四十二条 本法自1995年1月1日起施行。

（二）行政法规

公安机关督察条例

（1997年6月20日中华人民共和国国务院令第220号发布 2011年8月24日国务院第169次常务会议修订通过）

第一条 为了完善公安机关监督机制，保障公安机关及其人民警察依法履行职责、行使职权和遵守纪律，根据《中华人民共和国人民警察法》的规定，制定本条例。

第二条 公安部督察委员会领导全国公安机关的督察工作，负责对公安部所属单位和下级公安机关及其人民警察依法履行职责、行使职权和遵守纪律的情况进行监督，对公安部部长负责。公安部督察机构承担公安部督察委员会办事机构职能。

县级以上地方各级人民政府公安机关督察机构，负责对本级公安机关所属单位和下级公安机关及其人民警察依法履行职责、行使职权和遵守纪律的情况进行监督，对上一级公安机关督察机构和本级公安机关行政首长负责。

县级以上地方各级人民政府公安机关的督察机构为执法勤务机构，由专职人员组成，实行队建制。

第三条 公安部设督察长，由公安部一名副职领导成员担任。

县级以上地方各级人民政府公安机关设督察长，由公安机关行政首长兼任。

第四条 督察机构对公安机关及其人民警察依法履行职责、行使职权和遵守纪律的下列事项，进行现场督察：

（一）重要的警务部署、措施、活动的组织实施情况；

（二）重大社会活动的秩序维护和重点地区、场所治安管理的组织实施情况；

（三）治安突发事件的处置情况；

（四）刑事案件、治安案件的受理、立案、侦查、调查、处罚和强制措施的实施情况；

（五）治安、交通、户政、出入境、边防、消防、警卫等公安行政管理法律、法规的执行情况；

（六）使用武器、警械以及警用车辆、警用标志的情况；

（七）处置公民报警、请求救助和控告申诉的情况；

（八）文明执勤、文明执法和遵守警容风纪规定的情况；

（九）组织管理和警务保障的情况；

（十）公安机关及其人民警察依法履行职责、行使职权和遵守纪律的其他情况。

第五条　督察机构可以向本级公安机关所属单位和下级公安机关派出督察人员进行督察，也可以指令下级公安机关督察机构对专门事项进行督察。

第六条　县级以上地方各级人民政府公安机关督察机构查处违法违纪行为，应当向上一级公安机关督察机构报告查处情况；下级公安机关督察机构查处不力的，上级公安机关督察机构可以直接进行督察。

第七条　督察机构可以派出督察人员参加本级公安机关或者下级公安机关的警务工作会议和重大警务活动的部署。

第八条　督察机构应当开展警务评议活动，听取国家机关、社会团体、企业事业组织和人民群众对公安机关及其人民警察的意见。

第九条　督察机构对群众投诉的正在发生的公安机关及其人民警察违法违纪行为，应当及时出警，按照规定给予现场处置，并将处理结果及时反馈投诉人。

投诉人的投诉事项已经进入信访、行政复议或者行政诉讼程序的，督察机构应当将投诉材料移交有关部门。

第十条　督察机构对本级公安机关所属单位和下级公安机关拒不执行法律、法规和上级决定、命令的，可以责令执行；对本级公安机关所属单位或者下级公安机关作出的错误决定、命令，可以决定撤销或者变更，报本级公安机关行政首长批准后执行。

第十一条　督察人员在现场督察中发现公安机关人民警察违法违纪的，可以采取下列措施，当场处置：

（一）对违反警容风纪规定的，可以当场予以纠正；

（二）对违反规定使用武器、警械以及警用车辆、警用标志的，可以扣留其武器、警械、警用车辆、警用标志；

（三）对违法违纪情节严重、影响恶劣的，以及拒绝、阻碍督察人员执行现场督察工作任务的，必要时，可以带离现场。

第十二条　督察机构认为公安机关人民警察违反纪律需要采取停止执行职务、禁闭措施的，由督察机构作出决定，报本级公安机关督察长批准后执行。

停止执行职务的期限为10日以上60日以下；禁闭的期限为1日以上7日以下。

第十三条　督察机构认为公安机关人民警察需要给予处分或者降低警衔、取消警衔的，督察机构应当提出建议，移送有关部门依法处理。

督察机构在督察工作中发现公安机关人民警察涉嫌犯罪的，移送司法机关依法处理。

第十四条　公安机关人民警察对停止执行职务和禁闭决定不服的，可以在被停止执行职务或者被禁闭期间向作出决定的公安机关的上一级公安机关提出申诉。由公安部督察机构作出的停止执行职务、禁闭的决定，受理申诉的机关是公安部督察委员会。

受理申诉的公安机关对不服停止执行职务的申诉，应当自收到申诉之日起5日内作出是否撤销停止执行职务的决定；对不服禁闭的申诉，应当在收到申诉之时起24小时内作出是否撤销禁闭的决定。

申诉期间，停止执行职务、禁闭决定不停止执行。

受理申诉的公安机关认为停止执行职务、禁闭决定确有错误的，应当予以撤销，并在适当范围内为当事人消除影响，恢复名誉。

第十五条　督察人员在督察工作中，必须实事求是，严格依法办事，接受监督。

督察机构及其督察人员对于公安机关及其人民警察依法履行职责、行使职权的行为应当予以维护。

第十六条　督察人员应当具备下列条件：

（一）坚持原则，忠于职守，清正廉洁，不徇私情，严守纪律；

（二）具有大学专科以上学历和法律专业知识、公安业务知识；

（三）具有3年以上公安工作经历和一定的组织管理能力；

（四）经过专门培训合格。

第十七条　督察人员执行督察任务，应当佩带督察标志或者出示督察证件。

督察标志和督察证件的式样由公安部制定。

第十八条　本条例自2011年10月1日起施行。

自然灾害救助条例

（2010年6月30日国务院第117次常务会议通过）

第一章　总则

第一条　为了规范自然灾害救助工作，保障受灾人员基本生活，制定本条例。

第二条　自然灾害救助工作遵循以人为本、政府主导、分级管理、社会互助、灾民自救的原则。

第三条　自然灾害救助工作实行各级人民政府行政领导负责制。

国家减灾委员会负责组织、领导全国的自然灾害救助工作，协调开展重大自然灾害救助活动。国务院民政部门负责全国的自然灾害救助工作，承担国家减灾委员会的具体工作。国务院有关部门按照各自职责做好全国的自然灾害救助相关工作。

县级以上地方人民政府或者人民政府的自然灾害救助应急综合协调机构，组织、协调本行政区域的自然灾害救助工作。县级以上地方人民政府民政部门负责本行政区域的自然灾害救助工作。县级以上地方人民政府有关部门按照各自职责做好本行政区域的自然灾害救助相关工作。

第四条　县级以上人民政府应当将自然灾害救助工作纳入国民经济和社会发展规划，建立健全与自然灾害救助需求相适应的资金、物资保障机制，将人民政府安排的自然灾害救助资金和自然灾害救助工作经费纳入财政预算。

第五条　村民委员会、居民委员会以及红十字会、慈善会和公募基金会等社会组织，依法协助人民政府开展自然灾害救助工作。

国家鼓励和引导单位和个人参与自然灾害救助捐赠、志愿服务等活动。

第六条　各级人民政府应当加强防灾减灾宣传教育，提高公民的防灾避险意识和自救互救能力。

村民委员会、居民委员会、企业事业单位应当根据所在地人民政府的要求，结合各自的实际情况，开展防灾减灾应急知识的宣传普及活动。

第七条　对在自然灾害救助中作出突出贡献的单位和个人，按照国家有关规定给予表彰和奖励。

第二章　救助准备

第八条　县级以上地方人民政府及其有关部门应当根据有关法律、法规、规章，上级人民政府及其有关部门的应急预案以及本行政区域的自然灾害风险调查情况，制定相应的自然灾害救助应急预案。

自然灾害救助应急预案应当包括下列内容：

（一）自然灾害救助应急组织指挥体系及其职责；

（二）自然灾害救助应急队伍；

（三）自然灾害救助应急资金、物资、设备；

（四）自然灾害的预警预报和灾情信息的报告、处理；

（五）自然灾害救助应急响应的等级和相应措施；

（六）灾后应急救助和居民住房恢复重建措施。

第九条　县级以上人民政府应当建立健全自然灾害救助应急指挥技术支撑系统，并为自然灾害救助工作提供必要的交通、通信等装备。

第十条 国家建立自然灾害救助物资储备制度，由国务院民政部门分别会同国务院财政部门、发展改革部门制定全国自然灾害救助物资储备规划和储备库规划，并组织实施。

设区的市级以上人民政府和自然灾害多发、易发地区的县级人民政府应当根据自然灾害特点、居民人口数量和分布等情况，按照布局合理、规模适度的原则，设立自然灾害救助物资储备库。

第十一条 县级以上地方人民政府应当根据当地居民人口数量和分布等情况，利用公园、广场、体育场馆等公共设施，统筹规划设立应急避难场所，并设置明显标志。

启动自然灾害预警响应或者应急响应，需要告知居民前往应急避难场所的，县级以上地方人民政府或者人民政府的自然灾害救助应急综合协调机构应当通过广播、电视、手机短信、电子显示屏、互联网等方式，及时公告应急避难场所的具体地址和到达路径。

第十二条 县级以上地方人民政府应当加强自然灾害救助人员的队伍建设和业务培训，村民委员会、居民委员会和企业事业单位应当设立专职或者兼职的自然灾害信息员。

第三章 应急救助

第十三条 县级以上人民政府或者人民政府的自然灾害救助应急综合协调机构应当根据自然灾害预警预报启动预警响应，采取下列一项或者多项措施：

（一）向社会发布规避自然灾害风险的警告，宣传避险常识和技能，提示公众做好自救互救准备；

（二）开放应急避难场所，疏散、转移易受自然灾害危害的人员和财产，情况紧急时，实行有组织的避险转移；

（三）加强对易受自然灾害危害的乡村、社区以及公共场所的安全保障；

（四）责成民政等部门做好基本生活救助的准备。

第十四条 自然灾害发生并达到自然灾害救助应急预案启动条件的，县级以上人民政府或者人民政府的自然灾害救助应急综合协调机构应当及时启动自然灾害救助应急响应，采取下列一项或者多项措施：

（一）立即向社会发布政府应对措施和公众防范措施；

（二）紧急转移安置受灾人员；

（三）紧急调拨、运输自然灾害救助应急资金和物资，及时向受灾人员提供食品、饮用水、衣被、取暖、临时住所、医疗防疫等应急救助，保障受灾人员基本生活；

（四）抚慰受灾人员，处理遇难人员善后事宜；

（五）组织受灾人员开展自救互救；

（六）分析评估灾情趋势和灾区需求，采取相应的自然灾害救助措施；

（七）组织自然灾害救助捐赠活动。

对应急救助物资，各交通运输主管部门应当组织优先运输。

第十五条　在自然灾害救助应急期间，县级以上地方人民政府或者人民政府的自然灾害救助应急综合协调机构可以在本行政区域内紧急征用物资、设备、交通运输工具和场地，自然灾害救助应急工作结束后应当及时归还，并按照国家有关规定给予补偿。

第十六条　自然灾害造成人员伤亡或者较大财产损失的，受灾地区县级人民政府民政部门应当立即向本级人民政府和上一级人民政府民政部门报告。

自然灾害造成特别重大或者重大人员伤亡、财产损失的，受灾地区县级人民政府民政部门应当按照有关法律、行政法规和国务院应急预案规定的程序及时报告，必要时可以直接报告国务院。

第十七条　灾情稳定前，受灾地区人民政府民政部门应当每日逐级上报自然灾害造成的人员伤亡、财产损失和自然灾害救助工作动态等情况，并及时向社会发布。

灾情稳定后，受灾地区县级以上人民政府或者人民政府的自然灾害救助应急综合协调机构应当评估、核定并发布自然灾害损失情况。

第四章　灾后救助

第十八条　受灾地区人民政府应当在确保安全的前提下，采取就地安置与异地安置、政府安置与自行安置相结合的方式，对受灾人员进行过渡性安置。

就地安置应当选择在交通便利、便于恢复生产和生活的地点，并避开可能发生次生自然灾害的区域，尽量不占用或者少占用耕地。

受灾地区人民政府应当鼓励并组织受灾群众自救互救，恢复重建。

第十九条　自然灾害危险消除后，受灾地区人民政府应当统筹研究制订居民住房恢复重建规划和优惠政策，组织重建或者修缮因灾损毁的居民住房，对恢复重建确有困难的家庭予以重点帮扶。

居民住房恢复重建应当因地制宜、经济实用，确保房屋建设质量符合防灾减灾要求。

受灾地区人民政府民政等部门应当向经审核确认的居民住房恢复重建补助对象发放补助资金和物资，住房城乡建设等部门应当为受灾人员重建或者修缮因灾损毁的居民住房提供必要的技术支持。

第二十条　居民住房恢复重建补助对象由受灾人员本人申请或者由村民小组、居民小组提名。经村民委员会、居民委员会民主评议，符合救助条件的，在自然村、社区范围内公示；无异议或者经村民委员会、居民委员会民主评议异议不成立的，由村民委员会、居民委员会将评议意见和有关材料提交乡镇人民政府、街道办事处审核，报县级人民政府民政等部门审批。

第二十一条　自然灾害发生后的当年冬季、次年春季，受灾地区人民政府应当为生活困难的受灾人员提供基本生活救助。

受灾地区县级人民政府民政部门应当在每年 10 月底前统计、评估本行政区域受灾人员当年冬季、次年春季的基本生活困难和需求，核实救助对象，编制工作台账，制订救助工作方案，经本级人民政府批准后组织实施，并报上一级人民政府民政部门备案。

第五章　救助款物管理

第二十二条　县级以上人民政府财政部门、民政部门负责自然灾害救助资金的分配、管理并监督使用情况。

县级以上人民政府民政部门负责调拨、分配、管理自然灾害救助物资。

第二十三条　人民政府采购用于自然灾害救助准备和灾后恢复重建的货物、工程和服务，依照有关政府采购和招标投标的法律规定组织实施。自然灾害应急救助和灾后恢复重建中涉及紧急抢救、紧急转移安置和临时性救助的紧急采购活动，按照国家有关规定执行。

第二十四条　自然灾害救助款物专款（物）专用，无偿使用。

定向捐赠的款物，应当按照捐赠人的意愿使用。政府部门接受的捐赠人无指定意向的款物，由县级以上人民政府民政部门统筹安排用于自然灾害救助；社会组织接受的捐赠人无指定意向的款物，由社会组织按照有关规定用于自然灾害救助。

第二十五条　自然灾害救助款物应当用于受灾人员的紧急转移安置，基本生活救助，医疗救助，教育、医疗等公共服务设施和住房的恢复重建，自然灾害救助物资的采购、储存和运输，以及因灾遇难人员亲属的抚慰等项支出。

第二十六条　受灾地区人民政府民政、财政等部门和有关社会组织应当通过报刊、广播、电视、互联网，主动向社会公开所接受的自然灾害救助款物和捐赠款物的来源、数量及其使用情况。

受灾地区村民委员会、居民委员会应当公布救助对象及其接受救助款物数额和使用情况。

第二十七条　各级人民政府应当建立健全自然灾害救助款物和捐赠款物的监督检查制度，并及时受理投诉和举报。

第二十八条　县级以上人民政府监察机关、审计机关应当依法对自然灾害救助款物和捐赠款物的管理使用情况进行监督检查，民政、财政等部门和有关社会组织应当予以配合。

第六章　法律责任

第二十九条　行政机关工作人员违反本条例规定，有下列行为之一的，由任免机关或者监察机关依照法律法规给予处分；构成犯罪的，依法追究刑事责任：

（一）迟报、谎报、瞒报自然灾害损失情况，造成后果的；

（二）未及时组织受灾人员转移安置，或者在提供基本生活救助、组织恢复重建过程中工作不力，造成后果的；

（三）截留、挪用、私分自然灾害救助款物或者捐赠款物的；

（四）不及时归还征用的财产，或者不按照规定给予补偿的；

（五）有滥用职权、玩忽职守、徇私舞弊的其他行为的。

第三十条 采取虚报、隐瞒、伪造等手段，骗取自然灾害救助款物或者捐赠款物的，由县级以上人民政府民政部门责令限期退回违法所得的款物；构成犯罪的，依法追究刑事责任。

第三十一条 抢夺或者聚众哄抢自然灾害救助款物或者捐赠款物的，由县级以上人民政府民政部门责令停止违法行为；构成违反治安管理行为的，由公安机关依法给予治安管理处罚；构成犯罪的，依法追究刑事责任。

第三十二条 以暴力、威胁方法阻碍自然灾害救助工作人员依法执行职务，构成违反治安管理行为的，由公安机关依法给予治安管理处罚；构成犯罪的，依法追究刑事责任。

第七章 附则

第三十三条 发生事故灾难、公共卫生事件、社会安全事件等突发事件，需要由县级以上人民政府民政部门开展生活救助的，参照本条例执行。

第三十四条 法律、行政法规对防灾、抗灾、救灾另有规定的，从其规定。

第三十五条 本条例自2010年9月1日起施行。

中华人民共和国审计法实施条例

（1997年10月21日中华人民共和国国务院令第231号公布 2010年2月2日国务院第100次常务会议修订通过）

第一章 总则

第一条 根据《中华人民共和国审计法》（以下简称审计法）的规定，制定本条例。

第二条 审计法所称审计，是指审计机关依法独立检查被审计单位的会计凭证、会计账簿、财务会计报告以及其他与财政收支、财务收支有关的资料和资产，监督财政收支、财务收支真实、合法和效益的行为。

第三条 审计法所称财政收支，是指依照《中华人民共和国预算法》和国家其他有关规定，纳入预算管理的收入和支出，以及下列财政资金中未纳入预算管理的收入和支出：

（一）行政事业性收费；

（二）国有资源、国有资产收入；

（三）应当上缴的国有资本经营收益；

（四）政府举借债务筹措的资金；

（五）其他未纳入预算管理的财政资金。

第四条　审计法所称财务收支，是指国有的金融机构、企业事业组织以及依法应当接受审计机关审计监督的其他单位，按照国家财务会计制度的规定，实行会计核算的各项收入和支出。

第五条　审计机关依照审计法和本条例以及其他有关法律、法规规定的职责、权限和程序进行审计监督。

审计机关依照有关财政收支、财务收支的法律、法规，以及国家有关政策、标准、项目目标等方面的规定进行审计评价，对被审计单位违反国家规定的财政收支、财务收支行为，在法定职权范围内作出处理、处罚的决定。

第六条　任何单位和个人对依法应当接受审计机关审计监督的单位违反国家规定的财政收支、财务收支行为，有权向审计机关举报。审计机关接到举报，应当依法及时处理。

第二章　审计机关和审计人员

第七条　审计署在国务院总理领导下，主管全国的审计工作，履行审计法和国务院规定的职责。

地方各级审计机关在本级人民政府行政首长和上一级审计机关的领导下，负责本行政区域的审计工作，履行法律、法规和本级人民政府规定的职责。

第八条　省、自治区人民政府设有派出机关的，派出机关的审计机关对派出机关和省、自治区人民政府审计机关负责并报告工作，审计业务以省、自治区人民政府审计机关领导为主。

第九条　审计机关派出机构依照法律、法规和审计机关的规定，在审计机关的授权范围内开展审计工作，不受其他行政机关、社会团体和个人的干涉。

第十条　审计机关编制年度经费预算草案的依据主要包括：

（一）法律、法规；

（二）本级人民政府的决定和要求；

（三）审计机关的年度审计工作计划；

（四）定员定额标准；

（五）上一年度经费预算执行情况和本年度的变化因素。

第十一条　审计人员实行审计专业技术资格制度，具体按照国家有关规定执行。

审计机关根据工作需要，可以聘请具有与审计事项相关专业知识的人员参加审计工作。

第十二条　审计人员办理审计事项，有下列情形之一的，应当申请回避，被审计单位也有权申请审计人员回避：

（一）与被审计单位负责人或者有关主管人员有夫妻关系、直系血亲关系、三代以内旁系血亲或者近姻亲关系的；

（二）与被审计单位或者审计事项有经济利益关系的；

（三）与被审计单位、审计事项、被审计单位负责人或者有关主管人员有其他利害关系，可能影响公正执行公务的。

审计人员的回避，由审计机关负责人决定；审计机关负责人办理审计事项时的回避，由本级人民政府或者上一级审计机关负责人决定。

第十三条　地方各级审计机关正职和副职负责人的任免，应当事先征求上一级审计机关的意见。

第十四条　审计机关负责人在任职期间没有下列情形之一的，不得随意撤换：

（一）因犯罪被追究刑事责任的；

（二）因严重违法、失职受到处分，不适宜继续担任审计机关负责人的；

（三）因健康原因不能履行职责 1 年以上的；

（四）不符合国家规定的其他任职条件的。

第三章　审计机关职责

第十五条　审计机关对本级人民政府财政部门具体组织本级预算执行的情况，本级预算收入征收部门征收预算收入的情况，与本级人民政府财政部门直接发生预算缴款、拨款关系的部门、单位的预算执行情况和决算，下级人民政府的预算执行情况和决算，以及其他财政收支情况，依法进行审计监督。经本级人民政府批准，审计机关对其他取得财政资金的单位和项目接受、运用财政资金的真实、合法和效益情况，依法进行审计监督。

第十六条　审计机关对本级预算收入和支出的执行情况进行审计监督的内容包括：

（一）财政部门按照本级人民代表大会批准的本级预算向本级各部门（含直属单位）批复预算的情况、本级预算执行中调整情况和预算收支变化情况；

（二）预算收入征收部门依照法律、行政法规的规定和国家其他有关规定征收预算收入情况；

（三）财政部门按照批准的年度预算、用款计划，以及规定的预算级次和程序，拨付本级预算支出资金情况；

（四）财政部门依照法律、行政法规的规定和财政管理体制，拨付和管理政府间财政转移支付资金情况以及办理结算、结转情况；

（五）国库按照国家有关规定办理预算收入的收纳、划分、留解情况和预算支出资金的拨付情况；

（六）本级各部门（含直属单位）执行年度预算情况；

（七）依照国家有关规定实行专项管理的预算资金收支情况；

（八）法律、法规规定的其他预算执行情况。

第十七条　审计法第十七条所称审计结果报告，应当包括下列内容：

（一）本级预算执行和其他财政收支的基本情况；

（二）审计机关对本级预算执行和其他财政收支情况作出的审计评价；

（三）本级预算执行和其他财政收支中存在的问题以及审计机关依法采取的措施；

（四）审计机关提出的改进本级预算执行和其他财政收支管理工作的建议；

（五）本级人民政府要求报告的其他情况。

第十八条　审计署对中央银行及其分支机构履行职责所发生的各项财务收支，依法进行审计监督。

审计署向国务院总理提出的中央预算执行和其他财政收支情况审计结果报告，应当包括对中央银行的财务收支的审计情况。

第十九条　审计法第二十一条所称国有资本占控股地位或者主导地位的企业、金融机构，包括：

（一）国有资本占企业、金融机构资本（股本）总额的比例超过50%的；

（二）国有资本占企业、金融机构资本（股本）总额的比例在50%以下，但国有资本投资主体拥有实际控制权的。

审计机关对前款规定的企业、金融机构，除国务院另有规定外，比照审计法第十八条第二款、第二十条规定进行审计监督。

第二十条　审计法第二十二条所称政府投资和以政府投资为主的建设项目，包括：

（一）全部使用预算内投资资金、专项建设基金、政府举借债务筹措的资金等财政资金的；

（二）未全部使用财政资金，财政资金占项目总投资的比例超过50%，或者占项目总投资的比例在50%以下，但政府拥有项目建设、运营实际控制权的。

审计机关对前款规定的建设项目的总预算或者概算的执行情况、年度预算的执行情况和年度决算、单项工程结算、项目竣工决算，依法进行审计监督；对前款规定的建设项目进行审计时，可以对直接有关的设计、施工、供货等单位取得建设项目资金的真实性、合法性进行调查。

第二十一条　审计法第二十三条所称社会保障基金，包括社会保险、社会救助、社会福利基金以及发展社会保障事业的其他专项基金；所称社会捐赠资金，包括来源于境内外的货币、有价证券和实物等各种形式的捐赠。

第二十二条　审计法第二十四条所称国际组织和外国政府援助、贷款项目，包括：

（一）国际组织、外国政府及其机构向中国政府及其机构提供的贷款项目；

（二）国际组织、外国政府及其机构向中国企业事业组织以及其他组织提供的由中国政府及其机构担保的贷款项目；

（三）国际组织、外国政府及其机构向中国政府及其机构提供的援助和赠款项目；

（四）国际组织、外国政府及其机构向受中国政府委托管理有关基金、资金的单位提供的援助和赠款项目；

（五）国际组织、外国政府及其机构提供援助、贷款的其他项目。

第二十三条 审计机关可以依照审计法和本条例规定的审计程序、方法以及国家其他有关规定，对预算管理或者国有资产管理使用等与国家财政收支有关的特定事项，向有关地方、部门、单位进行专项审计调查。

第二十四条 审计机关根据被审计单位的财政、财务隶属关系，确定审计管辖范围；不能根据财政、财务隶属关系确定审计管辖范围的，根据国有资产监督管理关系，确定审计管辖范围。

两个以上国有资本投资主体投资的金融机构、企业事业组织和建设项目，由对主要投资主体有审计管辖权的审计机关进行审计监督。

第二十五条 各级审计机关应当按照确定的审计管辖范围进行审计监督。

第二十六条 依法属于审计机关审计监督对象的单位的内部审计工作，应当接受审计机关的业务指导和监督。

依法属于审计机关审计监督对象的单位，可以根据内部审计工作的需要，参加依法成立的内部审计自律组织。审计机关可以通过内部审计自律组织，加强对内部审计工作的业务指导和监督。

第二十七条 审计机关进行审计或者专项审计调查时，有权对社会审计机构出具的相关审计报告进行核查。

审计机关核查社会审计机构出具的相关审计报告时，发现社会审计机构存在违反法律、法规或者执业准则等情况的，应当移送有关主管机关依法追究责任。

第四章 审计机关权限

第二十八条 审计机关依法进行审计监督时，被审计单位应当依照审计法第三十一条规定，向审计机关提供与财政收支、财务收支有关的资料。被审计单位负责人应当对本单位提供资料的真实性和完整性作出书面承诺。

第二十九条 各级人民政府财政、税务以及其他部门（含直属单位）应当向本级审计机关报送下列资料：

（一）本级人民代表大会批准的本级预算和本级人民政府财政部门向本级各部门（含直属单位）批复的预算，预算收入征收部门的年度收入计划，以及本级各部门（含直属单位）向所属各单位批复的预算；

（二）本级预算收支执行和预算收入征收部门的收入计划完成情况月报、年报，以及决算情况；

（三）综合性财政税务工作统计年报、情况简报，财政、预算、税务、财务和会计等规章制度；

（四）本级各部门（含直属单位）汇总编制的本部门决算草案。

第三十条 审计机关依照审计法第三十三条规定查询被审计单位在金融机构的账户的，应当持县级以上人民政府审计机关负责人签发的协助查询单位账户通知书；查询被审计单位以个人名义在金融机构的存款的，应当持县级以上人民政府审计机关主要负责人签发的协助查询个人存款通知书。有关金融机构应当予以协助，并提供证明材料，审计机关和审计人员负有保密义务。

第三十一条　审计法第三十四条所称违反国家规定取得的资产，包括：

（一）弄虚作假骗取的财政拨款、实物以及金融机构贷款；

（二）违反国家规定享受国家补贴、补助、贴息、免息、减税、免税、退税等优惠政策取得的资产；

（三）违反国家规定向他人收取的款项、有价证券、实物；

（四）违反国家规定处分国有资产取得的收益；

（五）违反国家规定取得的其他资产。

第三十二条　审计机关依照审计法第三十四条规定封存被审计单位有关资料和违反国家规定取得的资产的，应当持县级以上人民政府审计机关负责人签发的封存通知书，并在依法收集与审计事项相关的证明材料或者采取其他措施后解除封存。封存的期限为7日以内；有特殊情况需要延长的，经县级以上人民政府审计机关负责人批准，可以适当延长，但延长的期限不得超过7日。

对封存的资料、资产，审计机关可以指定被审计单位负责保管，被审计单位不得损毁或者擅自转移。

第三十三条　审计机关依照审计法第三十六条规定，可以就有关审计事项向政府有关部门通报或者向社会公布对被审计单位的审计、专项审计调查结果。

审计机关经与有关主管机关协商，可以在向社会公布的审计、专项审计调查结果中，一并公布对社会审计机构相关审计报告核查的结果。

审计机关拟向社会公布对上市公司的审计、专项审计调查结果的，应当在5日前将拟公布的内容告知上市公司。

第五章　审计程序

第三十四条　审计机关应当根据法律、法规和国家其他有关规定，按照本级人民政府和上级审计机关的要求，确定年度审计工作重点，编制年度审计项目计划。

审计机关在年度审计项目计划中确定对国有资本占控股地位或者主导地位的企业、金融机构进行审计的，应当自确定之日起7日内告知列入年度审计项目计划的企业、金融机构。

第三十五条　审计机关应当根据年度审计项目计划，组成审计组，调查了解被审计单位的有关情况，编制审计方案，并在实施审计3日前，向被审计单位送达审计通知书。

第三十六条　审计法第三十八条所称特殊情况，包括：

（一）办理紧急事项的；

（二）被审计单位涉嫌严重违法违规的；

（三）其他特殊情况。

第三十七条　审计人员实施审计时，应当按照下列规定办理：

（一）通过检查、查询、监督盘点、发函询证等方法实施审计；

（二）通过收集原件、原物或者复制、拍照等方法取得证明材料；

（三）对与审计事项有关的会议和谈话内容作出记录，或者要求被审计单位提供会议记录材料；

（四）记录审计实施过程和查证结果。

第三十八条　审计人员向有关单位和个人调查取得的证明材料，应当有提供者的签名或者盖章；不能取得提供者签名或者盖章的，审计人员应当注明原因。

第三十九条　审计组向审计机关提出审计报告前，应当书面征求被审计单位意见。被审计单位应当自接到审计组的审计报告之日起10日内，提出书面意见；10日内未提出书面意见的，视同无异议。

审计组应当针对被审计单位提出的书面意见，进一步核实情况，对审计组的审计报告作必要修改，连同被审计单位的书面意见一并报送审计机关。

第四十条　审计机关有关业务机构和专门机构或者人员对审计组的审计报告以及相关审计事项进行复核、审理后，由审计机关按照下列规定办理：

（一）提出审计机关的审计报告，内容包括：对审计事项的审计评价，对违反国家规定的财政收支、财务收支行为提出的处理、处罚意见，移送有关主管机关、单位的意见，改进财政收支、财务收支管理工作的意见；

（二）对违反国家规定的财政收支、财务收支行为，依法应当给予处理、处罚的，在法定职权范围内作出处理、处罚的审计决定；

（三）对依法应当追究有关人员责任的，向有关主管机关、单位提出给予处分的建议；对依法应当由有关主管机关处理、处罚的，移送有关主管机关；涉嫌犯罪的，移送司法机关。

第四十一条　审计机关在审计中发现损害国家利益和社会公共利益的事项，但处理、处罚依据又不明确的，应当向本级人民政府和上一级审计机关报告。

第四十二条　被审计单位应当按照审计机关规定的期限和要求执行审计决定。对应当上缴的款项，被审计单位应当按照财政管理体制和国家有关规定缴入国库或者财政专户。审计决定需要有关主管机关、单位协助执行的，审计机关应当书面提请协助执行。

第四十三条　上级审计机关应当对下级审计机关的审计业务依法进行监督。

下级审计机关作出的审计决定违反国家有关规定的，上级审计机关可以责成下级审计机关予以变更或者撤销，也可以直接作出变更或者撤销的决定；审计决定被撤销后需要重新作出审计决定的，上级审计机关可以责成下级审计机关在规定的期限内重新作出审计决定，也可以直接作出审计决定。

下级审计机关应当作出而没有作出审计决定的，上级审计机关可以责成下级审计机关在规定的期限内作出审计决定，也可以直接作出审计决定。

第四十四条 审计机关进行专项审计调查时，应当向被调查的地方、部门、单位出示专项审计调查的书面通知，并说明有关情况；有关地方、部门、单位应当接受调查，如实反映情况，提供有关资料。

在专项审计调查中，依法属于审计机关审计监督对象的部门、单位有违反国家规定的财政收支、财务收支行为或者其他违法违规行为的，专项审计调查人员和审计机关可以依照审计法和本条例的规定提出审计报告，作出审计决定，或者移送有关主管机关、单位依法追究责任。

第四十五条 审计机关应当按照国家有关规定建立、健全审计档案制度。

第四十六条 审计机关送达审计文书，可以直接送达，也可以邮寄送达或者以其他方式送达。直接送达的，以被审计单位在送达回证上注明的签收日期或者见证人证明的收件日期为送达日期；邮寄送达的，以邮政回执上注明的收件日期为送达日期；以其他方式送达的，以签收或者收件日期为送达日期。

审计机关的审计文书的种类、内容和格式，由审计署规定。

第六章 法律责任

第四十七条 被审计单位违反审计法和本条例的规定，拒绝、拖延提供与审计事项有关的资料，或者提供的资料不真实、不完整，或者拒绝、阻碍检查的，由审计机关责令改正，可以通报批评，给予警告；拒不改正的，对被审计单位可以处5万元以下的罚款，对直接负责的主管人员和其他直接责任人员，可以处2万元以下的罚款，审计机关认为应当给予处分的，向有关主管机关、单位提出给予处分的建议；构成犯罪的，依法追究刑事责任。

第四十八条 对本级各部门（含直属单位）和下级人民政府违反预算的行为或者其他违反国家规定的财政收支行为，审计机关在法定职权范围内，依照法律、行政法规的规定，区别情况采取审计法第四十五条规定的处理措施。

第四十九条 对被审计单位违反国家规定的财务收支行为，审计机关在法定职权范围内，区别情况采取审计法第四十五条规定的处理措施，可以通报批评，给予警告；有违法所得的，没收违法所得，并处违法所得1倍以上5倍以下的罚款；没有违法所得的，可以处5万元以下的罚款；对直接负责的主管人员和其他直接责任人员，可以处2万元以下的罚款，审计机关认为应当给予处分的，向有关主管机关、单位提出给予处分的建议；构成犯罪的，依法追究刑事责任。

法律、行政法规对被审计单位违反国家规定的财务收支行为处理、处罚另有规定的，从其规定。

第五十条 审计机关在作出较大数额罚款的处罚决定前，应当告知被审计单位和有关人员有要求举行听证的权利。较大数额罚款的具体标准由审计署规定。

第五十一条 审计机关提出的对被审计单位给予处理、处罚的建议以及对直接负责的主管人员和其他直接责任人员给予处分的建议，有关主管机关、单位应当依法及时作出决定，并将结果书面通知审计机关。

第五十二条　被审计单位对审计机关依照审计法第十六条、第十七条和本条例第十五条规定进行审计监督作出的审计决定不服的，可以自审计决定送达之日起60日内，提请审计机关的本级人民政府裁决，本级人民政府的裁决为最终决定。

审计机关应当在审计决定中告知被审计单位提请裁决的途径和期限。

裁决期间，审计决定不停止执行。但是，有下列情形之一的，可以停止执行：

（一）审计机关认为需要停止执行的；

（二）受理裁决的人民政府认为需要停止执行的；

（三）被审计单位申请停止执行，受理裁决的人民政府认为其要求合理，决定停止执行的。

裁决由本级人民政府法制机构办理。裁决决定应当自接到提请之日起60日内作出；有特殊情况需要延长的，经法制机构负责人批准，可以适当延长，并告知审计机关和提请裁决的被审计单位，但延长的期限不得超过30日。

第五十三条　除本条例第五十二条规定的可以提请裁决的审计决定外，被审计单位对审计机关作出的其他审计决定不服的，可以依法申请行政复议或者提起行政诉讼。

审计机关应当在审计决定中告知被审计单位申请行政复议或者提起行政诉讼的途径和期限。

第五十四条　被审计单位应当将审计决定执行情况书面报告审计机关。审计机关应当检查审计决定的执行情况。

被审计单位不执行审计决定的，审计机关应当责令限期执行；逾期仍不执行的，审计机关可以申请人民法院强制执行，建议有关主管机关、单位对直接负责的主管人员和其他直接责任人员给予处分。

第五十五条　审计人员滥用职权、徇私舞弊、玩忽职守，或者泄露所知悉的国家秘密、商业秘密的，依法给予处分；构成犯罪的，依法追究刑事责任。

审计人员违法违纪取得的财物，依法予以追缴、没收或者责令退赔。

第七章　附则

第五十六条　本条例所称以上、以下，包括本数。

本条例第五十二条规定的期间的最后一日是法定节假日的，以节假日后的第一个工作日为期间届满日。审计法和本条例规定的其他期间以工作日计算，不含法定节假日。

第五十七条　实施经济责任审计的规定，另行制定。

第五十八条　本条例自2010年5月1日起施行。

国务院关于加强法治政府建设的意见

国发〔2010〕33号

各省、自治区、直辖市人民政府，国务院各部委、各直属机构：

2004年3月，国务院发布《全面推进依法行政实施纲要》（以下简称《纲要》），明确提出建设法治政府的奋斗目标。为在新形势下深入贯彻落实依法治国基本方略，全面推进依法行政，进一步加强法治政府建设，现提出以下意见。

一、加强法治政府建设的重要性紧迫性和总体要求

1. 加强法治政府建设的重要性紧迫性。贯彻依法治国基本方略，推进依法行政，建设法治政府，是我们党治国理政从理念到方式的革命性变化，具有划时代的重要意义。《纲要》实施6年来，各级人民政府对依法行政工作高度重视，加强领导、狠抓落实，法治政府建设取得了重要进展。当前，我国经济社会发展进入新阶段，国内外环境更为复杂，挑战增多。转变经济发展方式和调整经济结构的任务更加紧迫和艰巨，城乡之间、地区之间发展不平衡，收入分配不公平和差距扩大，社会结构和利益格局深刻调整，部分地区和一些领域社会矛盾有所增加，群体性事件时有发生，一些领域腐败现象仍然易发多发，执法不公、行政不作为乱作为等问题比较突出。解决这些突出问题，要求进一步深化改革，加强制度建设，强化对行政权力运行的监督和制约，推进依法行政，建设法治政府。各级行政机关及其领导干部一定要正确看待我国经济社会环境的新变化，准确把握改革发展稳定的新形势，及时回应人民群众的新期待，切实增强建设法治政府的使命感、紧迫感和责任感。

2. 加强法治政府建设的总体要求。当前和今后一个时期，要深入贯彻科学发展观，认真落实依法治国基本方略，进一步加大《纲要》实施力度，以建设法治政府为奋斗目标，以事关依法行政全局的体制机制创新为突破口，以增强领导干部依法行政的意识和能力、提高制度建设质量、规范行政权力运行、保证法律法规严格执行为着力点，全面推进依法行政，不断提高政府公信力和执行力，为保障经济又好又快发展和社会和谐稳定发挥更大的作用。

二、提高行政机关工作人员特别是领导干部依法行政的意识和能力

3. 高度重视行政机关工作人员依法行政意识与能力的培养。行政机关工作人员特别是领导干部要带头学法、遵法、守法、用法，牢固树立以依法治国、执法为民、公平正义、服务大局、党的领导为基本内容的社会主义法治理念，自觉养成依法办事的习惯，切实提高运用法治思维和法律手段解决经济社会发展中突出矛盾和问题的能力。要重视提拔使用依法行政意识强，善于用法律手段解决问题、推动发展的优秀干部。

4. 推行依法行政情况考察和法律知识测试制度。拟任地方人民政府及其部门领导职务的干部，任职前要考察其掌握相关法律知识和依法行政情况。公务员录用考试要注重对法律知识的测试，对拟从事行政执法、政府法制等工作的人员，还要组织专门

的法律知识考试。

5. 建立法律知识学习培训长效机制。完善各级行政机关领导干部学法制度。要通过政府常务会议会前学法、法制讲座等形式，组织学习宪法、通用法律知识和与履行职责相关的专门法律知识。县级以上地方各级人民政府每年至少要举办2期领导干部依法行政专题研讨班。各级行政学院和公务员培训机构举办的行政机关公务员培训班，要把依法行政知识纳入教学内容。定期组织行政执法人员参加通用法律知识培训、专门法律知识轮训和新法律法规专题培训，并把培训情况、学习成绩作为考核内容和任职晋升的依据之一。

三、加强和改进制度建设

6. 突出政府立法重点。要按照有利于调动人民群众积极性和创造性、激发社会活力和竞争力、解放和发展生产力、维护公平正义、规范权力运行的要求，加强和改进政府立法与制度建设。重点加强有关完善经济体制、改善民生和发展社会事业以及政府自身建设方面的立法。对社会高度关注、实践急需、条件相对成熟的立法项目，要作为重中之重，集中力量攻关，尽早出台。

7. 提高制度建设质量。政府立法要符合经济社会发展规律，充分反映人民意愿，着力解决经济社会发展中的普遍性问题和深层次矛盾，切实增强法律制度的科学性和可操作性。严格遵守法定权限和程序，完善公众参与政府立法的制度和机制，保证人民群众的意见得到充分表达、合理诉求和合法利益得到充分体现。除依法需要保密的外，行政法规和规章草案要向社会公开征求意见，并以适当方式反馈意见采纳情况。建立健全专家咨询论证制度，充分发挥专家学者在政府立法中的作用。法律法规规章草案涉及其他部门职责的，要充分听取相关部门的意见；相关部门要认真研究，按要求及时回复意见。加强政府法制机构在政府立法中的主导和协调作用，涉及重大意见分歧、达不成一致意见的，要及时报请本级人民政府决定。坚决克服政府立法过程中的部门利益和地方保护倾向。积极探索开展政府立法成本效益分析、社会风险评估、实施情况后评估工作。加强行政法规、规章解释工作。

8. 加强对行政法规、规章和规范性文件的清理。坚持立“新法”与改“旧法”并重。对不符合经济社会发展要求，与上位法相抵触、不一致，或者相互之间不协调的行政法规、规章和规范性文件，要及时修改或者废止。建立规章和规范性文件定期清理制度，对规章一般每隔5年、规范性文件一般每隔2年清理一次，清理结果要向社会公布。

9. 健全规范性文件制定程序。地方各级行政机关和国务院各部门要严格依法制定规范性文件。各类规范性文件不得设定行政许可、行政处罚、行政强制等事项，不得违法增加公民、法人和其他组织的义务。制定对公民、法人或者其他组织的权利义务产生直接影响的规范性文件，要公开征求意见，由法制机构进行合法性审查，并经政府常务会议或者部门领导班子会议集体讨论决定；未经公开征求意见、合法性审查、集体讨论的，不得发布施行。县级以上地方人民政府对本级政府及其部门的规范性文件，要逐步实行统一登记、统一编号、统一发布。探索建立规范性文件有效期制度。

10. 强化规章和规范性文件备案审查。严格执行法规规章备案条例和有关规范性文件备案的规定，加强备案审查工作，做到有件必备、有错必纠，切实维护法制统一和政令畅通。要重点加强对违法增加公民、法人和其他组织义务或者影响其合法权益，搞地方或行业保护等内容的规章和规范性文件的备案审查工作。建立规范性文件备案登记、公布、情况通报和监督检查制度，加强备案工作信息化建设。对公民、法人和其他组织提出的审查建议，要按照有关规定认真研究办理。对违法的规章和规范性文件，要及时报请有权机关依法予以撤销并向社会公布。备案监督机构要定期向社会公布通过备案审查的规章和规范性文件目录。

四、坚持依法科学民主决策

11. 规范行政决策程序。加强行政决策程序建设，健全重大行政决策规则，推进行政决策的科学化、民主化、法治化。要坚持一切从实际出发，系统全面地掌握实际情况，深入分析决策对各方面的影响，认真权衡利弊得失。要把公众参与、专家论证、风险评估、合法性审查和集体讨论决定作为重大决策的必经程序。作出重大决策前，要广泛听取、充分吸收各方面意见，意见采纳情况及其理由要以适当形式反馈或者公布。完善重大决策听证制度，扩大听证范围，规范听证程序，听证参加人要有广泛的代表性，听证意见要作为决策的重要参考。重大决策要经政府常务会议或者部门领导班子会议集体讨论决定。重大决策事项应当在会前交由法制机构进行合法性审查，未经合法性审查或者经审查不合法的，不能提交会议讨论、作出决策。

12. 完善行政决策风险评估机制。凡是有关经济社会发展和人民群众切身利益的重大政策、重大项目等决策事项，都要进行合法性、合理性、可行性和可控性评估，重点是进行社会稳定、环境、经济等方面的风险评估。建立完善部门论证、专家咨询、公众参与、专业机构测评相结合的风险评估工作机制，通过舆情跟踪、抽样调查、重点走访、会商分析等方式，对决策可能引发的各种风险进行科学预测、综合研判，确定风险等级并制定相应的化解处置预案。要把风险评估结果作为决策的重要依据，未经风险评估的，一律不得作出决策。

13. 加强重大决策跟踪反馈和责任追究。在重大决策执行过程中，决策机关要跟踪决策的实施情况，通过多种途径了解利益相关方和社会公众对决策实施的意见和建议，全面评估决策执行效果，并根据评估结果决定是否对决策予以调整或者停止执行。对违反决策规定、出现重大决策失误、造成重大损失的，要按照谁决策、谁负责的原则严格追究责任。

五、严格规范公正文明执法

14. 严格依法履行职责。各级行政机关要自觉在宪法和法律范围内活动，严格依照法定权限和程序行使权力、履行职责。要全面履行政府职能，更加重视社会管理和公共服务，着力保障和改善民生，切实解决就业、教育、医疗、社会保障、保障性住房等方面人民群众最关心的问题。加大行政执法力度，严厉查处危害安全生产、食品药品安全、自然资源和环境保护、社会治安等方面的违法案件，维护公共利益和经济社会秩序。认真执行行政许可法，深化行政审批制度改革，进一步规范和减少行政审批，推进政府职能转变和管理方式创新。着力提高政府公信力，没有法律、法规、规章依据，行政机关不得作出影响公民、法人和其他组织权益或者增加其义务的决定；行政机关参与民事活动，要依法行使权利、履行义务、承担责任。

15. 完善行政执法体制和机制。继续推进行政执法体制改革，合理界定执法权限，明确执法责任，推进综合执法，减少执法层级，提高基层执法能力，切实解决多头执法、多层执法和不执法、乱执法问题。改进和创新执法方式，坚持管理与服务并重、处置与疏导结合，实现法律效果与社会效果的统一。加强行政执法信息化建设，推行执法流程网上管理，提高执法效率和规范化水平。县级以上人民政府要建立相关机制，促进行政执法部门信息交流和资源共享。完善执法经费由财政保障的机制，切实解决执法经费与罚没收入挂钩问题。

16. 规范行政执法行为。各级行政机关都要强化程序意识，严格按程序执法。加强程序制度建设，细化执法流程，明确执法环节和步骤，保障程序公正。要平等对待行政相对人，同样情形同等处理。行政执法机关处理违法行为的手段和措施要适当适度，尽力避免或者减少对当事人权益的损害。建立行政裁量权基准制度，科学合理细化、量化行政裁量权，完善适用规则，严格规范裁量权行使，避免执法的随意性。健全行政执法调查规则，规范取证活动。坚持文明执法，不得粗暴对待当事人，不得侵害执法对象的人格尊严。加强行政执法队伍建设，严格执法人员持证上岗和资格管理制度，狠抓执法纪律和职业道德教育，全面提高执法人员素质。根据法律法规规章立、改、废情况及时调整、梳理行政执法依据，明确执法职权、机构、岗位、人员和责任，并向社会公布。充分利用信息化手段开展执法案卷评查、质量考核、满意度测评等工作，加强执法评议考核，评议考核结果要作为执法人员奖励惩处、晋职晋级的重要依据。严格落实行政执法责任制。

六、全面推进政务公开

17. 加大政府信息公开力度。认真贯彻实施政府信息公开条例，坚持以公开为原则、不公开为例外，凡是不涉及国家秘密、商业秘密和个人隐私的政府信息，都要向社会公开。加大主动公开力度，重点推进财政预算、公共资源配置、重大建设项目批准和实施、社会公益事业建设等领域的政府信息公开。政府全部收支都要纳入预算管理，所有公共支出、基本建设支出、行政经费支出的预算和执行情况，以及政府性基金收支预算和中央国有资本经营预算等情况都要公开透明。政府信息公开要及时、准确、具体。对人民群众申请公开政府信息的，要依法在规定时限内予以答复，并做好相应服务工作。建立健全政府信息公开的监督和保障机制，定期对政府信息公开工作进行评议考核。依法妥善处理好信息公开与保守秘密的关系，对依法应当保密的，要切实做好保密工作。

18. 推进办事公开。要把公开透明作为政府工作的基本制度，拓宽办事公开领域。所有面向社会服务的政府部门都要全面推进办事公开制度，依法公开办事依据、条件、要求、过程和结果，充分告知办事项目有关信息。要规范和监督医院、学校、公交、公用等公共企事业单位的办事公开工作，重点公开岗位职责、服务承诺、收费项目、工作规范、办事纪律、监督渠道等内容，为人民群众生产生活提供优质、高效、便利的服务。

19. 创新政务公开方式。进一步加强电子政务建设，充分利用现代信息技术，建设好互联网信息服务平台和便民服务网络平台，方便人民群众通过互联网办事。要把政务公开与行政审批制度改革结合起来，推行网上电子审批、“一个窗口对外”和“一站式”服务。规范和发展各级各类行政服务中心，对与企业和人民群众密切相关的行政管理事项，要尽可能纳入行政服务中心办理，改善服务质量，提高服务效率，降低行政成本。

七、强化行政监督和问责

20. 自觉接受监督。各级人民政府和政府部门要自觉接受人大及其常委会的监督、政协的民主监督和人民法院依法实施的监督。对事关改革发展稳定大局、人民群众切身利益和社会普遍关心的热点问题，县级以上人民政府要主动向同级人大常委会专题报告。拓宽群众监督渠道，依法保障人民群众监督政府的权利。完善群众举报投诉制度。高度重视舆论监督，支持新闻媒体对违法或者不当的行政行为进行曝光。对群众举报投诉、新闻媒体反映的问题，有关行政机关要认真调查核实，及时依法作出处理，并将处理结果向社会公布。

21. 加强政府内部层级监督和专门监督。上级行政机关要切实加强对下级行政机关的监督，及时纠正违法或者不当的行政行为。保障和支持审计、监察等部门依法独立行使监督权。审计部门要着力加强财政专项资金和预算执行审计、重大投资项目审计、金融审计、国有企业领导人员经济责任审计等工作，加强社会保障基金、住房公积金、扶贫救灾资金等公共资金的专项审计。监察部门要全面履行法定职责，积极推进行政问责和政府绩效管理监察，严肃追究违法违纪人员的责任，促进行政机关廉政勤政建设。

22. 严格行政问责。严格执行行政监察法、公务员法、行政机关公务员处分条例和关于实行党政领导干部问责的暂行规定，坚持有错必纠、有责必问。对因有令不行、有禁不止、行政不作为、失职渎职、违法行政等行为，导致一个地区、一个部门发生重大责任事故、事件或者严重违法行政案件的，要依法依纪严肃追究有关领导直至行政首长的责任，督促和约束行政机关及其工作人员严格依法行使权力、履行职责。

八、依法化解社会矛盾纠纷

23. 健全社会矛盾纠纷调解机制。要把行政调解作为地方各级人民政府和有关部门的重要职责，建立由地方各级人民政府负总责、政府法制机构牵头、各职能部门为主体的行政调解工作体制，充分发挥行政机关在化解行政争议和民事纠纷中的作用。完善行政调解制度，科学界定调解范围，规范调解程序。对资源开发、环境污染、公共安全事故等方面的民事纠纷，以及涉及人数较多、影响较大、可能影响社会稳定的纠纷，要主动进行调解。认真实施人民调解法，积极指导、支持和保障居民委员会、村民委员会等基层组织开展人民调解工作。推动建立行政调解与人民调解、司法调解相衔接的大调解联动机制，实现各类调解主体的有效互动，形成调解工作合力。

24. 加强行政复议工作。充分发挥行政复议在解决矛盾纠纷中的作用，努力将行政争议化解在初发阶段和行政程序中。畅通复议申请渠道，简化申请手续，方便当事人提出申请。对依法不属于复议范围的事项，要认真做好解释、告知工作。加强对复议受理活动的监督，坚决纠正无正当理由不受理复议申请的行为。办理复议案件要深入调查，充分听取各方意见，查明事实、分清是非。注重运用调解、和解方式解决纠纷，调解、和解达不成协议的，要及时依法公正作出复议决定，对违法或者不当的行政行为，该撤销的撤销，该变更的变更，该确认违法的确认违法。行政机关要严格履行行政复议决定，对拒不履行或者无正当理由拖延履行复议决定的，要依法严肃追究有关人员的责任。探索开展相对集中行政复议审理工作，进行行政复议委员会试点。健全行政复议机构，确保复议案件依法由 2 名以上复议人员办理。建立健全适应复议工作特点的激励机制和经费装备保障机制。完善行政复议与信访的衔接机制。

25. 做好行政应诉工作。完善行政应诉制度，积极配合人民法院的行政审判活动，支持人民法院依法独立行使审判权。对人民法院受理的行政案件，行政机关要依法积极应诉，按规定向人民法院提交作出具体行政行为的依据、证据和其他相关材料。对重大行政诉讼案件，行政机关负责人要主动出庭应诉。尊重并自觉履行人民法院的生效判决、裁定，认真对待人民法院的司法建议。

九、加强组织领导和督促检查

26. 健全推进依法行政的领导体制和机制。地方各级人民政府和政府部门都要建立由主要负责人牵头的依法行政领导协调机制，统一领导本地区、本部门推进依法行政工作。县级以上地方人民政府常务会议每年至少听取 2 次依法行政工作汇报，及时解决本地区依法行政中存在的突出问题，研究部署全面推进依法行政、加强法治政府建设的具体任务和措施。加强对推进依法行政工作的督促指导、监督检查和舆论宣传，对成绩突出的单位和个人按照国家有关规定给予表彰奖励，对工作不力的予以通报批评。加强依法行政工作考核，科学设定考核指标并纳入地方各级人民政府目标考核、绩效考核评价体系，将考核结果作为对政府领导班子和领导干部综合考核评价的重要内容。

27. 强化行政首长作为推进依法行政第一责任人的责任。各级人民政府及其部门要把全面推进依法行政、加强法治政府建设摆在更加突出的位置。行政首长要对本地区、本部门依法行政工作负总责，切实承担起领导责任，将依法行政任务与改革发展稳定任务一起部署、一起落实、一起考核。县级以上地方人民政府每年要向同级党委、人大常委会和上一级人民政府报告推进依法行政情况，政府部门每年要向本级人民政府和上一级人民政府有关部门报告推进依法行政情况。

28. 加强法制机构和队伍建设。县级以上各级人民政府及其部门要充分发挥法制机构在推进依法行政、建设法治政府方面的组织协调和督促指导作用。进一步加强法制机构建设，使法制机构的规格、编制与其承担的职责和任务相适应。要加大对法制干部的培养、使用和交流力度，重视提拔政治素质高、法律素养好、工作能力强的法制干部。政府法制机构及其工作人员要努力提高新形势下做好政府法制工作的能力和水平，努力当好政府或者部门领导在依法行政方面的参谋、助手和顾问。

29. 营造学法遵法守法的良好社会氛围。各级人民政府及其部门要采取各种有效形式深入开展法治宣传教育，精心组织实施普法活动，特别要加强与人民群众生产生活密切相关的法律法规宣传，大力弘扬社会主义法治精神，切实增强公民依法维护权利、自觉履行义务的意识，努力推进法治社会建设。

各地区、各部门要把贯彻落实本意见与深入贯彻《纲要》和《国务院关于加强市县政府依法行政的决定》（国发〔2008〕17号）紧密结合起来，根据实际情况制定今后一个时期加强法治政府建设的工作规划，明确工作任务、具体措施、完成时限和责任主体，确定年度工作重点，扎扎实实地推进依法行政工作，务求法治政府建设不断取得新成效，实现新突破。

国务院

二〇一〇年十月十日

关于开展依托电子政务平台加强县级政府政务公开和政务服务试点工作的意见

全国政务公开领导小组

为贯彻落实党中央、国务院关于深化政务公开和加强政务服务的要求，进一步提高县级政府政务公开和政务服务水平，现就开展依托电子政务平台加强县级政府政务公开和政务服务试点工作提出以下意见。

一、开展试点工作的重要性和必要性

（一）开展试点工作是深化政务公开、加强政务服务的有效举措。深化政务公开、加强政务服务，对于推进行政体制改革、加强对行政权力监督制约、从源头上防治腐败和建设服务型政府，都具有重要意义。县级政府在我国政权体系中具有十分重要的地位，是国家法律法规和政策的重要执行者。实际工作中，直接涉及人民群众具体利益的行政行为大多数由县级政府作出，直接面向群众的政务服务大多数由县级政府提供，县级政府能否切实做好政务公开和政务服务工作，很大程度上决定着政府政务公开和政务服务的整体水平。利用信息化手段推进县级政府政务公开和政务服务，是加强政府自身建设和管理的有效举措，有利于保证政务公开各项任务落实到基层，更好地为群众提供高效、便捷的政务服务，促进县级政府依法行政、阳光施政。

（二）开展试点工作是深化政务公开、加强政务服务的现实需要。近年来，县级政府结合实际，勇于探索，不断加强电子政务应用，大力推进政务公开，强化政务服务，得到人民群众的普遍认可。但是，这项工作离党中央、国务院的要求和人民群众的期望仍有差距，突出表现在政务公开内容不够全面，政务服务水平不高，利用电子政务平台开展有关工作的项目和标准不统一、运行不够规范，实际效果不能满足各方面需要，迫切需要进一步加强和规范。深化政务公开、加强政务服务的重点在基层，难点在基层，县级政府依托电子政务平台开展有关工作，涉及面广，情况复杂，工作难度大，需要通过试点积累经验，逐步规范，循序渐进地推开。各地区、各有关部门要充分认识这项工作的重要意义，扎实开展试点工作，不断推动政务公开和政务服务取得新成效。

二、指导思想、基本原则和目标任务

（三）指导思想。以邓小平理论和“三个代表”重要思想为指导，深入贯彻落实科学发展观，以统一的电子政务平台为载体，推进行政权力公开透明运行，逐步实现政务服务均等化，全面提高县级政府政务公开和政务服务水平。

（四）基本原则。强化为群众服务意识，寓管理于服务之中，突出政务公开和政务服务实际效果；加强电子政务平台建设的统筹协调，实现资源整合和信息共享；针对不同区域和城乡特点，加强分类指导，有计划、分步骤予以推进。

（五）目标任务。在全国选择 100 个县（市、区）开展试点工作，用一年左右时间，建立和完善统一的电子政务平台，充分利用平台全面、准确发布政府信息公开事项，实时、规范办理主要行政职权和便民服务事项，并实现电子监察全覆盖，为在全国全面推行奠定基础、积累经验。

三、实施步骤

（六）确定试点县（市、区）。各省（区、市）政务公开领导小组会同政府信息公开和政府网站主管部门、工业和信息化等相关部门协商确定试点县（市、区）（名额分配见附件 1），并于 2011 年 10 月底前报全国政务公开领导小组办公室备案。所选试点县（市、区）要具有代表性，具备一定电子政务工作基础，政务公开和政务服务工作开展较好。各省（区、市）可结合实际扩大试点范围。

（七）规范政务公开和政务服务事项。试点县（市、区）要全面梳理、清理并严格规范政府信息公开、行政职权和便民服务事项，编制政务公开和政务服务目录，报市

（地）和省（区、市）两级政务公开领导小组审核确认后，于 2012 年 2 月底前向社会公布。编制、公布的目录必须包括《县级政府依托电子政务平台开展政务公开和政务服务事项基本目录》（见附件 2，以下简称《基本目录》）中所列事项，并针对每类事项的不同特点相应明确每个事项包含的具体内容。

清理、规范行政职权要按照职权法定、权责一致的要求进行。要摸清对管理和服务对象行使的行政职权底数，对没有合法依据的行政职权予以取消。将依法确定并审核确认的行政职权编入政务公开和政务服务目录，明确每项行政职权的名称、内容、办理主体、依据、条件、期限和监督渠道。在优化运行流程基础上，针对每项行政职权编制“权力运行流程图”，在办理主体内部明确办理的岗位、权限、程序和时限等，为在电子政务平台上运行、开展电子监察打好基础。行政职权中的行政处罚事项暂不纳入电子政务平台办理，但要进行清理、规范，细化、量化裁量基准，明确裁量范围、种类和幅度，列入目录并予以公布。

发布政府信息公开事项要遵循政府信息公开相关规定，并结合实际细化相关内容，切实增强公开的全面性和实效性。便民服务事项要做到依据充分、主体明确、流程清晰，试点县（市、区）可根据实际情况，充分考虑群众需求，在《基本目录》所列事项基础上进一步扩充。

（八）建立和完善统一的电子政务平台。试点县（市、区）要建立、使用统一的电子政务平台，平台由电子政务网络、政府网站、业务管理系统、应用及数据服务中心和信息安全保障体系等组成。要加强规划设计，整合信息化建设资源，充分利用现有政府网站和政务（行政）服务中心基础设施，结合集约化社区服务信息网络平台建设，对现有电子政务平台进行调整、升级和改造，满足政务公开和政务服务应用需要。没有统一电子政务平台的县（市、区），要统一规划、统一建设。电子政务平台的功能和性能要通过国家专业评测机构的技术评测。监察部、工业和信息化部、国家预防腐败局要联合编制依托电子政务平台加强县级政府政务公开和政务服务实施指南，加强对电子政务平台建设的指导。

（九）加强电子政务平台的应用。试点县（市、区）政务公开和政务服务目录要在电子政务平台的政府网站上公布，同时通过其他多种方式进行公布，使全社会广泛知晓。要在平台上全面、准确发布目录中的政府信息公开事项，将目录所列行政职权纳入平台的业务系统办理，通过平台的乡镇（街道）窗口终端办理便民服务事项，并使电子监察覆盖行政职权和便民服务事项办理流程的各个环节。要加强对平台使用情况的监督检查，防止规避平台，确保平台充分使用。鼓励逐步将行政处罚事项纳入电子政务平台进行监控。

（十）总结评估试点工作效果。各地区要针对试点工作中的薄弱环节，及时提出改进意见和措施，不断完善政务公开和政务服务的工作机制、平台建设和制度规定。要加强电子政务平台运行和办事效能的评估，及时总结经验。全国政务公开领导小组将于 2012 年 8 月前后对试点工作进行评估总结，提出下一步在全国全面推行的意见。

四、有关要求

（十一）加强组织领导。试点工作政策性强、涉及面广，各地区要把这项工作作为一项重要任务，纳入议事日程，精心组织部署，加强督促检查，及时研究解决试点工作遇到的问题。各试点县（市、区）人民政府要编制工作计划和实施方案，明确责任单位和任务分工，认真组织实施，确保按时完成试点任务。要加强培训，全面提高行政机关和公务员的政务公开意识、政务服务水平和电子政务应用能力。

（十二）明确工作责任。各有关部门要认真指导试点地区梳理、规范本系统政务公开和政务服务事项，编制、财政和法制等部门要加强相关工作指导和项目审核，工业和信息化主管部门要指导协调做好电子政务平台的应用设计、平台构建、运行维护和技术保障。要加强资金保障，全国政务公开领导小组将对中西部地区试点县（市、区）给予补助。

（十三）加强统筹协调。全国政务公开领导小组负责试点工作的组织实施，地方各级政务公开领导小组、监察机关、预防腐败机构要加强统筹协调和检查评估，及时报告工作进展情况。要将试点工作与加强业务建设和廉政风险防控有机结合起来，做到相互促进。

附件：1. 试点县（市、区）名额分配表（略）

2. 县级政府依托电子政务平台开展政务公开和政务服务事项基本目录（略）

国务院办公厅关于进一步加强政府网站管理工作的通知

国办函〔2011〕40 号

各省、自治区、直辖市人民政府，国务院各部委、各直属机构：

政府网站已经成为各级人民政府及其部门发布政府信息、提供在线服务、与公众互动交流的重要平台和窗口，在提高行政效能、提升政府公信力等方面发挥了重要作用。但也有一些地方和部门政府网站存在发布信息和页面更新不及时甚至链接错误等问题，给政府形象和公信力造成不良影响。最近，温家宝总理作出重要批示，指出办好政府网站的关键在于及时、准确公开政务信息，倾听群众的意见、呼声和要求，及时讲清事实真相、政策措施、处理结果。只有互动、解决问题，才能吸引群众。为切实加强和规范政府网站管理，经国务院同意，现就有关事项通知如下：

一、高度重视，进一步加强对政府网站管理工作的领导

一些政府网站存在的种种问题，主要原因是建而不管或管不到位，有的单位负责同志对本单位开办的政府网站不问不看，致使网站的政府信息公开平台作用长期得不到发挥和体现，网站管理中存在的问题长期得不到纠正。各地区、各部门要进一步提

高认识，把办好网站放在政府工作的重要位置。要按照谁主管谁负责、谁运行谁负责的原则，强化管理和责任，确保网站管理工作落实到人，做到不办则已，办则有人管、能管好。对于委托其他单位运行维护的政府网站，主管单位要加强检查指导，做好内容保障工作，确保网站管理不缺位。提倡领导同志读网。

二、全面检查，切实解决政府网站管理中的突出问题

各地区、各部门要对本地区、本部门政府网站进行全面检查，重点检查以下内容：一是网站页面能否正常访问，各栏目及其子栏目内容是否及时更新；二是信息发布审核和保密审查机制是否健全；三是网站提供的各项服务和互动功能是否正常；四是网站链接是否经过管理单位审核把关，是否存在错链和断链；五是网站安全防范工作是否到位，是否采取了防攻击、防篡改、防病毒等安全防护措施，并制订了应急处置预案；六是网站管理单位和运行维护单位职责是否明确。对检查清理中发现的问题要及时整改，确保上网信息准确、真实，不发生失泄密问题，确保公众能够及时获取政府信息、获得便利的在线服务，确保链接正确有效、网站安全平稳运行。对确实无力管好的网站或栏目，要果断予以关闭。

各地区、各部门要对政府网站管理工作开展经常性的督促检查，并使之制度化、常态化，及时发现并妥善解决存在的问题。

三、健全机制，充分发挥政府网站的信息公开、互动交流作用

要切实加强主动公开工作，及时准确在政府网站发布涉及群众切身利益、需要社会公众广泛知晓或者参与的政府信息，尤其要做好财政预决算、公共资源配置、重大建设项目、社会公益事业等领域政府信息的发布工作。凡是可公开的不涉密文件，都要通过政府网站公开发布。涉及群众切身利益的重要决策，要在政府网站公开征求意见；重要政策出台后，要及时通过政府网站做好政策解读工作；对公众关注的社会热点问题，要主动在政府网站予以回应，发布权威信息，讲清事实真相、有关政策措施以及处理结果等。提倡地方和部门负责同志到政府网站接受在线访谈。

四、规范管理，不断提升政府网站工作水平

政府网站管理单位要建立网站链接审批制度，严格审核把关；运行维护单位要定期检查链接的有效性，发现链接错误，要及时查明原因，加以更正。网站管理和运行维护单位要建立值班读网制度，安排值班人员每日登录网站读网，检查网站运行和页面显示是否正常，特别要认真审看重要稿件和重要信息，及时发现和纠正错情。要不断完善政府网站防攻击、防篡改、防病毒等安全防护措施，做好日常巡检和监测，发现问题或出现突发情况要及时妥善处理。对于缺乏技术保障力量的政府网站，上级政府、部门和主管单位要主动协调有关方面提供技术支持，帮助其做好网站的安全防范工作。政府网站运行维护单位要按照信息安全等级保护的要求，定期对网站进行安全检查，及时消除隐患。

各地区、各部门要通过举办培训班和开展交流研讨等多种方式，对政府网站工作

人员进行经常化的管理和业务培训，不断提高办网、管网能力。

国务院办公厅

二〇一一年四月二十一日

国务院办公厅关于加强和规范各地政府驻北京办事机构管理的意见

国办发〔2010〕8号

各省、自治区、直辖市人民政府，国务院各部委、各直属机构：

改革开放以来，各地政府驻北京办事机构认真贯彻执行党的路线方针政策，积极开展有关工作，在加强地区间协作、服务本地区经济社会发展、处置突发事件、维护首都稳定等方面发挥了积极作用。但也存在驻京办事机构设置过多过滥、职能定位不准确、公务接待不规范、监督管理机制不健全等问题。为加强和规范各地政府驻北京办事机构管理，经国务院同意，现提出以下意见：

一、指导思想和总体要求

（一）以邓小平理论和“三个代表”重要思想为指导，深入贯彻落实科学发展观，进一步规范驻京办事机构设置，加强监督管理，降低行政成本，推动驻京办事机构更加规范有序地开展工作。

（二）按照党的十七大提出的建设服务型政府的要求，明确驻京办事机构的职能定位，强化公共服务和社会管理，坚持以人为本，努力为派出地经济社会发展提供优质、节俭、高效的服务。

（三）认真贯彻执行党的十七届四中全会决定精神，切实加强驻京办事机构党的建设、制度建设和廉政建设，把驻京办事机构建设成为密切联系群众、清正廉洁、务实为民的服务窗口。

二、认真清理现有驻京办事机构

（四）保留省、自治区、直辖市、计划单列市、副省级市人民政府驻北京办事处，新疆生产建设兵团驻北京办事处，经济特区人民政府驻北京办事处（以下简称省级及经济特区政府驻京办事机构）。

（五）已经设立的地级市、地区、盟、州人民政府驻京联络处（以下简称地市级政府驻京办事机构），确因工作需要，经所在省（区、市）人民政府核准后可予保留。

（六）撤销地方各级政府职能部门、各类开发区管委会以及其他行使政府管理职能单位以各种名义设立的驻京办事机构。

（七）撤销县、县级市、旗、市辖区人民政府以各种名义设立的驻京办事机构。

三、严格规范驻京办事机构职能

（八）驻京办事机构主要承担派出地党委、政府委托的工作，为本地区经济社会发展服务；承办中央和国家机关有关部门交办事项；配合北京市做好维护首都稳定的有关工作。

（九）驻京办事机构要适应经济社会发展要求，切实转变职能，实行政企分开，强化公共服务和社会管理，积极推进公务接待和后勤服务社会化改革，努力为本地区基层组织、社会组织和群众在京活动提供相关服务。

（十）驻京办事机构要协助流入地党组织做好本地区在京流动党员的教育管理服务工作。

四、着力加强驻京办事机构管理

（十一）按照"谁派出、谁监管"的原则，派出地政府要切实承担起对驻京办事机构监管的主体责任，严格驻京办事机构设置，健全监管制度，落实党风廉政建设责任制。加强预算、财务和资产管理，将驻京办事机构国有资产收益及其他非税收入纳入派出地财政管理，每年对驻京办事机构进行审计。不得违规使用财政资金在北京新建和购置具有经营、接待服务性质的场所。

（十二）国管局要做好省级及经济特区政府驻京办事机构的有关管理和协调工作，拟定相关规章制度和管理办法。加强省级及经济特区政府驻京办事机构的党团工作，协助派出地政府抓好廉政建设，必要时会同审计署对省级及经济特区政府驻京办事机构审计情况进行抽查。

（十三）北京市政府要做好保留的地市级政府驻京办事机构的核准和年检工作，负责所有保留的驻京办事机构工作户口和工作居住证管理，研究制定相关管理办法，为驻京办事机构在京开展工作提供便利。

（十四）各省（区、市）人民政府驻京办事机构要加强对本省（区、市）地市级政府驻京办事机构工作的指导，协助派出地政府抓好廉政建设。

（十五）驻京办事机构各派出地政府与国管局、北京市政府要加强沟通协调，建立信息通报机制，定期通报驻京办事机构廉政建设、履行职责、执行财经纪律等重要情况。

（十六）驻京办事机构要加强自身建设，认真执行廉洁从政的各项规定，建立健全财务和资产管理制度，严格遵守财经纪律，确保行政事业性资产的安全完整和合理使用。要认真执行党政机关国内公务接待管理规定，加强公务接待管理，不得超标准接待，严格控制经费支出。

五、切实落实驻京办事机构管理责任

（十七）地方各级政府和有关部门要高度重视驻京办事机构管理，加强领导，落实责任，制定加强和规范驻京办事机构管理的方案，认真组织实施。

（十八）妥善做好撤销驻京办事机构的工作。对撤销的驻京办事机构的土地、房屋、车辆及其他资产，派出地政府要按照国有资产管理的有关规定进行处置，防止国有资产流失；对工作人员要做好思想政治工作，妥善进行安置。撤销驻京办事机构的工作要在本意见下发后6个月内完成，各省（区、市）人民政府要将有关情况报送国务院，并抄送监察部、国管局。

（十九）除按规定保留的驻京办事机构外，地方各级政府及其部门不得以任何名义和任何形式在北京设立新的办事机构，或者派驻人员以驻京办事机构名义开展活动。地方各级机构编制管理和财政部门不得为违规设立的驻京办事机构审批编制、核拨经费。违反规定的要严肃处理，并追究有关人员的责任。

（二十）此前有关规定与本意见不一致的，以本意见为准。

国务院办公厅

二〇一〇年一月十九日

二 党的文献

（一）中央全会文件

2010年10月18日，中国共产党第十七届中央委员会第五次全体会议通过的《中共中央关于制定国民经济和社会发展第十二个五年规划的建议》中指出："健全科学决策、民主决策、依法决策机制，推进政务公开，增强公共政策制定透明度和公众参与度，加强行政问责制，改进行政复议和行政诉讼，完善政府绩效评估制度，提高政府公信力。"

全面提高信息化水平。推动信息化和工业化深度融合，加快经济社会各领域信息化。发展和提升软件产业。积极发展电子商务。加强重要信息系统建设，强化地理、人口、金融、税收、统计等基础信息资源开发利用。实现电信网、广播电视网、互联网"三网融合"，构建宽带、融合、安全的下一代国家信息基础设施。推进物联网研发应用。以信息共享、互联互通为重点，大力推进国家电子政务网络建设，整合提升政府公共服务和管理能力。确保基础信息网络和重要信息系统安全。

——节选自中国共产党第十七届中央委员会第五次全体会议通过的《中共中央关

于制定国民经济和社会发展第十二个五年规划的建议》(2010年10月18日)第四部分第十六条

推进行政体制改革。进一步转变政府职能,深化行政审批制度改革,加快推进政企分开,减少政府对微观经济活动的干预,加快建设法治政府和服务型政府。继续优化政府结构、行政层级、职能责任,降低行政成本,坚定推进大部门制改革,在有条件的地方探索省直接管理县(市)的体制。健全科学决策、民主决策、依法决策机制,推进政务公开,增强公共政策制定透明度和公众参与度,加强行政问责制,改进行政复议和行政诉讼,完善政府绩效评估制度,提高政府公信力。

——节选自中国共产党第十七届中央委员会第五次全体会议通过的《中共中央关于制定国民经济和社会发展第十二个五年规划的建议》(2010年10月18日)第十部分第四十一条

进一步深化改革开放,加快构建有利于文化繁荣发展的体制机制

文化引领时代风气之先,是最需要创新的领域。必须牢牢把握正确方向,加快推进文化体制改革,建立健全党委领导、政府管理、行业自律、社会监督、企事业单位依法运营的文化管理体制和富有活力的文化产品生产经营机制,发挥市场在文化资源配置中的积极作用,创新文化走出去模式,为文化繁荣发展提供强大动力。

(一)深化国有文化单位改革。以建立现代企业制度为重点,加快推进经营性文化单位改革,培育合格市场主体。科学界定文化单位性质和功能,区别对待、分类指导,循序渐进、逐步推开,推进一般国有文艺院团、非时政类报刊社、新闻网站转企改制,拓展出版、发行、影视企业改革成果,加快公司制股份制改造,完善法人治理结构,形成符合现代企业制度要求、体现文化企业特点的资产组织形式和经营管理模式。创新投融资体制,支持国有文化企业面向资本市场融资,支持其吸引社会资本进行股份制改造。着眼于突出公益属性、强化服务功能、增强发展活力,全面推进文化事业单位人事、收入分配、社会保障制度改革,明确服务规范,加强绩效评估考核。创新公共文化服务设施运行机制,吸纳有代表性的社会人士、专业人士、基层群众参与管理。推动党报党刊、电台电视台进一步完善管理和运行机制。推动一般时政类报刊社、公益性出版社、代表民族特色和国家水准的文艺院团等事业单位实行企业化管理,增强面向市场、面向群众提供服务能力。

(二)健全现代文化市场体系。促进文化产品和要素在全国范围内合理流动,必须构建统一开放竞争有序的现代文化市场体系。要重点发展图书报刊、电子音像制品、演出娱乐、影视剧、动漫游戏等产品市场,进一步完善中国国际文化产业博览交易会等综合交易平台。发展连锁经营、物流配送、电子商务等现代流通组织和流通形式,加快建设大型文化流通企业和文化产品物流基地,构建以大城市为中心、中小城市相配套、贯通城乡的文化产品流通网络。加快培育产权、版权、技术、信息等要素市场,办好重点文化产权交易所,规范文化资产和艺术品交易。加强行业组织建设,健全中介机构。

（三）创新文化管理体制。深化文化行政管理体制改革，加快政府职能转变，强化政策调节、市场监管、社会管理、公共服务职能，推动政企分开、政事分开，理顺政府和文化企事业单位关系。完善管人管事管资产管导向相结合的国有文化资产管理体制。健全文化市场综合行政执法机构，推动副省级以下城市完善综合文化行政责任主体。加快文化立法，制定和完善公共文化服务保障、文化产业振兴、文化市场管理等方面法律法规，提高文化建设法制化水平。坚持主管主办制度，落实谁主管谁负责和属地管理原则，严格执行文化资本、文化企业、文化产品市场准入和退出政策，综合运用法律、行政、经济、科技等手段提高管理效能。深入开展“扫黄打非”，完善文化市场管理，坚决扫除毒害人们心灵的腐朽文化垃圾，切实营造确保国家文化安全的市场秩序。

（四）完善政策保障机制。保证公共财政对文化建设投入的增长幅度高于财政经常性收入增长幅度，提高文化支出占财政支出比例。扩大公共财政覆盖范围，完善投入方式，加强资金管理，提高资金使用效益，保障公共文化服务体系建设和运行。落实和完善文化经济政策，支持社会组织、机构、个人捐赠和兴办公益性文化事业，引导文化非营利机构提供公共文化产品和服务。加大财政、税收、金融、用地等方面对文化产业的政策扶持力度，鼓励文化企业和社会资本对接，对文化内容创意生产、非物质文化遗产项目经营实行税收优惠。设立国家文化发展基金，扩大有关文化基金和专项资金规模，提高各级彩票公益金用于文化事业比重。继续执行文化体制改革配套政策，对转企改制国有文化单位扶持政策执行期限再延长五年。

（五）推动中华文化走向世界。开展多渠道多形式多层次对外文化交流，广泛参与世界文明对话，促进文化相互借鉴，增强中华文化在世界上的感召力和影响力，共同维护文化多样性。创新对外宣传方式方法，增强国际话语权，妥善回应外部关切，增进国际社会对我国基本国情、价值观念、发展道路、内外政策的了解和认识，展现我国文明、民主、开放、进步的形象。实施文化走出去工程，完善支持文化产品和服务走出去政策措施，支持重点主流媒体在海外设立分支机构，培育一批具有国际竞争力的外向型文化企业和中介机构，完善译制、推介、咨询等方面扶持机制，开拓国际文化市场。加强海外中国文化中心和孔子学院建设，鼓励代表国家水平的各类学术团体、艺术机构在相应国际组织中发挥建设性作用，组织对外翻译优秀学术成果和文化精品。构建人文交流机制，把政府交流和民间交流结合起来，发挥非公有制文化企业、文化非营利机构在对外文化交流中的作用，支持海外侨胞积极开展中外人文交流。建立面向外国青年的文化交流机制，设立中华文化国际传播贡献奖和国际性文化奖项。

（六）积极吸收借鉴国外优秀文化成果。坚持以我为主、为我所用，学习借鉴一切有利于加强我国社会主义文化建设的有益经验、一切有利于丰富我国人民文化生活的积极成果、一切有利于发展我国文化事业和文化产业的经营管理理念和机制。加强文化领域智力、人才、技术引进工作。吸收外资进入法律法规许可的文化产业领域，保障投资者合法权益。鼓励文化单位同国外有实力的文化机构进行项目合作，学习先进制作技术和管理经验。鼓励外资企业在华进行文化科技研发，发展服务外包。开展知识产权保护国际合作。

——节选自中国共产党第十七届中央委员会第六次全体会议通过的《中共中央关于深化文化体制改革推动社会主义文化大发展大繁荣若干重大问题的决定》（2011 年 10 月 18 日）第七部分

（二）中共中央文件

关于深化政务公开加强政务服务的意见

中办发〔2011〕22 号

中共中央办公厅　国务院办公厅印发（2011 年 6 月 8 日）

为深入贯彻落实党的十七大和十七届三中、四中、五中全会精神，促进服务政府、责任政府、法治政府、廉洁政府建设，提高依法行政和政务服务水平，现就深化政务公开、加强政务服务提出如下意见。

一、深化政务公开、加强政务服务的重要性和总体要求

1. 深化政务公开、加强政务服务的重要性。深化政务公开、加强政务服务，对于推进行政体制改革、加强对行政权力监督制约、从源头上防治腐败和提供高效便民服务，都具有重要意义。党的十六大以来，在党中央、国务院坚强领导下，政务公开不断深化，政府信息公开、行政权力公开透明运行、公共企事业单位办事公开全方位推进，政务（行政）服务中心（以下简称服务中心）发展迅速，服务群众功能不断完善。但是，工作中也还存在一些问题，主要是：政务公开方面，有的存在重形式轻内容现象，有的公开内容不全面、程序不规范，有的不能妥善处理信息公开与保守秘密的关系，政府信息共享机制不够健全；政务服务方面，服务体系建设不够完善，服务中心运行缺乏明确规范，公开办理的行政审批和服务事项不能满足群众需求等。各地区各部门要高度重视解决这些问题，坚持保障人民群众的知情权和监督权，加大推进政务公开力度，把公开透明的要求贯穿于政务服务各个环节，以公开促进政务服务水平的提高，创造条件保障人民群众更好地了解和监督政府工作。

2. 深化政务公开、加强政务服务的总体要求。要以邓小平理论和“三个代表”重要思想为指导，深入贯彻落实科学发展观，坚持以人为本、执政为民，坚持围绕中心、服务大局，按照深化行政体制改革的要求，转变政府职能，推进行政权力运行程序化和公开透明；按照公开为原则、不公开为例外的要求，及时、准确、全面公开群众普遍关心、涉及群众切身利益的政府信息；按照便民利民的要求，进一步改进政务服务，提高行政效能，推进政务服务体系建设，为人民群众提供优质便捷高效服务。

二、以改革创新精神深化政务公开工作

3. 创新政务公开方式方法。坚持方便群众知情、便于群众监督的原则，拓宽工作领域，深化公开内容，丰富公开形式，促进政府自身建设和管理创新。坚持区别情况、分类指导，提高政务公开的针对性和有效性。坚持创新载体、完善制度，实现政务公开的规范化、标准化。坚持问政于民、问需于民、问计于民，依靠群众积极支持和广泛参与，畅通政府和群众互动渠道，切实提高政务公开的社会效益。

4. 推行行政决策公开。坚持依法科学民主决策，建立健全体现以人为本、执政为民要求的决策机制，逐步扩大行政决策公开的领域和范围，推进行政决策过程和结果公开。凡涉及群众切身利益的重要改革方案、重大政策措施、重点工程项目，在决策前要广泛征求群众意见，并以适当方式反馈或者公布意见采纳情况。完善重大行政决策程序规则，把公众参与、专家论证、风险评估、合法性审查和集体讨论决定作为必经程序加以规范，增强公共政策制定透明度和公众参与度。

5. 推进行政权力公开透明运行。坚持依法行使权力，积极推进行政权力运行程序化和公开透明，确保行政机关和公务员严格依照法律规定的权限履职尽责。按照职权法定、程序合法的要求，依法梳理审核行政职权，编制行政职权目录，明确行使权力的主体、依据、运行程序和监督措施等，并向社会公布。严格规范行政裁量权行使，细化、量化裁量基准，公开裁量范围、种类和幅度。重点公开行政机关在实施行政许可、行政处罚、行政收费、行政征收等执法活动中履行职责情况，积极探索执法投诉和执法结果公开制度。

6. 加大行政审批公开力度。公布本地区本部门不涉及国家秘密、商业秘密和个人隐私的行政审批项目目录，继续清理、调整和减少行政审批事项。没有法律法规依据，行政机关不得设置或变相设置行政许可事项和非行政许可审批事项。进一步减少审批事项，优化工作流程，公开办理程序，强化过程监控，建立行政审批事项的动态管理制度。逐步依法将审批职能和审批事项集中到服务中心公开办理，建立健全决策、执行、监督相互协调又相互制约的运行机制。

7. 深入实施政府信息公开条例。各级行政机关要严格执行政府信息公开条例，主动、及时、准确公开财政预算决算、重大建设项目批准和实施、社会公益事业建设等领域的政府信息。各级政府财政总预算和总决算，部门预算和决算，以及政府性基金、国有资本经营等方面的预算和决算，都要向社会公开。公开的内容要详细全面，逐步细化到“项”级科目。各部门要逐步公开出国出境、出差、公务接待、公务用车、会议等经费支出。抓好重大突发事件和群众关注热点问题的公开，客观公布事件进展、政府举措、公众防范措施和调查处理结果，及时回应社会关切，正确引导社会舆论。进一步完善政府信息依申请公开、保密审查和监督保障等措施，认真做好涉及政府信息公开的举报投诉、行政复议、行政诉讼等工作。妥善处理好信息公开与保守秘密的关系，对依法应当保密的，要切实做好保密工作。

8. 着力深化基层政务公开。总结推广基层政务公开的成熟做法，大力推进乡镇（街道）政务公开，及时公开城乡社区居民关心的事项。健全农村集体资金、资产、资源管理制度，为深入推进村务公开打好基础。健全公共企事业单位办事公开制度，所有面向基层服务的医院、学校、公交等公共企事业单位，都要全面推行办事公开，主动接受群众监督。要编制办事公开目录，重点公开岗位职责、服务承诺、收费项目、工作规范、办事纪律、监督渠道等。主管部门要切实承担起对公共企事业单位办事公开的组织协调、监督指导职责。

9. 加强行政机关内部事务公开。加大干部工作、机关财务预决算、政府采购、基建工程等信息的公开力度，加强权力运行监控。开展廉政风险防控管理，梳理行政机关内部职权依据和运行流程，查找廉政风险点，制定防控措施，并及时在内部公开，加强对关键岗位和重点环节权力运行的制约和监督，防止权力滥用。

三、统筹推进政务服务体系建设

10. 逐步建立健全政务服务体系。按照建设服务型政府的要求，将政府及其部门的政务服务体系建设纳入基本公共服务体系建设的范畴，完善相关政策规定和管理措施，整合政务服务资源，健全政务服务平台，促进政务服务的均等化、规范化、高效化，提供让群众满意的高质量政务服务。

11. 充分发挥服务中心作用。服务中心是实施政务公开、加强政务服务的重要平台。各地要因地制宜规范和发展各级各类服务中心。凡与企业和人民群众密切相关的行政管理事项，包括行政许可、非行政许可审批和公共服务事项均应纳入服务中心办理。因涉密、场地限制等特殊情况不进入服务中心办理的，由本级政府决定。双重管理和垂直管理部门的行政许可、非行政许可审批和公共服务事项，按照便于工作、加强服务的原则，适合依托服务中心的可纳入当地服务中心办理。

12. 明确服务中心职能。各省（自治区、直辖市）要在本行政区域内规范省、市、县三级服务中心的名称、场所标识、进驻部门、办理事项和运行模式，推进政务服务规范化建设。服务中心管理机构负责对政府各部门进驻、委托事项办理的组织协调、监督管理和指导服务，对进驻窗口工作人员进行管理培训和日常考核，承担本级政府赋予的其他职责。服务中心管理机构作为行政机构，应使用行政编制，配备少而精的工作人员；已使用事业编制的，应在行政编制总额内调剂出一部分进行替换。在调整、配备服务中心编制中，要结合当地政府机构改革，注重优化整体编制结构，坚持增减平衡。服务中心管理机构规格由本级政府决定，其运行经费和人员办公经费列入本级财政预算。经本级政府同意确需由部门单独设立的办事大厅，应当接受服务中心的指导和监督。

13. 规范服务中心运行。以提高服务质量和效率为重点规范服务中心运行，着力为群众解决实际问题。进驻服务中心的政府部门要对其服务窗口办理事项充分授权，使不需要现场勘察、集体讨论、专家论证、听证的一般性审批事项能在窗口受理后直接办结。逐步实行“一个窗口受理、一站式审批、一条龙服务、一个窗口收费”的运行模式。对同一个行政审批事项涉及两个以上部门的，逐步实行联合办理或并联审批。凡进驻服务中心办理的事项都要公开办理主体、办理依据、办理条件、办理程序、办理时限、办事结果、收费依据、收费标准和监督渠道。建立健全首问负责、限时办结、责任追究、效能评估等制度，提高服务水平。服务中心应设置专门的政府信息公开查阅场所。

14. 推进基层便民服务。坚持把方便基层群众办事作为政务服务的出发点和落脚点。探索在乡镇（街道）开展便民服务的有效形式，有条件的地方要依托城乡社区综合服务设施设立便民服务中心，将劳动就业、社会保险、社会救助、社会福利、计划生育、农用地审批、新型农村合作医疗及涉农补贴等纳入其中公开规范办理；在城乡社区（村）设立便民代办点，将便民服务向城乡社区（村）延伸。推行便民服务免费代办制度。

15. 建立统一规范的公共资源交易平台。完善公共资源配置、公共资产交易、公共产品生产领域的市场运行机制，推进公共资源交易统一集中管理，逐步拓展公共资源市场化配置的实施范围，确保公共资源交易公开、公平、公正。为公共资源交易搭建平台、提供服务，逐步推进省、市、县、乡四级公共资源交易网络建设。有条件的地方可探索公共资源交易平台与服务中心合并的一体化管理模式。

16. 加强信息化建设。推广电信网、广电网、互联网等现代科技手段在政务服务中的应用，提高政务服务信息化水平。将服务中心信息化纳入当地电子政务建设总体规划，充分利用现有电子政务资源，逐步实现网上办理审批、缴费、咨询、办证、监督以及联网核查等事项。规范技术标准，推动不同层级服务中心之间实现网络互联互通、信息共享和业务协同。重视和加强政府网站建设，完善门户网站功能，扩大网上办事范围，及时充实和更新信息发布内容，凡是不涉密的文件要通过政府门户网站公开发布。

17. 整合政务服务资源。进一步加强各项载体建设，发挥好政府公报、政务公开栏、公开办事指南等在政务服务中的作用，完善新闻发言人制度，创新政务服务方式，畅通政务服务渠道。进一步加强统一规划和资源整合，充分发挥现有场所和信息化资源功能，切实避免重复建设和投资浪费。要以服务中心为主体，逐步实现各级各类政务服务平台的连接与融合，形成上下联动、层级清晰、覆盖城乡的政务服务体系。

四、强化监督保障措施

18. 加强组织领导。各级党委和政府要高度重视政务公开和政务服务工作，将其列入重要议事日程，统一研究部署，及时解决工作中的重大问题。坚持从实际出发，研究提出改进和加强政务公开和政务服务工作的措施，循序渐进，务求实效。行政首长要作为第一责任人，分管领导要亲自抓督促、抓协调、抓落实。落实政府部门工作责任，进一步加强财政、编制等方面的支持保障，加强宣传教育，加大培训力度，形成工作合力。切实加强服务中心党的建设，深入开展创先争优活动。政务公开工作领导机构要协助党委和政府抓好统筹安排，指导、协调政务公开和政务服务各项工作。各级监察机关要认真履行行政监察法赋予的职责，加强对政务公开工作的组织协调和检查指导。

19. 加强制度建设。建立和完善规范行政裁量权、加强廉政风险防控、完善政务公开程序、规范服务中心运行、评议政务服务质量等方面的制度，为深化政务公开、加强政务服务提供制度保障。建立健全政府信息公开条例配套制度，制定政府信息公开的评估标准和程序，逐步实现政府信息公开的系统化和标准化。研究建立党务公开、政务公开、司法公开、厂务公开、村务公开和公共企事业单位办事公开有机结合的制度规范，使之相互促进、协调运转。

20. 加强监督考核。各地区各部门要把政务公开和政务服务工作纳入党风廉政建设责任制考核、行政机关绩效考核和民主评议范围，细化考核评估标准。建立健全电子监察系统，对行政许可、非行政许可审批和公共服务事项实现全过程监察。加强党的基层组织和党代会代表的监督，充分发挥人大代表、政协委员、民主党派、人民团体和新闻媒体的监督作用，强化社会监督。高度重视人民群众监督，认真解决群众投诉反映的问题。研究改进和加强监督的方式方法，切实提高监督实效。建立健全激励和问责机制，对工作落实到位、社会满意度高的地区和部门要予以奖励；对工作落实不力的，要进行诫勉谈话，限期整改；对损害群众合法权益、造成严重后果的，要严格追究责任，坚决避免政务公开和政务服务流于形式，确保各项工作落到实处。

中国共产党党员领导干部廉洁从政若干准则

中发〔2010〕3号

中共中央印发（2010年1月18日）

为进一步促进党员领导干部廉洁从政，根据《中国共产党章程》，结合党员领导干部廉洁自律工作实际，制定本准则。

总则

执政党的党风关系党的生死存亡。坚决惩治和有效预防腐败，是党必须始终抓好的重大政治任务。党员领导干部廉洁从政是坚持以邓小平理论和“三个代表”重要思想为指导，深入贯彻落实科学发展观，全面贯彻党的路线方针政策的重要保障；是新时期从严治党，不断加强党的执政能力建设和先进性建设的重要内容；是推进改革开放和社会主义现代化建设的基本要求；是正确行使权力、履行职责的重要基础。

党员领导干部必须具有共产主义远大理想和中国特色社会主义坚定信念，践行社会主义核心价值体系；必须坚持全心全意为人民服务的宗旨，立党为公、执政为民；必须在党员和人民群众中发挥表率作用，自重、自省、自警、自励；必须模范遵守党纪国法，清正廉洁，忠于职守，正确行使权力，始终保持职务行为的廉洁性；必须弘扬党的优良作风，求真务实，艰苦奋斗，密切联系群众。

促进党员领导干部廉洁从政，必须坚持标本兼治、综合治理、惩防并举、注重预防的方针，按照建立健全惩治和预防腐败体系的要求，加强教育，健全制度，强化监督，深化改革，严肃纪律，坚持自律和他律相结合。

第一章 廉洁从政行为规范

第一条 禁止利用职权和职务上的影响谋取不正当利益。不准有下列行为：

（一）索取、接受或者以借为名占用管理和服务对象以及其他与行使职权有关系的单位或者个人的财物；

（二）接受可能影响公正执行公务的礼品、宴请以及旅游、健身、娱乐等活动安排；

（三）在公务活动中接受礼金和各种有价证券、支付凭证；

（四）以交易、委托理财等形式谋取不正当利益；

（五）利用知悉或者掌握的内幕信息谋取利益；

（六）违反规定多占住房，或者违反规定买卖经济适用房、廉租住房等保障性住房。

第二条 禁止私自从事营利性活动。不准有下列行为：

（一）个人或者借他人名义经商、办企业；

（二）违反规定拥有非上市公司（企业）的股份或者证券；

（三）违反规定买卖股票或者进行其他证券投资；

（四）个人在国（境）外注册公司或者投资入股；

（五）违反规定在经济实体、社会团体等单位中兼职或者兼职取酬，以及从事有偿中介活动；

（六）离职或者退休后三年内，接受原任职务管辖的地区和业务范围内的民营企业、外商投资企业和中介机构的聘任，或者个人从事与原任职务管辖业务相关的营利性活动。

第三条 禁止违反公共财物管理和使用的规定，假公济私、化公为私。不准有下列行为：

（一）用公款报销或者支付应由个人负担的费用；

（二）违反规定借用公款、公物或者将公款、公物借给他人；

（三）私存私放公款；

（四）用公款旅游或者变相用公款旅游；

（五）用公款参与高消费娱乐、健身活动和获取各种形式的俱乐部会员资格；

（六）违反规定用公款购买商业保险，缴纳住房公积金，滥发津贴、补贴、奖金等；

（七）非法占有公共财物，或者以象征性地支付钱款等方式非法占有公共财物；

（八）挪用或者拆借社会保障基金、住房公积金等公共资金或者其他财政资金。

第四条 禁止违反规定选拔任用干部。不准有下列行为：

（一）采取不正当手段为本人或者他人谋取职位；

（二）不按照规定程序推荐、考察、酝酿、讨论决定任免干部；

（三）私自泄露民主推荐、民主测评、考察、酝酿、讨论决定干部等有关情况；

（四）在干部考察工作中隐瞒或者歪曲事实真相；

（五）在民主推荐、民主测评、组织考察和选举中搞拉票等非组织活动；

（六）利用职务便利私自干预下级或者原任职地区、单位干部选拔任用工作；

（七）在工作调动、机构变动时，突击提拔、调整干部；

（八）在干部选拔任用工作中封官许愿，任人唯亲，营私舞弊。

第五条 禁止利用职权和职务上的影响为亲属及身边工作人员谋取利益。不准有下列行为：

（一）要求或者指使提拔配偶、子女及其配偶、其他亲属以及身边工作人员；

（二）用公款支付配偶、子女及其配偶以及其他亲属学习、培训、旅游等费用，为配偶、子女及其配偶以及其他亲属出国（境）定居、留学、探亲等向个人或者机构索取资助；

（三）妨碍涉及配偶、子女及其配偶、其他亲属以及身边工作人员案件的调查处理；

（四）利用职务之便，为他人谋取利益，其父母、配偶、子女及其配偶以及其他特定关系人收受对方财物；

（五）默许、纵容、授意配偶、子女及其配偶、其他亲属以及身边工作人员以本人名义谋取私利；

（六）为配偶、子女及其配偶以及其他亲属经商、办企业提供便利条件，或者党员领导干部之间利用职权相互为对方配偶、子女及其配偶以及其他亲属经商、办企业提供便利条件；

（七）允许、纵容配偶、子女及其配偶，在本人管辖的地区和业务范围内个人从事可能与公共利益发生冲突的经商、办企业、社会中介服务等活动，在本人管辖的地区和业务范围内的外商独资企业或者中外合资企业担任由外方委派、聘任的高级职务；

（八）允许、纵容配偶、子女及其配偶在异地工商注册登记后，到本人管辖的地区和业务范围内从事可能与公共利益发生冲突的经商、办企业活动。

第六条 禁止讲排场、比阔气、挥霍公款、铺张浪费。不准有下列行为：

（一）在公务活动中提供或者接受超过规定标准的接待，或者超过规定标准报销招待费、差旅费等相关费用；

（二）违反规定决定或者批准兴建、装修办公楼、培训中心等楼堂馆所，超标准配备、使用办公用房和办公用品；

（三）擅自用公款包租、占用客房供个人使用；

（四）违反规定配备、购买、更换、装饰或者使用小汽车；

（五）违反规定决定或者批准用公款或者通过摊派方式举办各类庆典活动。

第七条　禁止违反规定干预和插手市场经济活动，谋取私利。不准有下列行为：

（一）干预和插手建设工程项目承发包、土地使用权出让、政府采购、房地产开发与经营、矿产资源开发利用、中介机构服务等市场经济活动；

（二）干预和插手国有企业重组改制、兼并、破产、产权交易、清产核资、资产评估、资产转让、重大项目投资以及其他重大经营活动等事项；

（三）干预和插手批办各类行政许可和资金借贷等事项；

（四）干预和插手经济纠纷；

（五）干预和插手农村集体资金、资产和资源的使用、分配、承包、租赁等事项。

第八条　禁止脱离实际，弄虚作假，损害群众利益和党群干群关系。不准有下列行为：

（一）搞劳民伤财的“形象工程”和沽名钓誉的“政绩工程”；

（二）虚报工作业绩；

（三）大办婚丧喜庆事宜，造成不良影响，或者借机敛财；

（四）在社会保障、政策扶持、救灾救济款物分配等事项中优亲厚友、显失公平；

（五）以不正当手段获取荣誉、职称、学历学位等利益；

（六）从事有悖社会公德、职业道德、家庭美德的活动。

第二章　实施与监督

第九条　各级党委（党组）负责本准则的贯彻实施。主要负责同志要以身作则，模范遵守本准则，同时抓好本地区本部门本单位的贯彻实施。

党的纪律检察机关协助同级党委（党组）抓好本准则的落实，并负责对实施情况进行监督检查。

第十条　各级党委（党组）要加强对党员领导干部廉洁从政方面的教育，将本准则列为党员领导干部教育培训的重要内容。

第十一条　各级党委（党组）要认真落实党内监督的各项制度，通过贯彻实施民主生活会、重要情况通报和报告、巡视、谈话和诫勉、述职述廉、报告个人有关事项以及考察考核等监督制度，加强对党员领导干部执行本准则情况的监督检查。

党员领导干部参加民主生活会和述职述廉，要对照本准则进行检查，认真开展批评和自我批评。

党员领导干部应当向党组织如实报告个人有关事项，自觉接受监督。

第十二条　党员领导干部组织实施和执行本准则的情况，应列入党风廉政建设责任制和干部考核的重要内容，考核结果作为对其任免、奖惩的重要依据。

第十三条 党员领导干部违反本准则的，依照有关规定给予批评教育、组织处理或者纪律处分，涉嫌违法犯罪的，依法追究其法律责任。

第十四条 贯彻实施本准则，要坚持党内监督与党外监督相结合，发挥民主党派、人民团体、人民群众和新闻舆论的监督作用。

第三章 附则

第十五条 本准则适用于党的机关、人大机关、行政机关、政协机关、审判机关、检察机关中县（处）级以上党员领导干部；人民团体、事业单位中相当于县（处）级以上党员领导干部。

国有和国有控股企业（含国有和国有控股金融企业）及其分支机构领导人员中的党员；县（市、区、旗）直属机关、审判机关、检察机关的科级党员负责人，乡镇（街道）党员负责人，基层站所的党员负责人参照执行本准则。

第十六条 各省、自治区、直辖市党委，新疆生产建设兵团党委，中央直属机关工委、中央国家机关工委，国务院国有资产监督管理委员会党委，中国银行业监督管理委员会、中国证券监督管理委员会、中国保险监督管理委员会党委，可以依据本准则，结合各自工作的实际情况，制定具体规定，报中共中央纪律检查委员会备案。

中央军委可以根据本准则，结合中国人民解放军和中国人民武装警察部队的实际情况，制定具体规定。

第十七条 本准则由中共中央纪律检查委员会负责解释。

第十八条 本准则自发布之日起施行。1997 年 3 月发布的《中国共产党党员领导干部廉洁从政若干准则（试行）》同时废止。

《中国共产党党员领导干部廉洁从政若干准则》实施办法

中纪发〔2011〕19 号

第一章 总则

第一条 为贯彻实施《中国共产党党员领导干部廉洁从政若干准则》（以下简称《廉政准则》），正确处理违反《廉政准则》的行为，制定本实施办法。

第二条 有违反《廉政准则》行为的党员领导干部，应当主动检查纠正。能够主动检查纠正，情节较轻的，可以不予处分或者免予处分，但应当给予批评教育；情节较重的，可以从轻或者减轻处分，必要时可以给予相应的组织处理。不主动检查纠正的，依照本实施办法处理。

第三条 已到退休年龄尚未办理退休手续，以及已办理退休手续但返聘后又担任相应领导职务的党员领导干部，适用《廉政准则》。

国有和国有控股企业（含国有和国有控股金融企业）及其分支机构领导人员中的党员执行《国有企业领导人员廉洁从业若干规定》（中办发〔2009〕26 号）的有关规

定，对于《国有企业领导人员廉洁从业若干规定》没有具体规定的，参照《廉政准则》执行。

第二章　廉洁从政行为规范

第一节　禁止利用职权和职务上的影响谋取不正当利益

第四条　《廉政准则》第一条第一项所称“以借为名占用”，是指利用职权和职务上的影响，以借用的名义占有或者使用管理和服务对象以及其他与行使职权有关系的单位和个人的财物超过六个月。

索取管理和服务对象以及其他与行使职权有关系的单位或者个人的财物的，依照《中国共产党纪律处分条例》（以下简称《党纪处分条例》）第八十五条的规定处理。

接受管理和服务对象以及其他与行使职权有关系的单位或者个人财物的，依照《党纪处分条例》第七十四条的规定处理；为他人谋取利益的，依照《党纪处分条例》第八十五条的规定处理。

以借为名占用管理和服务对象以及其他与行使职权有关系的单位或者个人财物的，依照《党纪处分条例》第七十二条的规定处理。

第五条　《廉政准则》第一条第二项所称“可能影响公正执行公务”，是指与执行公务相关联或者与履行职责相冲突。

接受可能影响公正执行公务的礼品的，依照《党纪处分条例》第七十四条的规定处理。

接受可能影响公正执行公务的宴请的，依照《党纪处分条例》第八十条的规定处理。

接受可能影响公正执行公务的旅游、健身、娱乐等活动安排的，依照《党纪处分条例》第八十二条的规定处理。

第六条　《廉政准则》第一条第三项所称“礼金和各种有价证券、支付凭证”，包括现金和代币购物券、储蓄单、债券、股票及其他有价证券，支票、本票、汇票及各种有价识别卡、提货凭证等支付凭证。

在公务活动中接受礼金和各种有价证券、支付凭证而不交公的，依照《党纪处分条例》第七十四条第三款的规定处理。

第七条　《廉政准则》第一条第四项所称以交易形式谋取不正当利益，包括以明显低于市场的价格购买房屋、汽车等物品；以明显高于市场的价格出售房屋、汽车等物品；以其他交易形式谋取不正当利益。以委托理财形式谋取不正当利益，包括以委托他人投资证券、期货或者其他委托理财的名义，未实际出资而获取收益，或者虽然实际出资，但获取收益明显高于出资应得收益。

以交易、委托理财等形式为本人谋取不正当利益的，依照《党纪处分条例》第七十四条的规定处理；为交易对方、受委托方等谋取利益的，依照《党纪处分条例》第八十五条的规定处理。

第八条　《廉政准则》第一条第五项所称“内幕信息”，是指利用职务便利获取的政府或者其他公共机构没有披露或者尚未公开的公共设施建设、商品价格调整、税率调整、银行利率调整、企业重组、签订重大交易合同、投资重点工程项目、招标投标活动等各种信息，证券、期货交易活动中涉及公司的经营、财务或者对该公司证券的市场价格有重大影响的信息以及其他会造成重大影响的信息。

利用内幕信息谋取利益的，依照《党纪处分条例》第一百一十一条的规定处理。

第九条　《廉政准则》第一条第六项所称“多占住房”，是指一户家庭违反规定占有两处及两处以上福利性质住房或者住房面积超过规定标准。“经济适用房”，是指政府提供政策优惠，限定套型面积和销售价格，按照合理标准建设，面向城市低收入住房困难家庭供应，具有保障性质的政策性住房。“廉租住房”，是指政府以租金补贴或者实物配租的方式，向符合条件的城市低收入住房困难家庭提供社会保障性质的住房。

《廉政准则》第一条第六项所称“违反规定”，是指违反《经济适用住房管理办法》（建住房〔2007〕258号）、《中华人民共和国住房和城乡建设部关于加强经济适用住房管理有关问题的通知》（建保〔2010〕59号）等有关住房管理的规定。

违反规定多占住房，或者违反规定买卖经济适用房、廉租住房等保障性住房的，依照《党纪处分条例》第七十九条的规定处理。相关房产依照有关规定处理。

第二节　禁止私自从事营利性活动

第十条　《廉政准则》第二条第一项所称“个人或者借他人名义经商、办企业”，是指个人独资或者与他人合资、合股经办商业或者其他企业，以个人或者他人名义入股的形式经办企业，私自以承包、租赁、受聘等方式从事商业和其他经营活动。

个人或者借他人名义经商、办企业的，依照《党纪处分条例》第七十七条的规定处理。

第十一条　《廉政准则》第二条第二项所称“违反规定”，是指违反《中华人民共和国公务员法》，《行政机关公务员处分条例》，中共中央办公厅、国务院办公厅《关于党政机关工作人员个人证券投资行为若干规定》（中办发〔2001〕10号）等有关党员领导干部拥有非上市公司（企业）的股份或者证券的法律法规和其他规定。

违反规定拥有非上市公司（企业）的股份或者证券的，依照《党纪处分条例》第七十七条的规定处理。所持有的股份或者证券应当在本实施办法发布后6个月内予以处理，不得继续持有。

第十二条　《廉政准则》第二条第三项所称“违反规定”，是指违反《中华人民共和国证券法》，中共中央办公厅、国务院办公厅《关于党政机关工作人员个人证券投资行为若干规定》（中办发〔2001〕10号）等有关证券投资的法律法规和其他规定。

违反规定买卖股票或者违反规定进行其他证券投资的，依照《党纪处分条例》第七十七条的规定处理。所购买的股票或者其他证券依照本实施办法第十一条第二款的规定处理。

第十三条 《廉政准则》第二条第四项所称“个人在国（境）外注册公司”，是指个人或者与他人合伙在国（境）外经办商业或者其他企业、从事商业和其他经营活动等行为。“个人在国（境）外投资入股”，是指在国（境）外以个人入股的形式经办企业、从事商业和其他经营活动等行为。

个人在国（境）外注册公司或者投资入股的，依照《党纪处分条例》第七十七条的规定处理。

第十四条 《廉政准则》第二条第五项所称“经济实体”，是指各种类型的企业（公司）、个体经济组织以及营利性的事业单位和民办非企业单位。“有偿中介活动”，是指通过为市场各类主体提供信息、介绍业务、开展咨询等而收取钱财的活动。

《廉政准则》第二条第五项所称“违反规定”，是指违反《中共中央办公厅、国务院办公厅关于党政机关领导干10部不兼任社会团体领导职务的通知》（中办发〔1998〕17号），中共中央纪委、中共中央组织部《关于退出现职、接近或者达到退休年龄的党政领导干部在企业兼职、任职有关问题的意见》（中组发〔2008〕11号）等有关党员领导干部兼职或者兼职取酬、从事有偿中介活动的规定。

违反规定在经济实体、社会团体等单位中兼职或者兼职取酬的，依照《党纪处分条例》第七十七条的规定处理。兼职的领导干部，应当辞去本职或者兼任的职务。所收取的报酬（包括各种经济利益）应当收缴。

从事有偿中介活动的，依照《党纪处分条例》第七十七条的规定处理。所收取的报酬（包括各种经济利益）应当收缴。

第十五条 《廉政准则》第二条第六项所称“离职”，是指以退休之外的方式离开公职，包括辞去公职、被辞退、被开除等情形。“原任职务”，是指离职或者退休前最后担（兼）任的职务。

在离职或者退休后三年内，接受原任职务管辖的地区和业务范围内的民营企业、外商投资企业和中介机构的聘任，或者个人从事与原任职务管辖业务相关的营利性活动的，依照《党纪处分条例》第八十二条的规定处理。

第三节 禁止违反公共财物管理和使用的规定，假公济私、化公为私

第十六条 《廉政准则》第三条所称“违反公共财物管理和使用的规定”，是指违反《中央国家机关国有资产处置管理办法》（国管财〔2004〕196号）等党中央、国务院以及各地区、各部门、各单位发布的关于公共财物管理的各项规定。

第十七条 利用自己主管、管理、经手公共财物的权力以及管理、经手公共财物的便利，用公款报销或者支付应由个人负担的费用的，以贪污论，依照《党纪处分条例》第八十三条的规定处理。

利用职务上的便利，为他人谋取利益，由他人用公款报销或者支付应由个人负担的费用的，以受贿论，依照《党纪处分条例》第八十五条的规定处理。

除前两款所列情形之外，利用职务或者工作上的便利，用公款报销或者支付应由

个人负担的费用的，依照《党纪处分条例》第七十二条的规定处理。

第十八条　借用公款逾期不还，情节严重的，依照《党 12 纪处分条例》第一百一十六条第一款的规定处理。所欠公款予以追还。

违反规定借用公款，进行营利活动或者非法活动的，依照《党纪处分条例》第一百一十六条第二款的规定处理。所借用的公款应当退还，并且按银行同期贷款利率付息，所获利润或者非法所得予以追缴。

违反规定将公款借给他人的，依照《党纪处分条例》第一百一十六条第三款的规定处理。

违反规定借用公物或者将公物借给他人，进行营利活动或者非法活动的，依照《党纪处分条例》第七十三条的规定处理。

第十九条　私存私放公款的，依照《党纪处分条例》第一百一十七条和《设立“小金库”和使用“小金库”款项违纪行为适用〈中国共产党纪律处分条例〉若干问题的解释》（中纪发〔2009〕20 号）的规定处理。

第二十条　用公款旅游或者变相用公款旅游的，依照《党纪处分条例》第七十八条和《用公款出国（境）旅游及相关违纪行为适用〈中国共产党纪律处分条例〉若干问题的解释》（中纪发〔2010〕27 号）的规定处理。

第二十一条　用公款参与高消费娱乐活动、健身活动和获取各种形式的俱乐部会员资格的，依照《党纪处分条例》第七十八条的规定处理。

第二十二条　《廉政准则》第三条第六项所称“违反规定”，是指违反《住房公积金管理条例》（1999 年 4 月 3 日国务院令第 262 号颁布，2002 年 3 月 24 日国务院令第 350 号修订）、《中共中央办公厅、国务院办公厅转发〈中央纪委、中央组织部、监察部、财政部、人事部、审计署关于严肃纪律、加强公务员工资管理的通知〉的通知》（厅字〔2005〕10 号）等有关财务管理的规定。

违反规定用公款购买商业保险，缴纳住房公积金，滥发津贴、补贴、奖金的，依照《党纪处分条例》第八十四条的规定处理。

第二十三条　《廉政准则》第三条第七项所称“以象征性地支付钱款等方式”，是指以支付明显低于市场价格的钱款等方式。

非法占有非本人经管的公共财物，或者以象征性地支付钱款等方式非法占有公共财物的，依照《党纪处分条例》第七十二条的规定处理。

利用职务上的便利，非法占有本人经管的公共财物的，以贪污论，依照《党纪处分条例》第八十三条的规定处理。

第二十四条　《廉政准则》第三条第八项所称“社会保障基金”，是指政府部门管理的和社会团体受政府部门委托管理的社会保障基金，包括社会保险、社会救济、社会福利、优抚安置等资金。

挪用或者拆借社会保障基金、住房公积金等公共资金或者其他财政资金的，依照

《党纪处分条例》第九十四条的规定处理。

第四节 禁止违反规定选拔任用干部

第二十五条 《廉政准则》第四条所称“违反规定”，是指违反《党政领导干部选拔任用工作条例》（中发〔2002〕7号）、《党政领导干部选拔任用工作责任追究办法（试行）》（中办发〔2010〕9号）（以下简称《追究办法》）等规定以及各地区、各部门、各单位关于选拔任用干部的规定。

第二十六条 《廉政准则》第四条第一项所称“不正当手段”，是指利用亲属、同乡、同学、同事、朋友、战友等各种关系采用请客送礼、行贿受贿、弄虚作假、打招呼等手段。

采取不正当手段，为本人或者他人谋取职位的，依照《党纪处分条例》第六十四条和《追究办法》第六条、第八条的规定处理。

第二十七条 不按照规定程序推荐、考察、酝酿、讨论决定任免干部的，依照《党纪处分条例》第六十四条和《追究办法》第四条、第五条、第六条的规定处理。

第二十八条 私自泄露民主推荐、民主测评、考察、酝酿、讨论决定干部等有关情况的，依照《党纪处分条例》第六十四条和《追究办法》第六条、第八条的规定处理。

第二十九条 在干部考察中隐瞒或者歪曲事实真相的，依照《党纪处分条例》第六十四条和《追究办法》第六条的规定处理。

第三十条 在民主推荐、民主测评、组织考察和选举中搞拉票等非组织活动的，依照《党纪处分条例》第六十四条和《追究办法》第八条的规定处理。

第三十一条 利用职务便利私自干预下级或者原任职地区、单位干部选拔任用工作的，依照《党纪处分条例》第六十四条和《追究办法》第八条的规定处理。

第三十二条 在工作调动、机构变动时，突击提拔、调整干部的，依照《党纪处分条例》第六十四条和《追究16办法》第四条的规定处理。

第三十三条 在干部选拔任用工作中封官许愿、任人唯亲、营私舞弊的，依照《党纪处分条例》第六十四条和《追究办法》第八条的规定处理。

第五节 禁止利用职权和职务上的影响为亲属及身边工作人员谋取利益

第三十四条 要求或者指使提拔任用配偶、子女及其配偶、其他亲属以及身边工作人员的，依照《党纪处分条例》第六十四条和《追究办法》第八条的规定处理。

第三十五条 用公款支付配偶、子女及其配偶以及其他亲属的学习、培训、旅游等费用，属于利用职务上的便利用非本人经手、管理的公款支付的，依照《党纪处分条例》第七十二条的规定处理；属于利用本人主管、管理、经手公共财物的权力及其便利条件用公款支付的，依照《党纪处分条例》第八十三条的规定处理。

利用职权和职务上的影响，将配偶、子女及其配偶以及其他亲属的学习、培训、旅游等费用，由下属单位或者其他单位支付、报销的，依照《党纪处分条例》第七十二条的规定处理。

利用职权和职务上的便利，将配偶、子女及其配偶以及其他亲属应当由个人支付的出国（境）留学费用，由他人支付、报销的，依照前款规定处理。

利用职权和职务上的影响，为配偶、子女及其配偶以及其他亲属出国（境）定居、留学、探亲等向个人或者机构索取资助的，依照《党纪处分条例》第八十五条的规定处理。

第三十六条　妨碍涉及配偶、子女及其配偶、其他亲属以及身边工作人员案件调查处理的，依照《党纪处分条例》第一百六十三条的规定处理。

第三十七条　利用职务上的便利，为他人谋取利益，父母、配偶、子女及其配偶以及其他特定关系人收受请托人财物的，依照《党纪处分条例》第七十五条第一款的规定处理；知道或者授意父母、配偶、子女及其配偶以及其他特定关系人收受请托人财物的，依照《党纪处分条例》第八十五条的规定处理。

第三十八条　默许、纵容、授意配偶、子女及其配偶、其他亲属以及身边工作人员以党员领导干部本人名义谋取私利的，依照《党纪处分条例》第八十二条的规定处理。

第三十九条　利用职权和职务上的影响，为配偶、子女及其配偶以及其他亲属经商、办企业提供便利和优惠条件的，依照《党纪处分条例》第七十七条第二款的规定处理。

党员领导干部之间利用职权相互为对方配偶、子女及其配偶以及其他亲属经商、办企业提供便利条件的，依照前款规定处理。

第四十条　允许、纵容配偶、子女及其配偶，在本人管辖的地区和业务范围内个人从事可能与公共利益发生冲突的经商、办企业、社会中介服务等活动，在本人管辖的地区和业务范围内的外商独资企业或者中外合资企业担任由外方委派、聘任的高级职务的，责令该领导干部予以纠正；拒不纠正的，责令其本人辞去现任职务或者由组织予以调整职务；不辞去现任职务或者不服从组织调整职务的，依照《党纪处分条例》第七十六条的规定给予撤销党内职务处分。

第四十一条　允许、纵容配偶、子女及其配偶在异地工商注册登记后，到该党员领导干部管辖的地区和业务范围内从事可能与公共利益发生冲突的经商、办企业活动的，依照本实施办法第三十八条的规定处理。

第六节　禁止讲排场、比阔气、挥霍公款、铺张浪费

第四十二条　在公务活动中提供或者接受超过规定标准的接待，或者超过规定标准报销招待费、差旅费等相关费用，情节严重的，依照《党纪处分条例》第七十八条的规定处理。

第四十三条　《廉政准则》第六条第二项所称“违反规定”，是指违反《党政机关办公用房建设标准》(计投资〔1999〕2250 号)，《中共中央办公厅、国务院办公厅关于

进一步严格控制党政机关办公楼等楼堂馆所建设问题的通知》（中办发〔2007〕11号），中共中央纪委、国家发展改革委、监察部、财政部、国土资源部、建设部、审计署《关于做好清理整改工作、建立控制党政机关办公楼等楼堂馆所建设长效机制的通知》（发改投资〔2008〕490号）等有关楼堂馆所建设、配备使用办公用房和办公用品的规定。

违反规定决定或者批准兴建、装修办公楼、培训中心等楼堂馆所，超标准配备、使用办公用房和办公用品的，依照《党纪处分条例》第七十八条的规定处理。

第四十四条 擅自用公款包租、占用客房归个人使用的，依照《党纪处分条例》第七十八条的规定处理。

第四十五条 《廉政准则》第六条第四项所称“违反规定”，是指违反《中共中央办公厅、国务院办公厅关于党政机关汽车配备和使用管理的规定》（中办发〔1994〕14号），《中共中央办公厅、国务院办公厅关于调整党政机关汽车配备使用标准的通知》（厅字〔1999〕5号），中共中央办公厅、国务院办公厅印发的《党政机关公务用车配备使用管理办法》、《省部级干部公务用车配备使用管理办法》等有关配备、购买、更换、装饰或者使用小汽车的规定。

违反规定配备、购买、更换、装饰或者使用小汽车的，依照《党纪处分条例》第七十八条的规定处理。

第四十六条 《廉政准则》第六条第五项所称“违反规定”，是指违反《中共中央、国务院关于党政机关厉行节约制止奢侈浪费行为的若干规定》（中发〔1997〕13号）、《国务院办公厅关于严格控制举办城市周年庆典活动的通知》（国办发〔2003〕91号）、《中共中央办公厅、国务院办公厅关于党政机关厉行节约若干问题的通知》（中办发〔2009〕11号）等有关规定。

违反规定决定或者批准用公款举办各类庆典活动的，依照《党纪处分条例》第七十八条的规定处理。所浪费的公款应当从该地区或单位年度财政预算中逐年扣除。

向企事业单位、下属单位或者群众摊派、变相摊派举办庆典活动费用的，依照《党纪处分条例》第一百三十五条的规定处理。摊派的费用应当退还。

第七节 禁止违反规定干预和插手市场经济活动，谋取私利

第四十七条 《廉政准则》第七条所称“违反规定”，是指违反《中华人民共和国政府采购法》、《党员领导干部违反规定插手干预工程建设领域行为适用〈中国共产党纪律处分条例〉若干问题的解释》（中纪发〔2010〕23号）等规范市场经济活动的法律法规和其他规定。

第四十八条 违反规定干预和插手市场经济活动，未谋取私利的，依照《党纪处分条例》第一百二十七条、第一百三十九条和《党员领导干部违反规定插手干预工程建设领域行为适用〈中国共产党纪律处分条例〉若干问题的解释》（中纪发〔2010〕23号）等有关规定处理。

第四十九条　违反规定干预和插手市场经济活动，本人从中收受、变相收受财物的，依照《党纪处分条例》第八十五条的规定处理；其父母、配偶、子女及其配偶以及其他共同生活的家庭成员收受财物的，依照《党纪处分条例》第七十五条第一款的规定处理，查实本人知道的，依照《党纪处分条例》第七十五条第三款的规定处理；授意其他第三人从中收受财物的，依照《党纪处分条例》第七十五条第二款的规定处理。

第五十条　利用职权或者职务上的影响，干扰、妨碍有关部门对建设工程招标投标、经营性土地使用权出让、房地产开发与经营等市场经济活动进行正常监管和案件查处的，依照《党纪处分条例》第一百六十三条的规定处理。

第八节　禁止脱离实际，弄虚作假，损害群众利益和党群干群关系

第五十一条　搞劳民伤财的“形象工程”和沽名钓誉的“政绩工程”的，依照《关于对党员领导干部进行诫勉谈话和函询的暂行办法》（中办发〔2005〕30号）的规定，给予诫勉谈话，造成严重后果的，依照《党纪处分条例》第一百二十七条的规定处理。

第五十二条　虚报工作业绩的，依照《党纪处分条例》第一百四十九条的规定处理。

第五十三条　大办婚丧喜庆事宜，造成不良影响，或者借机敛财的，依照《党纪处分条例》第八十一条的规定处理。

第五十四条　在社会保障、政策扶持、救灾救济款物分配等事项中优亲厚友、显失公平的，依照《党纪处分条例》第八十二条和《抗震救灾款物管理使用违法违纪行为处分规定》（中纪发〔2008〕15号）等规定处理；收受或者索取他人财物的，依照《党纪处分条例》第八十五条的规定处理。

第五十五条　《廉政准则》第八条第五项所称“不正当手段”，是指做假账、谎报业绩，报喜不报忧、掩盖工作中的错误和失误，以及编造虚假事迹、假学历、假资历、假学术成果、假评选条件等手段。

以不正当手段获取荣誉、职称、学历、学位等利益的，依照《党纪处分条例》第一百四十九条的规定处理。

第五十六条　从事有悖社会公德、职业道德、家庭美德活动的，《党纪处分条例》有条文明确规定的，依照该规定处理；没有条文明确规定的，依照《党纪处分条例》第一百五十四条的规定处理。

第三章　附则

第五十七条　本实施办法由中共中央纪律检查委员会负责解释。

第五十八条　本实施办法自发布之日起施行。1997年9月发布的《〈中国共产党党员领导干部廉洁从政若干准则（试行）〉实施办法》同时废止。

关于实行党风廉政建设责任制的规定

中发〔2010〕19号

中共中央、国务院印发（2010年11月10日）

第一章　总则

第一条　为了加强党风廉政建设，明确领导班子、领导干部在党风廉政建设中的责任，推动科学发展，促进社会和谐，提高党的执政能力，保持和发展党的先进性，根据《中华人民共和国宪法》和《中国共产党章程》，制定本规定。

第二条　本规定适用于各级党的机关、人大机关、行政机关、政协机关、审判机关、检察机关的领导班子、领导干部。

人民团体、国有和国有控股企业（含国有和国有控股金融企业）、事业单位的领导班子、领导干部参照执行本规定。

第三条　实行党风廉政建设责任制，要以邓小平理论和“三个代表”重要思想为指导，深入贯彻落实科学发展观，坚持党要管党、从严治党，坚持标本兼治、综合治理、惩防并举、注重预防，扎实推进惩治和预防腐败体系建设，保证党中央、国务院关于党风廉政建设的决策和部署的贯彻落实。

第四条　实行党风廉政建设责任制，要坚持党委统一领导，党政齐抓共管，纪委组织协调，部门各负其责，依靠群众的支持和参与。要把党风廉政建设作为党的建设和政权建设的重要内容，纳入领导班子、领导干部目标管理，与经济建设、政治建设、文化建设、社会建设以及生态文明建设和业务工作紧密结合，一起部署，一起落实，一起检查，一起考核。

第五条　实行党风廉政建设责任制，要坚持集体领导与个人分工负责相结合，谁主管、谁负责，一级抓一级、层层抓落实。

第二章　责任内容

第六条　领导班子对职责范围内的党风廉政建设负全面领导责任。

领导班子主要负责人是职责范围内的党风廉政建设第一责任人，应当重要工作亲自部署、重大问题亲自过问、重点环节亲自协调、重要案件亲自督办。

领导班子其他成员根据工作分工，对职责范围内的党风廉政建设负主要领导责任。

第七条　领导班子、领导干部在党风廉政建设中承担以下领导责任：

（一）贯彻落实党中央、国务院以及上级党委（党组）、政府和纪检监察机关关于党风廉政建设的部署和要求，结合实际研究制定党风廉政建设工作计划、目标要求和具体措施，每年召开专题研究党风廉政建设的党委常委会议（党组会议）和政府廉政建设工作会议，对党风廉政建设工作任务进行责任分解，明确领导班子、领导干部在党风廉政建设中的职责和任务分工，并按照计划推动落实；

（二）开展党性党风党纪和廉洁从政教育，组织党员、干部学习党风廉政建设理论和法规制度，加强廉政文化建设；

（三）贯彻落实党风廉政法规制度，推进制度创新，深化体制机制改革，从源头上预防和治理腐败；

（四）强化权力制约和监督，建立健全决策权、执行权、监督权既相互制约又相互协调的权力结构和运行机制，推进权力运行程序化和公开透明；

（五）监督检查本地区、本部门、本系统的党风廉政建设情况和下级领导班子、领导干部廉洁从政情况；

（六）严格按照规定选拔任用干部，防止和纠正选人用人上的不正之风；

（七）加强作风建设，纠正损害群众利益的不正之风，切实解决党风政风方面存在的突出问题；

（八）领导、组织并支持执纪执法机关依纪依法履行职责，及时听取工作汇报，切实解决重大问题。

第三章 检查考核与监督

第八条 党委（党组）应当建立党风廉政建设责任制的检查考核制度，建立健全检查考核机制，制定检查考核的评价标准、指标体系，明确检查考核的内容、方法、程序。

第九条 党委（党组）应当建立健全党风廉政建设责任制领导小组，负责对下一级领导班子、领导干部党风廉政建设责任制执行情况的检查考核。

第十条 检查考核工作每年进行一次。检查考核可以与领导班子、领导干部工作目标考核、年度考核、惩治和预防腐败体系建设检查工作等结合进行，也可以组织专门检查考核。

检查考核情况应当及时向同级党委（党组）报告。

第十一条 党委（党组）应当将检查考核情况在适当范围内通报。对检查考核中发现的问题，要及时研究解决，督促整改落实。

第十二条 党委（党组）应当建立和完善检查考核结果运用制度。检查考核结果作为对领导班子总体评价和领导干部业绩评定、奖励惩处、选拔任用的重要依据。

第十三条 纪检监察机关（机构）、组织人事部门协助同级党委（党组）开展对党风廉政建设责任制执行情况的检查考核，或者根据职责开展检查工作。

第十四条 党委常委会应当将执行党风廉政建设责任制的情况，作为向同级党的委员会全体会议报告工作的一项重要内容。

第十五条 领导干部执行党风廉政建设责任制的情况，应当列为民主生活会和述职述廉的重要内容，并在本单位、本部门进行评议。

第十六条 党委（党组）应当将贯彻落实党风廉政建设责任制的情况，每年专题报告上一级党委（党组）和纪委。

第十七条 中央和省、自治区、直辖市党委巡视组应当依照巡视工作的有关规定，加强对有关党组织领导班子及其成员执行党风廉政建设责任制情况的巡视监督。

第十八条　党委（党组）应当结合本地区、本部门、本系统实际，建立走访座谈、社会问卷调查等党风廉政建设社会评价机制，动员和组织党员、群众有序参与，广泛接受监督。

第四章　责任追究

第十九条　领导班子、领导干部违反或者未能正确履行本规定第七条规定的职责，有下列情形之一的，应当追究责任：

（一）对党风廉政建设工作领导不力，以致职责范围内明令禁止的不正之风得不到有效治理，造成不良影响的；

（二）对上级领导机关交办的党风廉政建设责任范围内的事项不传达贯彻、不安排部署、不督促落实，或者拒不办理的；

（三）对本地区、本部门、本系统发现的严重违纪违法行为隐瞒不报、压案不查的；

（四）疏于监督管理，致使领导班子成员或者直接管辖的下属发生严重违纪违法问题的；

（五）违反规定选拔任用干部，或者用人失察、失误造成恶劣影响的；

（六）放任、包庇、纵容下属人员违反财政、金融、税务、审计、统计等法律法规，弄虚作假的；

（七）有其他违反党风廉政建设责任制行为的。

第二十条　领导班子有本规定第十九条所列情形，情节较轻的，责令作出书面检查；情节较重的，给予通报批评；情节严重的，进行调整处理。

第二十一条　领导干部有本规定第十九条所列情形，情节较轻的，给予批评教育、诫勉谈话、责令作出书面检查；情节较重的，给予通报批评；情节严重的，给予党纪政纪处分，或者给予调整职务、责令辞职、免职和降职等组织处理。涉嫌犯罪的，移送司法机关依法处理。

以上责任追究方式可以单独使用，也可以合并使用。

第二十二条　领导班子、领导干部具有本规定第十九条所列情形，并具有下列情节之一的，应当从重追究责任：

（一）对职责范围内发生的问题进行掩盖、袒护的；

（二）干扰、阻碍责任追究调查处理的。

第二十三条　领导班子、领导干部具有本规定第十九条所列情形，并具有下列情节之一的，可以从轻或者减轻追究责任：

（一）对职责范围内发生的问题及时如实报告并主动查处和纠正，有效避免损失或者挽回影响的；

（二）认真整改，成效明显的。

第二十四条 领导班子、领导干部违反本规定，需要查明事实、追究责任的，由有关机关或者部门按照职责和权限调查处理。其中需要追究党纪政纪责任的，由纪检监察机关按照党纪政纪案件的调查处理程序办理；需要给予组织处理的，由组织人事部门或者由负责调查的纪检监察机关会同组织人事部门，按照有关权限和程序办理。

第二十五条 实施责任追究，要实事求是，分清集体责任和个人责任、主要领导责任和重要领导责任。

追究集体责任时，领导班子主要负责人和直接主管的领导班子成员承担主要领导责任，参与决策的班子其他成员承担重要领导责任。对错误决策提出明确反对意见而没有被采纳的，不承担领导责任。

错误决策由领导干部个人决定或者批准的，追究该领导干部个人的责任。

第二十六条 实施责任追究不因领导干部工作岗位或者职务的变动而免予追究。已退休但按照本规定应当追究责任的，仍须进行相应的责任追究。

第二十七条 受到责任追究的领导班子、领导干部，取消当年年度考核评优和评选各类先进的资格。

单独受到责令辞职、免职处理的领导干部，一年内不得重新担任与其原任职务相当的领导职务；受到降职处理的，两年内不得提升职务。同时受到党纪政纪处分和组织处理的，按影响期较长的执行。

第二十八条 各级纪检监察机关应当加强对下级党委（党组）、政府实施责任追究情况的监督检查，发现有应当追究而未追究或者责任追究处理决定不落实等问题的，应当及时督促下级党委（党组）、政府予以纠正。

第五章 附则

第二十九条 各省、自治区、直辖市，中央和国家机关各部委可以根据本规定制定实施办法。

第三十条 中央军委可以根据本规定，结合中国人民解放军和中国人民武装警察部队的实际情况，制定具体规定。

第三十一条 本规定由中央纪委、监察部负责解释。

第三十二条 本规定自发布之日起施行。1998 年 11 月发布的《关于实行党风廉政建设责任制的规定》同时废止。

关于加强对干部德的考核意见

中组发〔2011〕26 号

中组部印发（2011 年 10 月 13 日）

为落实德才兼备、以德为先用人标准，全面客观准确地考核干部的德，树立正确的选人用人导向，现就加强干部德的考核提出以下意见。

一、进一步明确考核干部德的基本要求

1. 加强对干部德的考核，是党的干部选拔任用工作历史经验的科学总结，是新的历史条件下坚持和落实德才兼备、以德为先用人标准的新要求。必须从保持党的先进性和纯洁性的高度，从建设高素质干部队伍的现实需要出发，突出德在干部标准中的优先地位和主导作用，树立以德修身、以德服众、以德领才、以德润才、德才兼备的正确导向。

2. 对干部德的考核，要体现国家公职人员职业特点和所肩负的责任，坚持政治性、先进性、示范性要求，以对党忠诚、服务人民、廉洁自律为重点，加强政治品质和道德品行的考核。

3. 考核干部的政治品质，主要考核干部在政治方向、政治立场、政治态度、政治纪律、党性原则等方面的表现，重点了解干部坚定理想信念，坚持中国特色社会主义道路、理论体系和制度，忠于党、忠于国家、忠于人民，贯彻落实科学发展观，执行党的路线方针政策，确立正确的世界观、权力观、事业观，实践党的宗旨、坚持执政为民、密切联系群众，坚持原则、敢于负责和执行民主集中制等情况。

4. 考核干部的道德品行，主要考核干部的社会公德、职业道德、个人品德、家庭美德，重点了解干部在践行社会主义核心价值体系、模范遵守社会公共道德、抵制各种不文明行为方面，在敬业奉献、真抓实干、锐意进取方面，在公道正派、诚实守信、品行端正、情趣健康方面，在遵守廉洁从政行为准则、秉公用权、清正廉洁、不谋私利、严格要求配偶和子女以及其他亲属等方面的表现。

二、改进和完善干部德的考核方法

5. 对干部德的考核，主要结合平时考核、年度考核、换届（任期）考察、后备干部考察、任职考察等进行。必要时也可对干部的德进行专项考核。

6. 干部考核工作的各个环节都要突出对德的要求。个人述职要述德，民主测评要测德，个别谈话要问德，民意调查要了解干部在群众中的口碑，实绩分析要了解干部的政绩观、工作动机和工作作风，综合评价要全面分析干部的德。

7. 把考核干部在关键时刻、重要事件中的表现作为考核干部德的主要途径。着重从干部在贯彻落实中央重大决策部署、完成重大任务、面临重大考验、应对突发事件、抗御自然灾害、解决复杂问题、对待名利地位和进退留转等方面的表现，了解分析干部的德。同时，要注意从干部履行岗位职责和日常学习生活表现中鉴别干部的德，运用巡视、审计、个人事项报告、信访举报等相关信息，对照历次考核情况，进行印证分析，重视一贯表现，全面掌握干部德的真实情况。

8. 对干部德的考核要注重群众公论。采取个别谈话、民主测评、民意调查等形式，广泛听取干部群众意见、舆论评价和社会反映，从群众口碑和知情人意见中分析了解干部的德。对反映问题较多或突出的要及时进行核实和认定。

9. 创新考核干部德的方法。各地各部门要从实际和工作需要出发，改进和创新德的考核方法，增强考核工作的针对性、实效性。进一步探索和完善正向测评与反向调查相结合、“八小时”内外考核相结合、定性考核与量化测评相结合等方法，建立德的考核档案，注重对干部德的变化情况进行对比分析。

10. 对干部德的考核，要在全面考核的基础上，根据干部不同层级和岗位，分级分类提出德的考核重点。对中高级干部要突出考核理想信念、政治立场、与党中央保持一致和贯彻落实科学发展观等方面的情况，对高级干部还要按照政治家的标准来要求。对基层领导干部特别是县乡领导干部，要突出考核宗旨意识、群众观念、办事公道和工作作风等方面的情况。对党政正职，要按照关键岗位重点管理的要求，突出考核党性和贯彻党的路线方针政策、执行民主集中制、坚持原则、履行廉政职责等方面的情况。要注意根据不同地区、部门和行业干部队伍的实际，确定和建立各有侧重、各具特色的德的考核项目，突出重点和针对性。

11. 对干部德的考核要作出客观公正、实事求是的评价，形成准确鲜明的意见，作为干部选拔任用、培养教育、管理监督的重要依据。

三、充分运用干部德的考核结果

12. 把德的考核结果作为干部选拔任用的首要依据。对德表现好的干部，在同等条件下优先使用，注重选拔理想信念坚定、对党忠诚的干部，注重选拔自觉贯彻落实科学发展观、善于推动科学发展的干部，注重选拔坚持原则、敢于负责的干部，注重选拔求真务实、真抓实干的干部，注重选拔执政为民、清正廉洁的干部。坚决不用政治上不强、贯彻落实科学发展观不力的人，坚决不用品质不好、为政不廉的人，坚决不用群众观念淡漠、对人民群众没有感情的人，坚决不用作风不正、热衷做表面文章和搞形式主义的人，坚决不用不坚持原则、奉行好人主义和严重闹不团结的人，已在领导岗位上的要撤换下来。

13. 把德的考核结果运用到干部培养教育中去。根据干部德的状况，采取有针对性的措施，加强理论武装，加强理想信念教育、忠诚教育、宗旨教育、纪律教育和道德情操教育；坚持把实践锻炼作为干部党性锻炼和品德养成的重要途径，引导干部在基层一线、艰苦地区、复杂环境经受考验，砥砺品格，增进与人民群众的感情；重视典型的示范引导和警示教育作用，大力宣传和表彰奖励先进模范，深刻剖析反面典型，营造重德、养德的浓厚氛围。

14. 运用德的考核结果加强对干部的管理监督。落实从严管理干部的要求，对考核中发现有倾向性、苗头性问题的，要有针对性地进行提醒谈话，早打招呼；对有一般性问题的，及时进行批评教育和诫勉谈话，督促整改；对有不道德行为、公众形象不好的，在关键时刻、完成急难险重任务和应对突发事件中表现不好、经不起考验的，视情节作出组织处理。发挥组织监督、群众监督和舆论监督作用，建立对干部德的监督约束机制，促使广大干部特别是领导干部自觉守德、律德。

各地各部门要结合实际制定考核干部德的办法。注意研究新情况，解决新问题，积极探索和完善干部德的考核途径和方法，推进干部德的考核工作科学化，促进领导班子和干部队伍建设。

三　中央政府文件

（一）国务院政府工作报告

我们要不断加强政府自身改革建设。政府的一切权力都是人民赋予的，必须对人民负责，为人民谋利益，接受人民监督；必须最广泛地动员和组织人民依法管理国家和社会事务，管理经济和文化事业；必须坚持依法治国基本方略，加强维护群众利益的法制建设，推进依法行政；必须实行科学、民主决策，建立健全决策、执行、监督既相互制约又相互协调的运行机制，确保权力正确行使；必须从制度上改变权力过分集中而又得不到制约的状况，坚决惩治和预防腐败；必须保障人民的民主权利和合法权益，维护社会公平正义。

——节选自温家宝在第十一届全国人民代表大会第四次会议上所作的2011年政府工作报告（2011年3月5日）

加强廉政建设和反腐败工作

建设廉洁的政府是一项持久而又紧迫的任务，是人民的殷切期望。要加快解决反腐倡廉建设中的突出问题，扎实推进惩治和预防腐败体系建设，把查办大案要案作为反腐败的重要举措，同时更加注重制度建设。一是认真治理政府工作人员以权谋私和渎职侵权问题。针对工程建设、土地使用权出让和矿产资源开发、国有产权交易、政府采购等重点领域存在的问题，加大查处违法违纪案件工作力度，坚决惩处腐败分子。二是切实加强廉洁自律，认真贯彻执行《廉政准则》，落实领导干部收入、房产、投资以及配偶子女从业、移居国（境）外等情况定期报告制度，自觉接受监督。加强审计和监察工作。加大对行政机关领导干部和国有企业、事业单位负责人的监督力度。三是坚决反对铺张浪费和形式主义。要精简会议、文件，清理和规范各种达标、评比、表彰以及论坛、庆典等活动，从经费上严加控制。规范公务用车配备管理并积极推进公务用车制度改革。加快实行财政预算公开，让人民知道政府花了多少钱，办了什么事。各级政府都要努力为人民办事；每一个公务员都要真正成为人民的公仆。

——节选自温家宝在第十一届全国人民代表大会第四次会议上所作的2011年政府工作报告（2011年3月5日）

努力建设人民满意的服务型政府

一年来，政府自身改革和建设取得新进展。为应对各种困难，我们特别注意发扬民主、倾听基层群众意见，重视维护群众利益。广大公务员兢兢业业、勤勉尽责，为保增长、保民生、保稳定作出了积极贡献。但是政府工作与人民的期望还有较大差距。职能转变不到位，对微观经济干预过多，社会管理和公共服务比较薄弱；一些工作人员依法行政意识不强；一些领导干部脱离群众、脱离实际，形式主义、官僚主义严重；一些领域腐败现象易发多发。我们要以转变职能为核心，深化行政管理体制改革，大力推进服务型政府建设，努力为各类市场主体创造公平的发展环境，为人民群众提供良好的公共服务，维护社会公平正义。

我们要全面正确履行政府职能，更加重视公共服务和社会管理。加快健全覆盖全民的公共服务体系，全面增强基本公共服务能力。健全重大自然灾害、突发公共安全事件应急处理机制。加强防灾减灾能力建设。加强食品药品质量监管，做好安全生产工作，遏制重特大事故发生。

要适应新形势，推进社会管理体制改革和创新，合理调节社会利益关系。认真解决企业改制、征地拆迁、环境保护、劳动争议、涉法涉诉等领域损害群众利益的突出问题，保障人民群众的合法权益。加强和改进信访工作。改善流动人口管理和服务。加强社会治安综合治理，着力解决突出治安问题，防范和依法严厉打击各类违法犯罪活动，维护国家安全和社会稳定。

要努力提高执行力和公信力。坚持决策的科学化、民主化，使各项政策更加符合实际、经得起检验。加强对政策执行情况的检查监督，做到令行禁止。强化行政问责，对失职渎职、不作为和乱作为的，要严肃追究责任。各地区、各部门对中央的决策部署要执行有力，绝不允许各自为政。各级行政机关及其公务员要自觉遵守宪法和法律，严格依法行政。切实改进行政执法工作，努力做到规范执法、公正执法、文明执法。加快建立健全决策、执行、监督相互制约又相互协调的行政运行机制。

要把反腐倡廉建设摆在重要位置，这直接关系政权的巩固。各级领导干部特别是高级干部要坚决执行中央关于报告个人经济和财产，包括收入、住房、投资，以及配偶子女从业等重大事项的规定，并自觉接受纪检部门的监督。要把查处违法违纪大案要案，作为反腐败的重要任务。充分发挥监察、审计部门的作用，加强对行政权力运行的监督。要建立健全惩治和预防腐败体系的各项制度，特别要健全公共资源配置、公共资产交易、公共产品生产等领域的管理制度，增强制度约束力。要坚持勤俭行政，反对铺张浪费，不断降低行政成本。严格控制楼堂馆所建设，禁止高档装修办公楼，加快公务接待、公车使用等制度改革，从严控制公费出国出境。切实精简会议和文件，特别要减少那些形式重于内容的会议、庆典和论坛。要深入推进政务公开，完善各类公开办事制度和行政复议制度，创造条件让人民批评政府、监督政府，同时充分发挥新闻舆论的监督作用，让权力在阳光下运行。

——节选自温家宝在第十一届全国人民代表大会第三次会议上所作的2010年政府工作报告（2010年3月5日）

（二）政府规划

第十三篇　发展民主　推进社会主义政治文明建设

坚持党的领导、人民当家做主、依法治国有机统一，发展社会主义民主政治，建设社会主义法治国家。

第五十四章　发展社会主义民主政治

坚持和完善人民代表大会制度、中国共产党领导的多党合作和政治协商制度、民族区域自治制度以及基层群众自治制度，不断推进社会主义政治制度自我完善和发展。健全民主制度，丰富民主形式，拓宽民主渠道，依法实行民主选举、民主决策、民主管理、民主监督，保障人民的知情权、参与权、表达权、监督权。支持人民代表大会依法履行职权。巩固和壮大最广泛的爱国统一战线。支持人民政协围绕团结和民主两大主题履行职能。支持工会、共青团、妇联等人民团体依照法律和各自章程开展工作，参与社会管理和公共服务。贯彻落实党和国家的民族政策，保障少数民族合法权益，开展民族团结宣传教育和创建活动，巩固和发展平等团结互助和谐的社会主义民族关系。全面贯彻党的宗教工作基本方针，发挥宗教界人士和信教群众在促进经济社会发展中的积极作用。鼓励新的社会阶层人士投身中国特色社会主义建设。做好侨务工作，支持海外侨胞、归侨侨眷关心和参与祖国现代化建设与和平统一大业。

第五十五章　全面推进法制建设

全面落实依法治国基本方略，坚持科学立法、民主立法，完善中国特色社会主义法律体系。重点加强加快转变经济发展方式、改善民生和发展社会事业以及政府自身建设等方面的立法。加强宪法和法律实施，维护社会主义法制的统一、尊严、权威。完善行政执法与刑事司法衔接机制，推进依法行政、公正廉洁执法。深化司法体制改革，优化司法职权配置，规范司法行为，建设公正高效权威的社会主义司法制度。实施“六五”普法规划，深入开展法制宣传教育，树立社会主义法治理念，弘扬法治精神，形成人人学法守法的良好社会氛围。加强法律援助。加强人权保障，促进人权事业全面发展。

第五十六章　加强反腐倡廉建设

坚持以人为本、执政为民，以保持和人民群众血肉联系为重点，扎实推进政风建设。坚持标本兼治、综合治理、惩防并举、注重预防的方针，以完善惩治和预防腐败体系为重点，加强反腐倡廉建设。严格执行廉政建设责任制。加强领导干部廉洁自律和严格管理，认真落实领导干部收入、房产、投资、配偶子女从业等情况定期报告制度。深入推进改革和制度创新，逐步建成内容科学、程序严密、配套完备、有效管用的反腐倡廉制度体系。建立健全决策权、执行权、监督权既相互制约又相互协调的权力结构和运行机制，积极推进政务公开和经济责任审计，加强对权力运行的制约和监督。加大查办违纪违法案件工作力度。开展社会领域防治腐败工作。加强反腐败国际交流合作。

——节选自第十一届全国人民代表大会第四次会议批准的《国民经济和社会发展第十二个五年规划纲要》（2011 年 3 月 14 日）

（三）国务院部门规章

关于印发《关于开展政府绩效管理试点工作的意见》的通知

监发〔2011〕6 号

北京市、吉林省、福建省、广西壮族自治区、四川省、新疆维吾尔自治区、杭州市、深圳市人民政府，发展改革委、财政部、国土资源部、环境保护部、农业部、质检总局：

根据党中央、国务院关于加快推行政府绩效管理制度的部署和要求，政府绩效管理工作部际联席会议研究，选择北京市、吉林省、福建省、广西壮族自治区、四川省、新疆维吾尔自治区、杭州市、深圳市人民政府和发展改革委、财政部、国土资源部、环境保护部、农业部、质检总局开展政府绩效管理试点工作，为全面推行政府绩效管理制度探索和积累经验。经国务院同意，现将《关于开展政府绩效管理试点工作的意见》印发你们，请结合实际指定工作方案，抓好贯彻落实。

中华人民共和国监察部

二〇一一年六月十日

关于开展政府绩效管理试点工作的意见

为贯彻落实党中央、国务院关于加快推行政府绩效管理制度的要求，制定并完善有利于推动科学发展、加快转变经济发展方式的绩效评价考核体系和考核办法，推动“十二五”规划纲要顺利实施，根据第十七届中央纪委第六次全会和国务院第四次廉政工作会议的部署，经国务院同意，选择部分地区和部门开展政府绩效管理试点工作，现提出如下意见。

一、总体要求

（一）指导思想：坚持以邓小平理论和“三个代表”重要思想为指导，深入贯彻落实科学发展观，围绕推进服务政府、责任政府、法治政府和廉洁政府建设，以改善行政管理、提高行政效能、增强政府执行力和公信力为核心，运用现代绩效管理的理念和方法，立足实际，大胆实践，有序推进，积极探索开展政府绩效管理的有效途径和方式方法，构建科学的政府绩效考评体系和考评结果运用机制，建立健全绩效管理规章制度，为全面开展政府绩效管理发挥示范引导作用。

（二）基本原则：坚持正确导向，推动科学发展；坚持立足实际，大胆开拓创新；坚持统筹兼顾，突出工作重点；坚持客观公正，分级分类管理；坚持群众观点，鼓励社会参与；坚持简便易行，持续改进工作。

（三）工作目标：通过开展试点工作，使绩效管理的理念和方法在政府管理工作中得到有效运用，探索建立中国特色政府绩效管理制度的基本框架，初步形成绩效管理工作的领导体制、工作机制和方式方法，构建统筹兼顾、重点突出、导向明确的政府绩效考评指标体系和考评程序，制定完善一批绩效管理规章制度，力争到2012年年底形成比较规范、各具特色的绩效管理模式，推动政府执行力和公信力明显提升，为全面推行绩效管理制度奠定坚实基础。

二、试点内容和试点地区、部门

（一）地方政府及政府机关绩效管理

紧紧围绕贯彻落实中央重大决策部署和地方党委、政府确定的重点工作任务，根据政府机关各部门和下级政府不同的工作性质、工作内容，制定和完善不同的绩效考评指标体系和考评办法，对其工作绩效进行全面评估和考核，弱化对经济增长速度的评价考核，强化对结构优化、民生改善、资源节约、环境保护、基本公共服务、依法行政和社会管理等目标任务完成情况的综合评价考核，有效运用考评成果，推动政府绩效整体提升，促进地方加快转变经济发展方式，实现经济社会又好又快发展。

（北京市、吉林省、福建省、广西壮族自治区、四川省、新疆维吾尔自治区、杭州市、深圳市）

（二）国务院机构机关工作绩效管理

紧密结合部门职责和承担的工作任务，探索对内设机构、直属事业单位及垂直管理部门等实行绩效管理，重点考核职责履行、依法行政、公共服务、机关管理、改革创新等方面内容，与领导班子建设特别是作风建设、反腐倡廉建设以及创先争优活动有机结合，促进政府职能转变和管理创新。

（国土资源部、农业部、质检总局）

（三）节能减排政策落实情况绩效管理

重点围绕“十二五”时期节能减排规划实施和目标责任制落实，加强对各地区、有关部门和中央企业相关工作部署、工作过程、工作结果的绩效考评，保证节能减排计划任务顺利完成。

（发展改革委、环境保护部）

（四）财政预算资金绩效管理

牵头组织预算资金绩效管理工作，建立健全财政预算绩效管理制度，推进预算支出绩效管理，创新资金管理方式，扩大中央部门预算支出绩效评价试点范围，进一步提高财政资金使用效益。

（财政部）

三、加强领导，大胆创新，确保试点工作取得实效

（一）加强组织领导，建立健全工作机制。试点地区和部门领导班子要高度重视，认真学习贯彻党中央、国务院关于加快推行政府绩效管理制度的部署和要求，把试点工作摆在重要位置、纳入工作全局谋划和推进，切实加强组织领导，把握试点工作正确方向。要建立健全领导体制和工作机制，主要负责同志亲自部署，分管领导具体负责，健全组织协调机制，明确牵头负责部门，落实具体工作人员，为试点工作提供有力的组织保证。监察机关要充分发挥职能作用，按照分工做好有关工作，并认真组织开展绩效管理监察，积极推动试点工作健康深入开展。

（二）认真调研论证，科学设计考评制度。在深入学习调研、广泛征求意见的基础上，认真研究制定绩效管理办法、实施细则等制度，明确绩效管理范围、内容、方法、程序和要求。着重在建立绩效考评指标体系上下功夫，坚持定性评估与定量评估相结合，充分考虑不同地区和部门的差异，从实际出发科学设置各项考评指标及计分权重，处理好全面与重点、共性与个性、稳定性与动态性的关系，增强考评指标的导向性和可比性。把绩效考评与其他考核工作有机结合，搞好绩效考评指标体系与现行其他指标体系的统筹、整合与衔接，减少重复考评、多头考评。积极拓宽考评渠道，探索引入群众评议和第三方评估，实行内部考核与公众评议、专家评价相结合，平时评估与定期评估相结合，提高考评的客观性和公信度。

（三）狠抓工作落实，确保试点工作扎实推进。要尽快制定试点工作方案，确定试点工作总体目标和阶段性目标，明确工作步骤、时间安排、操作规程和工作要求，并落实保障经费。加强动员发动和宣传培训，帮助干部群众树立绩效理念，提高参与试点工作的积极性。建立并落实工作责任制，把试点工作目标任务逐项分解到具体部门和工作人员，一级抓一级，层层抓落实。加强督促检查，建立过程管理与监督检查机制，抓好日常检查和定期察访核验，及时纠正出现的问题。严格执行统计工作纪律，确保绩效管理工作各项数据客观真实。坚持边实践、边规范、边总结，推动试点工作取得明显成效。

（四）强化结果运用，发挥绩效考评的导向和激励约束作用。要高度重视绩效考评结果的综合运用，考评结果及时反馈并送组织人事、统计等部门，作为改进工作、加强管理、领导班子和领导干部考核、干部选拔任用、公务员评优评奖的重要依据，切实加大奖优罚劣、治庸治懒力度；把绩效考评与行政问责有机结合，对违背科学发展观要求搞“形象工程”和“政绩工程”的，对作风漂浮、敷衍塞责以及行政不作为、乱作为、慢作为等行为，严肃追究责任。

（五）大胆改革创新，不断拓展绩效管理工作的途径和方法。要以改革创新的精神状态、思想作风和工作方法推进试点工作，立足实际，勇于实践，在原有工作基础上积极探索和完善政府绩效管理的理念思路、工作内容、方式方法和体制机制，建立有效管用的政府绩效管理制度。注重运用现代科学理论知识、科学方法和技术，提高政

府绩效管理的科技含量。

（六）加强联系指导，总结推广经验。各试点地区和部门要明确1名联络员，加强与政府绩效管理工作部际联席会议办公室的日常联系与沟通，通报试点工作方案、工作进度和重要工作情况，及时向联席会议提交试点工作阶段性情况报告和总结报告。联席会议及其办公室要加强政策研究，及时对试点工作进行调研指导与监督检查，协调解决试点工作中遇到的困难和问题。要积极总结推广试点地区和部门的好做法、好经验，适时组织经验交流会、学习调研和业务培训，分析和把握工作规律，指导推动面上工作，2011年年底对试点工作进行阶段性评估，2012年年底进行全面系统总结。

社会组织评估管理办法

（经民政部部务会议2010年12月20日通过）

第一章 总则

第一条 为了规范社会组织评估工作，制定本办法。

第二条 本办法所称社会组织是指经各级人民政府民政部门登记注册的社会团体、基金会、民办非企业单位。

第三条 本办法所称社会组织评估，是指各级人民政府民政部门为依法实施社会组织监督管理职责，促进社会组织健康发展，依照规范的方法和程序，由评估机构根据评估标准，对社会组织进行客观、全面的评估，并作出评估等级结论。

第四条 社会组织评估工作应当坚持分级管理、分类评定、客观公正的原则，实行政府指导、社会参与、独立运作的工作机制。

第五条 各级人民政府民政部门按照登记管理权限，负责本级社会组织评估工作的领导，并对下一级人民政府民政部门社会组织评估工作进行指导。

第二章 评估对象和内容

第六条 申请参加评估的社会组织应当符合下列条件之一：

（一）取得社会团体、基金会或者民办非企业单位登记证书满两个年度，未参加过社会组织评估的；

（二）获得的评估等级满5年有效期的。

第七条 社会组织有下列情形之一的，评估机构不予评估：

（一）未参加上年度年度检查；

（二）上年度年度检查不合格或者连续2年基本合格；

（三）上年度受到有关政府部门行政处罚或者行政处罚尚未执行完毕；

（四）正在被有关政府部门或者司法机关立案调查；

（五）其他不符合评估条件的。

第八条　对社会组织评估，按照组织类型的不同，实行分类评估。

社会团体、基金会实行综合评估，评估内容包括基础条件、内部治理、工作绩效和社会评价。民办非企业单位实行规范化建设评估，评估内容包括基础条件、内部治理、业务活动和诚信建设、社会评价。

第三章　评估机构和职责

第九条　各级人民政府民政部门设立相应的社会组织评估委员会（以下简称评估委员会）和社会组织评估复核委员会（以下简称复核委员会），并负责对本级评估委员会和复核委员会的组织协调和监督管理。

第十条　评估委员会负责社会组织评估工作，负责制定评估实施方案、组建评估专家组、组织实施评估工作、作出评估等级结论并公示结果。

复核委员会负责社会组织评估的复核和对举报的裁定工作。

第十一条　评估委员会由 7 至 25 名委员组成，设主任 1 名、副主任若干名。复核委员会由 5 至 9 名委员组成，设主任 1 名、副主任 1 名。

评估委员会和复核委员会委员由有关政府部门、研究机构、社会组织、会计师事务所、律师事务所等单位推荐，民政部门聘任。

评估委员会和复核委员会委员聘任期 5 年。

第十二条　评估委员会和复核委员会委员应当具备下列条件：

（一）熟悉社会组织管理工作的法律法规和方针政策；

（二）在所从事的领域具有突出业绩和较高声誉；

（三）坚持原则，公正廉洁，忠于职守。

第十三条　评估委员会召开最终评估会议须有 2/3 以上委员出席。最终评估采取记名投票方式表决，评估结论须经全体委员半数以上通过。

第十四条　评估委员会可以下设办公室或者委托社会机构（以下简称评估办公室），负责评估委员会的日常工作。

第十五条　评估专家组负责对社会组织进行实地考察，并提出初步评估意见。

评估专家组由有关政府部门、研究机构、社会组织、会计师事务所、律师事务所等有关专业人员组成。

第四章　评估程序和方法

第十六条　社会组织评估工作依照下列程序进行：

（一）发布评估通知或者公告；

（二）审核社会组织参加评估资格；

（三）组织实地考察和提出初步评估意见；

（四）审核初步评估意见并确定评估等级；

（五）公示评估结果并向社会组织送达通知书；

（六）受理复核申请和举报；

（七）民政部门确认社会组织评估等级、发布公告，并向获得 3A 以上评估等级的社会组织颁发证书和牌匾。

第十七条 地方各级人民政府民政部门应当将获得 4A 以上评估等级的社会组织报上一级民政部门审核备案。省级人民政府民政部门应当在每年 12 月 31 日前，将本行政区域社会组织等级评估情况以及获得 5A 评估等级的社会组织名单上报民政部。

第十八条 评估期间，评估机构和评估专家有权要求参加评估的社会组织提供必要的文件和证明材料。参加评估的社会组织应当予以配合，如实提供有关情况和资料。

第五章 回避与复核

第十九条 评估委员会委员、复核委员会委员和评估专家有下列情形之一的，应当回避：

（一）与参加评估的社会组织有利害关系的；

（二）曾在参加评估的社会组织任职，离职不满 2 年的；

（三）与参加评估的社会组织有其他可能影响评估结果公正关系的。

参加评估的社会组织向评估办公室提出回避申请，评估办公室应当及时作出是否回避的决定。

第二十条 参加评估的社会组织对评估结果有异议的，可以在公示期内向评估办公室提出书面复核申请。

第二十一条 评估办公室对社会组织的复核申请和原始证明材料审核认定后，报复核委员会进行复核。

第二十二条 复核委员会应当充分听取评估专家代表的初步评估情况介绍和申请复核社会组织的陈述，确认复核材料，并以记名投票方式表决，复核结果须经全体委员半数以上通过。

第二十三条 复核委员会的复核决定，应当于作出决定之日起 15 日内，以书面形式通知申请复核的社会组织。

第二十四条 评估办公室受理举报后，应当认真核实，对情况属实的作出处理意见，报复核委员会裁定。裁定结果应当及时告知举报人，并通知有关社会组织。

第二十五条 评估委员会委员、复核委员会委员和评估专家应当实事求是、客观公正，遵守评估工作纪律。

第六章 评估等级管理

第二十六条 社会组织评估结果分为 5 个等级，由高至低依次为 5A 级（AAAAA）、4A 级（AAAA）、3A 级（AAA）、2A 级（AA）、1A 级（A）。

第二十七条 获得评估等级的社会组织在开展对外活动和宣传时，可以将评估等级证书作为信誉证明出示。评估等级牌匾应当悬挂在服务场所或者办公场所的明显位置，自觉接受社会监督。

第二十八条 社会组织评估等级有效期为 5 年。

获得3A以上评估等级的社会组织，可以优先接受政府职能转移，可以优先获得政府购买服务，可以优先获得政府奖励。

获得3A以上评估等级的基金会、慈善组织等公益性社会团体可以按照规定申请公益性捐赠税前扣除资格。

获得4A以上评估等级的社会组织在年度检查时，可以简化年度检查程序。

第二十九条 评估等级有效期满前2年，社会组织可以申请重新评估。

符合参加评估条件未申请参加评估或者评估等级有效期满后未再申请参加评估的社会组织，视为无评估等级。

第三十条 获得评估等级的社会组织有下列情形之一的，由民政部门作出降低评估等级的处理，情节严重的，作出取消评估等级的处理：

（一）评估中提供虚假情况和资料，或者与评估人员串通作弊，致使评估情况失实的；

（二）涂改、伪造、出租、出借评估等级证书，或者伪造、出租、出借评估等级牌匾的；

（三）连续2年年度检查基本合格的；

（四）上年度年度检查不合格或者上年度未参加年度检查的；

（五）受相关政府部门警告、罚款、没收非法所得、限期停止活动等行政处罚的；

（六）其他违反法律法规规定情形的。

第三十一条 被降低评估等级的社会组织在2年内不得提出评估申请，被取消评估等级的社会组织在3年内不得提出评估申请。

第三十二条 民政部门应当以书面形式将降低或者取消评估等级的决定，通知被处理的社会组织及其业务主管单位和政府相关部门，并向社会公告。

第三十三条 被取消评估等级的社会组织须在收到通知书之日起15日内将原评估等级证书、牌匾退回民政部门；被降低评估等级的社会组织须在收到通知书之日起15日内将评估等级证书、牌匾退回民政部门，换发相应的评估等级证书、牌匾。拒不退回（换）的，由民政部门公告作废。

第三十四条 评估委员会委员、复核委员会委员和评估专家在评估工作中未履行职责或者弄虚作假、徇私舞弊的，取消其委员或者专家资格。

第七章 附则

第三十五条 社会组织评估经费从民政部门社会组织管理工作经费中列支。不得向评估对象收取评估费用。

第三十六条 社会组织评估标准和内容、评估等级证书牌匾式样由民政部统一制定。

第三十七条 本办法自2011年3月1日起施行。

财政部关于印发《财政支出绩效评价管理暂行办法》的通知

财预〔2011〕285 号

党中央有关部门，国务院各部委、各直属机构，总后勤部，武警各部队，全国人大常委会办公厅，全国政协办公厅，高法院，高检院，有关人民团体，各省、自治区、直辖市、计划单列市财政厅（局)，新疆生产建设兵团财务局，有关中央管理企业：

为积极推进预算绩效管理工作，规范财政支出绩效评价行为，建立科学、合理的绩效评价管理体系，提高财政资金使用效益，我们重新修订了《财政支出绩效评价管理暂行办法》，现予印发，请遵照执行。

财政部

二〇一一年四月二日

财政支出绩效评价管理暂行办法

第一章 总则

第一条 为加强财政支出管理，强化支出责任，建立科学、合理的财政支出绩效评价管理体系，提高财政资金使用效益，根据《中华人民共和国预算法》等国家有关规定，制定本办法。

第二条 财政支出绩效评价（以下简称绩效评价）是指财政部门和预算部门（单位）根据设定的绩效目标，运用科学、合理的绩效评价指标、评价标准和评价方法，对财政支出的经济性、效率性和效益性进行客观、公正的评价。

第三条 各级财政部门和各预算部门（单位）是绩效评价的主体。

预算部门（单位)（以下简称预算部门）是指与财政部门有预算缴拨款关系的国家机关、政党组织、事业单位、社会团体和其他独立核算的法人组织。

第四条 财政性资金安排支出的绩效评价及相关管理活动适用本办法。

第五条 绩效评价应当遵循以下基本原则：

（一）科学规范原则。绩效评价应当严格执行规定的程序，按照科学可行的要求，采用定量与定性分析相结合的方法。

（二）公正公开原则。绩效评价应当符合真实、客观、公正的要求，依法公开并接受监督。

（三）分级分类原则。绩效评价由各级财政部门、各预算部门根据评价对象的特点分类组织实施。

（四）绩效相关原则。绩效评价应当针对具体支出及其产出绩效进行，评价结果应当清晰反映支出和产出绩效之间的紧密对应关系。

第六条 绩效评价的主要依据：

（一）国家相关法律、法规和规章制度；

（二）各级政府制定的国民经济与社会发展规划和方针政策；

（三）预算管理制度、资金及财务管理办法、财务会计资料；

（四）预算部门职能职责、中长期发展规划及年度工作计划；

（五）相关行业政策、行业标准及专业技术规范；

（六）申请预算时提出的绩效目标及其他相关材料，财政部门预算批复，财政部门和预算部门年度预算执行情况，年度决算报告；

（七）人大审查结果报告、审计报告及决定、财政监督检查报告；

（八）其他相关资料。

第二章　绩效评价的对象和内容

第七条　绩效评价的对象包括纳入政府预算管理的资金和纳入部门预算管理的资金。按照预算级次，可分为本级部门预算管理的资金和上级政府对下级政府的转移支付资金。

第八条　部门预算支出绩效评价包括基本支出绩效评价、项目支出绩效评价和部门整体支出绩效评价。

绩效评价应当以项目支出为重点，重点评价一定金额以上、与本部门职能密切相关、具有明显社会影响和经济影响的项目。有条件的地方可以对部门整体支出进行评价。

第九条　上级政府对下级政府的转移支付包括一般性转移支付和专项转移支付。一般性转移支付原则上应当重点对贯彻中央重大政策出台的转移支付项目进行绩效评价；专项转移支付原则上应当以对社会、经济发展和民生有重大影响的支出为重点进行绩效评价。

第十条　绩效评价的基本内容：

（一）绩效目标的设定情况；

（二）资金投入和使用情况；

（三）为实现绩效目标制定的制度、采取的措施等；

（四）绩效目标的实现程度及效果；

（五）绩效评价的其他内容。

第十一条　绩效评价一般以预算年度为周期，对跨年度的重大（重点）项目可根据项目或支出完成情况实施阶段性评价。

第三章　绩效目标

第十二条　绩效目标是绩效评价的对象计划在一定期限内达到的产出和效果，由预算部门在申报预算时填报。预算部门年初申报预算时，应当按照本办法规定的要求将绩效目标编入年度预算；执行中申请调整预算的，应当随调整预算一并上报绩效目标。

第十三条 绩效目标应当包括以下主要内容：

（一）预期产出，包括提供的公共产品和服务的数量；

（二）预期效果，包括经济效益、社会效益、环境效益和可持续影响等；

（三）服务对象或项目受益人满意程度；

（四）达到预期产出所需要的成本资源；

（五）衡量预期产出、预期效果和服务对象满意程度的绩效指标；

（六）其他。

第十四条 绩效目标应当符合以下要求：

（一）指向明确。绩效目标要符合国民经济和社会发展规划、部门职能及事业发展规划，并与相应的财政支出范围、方向、效果紧密相关。

（二）具体细化。绩效目标应当从数量、质量、成本和时效等方面进行细化，尽量进行定量表述，不能以量化形式表述的，可以采用定性的分级分档形式表述。

（三）合理可行。制定绩效目标时要经过调查研究和科学论证，目标要符合客观实际。

第十五条 财政部门应当对预算部门申报的绩效目标进行审核，符合相关要求的可进入下一步预算编审流程；不符合相关要求的，财政部门可以要求其调整、修改。

第十六条 绩效目标一经确定一般不予调整。确需调整的，应当根据绩效目标管理的要求和审核流程，按照规定程序重新报批。

第十七条 绩效目标确定后，随同年初预算或追加预算一并批复，作为预算部门执行和项目绩效评价的依据。

第四章 绩效评价指标、评价标准和方法

第十八条 绩效评价指标是指衡量绩效目标实现程度的考核工具。绩效评价指标的确定应当遵循以下原则：

（一）相关性原则。应当与绩效目标有直接的联系，能够恰当反映目标的实现程度。

（二）重要性原则。应当优先使用最具评价对象代表性、最能反映评价要求的核心指标。

（三）可比性原则。对同类评价对象要设定共性的绩效评价指标，以便于评价结果可以相互比较。

（四）系统性原则。应当将定量指标与定性指标相结合，系统反映财政支出所产生的社会效益、经济效益、环境效益和可持续影响等。

（五）经济性原则。应当通俗易懂、简便易行，数据的获得应当考虑现实条件和可操作性，符合成本效益原则。

第十九条 绩效评价指标分为共性指标和个性指标。

（一）共性指标是适用于所有评价对象的指标。主要包括预算编制和执行情况、财

务管理状况、资产配置、使用、处置及其收益管理情况以及社会效益、经济效益等。

（二）个性指标是针对预算部门或项目特点设定的，适用于不同预算部门或项目的业绩评价指标。

共性指标由财政部门统一制定，个性指标由财政部门会同预算部门制定。

第二十条　绩效评价标准是指衡量财政支出绩效目标完成程度的尺度。绩效评价标准具体包括：

（一）计划标准。是指以预先制定的目标、计划、预算、定额等数据作为评价的标准。

（二）行业标准。是指参照国家公布的行业指标数据制定的评价标准。

（三）历史标准。是指参照同类指标的历史数据制定的评价标准。

（四）其他经财政部门确认的标准。

第二十一条　绩效评价方法主要采用成本效益分析法、比较法、因素分析法、最低成本法、公众评判法等。

（一）成本效益分析法。是指将一定时期内的支出与效益进行对比分析，以评价绩效目标实现程度。

（二）比较法。是指通过对绩效目标与实施效果、历史与当期情况、不同部门和地区同类支出的比较，综合分析绩效目标实现程度。

（三）因素分析法。是指通过综合分析影响绩效目标实现、实施效果的内外因素，评价绩效目标实现程度。

（四）最低成本法。是指对效益确定却不易计量的多个同类对象的实施成本进行比较，评价绩效目标实现程度。

（五）公众评判法。是指通过专家评估、公众问卷及抽样调查等对财政支出效果进行评判，评价绩效目标实现程度。

（六）其他评价方法。

第二十二条　绩效评价方法的选用应当坚持简便有效的原则。

根据评价对象的具体情况，可采用一种或多种方法进行绩效评价。

第五章　绩效评价的组织管理和工作程序

第二十三条　财政部门负责拟定绩效评价规章制度和相应的技术规范，组织、指导本级预算部门、下级财政部门的绩效评价工作；根据需要对本级预算部门、下级财政部门支出实施绩效评价或再评价；提出改进预算支出管理意见并督促落实。

第二十四条　预算部门负责制定本部门绩效评价规章制度；具体组织实施本部门绩效评价工作；向同级财政部门报送绩效报告和绩效评价报告；落实财政部门整改意见；根据绩效评价结果改进预算支出管理。

第二十五条　根据需要，绩效评价工作可委托专家、中介机构等第三方实施。财政部门应当对第三方组织参与绩效评价的工作进行规范，并指导其开展工作。

第二十六条 绩效评价工作一般按照以下程序进行：

（一）确定绩效评价对象；

（二）下达绩效评价通知；

（三）确定绩效评价工作人员；

（四）制订绩效评价工作方案；

（五）收集绩效评价相关资料；

（六）对资料进行审查核实；

（七）综合分析并形成评价结论；

（八）撰写与提交评价报告；

（九）建立绩效评价档案。

预算部门年度绩效评价对象由预算部门结合本单位工作实际提出并报同级财政部门审核确定；也可由财政部门根据经济社会发展需求和年度工作重点等相关原则确定。

第二十七条 财政部门实施再评价，参照上述工作程序执行。

第六章 绩效报告和绩效评价报告

第二十八条 财政资金具体使用单位应当按照本办法的规定提交绩效报告，绩效报告应当包括以下主要内容：

（一）基本概况，包括预算部门职能、事业发展规划、预决算情况、项目立项依据等；

（二）绩效目标及其设立依据和调整情况；

（三）管理措施及组织实施情况；

（四）总结分析绩效目标完成情况；

（五）说明未完成绩效目标及其原因；

（六）下一步改进工作的意见及建议。

第二十九条 财政部门和预算部门开展绩效评价并撰写绩效评价报告，绩效评价报告应当包括以下主要内容：

（一）基本概况；

（二）绩效评价的组织实施情况；

（三）绩效评价指标体系、评价标准和评价方法；

（四）绩效目标的实现程度；

（五）存在问题及原因分析；

（六）评价结论及建议；

（七）其他需要说明的问题。

第三十条 绩效报告和绩效评价报告应当依据充分、真实完整、数据准确、分析透彻、逻辑清晰、客观公正。

预算部门应当对绩效评价报告涉及基础资料的真实性、合法性、完整性负责。

财政部门应当对预算部门提交的绩效评价报告进行复核，提出审核意见。

第三十一条 绩效报告和绩效评价报告的具体格式由财政部门统一制定。

第七章 绩效评价结果及其应用

第三十二条 绩效评价结果应当采取评分与评级相结合的形式，具体分值和等级可根据不同评价内容设定。

第三十三条 财政部门和预算部门应当及时整理、归纳、分析、反馈绩效评价结果，并将其作为改进预算管理和安排以后年度预算的重要依据。

对绩效评价结果较好的，财政部门和预算部门可予以表扬或继续支持。

对绩效评价发现问题、达不到绩效目标或评价结果较差的，财政部门和预算部门可予以通报批评，并责令其限期整改。不进行整改或整改不到位的，应当根据情况调整项目或相应调减项目预算，直至取消该项财政支出。

第三十四条 绩效评价结果应当按照政府信息公开有关规定在一定范围内公开。

第三十五条 在财政支出绩效评价工作中发现的财政违法行为，依照《财政违法行为处罚处分条例》（国务院令第427号）等国家有关规定追究责任。

第八章 附则

第三十六条 各地区、各预算部门可结合实际制定具体的管理办法和实施细则。

第三十七条 本办法自发布之日起施行。《中央部门预算支出绩效考评管理办法（试行）》（财预〔2005〕86号）、《财政支出绩效评价管理暂行办法》（财预〔2009〕76号）同时废止。《财政部关于进一步推进中央部门预算项目支出绩效评价试点工作的通知》（财预〔2009〕390号）及其他有关规定与本办法不一致的，以本办法为准。

附：1. 财政支出绩效目标申报表〔略〕

2. 财政支出绩效评价指标框架（参考）〔略〕

3. 财政支出绩效报告（参考提纲）〔略〕

4. 财政支出绩效评价报告（参考提纲）〔略〕

5. 财政支出绩效评价工作流程图〔略〕

关于推进预算绩效管理的指导意见

财预〔2011〕416号

党中央有关部门，国务院各部委、各直属机构，总后勤部，武警各部队，全国人大常委会办公厅，全国政协办公厅，高法院，高检院，有关人民团体，各省、自治区、直辖市、计划单列市财政厅（局），新疆生产建设兵团财务局，有关中央管理企业：

为了深入贯彻落实科学发展观，完善公共财政体系，推进财政科学化精细化管理，强化预算支出的责任和效率，提高财政资金使用效益，现就推进预算绩效管理提出如下意见：

一、充分认识推进预算绩效管理的重要性

预算绩效是指预算资金所达到的产出和结果。预算绩效管理是政府绩效管理的重要组成部分，是一种以支出结果为导向的预算管理模式。它强化政府预算为民服务的理念，强调预算支出的责任和效率，要求在预算编制、执行、监督的全过程中更加关注预算资金的产出和结果，要求政府部门不断改进服务水平和质量，花尽量少的资金、办尽量多的实事，向社会公众提供更多、更好的公共产品和公共服务，使政府行为更加务实、高效。推进预算绩效管理，有利于提升预算管理水平、增强单位支出责任、提高公共服务质量、优化公共资源配置、节约公共支出成本。这是深入贯彻落实科学发展观的必然要求，是深化行政体制改革的重要举措，也是财政科学化、精细化管理的重要内容，对于加快经济发展方式的转变和和谐社会的构建，促进高效、责任、透明政府的建设具有重大的政治、经济和社会意义。

党中央、国务院高度重视预算绩效管理工作，多次强调要深化预算制度改革，加强预算绩效管理，提高预算资金的使用效益和政府工作效率。党的十六届三中全会提出“建立预算绩效评价体系”，党的十七届二中、五中全会提出“推行政府绩效管理和行政问责制度”，“完善政府绩效评估制度”。2011 年 3 月，国务院成立政府绩效管理工作部际联席会议，指导和推动政府绩效管理工作。近年来，各级财政部门和预算单位按照党中央、国务院的要求和财政部的部署，积极研究探索预算绩效管理工作，开展预算支出绩效评价试点，取得了一定成效。但从总体上看，我国的预算绩效管理工作仍处于起步阶段，思想认识还不够统一，制度建设相对滞后，试点范围较小，地区发展不平衡，与党中央、国务院对加强预算绩效管理的要求还有一定的差距。推进预算绩效管理，已成为当前和今后财政预算管理工作的重要内容。

二、推进预算绩效管理的指导思想和基本原则

当前和今后一段时期推进预算绩效管理的指导思想是：全面贯彻党的十七大、十七届五中全会精神，以邓小平理论和“三个代表”重要思想为指导，深入贯彻落实科学发展观，借鉴市场经济国家预算绩效管理的成功经验，按照党中央、国务院关于加强政府绩效和预算绩效管理的总体要求，强化预算支出责任和效率，统筹规划、分级管理、因地制宜、重点突破，逐步建立以绩效目标实现为导向，以绩效评价为手段，以结果应用为保障，以改进预算管理、优化资源配置、控制节约成本、提高公共产品质量和公共服务水平为目的，覆盖所有财政性资金，贯穿预算编制、执行、监督全过程的具有中国特色的预算绩效管理体系。

推进预算绩效管理的基本原则：

（一）统一领导，分级管理。各级财政部门负责预算绩效管理工作的统一领导，组织对重点支出进行绩效评价和再评价。财政部负责预算绩效管理工作的总体规划和顶层制度的设计，组织并指导下级财政部门和本级预算单位预算绩效管理工作；地方各级财政部门负责本行政区域预算绩效管理工作。各预算单位是本单位预算绩效管理的

主体，负责组织、指导单位本级和所属单位的预算绩效管理工作。

（二）积极试点，稳步推进。各级财政部门和预算单位要结合本地区、本单位实际情况，勇于探索，先易后难，优先选择重点民生支出和社会公益性较强的项目等进行预算绩效管理试点，积累经验，在此基础上稳步推进基本支出绩效管理试点、单位整体支出绩效管理试点和财政综合绩效管理试点。

（三）程序规范，重点突出。建立规范的预算绩效管理工作流程，健全预算绩效管理运行机制，强化全过程预算绩效管理。加强绩效目标管理，突出重点，建立和完善绩效目标申报、审核、批复机制。

（四）客观公正，公开透明。预算绩效管理要符合真实、客观、公平、公正的要求，评价指标要科学，基础数据要准确，评价方法要合理，评价结果要依法公开，接受监督。

三、推进预算绩效管理的主要内容

预算绩效管理是一个由绩效目标管理、绩效运行跟踪监控管理、绩效评价实施管理、绩效评价结果反馈和应用管理共同组成的综合系统。推进预算绩效管理，要将绩效理念融入预算管理全过程，使之与预算编制、预算执行、预算监督一起成为预算管理的有机组成部分，逐步建立“预算编制有目标、预算执行有监控、预算完成有评价、评价结果有反馈、反馈结果有应用”的预算绩效管理机制。

（一）绩效目标管理。

1. 绩效目标设定。绩效目标是预算绩效管理的基础，是整个预算绩效管理系统的前提，包括绩效内容、绩效指标和绩效标准。预算单位在编制下一年度预算时，要根据国务院编制预算的总体要求和财政部门的具体部署、国民经济和社会发展规划、部门职能及事业发展规划，科学、合理地测算资金需求，编制预算绩效计划，报送绩效目标。报送的绩效目标应与部门目标高度相关，并且是具体的、可衡量的、一定时期内可实现的。预算绩效计划要详细说明为达到绩效目标拟采取的工作程序、方式方法、资金需求、信息资源等，并有明确的职责和分工。

2. 绩效目标审核。财政部门要依据国家相关政策、财政支出方向和重点、部门职能及事业发展规划等对单位提出的绩效目标进行审核，包括绩效目标与部门职能的相关性、绩效目标的实现所采取措施的可行性、绩效指标设置的科学性、实现绩效目标所需资金的合理性等。绩效目标不符合要求的，财政部门应要求报送单位调整、修改；审核合格的，进入下一步预算编审流程。

3. 绩效目标批复。财政预算经各级人民代表大会审查批准后，财政部门应在单位预算批复中同时批复绩效目标。批复的绩效目标应当清晰、可量化，以便在预算执行过程中进行监控和预算完成后实施绩效评价时对照比较。

（二）绩效运行跟踪监控管理。

预算绩效运行跟踪监控管理是预算绩效管理的重要环节。各级财政部门和预算单位要建立绩效运行跟踪监控机制，定期采集绩效运行信息并汇总分析，对绩效目标运行情况进行跟踪管理和督促检查，纠偏扬长，促进绩效目标的顺利实现。跟踪监控中发现绩效运行目标与预期绩效目标发生偏离时，要及时采取措施予以纠正。

（三）绩效评价实施管理。

预算支出绩效评价是预算绩效管理的核心。预算执行结束后，要及时对预算资金的产出和结果进行绩效评价，重点评价产出和结果的经济性、效率性和效益性。实施绩效评价要编制绩效评价方案，拟定评价计划，选择评价工具，确定评价方法，设计评价指标。预算具体执行单位要对预算执行情况进行自我评价，提交预算绩效报告，要将实际取得的绩效与绩效目标进行对比，如未实现绩效目标，须说明理由。组织开展预算支出绩效评价工作的单位要提交绩效评价报告，认真分析研究评价结果所反映的问题，努力查找资金使用和管理中的薄弱环节，制定改进和提高工作的措施。财政部门对预算单位的绩效评价工作进行指导、监督和检查，并对其报送的绩效评价报告进行审核，提出进一步改进预算管理、提高预算支出绩效的意见和建议。

（四）绩效评价结果反馈和应用管理。

建立预算支出绩效评价结果反馈和应用制度，将绩效评价结果及时反馈给预算具体执行单位，要求其根据绩效评价结果，完善管理制度，改进管理措施，提高管理水平，降低支出成本，增强支出责任；将绩效评价结果作为安排以后年度预算的重要依据，优化资源配置；将绩效评价结果向同级人民政府报告，为政府决策提供参考，并作为实施行政问责的重要依据。逐步提高绩效评价结果的透明度，将绩效评价结果，尤其是一些社会关注度高、影响力大的民生项目和重点项目支出绩效情况，依法向社会公开，接受社会监督。

四、推进预算绩效管理的工作要求

各级财政部门和预算单位要高度重视，充分认识推进预算绩效管理的重要性和必要性，切实把思想认识统一到党中央、国务院决策要求和工作部署上来，把推进预算绩效管理作为当前和今后一个时期深化预算管理改革的一项重要工作来抓。

（一）加强组织领导。各级财政部门要切实加强对预算绩效管理的统一领导，健全组织，充实人员，统筹规划，合理安排，理顺工作机制，理清工作思路，明确工作目标，制定具体措施。各预算单位要按照财政部门的统一部署，积极推进预算绩效管理试点。财政部门和预算单位之间要加强沟通，密切配合，形成工作合力。

（二）建立健全制度。抓紧研究制定预算绩效管理规章制度，完善预算支出绩效评价办法，健全预算绩效评价指标体系，建立绩效评价结果反馈制度，推进预算绩效管理信息系统建设，为预算绩效管理提供制度和技术支撑。

（三）推进相关改革。完善政府预算体系，研究完善政府会计制度，探索实施中、长期预算管理，编制滚动预算。深化部门预算、国库集中收付等制度改革，将所有政府性收入全部纳入预算管理，加强国有资产管理，促进资产管理与预算管理有机结合。

按照《中华人民共和国政府信息公开条例》的要求，积极推进预算公开，接受社会监督。

（四）加强宣传培训。要充分利用各种新闻媒体、政府网络平台等，积极宣传预算绩效管理理念，培育绩效管理文化，增强预算绩效意识，为预算绩效管理创造良好的舆论环境；要加强预算绩效管理专业知识培训，增强预算绩效管理工作人员的业务素质，提高预算绩效管理的工作水平。

（五）建立考核机制。采取重点督查、随机检查等方式，加强预算绩效管理推进工作的督促检查，发现问题及时解决。建立预算绩效管理推进工作考核制度，对工作做得好的地区和单位予以表扬，对工作做得不好的地区和单位予以通报。

财政部

二〇一一年七月五日

四 地方性法规及地方政府文件

（一）地方性法规

陕西省公共信用信息条例

（2011年11月24日陕西省第十一届人民代表大会常务委员会第二十六次会议通过）

第一章 总则

第一条 〔立法目的〕为了规范公共信用信息的征集、披露和使用活动，建立社会信用体系，实现公共信用信息资源共享，为经济社会发展提供信用信息服务，促进诚信社会建设，根据本省实际，制定本条例。

第二条 〔定义〕本条例所称公共信用信息是指行政机关、司法机关以及行使管理公共事务职能的组织（以下简称有关机关和组织），在履行职责过程中形成的反映企业和个人信用状况的数据和资料。

第三条 〔适用范围〕本条例适用于本省行政区域内公共信用信息的征集、披露、使用和监督管理。

第四条 〔遵循原则〕公共信用信息的征集、披露和使用，应当遵循合法、客观、公正、及时原则，保守国家秘密、商业秘密，保护个人隐私。

第五条 〔政府职责〕省、设区的市人民政府应当编制社会信用体系建设规划，建立联席会议制度，统筹社会信用体系建设，协调解决公共信用信息工作中的重大问题。

县级人民政府按照社会信用体系建设规划，负责组织实施本行政区域内社会信用体系建设工作，协调公共信用信息的采集、上报、使用等工作。

第六条 〔主管部门及机构〕省人民政府发展和改革行政部门是本省公共信用信息工作主管部门，指导、管理、监督公共信用信息的征集、披露和使用。

设区的市、县（市、区）人民政府确定的公共信用信息工作主管部门，负责本行政区域内的公共信用信息工作，指导、管理、监督公共信用信息的征集、披露和使用。

省、设区的市人民政府应当设立公共信用信息工作机构，在本级公共信用信息工作主管部门的指导监督下，具体承担本行政区域内公共信用信息平台的建设、运行和维护，依法开展公共信用信息的征集、披露、使用及相关工作。

第七条 〔协同职责〕有关机关和组织按照各自职责协同做好公共信用信息的征集、披露、使用及相关工作。

第八条 〔健全机制〕各级人民政府及其有关部门应当建立守信激励和失信惩戒机制，推进信用评价、信用报告等信用服务的推广应用，提高社会管理和公共服务水平。

第二章 行业信用信息建设

第九条 〔政府推动〕省、设区的市人民政府应当支持和协调有关机关和组织建立健全本行业、本系统信用信息体系，提供经费保障，推动行业信用建设。

第十条 〔内部责任〕有关机关和组织应当明确本单位信用信息工作的责任部门或者机构，负责采集、整理、保存、加工履行职责过程中形成的公共信用信息。

第十一条 〔信息整合〕省、设区的市有关机关和组织应当确定本行业信用信息的目录、指标和内容，利用已有的业务管理信息系统整合行业信用信息；尚未建立业务管理信息系统的，应当根据本单位实际采取建立业务管理信息系统、行业信用数据库或者电子信用档案的方式整合行业信用信息。

第十二条 〔提供责任〕有关机关和组织应当按照省公共信用信息工作主管部门制定的公共信用信息技术规范，及时准确地提供公共信用信息，并保证实时或者至少每月更新一次，实现公共信用信息共享。

第十三条 〔披露与服务〕有关机关和组织应当建立行业公共信用信息披露制度，依据信用状况实行分类监管，向社会提供公共信用信息服务。

第十四条 〔司法机关信用信息〕省高级人民法院、省人民检察院根据本条例规定，建立完善业务管理信息系统，制定司法机关公共信用信息征集提供的具体办法，实现公共信用信息共享。

第三章 信用信息征集

第十五条 〔技术规范〕省公共信用信息工作主管部门按照法律、行政法规的要求和国家标准，制定本省公共信用信息技术规范。

公共信用信息工作机构按照公共信用信息技术规范征集公共信用信息，做好整理、保存、加工等工作。

公共信用信息分为基本信息和提示信息。

第十六条　〔企业基本信息〕公共信用信息工作机构征集的企业基本信息由有关行政机关、行使管理公共事务职能的组织依据《企业信用数据项规范》国家标准提供，包括下列信息：

（一）企业工商登记信息、税务登记信息、组织机构代码登记信息；

（二）股权结构信息，董事、监事、经理及其他主要经营管理者信息，分支机构信息，进出口信息；

（三）资产负债信息、损益信息；

（四）专项许可和资质信息；

（五）认证认可信息和商标注册信息；

（六）其他基本信息。

第十七条　〔企业提示信息〕公共信用信息工作机构征集的企业提示信息由有关机关和组织依据《企业信用数据项规范》国家标准提供，包括下列信息：

（一）法院生效的判决、裁定、调解和执行信息；

（二）欠缴税收信息；

（三）劳动及社会保障保险信息；

（四）行政事业性收费、政府性基金欠费信息；

（五）行政处罚信息；

（六）行政强制信息；

（七）荣誉信息；

（八）企业董事、监事、经理及其他主要经营管理者受到刑罚、行业禁入处理的信息；

（九）其他提示信息。

第十八条　〔个人信用信息系统〕公共信用信息工作机构可以从有关机关和组织征集企业主要经营管理者、个体工商户和具有专业执业资格等人员的信用信息，逐步建立健全个人信用信息系统。

第十九条　〔个人信用信息内容〕公共信用信息工作机构不得征集个人的宗教信仰、基因、指纹、血型、疾病和病史以及法律、行政法规禁止采集的其他个人信息。

未经本人书面同意，公共信用信息工作机构不得征集个人收入、存款、纳税数额、有价证券、不动产的信息。

公共信用信息工作机构征集的个人信用信息的具体内容由省人民政府依法确定。

第二十条　〔信息提供〕有关机关和组织按照下列规定提供公共信用信息：

（一）县级行政机关向设区的市行政机关提供；

（二）省、设区的市行政机关、司法机关向本级公共信用信息工作机构提供；

（三）行使管理公共事务职能的组织向其行政主管部门或者省、设区的市公共信用信息工作机构提供。

设区的市公共信用信息工作机构应当将征集的公共信用信息，向省公共信用信息工作机构提供，实现全省公共信用信息共享。

第二十一条 〔真实性责任〕有关机关和组织对其提供的公共信用信息的真实性负责。

公共信用信息由企业或者个人直接申报，且法定条件和程序未要求接受申报的机关和组织对申报信息的实质内容进行核实的，其真实性由企业或者个人负责。

公共信用信息工作机构不得篡改、虚构公共信用信息。

第二十二条 〔安全性要求〕公共信用信息工作机构、有关机关和组织应当建立健全信用信息安全管理制度，采取必要的技术措施，确保公共信用信息的安全。

第二十三条 〔公共信用信息补充〕公共信用信息工作机构除按照本条例规定从有关机关和组织征集公共信用信息外，还可以按照双方约定，从企业事业单位、社会组织等征集信用信息，作为公共信用信息的补充。企业事业单位、社会组织等对其提供的信用信息的真实性负责。

第四章 信用信息披露和使用

第二十四条 〔披露方式与期限〕企业信用信息通过公开、共享和查询的方式披露。个人信用信息不予公开和共享，只通过查询方式披露。

企业提示信息中的不良记录披露期限为三年，披露期限自不良行为或者事件终止之日起计算；超过三年的转为档案保存。

个人提示信息中的不良记录查询期限为五年，自不良行为或者事件终止之日起计算；超过五年的予以删除。

第二十五条 〔企业信用信息公开〕公共信用信息工作机构通过信用陕西网站、新闻媒体等方式向社会公开部分企业信用信息，包括下列信息：

（一）企业工商登记信息中的企业名称、住所、法定代表人姓名、经营范围；

（二）组织机构代码；

（三）专项许可和资质信息；

（四）认证认可信息和商标注册信息；

（五）逾期未履行法院生效的民事判决、裁定、调解的信息；

（六）行政处罚、刑罚信息；

（七）荣誉信息；

（八）其他应当公开的信息。

有关机关和组织向社会公开在履行职责过程中形成的企业信用信息，应当遵守前款规定。

第二十六条 〔企业信用信息共享〕有关机关和组织通过公共信用信息交换平台查询共享企业信用信息，但因履行职责需要查询企业股权结构信息、主要经营管理者信息、资产负债信息、损益信息的，应当经查询单位负责人批准后，按照公共信用信息工作机构规定的程序查询。

第二十七条 〔企业信用信息查询〕公民、法人和其他组织可以通过信用陕西网站、电话、手机短信平台等方式，或者在公共信用信息工作机构查询公开的企业信用信息。

公民、法人和其他组织查询非公开的企业信用信息的，应当经被查询企业书面同意后，在公共信用信息工作机构查询。

企业查询本企业非公开的信用信息的，应当出具企业书面证明，在公共信用信息工作机构查询。

第二十八条 〔个人信用信息查询〕因信贷、赊销、租赁、就业、保险、担保等事项或者其他理由需要查询个人信用信息的，应当经被查询人书面同意后，在公共信用信息工作机构查询。

个人查询本人信用信息的，应当出具本人有效身份证，在公共信用信息工作机构查询。

第二十九条 〔查询记录〕对需经授权或者批准方可查询的公共信用信息，公共信用信息工作机构应当如实记录查询情况，并自该记录生成之日起保存三年。

第三十条 〔保密规定〕公共信用信息工作机构等有关机关和组织及其工作人员不得披露或者泄露涉及国家秘密、商业秘密和个人隐私以及本条例第二十五条规定以外的公共信用信息。

机关和组织不得披露从公共信用信息工作机构获取的非本单位或者本行业提供共享的企业信用信息。

第三十一条 〔企业信用信息使用〕行政机关、行使管理公共事务职能的组织在日常监督管理以及政府采购、招标投标、项目审批、专项资金安排、政府资金补贴、招商引资等涉及公共利益的领域和重点工作中，应当将企业信用信息作为行政决策的重要依据，推行企业信用评价制度，拓展企业信用评价信息的应用范围，提高社会管理和公共服务水平。

第三十二条 〔限制措施〕行政机关、行使管理公共事务职能的组织对提示信息中有不良记录的企业，视其情节可以采取下列措施：

（一）作为日常监督检查的重点；

（二）三年内不授予荣誉称号，已经授予的荣誉称号予以撤销；

（三）二年内限制或者取消其参加政府采购、政府投资项目资格；

（四）法律、法规、规章规定的其他措施。

本条例第十七条第一项、第二项、第三项规定的提示信息中有不良记录的企业，在未履行法定义务之前，行政机关或者司法机关应当采取措施限制该企业及其主要经营管理者以单位资产实施高额消费。

第五章 异议信息处理

第三十三条 〔异议申请〕公民、企业事业单位和社会组织认为公共信用信息工作机构披露的公共信用信息与事实不符，或者依照有关法律、法规规定不得披露的，可以向公共信用信息工作机构提出书面异议申请，并提交证据。

第三十四条　〔异议信息处理〕公共信用信息工作机构收到异议申请后应当在三个工作日内进行核查，因自身原因造成错误的立即更正，并将更正结果在二个工作日内告知申请人。

对非其自身原因造成的异议信息，公共信用信息工作机构应当通知提供该信息的有关机关和组织核查，有关机关和组织自收到核查通知之日起十五个工作日内回复是否更正的核查结果，公共信用信息工作机构应当在二个工作日内将核查结果告知申请人。

第三十五条　〔处置与删除〕公共信用信息工作机构处理异议申请期间，应当暂停披露该异议信息。对无法核实真实性的异议信息，公共信用信息工作机构应当予以删除并记录删除原因。

第六章　法律责任

第三十六条　〔行政机关提供信息责任〕省、设区的市行政机关未按本条例规定向公共信用信息工作机构提供公共信用信息的，由本级公共信用信息主管部门书面催促提供；经催促仍不提供的，由本级人民政府给予通报批评。

县级行政机关未按本条例规定向上级行政机关提供公共信用信息的，由上级行政机关负责催报，经催报仍不提供的，给予通报批评。

第三十七条　〔公共组织提供信息责任〕行使管理公共事务职能的组织未按本条例规定提供公共信用信息的，由其行政主管机关负责催报，经催报仍不提供的，给予通报批评。

第三十八条　〔违法披露责任〕行政机关、行使管理公共事务职能的组织披露公共信用信息时违反本条例规定的，由本级人民政府通报批评；情节严重的，由行政监察部门对直接负责的主管人员和其他直接责任人员给予行政处分。

第三十九条　〔公职人员责任〕行政机关、公共信用信息工作机构及其他行使管理公共事务职能的组织及其工作人员，在公共信用信息管理工作中有下列情形之一的，由主管部门或者行政监察部门责令改正；情节严重的，对直接负责的主管人员和其他直接责任人员给予行政处分；构成犯罪的，依法追究刑事责任：

（一）以不正当手段采集公共信用信息的；

（二）篡改、虚构公共信用信息的；

（三）违反规定披露或者泄露公共信用信息的；

（四）未按规定处理和答复异议信息的。

第七章　附则

第四十条　〔特别适用〕事业单位、社会组织信用信息的征集、披露、使用及其监督管理参照本条例执行。

第四十一条 〔施行日期〕本条例自2012年1月1日起施行。

注：该《条例》为全国首部公共信用信息地方性法规。

江苏省审计条例

（2011年1月21日江苏省第十一届人民代表大会常务委员会第二十次会议通过）

第一章 总则

第一条 为了加强审计监督，维护财政经济秩序和社会公共利益，提高财政资金使用效益，促进廉政建设，保障国民经济和社会健康发展，根据《中华人民共和国审计法》、《中华人民共和国审计法实施条例》等法律、行政法规，结合本省实际，制定本条例。

第二条 本省行政区域内审计机关开展审计监督活动，适用本条例。

第三条 地方各级人民政府及其各部门和相关单位的财政收支，国有的金融机构和企业事业组织的财务收支，以及其他依照法律、行政法规和本条例规定应当接受审计的财政收支、财务收支，应当依法接受审计监督。

审计机关应当依据法律、行政法规和本条例规定的权限和程序，对被审计单位的财政收支、财务收支的真实、合法、效益和主要负责人的经济责任进行审计监督。

第四条 审计机关应当加强绩效审计，对被审计单位配置、使用、利用财政资金和公共资源的经济性、效率性和效果性进行审计评价。

审计机关可以将绩效审计结果向本级人民政府报告。绩效审计结果可以作为本级人民政府及其有关单位改进决策以及管理的参考依据。

第五条 审计机关根据被审计单位的财政、财务隶属关系，确定审计管辖范围；不能根据财政、财务隶属关系确定审计管辖范围的，根据国有资产监督管理关系，确定审计管辖范围。

两个以上国有资本投资主体投资的金融机构、企业事业组织和建设项目，由对主要投资主体有审计管辖权的审计机关进行审计监督。不能确定主要投资主体的，由被审计单位登记注册地的审计机关管辖。

任期经济责任审计，按照干部管理权限确定审计管辖范围。

第六条 上级审计机关依法可以将其审计管辖范围内的特定审计事项，授权下级审计机关进行审计。被授权的审计机关在出具审计报告前应当将审计结果报告上级审计机关。

第七条 县级以上地方人民政府应当每年向本级人民代表大会常务委员会提出审计机关对预算执行和其他财政收支的审计工作报告。审计工作报告应当重点报告对预算执行的审计情况。必要时，人民代表大会常务委员会可以对审计工作报告作出决议。

县级以上地方人民政府应当将审计工作报告中指出的问题的纠正情况和处理结果

向本级人民代表大会常务委员会报告。

县级以上地方人民代表大会常务委员会可以要求同级人民政府，对与重大事项有关的财政收支、财务收支作出专项审计报告。

第八条 审计机关履行职责所必需的经费，应当列入财政预算，由本级人民政府予以保证。

本级人民政府交办的特定审计事项，审计机关可以提出专项经费申请，由本级财政部门按照规定予以安排。

审计机关依法审计，不收取费用。

第九条 审计机关及其审计人员办理审计事项，应当依法行使职权，坚持客观公正、实事求是、廉洁奉公、保守秘密。

审计人员依法执行职务，受法律保护，并依法接受监督。

第二章 审计对象和内容

第十条 审计机关对本级人民政府财政部门具体组织本级预算执行的情况，本级预算收入征收部门征收预算收入的情况，与本级人民政府财政部门直接发生预算缴款、拨款关系的部门、单位的预算执行情况和决算，下级人民政府的预算执行情况和决算，以及其他财政收支情况，依法进行审计监督。经本级人民政府批准，审计机关对其他取得财政资金的单位和项目接受、运用财政资金的情况，依法进行审计监督。

第十一条 审计机关对预算执行情况和决算以及其他财政收支情况的审计，应当包括下列主要内容：

（一）预算收支平衡情况；

（二）重点支出的安排和资金到位情况；

（三）预算超收收入的安排和使用情况；

（四）部门预算制度建立和执行情况；

（五）向下级财政转移支付情况；

（六）上级财政补助资金的安排和使用情况；

（七）专项资金的安排、拨付和使用情况；

（八）本级人民代表大会关于批准预算的决议的执行情况。

第十二条 审计机关在财政审计监督中，依法对下列事项进行审计：

（一）财政部门、人民银行分支机构、商业银行、预算等单位涉及的国库集中收付活动及其相关的财政收支情况；

（二）财政转移支付涉及的相关地区、部门、单位对转移支付资金的管理使用情况；

（三）政府采购涉及的采购人、采购代理机构、采购监督管理部门、预算管理和资金拨付机构等单位的政府采购活动及其相关的财政收支情况。

第十三条 审计机关在财政审计监督中，可以依法对涉及的相关单位和个人进行调查。

第十四条　审计机关应当对下列国有、国有资本占控股地位或者主导地位的地方金融机构的财务收支，依法进行审计监督：

（一）城市商业银行、股份制商业银行；

（二）证券公司、期货公司；

（三）保险公司、保险经纪公司；

（四）信托公司、金融租赁公司、财务公司、担保公司、基金管理公司；

（五）从事金融业务的其他机构或者组织。

第十五条　审计机关应当对国有、国有资本占控股地位或者主导地位的企业的财务收支，依法进行审计监督。

第十六条　审计机关对地方金融机构和企业财务收支的审计，应当包括下列内容：

（一）资产、负债、所有者权益情况；

（二）损益情况，利润及其分配、使用情况；

（三）产权转让、资产处置、资本保值增值情况；

（四）对外投融资情况；

（五）缴纳税费情况；

（六）内部管理与控制制度的制定、执行情况；

（七）法律、法规规定的其他内容。

第十七条　审计机关对地方的国家事业组织和使用财政资金的其他事业组织的财务收支，依法进行审计监督。

第十八条　审计机关对事业组织财务收支的审计，应当包括下列内容：

（一）预算经费的收支、结余和专项资金的筹集、管理和使用情况；

（二）非税收入、生产经营收入等财务收支情况；

（三）财政资金使用情况；

（四）国有资产的使用、管理和处置情况；

（五）内部管理与控制制度的制定、执行情况；

（六）法律、法规规定的其他内容。

第十九条　审计机关应当对全部或者部分使用下列资产投资或者融资的建设项目（以下简称建设项目）的预算执行情况和决算，依法进行审计监督：

（一）全部使用财政性资金、国有资产、政府部门管理的和受政府委托管理的社会公益性资金的；

（二）未全部使用上述资产，但上述资产占项目总投资的比例超过百分之五十，或者占项目总投资的比例在百分之五十以下，但拥有项目建设、运营实际控制权的。

在实施建设项目预算执行和决算审计时，审计机关可以对设计、施工、勘察、监理、采购、供货、招标代理、代建等与建设项目直接有关的单位取得项目资金的真实性、合法性进行调查。

第二十条　审计机关对建设项目预算执行和决算的审计，应当包括下列内容：

（一）资金来源、管理和使用情况；

（二）履行建设程序情况；

（三）预算、概算执行情况；

（四）竣工决算和资产移交情况；

（五）项目绩效情况；

（六）法律、法规规定的其他内容。

第二十一条　审计机关依法决定对建设项目的预算执行和决算进行审计的，应当在审计后方可办理结算手续。审计机关在审计中发现问题的，被审计单位应当依法纠正。

第二十二条　审计机关应当对政府部门管理的和其他单位受政府委托管理的下列基金、资金的财务收支依法进行审计监督：

（一）社会保险、社会救助、社会福利基金以及发展社会保障事业的其他专项基金；

（二）来源于境内外的货币、有价证券和实物等形式的社会捐赠；

（三）社会公益性募集资金；

（四）住房公积金、廉租住房资金、住宅专项维修资金等住房资金；

（五）其他有关基金、资金。

审计机关对基金、资金进行审计时，可以延伸到使用单位与基金、资金直接有关的财务收支，并可以对相关单位、个人进行调查。

第二十三条　审计机关对基金、资金财务收支的审计，应当包括下列内容：

（一）基金、资金的征收、支出、安排和拨付情况；

（二）基金、资金的使用和绩效情况；

（三）基金、资金的管理情况；

（四）法律、法规规定的其他内容。

第二十四条　审计机关应当对资源的开发利用和保护、污染防治、生态保护及其他资源环境事项的财政收支、财务收支，依法进行审计监督。

第二十五条　审计机关对资源环境事项财政收支、财务收支的审计，应当包括下列内容：

（一）资源环境事项相关资金的征收、分配、使用和管理情况；

（二）资源环境相关政策执行情况；

（三）资源环境项目建设及绩效情况；

（四）法律、法规规定的其他内容。

第二十六条　审计机关应当按照国内和国际公认的会计、审计准则，对国际组织和外国政府援助、贷款、赠款项目的财务收支、偿还借贷和绩效情况，依法进行审计监督。

第二十七条 审计机关对国际组织和外国政府援助、贷款、赠款项目的财务收支的审计，应当包括下列内容：

（一）财务报告编制和会计资料管理情况；

（二）遵守合同协定和资金来源、拨付、核算情况；

（三）资金（含国内配套资金）管理、使用、偿还借贷和绩效情况；

（四）法律、法规规定的其他内容。

第二十八条 审计机关应当对地方国家机关和其他依法属于审计监督对象的主要负责人，在任职期间内对本地区、本部门或者本单位的财政收支、财务收支以及有关经济活动应负经济责任的履行情况，进行审计监督。

审计机关在实施任期经济责任审计时，应当通过对地方国家机关和其他依法属于审计监督对象的主要负责人所在地区、部门、单位财政收支、财务收支以及相关经济活动的审计和调查，确定其所担任特定职务应当履行的经济责任，提出审计结果报告。

审计机关作出的任期经济责任审计结果报告，应当作为干部管理部门考核、奖惩、选拔、任免主要负责人的重要依据。

任期经济责任审计，按照国家和省有关规定执行。

第二十九条 审计机关根据本级人民政府规定的职责，对其交办的特定事项的财务收支，依法进行审计监督。

第三十条 依法属于审计机关审计监督对象的单位的内部审计工作，应当接受审计机关的业务指导和监督。

依法属于审计机关审计监督对象的单位，应当按照国家有关规定建立健全内部审计制度，并可以根据内部审计工作的需要，设立内部审计机构或者配备内部审计人员，参加依法成立的内部审计自律组织。审计机关可以通过内部审计自律组织，加强对内部审计工作的业务指导和监督。

第三十一条 审计机关依法进行审计或者专项审计调查时，有权对社会审计机构出具的相关审计报告进行核查。

审计机关核查社会审计机构出具的相关审计报告时，发现社会审计机构存在违反法律、法规或者执业准则等情况的，应当移送有关主管机关依法追究责任。

第三章 审计机关权限

第三十二条 审计机关有权要求被审计单位按照审计机关规定的期限和要求提供下列资料，被审计单位不得拒绝、拖延、谎报：

（一）预算或者财务收支计划、预算执行情况、决算、财务会计报告以及会计账簿、会计凭证；

（二）设立资金账户情况、与审计事项有关的合同、文件以及会议记录；

（三）内部审计相关资料、社会审计机构出具的审计报告；

（四）反映财政收支、财务收支以及相关业务资料的电子数据和计算机技术文档；

（五）其他与审计事项有关的资料。

被审计单位负责人应当对本单位提供资料的真实性和完整性作出书面承诺。

第三十三条　审计机关有权检查、测试被审计单位管理财政收支、财务收支以及相关业务资料电子数据的信息系统，要求被审计单位提供有关电子计算机技术文档和其他必要的协助。

被审计单位管理财政收支、财务收支以及相关业务资料电子数据的信息系统，应当具备符合国家标准或者行业标准的数据接口；没有设置以上数据接口的，被审计单位应当将审计机关要求的数据转换成能够读取的格式输出。

第三十四条　审计机关可以采取就地审计、送达审计、跟踪审计、联网审计等方式实施审计，被审计单位应当予以配合。

第三十五条　对被审计单位违反国家和省有关财政收支、财务收支规定的行为，审计机关认为有关主管部门、单位负有责任的，应当建议有关主管部门、单位纠正；有关主管部门、单位不予纠正的，审计机关应当提请有权处理的机关依法处理。

第三十六条　审计机关应当按照国家和省有关规定建立健全审计结果公告制度，并采取专项、分类或者综合公告的形式，及时向社会公布审计结果。

第四章　审计程序

第三十七条　审计机关应当根据法律、法规和国家其他有关规定，按照本级人民政府和上级审计机关的要求，确定年度审计工作重点，编制年度审计项目计划。

审计机关在年度审计项目计划中确定对国有资本占控股地位或者主导地位的企业、地方金融机构进行审计的，应当自确定之日起七个工作日内书面告知列入年度审计项目计划的企业、地方金融机构。

第三十八条　审计机关办理本级人民政府交办审计事项的，应当按照其书面通知办理，并提交专题报告。

第三十九条　审计机关应当依照法律、法规和国家审计署规定的程序，遵循相应的步骤和方法进行审计监督。

审计机关对下列部门和单位进行审计监督的，可以实行简易操作方法：

（一）财政收支、财务收支内容单一、规模较小，没有下属单位或者下属单位较少的部门；

（二）资产负债规模较小、生产活动正常，当年度进行过审计监督的企业、事业组织；

（三）各项制度健全、内部管理严格、相关经济活动规范，历年审计结果表明能够严格遵守和执行各项财经制度和政策的部门和单位；

（四）其他可以实行简易操作方法的部门和单位。

实施简易操作的具体方法，由省审计机关另行制定。

第四十条 经本级人民政府批准，审计机关办理下列紧急事项，可以直接持审计通知书实施审计：

（一）本级人民政府交办、协助查证、信访、举报等重大、紧急和有时限要求的审计事项；

（二）有证据或者迹象表明被审计单位和有关人员可能有转移、隐匿、篡改、毁弃有关财政收支、财务收支资料，转移、隐匿有关资产或者串通提供伪证等行为；

（三）其他紧急事项。

第四十一条 有下列情形之一的，经审计机关负责人批准，可以终止审计，并书面告知相关单位：

（一）被审计单位完成改制，不再属于审计监督对象的；

（二）被审计单位破产、兼并、注销的；

（三）被审计单位相关资料严重缺失，不具备审计条件的；

（四）其他需要终止审计的情形。

第四十二条 审计机关应当进行财经法纪的宣传与指导，充分听取被审计单位的意见；对审计发现或者查出的问题，应当进行分析研究，督促被审计单位做好整改工作；必要时，应当向政府提交综合审计报告，提出对共性问题进行纠正和防范的意见和建议。

第四十三条 被审计单位应当按照审计机关规定的期限和要求执行审计决定。

执行审计决定时需要有关部门、单位协助的，有关部门、单位应当予以协助，并将协助执行情况在收到协助执行审计文书三十个工作日内书面回复审计机关。

第四十四条 审计机关对在审计监督中发现应当由有关部门、单位处理、处罚的事项，应当出具审计移送处理书，移送有关部门、单位处理。

接受审计移送的部门、单位应当自收到审计移送处理书之日起六十个工作日内将处理情况书面告知审计机关。

第四十五条 对审计决定执行情况、移送处理落实情况和审计报告、专项审计调查报告的整改落实情况，审计机关应当进行督促和检查。

第五章 法律责任

第四十六条 被审计单位拒绝、拖延提供与审计事项有关的书面资料与电子数据，或者提供的书面资料与电子数据不真实、不完整，或者拒绝和阻碍检查，由审计机关责令改正，可以通报批评，给予警告；拒不改正的，对被审计单位可以处以一万元以上五万元以下罚款，对直接负责的主管人员和其他直接责任人员，可以处以五千元以上二万元以下罚款；审计机关认为应当给予处分的，向有关部门、单位提出给予处分的建议；构成犯罪的，依法追究刑事责任。

第四十七条 审计机关发现被审计单位管理财政收支、财务收支以及相关业务资料电子数据的信息系统，不符合国家标准或者行业标准且未转化成审计机关要求的格式的，可以责令限期改正或者更换。在规定期限内不予改正或者更换的，可以通报批评并建议有关主管部门予以处理。

第四十八条　被调查单位和个人不配合审计机关调查的，由审计机关责令改正；拒不改正的，由审计机关通报批评，并移送有关部门、单位处理；审计机关认为应当给予处分的，向有关部门、单位提出给予处分的建议；构成犯罪的，依法追究刑事责任。

第四十九条　被审计单位不执行审计决定的，审计机关应当责令其限期改正；逾期仍不改正的，审计机关可以采取下列措施：

（一）通知有关主管部门依法核减与应缴款等额的拨款；

（二）依法申请人民法院强制执行；

（三）建议有关部门、单位对直接负责的主管人员和其他直接责任人员依法给予处分。

第五十条　审计机关实施审计处理、行政处罚，有下列情形之一的，由本级人民政府或者上级审计机关责令改正，对负有责任的主管人员和其他直接责任人员依法给予处分：

（一）没有法律、法规和国家规定的依据，实施审计处理、行政处罚的；

（二）违反法律、法规和国家规定的程序，实施审计处理、行政处罚的；

（三）违反法律、法规和国家规定的处罚种类、幅度，实施行政处罚的；

（四）依法应当移送有关主管部门、单位处理而未移送的；

（五）其他违反法律、法规和国家有关规定的行为。

第五十一条　审计人员滥用职权、徇私舞弊、玩忽职守，或者泄露所知悉的国家秘密、商业秘密的，依法给予处分；构成犯罪的，依法追究刑事责任。

第六章　附则

第五十二条　本条例自 2011 年 5 月 1 日起施行。

注：该《条例》首次以地方立法的形式明确审计机关应加强绩效审计，对绩效审计、资源环境审计作出前瞻性规定，更好地发挥审计在保障经济社会健康运行中的“免疫”功能。

（二）地方政府规章

关于印发江苏省人民政府部门绩效管理办法（试行）的通知

苏政发〔2011〕94 号

各市、县（市、区）人民政府，省各委办厅局，省各直属单位：

《江苏省人民政府部门绩效管理办法（试行）》已于 2011 年 6 月 15 日经省政府第

69 次常务会议审议通过，现予印发。

二〇一一年七月十五日

江苏省人民政府部门绩效管理办法（试行）

第一章　总则

第一条　为深入贯彻落实科学发展观，加快推进服务型政府建设，根据中共中央、国务院《关于深化行政管理体制改革的意见》（中发〔2008〕5 号）和省政府《关于加强行政机关效能建设的意见》（苏政发〔2008〕79 号）等文件要求，制定本办法。

第二条　省政府部门绩效管理，坚持以邓小平理论和“三个代表”重要思想为指导，深入贯彻落实科学发展观，围绕省委、省政府战略目标和工作部署，以人民群众满意为标准，以提高行政效能为重点，按照“目标管理、过程控制、结果导向、持续改进、公众满意”的要求，建立科学的绩效管理制度，不断提高政府管理和服务水平。

第三条　部门绩效管理的原则：

（一）科学合理。体现科学发展的具体要求，遵循行政管理的基本规律，根据部门职责设置绩效管理目标和指标体系，力求科学合理、简便易行。

（二）结果导向。通过绩效管理，将群众满意作为政府工作的目标和结果，注重政府工作的公平性、经济性、效率性和效果性。

（三）公众参与。突出社会导向，重视政府对人民群众利益需求的回应，充分调动广大干部群众参与政府工作的积极性、主动性和创造性。

（四）统筹协调。把绩效管理纳入政府工作总体部署，充分运用省有关方面的考核和评议成果，逐步整合各类考核资源，统筹组织实施。

（五）公正透明。建立健全评估机制，绩效管理全过程向社会公开，接受社会监督，确保绩效管理结果的客观性和公正性。

（六）稳步推进。切实加强组织领导，联系部门工作实际，先行试点，积极创新，逐步完善，努力实现政府绩效管理的全覆盖和制度化。

第四条　省人民政府部门绩效管理，包括目标规划、过程监管、绩效评估、持续改进 4 个主要环节。

第五条　本办法适用于省人民政府办公厅、省人民政府组成部门、省人民政府直属特设机构和直属机构、省人民政府派出机构（以下简称省政府部门）。

第二章　目标规划

第六条　省政府部门绩效管理目标由职能工作目标（个性目标）、管理工作目标（共性目标）、创新创优目标和工作满意度目标 4 个一级指标构成，下设 13 个二级指标和若干三级指标。

第七条 职能工作目标。权重为50%，由重点工作目标、常规工作目标和其他工作目标3个二级指标构成，分别占40%、40%和20%。

（一）重点工作目标。主要根据省人民政府年度重点工作及任务分解，确定部门的若干三级指标。

（二）常规工作目标。主要根据部门“三定”规定明确的主要职能和上级部门年度工作要求，由各部门自行确定6—10项三级指标。

（三）其他工作目标。包括贯彻落实省委、省政府和上级部门交办的其他工作任务等若干三级指标。

第八条 管理工作目标。权重为30%，主要根据法治政府、责任政府、效能政府、廉洁政府建设的要求确定，包括依法行政、高效行政、廉洁行政3个二级指标和17个三级指标。3个二级指标的权重分别占40%、30%和30%，17个三级指标的权重依据工作重要性、难易度确定。

（一）依法行政。包括依法履行职责，科学民主决策，加强制度建设，规范行政执法，强化行政监督，防范化解社会矛盾，落实依法行政保障措施7个三级指标。

（二）高效行政。包括加强机关作风和效能建设，落实服务承诺等制度；深化行政审批制度改革，提供优质高效服务；加强电子政务建设，推行行政权力网上公开透明运行；及时妥善处置各类突发事件；降低行政成本5个三级指标。

（三）廉洁行政。包括推进惩治和预防腐败体系建设，落实党风廉政建设责任制，执行《党员领导干部廉洁从政若干准则》，开展纠风专项治理工作，机关工作人员遵纪守法情况5个三级指标。

第九条 创新创优目标。权重为20%，包括创新创优成果体现，国家和省委、省政府表彰奖励情况；年度工作改进情况；健全激励机制，形成争先创优的环境和氛围；加强学习、培训和实践，提高干部队伍素质4个二级指标，分别占50%、30%、10%和10%。

第十条 工作满意度目标。包括领导满意度，服务对象满意度和社会公众满意度3个二级指标，分值和权重另行计算。

第三章 过程监管

第十一条 绩效目标分解和责任落实。责任部门根据设定的绩效目标，逐项进行分解细化，制定具体实施计划，明确时序进度、工作质量、预期效果和成本控制等要求，逐级分解落实到各职能处室和责任人。建立和完善责任体系、公示制度和奖惩机制，保证绩效目标的顺利完成。

第十二条 行政管理优化。责任部门要加强和改善行政管理，建立和完善科学的决策机制、高效的运行机制、畅通的协调机制和快速的反馈机制，提高管理效率和水平。

第十三条 监督检查。责任部门要加强对本部门绩效目标实施情况的监督检查；

机构编制、监察、审计等监督部门要强化职能监督、效能监察和审计监督；省绩效管理领导小组办公室要加强协调和督查，将过程监督的结果纳入绩效评估体系。

第四章　绩效评估

第十四条　绩效评估主体：

（一）内部评估主体。主要是政府机关，包括主管部门和政府设立的专门评估机构。

（二）外部评估主体。邀请社会团体、舆论机构、人大代表、政协委员、特邀监察员、有关专家学者或委托社会评估机构，对政府部门进行绩效评估。随机选取公众代表、服务对象，通过社会满意度调查采集对政府部门的评价意见。

第十五条　绩效评估方法。坚持工作考核、公众评议和督促检查相结合，分值分别为60分、30分和10分。

（一）工作考核。负责对部门的职能工作指标、管理工作指标、创新工作指标进行考核，具体包括制定评估计划、日常评估和年终评估三个步骤。

制定评估计划（权重为5%）。被评估部门根据年初省人民政府确定的绩效目标，结合本部门的职能和工作任务，确定细化的工作目标、权重和分值，并制定具体实施计划，于每年3月底前报送省绩效管理领导小组办公室。审核通过后，作为年度部门绩效评估的依据。

日常评估（权重为15%）。被评估部门每半年至少进行一次自我评估，并于7月底和翌年1月10日前，将绩效评估情况书面报送省绩效管理领导小组办公室。

年终评估（权重为80%）。从每年12月下旬开始，由省绩效管理领导小组办公室组织专门人员，对被评估部门绩效目标任务完成情况进行逐项评估，于翌年1月底前完成评估工作。

（二）公众评议。由省统计局牵头，省有关部门参与，负责对被评估部门的公众满意度目标进行考核，包括领导满意度、服务对象满意度、社会公众满意度3个二级指标，主要采用领导评价和民意调查的方式进行。领导评价占30%，由省长、副省长、省长助理及秘书长、副秘书长对部门年度绩效目标完成情况进行综合评价，提出评价意见。民意调查具体包括服务对象满意度调查和社会公众满意度调查，分别占40%和30%，采取分类别、多层次、随机抽样的方法进行。

（三）督促检查。主要是对被评估部门绩效目标实施情况进行督查，由省绩效管理领导小组办公室组织专门人员实施，并邀请人大代表、政协委员、特邀监察员参加。督促检查的内容根据每年的绩效目标确定，主要通过专项督查、重点项目跟踪督查、举报投诉查处等方式实施。督促检查实行查实扣分制，扣满10分为止。

第十六条　考评总分计算：

年终评估得分＝工作得分×50%＋管理工作得分×30%＋创新创优得分×20%

工作考核得分＝（制定评估计划得分×5%＋半年评估得分×15%＋年终评估得分

×80%）×60%

公众评议得分＝（领导评价得分×30%＋民意调查得分×70%）×30%

最终评估得分＝工作考核得分＋公众评议得分＋督促检查所扣剩余分（0—10 分）

第十七条 考评等次确定。

确定考评等次按社会管理和执法监督、经济管理和市场监管两大类分别进行。

部门考评分为优秀、良好、达标和诫勉 4 个等次，依据最终评估得分确定。

对单项指标成绩突出的部门、得分排序进步较大的部门，设立若干单项奖。

第十八条 评估结果运用：

（一）对绩效评估确定为“优秀”、“良好”、“达标”和“诫勉”的部门，其公务员年度考核“优秀”等次人数比例分别为 20%、18%、15%和 12%。

（二）对绩效评估确定为“优秀”的部门，省人民政府予以表彰，结果作为其领导班子成员提拔使用的重要依据。

（三）对绩效评估确定为“优秀”和“良好”的部门，根据考评等次和不同职务级别对领导班子及部门工作人员进行一次性年度奖励。

（四）对绩效评估确定为“诫勉”的部门，其主要领导向省绩效管理领导小组提交书面报告；连续两年被确定为“诫勉”的，对其主要领导进行诫勉谈话。对存在违规决策、执行不力、行政不作为或乱作为等问题，以及出现重大工作失误、发生重大责任事故、造成严重社会影响的，按有关规定对相关责任人实行问责。

第五章 持续改进

第十九条 分析和反馈评估结果。建立绩效评估结果综合分析机制，省绩效管理领导小组对评估结果要认真分析研究，总结好的经验和做法，查找薄弱环节和原因，提出改进工作的建议。建立情况反馈制度，部门绩效管理最终评估结果经省人民政府审核后，由省绩效管理领导小组在一定范围内通报，并如实反馈给被评估部门，督促提出改进措施。

第二十条 制定和落实整改措施。被评估部门要对省绩效管理领导小组反馈的绩效目标考核情况、公众评议结果及督促检查中发现的问题进行认真分析，研究落实整改措施，形成持续改进工作的良性机制。被评估部门的整改措施要书面上报省绩效管理领导小组，作为翌年绩效评估的依据。

第二十一条 改进和提升绩效管理。省绩效管理领导小组和各部门要认真总结经验，及时研究绩效管理中出现的新情况、新问题，不断改进绩效管理工作。完善绩效目标和指标体系，充分体现科学发展观精神和省委、省政府的部署要求，创新过程管理和监督体制机制，提升管理监督的力度和效果，改进绩效评估工作，提高评估工作的科学化水平。

第六章 组织保障

第二十二条 成立省绩效管理领导小组，负责对省政府部门绩效管理工作的组织领导、协调指导和督促检查。省绩效管理领导小组办公室的日常工作由省监察厅承担。

第二十三条 各部门成立绩效管理领导小组，明确工作机构，负责本部门绩效管理工作组织实施。

第七章 附则

第二十四条 本办法由省绩效管理领导小组制定实施细则并负责解释。

第二十五条 省人民政府委托部门管理的机构及部门内设机构的绩效管理，可参照本办法执行。

第二十六条 本办法自2012年1月1日起试行。

宁夏回族自治区绩效审计办法（试行）

（经2010年1月28日自治区人民政府第57次常务会议讨论通过）

第一章 总则

第一条 为了推进政府效能建设，促进和提高公共资源管理使用效益，根据《中华人民共和国审计法》的规定，结合自治区实际，制定本办法。

第二条 本办法所称绩效审计，是指审计机关在对被审计单位的财政财务收支及其经济活动真实性、合法性审计的基础上，对其管理和使用公共资源所实现的经济性、效率性、效果性进行审查、分析和评价，并提出审计建议的活动。

本办法所称公共资源，是指由政府直接管理和由政府委托或者授权管理的各类资金和资产。

第三条 自治区行政区域内各级审计机关开展绩效审计工作，适用本办法。

第四条 审计机关依法独立开展绩效审计工作。必要时，可以聘请有关专业人员参与审计，所需经费，由本级财政予以保证。

各级政府及有关单位和个人应当支持、协助审计机关开展绩效审计工作。

第二章 内容和标准

第五条 审计机关应当全面推进绩效审计工作，对所有审计项目实施绩效审计。

第六条 审计机关对被审计单位下列事项进行绩效审计：

（一）履行经济社会管理职责和执行财经法律、法规、政策的情况；

（二）公共资金及其他公共资源配置、使用、利用的绩效情况；

（三）对地方经济社会发展重大事项的决策、目标实现情况以及对可持续发展的影响；

（四）内部绩效管理制度的建立以及运行情况；

（五）法律法规规定的其他绩效情况。

第七条 审计机关应当选择下列标准进行绩效审计：

（一）法定标准，主要包括法律、法规、规章和有关政策文件规定的标准，国家和自治区制定的行业技术标准；

（二）参考标准，主要包括预算计划和合同中规定的标准，公认的业务惯例、良好实务、民意评价，被审计单位的管理制度、绩效目标、历史数据和历史业绩，专业机构和专家的意见。

第八条　审计机关应当选择具有科学性、客观性、先进性、有效性和可操作性的标准作为绩效审计的标准；绩效审计标准不一致时，审计人员应当采用权威和公认程度高的标准。

第三章　方法和结果

第九条　审计机关开展绩效审计时，有权检查被审计单位与财政收支、财务收支有关的资料和资产以及与履行职责有关的业务资料。被审计单位不得拒绝、拖延、瞒报和谎报。

第十条　审计机关可以采取查阅、函证、访谈、咨询、问卷调查、统计分析等方法，对与绩效审计事项相关的问题进行调查，取得审计证据。被审计单位的负责人应当对本单位提供的证据资料的真实性和完整性负责。

第十一条　审计机关应当按照绩效审计标准对审计证据进行定性与定量相结合的分析、评价，得出客观、公正的审计结果。

第十二条　绩效审计结果应当广泛征求被审计单位和相关部门的意见。被审计单位对审计结果持不同意见的，应当将被审计单位的意见及理由在报告中反映。

第十三条　对绩效审计结果反映出的问题，被审计单位及相关部门应当进行整改，并在规定时间内向审计机关报告整改情况。

第十四条　审计机关应当建立绩效审计结果跟踪检查机制，督促被审计单位及相关部门落实绩效审计结果。

第十五条　审计机关可以通过审计公告等形式，向社会公布绩效审计结果和被审计单位的整改情况。

第十六条　绩效审计结果应当作为政府及有关部门决策、业绩考核、问责以及编制预算、安排投资项目的参考依据。

第四章　罚则

第十七条　审计机关在绩效审计过程中发现被审计单位有违反财经法律、法规行为的，应当依法作出处理，并建议上级机关或监察部门对相关责任人给予处分；构成犯罪的，依法追究其刑事责任。

第十八条　审计机关工作人员在绩效审计过程中违反本办法规定，有下列行为之一的，由其所在单位或者上级机关依法给予处分；情节严重，构成犯罪的，依法追究刑事责任：

（一）故意隐瞒财务违法、违纪、违规行为的；

（二）泄露国家秘密或者被审计单位商业秘密的；

（三）审计结果严重失实的；

（四）有其他滥用职权、徇私舞弊、玩忽职守行为的。

第十九条 审计机关聘用的专业人员在绩效审计工作中，有前条所列行为之一的，审计机关应当予以解聘，并依照有关法律、法规、规章的规定进行处理；情节严重，构成犯罪的，依法追究刑事责任。

第五章 附则

第二十条 本办法自2010年3月1日起施行。

注：该《办法》是目前全国省级政府出台的第一部有关绩效审计的地方性规章。

吉林省人民政府关于推进预算绩效管理的意见

吉政发〔2011〕36号

各市（州）人民政府，长白山管委会，各县（市）人民政府，省政府各厅委办、各直属机构：

为深入贯彻落实科学发展观，加强政府绩效管理，强化预算支出责任和效率，提高财政资金使用效益，按照国家有关要求，结合我省实际，现就推进预算绩效管理提出如下意见：

一、充分认识推进预算绩效管理的重要意义

预算绩效管理是政府绩效管理的重要组成部分，是以支出结果为导向的预算管理模式。预算绩效管理强化政府预算为民服务的理念，强调预算支出的责任和效率，要求在预算编制、执行、监督全过程中更加关注预算资金的产出和结果，要求政府部门不断改进服务水平和质量，花尽量少的资金、办尽量多的实事，向社会公众提供更多、更好的公共产品和公共服务，使政府行为更加务实、高效。

党中央、国务院高度重视预算绩效管理工作，多次强调要深化预算制度改革，加强预算绩效管理，提高预算资金使用效益和政府工作效率。党的十六届三中全会提出“建立预算绩效评价体系”，党的十七届二中、五中全会提出“推行政府绩效管理和行政问责制度”，“完善政府绩效评估制度”。推进预算绩效管理是贯彻落实党中央、国务院部署和要求的重要体现，是深入贯彻落实科学发展观的必然要求，是深化行政管理体制改革、促进政府职能转变的重要举措，对于加快经济发展方式转变、构建和谐社会，促进高效、责任、透明政府建设具有重大的政治、经济和社会意义。

近年来，在各地、各部门的共同努力下，我省预算管理改革取得重大进展，为全面推进预算绩效管理奠定了良好基础。随着经济的快速发展和中央转移支付力度的不断加大，我省财政支出规模不断扩大，加快推进预算绩效管理，切实提高财政资金使用效益，对于进一步提高财政保障能力，更好地促进我省经济社会又好又快发展，保障和改善民生，具有重要作用。

二、推进预算绩效管理的指导思想、总体目标和基本原则

（一）指导思想：全面贯彻党的十七大、十七届五中全会精神，以邓小平理论和“三个代表”重要思想为指导，深入贯彻落实科学发展观，按照党中央、国务院关于加强政府绩效和预算绩效管理的总体要求，不断健全完善公共财政体制机制，增强预算支出绩效理念，提高部门支出责任和政府行政效率，促进绩效政府和责任政府建设。

（二）总体目标：逐步建立以绩效目标实现为导向，以绩效评价为手段，以结果应用为保障，以改进预算管理、优化资源配置、控制节约成本、提高公共产品质量和公共服务水平为目的，覆盖所有财政性资金，贯穿预算编制、执行、监督全过程的预算绩效管理体系。

（三）基本原则：

1. 统一领导，分级管理。预算绩效管理在各级政府的领导下，由财政部门牵头，各部门分工负责。财政部门负责组织本级预算部门、项目主管部门，并指导下级财政部门开展预算绩效管理工作；预算部门、项目主管部门作为本部门预算和项目支出绩效管理的主体，负责组织、指导本级和所属预算单位、项目实施单位开展预算绩效管理工作。

2. 科学合理，规范有序。逐步建立健全预算绩效管理制度体系，优化全过程预算绩效管理工作流程，完善预算绩效管理工作机制，做到程序合理、职责明晰、便于操作、规范高效。

3. 客观公正，公开透明。预算绩效管理要做到指标科学，数据准确，标准客观，方法合理，评价公正，并逐步推进评价结果的公开透明。

4. 积极稳妥，分步实施。结合各地、各部门实际，合理确定并逐步扩大预算绩效管理试点范围，有计划、分步骤、积极稳妥地推进相关工作。

三、预算绩效管理的主要内容

预算绩效管理是一个综合性系统工程，包括绩效目标设定、绩效跟踪监控、绩效评价、评价结果反馈和应用等环节。推进预算绩效管理，就是将预算绩效管理的相关要求纳入预算管理全过程，体现在预算编制、执行、监督等预算管理的各个环节，逐步建立“预算编制有目标、预算执行有监控、项目完成有评价、评价结果有反馈、反馈结果有应用”的全过程预算绩效管理机制。

（一）绩效目标管理。

1. 绩效目标设定。绩效目标是预算绩效管理的基础。预算部门和项目主管部门在编制年度预算时，根据政府编制预算的总体要求和财政部门的具体部署、国民经济和社会发展规划、部门职能及事业发展规划，科学、合理地测算资金需求，确定年度工作计划或项目规划，编制预算绩效说明，制定绩效目标和绩效指标。

2. 绩效目标审核。财政部门依据国家相关政策、党委和政府重点工作安排、财政支出方向和重点、部门职能及事业发展规划等，对部门提出的绩效目标进行审核，包

括绩效目标与部门职能的相关性、为实现绩效目标所采取措施的可行性、绩效指标设置的科学性、实现绩效目标所需资金的合理性等。审核不合格的，不能进入预算编审下一步流程。

3. 绩效目标批复。财政预算经同级人民代表大会审查批准后，财政部门在部门预算和财政专项资金预算批复中，同时批复绩效目标和绩效指标等内容。

（二）绩效运行跟踪监控管理。

预算绩效运行跟踪监控管理是预算绩效管理的重要环节。财政部门、预算部门和项目主管部门要逐步建立绩效运行跟踪监控机制，定期采集绩效运行信息并汇总分析，对绩效目标运行情况进行跟踪管理和督促检查。跟踪监控中发现绩效运行目标与预期绩效目标发生偏离时，要及时采取措施予以纠正，保障绩效目标的顺利实现。

（三）绩效评价管理。

预算支出绩效评价是预算绩效管理的核心。预算执行结束后，要在规定时间内对预算完成情况进行绩效评价。项目实施单位要向预算部门或项目主管部门提交绩效报告，年度内实际取得的绩效没有达到设定的绩效目标的，须说明理由。预算部门和项目主管部门对项目实施单位提交的绩效报告组织开展绩效评价，向财政部门报送绩效评价报告。财政部门对预算部门和项目主管部门的绩效评价工作进行指导、监督和检查，并对其报送的绩效报告或绩效评价报告进行审核，提出进一步改进预算管理、提高预算支出绩效的意见和建议。根据需要，财政部门对预算部门和项目主管部门报送的绩效报告或绩效评价报告组织开展评价或再评价。

（四）绩效评价结果反馈和应用管理。

建立预算支出绩效评价结果反馈和应用制度，财政部门要将绩效评价结果及时反馈给预算部门和项目主管部门，各部门要根据绩效评价结果完善管理制度，改进管理措施，提高管理水平，增强支出责任，强化绩效意识。绩效评价结果作为财政部门安排以后年度预算的重要依据，并逐步扩大绩效评价结果的应用范围，建立与政府绩效管理有机结合的预算绩效管理问责工作机制。

四、推进预算绩效管理的工作要求

（一）加强领导，协调推进。各级政府要把预算绩效管理作为政府绩效管理的重要内容和当前及今后一个时期深化预算改革的重要工作，切实加强领导，精心组织，充实工作力量，安排必要的工作经费，重点加以推进。各级财政、审计、监察、人力资源社会保障等部门要结合自身职能，积极探索实现绩效监督、绩效审计、绩效问责、预算绩效管理与政府绩效管理有机结合的有效途径和方法，逐步建立健全运转顺畅、规范有序的预算绩效管理工作机制。

（二）健全制度，完善手段。根据国民经济和社会发展规划及专项规划，滚动编制部门事业发展计划，并与部门预算编制有机结合，提高部门预算编制的科学性和合理性。健全完善预算绩效管理的相关制度及配套办法，为推进预算绩效管理提供制度保障。建立健全预算支出绩效指标体系和标准体系，搞好信息平台建设，为推进预算绩效管理提供技术支撑。

（三）深化改革，强化基础。进一步深化部门预算、国库集中收付等预算管理制度改革，规范预算编报程序，细化预算编制，提高预算到位率，严格预算约束，增强预算执行的科学性和时效性。加强国有资产管理，促进资产管理与预算管理有机结合。完善政府预算体系，探索实施中长期预算管理，试编滚动预算。按照政府信息公开的有关规定，积极推进预算信息公开。

（四）积极试点，稳步推进。省级和已经开展绩效评价试点的市、县，要在现有试点的基础上，按照全过程预算绩效管理的要求，进一步扩大试点范围，实行绩效目标管理与绩效评价管理相结合的管理方式，并做好绩效评价结果的应用；其他市、县从2012年开始要全部开展试点。要不断总结完善试点经验，力争到“十二五”期末，初步建立比较规范的预算绩效管理体系和运行机制。

二〇一一年八月二十二日

四川省社会稳定风险评估暂行办法

（经2010年10月12日省人民政府第68次常务会议通过）

第一条　为了保障广大人民群众根本利益，预防和减少社会矛盾，维护社会稳定，规范社会稳定风险评估工作，根据国家有关规定，结合四川省实际，制定本办法。

第二条　四川省行政区域内，各级人民政府及其职能部门和具有行政管理职能的单位，出台、实施关系到群众切身利益和社会普遍关注的重大事项，应当开展社会稳定风险评估。

本办法所称重大事项主要指重大政策、重大改革措施、重大项目和重大活动等。

第三条　各级人民政府领导和管理本行政区域内社会稳定风险评估工作，相关责任主体负责具体组织实施。

第四条　社会稳定风险评估工作应当坚持法治、民主、科学的原则和“谁主管谁负责、谁决策谁负责”的原则。

第五条　以下重大事项应当开展社会稳定风险评估：

（一）涉及职工分流或职工利益变动的国有企业（国有控股企业）改制、重组、上市、拆迁等事项；事业单位机构改革事项；国有企业（国有控股企业）职工收入分配制度重大改革事项；

（二）涉及养老、医疗等社会保险制度及促进就业政策等重大调整；社会救助政策重大调整等；

（三）经济适用住房、廉租住房等住房保障政策重大调整；城市基础设施建设、旧城改造中的拆迁补偿、居民安置等政策重大调整，房地产市场、物业服务管理等政策重大调整；

（四）水、电、燃气、粮食、公共交通、教育、医疗、药品等关系群众切身利益的商品、服务价格和收费标准重大调整；

（五）涉及农村土地经营权流转及农民土地征收征用、拆迁、补偿、安置和移民安置等方面重大政策和改革措施；

（六）可能造成环境严重恶化或加大污染物排放的重大建设项目等；

（七）重大自然灾害和重大疫情的预警防控方案；食品、药品安全预警防控监测方案；重大安全、质量事故处置；洪水、干旱、地震等重大自然灾害后的重要恢复重建项目建设；

（八）涉及人员多、敏感性强，可能对社会稳定产生影响的重大活动；

（九）可能引发历史遗留问题的重大事项；

（十）有关民生问题的行政规范性文件的制定；

（十一）其他涉及群众切身利益的重大事项。

各级人民政府及有关部门按照前款规定结合实际情况确定应当开展社会稳定风险评估的具体事项。

第六条 重大事项社会稳定风险评估包括下列内容：

（一）是否符合法律、法规、规章和国家方针政策的规定；

（二）是否符合大多数群众的利益、出台时机和条件是否成熟；

（三）是否可能引发不良连锁反应或对相关利益群体造成影响；

（四）是否存在可能引发群体性事件的不稳定因素；

（五）是否有相应有效的风险化解措施和应急处置预案；

（六）是否存在其他不稳定隐患。

第七条 重大事项责任主体负责组织相关单位开展社会稳定风险评估工作，也可以组织中介组织参与社会稳定风险评估工作。

第八条 风险评估应当通过收集相关文件资料、问卷调查、民意测验、座谈走访、听证会等方式就重大事项征求意见，对社会稳定风险进行预测和评估，也可以组织相关部门和专家、学者评估论证。

重大事项责任主体应当对风险评估的相关材料进行审核审查，确保客观、准确。

涉及国家秘密的重大事项的风险评估工作应当遵守国家有关保密规定。

第九条 风险评估报告应当作出无风险、有较小风险、有较大风险和有重大风险的风险评价，提出可实施、可部分实施、暂缓实施、不实施的建议。

第十条 风险评估报告由重大事项责任主体审定，作出实施、部分实施、暂缓实施、不实施的决定。

第十一条 责任主体对作出实施或部分实施决定，但又存在一定风险的重大事项，应按照化解方案和应急预案开展工作。

第十二条 有下列行为之一，情节较轻的，责令限期改正和批评教育；情节较重引发大规模集体上访或影响社会稳定的群体性事件的，对行政机关实施问责，对非行政机关，按照有关法律法规处理：

（一）应当进行社会稳定风险评估的事项而未实施评估的；

（二）在评估过程中弄虚作假的；

（三）未按照本办法进行评估的；

（四）对符合本办法第十一条规定的情形，未按照化解方案和应急预案开展工作的。

第十三条 省政府各部门、各直属机构和市（州）、县（市、区）人民政府应当根据本办法制定实施细则。

出台、实施涉及群众切身利益和社会普遍关注重大事项的经济组织或社会团体，是该重大事项的责任主体，应当参照本办法开展社会稳定风险评估。

第十四条 本办法自2010年12月1日起施行。

注：该《办法》为国内首部关于社会稳定风险评估的省级政府规章。

湖南省政府服务规定

（2011年4月7日省人民政府第81次常务会议通过）

第一章 总则

第一条 为了推进服务型政府建设，促进经济社会发展，保障和改善民生，根据有关法律法规，结合本省实际，制定本规定。

第二条 本省行政机关提供公共服务，以及行政机关在实施行政管理过程中提供服务，适用本规定。

企业事业单位、基层自治组织、社会组织、社会工作者、志愿者提供公共服务的，应当遵守本规定。

法律法规另有规定的，从其规定。

第三条 行政机关提供政府服务遵循合法、公平、公正、公开、高效便民的原则。

第四条 行政机关提供政府服务应当维护社会公共利益，满足公民、法人或者其他组织的合理公共需求。

第五条 公民、法人或者其他组织有权依法参与政府服务活动，对政府服务提出意见和建议。

行政机关应当为公民、法人或者其他组织参与政府服务活动提供必要的条件，采纳其合理意见和建议。

第六条 行政机关应当在管理中体现服务，在服务中实施管理，实现管理与服务的有机结合。

第七条 行政机关提供政府服务应当从实际出发，突出重点、循序渐进，尽力而为、量力而行，与经济社会发展程度相适应，并逐步提高政府服务水平。

第八条 行政机关提供政府服务实行分级负责。

各级行政机关应当积极履行各自的法定职责，各司其职，相互配合，共同做好政府服务工作。

第九条 各级人民政府负责本行政区域政府服务工作的组织领导。

县级以上人民政府办公厅（室）负责本行政区域政府服务工作的综合协调。

县级以上人民政府各部门按照各自职责负责有关政府服务工作。

县级以上人民政府监察、法制、财政、审计等部门按照各自职责，负责本规定实施的监督检查。

第二章 服务主体

第十条 行政机关依照法定职责提供政府服务。

法律、法规授权的具有公共事务管理职能的组织，依照授权提供政府服务。

第十一条 县级以上人民政府应当转变政府职能，推进政企分开、政事分开、政资分开、政社分开，注重公共服务，加强社会管理，严格市场监管，改善经济调节，全面正确履行职能。

乡镇人民政府履行促进经济发展、增加农民收入，强化公共服务、着力改善民生，加强社会管理、维护农村稳定，推进基层民主、促进农村和谐的职能。

第十二条 省人民政府适时组织开展行政审批制度改革，依法决定取消、调整、下放行政审批事项。

行政机关应当优化行政审批流程，精简行政审批环节，缩短行政审批期限，提高行政审批效率。

第十三条 县级以上人民政府按照有利于发挥行政效能、财力与事权相匹配、管理重心下移的原则，配置上下级行政机关的职能，并增强基层政府提供政府服务的能力。

第十四条 县级以上人民政府根据精简、统一、效能的原则，优化政府组织结构，规范机构设置，建立健全现代政府组织体系。

县级以上人民政府应当加强社会管理和公共服务部门，合理设置经济调节和市场监管部门，精简和规范议事协调机构。

第十五条 各级人民政府及县级以上人民政府部门应当建立健全岗位责任制、服务承诺制、限时办结制、一次告知制、首问负责制、代理制等工作制度，推进行政权力运行公开透明，提高政府服务效率和水平。

第十六条 各级人民政府及县级以上人民政府部门应当运用行政指导、行政规划、行政合同、行政奖励、行政调解等方式，改善行政管理效果，提高服务质量和水平。

第十七条 建立健全政府主导、社会参与的公共服务体制机制，实现公共服务提供主体和提供方式的多元化。

行政机关应当积极采取措施，组织、支持、引导企业事业单位、基层自治组织、社会组织、社会工作者、志愿者等社会力量提供公共服务，并加强对社会力量提供公共服务的监督管理。

行政机关除直接向社会提供公共服务外，可以通过特许经营、政府购买、服务外包、政府补贴等方式向社会提供公共服务。

第三章 服务内容

第一节 公共服务

第十八条 建立健全符合省情、比较完整、覆盖城乡、可持续的基本公共服务体系，推进基本公共服务均等化。

第十九条 公共服务的主要内容包括就业促进、社会保险、社会救助、社会福利、住房保障、教育、医疗卫生、科技、文化、体育、人口和计划生育、公用事业、扶贫、政府信息公开等服务。

第二十条 公共服务分为基本公共服务和非基本公共服务。基本公共服务的具体项目，根据国家有关规定确定。

基本公共服务主要由行政机关提供，非基本公共服务主要由社会力量提供。

第二十一条 各级人民政府及县级以上人民政府人力资源和社会保障、教育等部门组织开展就业信息发布、职业介绍、职业指导、就业培训、就业援助、就业登记与失业登记、创业培训及创业服务等就业促进服务，多渠道增加就业岗位，推进公民平等就业。

第二十二条 各级人民政府及县级以上人民政府人力资源和社会保障、卫生等部门推动社会保险事业发展，全面推行职工基本养老、基本医疗、失业、工伤和生育保险，推进城镇居民基本医疗保险、新型农村合作医疗和新型农村社会养老保险等社会保险。

第二十三条 各级人民政府及县级以上人民政府民政、卫生、司法行政等部门应当完善社会救助体系，推进城乡居民最低生活保障、农村五保供养、自然灾害救助、流浪乞讨人员救助、临时救助、法律援助等社会救助事业发展。

第二十四条 各级人民政府及县级以上人民政府民政等部门应当发展社会福利事业，加强社会福利机构和服务设施建设，建立健全适度普惠型社会福利体系，在优先保障老年人、残疾人和困境儿童等困难群体福利服务的同时，逐步满足城乡居民福利服务需求。

第二十五条 各级人民政府及县级以上人民政府住房和城乡建设、民政等部门实施保障性安居工程，加大保障性安居工程建设力度，实施棚户区和农村危房改造，规范发展经济适用住房，发展廉租住房和公共租赁住房，增加中低收入居民住房供给。

第二十六条 各级人民政府及县级以上人民政府教育等部门巩固提高义务教育水

平，普及学前教育和高中阶段教育，发展职业教育，提高高等教育质量，开展继续教育，促进民族教育和特殊教育，完善家庭经济困难学生资助制度，推进教育公平。

第二十七条　各级人民政府及县级以上人民政府发展和改革、卫生、食品药品监督管理、人力资源和社会保障、经济和信息化等部门建立健全覆盖城乡居民的基本医疗卫生制度，加强公共卫生服务体系、医疗服务体系、医疗保障体系和药品供应保障体系建设，优先满足公民基本医疗卫生需求。

第二十八条　各级人民政府及县级以上人民政府科技等部门应当完善科技创新体制机制，鼓励扶持科技研发，加强科技服务平台建设，促进科技创新能力提高和科技成果转化，推进科技知识普及。

第二十九条　各级人民政府及县级以上人民政府文化、广播电影电视、新闻出版等部门发展公益性文化事业，加强城乡公共文化设施建设，完善公共文化服务体系，开展群众性文化活动，推动文化事业的发展和繁荣。

第三十条　各级人民政府及县级以上人民政府体育等部门发展公益性体育事业，加强基层公共体育设施建设，完善公共体育服务体系，开展全民健身运动，实施国民体质监测，增强全民体质。

第三十一条　各级人民政府及县级以上人民政府人口和计划生育等部门健全人口和计划生育工作机制，稳定低生育水平，提高人口素质，改善人口结构，遏制出生人口性别比偏高趋势，为育龄群众提供避孕节育、优生优育、生殖健康等服务，完善人口和计划生育利益导向机制，完善流动人口计划生育管理服务制度。

第三十二条　各级人民政府及县级以上人民政府住房和城乡建设、经济和信息化、农村工作、水利、卫生、环境保护、交通运输、广播电影电视等部门统筹城乡公用事业发展，逐步推进城乡公用事业一体化：

（一）完善城市供水供电供气设施，实施农村电网改造升级和城乡用电同价，保障农村人畜饮水安全，促进农村可再生能源利用，实现城乡用水用电用气安全、方便；

（二）加强城乡污水和垃圾处理设施建设，推进城市园林绿化和农村环境综合整治，实现城乡居住环境整洁；

（三）健全城乡综合运输体系，完善高速公路、国道省道干线公路、农村公路、客运站场、航道等交通运输基础设施网络，大力发展公共交通，实现城乡客运一体化和居民出行安全、便捷；

（四）组织、支持公共服务企业发展邮政通信网络，实现城乡居民通信和上网等方便、快捷。

第三十三条　各级人民政府及县级以上人民政府扶贫等部门完善扶贫政策，加强扶贫培训，实施项目扶贫，组织社会扶贫，推进开发式扶贫，提高扶贫对象自我积累、自我发展能力。

第三十四条　各级人民政府及县级以上人民政府部门建立健全政府信息公开机制，

完善政府信息公开方式，依法主动公开政府信息；对公民、法人或者其他组织申请公开政府信息的，依法及时答复。

第三十五条 县级以上人民政府统一领导和组织实施本行政区域的公共服务工作。

省人民政府及其部门负责制定公共服务规章、规范性文件，确定各项公共服务的规模、标准，确定年度工作任务并分解下达。

市州、县市区人民政府负责公共服务的组织实施。市州、县市区人民政府应当按照有关规定对公共服务具体项目的规模、标准进行量化。

乡镇人民政府、街道办事处负责职责范围内的公共服务工作，可以受县级人民政府及其部门委托实施公共服务项目。

第三十六条 县级以上人民政府应当将公共服务作为经济和社会发展的重要内容，纳入国民经济和社会发展规划，并可以制定以改善民生为重点的公共服务规划。

第三十七条 县级以上人民政府应当确定年度公共服务工作重点，努力为人民群众办实事。

第三十八条 行政机关、事业单位提供公共服务依法实行行政事业性收费的，按照适当补偿成本或者非营利原则确定收费标准。

公共服务企业提供公共服务，依法实行政府指导价或者政府定价的，根据社会平均成本、经营者合理收益、社会承受能力等因素，按照成本加微利的原则确定公共服务价格。

确定和调整涉及公众利益的行政事业性收费标准和公共服务价格，应当依法举行听证。

第三十九条 县级以上人民政府及其财政、价格部门采取措施，减少行政事业性收费，控制收费项目和收费标准，减轻公民、法人或者其他组织的负担。

行政机关不得擅自设立行政事业性收费项目、提高行政事业性收费标准、扩大行政事业性收费范围，不得擅自改变行政事业性收费资金用途，不得采取或者变相采取措施迫使服务对象接受有偿服务。

第二节 管理服务

第四十条 行政机关应当转变行政管理理念和行政管理方式，在履行社会管理、市场监管和经济调节职能过程中，为公民、法人或者其他组织提供优质高效的管理服务。

第四十一条 建立健全党委领导、政府负责、社会协同、公众参与的社会管理格局，完善社会管理体系，形成社会管理服务合力。

第四十二条 建立健全利益协调机制、诉求表达机制、矛盾调处机制、权益保障机制等社会管理机制，保障社会有序运行，维护社会和谐稳定。

县级以上人民政府及其信访部门建立健全接待人民来访工作平台，集中办理人民群众来访事项。

第四十三条　各级人民政府及县级以上人民政府公安、安全生产监督管理、民政等部门应当积极推进社会管理创新，加强和完善流动人口和特殊人群、安全生产、社会治安、突发事件应对、非公有制经济组织和社会组织、信息网络、社区、社会工作者等方面的管理和服务工作，为公民、法人或者其他组织提供社会管理服务。

第四十四条　县级以上人民政府及其工商行政管理、商务、经济和信息化、农业、金融等部门应当采取措施，支持各类市场主体发展，鼓励发展中小企业，扶持下岗失业人员、高校毕业生、残疾人、退役军人等自主创业，支持个体私营经济发展。

第四十五条　县级以上人民政府及其工商行政管理、质量技术监督、食品药品监督管理、价格、商务、知识产权等部门应当维护市场秩序，依法查处不正当竞争行为和垄断行为，加强食品、药品、农业生产资料等产品质量监督管理，加强价格监测预警和检查，建立健全价格服务网络，保持价格总水平基本稳定。

第四十六条　县级以上人民政府及其工商行政管理、公安、金融等部门采取建立健全信用制度、建设信用信息系统、发展信用中介服务、完善激励惩戒机制、优化信用监管、开展宣传教育等措施，加强社会信用体系建设。

第四十七条　县级以上人民政府及其部门应当围绕保持经济长期平稳较快发展，提高经济增长的质量和效益，加快经济发展方式转变，推进新型工业化、新型城镇化、农业现代化和信息化，统筹区域发展和城乡发展，建设资源节约型和环境友好型社会，全面履行经济调节职能，提供经济调节服务。

第四十八条　县级以上人民政府及其发展和改革、财政、金融、经济和信息化、价格等部门在各自的职责范围内，按照合法、合理的原则，采取下列方式提供经济调节服务：

（一）编制国民经济和社会发展规划；

（二）制定产业规划、产业指导目录、产业政策；

（三）调控投资规模、结构、方向、布局；

（四）设立产业引导资金；

（五）实行价格调控；

（六）组织、协调调度煤、电、油、气、运输、通信等重要生产要素；

（七）建立经济发展服务平台；

（八）发布经济信息；

（九）其他经济调节服务方式。

第四章　服务平台

第一节　电子政务平台

第四十九条　电子政务建设遵循统筹规划、统一标准、整合资源、信息共享和保障安全的原则。

省人民政府电子政务主管部门会同有关部门，制定全省电子政务发展规划，报省人民政府批准后实施。

第五十条 各级人民政府建设电子政务项目，应当经上一级人民政府电子政务主管部门审查；县级以上人民政府部门建设电子政务项目，应当经同级人民政府电子政务主管部门审查。未经审查，有关部门不予办理行政审批手续。

第五十一条 各级人民政府按照省电子政务发展规划，推进全省统一的电子政务网络建设。

电子政务网络由政务内网和政务外网组成。政务内网与政务外网之间实行物理隔离，政务外网与互联网之间实行物理链接，逻辑隔离。

各级人民政府及县级以上人民政府部门不得擅自新建专用业务网络；已经单独建立的，应当逐步整合到全省统一的电子政务网络。

鼓励和提倡公共企业事业单位的网络与电子政务网络互联互通。

第五十二条 县级以上人民政府建设以政府门户网站为主站，部门网站为子站的政府网站群体系。

政府网站群体系建设应当按照一级政府建设一个门户网站，一个部门建设一个子站的原则进行；已建设多个网站的，逐步实施合并。

省人民政府电子政务主管部门会同有关部门组织实施全省统一的电子政务应用系统建设，通过政府门户网站实现信息公开、网上办事、公众参与、政民互动和电子监察功能。

第五十三条 省人民政府电子政务主管部门会同有关部门，按照统一的标准和规范，开发、建立政务信息资源数据库和编制政务信息资源共享目录；统筹建设全省统一的政务信息资源交换平台，实行在线实时的信息交换和共享服务。

第五十四条 省人民政府电子政务主管部门会同公安、国家安全、保密、机要等部门，制定全省电子政务安全保障技术要求和工作制度，并建设全省统一的电子政务数字认证体系和信息安全应急处理、数据灾难备份等基础设施。

第二节 政务服务平台

第五十五条 市州、县市区、乡镇人民政府应当建立本行政区域统一的政务服务平台，负责集中办理有关政府服务事项，并可以承担公共资源交易、政府信息公开、行政效能投诉等职责。

县级以上人民政府办公厅（室）负责政务服务平台建立和管理的指导、协调工作。

第五十六条 市州、县市区人民政府及其部门和乡镇人民政府应当将其负责的行政审批、行政确认、年检年审、行政事业性收费等管理事项，纳入政务服务平台集中办理；因特殊情况不能纳入的，应当经同级人民政府同意。

第五十七条 市州、县市区、乡镇人民政府可以将部门和公共企业事业单位承担的有关公共服务事项纳入政务服务平台集中办理。

第五十八条 市州、县市区人民政府应当组织对两个以上部门实施行政审批的事项进行梳理，明确主办部门和协办部门，由主办部门设在政务服务平台的窗口统一受理并转告有关协办部门所设的窗口提出意见后统一办理，或者组织有关部门联合办理、集中办理。

第五十九条　市州、县市区、乡镇人民政府应当加强政务服务平台电子政务应用系统建设，推进政务服务平台的网上政府服务。

第六十条　建立健全政务服务平台服务规范、服务标准、服务项目和服务流程。

经同级人民政府批准，政务服务平台可以实行错时上下班、全日值班、节假日轮休等工作制度，方便公民、法人或者其他组织办事。

第三节　社区服务平台

第六十一条　县市区人民政府、乡镇人民政府、街道办事处应当逐步在城市和农村社区组织建立统一的社区服务平台，集中办理有关服务事项。

县级以上人民政府民政部门负责社区服务平台建立和管理的指导工作。

第六十二条　下列服务事项可以通过社区服务平台集中办理：

（一）行政机关在社区开展的有关政府服务事项；

（二）村（居）民委员会依法组织的有关自我服务事项，依法协助行政机关和受行政机关委托开展的政府服务事项；

（三）公共企业事业单位、社会组织在社区开展的有关公共服务事项。

第六十三条　县市区人民政府、乡镇人民政府、街道办事处应当组织整合社区的有关服务机构、服务站点、服务设施，并纳入社区服务平台统一管理，积极推进“一站式”服务。

第六十四条　社区服务平台工作人员的配备，应当坚持精简和效能的原则，由行政机关派驻的工作人员、村（居）民委员会成员、向社会公开招聘的社区专职工作人员、志愿者等组成。

第四节　社会求助服务平台

第六十五条　市州、县市区人民政府按照一城一平台的原则，建立本行政区域统一的社会求助服务平台，负责集中协调处理公民、法人或者其他组织的求助事项。

第六十六条　市州、县市区人民政府部门和公共企业事业单位、社会组织，应当确定机构或者人员负责社会求助工作，并接受同级社会求助服务平台的指挥和调度。

第六十七条　社会求助服务平台统一设立号码为12345的社会求助服务电话。

政府部门、公共企业事业单位、社会组织的社会求助服务电话应当与12345社会求助服务电话连接。

第六十八条　县级以上人民政府及其公安部门应当整合110、119、122公共服务资源，建立统一的报警服务平台，并与12345社会求助服务电话连接。

第六十九条　市州、县市区人民政府及其卫生部门应当组建统一的120医疗急救指挥中心系统，规范本行政区域各医院的急救号码，并接入120医疗急救指挥中心系统，实现集中受理、统一调度。

第五章 服务公开

第一节 行政机关服务公开

第七十条 各级人民政府及县级以上人民政府部门设定政府服务项目，应当采取听证会、座谈会、协商会、开放式听取意见、专家论证会等方式，广泛听取公众和社会各界的意见和建议。

第七十一条 各级人民政府及县级以上人民政府部门应当将设定政府服务项目的法律、法规、规章和规范性文件，通过政府网站、政府公报以及其他便于公众知晓的方式向社会公开。

第七十二条 各级人民政府及县级以上人民政府办公厅（室）应当组织对政府服务项目进行全面梳理，编制政府服务项目目录和办事指南，并通过政府网站、政府公报、政务服务平台等向社会公开。

第七十三条 各级人民政府及县级以上人民政府部门实施政府服务，应当采取多种方式进行广泛宣传，使政府服务的相关信息为公民、法人或者其他组织知晓。

各级人民政府及县级以上人民政府部门确定政府服务对象、方式等，依法可以采取民主评议、召开听证会、向社会公示等方式听取公众和社会各界的意见。

各级人民政府及县级以上人民政府部门应当将有关政府服务的实施结果公开，接受公众监督。

第二节 企业事业单位服务公开

第七十四条 公共企业事业单位应当依法公开在提供服务过程中制作、获取的信息。

县级以上人民政府办公厅（室）负责推进、指导、协调和监督本行政区域公共企业事业单位的服务公开工作。

第七十五条 公共企业事业单位采取下列方式公开信息：

（一）编制和公布服务项目目录和办事指南；

（二）编印和发放服务手册、便民服务卡，设置公开栏、资料索取点、电子信息屏；

（三）利用政府网站、本单位网站；

（四）举行听证会、专家咨询会、新闻发布会；

（五）建立服务热线和行风热线；

（六）其他信息公开方式。

第七十六条 公共企业事业单位应当公开下列信息：

（一）单位职能及依据、岗位职责；

（二）工作制度、行为准则、服务标准、服务承诺、廉洁自律、责任追究等制度；

（三）服务项目、依据、时限、流程、结果；

（四）收费的依据、标准、收缴办法；

（五）监督投诉以及联系方式；

（六）其他信息。

第七十七条　教育公共企业事业单位应当公开招生、考试以及国务院教育行政主管部门规定公开的其他信息。

卫生公共企业事业单位按照国务院卫生行政主管部门的有关规定，公开与公众利益密切相关的重要信息。

供水、供电、供气等公用事业企业事业单位应当公开重要设施设备建设、维修以及故障处理等重要信息，并对可以预见的可能影响社会公众生产、生活的有关事项，履行提前告知义务。

从事就业促进、社会保险、社会救助、社会福利、文化、体育、科技、人口和计划生育等服务的公共企业事业单位，结合各自行业特点公开与公众利益密切相关的重要信息。

第三节　基层自治组织服务公开

第七十八条　村（居）民委员会应当依法实行村（居）务公开。

乡镇人民政府、街道办事处负责本行政区域村（居）务公开工作的组织和指导。

县级以上人民政府民政、农业、财政等部门在各自职责范围内负责村（居）务公开相关工作的指导。

第七十九条　村（居）务公开的方式主要包括：

（一）召开村（居）民会议、村（居）民代表会议、村（居）民小组会议、听证会；

（二）设置公开栏、举办广播站、制作便民服务卡；

（三）其他便于村（居）民广泛知晓的方式。

第八十条　建立村（居）务监督委员会或者其他形式的村（居）务监督机构，负责村（居）务公开监督工作。

村（居）务监督机构成员由村（居）民会议或者村（居）民代表会议在村（居）民中推选产生。

第四节　社会组织服务公开

第八十一条　社会组织应当公开有关服务信息。

县级以上人民政府民政部门负责推进、指导、协调和监督社会组织的服务公开工作。

第八十二条　社会组织可以利用政府网站、本组织网站、报刊、广播、电视等，向社会公开服务信息。

第八十三条　社会组织应当公开下列信息：

（一）登记证书、税务登记证书、组织机构代码证书；

（二）经登记管理机关核准或者备案的章程；

（三）服务项目、服务方式、服务准则；

（四）收费的依据、标准、收缴办法；

（五）年度工作报告；

（六）其他应当公开的信息。

鼓励和提倡社会组织公开年度财务审计报告。

第八十四条　基金会应当公开公益资助项目种类、申请条件和程序、评审程序和结果、资金使用和评估信息等。

公募基金会还应当公开拟开展的公益活动方案和资金的详细使用计划、募集资金总额及详细使用情况、成本支出情况等信息。

第六章　服务保障

第一节　财政保障

第八十五条　各级人民政府应当围绕建设服务型政府，遵循公平与效率相结合、收支平衡的原则，建立和完善公共财政体制机制。

第八十六条　各级人民政府及县级以上人民政府财政、税务等部门应当加强财源建设，依法组织财政收入，规范税政管理，加强非税收入征收管理，提高财政收入质量。

各级人民政府及县级以上人民政府财政、税务等部门不得越权制定税收、非税收入优惠政策，不得通过变更财政收入科目等方式转移财政收入。

第八十七条　各级人民政府及县级以上人民政府财政部门调整财政支出结构，保障基本公共服务支出，控制和减少一般性支出。

公共服务支出重点向农村、基层、困难群众、贫困地区倾斜，增强基层提供公共服务的能力。

各级人民政府及县级以上人民政府部门严格控制行政成本，规范会议经费、公务用车购置使用经费、接待经费及出国（境）经费等支出，从严控制楼堂馆所建设。

政府服务项目所涉及的货物、工程、服务依法实行政府采购。

第八十八条　建立健全省管县的财政体制，明确各级人民政府之间的财政分配关系，实行政府服务的财政分级负担制度。

建立健全统一、规范、透明的财政转移支付制度，逐步扩大对县级财政的转移支付规模。

第八十九条　各级人民政府及县级以上人民政府财政部门应当将实施政府服务所需资金纳入政府预算管理，并遵循预算管理法定程序，不得随意变更。

第九十条　各级人民政府及县级以上人民政府财政部门通过政府补贴、政府贴息等多种形式，鼓励和引导各类社会资金进入公共服务领域。

鼓励社会力量向公共服务事业捐赠或者依法设立公共服务基金。

政府债务资金重点用于公共服务支出，不得用于一般消费等经常性支出。

第二节 组织保障

第九十一条 各级人民政府应当加强公务员队伍建设，提高公务员为人民服务的能力和水平，建设人民满意的公务员队伍。

第九十二条 各级人民政府及县级以上人民政府公务员主管部门应当对公务员开展政治思想、理想信念、廉洁从政等教育，培养公务员的职业道德，提高公务员队伍思想政治素质。

第九十三条 各级人民政府及县级以上人民政府部门应当组织工作人员开展调查研究，建立健全领导干部联系点制度，及时解决政府服务中存在的问题。

县级以上人民政府及其部门应当组织公务员到乡镇、街道办事处等基层单位工作，充实基层政府服务力量。

各级人民政府及县级以上人民政府部门应当精简会议和文件，控制举办庆典、节会、论坛等活动，并建立健全相关管理制度。

第九十四条 各级人民政府及县级以上人民政府公务员主管部门应当对公务员开展电子政务、公共行政、公共政策、依法行政、应急管理等教育培训工作，提高公务员的服务能力和水平。

第九十五条 各级人民政府及县级以上人民政府公务员主管部门应当加强公务员队伍制度建设，建立健全选拔任用、考核评价、管理监督、激励保障机制。

第九十六条 县级以上人民政府监察部门应当推进惩治和预防腐败体系建设，重点加强对公共资源配置、公共资源交易、公共产品生产等领域的监督。

第九十七条 公共企业事业单位、基层自治组织、社会组织应当加强对工作人员的服务能力培训，制定服务规范，建立健全监督检查制度。

第七章 监督管理

第一节 绩效管理

第九十八条 县级以上人民政府实行政府绩效管理制度，建立健全政府绩效管理体系。

第九十九条 政府绩效管理遵循科学规范、注重实际、公开公平、公众参与的原则。

第一百条 建立健全科学合理的政府绩效评估指标体系。

政府绩效评估指标的确定应当统筹兼顾，突出重点，把公共服务作为政府绩效评估的重要内容。

第一百零一条 政府绩效评估实行内部考核、公众评议、专家评价相结合的评估机制。

政府绩效评估程序一般包括制订方案、实施评估、反馈结果等。

县级以上人民政府应当发挥高等院校、科研机构、社会组织在政府绩效评估中的作用，推进政府绩效评估的规范化、科学化。

第一百零二条 政府绩效评估结果作为行政机关改进工作、公务员任用管理、编制预算的重要依据。

第一百零三条 上级行政机关对下级行政机关的各类考核，纳入政府绩效评估范围，除国家和省人民政府另有规定外，不再组织单项考核。

第二节 行政效能监督

第一百零四条 县级以上人民政府应当建立健全电子监察系统，对网上政府服务事项进行全程监控，并实行网上受理投诉制度。

第一百零五条 县级以上人民政府建立健全行政效能投诉制度。

县级以上人民政府监察部门负责行政效能投诉工作的组织实施。

第一百零六条 行政效能投诉处理坚持实事求是、有错必纠、限时办结、及时反馈的原则。

第一百零七条 公民、法人或者其他组织对行政机关及其工作人员不履行、拖延履行政府服务职责的行为，以及在政府服务中的其他违法违纪行为，可以向县级以上人民政府及其部门负责行政效能投诉的机构提出投诉。

第一百零八条 对投诉人的投诉，行政机关应当及时受理，并告知投诉人。

负责受理和处理行政效能投诉的行政机关应当调查、核实投诉事项，听取投诉人与被投诉人的意见，并及时依法作出处理决定。

行政机关对受理的投诉事项，应当自受理之日起 30 日内办理完毕；情况复杂的，经行政机关负责人批准，可以延长 30 日，并向投诉人说明理由。

投诉案件办结后，应当将办理结果及时告知投诉人。

第一百零九条 行政效能投诉处理结果作为对行政机关政府绩效评估以及对行政机关工作人员考核的重要依据。

第三节 服务监管

第一百一十条 行政机关应当对公共企业事业单位、社会组织提供公共服务的情况进行监督检查，及时纠正公共服务中的违法行为。

第一百一十一条 公共企业事业单位、社会组织应当于每年第一季度向有关行政机关报告上年度提供公共服务的情况。

第一百一十二条 行政机关为了公共利益的需要，可以采取回购等方式，依法收回特许经营、政府购买、服务外包的公共服务项目；给当事人造成损失的，依法予以补偿。

第一百一十三条 公共企业事业单位、社会组织因不可抗力或者其他原因，无法提供涉及公众切身利益的公共服务的，县级以上人民政府可以责成有关行政机关临时接管其公共服务，保障公共服务的正常提供。

第一百一十四条 通过特许经营、政府购买或者服务外包等方式提供公共服务的公共企业事业单位、社会组织违反服务合同或者有其他严重违法行为的，有关行政机关可以依法解除服务合同。

第一百一十五条 公民、法人或者其他组织对公共企业事业单位、社会组织提供的公共服务有异议的，可以向有关行政机关投诉，有关行政机关应当及时处理并答复。投诉处理情况应当作为行政机关实施服务监管的重要依据。

第一百一十六条 行政机关可以组织对公共企业事业单位、社会组织提供公共服务的情况进行评估。评估结果应当通过适当方式向社会公布，并作为实施服务监管的重要依据。

第八章 法律责任

第一百一十七条 行政机关及其工作人员在政府服务中违反本规定，有下列行为之一的，由上级行政机关或者监察部门责令改正，给予通报批评；对直接负责的主管人员和其他直接责任人员，由有关机关依法给予处分：

（一）不履行政府服务职责，不受理公民、法人或者其他组织符合法定和规定条件的政府服务申请的；

（二）拖延履行政府服务职责，不在法定期限、规定期限或者承诺期限内办结政府服务事项的；

（三）违反规定实行行政事业性收费的；

（四）索取、收受服务对象财物或者要求服务对象提供赞助的；

（五）不遵守政府服务公开相关规定的；

（六）对行政效能投诉不依法受理或者办理的；

（七）对公共企业事业单位、社会组织监管不力，造成不良后果的；

（八）其他严重违反本规定的行为。

法律、法规授权的具有公共事务管理职能的事业单位中经批准参照《中华人民共和国公务员法》管理的工作人员，违反本规定的，参照前款规定处理。

第一百一十八条 行政机关及其工作人员违反本规定需要实行问责的，按照国家规定的问责权限、形式和程序办理。

县级以上人民政府直属公共服务事业单位和国有公共服务企业违反本规定，需要对有关人员实行问责的，依照国家规定的问责权限、形式和程序办理。

第一百一十九条 公共企业事业单位、社会组织违反本规定的，由有关行政机关责令改正，并依法给予行政处罚；给公民、法人或者其他组织造成损害的，依法承担民事责任。

通过特许经营、政府购买、服务外包等方式提供政府服务的公共企业事业单位、社会组织，违反服务合同的，依法承担民事责任。

第一百二十条 社会工作者、志愿者在公共服务过程中侵害公民、法人或者其他组织合法权益的，依法承担民事责任。

第一百二十一条　公民、法人或者其他组织以欺骗、贿赂等不正当手段取得政府服务的，由有关行政机关予以撤销，并责令退还取得的利益。

第九章　附则

第一百二十二条　各级人民政府及县级以上人民政府部门应当根据各自职责，制定贯彻本规定的实施方案。

第一百二十三条　本规定自2011年10月1日起施行。

注：该《规定》是我国首部全面规范政府服务行为的省级规章制度。

北京市行政问责办法

（2011年5月19日北京市人民政府第93次常务会议审议通过）

第一章　总则

第一条　为了加强对行政人员的管理和监督，促进行政人员依法履行行政职责，推进依法行政，建设法治政府，根据有关法律、法规，结合本市实际情况，制定本办法。

第二条　本市各级行政机关的工作人员和法律、法规授权的具有公共事务管理职能的组织及国家行政机关依法委托从事公共事务管理活动的组织中从事公务的人员（以下统称行政人员）不履行、违法履行、不当履行行政职责，导致国家利益、公共利益或者公民、法人和其他组织的合法权益受到损害，或者造成不良影响，依照本办法规定追究责任。

第三条　市人民政府统一领导本市行政问责工作。市人民政府工作部门、区县人民政府及其工作部门和乡镇人民政府、街道办事处按照干部管理权限负责行政问责工作的实施。

第四条　市和区、县监察机关在行政问责工作中履行下列职责：

（一）指导、监督本级人民政府工作部门的行政问责工作；

（二）研究行政问责工作中出现的重大问题，并向本级人民政府提出相应建议；

（三）负责受理、调查按照干部管理权限应当由本级人民政府作出处理决定的行政问责案件，并提出处理建议；

（四）统计、分析本行政区域行政问责的处理情况；

（五）本级人民政府交办的其他行政问责工作。

其他行政机关应当建立健全工作责任制，明确监察、法制、人事等部门或者机构在行政问责工作中的职责，负责受理投诉、控告和检举，开展调查，提出拟处理意见等工作。

第五条　行政问责应当坚持实事求是、公平公正、权责统一、教育与惩处相结合的原则，做到事实清楚、证据确凿、定性准确、处理恰当、程序合法、手续完备。

第六条 市人民政府工作部门、区县人民政府应当定期向市监察机关报告行政问责工作情况。

区、县人民政府工作部门和乡镇人民政府、街道办事处应当定期向区、县监察机关报告行政问责工作情况。

第七条 行政人员应当依法行政，自觉执行法律、法规、规章和上级的决定、命令、部署，确保政令畅通，提高行政效能，保障公民、法人和其他组织的合法权益。

监察机关、人力资源和社会保障部门、法制工作机构应当通过多种形式对行政人员进行有关建设法治政府知识的培训。

第二章 行政问责情形

第八条 行政人员有下列应当履行而未履行行政职责情形之一，导致国家利益、公共利益或者公民、法人和其他组织的合法权益受到损害，或者造成不良影响的，应当进行行政问责：

（一）对依申请、请求、申诉的行政行为，未按照规定受理、审查、决定的；

（二）未按照规定检查、检验、检测、检疫的；

（三）对发现的违法行为未制止、纠正的；

（四）对依法应当给予行政处罚或者采取行政强制措施的违法行为，未予处理的；

（五）收到公民、法人或者其他组织的投诉、举报后，未按照规定调查、处理的；

（六）应当履行保护公民、法人和其他组织人身权和财产权等法定职责，而未履行的；

（七）行政相对人询问有关行政许可、行政给付条件、程序、标准等事项，拒绝答复的；

（八）未履行行政复议职责、行政诉讼应诉职责、行政赔偿或者行政补偿职责，损害政府与行政相对人关系的；

（九）未履行信息公开义务、告知义务或者保密义务的；

（十）国家和本市规定的其他不履行行政职责的情形。

第九条 行政人员有下列违法履行行政职责情形之一，导致国家利益、公共利益或者公民、法人和其他组织的合法权益受到损害，或者造成不良影响的，应当进行行政问责：

（一）违反议事规则，个人或者少数人对重大事项作出决定，或者改变集体作出的决定的；

（二）无依据实施影响公民、法人和其他组织合法权益或者增加公民、法人和其他组织义务的行政行为的；

（三）违反规定的步骤、顺序、方式、形式等规定程序实施行政行为的；

（四）超过法定时限或者合理时限履行职责的；

（五）超越法定权限实施行政行为的；

（六）隐瞒、截留、挪用、私分或者变相私分行政征收征用款物的；

（七）违法查封、扣押、没收、征收、征用财物的；

（八）不具有行政执法资格或者违反规定使用执法证件的；

（九）违反规定乱收费，或者要求行政相对人接受有偿服务、购买指定商品以及承担其他非法定义务的；

（十）违反规定制作法律文书、使用票据的；

（十一）违法委托其他组织或者个人履行职责的；

（十二）实施行政行为无事实根据，或者主要事实不清，主要证据不足的；

（十三）国家和本市规定的其他违法履行行政职责的情形。

第十条　行政人员有下列不当履行行政职责情形之一，导致国家利益、公共利益或者公民、法人和其他组织的合法权益受到损害，或者造成不良影响的，应当进行行政问责：

（一）工作作风懈怠、工作态度恶劣的；

（二）对于明显相同情况的相对人不同对待，歧视特定相对人，或者为实现行政管理目标采取的行政方法、手段明显失当等滥用自由裁量权履行行政职责的；

（三）国家和本市规定的其他不当履行行政职责的情形。

第三章　行政问责方式和适用

第十一条　行政问责的方式为：

（一）责令作出书面检查；

（二）责令道歉；

（三）通报批评；

（四）行政告诫；

（五）停职检查；

（六）调离工作岗位；

（七）责令辞去领导职务；

（八）免职。

行政人员有本办法规定的违法违纪情形，按照《行政机关公务员处分条例》和其他有关规定应当给予处分的，不得以前款规定的行政问责方式代替行政处分，也不得以行政处分代替前款规定的行政问责方式。

第十二条　对应当问责的行政人员，应当根据其行为性质、危害程度等因素确定情节轻重，分别作出如下处理：

（一）情节较轻的，给予责令作出书面检查、责令道歉、通报批评处理；

（二）情节较重的，给予行政告诫、停职检查、调离工作岗位处理；

（三）情节严重的，给予责令辞去领导职务、免职处理。

给予行政告诫、停职检查、调离工作岗位、责令辞去领导职务、免职处理的，可以同时适用责令作出书面检查、责令道歉、通报批评。

第十三条　有下列情形之一的，应当从重处理：

（一）拒绝改正错误的；

（二）隐瞒事实真相，干扰、阻碍行政问责工作的；

（三）对投诉人、控告人、检举人打击报复的；

（四）一年内被给予行政问责两次以上的；

（五）在两人以上共同违法违纪行为中起主要作用的；

（六）其他按照规定应当从重处理的。

第十四条　有下列情形之一的，可以从轻或者减轻处理：

（一）主动交代违法违纪行为的；

（二）积极配合调查或者有立功表现的；

（三）主动采取措施，有效避免或者挽回损失、消除不良影响的；

（四）其他按照规定可以从轻、减轻处理的。

第十五条　行政人员有本办法规定应当予以行政问责的情形，情节轻微，经过批评教育后改正的，可以免予行政问责。

行政人员在紧急情况下有本办法规定的应当予以行政问责情形，但尽到合理注意义务的，不予行政问责。

第十六条　行政人员实施行政行为时，认为上级的决定或者命令有错误的，可以向上级提出改正或者撤销该决定、命令的意见；上级不改变该决定、命令，或者要求立即执行的，行政人员应当执行该决定、命令，执行的后果由上级负责，行政人员不承担责任；但是，行政人员执行明显违法的决定、命令的，应当依法承担相应的责任。

两人以上共同实施行政行为的，主办人员承担主要责任，协办人员承担相应责任；责任无法区分的，共同承担责任。

第十七条　行政人员有本办法规定的违法违纪情形，受到行政问责，所在单位需要承担法律责任的，单位应当依法承担法律责任，不得以对行政人员的行政问责代替单位应当承担的法律责任。

第十八条　对行政人员的考核、任用、奖励、表彰应当考虑其被行政问责的情况。

受到行政问责的行政人员，取消当年年度相关的考核评优和评选先进的资格。

第四章　行政问责程序

第十九条　对下列途径发现的行政人员应当行政问责的线索，按照管理权限初步核实后，对需要行政问责的，应当进行调查：

（一）上级或者本级人大常委会、人民政府的监督、检查；

（二）监察、审计、法制等行政部门的监督、检查；

（三）本单位的内部监督、检查；

（四）行政诉讼；

（五）行政复议；

（六）公民、法人和其他组织的投诉、控告、检举；

（七）公共媒体披露本办法规定的应当予以行政问责的情形且确有证据的报道；

（八）其他途径。

第二十条 行政问责案件，应当自决定调查之日起3个月内作出行政问责处理决定。情况复杂的，经行政机关主要负责人批准，可以延长3个月。

对于事实清楚、不需要进行问责调查的行政问责案件，应当直接作出行政问责处理决定。

第二十一条 调查行政问责案件，应当由两名以上工作人员进行。

调查处理行政问责案件，应当听取被调查的行政人员的陈述和申辩，并予以记录。对其合理意见，应当予以采纳；不予采纳的，应当说明理由。

第二十二条 参与行政问责案件调查、处理的人员与被调查的行政人员是近亲属关系的，或者与被调查的行政人员有其他关系，可能影响案件公正处理的，应当提出回避申请；被调查的行政人员以及与案件有利害关系的公民、法人或者其他组织有权要求其回避。

行政问责决定机关负责人的回避，由行政问责决定机关的上一级行政机关负责人决定；其他调查、处理人员的回避，由行政问责决定机关负责人决定。

行政问责决定机关或者行政问责决定机关的上一级行政机关，发现调查、处理人员有应当回避的情形，可以直接决定该人员回避。

第二十三条 调查终结，应当形成调查报告并提出拟处理意见，经行政机关的监察（包括派驻监察机构）、法制、人事等工作部门主要负责人签字，提交行政机关领导成员集体讨论后，作出给予行政问责、免予行政问责或者撤销行政问责案件的书面处理决定。

第二十四条 依照本办法第二十三条规定给予行政问责的，应当在行政问责处理决定书中载明下列内容：

（一）受到问责的行政人员的姓名、职务、级别、工作单位等基本情况；

（二）违法违纪事实；

（三）处理结果和依据；

（四）不服行政问责处理决定的复核、申诉途径和期限；

（五）行政问责决定机关的名称、印章和作出决定的日期。

第二十五条 行政问责处理决定书应当在3个工作日内送达受到问责的行政人员，并应当及时函告有关人力资源和社会保障部门。

有关机关要求处理或者公民、法人和其他组织实名投诉、控告、检举的，应当书面告知其处理结果。

行政问责处理决定应当在一定范围公开，对于造成恶劣社会影响的行政问责案件的处理决定，一般应当向社会公开。

第二十六条　依照本办法规定应当给予行政问责的行政人员已调至其他行政机关工作的，原所在行政机关可以向其现任职行政机关提出处理建议，其现任职行政机关应当依法作出行政问责处理决定。

第五章　复核申诉

第二十七条　受到问责的行政人员对处理决定不服的，可以自收到处理决定之日起30日内向作出处理决定的机关申请复核；对复核决定不服的，可以自收到复核决定之日起15日内向同级人力资源和社会保障部门或者作出该复核决定的机关的上一级机关提出申诉；也可以不经复核，自收到处理决定之日起30日内直接提出申诉。

第二十八条　行政机关应当自受理复核申请之日起30日内作出书面复核决定并送达申请人。

申诉受理机关应当自受理申诉之日起60日内作出申诉处理决定书并送达申请人和原处理机关；案情复杂的，可以适当延长，但延长时间不得超过30日。

复核、申诉期间不停止执行原问责处理决定。

受到问责的行政人员不因提出复核、申诉被加重处理。

第二十九条　申诉受理机关审查认定原处理决定有错误的，原处理机关应当自收到申诉处理决定书后15日内予以纠正。

第三十条　经复核、申诉认定行政问责处理决定错误，对行政人员造成名誉损害的，原处理机关应当赔礼道歉、恢复名誉、消除影响；造成经济损失的，应当依法补偿。

第六章　附则

第三十一条　对经市或者区、县人民代表大会及其常务委员会选举或者决定任命的人员予以停职检查、调离工作岗位、责令辞去领导职务、免职处理的，按照有关法律规定的程序办理。

第三十二条　本办法自2011年10月1日起施行。

湖北省人民政府办公厅关于印发《湖北省电子监察管理暂行办法》的通知

鄂政办发〔2011〕100号

各市、州、县人民政府，省政府各部门：

《湖北省电子监察管理暂行办法》已经省人民政府同意，现印发给你们，请认真贯彻执行。

2011年10月13日

湖北省电子监察管理暂行办法

第一条 为规范电子监察工作，促进依法行政、提高行政效能和服务水平，根据《中华人民共和国行政监察法》及相关法律法规的规定，结合湖北实际，制定本办法。

第二条 本省行政区域内实施的电子监察及其与电子监察相关的活动适用本办法。

本办法所称电子监察，是指监察机关运用电子信息技术，对行政监察对象依法进行监督检查、预警纠错和绩效评估等活动。

第三条 实施电子监察必须坚持实事求是、客观公正，实行统一领导与分级管理相结合、制度建设与科技应用相结合、网上实时监察与网下监督检查相结合、预警纠错与绩效评估相结合、责任追究与批评教育相结合。

第四条 县级以上人民政府应当加强电子监察工作的组织领导。

监察机关负责组织和实施电子监察工作，针对具体公共事务制定电子监察的建设标准和实施细则。

电子政务主管机构负责建设和维护电子政务网络，保障电子监察的网络环境安全畅通，负责推行电子政务应用。

其他部门按照各自工作职责协同推进电子监察工作。

全省多级或者多部门可共同使用的电子政务、电子监察应用软件，由省级电子政务主管机构和监察机关组织有关单位，制定联网技术规范和信息交换标准，统一开发，联网运行。

第五条 可实行电子政务的下列事务应当纳入电子监察范围：

（一）行政审批、行政确认、行政处罚、行政征收等行政执法活动；

（二）公共资源交易、政府采购、公共项目招投标等需要竞争择优的管理活动；

（三）社保资金、住房公积金、惠农资金、救灾救济资金物资等管理和发放活动；

（四）公众诉求处理、政府信息公开等行政服务活动；

（五）其他需要实施电子监察的公共事务。

第六条 电子监察重点监督公共事务的下列内容：

（一）实施主体的合法性情况；

（二）信息公开和执行业务保密规定情况；

（三）工作流程和工作标准的执行情况；

（四）工作效率和行政服务情况；

（五）公众投诉和满意度评价情况；

（六）其他应监督的情况。

第七条 对纳入电子监察的公共事务，除经保密部门审查定为涉密的外，事务的实施机关应当在网上依法实时办理，监察机关应当按照确定的电子监控方式、预警纠错规则和绩效评估标准实施电子监察。

第八条 监察机关可以采用下列方式进行电子监控：

（一）从网上办公系统或者互联网门户网站获取有关信息；

（二）对关键工作场所进行视频监控；

（三）利用电子化方式受理有关投诉、收集公众评议意见；

（四）依法可以利用的其他监控方式。

为查实电子监控方式获取信息的真实性，监察机关可以依法执行监督检查。

第九条 监察机关应当按照以下规则通过电子监察系统向公共事务的实施机关发出预警纠错信号：

（一）对存在违规风险、违规嫌疑或者有未经核实的投诉等情况，发出蓝色预警信号（蓝牌）；

（二）对已经发生但能够纠正排除的违规问题，发出黄色纠错信号（黄牌），违规问题未在规定期限内纠正排除的，消除黄色纠错信号（黄牌），改发红色处罚信号（红牌）；

（三）对发生无法挽回或者性质严重的违规问题的，直接发出红色处罚信号（红牌）。

监察机关应当在具体公共事务的电子监察实施细则中明确监察内容、工作要求、违规问题及纠错期限等规定，并事前告知公共事务的实施机关。

第十条 监察对象对电子监察系统发出红牌不服的，可以在发牌之日起五日内向监察机关提出申诉，监察机关应当自收到申诉之日起五日内作出复查决定，对于问题不属实或者电子监察系统误发的黄、红牌，应当不予计算或者解除。

第十一条 监察机关可以利用电子监察的预警纠错结果，结合其他监控方式获取的信息，定期评估公共事务实施机关的工作绩效，评估结果在一定范围内通报或者向社会公开，年度绩效评估结果作为本级人民政府考核政府各部门目标责任制和党风廉政建设的重要依据。

监察机关应当在具体公共事务的电子监察实施细则中明确评估对象、评估指标和评分标准等内容，并事前告知评估对象。

第十二条 监察机关对电子监察系统所获得的公共事务管理信息，应当进行定量定性分析，为改进公共事务的管理提供决策参考。

第十三条 电子监察发现违规问题不属于监察机关职责范围内的，应当移送有处理权的单位处理；涉嫌犯罪的，应当移送司法机关依法处理。接受移送的单位或者机关应当将处理结果回告监察机关。

第十四条 监察对象违反本办法规定，有下列行为之一的，由其主管机关或者监察机关责令改正并通报批评；情节严重的，对负有直接责任的主管人员和其他直接责任人员依法给予行政处分：

（一）已纳入电子监察的事务不实行电子政务的；

（二）以逃避电子监察为目的，实行电子政务时故意隐瞒、虚假办理的，或者调整、中断、破坏电子监察有关设施的；

（三）被电子监察系统判发红牌的；

（四）隐瞒事实真相、出具伪证或者隐匿、转移、篡改、毁灭证据的；

（五）拒绝就电子监察工作人员所提问题作出解释和说明的。

第十五条 监察机关和其他有关机构的工作人员在电子监察运行管理过程中，滥用职权、徇私舞弊、弄虚作假、泄露秘密的，依法给予行政处分；构成犯罪的，依法追究刑事责任。

第十六条 实施危害电子监察网络和应用软件安全行为的，或者利用电子监察网络和应用软件实施其他违法犯罪行为的，依法追究相应的法律责任。

第十七条 监察机关的派出监察机构或者行政机关自行实施的电子监察工作，参照本办法执行。

第十八条 本办法由省监察厅负责解释，自发布之日起施行，有效期3年。

吉林省行政机关公务员岗位绩效考核办法（试行）

吉公局发〔2011〕33号

为改进和加强公务员考核工作，客观、公正、准确地评价公务员的德才表现和工作实绩，建立以工作绩效为核心的公务员考核评价机制，进一步激发公务员履职尽责、争创一流工作业绩的责任感和积极性，根据《中华人民共和国公务员法》和《公务员考核规定（试行）》，结合我省实际，制定本办法。

一、考核的原则

公务员岗位绩效考核，应遵循以下原则：

（一）坚持依法考核、科学规范的原则。按照《中华人民共和国公务员法》和《公务员考核规定（试行）》规定的权限、条件、标准和程序进行考核。

（二）坚持注重实绩、全面客观的原则。依据公务员岗位职责及所承担的工作任务，以完成工作的实绩和效果作为考核评价的主要标准，对公务员的德、能、勤、绩、廉进行全面考核。

（三）坚持领导评价与群众评议相结合的原则。以公务员直接领导考核评价为主，积极引入服务对象和社会公众评议，确保考核结果客观公正。

（四）坚持平时考核与定期考核相结合的原则。突出平时考核的基础作用，强化定期考核的激励作用，形成互为支撑，相互促进的考核机制。

（五）坚持定量考核与定性考核相结合的原则。通过对公务员的德才表现和工作实绩的定量与定性考核，实现考核的多维度、宽视野，提高考核的科学性、准确性。

二、考核的范围

全省各级行政机关中，非领导班子成员公务员（含省以下垂直管理系统的机关领导班子成员公务员），以及参照公务员法管理单位中除工勤以外的工作人员。

省以下垂直管理系统以外的机关领导班子成员公务员的考核，由主管机关按照有关规定办理。

三、考核内容、指标及权重

公务员岗位绩效考核，突出岗位职责，重点考核工作实绩，强化全面考核。

（一）考核内容、指标

1. 年度岗位绩效考核指标完成情况（考核评价要素主要包括：完成年度岗位绩效考核指标所要求的数量、质量、时限）；

2. 工作效率和效果（考核评价要素主要包括：完成年度岗位绩效指标应达到的效率、效益和效果）；

3. 综合素质和敬业精神（综合素质的考核评价要素主要包括：政策水平、业务能力、创新意识、执行能力、依法行政能力等；敬业精神的考核评价要素主要包括：工作责任心、工作态度、工作作风、团结协作、出勤情况等方面）；

4. 思想品德和廉洁自律（思想品德的考核评价要素主要包括：政治态度、思想品质、职业道德、行为规范、社会公德等方面；廉洁自律的考核评价要素主要包括：遵纪守法、廉洁奉公、行政行为、行政成本等方面）；

5. 领导交办的岗位职责以外的临时性工作完成情况及效率、效果。

（二）考核指标的分值权重

年度岗位绩效考核由平时考核和年终考核构成。年度岗位绩效考核总分分值为100分。

1. 平时考核。平时考核分为每月（季度）或上半年、下半年考核。平时考核占年度岗位绩效考核总分的70分。其中，岗位绩效考核指标占30分；工作效率和效果占20分；综合素质和敬业精神占10分；思想品德占10分；廉洁自律作为限定年终考核等次指标，不占平时考核分值。

完成领导交办的岗位职责以外的临时性工作任务，属于突发事件性质的工作，每增加1项加1分，加分最高不超过3分；属于一般性质的工作，减半赋分和加分。

2. 年终考核。由部门（单位）人事（干部）处（科）组织开展民主评议。民主评议占年度岗位绩效考核总分的30分。其中，对窗口岗位工作的公务员，内部民主测评占10分，服务对象和社会公众评议占20分；对非窗口岗位工作的公务员，内部民主测评占30分。

四、考核的方法和程序

（一）制定考核指标，形成考核指标体系。

每年年初，各部门（单位）根据机构职能和本级党委、政府以及上级业务主管机关的工作部署，在确定本部门（单位）年度工作任务的基础上，按照内设机构职能和公务员岗位职责，将年度工作任务逐项分解量化到各处（科）室及每一名公务员，由内设机构领导和非领导职务公务员本人填报岗位绩效考核指标（见附件1），直接领导按照公务员岗位绩效考核的内容、指标和权重进行审核，报部门（单位）主管领导或经本部门负责人授权的考核委员会（领导小组）审批后，再由公务员直接领导报部门（单位）人事（干部）处（科）进行备案，作为公务员平时和年度考核的依据。形成部门（单位）按时间节点，分阶段、分层次、分类别的公务员年度岗位绩效考核指标体系。

（二）平时考核。每月（季度）或每半年工作结束后的5个工作日内，采取被考核人进行工作总结、完成工作任务写实，专项工作检查，日常考勤等方式，由直接领导对所负责管理公务员的岗位绩效考核指标落实情况，工作效率和效果，综合素质和敬业精神，思想品德，以及完成领导交办的岗位职责以外的临时性工作任务等情况进行考核，按照A（很好）、B（好）、C（较好）、D（一般）、E（较差）五个等次，给出客观公正的评价等次意见；根据需要进行民主评议。垂直管理系统市（州）、县（市、区）机关领导班子成员按照干部管理权限分别由省、市（州）机关人事（干部）处（科）组织、其他相关处（科）室参加，代主要领导实施平时考核。确定平时考核评价等次时，可参考以下标准：

1. 确定为A等次应具备：思想品德很好；承担的工作任务繁重，完成工作的质量和效果很好；精通业务，工作能力和执行能力很强；服从领导，勤勉敬业；工作实绩突出，公众满意度达到95%以上。

2. 确定为B等次应具备：思想品德好；承担的工作任务重，完成工作的质量和效果好；业务熟练，工作能力和执行力强；服从领导，勤奋敬业；工作实绩比较突出，公众满意度达到90%以上。

3. 确定为C等次应具备：思想品德较好；承担的工作任务较重，完成工作的质量和效果较好；熟悉业务，工作能力和执行能力较强；服从领导，履职尽责；有一定的工作业绩，公众满意度达到80%以上。

4. 具备其中一条确定为D等次：思想品德一般；工作避重就轻，推诿懈怠；完成工作的质量不高、效果一般；因主观原因，造成工作出现明显失误；业务水平较低，履职能力弱；虽然服从领导，但工作得过且过，执行力差；工作业绩一般，公众满意度79%至70%。

5. 具备其中一条确定为E等次：思想品德较差；贻误工作或不能按规定时限完成工作任务；工作中有严重失误、失职或造成重大损失及不良社会影响；作风散漫，经常不请假离岗，晚来早走；无正当理由不参加平时考核；被服务对象和社会公众举报经查证属实；不依法执行公务或行政不作为；公众满意度低于70%。

由部门（单位）人事（干部）处（科）对公务员直接领导的平时考核评价意见进行汇总，折算成分值后，报部门（单位）主要领导审核。

分值折算。由部门（单位）人事（干部）处（科）将平时考核、民主评议（民主测评、服务对象和社会公众评议）结果中的A、B、C、D、E等次，分别按对应95%、85%、75%、65%和45%的权重进行分值折算。

（三）年终考核。

每年年末或翌年年初，由部门（单位）人事（干部）处（科）组织进行。

1. 个人总结。公务员本人进行工作总结，填写《公务员（参照管理人员）年度考核登记表》；如实向直接领导提供有关工作实绩和效果等方面的基础材料，在一定范围内述职。

2. 民主评议。由部门（单位）人事（干部）处（科），在一定范围内组织内部公务员或外部服务对象和社会公众，对公务员的满意度进行评议，按照A、B、C、D、E五个等次，且A等次不超过15%、B等次不超过40%的比例，给出评价意见。

3. 加分减分。由部门（单位）人事（干部）处（科），根据所掌握公务员的有关情况，将加分或减分分值按规定直接计入年度考核总分中。

（1）加分。在完成本部门（单位），当地党委、政府或上级业务主管机关部署的中心工作、重点工作，特别是"急难险重"工作任务时，开拓进取，勇于创新，取得一流业绩，作出突出贡献，其经验做法得到当地党委政府、上级机关的推介或受到省部级表彰的公务员，应视情况给予1—3分的加分。

（2）减分。违反廉洁自律规定或有违法违纪行为、因工作失误造成不良社会影响及公共财物损失、无故不按时上报岗位绩效考核指标、年度工作总结的，视情节给予1—5分的减分。

4. 汇总结果。由部门（单位）人事（干部）处（科），将公务员的平时考核、平时民主评议及年终民主评议结果，按照公务员岗位绩效考核指标权重进行汇总，并与加分或减分分值累加，形成公务员年度考核得分，按得分分值由高到低排序并确定年度考核等次。

年度考核得分90分以上，具备确定为优秀等次的条件；年度考核得分89分至70分，具备确定为称职等次条件；年度考核得分69分至60分，具备确定为基本称职等次的条件；年度考核得分60分以下的，确定为不称职等次。

5. 提出等次建议。根据平时考核、民主评议情况和年度个人总结，由公务员的直接领导写出评语，填入《公务员（参照管理人员）年度考核登记表》。部门（单位）人事（干部）处（科）或考核委员会（领导小组），根据本部门（单位）年度政府绩效评估结果，依据年度公务员岗位绩效考核得分，由高到低，按照优秀比例不超过参加考核的公务员总数的15%至20%，提出考核等次建议。

6. 确定等次。部门（单位）领导班子集体，根据人事（干部）处（科）或考核委员会（领导小组）提出的公务员岗位绩效考核等次建议，确定公务员年度考核等次。对有下列情形之一的，不能确定为优秀等次：

无故不按规定参加学习培训；学习培训考试（考核）不合格；无故不按时参加单

位组织的集体活动；违犯廉洁自律规定；有违法违纪行为尚未给予行政记过和党内严重警告处分的。

7. 组织公示。对拟确定为优秀等次的公务员在本部门（单位）范围内进行5至7个工作日的公示。

8. 结果反馈。由部门（单位）人事（干部）处（科），将确定的公务员年度岗位绩效考核等次意见及考核得分分值填入《公务员（参照管理人员）年度考核登记表》，并分别送达公务员本人签署意见。公务员本人如对年度考核等次（考核得分分值）或直接领导评价意见不服，可按有关规定申请复核和提出申诉。

（四）考核结果备案。年度考核工作结束后，按要求将年度考核结果及时录入公务员考核管理信息库。于翌年3月底前，将本部门（单位）公务员的年度考核结果及相关书面材料报本级行政机关公务员主管部门审核备案，并同步进行电子网络备案确认。按照管理权限，县（市、区）、市（州）行政机关公务员主管部门应分别于翌年4月10日、20日前，将本辖区公务员年度考核结果统计数据报上一级行政机关公务员主管部门备案。

五、考核结果的使用

公务员年度岗位绩效考核结果，经本级公务员主管部门审核备案后，按照以下规定予以兑现和使用。

（一）公务员年度岗位绩效考核结果，作为调整公务员职务、级别、岗位、工资，确定年度考核奖金、公务员辞退的依据。

1. 公务员年度岗位绩效考核被确定为称职以上等次的，按照下列规定办理：

（1）累计两年被确定为称职以上等次的，在所定级别对应工资标准内晋升一个工资档次；

（2）累计五年被确定为称职以上等次的，在所任职务对应级别范围内晋升一个级别；

（3）连续两年被确定为优秀等次，且具备任上一级领导职务条件的，可提前一年参加处、科级领导职务竞争；

（4）科级以下（含科级）连续两年、副处级连续三年考核确定为优秀等次，可提前一年晋升非领导职务；

（5）享受年度考核资金。

2. 公务员年度岗位绩效考核被确定为基本称职等次的，按照以下规定办理：

（1）对其诫勉谈话，限期改进；

（2）本考核年度不计算为按年度考核结果晋升级别和级别工资档次的考核年限；

（3）一年内不得晋升职务，调整其工作岗位；

（4）不享受年度考核奖金。

3. 公务员年度岗位绩效考核被确定为不称职等次的，按照下列规定办理：

(1) 降低一个职务层次任职;

(2) 本考核年度不计算为按年度考核结果晋升级别和级别工资档次的考核年限;

(3) 不享受年度考核奖金;

(4) 对连续两年年度考核结果为不称职的，予以辞退。

(二) 公务员年度岗位绩效考核结果，作为行政奖励和培训的条件。

公务员年度岗位绩效考核被确定为优秀等次的，当年给予嘉奖，颁发奖励证书和800元奖金;连续三年被确定为优秀等次的，记三等功，颁发奖励证书和1500元奖金;在按年度参加考核总人数的15%—20%确定优秀等次公务员的基础上，再对考核得分在90分以上，且排序在前35%的公务员，给予500元奖金奖励。公务员年度岗位绩效考核连续两年被确定为优秀等次的，可优先作为行政奖励对象进行推荐。有条件的部门（单位）可以组织年度考核优秀等次的人员参加休假疗养等活动。

六、工作要求

(一) 要加强组织领导。要建立长效工作机制，形成主要领导亲自抓，分管领导和职能部门各司其职，各负其责，全体公务员积极参加的工作机制;要结合实际，制定具体、切实可行的考核办法，并按时组织实施;要以个人岗位绩效考核为核心，以平时考核为重点，以量化考核为依据，实事求是地对公务员进行评价，切实做到考真、评实，防止流于形式、走过场。

(二) 要科学制定岗位绩效目标。要按照部门职责和当年党委、政府，上级业务主管部门确定的重点工作任务，制定每名公务员的岗位绩效考核指标，并进行量化分解。公务员的直接领导，要按照岗位绩效考核的内容、指标和权重要求，认真审核，严格把关，形成工作饱满、难易相宜、有针对性和成就感的公务员个性岗位绩效考核指标，保证本部门、本单位工作任务的圆满完成。

(三) 要充分发挥直接领导的评价主体作用。要建立以直接领导评价为主，管用结合，权责统一的考核评价机制;公务员的直接领导要认真履行考核评价的职责，坚持原则，秉公办事，按照考核评价的要素和标准，给予所负责管理的公务员公平公正的评价，严禁打人情分、照顾分，确保公务员考核评价结果的客观、公正。

(四) 要精心组织，缜密实施。要充分发挥人事（干部）处（科）的职能作用，认真履行公务员考核管理职责，严格按照考核办法，落实各项考核规定，认真按时组织实施考核工作;要充分利用既有信息技术手段，提高考核管理的效能;要准确掌握考核工作的动态，及时发现和解决工作中遇到的各种问题，并向上级行政机关公务员管理部门报告，确保岗位绩效考核工作顺利开展;要严格按照规定兑现和使用考核结果，切实发挥考核评价、激励约束的导向作用。

七、附则

本办法中未详尽的有关公务员考核的规定，按中组部、人事部《公务员考核规定（试行）》及相关规定执行。

本办法由省公务员局负责解释。

深圳市人民政府关于印发
深圳市政府全面试行绩效管理工作实施方案的通知

深府〔2010〕30号

各区人民政府，市政府直属各单位：

《深圳市政府全面试行绩效管理工作实施方案》已经市政府同意，现予印发，请认真组织实施。

深圳市人民政府

二〇一〇年三月十二日

深圳市政府全面试行绩效管理工作实施方案

为深入贯彻落实科学发展观，推进服务型政府建设，市政府自2007年启动绩效评估与管理工作，在市政府原16个职能部门及6个区政府进行了试点，取得了较好成效。根据《中共中央国务院印发关于深化行政管理体制改革的意见的通知》（中发〔2008〕5号）、《中共广东省委关于印发广东省市厅级党政领导班子和领导干部落实科学发展观评价指标体系及考核评价办法（试行）的通知》（粤发〔2008〕9号）以及《关于印发深圳市政府绩效评估与管理暂行办法等“1＋3”文件的通知》（深府〔2009〕153号）精神，市政府决定从2010年起，将绩效管理工作从局部的绩效评估试点转向在市政府工作部门和各区政府、新区管委会全面试行。现制订实施方案如下：

一、全面试行政府绩效管理的重大意义

我市的政府绩效管理工作旨在通过对市政府工作部门及各行政区人民政府、各功能区管理机构进行科学合理的动态化综合评估，规范行政行为，提高行政效率，促进廉政勤政和依法行政，进一步推进服务型政府的建设。

（一）全面试行政府绩效管理是贯彻落实科学发展观的内在要求。

政府绩效管理是检验政府工作的重要手段。在经济社会的各个领域中全面贯彻落实科学发展观，就必须用绩效管理的经济、效益和效率标准来评估政府工作，建立科学性、系统性的政府绩效评估体系，作为政府工作的导向、部门行动的指南、政绩评价的标准，从制度上保障科学发展观的贯彻落实。

（二）全面试行政府绩效管理是落实《珠江三角洲地区改革发展规划纲要》和《深圳市综合配套改革总体方案》的重要内容。

政府绩效管理是我市深化行政管理体制改革的重要内容。《珠江三角洲地区改革发展规划纲要》和《深圳市综合配套改革总体方案》赋予深圳在行政管理体制改革方面先行先试的新使命。全面试行政府绩效管理，有利于引领政府部门推行现代行政管理方式，创新政府运行机制，推动行政管理体制改革的深化，更好地完成建设中国特色社会主义示范市的任务。

（三）全面试行政府绩效管理是推动服务型政府建设的重要抓手。

实施政府绩效管理是创新政府公共服务模式、提高公共服务效率的重要手段。借助政府绩效管理手段，有利于推动政府职能向创造良好发展环境、提供优质公共服务、维护社会公平正义转变，有利于促进政府管理向规范有序、公开透明、廉洁高效转变，进一步提高政府及其工作部门的行政服务水平和效率，率先建成服务型政府。

（四）全面试行政府绩效管理是提高政府执行力和转变机关作风的着力点。

我市的政府绩效管理由绩效计划、绩效实施、绩效评估，以及监督考核、绩效反馈、结果运用等环节组成，是一个贯穿于政府活动全过程、环环相扣的闭环系统，是政府发现问题、解决问题、监控问题的有力武器。全面试行政府绩效管理，有助于通过促进各级政府机关及其工作人员勤政为民、务实清廉，提高政府的行政水平，增强政府的执行力和公信力。

二、指导思想和基本原则

（一）指导思想。

以邓小平理论和“三个代表”重要思想为指导，深入贯彻落实科学发展观，树立正确的政绩观，按照“科学合理、公正透明、动态开放、简便易行”的基本要求，遵循“标杆管理、过程监控、结果导向、持续改进、公众满意”的管理理念，紧紧围绕市委、市政府确定的目标任务，以提高政府部门执行力和改进工作为重点，切实把人民群众的满意程度作为评价政府工作绩效的准绳，采取内部考评、服务对象评议与专家评估相结合的评估方法，逐步实现绩效管理工作的科学化、规范化和法制化，充分发挥绩效管理的导向和激励约束作用，不断提高政府管理水平和服务水平，促进服务型政府的建设。

（二）基本原则。

政府绩效管理工作遵循以下基本原则：

1. 坚持科学发展观、树立正确政绩观的原则；

2. 坚持实事求是、客观公正的原则；

3. 坚持依法开展、质量和效率并重的原则；

4. 坚持公开透明、社会参与的原则。

三、总体思路和改革方向

在三年政府绩效评估试点的基础上，扩大绩效管理的范围和对象，逐步建立科学完善的绩效评估指标体系，学习借鉴现代企业的先进管理理念和运作模式，深化电子信息技术在政府绩效管理中的应用，不断创新政府绩效管理机制，探索建立组织健全、程序完备、操作规范、运转协调的政府绩效管理体系。

（一）逐步完善政府绩效评估指标体系。

1. 围绕经济社会发展重点工作，调整完善绩效评估指标体系。围绕我市经济社会发展的重点领域和政府职能，在市政府工作部门（包括行政业绩、行政效率、行政执行力、行政成本）、行政区人民政府及功能区管理机构（包括公共服务、社会管理、经济调节、市场监管）评估维度不变的前提下，调整政府绩效评估细项内容、权重及标准，以突出不同发展时期政府工作的重点，充分发挥政府绩效评估指标体系的导向作用。

2. 探索针对改革创新内容的绩效评估，将其纳入绩效评估指标体系。按照《深圳市综合配套改革总体方案》关于“深入贯彻落实科学发展观，充分发挥经济特区的‘窗口’、‘试验田’、‘排头兵’和示范区作用，继续解放思想，坚持改革开放，勇于自主创新，推动科学发展，促进社会和谐”的要求，鼓励政府各部门改革创新，将“综合配套改革计划”等重大改革和工作创新情况纳入绩效评估指标体系，使之不断丰富、完善。

3. 在工作实践中逐步改进政府绩效评估指标体系架构。通过政府绩效管理工作不断实践，逐步调整现有评估指标体系的架构，重新梳理一、二、三级指标的逻辑关系，力争在《深圳市政府绩效评估与管理暂行办法》等“1＋3”文件上升到立法层面时，形成层次更加清晰、逻辑更加严密的指标体系。

（二）持续创新政府绩效管理模式。

1. 由局部试点到全面试行，加快由政府绩效评估向政府绩效管理的全方位转变。根据我市政府机构改革情况，2010 年将市政府所有工作部门、各区政府及新区管委会均列为政府绩效评估对象，今后逐步将市政府直属其他单位纳入政府绩效管理体系，实现政府绩效管理由局部试点向全面试行过渡。建立健全以绩效评估为中心环节的政府绩效管理制度，把绩效管理融入政府管理的全过程，形成绩效计划、绩效实施、绩效评估、绩效反馈、绩效结果运用的绩效管理体系。在此基础上，逐步将政府绩效管理工作提升到战略层面，制定政府绩效管理战略。

2. 充分发挥公共服务白皮书的作用，实现政府工作目标管理由多头责任考核到统一绩效管理。逐步将我市各级、各类工作责任书项目中的考核内容整合纳入公共服务白皮书，通过对白皮书的工作任务开展绩效评估与管理，实现政府对多种责任书工作的统一绩效管理。

3. 借鉴“标杆管理”和“过程管理”的现代企业管理制度，加强动态化政府绩效管理。加强绩效结果的标杆管理，将政府重大工作、重大政策、重大改革、重大投资的目标纳入政府绩效评估指标体系，依托“深圳市政府绩效电子评估与管理系统”，实时评估、动态反馈各部门工作目标完成情况，推动政府工作持续改进。

（三）继续推动政府绩效管理技术平台建设。

1. 研发政府绩效“自动诊断仪”，及时发现绩效问题。巩固和发挥“深圳市政府绩效电子评估与管理系统”的优势和作用，在现有按照报送数据自动计算、输出绩效评估结果的基础上，加大绩效分析模型和应用软件的开发力度，提高绩效数据挖掘、分析能力，为政府绩效评估指标及标准的调整提供参考依据。研发政府绩效“自动诊断仪”，及时发现工作中可能存在的问题，为政府绩效改进提供支持。

2. 建立电子民调系统，扩大公众参与。电子民调系统实现实时收集民情民意和年度满意度调查两大功能。一是通过电子民调系统在日常的绩效管理中收集社情民意，反馈给相关政府部门，追踪、督导工作改进情况。二是通过电子民调系统开展年度满意度调查，邀请人大代表、政协委员、特邀监察员等对政府部门的工作进行评估，并计入政府绩效年度评估结果。

3. 建立并完善“绩效标杆”和“最佳实践”数据库。在政府绩效管理工作实践中，收集政府各项工作的“绩效标杆”及“最佳实践”经验，建立相关数据库，为政府绩效管理工作提供参照标准和借鉴经验。

（四）进一步构建和完善政府绩效管理机制。

1. 完善政府绩效督导函制度。根据电子民调系统收集的社情民意和实时动态评估反映出的政府工作问题，通过查访核验，调查研究政府工作存在的问题，深入分析问题成因，并提出促进政府工作持续改进的建议，以绩效督导函的形式将上述内容反馈给相应的政府部门，督促其不断改进工作。

2. 建立政府绩效观察员制度。聘请人大代表、政协委员、特邀监察员等作为政府绩效观察员，定期收集绩效观察员对政府各部门工作绩效的意见和建议，加强对政府工作的日常监督。

3. 建立政府绩效指数通报制度。在我市创立首个地方政府部门绩效指数的基础上，建立政府绩效指数定期通报制度，进行全程督导，促使政府部门更加注重季度、月度直至每个工作日的渐进式绩效累积，有效鞭策政府部门改进工作。结合绩效指数和绩效评估结果，逐步落实《深圳市政府绩效评估与管理暂行办法》等“1＋3”文件中提出的结果应用制度。

4. 建立工作改进情况反馈制度。在跟进绩效评估发现问题并督促改进的现有工作基础上，逐步完善相关的制度建设，建立“发现问题——提出改进建议——单位部门实施改进——单位部门反馈改进效果”的管理流程，针对电子民调系统、年度绩效评估工作以及公众满意度调查等反映出的问题，要求相关单位部门及时反馈工作改进情况，真正发挥政府绩效管理在推动政府工作持续改进中的作用。

5. 建立公共项目绩效评价与问责制度。通过对公共项目的绩效评价，分析公共项目建设各环节的分层绩效及项目运营后的整体绩效高低及可能存在的问题，跟踪参与项目的相关政府部门的工作效果，划分其绩效责任和对其实施问责，促使政府部门在公共项目建设过程中形成合力，推动项目“又好又快”地建设、运营。

6. 完善多部门参与事项协调机制。我市大部门体制改革把原来政府部门之间的外部协调变成内部职责分工，在一定程度上解决了部门协调难的问题。但很多项目的实施和工作任务的完成仍然需要依靠市、区两级政府以及政府各工作部门之间密切配合，必须通过继续完善多部门协调机制，明确各部门绩效责任，构建协调倒逼机制，将协调事项完成情况纳入绩效评估体系。

7. 逐步推进绩效管理与绩效预算、绩效审计的制度衔接。在政府绩效管理、绩效审计和绩效预算之间逐步建立信息沟通与共享制度，政府绩效管理工作发现的问题作为绩效审计的备选项目，绩效审计的结果纳入绩效管理系统，作为绩效管理结果的组成部分，并逐步探索将政府绩效管理的结果作为绩效预算的重要依据之一。

8. 推动政府绩效管理立法。在《深圳市政府绩效评估与管理暂行办法》等“1＋3”文件的基础上，通过两年左右的实践和完善，推动政府绩效管理工作立法，明确绩效管理结果的法律责任及法律后果，树立绩效管理工作的权威性和严肃性，推动绩效管理工作的规范化、常态化和刚性化。

四、2010年绩效管理方案

（一）评估对象。

2010年度政府绩效评估的对象为市政府工作部门和区政府、新区管委会两类：

1. 市政府工作部门：市政府办公厅、市发展改革委、市科工贸信委、市财政委、市规划国土委、市人居环境委、市交通运输委、市卫生人口计生委、市教育局、市公安局、市监察局、市民政局、市司法局、市人力资源保障局、市农业局、市文体旅游局、市审计局、市国资局、市住房建设局、市水务局、市地税局、市市场监管局、市药品监管局、市统计局、市城管局、市气象局、市口岸办、市法制办、市外办、市台办、市应急办、市金融办。

2. 各区政府及新区管委会：福田区政府、罗湖区政府、盐田区政府、南山区政府、宝安区政府、龙岗区政府、光明新区管委会、坪山新区管委会。

（二）评估内容。

1. 对政府工作部门从行政业绩、行政效率、行政执行力、行政成本等4个方面23个三级指标进行绩效评估。

（1）行政业绩包括4个三级指标：公共服务白皮书、政府投资项目（A类）完成率、临时性专项工作、重大改革及工作创新。

（2）行政效率包括10个三级指标：行政审批绩效、行政审批网上实现率、行政执法结案率、行政执法错案率、政府信息网上公开、信息安全评价、人大建议办理、政府督查事项、政协提案办理、信访投诉处理。

（3）行政执行力包括6个三级指标：法治政府建设、履行安全生产管理职责、民主评议政风行风、廉政状况、公共安全责任事故问责、其他问责。

（4）行政成本包括3个三级指标：部门人均公用经费支出水平，部门已完成项目经费支出比例，财政、财务收支的真实合法与效益。

2. 对区政府、新区管委会从公共服务、社会管理、经济调节、市场监管等 4 个方面 32 个三级指标进行绩效评估。

(1) 公共服务包括 11 个三级指标：公共服务白皮书、政府投资项目（A 类）完成率、临时性专项工作、重大改革及工作创新、财政性教科文卫体人均支出水平、社会保障和就业人均支出水平、政府信息网上公开、政府督查事项、廉政状况、公共安全责任事故问责、其他问责。

(2) 社会管理包括 12 个三级指标：刑事警情报警发生率、各类安全生产事故死亡人数指标控制、财政性环保投入支出水平、城市污水集中处理率、河流平均综合污染指数、城市市容环境卫生状况、水行政违法事件处理率、政府储备土地移交率、分区域人口调控计划完成率、流动人口政策外生育率、法治政府建设、信访投诉处理。

(3) 经济调节包括 5 个三级指标：每平方公里 GDP 产出增长率、万元 GDP 能耗下降率、万元 GDP 水耗下降率、工业固体废物综合利用率、工业用水重复利用率。

(4) 市场监管包括 4 个三级指标：违法建筑纠正率、无证无照发生率、食品安全事故、药品安全抽样合格率。

3. 围绕市委市政府的工作部署，根据需要，对市政府年度主要工作、省级以上重要工作完成情况进行专项评估。

（三）评估方法。

1. 绩效评估工作采用内部评估和外部评估相结合的方法。其中，内部评估占 70%，外部评估占 30%。

(1) 内部评估。内部评估包括电子系统评估和市政府领导评价意见，分别占绩效评估结果的 65%和 5%。电子系统评估由“深圳市政府绩效电子评估与管理系统”自动处理，依据数据采集、报送责任单位报送的绩效数据及预先设定的评估标准、权重系数，实时、动态计算系统评估结果。市政府领导评价意见采用打分测评的方式，反映市政府领导对被评估单位年度工作绩效的评估意见，得出评估结果。

(2) 外部评估。外部评估通过社会公众满意度调查和电子民调系统测评形式，分别占绩效评估结果的 25%和 5%。社会公众满意度调查以年度为周期，委托市统计部门开展社会公众、服务对象的满意度调查。电子民调系统测评根据电子民调系统实时搜集社会公众的评价意见，赋予评估对象绩效分数。

2. 绩效评估采用“PLS 评估模型”。“点”（Point）是以实际工作进度的点与计划工作进度的阶段目标点进行“差距比较”。“线”（Line）是以被评估单位当前的工作情况与历史工作情况进行“趋势比较”，或对多家被评估单位进行“高低比较”。“面”（Side）是对多家被评估单位共同完成重大任务的“合力评估”，注重评估共同任务的完成效果。

3. 评估指标分为共性、个性和专项 3 类。共性评估类指标在被评估单位之间进行横向比较，个性评估类指标对被评估单位自身的历史情况进行纵向比较，专项评估类指标对某专项工作进行独立评估。

（四）评估结果及运用。

1. 评估结果计算。按照“委”、“局”、“办”、“区政府（新区管委会）”进行分类，根据各自的评估指标体系，按内部评估 70％和外部评估 30％的权重，综合计算评估结果，并将评估结果分为优、良、中、差四个等级。具体划分如下：

优：评估结果得分≥90 分；

良：80 分≤评估结果得分＜90 分；

中：60 分≤评估结果得分＜80 分；

差：评估结果得分＜60 分。

2. 评估结果审定。绩效评估结果上报市绩效委审定。对于发生特别重大的党政领导干部问责情形的，经市绩效委审议，降低其年度绩效评估结果等次。

3. 评估结果运用。根据《深圳市政府绩效评估与管理暂行办法》及《深圳市政府绩效评估与管理结果运用规则》的有关规定进行结果运用。

（五）工作步骤。

1. 制定绩效工作方案。被评估单位按照本实施方案要求，结合实际，制定本单位年度绩效工作方案，于本实施方案发布后 15 个工作日内报送市绩效办。市绩效办审核后，提请市绩效委审定后批复被评估单位实施。被评估单位同时制定年度公共服务白皮书，提请分管市领导审定后向社会公布。

2. 实施绩效评估。数据采集、报送责任单位要按照指标体系的要求，通过电子评估系统及时、实时报送。被评估单位要根据目标任务的进展、完成情况和评估结果，不断改进相关工作，于 2011 年 1 月底前向市绩效办报送本单位年度绩效报告。市绩效办组织实施外部评估。

3. 编制年度评估报告与结果公布。根据内部评估和外部评估结果，市绩效办编制 2010 年度深圳市政府工作部门及区政府、新区管委会绩效工作报告，于 2011 年 3 月底前提请市绩效委审定，并以适当方式进行公布。

五、工作要求

（一）高度重视。

各部门、各单位要进一步提高对绩效管理工作重要性的认识，将其作为政府自身建设的一项基本制度，摆上重要议程，狠抓贯彻落实。主要负责同志要坚持亲自抓绩效管理，明确责任领导和责任部门，为本部门、本单位开展绩效管理工作提供人员、经费和办公场所等必要的保障条件，确保绩效管理工作顺利、有序开展。要坚持统筹兼顾、综合实施，把绩效管理与现有的各项考评体系结合起来，防止搞多头考核、重复考核，提高综合考核水平，提高内部监督效能。对在绩效管理工作中弄虚作假的，要严肃追究单位领导和有关人员责任。

（二）精心组织。

被评估单位要根据法定职责和市委、市政府确定的年度主要工作任务，科学合理地确定年度绩效工作目标，认真制定本部门的绩效管理工作方案，狠抓方案落实。要重视信息化手段的应用和社会公众的意见，及时发现、报告和解决绩效管理中的问题，进一步规范和完善工作程序，增强评估科学性和奖惩针对性，提高绩效管理工作的规范化水平。被评估单位和数据采集责任单位要按照各项指标的报送规则，及时、准确、完整地通过“深圳市政府绩效电子评估与管理系统”报送数据。

（三）求真务实。

绩效管理工作要紧密结合政府及其工作部门的职能职责、目标任务，通过绩效管理促进其提高行政执行力，努力完成市委、市政府各项工作部署。要坚持实事求是原则，努力做到客观真实地反映单位工作实绩，严格查核相关数据资料，确保数据的真实性、客观性和准确性，坚决防止和克服形式主义。要加强与国内外同类城市的横向比较，进一步发挥绩效评估的标杆作用。要重视绩效管理过程，通过绩效管理不断发现和解决问题，提高政府工作水平。要重视绩效评估结果的应用，把绩效评估结果与干部管理结合起来，提高干部队伍履职水平。

（三）地方政府规划

完善科学民主决策机制。建立健全重大行政决策听取意见、听证、合法性审查、集体决定、实施情况后评价等制度，建立行政决策责任追究制度。建立促进科学发展的政府绩效评估指标体系和评估机制，全面推行政府绩效管理。加强行政问责制，健全责任追究制度，提高政府执行力和公信力。严格依法行政。加强对行政权力运用的监督和制约。深入反腐倡廉，加强国家公务人员作风建设，强化责任意识、廉政意识和创新意识。

——节选自北京市第十三届人民代表大会第四次会议通过的《北京市国民经济和社会发展第十二个五年规划纲要》（2011 年 1 月 16 日）

深化财税体制改革。健全与基本公共服务均等化相适应的公共财政制度，建立健全公共财政预算、政府性基金预算、国有资本经营预算和社会保障预算有机衔接的政府预算体系。进一步理顺市与区县财政分配关系，健全财力与事权相匹配的财政体制，完善和规范财政转移支付制度。完善预算决策机制，有效整合并规范使用财政专项资金，优化财政支出结构。推进财税科学化精细化管理，深化部门预算、国库集中收付、政府采购、投资评审、绩效评价等管理制度改革，规范政府非税收入管理。严格政府债务管理。加强审计监督。

——节选自天津市第十五届人民代表大会第四次会议通过的《天津市国民经济和社会发展第十二个五年规划纲要》（2011 年 1 月 20 日）

强化行政监督机制建设。加强和改进行政监察，进一步完善监察机关派出机构管理制度。加大对重点部门、重点资金、重点项目的审计监督力度，推进审计公开。

维护司法权威，促进司法公正。自觉履行人民法院的生效判决和裁定，认真对待司法建议和检察建议。推进行政复议机构建设，开展行政复议委员会制度试点，完善行政复议建议书制度。建立电子监察、网络投诉、网上信访、行风政风测评平台，健全对行政权力的监督制度。完善政府绩效评估制度，探索引入第三方评估和民意测评机制。

——节选自上海市第十三届人民代表大会第四次会议批准的《上海市国民经济和社会发展第十二个五年规划纲要》(2011 年 1 月 21 日)

深化行政体制改革，切实转变政府职能，努力建设责任政府、法治政府、服务型和廉洁型政府。按照精简统一效能的原则和决策权、执行权、监督权既相互制约又相互协调的要求，深化大部门体制改革，优化政府组织体系，降低行政成本，提高政府效率。深化行政审批制度改革，减少政府对微观经济活动的干预，强化政府经济调节和市场监管职能，更加突出履行社会管理和公共服务职能。明确界定政府投资范围，加强和规范政府融资平台管理，合理控制政府负债。调整市、区县、乡镇三级政府管理权限，增强区县统筹管理能力，促进乡镇转变职能和服务方式。积极稳妥推进事业单位改革。改革行政绩效考核机制，建立实施与主体功能区相适应的分类考核体系。健全政府科学决策、民主决策、依法决策机制，推进政务公开，加强行政问责制，强化行政权力运行监督，改进行政复议和行政诉讼，完善政府绩效评估制度，提高政府公信力和执行力。坚持标本兼治、综合治理、惩防并举、注重预防，加快推进惩治和预防腐败体系建设。

——节选自重庆市第三届人民代表大会第四次会议批准的《重庆市国民经济和社会发展第十二个五年规划纲要》(2011 年 1 月 14 日)

深化大部门体制改革，完善深圳、顺德等地大部门体制改革试点经验并在全省范围全面推行，进一步精简机构、整合职能，探索建立决策权、执行权、监督权既相互制约又相互协调的管理体制。探索省直管县（市）的体制。全面推进事业单位分类改革，建立事业单位法人治理结构，开展法定机构试点。推进事业单位人事制度改革，建立符合事业单位运行规律和特点的人事管理制度。大力推动审批服务方式创新，积极推行“网上审批”模式，研究建立网上审批服务平台，鼓励开展行政审批“零收费”改革。健全公务员法规配套体系。探索公务员分类管理制度和聘任制。推进公务用车制度改革，探索公务消费货币化。稳妥推进行政区划调整。

——节选自广东省第十一届人大四次会议审议批准的《广东省国民经济和社会发展第十二个五年规划纲要》(2011 年 1 月 26 日)

深化行政审批制度改革。进一步减少和规范政府行政审批事项。继续优化政府结构、行政层级、职能责任，降低行政成本。健全科学决策、民主决策和依法决策机制，增强公共政策制定透明度和公众参与度，推行政府绩效管理和行政问责制，改进行政复议和行政诉讼，加快建设服务政府、责任政府、法治政府和廉洁政府。

——节选自河南省第十一届人民代表大会第四次会议审议批准的《河南省国民经济和社会发展第十二个五年规划纲要》(2011年1月23日)

健全完善政府职能责任体系，明确各级政府的职责重点，理顺上下级政府的责权关系，建设服务政府、责任政府、法治政府和廉洁政府。深化行政审批制度改革，进一步减少和规范行政审批，减少政府对微观经济活动的干预，提高经济调节和市场监管水平，强化社会管理和公共服务职能。健全科学决策、民主决策、依法决策机制，增强公共政策制定透明度和公众参与度。深入推进综合行政执法体制改革，建立健全权责明确、行为规范、监督有效、保障有力的行政执法体制，提高政府公信力和执行力。加强行政效能建设和行政问责制，改进行政复议和行政诉讼，完善政府绩效评估制度。精简部门内设机构，健全和完善决策、执行、监督的协调与制衡机制。优化行政层级，继续深入推进扩权强县改革试点。按照政事分开、事企分开和管办分离原则，积极稳妥推进事业单位分类改革。改革基本公共服务提供方式，引入竞争机制，扩大购买服务，实现提供主体和提供方式多元化。

——节选自四川省第十一届人民代表大会第四次会议通过的《四川省国民经济和社会发展第十二个五年规划纲要(2011—2015年)》(2011年1月24日)

健全政府职责体系，强化社会管理和公共服务职能，提高经济调节和市场监管水平。深化大部门制改革，进一步优化政府结构、行政层级、职能责任，着力解决职能交叉、政出多门问题。完善“扩权强县”和“财政直管县”改革，搞好省直管县改革试点，实施扩权强镇改革。加快事业单位分类改革。改革基本公共服务提供方式，引入竞争机制，努力实现提供主体和方式多元化。培育扶持和依法管理社会组织，支持引导社会组织参与社会管理和服务。深化行政审批制度改革，调整和规范行政许可事项。改革行政事业性收费制度，进一步规范收费行为，减少收费项目。开展公务用车制度改革试点，推动行政事业单位经营性国有资产管理改革。完善科学民主决策机制，全面推进政务公开，增强公共政策制定的透明度和公众参与度。健全行政执法体制机制，提高行政执法能力和水平。健全公务员科学管理机制，全面提升公务员队伍整体素质和能力。推行政府绩效管理和效能监察制度，加强行政监督，健全行政问责制，提高政府执行力和公信力。

——节选自陕西省第十一届人大四次会议审议批准的《陕西省国民经济和社会发展第十二个五年规划纲要》(2011年1月30日)

深化行政审批制度改革，增强服务意识，规范审批行为，简化审批程序，推行限时审批，提高行政效率。加快推进政企分开，强化社会管理和公共服务。按照政事分开、事企分开和管办分离的原则，加快事业单位分类改革。大力推进行政事业单位人事制度改革。全面推进依法行政，加强法治政府建设，健全科学决策、民主决策、依法决策机制，推进政务公开，增强公共政策制定透明度和公众参与度。加强行政问责制，改进行政复议和行政诉讼，完善政府绩效评估制度，建立健全充分体现科学发展的绩效考核评价体系和用人机制，提高政府执行力和公信力，努力建设法治政府和服务型政府，形成决策科学、分工合理、执行顺畅、运转高效、监督有力的行政管理体制。继续深化投资体制改革，确立企业的投资主体地位，形成市场引导投资、企业自主决策、融资方式多样、中介服务规范、监管调控有效的新型投资体制。

——节选自青海省第十一届人民代表大会第四次会议通过的《青海省国民经济和社会发展第十二个五年规划纲要》（2011 年 1 月 30 日）

推进行政管理体制改革。进一步转变政府职能，切实把政府职能转向提供优质公共服务、创造良好发展环境和维护社会公平正义上来。全面推行自治区直管县改革，实施扩权强县。强化政府社会管理和公共服务职能，建设服务型政府，提高宏观经济调节和市场监管水平。加强政府效能建设，强化政绩考核。健全科学决策和信息公开机制，完善公众参与、专家论证和政府决策相结合的科学决策体系。

——节选自宁夏回族自治区第十届人民代表大会第五次会议批准的《宁夏回族自治区国民经济和社会发展第十二个五年规划纲要》（2011 年 1 月 23 日）

进一步加快转变政府职能，深化行政审批制度改革，创新政府管理方式，推进政企分开，减少政府对微观经济运行的干预，加快建设法治政府和服务型政府。深化政府机构改革，进一步优化政府组织结构，提高行政效率，降低行政成本，探索省直接管理县（市）的体制。推进政务公开，增强公共政策制定透明度和公众参与度，加强行政问责制，改进行政复议和行政诉讼，完善政府绩效评估制度，提高政府公信力。加快事业单位分类改革。

——节选自贵州省第十一届人民代表大会第五次会议通过的《贵州省国民经济和社会发展第十二个五年规划纲要》（2011 年 1 月 22 日）

转变政府职能，继续推进政企分开、政资分开、政事分开以及政府与中介组织分开，减少政府对微观经济运行的干预，从制度上更好地保障市场在资源配置中的基础性作用。完善行政许可制度、重大行政决策备案制度、行政许可决定公示制度、行政许可听证制度等相关制度，全面履行经济调节、市场监管、社会管理、公共服务职能，探索建立政府决策、执行、监督相协调的运行机制。继续下放经济管理权限，减少行政审批事项，推行网上审批制度。全面建设责任政府，加强依法行政，逐步实现行政问责的规范化、制度化和法制化。完善绩效考核制度，建立促进科学发展的政绩考评体系。进一步完善公共服务体系，提升服务能力，探索社会服务新机制。深化投资体制改革，建立政府投资决策、管理和风险控制机制。深化公共资源交易制度改革，完善公共资源领域统一规范的交易市场。积极探索省直管县行政管理体制，减少行政管理层级，创新行政管理体制。全面推进事业单位分类改革。

——节选自吉林省十一届人大四次会议通过的《吉林省国民经济和社会发展第十二个五年规划纲要》（2011 年 2 月 16 日）

按照建设服务型政府的要求，深化行政管理体制改革。推进政府职能转变，进一步加快政企分开、政事分开、政资分开、政社分开，切实减少政府对资源配置和经济行为的干预。强化公共服务职能，把政府职能切实转到经济调节、市场监管、社会管理、公共服务上来，提高行政效率，降低行政成本。全面推进依法行政，健全科学决策、民主决策、依法决策机制，完善重大问题集体决策、专家咨询、社会公示和听证制度，强化行政问责制，改进行政复议和行政应诉工作，提高政府公信力。加快推进政务公开，增强公共政策制定透明度和公众参与度，充分发挥人民群众和社会舆论对政府行政的监督和制约，加快电子政务建设，拓展行政权力网上公开透明运行的内涵，强化政府绩效管理。继续优化政府结构、行政层级和职能责任，继续推进大部门体制改革，稳步推进扩权强县，探索实行省直管县体制，开展经济发达镇行政管理体制改革试点，对规模较大、经济实力较强的镇，赋予其一定的县级经济社会管理权限。积极稳妥推进事业单位分类改革。

——节选自江苏省十一届人大四次会议审议通过的《江苏省国民经济和社会发展第十二个五年规划纲要》(2011 年 2 月 14 日)

进一步转变政府职能，坚持依法行政，加快建设法治政府和服务型政府。优化政府结构、行政层级、职能责任，扩大城区、县域经济社会管理权限，理顺省以下垂直管理部门与地方政府的权责关系。搞好扩大绥中县经济社会管理权限改革。加快推进乡镇机构改革，着力增强乡镇政府社会管理和公共服务职能。对有一定人口规模和经济实力的中心镇，赋予部分县级经济社会管理权限。根据区域发展需要，合理调整行政区划，探索通过经济区划调整推动行政区划调整的新途径。继续深化行政审批制度改革，减少和规范行政审批事项，建立健全行政审批运行、管理和监督长效机制。健全科学决策、民主决策、依法决策机制，完善符合科学发展要求的政府绩效评估指标体系和评估机制。

——节选自辽宁省十一届人大四次会议批准的《辽宁省国民经济和社会发展第十二个五年规划纲要》(2011 年 1 月 25 日)

按照转变职能、理顺关系、优化结构、提高效能的要求，加快建立服务政府、责任政府、法治政府和廉洁政府。加快转变政府职能，健全政府职责体系，提高经济调节和市场监管水平，强化社会管理和公共服务职能。深化行政审批制度改革，建立行政审批清理常态化机制，加快推进政企分开、政资分开、政事分开、政府与市场中介组织分开，调整和规范政府管理事项。完善重大项目集中联合审批机制，提升投资服务水平。深化政府机构改革，继续优化政府结构、行政层级、职能责任，降低行政成本，探索开展自治区直管县改革试点。完善政务服务基础设施，推动政务服务向基层延伸，整合基层公共服务资源，建立健全自治区各级政务服务体系。大力推进政务公开，加强政务服务信息化建设，完善科学民主决策机制，增强公共政策制定透明度和公众参与度。严格依法行政，进一步做好行政复议和行政诉讼工作，推行政府绩效管理和行政问责制度，提高政府执行力和公信力。

——节选自广西壮族自治区第十一届人民代表大会第四次会议通过的《广西壮族自治区国民经济和社会发展第十二个五年规划纲要》(2011 年 1 月 21 日)

健全和落实辖区内行政、司法职能，逐步确立兵团行政主体资格。优化行政结构、行政层级、职能责任，科学划分兵团、师、团事权和财权，精简机构，提高效能，下放权限，着力解决机构重叠、职责交叉、政出多门问题。转变行政职能，强化社会管理和公共服务职能，减少对微观经济的行政干预。健全科学民主行政决策机制，建立健全公众参与、专家咨询、风险评估和集体讨论决定的决策程序，对同职工群众利益密切相关的重大事项，逐步实行公示、听证等制度，继续推进政务公开并实现制度化。推行行政绩效管理和行政问责制度，健全责任追究制度和纠错改正机制，降低行政成本，提高行政执行力和公信力。按照政事、事企和管办分离原则，加快事业单位分类改革，合理确定属性和划分类别，将主要承担行政职能的逐步将其行政职能划归行政机构，将主要从事生产经营活动的逐步转为企业，将主要从事公益服务的继续保留事业单位序列。深化投资体制改革，强化企业投资主体地位，规范政府性投资行为，加大政府性投资整合力度，健全以规划为依据，以土地、环保、能耗为约束的投资宏观调控体系，逐步建立市场引导投资、企业自主决策、融资方式多样、富有兵团特色的投资体制。深化财务体制改革，完善预算管理机制。

——节选自兵团党委六届六次全委(扩大)会议通过的《新疆生产建设兵团国民经济和社会发展第十二个五年规划纲要》(2011 年 1 月 6 日)

(四) 其他政府文件

1. 部分部委、省市出台的政府绩效管理文件

序号	发文机构	文件名称	文号	发文日期
1	深圳市人民政府	深圳市人民政府关于印发深圳市政府全面试行绩效管理工作实施方案的通知	深府〔2010〕30 号	二〇一〇年三月十二日
2	中共湖南省委办公厅湖南省人民政府办公厅	2010 年湖南省绩效评估实施方案	湘办发〔2010〕18 号	二〇一〇年八月三日
3	四平市人民政府	四平市 2010 年绩效评估工作实施方案	四政发〔2010〕23 号	二〇一〇年八月四日
4	云南省财政厅	云南省预算绩效管理工作考核办法(试行)	云财绩〔2011〕94 号	二〇一〇年十月二十四日
5	潜江市监察局	关于印发《潜江市行政审批电子监察绩效评估量化细则(试行)》的通知	潜监察发〔2010〕3 号	二〇一〇年十一月二日
6	辽宁省人民政府办公厅	辽宁省人民政府办公厅关于印发 2011 年度省政府对各市政府绩效考评工作实施方案的通知	辽政办发〔2011〕21 号	二〇一一年四月十一日
7	中共郴州市委办公室、郴州市人民政府办公室	郴州市 2011 年综合绩效评估实施方案	郴办发〔2011〕6 号	二〇一一年四月十五日

续表

序号	发文机构	文件名称	文号	发文日期
8	中共常德市委、常德市人民政府	中共常德市委、常德市人民政府关于印发《2011年度区县（市）绩效评估办法》的通知	常委〔2011〕12号	二〇一一年五月五日
9	监察部办公厅	关于印发《马馼同志在政府绩效管理工作部际联席会议第一次会议上的讲话》的通知	监发〔2011〕5号	二〇一一年五月五日
10	中共湖南省委办公厅、湖南省政府办公厅	中共湖南省委办公厅、湖南省人民政府办公厅关于印发《2011年湖南省绩效评估实施方案》的通知	湘办发〔2011〕16号	二〇一一年五月十八日
11	中共娄底市委办公室娄底市人民政府办公室	关于印发《2011年娄底市绩效评估实施方案》的通知	娄办发〔2011〕10号	二〇一一年六月二日
12	中共衡阳市委办公室、衡阳市人民政府办公室	中共衡阳市委办公室、衡阳市人民政府办公室关于印发《2011年衡阳市政府绩效评估实施方案》的通知	衡办发〔2011〕14号	二〇一一年六月十七日
13	湖南省岳阳市人民政府	2011年岳阳市政府绩效评估实施方案	岳政发〔2011〕12号	二〇一一年六月二十二日
14	江苏省人民政府办公厅	江苏省人民政府部门绩效管理办法（试行）	苏政发〔2011〕94号	二〇一一年七月十五日
15	福建省旅游局办公室	福建省旅游局2011年绩效管理工作评估工作方案	闽旅〔2011〕186号	二〇一一年七月二十七日
16	黑龙江省人民政府	黑龙江省人民政府关于印发《加强绩效管理开展绩效评估实施方案（试行）》的通知	黑政发〔2011〕65号	二〇一一年八月十五日
17	国土资源部	国土资源部关于开展绩效管理试点工作的通知	国土资发〔2011〕138号	二〇一一年八月三十日
18	浙江省杭州市人民政府办公厅	浙江省杭州市人民政府办公厅关于印发《杭州市政府绩效管理试点工作方案（2011—2012年）》的通知	杭政办函〔2011〕233号	二〇一一年九月七日
19	四川省人民政府办公厅	四川省人民政府关于开展政府绩效管理试点工作的意见	川府函〔2011〕198号	二〇一一年九月八日
20	北京市人民政府办公厅	北京市人民政府关于做好政府绩效管理试点工作的意见	京政发〔2011〕53号	二〇一一年九月九日
21	新疆维吾尔自治区人民政府办公厅	新疆维吾尔自治区关于印发《政府绩效管理试点工作实施方案》的通知	新政办发〔2011〕173号	二〇一一年十月十一日
22	国家质量监督检验检疫总局人事司	关于印发《国家质检总局绩效管理试点工作方案》的通知	国质检人〔2011〕548号	二〇一一年十月十九日
23	中共张家界市委办公室、张家界市人民政府办公室	中共张家界市委办公室、张家界市人民政府办公室关于印发《张家界市2010年政府绩效评估实施方案》的通知	张办发〔2010〕19号	二〇一一年十月十九日
24	云南省财政厅	云南省预算绩效管理工作考核办法（试行）	云财绩〔2011〕94号	二〇一〇年十月二十四日

续表

序号	发文机构	文件名称	文号	发文日期
25	湖南省财政厅	湖南省市州财政部门预算绩效管理工作考核办法	湘财绩〔2011〕5号	二〇一一年十月二十六日
26	四川省达州市人民政府办公室	达州市人民政府关于开展政府绩效管理试点工作的意见	达市府发〔2011〕22号	二〇一一年十月二十七日
27	海南省人民政府办公厅	海南省人民政府办公厅关于推进预算绩效管理的实施意见	琼府办〔2011〕184号	二〇一一年十月二十八日
28	吐鲁番地区行署办公室	关于印发《政府绩效管理试点工作实施方案》的通知	吐地行办〔2011〕240号	二〇一一年十一月二十八日
29	中共国土资源部党组	中共国土资源部党组关于印发《国土资源部绩效管理试点办法》、《国土资源部绩效管理试点实施细则》和《国土资源部干部年度考核暂行办法》的通知	国土资党发〔2011〕6号	二〇一一年十二月七日
30	新疆维吾尔自治区哈密地区行政公署	关于印发《哈密地区开展政府绩效管理试点工作实施方案》的通知	哈行署发〔2011〕135号	二〇一一年十二月十五日
31	中共河北省委办公厅、省人民政府办公厅	中共河北省委办公厅、省政府办公厅《关于开展政府绩效管理试点工作的意见》	冀办发〔2011〕53号	二〇一一年十二月二十日
32	福建省财政厅	福建省预算绩效管理工作考核办法（试行）	闽财绩〔2011〕1号	—

2. 部分部委、省市出台的政府网站绩效评估文件

序号	发文机构	文件名称	文号	发文日期
1	阿坝州人民政府办公室	阿坝州人民政府办公室关于印发《阿坝州电子政务、政务信息和政府信息公开绩效考核办法》的通知	阿府办发〔2010〕8号	二〇一〇年三月四日
2	贵州省信息化领导小组	关于开展2010年度全省政府系统门户网站绩效评估活动的通知	黔信领办〔2010〕3号	二〇一〇年四月十六日
3	山西省科学技术厅	山西省科技厅关于开展2010年全省科技系统政府网站绩效评估工作的通知	—	二〇一〇年四月二十三日
4	交通运输部	交通运输部关于开展2010年交通运输行业政府网站绩效评估工作的通知	科技信息〔2010〕194号	二〇一〇年六月二日
5	湖北省教育厅	湖北省教育厅关于开展全省高校网站绩效评估的通知	鄂教办〔2010〕18号	二〇一〇年六月八日
6	河北省人民政府网站建设协调小组河北省人民政府网站管理中心	河北省人民政府网站建设协调小组、河北省人民政府网站管理中心关于印发《河北省政府网站绩效评估指标体系》和《2010年度河北省政府网站绩效评估工作调查表》的通知	冀政网管〔2010〕8号	二〇一〇年六月十一日
7	无锡市卫生局	关于印发《无锡市卫生局基层卫生机构网站绩效评估标准（修订）》的通知	锡卫发〔2010〕13号	二〇一〇年六月十二日

续表

序号	发文机构	文件名称	文号	发文日期
8	交通运输部	关于印发《交通运输部政府网站共建工作绩效考评细则》的通知	厅科技便〔2010〕15号	二〇一〇年六月二十一日
9	内蒙古自治区人民政府办公厅	内蒙古自治区人民政府办公厅关于开展2010年政府网站绩效评估工作的通知	内政办字〔2010〕152	二〇一〇年七月二十六日
10	宁德市人民政府办公室	2010年宁德市政府网站绩效评估实施方案	宁政办〔2010〕170号	二〇一〇年七月三十日
11	长沙市人民政府办公厅	长沙市人民政府办公厅关于对政府网站进行绩效评估有关问题的通知	长政办函〔2010〕128号	二〇一〇年七月三十一日
12	江西省人民政府办公厅	江西省人民政府办公厅关于开展2010年度全省政府网站绩效评估的通知	赣府厅字〔2010〕150号	二〇一〇年九月十九日
13	国家测绘局办公室	关于开展2010年测绘系统政府网站绩效评估工作的通知	测办〔2010〕76号	二〇一〇年九月二十五日
14	新疆维吾尔自治区克孜勒苏柯尔克孜自治州人民政府办公室	新疆维吾尔自治区克孜勒苏柯尔克孜自治州人民政府办公室关于印发《克州政府系统电子政务工作“十二五”发展规划》的通知	克政办发〔2010〕53号	二〇一〇年九月三十日
15	娄底市电子政务管理办公室	关于开展2010年娄底市政府网站绩效评估工作的函	娄电政办函〔2010〕5号	二〇一〇年十月九日
16	宁夏回族自治区环境保护厅	宁夏回族自治区环境保护厅关于开展2010年度省级环保厅（局）政府网站绩效评估工作的通知	环办函〔2010〕1108号	二〇一〇年十月十五日
17	宜春市政务信息化工作办公室	宜春市关于开展2010年度全市政府网站绩效评估的通知	—	二〇一〇年十月十九日
18	南阳市人民政府办公室	南阳市人民政府办公室关于做好2010年度全市政府系统门户网站绩效评估工作的通知	宛政办〔2010〕171号	二〇一〇年十一月二日
19	广州市电子政务工作领导小组办公室、市政务公开办、市政务公开监督评议办	关于开展2010年广州市政务网站绩效评估工作的通知	穗科信字〔2010〕197号	二〇一〇年十二月九日
20	陕西省人民政府办公厅	陕西省人民政府办公厅关于开展全省政府网站绩效评估工作的通知	陕政办发〔2010〕122号	二〇一〇年十二月十日
21	国家林业局办公室	国家林业局办公室关于印发《全国林业网站绩效评估标准（试行）》和《全国林业网站绩效评估办法（试行）》的通知	办信字〔2010〕187号	二〇一〇年十二月十五日
22	湖北省环境保护厅办公室	湖北省环境保护厅办公室关于印发《2010年度湖北省市（州）环保局政府网站绩效评估报告》的通知	鄂环办〔2011〕23号	二〇一一年一月二十八日
23	渭南市信息化工作领导小组办公室	渭南市信息化工作领导小组办公室关于开展全市政府网站绩效评估工作的通知	渭信化办发〔2011〕1号	二〇一一年二月十一日

续表

序号	发文机构	文件名称	文号	发文日期
24	贵州省人民政府办公厅	贵州省人民政府办公厅关于开展2011年度全省政府系统门户网站绩效评估活动的通知	—	二〇一一年二月十五日
25	贵州省信息化领导小组办公室	关于印发《2011年度贵州省政府系统门户网站绩效评估工作方案》的通知	黔信领办〔2011〕6号	二〇一一年三月二十八日
26	山东省经济和信息化委员会、山东省信息化工作领导小组办公室	关于开展2011年度全省政府网站绩效评估工作的通知	鲁经信函〔2011〕76号	二〇一一年四月二十七日
27	济南市人民政府办公厅	济南市人民政府办公厅关于开展2011年度全市政府网站绩效评估工作的通知	济政办函〔2011〕11号	二〇一一年五月十一日
28	深圳市政府办公厅	关于印发《2011年深圳市政府网站绩效评估工作实施方案》的通知	深府办〔2011〕54号	二〇一一年六月十四日
29	环境保护部办公厅	环保部关于开展2011年度省级环保厅（局）政府网站绩效评估工作的通知	环办函〔2011〕823号	二〇一一年七月十二日
30	湖北省人民政府办公厅	湖北省人民政府办公厅关于印发《2011年度湖北省政府网站绩效评估细则》的通知	—	二〇一一年七月十五日
31	哈尔滨市信息化工作办公室	关于哈尔滨市2011年政府网站绩效评估的通知	哈工信办〔2011〕7号	二〇一一年七月十八日
32	郴州市电子政务信息中心	郴州市电子政务信息中心关于印发《2011年度郴州市政府网站绩效评估实施方案》的通知	—	二〇一一年七月二十日
33	泸州市人民政府办公室	泸州市人民政府办公室关于加强政府网站建设与绩效评估工作的通知	泸市府办〔2011〕168号	二〇一一年七月二十二日
34	常州市人民政府办公室	常州市人民政府办公室关于印发《2011年度全市行政权力网上运行工作考核指标体系》的通知	常政办发〔2011〕85号	二〇一一年七月二十二日
35	福建省人民政府办公厅	福建省人民政府办公厅关于印发《2011年福建省政府网站绩效考核实施方案》的通知	闽政办〔2011〕185号	二〇一一年八月九日
36	吉林省住房和城乡建设厅办公室	吉林省住房和城乡建设厅办公室关于开展全省住房城乡建设系统政府网站绩效评估工作的通知	吉建办〔2011〕65号	二〇一一年九月二十八日
37	湖南省人民政府经济研究信息中心	关于开展2011年全省政府网站绩效评估工作的通知	湘政研信〔2011〕63号	二〇一一年十月十八日
38	南阳市人民政府电子政务办公室	南阳市人民政府办公室关于开展2011年度全市政府系统门户网站绩效评估工作的通知	—	二〇一一年十二月二十日
39	常州市政府办公室	市政府办公室关于开展2011年度常州市政府网站绩效评估工作的通知	常政办发〔2011〕128号	二〇一一年十一月二十二日
40	国家林业局信息办	国家林业局信息办关于开展2011年中国林业网子站绩效评估工作的通知	—	二〇一一年十二月十五日

续表

序号	发文机构	文件名称	文号	发文日期
41	永州市电子政务管理办公室	关于开展2011年全市政府网站绩效评估工作的通知	永电政办函〔2011〕12号	二〇一一年十二月十二日
42	湘潭市人民政府办公室	湘潭市人民政府办公室关于开展2011年度湘潭市政府网站绩效评估考核工作的通知	潭政办函〔2011〕36号	—
43	湖北省人民政府办公厅	湖北省人民政府办公厅关于印发《2011年度湖北省政府网站绩效评估指标体系》的通知	鄂政办函〔2011〕59号	—

Ⅱ 领导讲话

一 胡锦涛

2011 年 7 月 1 日，庆祝中国共产党成立 90 周年大会在北京人民大会堂隆重举行。胡锦涛、吴邦国、温家宝、贾庆林、李长春、习近平、李克强、贺国强、周永康出席大会。

发展社会主义民主政治，必须坚持中国特色社会主义政治发展道路，关键是要坚持党的领导、人民当家做主、依法治国有机统一。我们要积极稳妥推进政治体制改革，以保证人民当家做主为根本，以增强党和国家活力、调动人民积极性为目标，扩大社会主义民主，建设社会主义法治国家，发展社会主义政治文明。要坚持发挥党总揽全局、协调各方的领导核心作用，提高党科学执政、民主执政、依法执政水平，保证党领导人民有效治理国家。要坚持国家一切权力属于人民，健全民主制度，丰富民主形式，拓宽民主渠道，保证人民依法实行民主选举、民主决策、民主管理、民主监督。要全面落实依法治国基本方略，在全社会大力弘扬社会主义法治精神，不断推进科学立法、严格执法、公正司法、全民守法进程，实现国家各项工作法治化。总之，我们要不断推进社会主义民主政治制度化、规范化、程序化，进一步把我国社会主义政治制度的优越性发挥出来，为党和国家兴旺发达、长治久安提供更加完善的制度保障。

——节选自胡锦涛在庆祝中国共产党成立90周年大会上的讲话（2011年7月1日）

中国将进一步营造公平透明的市场环境。我们将按照转变职能、理顺关系、优化结构、提高效能的要求，加快建设法治政府和服务型政府，继续开展涉外经济法律法规、规章及政策措施的清理工作，深化行政审批制度改革，减少政府对微观经济活动的干预，健全制约和监督机制，推动政府服务朝着更加规范有序、公正公开的方向发展。我们将加大知识产权执法力度和司法保护力度，健全市场信用体系，完善市场监管体系，加快形成统一开放、竞争有序的全国大市场，为国内外投资者提供良好经营环境。中国将加强自身投资环境建设，继续优化公共服务和管理，不断完善市场体系，为国内外投资者提供公平、稳定、透明的投资环境。

——节选自胡锦涛在中国加入世界贸易组织10周年高层论坛上的讲话（2011年12月11日）

2011年3月28日，胡锦涛主持政治局会议讨论研究加强市地州盟党政正职干部管理工作，会议认为："要健全和改进考核机制，积极引导牢固树立科学发展观和正确政绩观，加强德的考核，全面客观准确考核评价领导科学发展的工作实绩，注重了解群众公认度，支持和鼓励干部踏实干事。"

要健全和改进考核机制，积极引导牢固树立科学发展观和正确政绩观，加强德的考核，全面客观准确考核评价领导科学发展的工作实绩，注重了解群众公认度，支持和鼓励干部踏实干事。要加强管理和监督，促进秉公用权、廉洁从政，加强对贯彻民主集中制情况的监督，严格选人用人行为，落实和完善巡视、经济审计、报告个人有关事项、述职述廉等监督制度。

——节选自胡锦涛主持政治局会议讨论研究加强市地州盟党政正职干部管理工作时的讲话（2011 年 3 月 28）

全面推进依法行政，要以邓小平理论和“三个代表”重要思想为指导，深入贯彻落实科学发展观，坚持党的领导、人民当家做主、依法治国有机统一，认真落实依法治国基本方略，以建设法治政府为目标，以事关依法行政全局的体制机制创新为突破口，以增强领导干部依法行政意识和能力、提高制度建设质量、规范行政权力运行、保证法律法规严格执行为着力点，为保障经济又好又快发展和社会和谐稳定发挥更大作用。要更加注重制度建设，在中国特色社会主义法律体系已经形成的有利基础上，继续通过完善立法加强和改进制度建设，坚持科学立法、民主立法，着力抓好促进科学发展、深化改革开放、保护资源环境、保障和改善民生、维护社会和谐稳定、加强政府建设等方面所急需法律法规的制定或修改工作，力求体现规律要求、适应时代需要、符合人民意愿、解决实际问题。要更加注重行政执法，严格依照法定权限和程序行使权力、履行职责，推进政府管理方式创新，加强行政决策程序建设，切实把政府职能转变到经济调节、市场监管、社会管理、公共服务上来，着力保障和改善民生。要更加注重行政监督和问责，完善监督体制机制，全面推进政务公开，切实为人民掌好权、用好权。要更加注重依法化解社会矛盾纠纷，完善行政调解制度，提高行政调解效能，完善行政复议制度，完善信访制度。

——节选自胡锦涛在中共中央政治局第二十七次集体学习时的讲话（2011 年 3 月 28 日）

二 温家宝

这次会议的主要任务是，总结十年来行政审批制度改革进展情况，部署下一步改革工作，推进政府职能转变和管理创新。我讲几点意见。

一、行政审批制度改革取得明显成效

十年来，按照建立社会主义市场经济体制的要求，我们不断深化行政管理体制改革，着力转变政府职能、创新管理方式、规范权力运行、提高行政效能。我们两次修订国务院工作规则，规定要全面履行职能、实行科学民主决策、坚持依法行政、推进政务公开、加强行政监督。根据这些要求，我们努力健全法制，完善制度，建立运行机制，狠抓工作落实，推动行政管理体制改革取得重要进展。行政审批制度改革是行政管理体制改革的重要内容，也是民主政治建设的重要内容。党中央、国务院对这项改革高度重视，各部门和各级政府认真贯彻落实中央的部署和要求，做了大量工作。

2011 年 11 月 14 日，温家宝在国务院召开的深入推进行政审批制度改革工作电视电话会议中指出："加强行政审批绩效管理，严格落实问责制度。"

十年来，国务院分五批共取消和调整行政审批事项 2183 项，占原有总数的 60.6%，各地区取消和调整的行政审批事项占原有总数的一半以上，改革取得明显成效。

一是加快转变政府职能。我们坚持把转变政府职能作为深化行政管理体制改革的中心环节，明确提出在社会主义市场经济条件下，政府的主要职能是经济调节、市场监管、社会管理和公共服务。通过深化行政审批制度改革，清理、取消和调整行政审批事项，把政府不该管的交给企业、社会和市场，逐步理顺政府与市场、政府与社会的关系，市场配置资源的基础性作用进一步增强，权力过分集中的现象有所改变，社会主义市场经济体制不断完善。各级政府在加强和改善宏观调控、强化市场监管的同时，更加注重履行社会管理和公共服务职能，促进经济社会协调发展。

二是全面推进依法行政。我们贯彻依法治国基本方略，把依法行政作为深化行政管理体制改革的基本要求，更加重视法制建设和依法规范政府行为。2004 年国务院发布《全面推进依法行政实施纲要》，要求各级政府严格按照法定权限和程序行使职权、履行职能，明确提出建设法治政府的目标。国务院提请全国人大常委会审议通过的《行政许可法》同年 7 月正式实施，标志着我国行政审批制度改革和行政审批工作走上法制化、规范化轨道。各地各部门按照国务院统一部署，全面清理、废止和修订与法律相违背和不一致的行政法规、规章、规范性文件，新制定了一系列有关行政审批的法规、规章和制度，依法规范政府的权限和履行职能的程序。各级政府及其工作人员依法行政的意识和能力明显增强，建设法治国家迈出重要步伐。

三是加强政府管理创新。我们坚持把推进政府管理创新作为深化行政管理体制改革的重要内容，作为政治体制改革的重要组成部分，更加注重提高行政效能，为人民群众提供方便快捷的服务。我们提出，要公开透明，让权力在阳光下运行。2007 年，国务院在全面总结政务公开工作基础上，制定了《政府信息公开条例》。行政审批的所有环节，凡不涉及国家秘密、商业秘密和个人隐私的，一律向社会公开，实行“阳光审批”。各地在改革中还积极探索，建立了行政审批相对集中办理的政务中心或政务大厅，实行一个窗口对外，“一站式”服务；发展电子政务，实行网上申报、网上审批等。这些做法对于减少政府工作流程、优化政府组织结构、提高行政效能，建设服务型政府，都发挥了重要作用。

四是大力加强廉政建设。我们坚持把反腐倡廉的要求贯穿于行政管理体制改革的全过程，更加注重从源头上预防和治理腐败的机制和制度建设。反腐倡廉的关键是有效制约权力。行政审批是行政权力最为集中的领域。建立健全有效规范行政权力运行的监督制约机制，是行政管理体制改革的重要任务，也是行政审批制度改革的重要内容。通过深化行政审批制度改革，进一步健全了行政职责体系和问责制度，完善了政府系统预防和治理腐败的体制机制，遏制了滥用权力、以权谋私等违纪违法和腐败现象蔓延，推动了政府反腐倡廉建设。

在充分肯定改革成效的同时，我们也要清醒地看到，包括行政审批制度在内的行政管理体制改革还滞后于经济社会发展，不适应发展社会主义市场经济的要求，依然是经济体制和政治体制改革的一项重要任务。突出的问题：一是职能转变不到位，不该管的事没有完全放开，该管的事没有认真管好，特别是公共产品和服务提供不足。政府还集中了过多的公共资源和社会资源，权力部门化、利益化的问题依然存在，造成行政审批事项仍然较多，清理不彻底，特别是在投资和社会发展领域，许多审批事项还没有有效清理。一些应该取消的审批事项被合并或调整为审核、事前备案等，虽然改变了形式，但没有改变审批的实质。一些审批事项程序烦琐、时限长、办事效率低下。二是对行政审批设定管理不严。特别是对非行政许可审批项目，管理不规范，随意性大。一些部门和地区利用“红头文件”、规章等，以登记、备案、年检、监制、认定、审定以及准销证、准运证等形式，变相设置审批事项。三是对行政权力的监督机制还不健全。一些部门权力过于集中，同时承担审批、执行、监督、评价职能，权力滥用、权钱交易、官商勾结等腐败现象屡有发生。深化行政审批制度改革，要在总结经验的基础上，增强针对性，着力解决这些突出问题，以更坚决的态度、更务实的作风、更有力的措施，坚定不移地把改革继续推向深入。

二、深化行政审批制度改革的主要任务

“十二五”时期是我国全面建设小康社会的关键时期，是深化改革开放、加快转变经济发展方式的攻坚时期。要推动我国走上科学发展的轨道，全面建设小康社会，必须继续深化改革，进一步破除制约经济社会发展的体制机制障碍，激发全社会的活力和创造力。行政审批制度改革涉及经济社会管理的许多方面，是深化经济体制和政治体制改革的关键环节，我们一定要坚定不移地继续推进，推动政府职能转变取得实质性进展，推动行政管理体制及各方面改革取得实质性进展，下一步要重点做好以下工作。

（一）进一步清理、减少和调整行政审批事项，推进政府职能转变。在社会主义市场经济条件下，政府管理总的方向是减少审批事项，减少对微观经济活动的直接干预，强化经济调节、市场监管、社会管理和公共服务职能，营造更加公平的市场和社会环境。要组织有关部门和专家，邀请人大、政协参与，对各地各部门现有的管理职能和审批事项逐一进行审查评议。总的要求是：坚持市场优先和社会自治原则，凡市场机制能够有效调节的，公民、法人及其他组织能够自主决定的，行业组织能够自律管理的，政府就不要设定行政审批；凡可以采用事后监管和间接管理方式的，就不要再搞前置审批。审查评议的依据、过程和结果，凡不涉及国家秘密的，要向社会公开，听取公众意见，接受公众监督。清理、减少和调整行政审批事项，要突出三个重点领域：一是投资领域。要进一步深化投资体制改革，按照谁投资、谁决策、谁受益、谁承担风险的原则，真正确立企业和公民个人的投资主体地位。国家只批准或核准政府投资项目和关系经济安全、涉及整体布局和影响资源环境的项目，其他原则上由投资者自主决策、自担风险、自负盈亏。二是社会事业领域。要加大对教育、医疗卫生、文化等社会事业和公共服务领域行政审批事项的清理、精减和调整力度，放宽社会和私人资本进入的限制，打破垄断，扩大开放，公平准入，鼓励竞争。三是非行政许可审批领域。要认真清理一些部门和地方利用“红头文件”、规章等对公民、企业和其他社会组织提出的限制性规定，对那些没有法律法规依据、不按法定程序设定的登记、年检、监制、认定、审定以及准销证、准运证等管理措施，要一律取消。力争明年公布第六批取消和调整的行政审批事项，为深入推进机构改革打好基础。

（二）严格依法设定和实施审批事项，推进法治政府建设。行政机关设定行政审批事项、履行审批职能，必须严格依法办事。设定任何审批事项都要于法有据，严格遵循法定程序，进行合法性、必要性、合理性审查论证；涉及人民群众切身利益的，要通过公布草案、公开听证等方式广泛听取意见。没有法律法规依据，任何行政机关不得设定或变相设定行政审批事项，尤其不得以“红头文件”等形式，增加公民、企业和其他社会组织的责任和义务。要进一步优化政府部门职能配置，一件事情原则上由一个部门负责。职能重复或相近的机构，应当整合归并；确需多个部门管理的，要明确牵头部门，建立协调配合机制，防止多重审批和推诿扯皮。要合理划分中央和地方政府的事权，中央政府重点加强对经济社会事务宏观管理，把更多精力转到制定战略规划、政策法规和标准规范上；市场监管、公共服务和社会管理等直接面向公民、法人和其他社会组织的具体管理服务事项，要更多地交给地方政府。

（三）创新行政审批服务方式，推进服务型政府建设。行政审批既是政府对经济社会实施管理的重要手段，也是政府为公众、企业和社会提供公共服务的重要形式。确需保留的审批事项，要按照公开透明、便民高效的要求，依法进一步简化和规范审批程序，创新服务方式，优化流程，提高效能。第一，加强政务中心建设。各部门把大部分接待、受理、咨询、办复等工作转移到政务中心集中办理，这可以节省大量人力物力，有利于精简机构和提高效能。要认真总结各地经验，逐步加以规范。原则上实行一个部门、一级地方政府一个窗口对外。不管谁来办事、办什么事，都在一个窗口受理、咨询和办复。把涉及各部门的审批过程，变成政府内部工作，解决一项审批跑多个部门、在一个部门跑多个司局处室的问题。第二，加强电子政务建设。大力推行和规范网上审批。进一步推进行政审批公开。把审批事项、审批程序、申报条件、办事方法、办结时限、服务承诺等在网上公布，实行网上公开申报、受理、咨询和办复，为群众办事提供更多便利。第三，推行服务质量公开承诺制和亲切服务。这对于规范政府及公务员服务行为、建设服务型政府和构建和谐社会，都具有重要意义。各级政府承担的包括行政审批在内的各类公共服务，涉及方方面面，许多工作都十分具体，不可能完全做到由法律法规详细规范。各地各部门要根据每一项行政审批的特点提出详细的服务规范和标准，征求公众意见，获得认可后向社会作出公开承诺。要把规范服务、便利服务、亲切服务作为公开承诺的重要内容，确定可操作和便于评估的标准。我们不仅要在行政审批领域推行服务质量公开承诺制和亲切服务，还要把这个要求推行到所有公共服务领域。

（四）加强对行政审批权力运行的监督制约，推进反腐倡廉建设。行政审批权过于集中又缺乏有效监督的问题仍然十分突出。要加快建立健全决策、执行、监督相对分离、相互制约的行政运行机制。按照权责一致的要求，建立健全行政审批责任制度，切实做到有权必有责、用权受监督、侵权要赔偿。完善行政审批事项动态管理制度，强化行政审批的全过程监控。进一步推进行政审批规范化建设。凡自然资源开发利用、工程建设、土地使用权出让、产权转让等涉及市场准入和竞争性事项，要依法公开招标或拍卖；凡涉及公共利益的事项，要向社会公告，并按法定程序公开举行听证。建立健全相关制度，保障行政审批设定和实施利益相关方的知情权、陈述权、申辩权、监督权。对违法设定和实施行政审批事项侵害当事人合法权益的，要依法追究责任，并给予当事人合理赔偿。加强行政审批绩效管理，严格落实问责制度。对不按法定程序办事、滥用权力、以权谋私、损害人民群众和当事人合法权益的行为，发现一起，严肃查处一起，绝不姑息迁就。

三、切实把改革的要求和措施落到实处

深化行政审批制度改革是一项全局性、政策性很强的工作，也是一项涉及各级政府和多部门的系统工程。要常抓不懈，措施到位，落到实处。

一要加强组织领导。各级政府要把行政审批制度改革作为一项重要任务，摆在突出位置，克服困难和阻力，坚持不懈地加以推进。各部门和各级政府主要领导同志要高度重视，切实负起责任。要建立健全有利于推进改革的领导体制和工作机制，加强协调配合，形成工作合力。

二要突出改革重点。各地各部门要围绕转变政府职能和服务经济社会发展大局，以经济社会发展和民生建设领域审批事项为重点，主动清理和规范现有审批项目，提出取消和调整建议。对下放、转移的审批项目，要做好工作衔接，防止出现管理真空。

三要强化监督考评。加强对行政审批制度改革工作的监督检查，坚决纠正有法不依、有令不行、有禁不止的现象，严肃处理违法违规审批等问题。特别是对新设行政审批项目要严格审查，防止政府机关不适当增加审批事项。要把这项改革工作纳入各级政府履行职责和廉政建设责任制，加强考评，落实奖惩措施。

四要加强调查研究。围绕行政管理体制改革和政府自身建设，针对改革中的重点难点问题，深入开展调查研究和理论探索，增强改革的前瞻性、系统性和科学性。国务院各部门要定期听取地方政府和专家学者的意见，定期对改革的成效进行评估，不断推进体制机制创新。

做好新形势下的行政审批制度改革工作责任重大，任务艰巨。我们要在以胡锦涛同志为总书记的党中央领导下，高举中国特色社会主义伟大旗帜，以邓小平理论和"三个代表"重要思想为指导，深入贯彻落实科学发展观，扎实工作，锐意进取，推进政府管理创新，不断提高行政能力，努力建设法治政府和服务型政府。

——温家宝在全国深入推进行政审批制度改革工作电视电话会议上的讲话（2011年11月14日）

三是深化行政体制改革，推进政府职能转变和管理创新。现在一些部门权力过大且过于集中，权力结构不合理，监督制约机制不健全。必须通过制度和体制的改革加以解决。首先，要进一步减少一些政府部门过于集中的权力。继续推进行政审批制度改革，减少行政审批事项。这项工作近些年取得了很大成效，但行政审批项目仍然较多，要继续深入推进。要进一步提高一般性转移支付的比重，清理和压缩专项转移支付项目，减少直至杜绝财政资金分配中的"跑部钱进"现象。有关部门对以上问题要尽快研究，提出办法，争取今明两年取得较大进展。第二，加快建立决策、执行、监督相互协调又相互制约的运行机制。现在一些政府部门及其内设机构，同时承担决策、执行、监督、评价职能。这样的职能配置和权力结构，极易滋生腐败。要进一步完善政府部门内部机构设置，决策、执行、监督职能要相对分离、相互制约。这也是进一步深化政府机构改革的要求。第三，加强对"一把手"权力行使的监督制约。无论是行政机关还是国有企业，凡属重大决策、重要人事任免、重大项目安排、大额资金使用，都要集体研究决定，依法、科学、民主决策，加大决策过程和结果公开力度，防止个人独断专行。要完善民主程序，没有程序的民主就没有实质的民主。进一步健全和加强决策责任制度和问责制度，使权力和责任匹配，做到权责一致。

——节选自温家宝在国务院第四次廉政工作会议上的讲话（2011年3月25日）

四、全面推进政务公开

公开透明、让权力在阳光下运行，是现代政府的重要特征。通过这些年的实践，我们深刻地认识到，无论是规范权力运行、方便群众监督、有效防治腐败，还是提供

2010 年 8 月 27 日，国务院在北京召开全国依法行政工作会议，温家宝总理指出："监察部门要全面履行法定职责，进一步加强执法监察，积极推进行政问责和绩效管理监察，严肃查处有令不行、有禁不止和失职渎职等行为。"

高效便民服务，政务公开都是十分有效的措施。人民政府的根本宗旨就是全心全意为人民服务，政府的绝大多数政务信息都与人民群众的利益密切相关。进一步推进政务公开，就是要让人民群众更好地了解政府运行、更广泛地参与政府管理、更直接地监督政府行为。我们要使公开透明成为政府依法行政的一项基本制度。

一要加大政府信息公开力度。《中华人民共和国政府信息公开条例》实施以来，各地各部门政府信息公开范围不断扩大，公开方式不断创新，迈出了新步伐。要坚持以公开为原则、不公开为例外，凡是不涉及国家秘密、商业秘密和个人隐私的政府信息，都要向社会公开。要重点推进财政预算、公共资源配置、重大建设项目批准和实施、社会公益事业建设等领域的信息公开。政府财政资金管理和使用是人民群众和社会各界关注的一个热点。今年我们开始推行财政预算公开，要求把政府所有收支全部纳入预算管理，所有公共支出、基本建设支出、行政经费支出预算和执行情况都公开透明，让老百姓清清楚楚地知道政府花了多少钱、办了什么事；此外，政府性基金收支预算、中央国有资本经营预算等，也要全部向社会公开。今年年初国务院一些部门在网上公开了去年的部门预算和执行情况，带了个好头。社会各方面总的反映比较好，同时也提出一些意见和建议。我们要认真总结经验，把这项工作做得更好。今后所有政府信息公开，都要做到及时、准确、全面、具体，让老百姓看得懂、用得上。对人民群众申请公开政府信息的，要依法在时限内予以答复，并做好相应的服务工作。要建立健全政府信息公开的监督和保障机制，定期对政府信息公开工作进行评议考核。同时也要注意处理好信息公开与保守秘密的关系，对依法应当保密的信息，切实做好保密工作。

二要深入推进办事公开。这是政务公开的重要方面，与人民群众的关系最为密切。所有面向社会服务的政府部门以及医院、学校、公交、公用等公共事业领域，都要全面推进办事公开制度，提供高效便民服务。进一步拓宽办事公开领域，依法公开办事的依据、流程和结果，利用公共媒体、互联网、公告栏、电话咨询等各种方式，实现办事项目有关信息的充分告知，便于群众知情、参与和监督。

三要创新政务公开方式。进一步加强电子政务建设，充分利用现代信息技术，建设好互联网信息服务平台和便民服务网络平台，方便人民群众通过互联网办事。要把政务公开与行政审批制度改革结合起来，开展网上电子审批、一个窗口集中办理和“一站式”服务等。规范和发展各级各类行政服务中心，对与企业、社会和人民群众密切相关的行政管理事项，要尽可能纳入行政服务中心办理，优化工作流程，改善服务质量，提高服务效率，降低行政成本。

五、健全行政监督体系和问责制度

规范权力运行，要靠法制和监督。在长期实践中，我们已经形成了一套比较完善的监督体系，包括人大及其常委会的监督、政协的民主监督，人民法院依法实施的监督，政府系统内部的层级监督和专门监督，以及新闻舆论监督、人民群众监督等社会监督，这些都很重要。这里，我着重强调三个方面。

一是更加重视群众和舆论监督。人民群众直接监督政府具有特殊重要的意义。人民满意不满意，是评价政府一切行为的最高标准。要完善群众举报投诉制度，拓宽群众监督渠道，依法保障人民群众监督政府的权利。要支持新闻媒体对违法或者不当行政行为进行曝光。对人民群众检举、新闻媒体反映的问题，行政机关要认真调查、核实，及时依法作出处理，并将结果向社会公布。加强行政复议，依法纠正违法或不当的行政行为。要正确对待和认真做好行政应诉工作。行政诉讼是人民群众监督政府的一种重要形式。在行政诉讼中，政府和原告是平等的法律主体。各级政府和工作人员特别是领导干部，一定要摆正位置，尊重法律、尊重当事人、尊重并自觉履行人民法院的判决和裁定。积极引导人民群众通过法定渠道反映诉求、解决纠纷。

二是进一步加强审计、监察工作。审计、监察等部门依法独立行使专门监督，是法律赋予的权力。近年来，有关部门认真履行职责，开展了富有成效的工作，社会反响很好。各级政府要支持审计、监察部门依法独立行使监督权。审计部门要着力加强财政专项资金和预算执行审计、重大投资项目审计、金融审计、国有企业领导人员经济责任审计等工作，加强社会保障基金、住房公积金、扶贫救灾等公共资金的审计工作。监察部门要全面履行法定职责，进一步加强执法监察，积极推进行政问责和绩效管理监察，严肃查处有令不行、有禁不止和失职渎职等行为。

三是严格行政问责。任何形式的监督，只有与责任追究结合起来，才能取得实效。近年来我们加大了这方面的工作力度，但有些重大责任事故仍然没有及时处理，有的甚至不了了之。2009 年 7 月中央在总结近年来问责实践基础上，制定了《关于实行党政领导干部问责的暂行规定》。有了制度就要严格按制度办事并长期坚持，不使行政问责因人、因时、因地而变化。对有令不行、有禁不止、行政不作为、失职渎职、违法行政等行为，导致一个地区、一个部门发生重大责任事故或严重违法行政案件的，要严肃追究有关领导直至行政首长的责任，督促和约束政府机关和工作人员依法行使职权、履行职责。同时要研究行政问责立法相关问题，推进这项工作法制化。

——节选自温家宝在全国依法行政工作会议上的讲话（2010 年 8 月 27 日）

在改革中处理好政府和市场、公平和效率、尽力而为和量力而行的关系。调动全社会的力量，共同参与社会事业发展。要把维护社会事业的公益性、保障人民群众基本公共服务需求作为政府的主要职责。把应该由社会和市场发挥作用的事情真正交给社会和市场。通过发展相关产业，满足多层次、个性化的需求。要进一步放宽准入，调动全社会参与社会事业发展的积极性。由政府保障的基本公共服务，也要深化改革，提高绩效。要鼓励社会资本投资建立非营利性公益服务机构。各类社会机构和企业愿意参与基本公共服务的，只要具备资质、符合条件，就应当鼓励进入。有效动员和综合利用社会资源来加强和改善基本公共服务，提高服务质量和效率。

——节选自温家宝在中央举办的省部级主要领导干部深入贯彻落实科学发展观加快经济发展方式转变专题研讨班上的讲话（2010 年 2 月 4 日）

三 习近平

2011 年 3 月 1 日，习近平出席中央党校春季学期开学典礼并在讲话中指出："要抓好工作落实，必须完善领导干部考核评价机制。"

抓落实必须树立正确的用人导向和形成完善的工作机制

抓好落实，具有良好的精神状态和优良的作风很重要，建立科学管用的制度和机制同样很重要。要制定强有力的组织措施、考核措施、激励措施，健全抓落实的工作机制。特别是要健全人人负责、层层负责、环环相扣、科学合理、行之有效的工作责任制。有些地方、部门和单位存在工作推诿扯皮现象，与目标责任不明确、工作任务没细化有很大关系。要科学进行责任分解，把目标任务分解到部门、具体到项目、落实到岗位、量化到个人，以责任制促落实、以责任制保成效，形成一级抓一级、层层抓落实的工作局面。要进一步完善巡视督查制度、信息反馈制度、情况通报制度、重大责任追究制度，及时掌握工作进展情况，及时发现带有苗头性、倾向性的问题，及时找出薄弱环节，及时采取有针对性的措施，及时排除工作中的障碍和困难。

抓落实的工作实践，检验着每个干部的思想品质、工作作风和实际能力，也是考察和选用干部的重要依据。用好一个干部，就是树立一面旗帜，就会在一个地方、一个部门、一个单位形成良好的工作氛围。一些地方、部门和单位之所以出现形式主义、官僚主义问题，往往同用人导向有关。评价一个干部，重要的不是看他说什么，而是看他做什么，看他做得怎么样。要抓好工作落实，必须完善领导干部考核评价机制，对干部干与不干、干好干坏、干多干少要有明确的区分，褒奖那些埋头苦干、狠抓落实的干部，教育和调整那些只尚空谈、不干实事的干部，问责和惩处那些因弄虚作假、失职渎职造成重大损失和严重后果的干部，努力营造崇尚实干、恪尽职守、勇于奉献的工作氛围。优良的工作作风是一级一级带出来的，要注重发挥一把手的表率作用和督促作用。有了重视抓落实、善于抓落实的一把手，才能带出抓落实的好班子、好团队。

——节选自习近平在中央党校春季学期开学典礼上的讲话（2011 年 3 月 1 日）

四　李克强

2011 年 12 月 26 日，中共中央政治局常委、国务院副总理李克强出席全国财政工作座谈会并在讲话中指出：“各地区、各部门都要厉行节约，精打细算过紧日子，提高财政资金使月绩效。”

推进和支持重点领域改革，是积极财政政策的重要内容。明年要按照推动科学发展、加快转变经济发展方式的要求，围绕解决深层次矛盾和突出问题，积极有序推进财税改革，推动理顺各级政府间财政分配关系，继续清费立税，全面改革资源税制度，稳步推进房产税改革试点，研究制定环境保护税费改革方案。积极支持价格、金融、教育、文化等领域和国有企业、事业单位改革。他要求，财政部门要坚持为国理财、为民服务，进一步加强科学管理，抓好增收节支，防范和管控风险，提高预算透明度和公开性。各地区、各部门都要厉行节约，精打细算过紧日子，提高财政资金使用绩效。

——节选自李克强在全国财政工作座谈会上的讲话（2011 年 12 月 26 日）

（二）要严格责任追究。要建立食品安全定期巡视检查制度，把食品安全工作纳入地方政府领导干部政绩考核范围。从今年起，国务院对各监管部门和各省（区、市）人民政府食品安全工作进行考核评价，并向社会公布考核结果。完善食品安全监管责任追究制度，对监管不力、执法不严和存在失职、渎职行为的，必须依法依纪严肃追究责任。对多次发生食品案件或发生特别重大食品安全事件的地方，行政首长应承担责任。必须强调，对在群众举报、日常检查和上级督办中发现的违法违规行为没有及时查处的，一定要依法依纪严肃追究有关地区、有关部门和相关人员的责任。要抓紧制定既体现严肃性、又体现可操作性的责任追究监察办法。

——节选自李克强在全国食品安全工作专题会议暨省部级领导干部加强食品安全监管专题研讨班结业式上的讲话（2011 年 5 月 15 日）

第二篇

专题研究

以公共价值为基础的政府绩效治理：源起、架构与研究问题[①]

包国宪　王学军

一　引　言

从1906年布鲁尔等人成立纽约市政研究局开展公共部门效率考评以来，政府绩效评估和管理就一直伴随着公共部门的改革进程。在经历了新公共行政（NPA）所强调的“公平导向”和新公共服务（NPS）运动强调的“顾客导向”之后，政府绩效评估的价值取向开始走向多元，逐步包含了经济、效率、效益、公平、顾客满意度等多个方面。一般认为，真正促进政府绩效评估向绩效管理转变，并促使政府绩效管理兴起的是20世纪后期的新公共管理运动（NPM）[②]。在新公共管理运动所秉持的竞争、外包和私有化等精神的推动下，政府开始大量引入私人部门的管理技术和管理方法来提高政府效能，绩效管理作为一种管理工具在以政府为首的公共部门大行其道，逐步发展成为西方各国政府提高政府效率和公共服务质量的关键工具。我国自改革开放以来就尝试和探索着各种形式的政府绩效评估和管理工作，理论界也开始从西方引进和介绍政府绩效评估与管理的理论方法和实际做法。近些年来，伴随着我国社会主义市场经济体制的确立和行政体制改革的深化，政府绩效评估与管理迅速成为公共管理理论研究和实践的热点问题，并产生了大量的研究成果和实践模式。2011年，由国家监察部牵头建立的政府绩效管理工作部际联席会议制度和政府绩效管理试点工作的开展标志着我国的政府绩效管理实践开始进入了制度化探索的新阶段。毋庸置疑，政府绩效管理在西方国家应对政府危机、完善政府部门内部管理和寻求新的公共责任机制等方面发挥了不可替代的作用，就像欧文·休斯所说的那样：“如果政府想要维持对政策执

① 本文发表于2012年第2期的《公共管理学报》。

② Hood C., *A Public Management for All Seasons?* Public Administration, 1991, 69 (1): 3—19.

行的控制，又要监督日常责任，绩效管理就成为一个基本工具”。[①] 政府绩效管理在我国虽然起步较晚，但已然成为政府改革的抓手，在提高政府工作效率、降低政府成本和改进政府与社会关系等方面发挥着越来越重要的作用。新公共管理背景下发展起来的政府绩效管理，其本质是工具性的，即关注的重点是管理技术和管理工具，具有明显的管理主义特征，它可以不受价值和文化差异的约束，应用到政府管理过程中来，然而，也正是这一工具性特征给政府绩效管理实践带来了一系列问题。在西方，不断提升的政府绩效水平并不一定就会带来公民对政府满意度的提高和公民对政府信任水平的增加，与此同时，政府部门的绩效提升也并没有引起政府应对环境挑战能力的显著变化[②③]。在我国，有学者认为，政府主要通过制度运行的绩效获取合法性，而制度绩效往往被简单地用经济发展方面的成就来代替，政府绩效管理非但没有改变原有的管理制度和程序，也没有改变政府以及公共管理者的行为方式，反而强化了科层制的优势[④]。与此同时，政府绩效评估的主体选择、制度设计、评估内容、公民参与和结果使用等方面也广受争议[⑤]。为了回应和解决这些问题，国内外不少学者从政府绩效管理的战略视角、治理创新、体系重构和多元价值导向等多个方面开展了研究[⑥⑦⑧⑨⑩⑪⑫]，这些研究的积累为本文的开展提供了基础。然而，尽管这些说法都不无道理，它们却都没有关注到公共价值对于政府绩效合法性的本质规定性。失去了公共价值基础的政府绩效犹如无源之水，无本之木，不但不能达到政府创造公共价值的终极目的，反而在一定程度上会造成公共资源的浪费和对政府原有运行机制的不合理干扰。我们认为，政府绩效管理在本质上要体现基本的公共价值追求，并在此基础上对公共行政过程进行管理和治理。正是基于这一认识，结合笔者和国际合作伙伴在中国、美国、日本、越南和韩国的案例调查和实践经验，在对新公共管理背景下的政府绩效管理进行反思的基础上，本文从公共价值视角审视和思考政府绩效管理过程，提出了一个以公共价

① 欧文·E. 休斯：《公共管理导论》，中国人民大学出版社 2001 年版。

② Yang, K., Holzer, M., *The Performance - Trust Link: Implications for Ferformance Measurement*, Public Administration Review, 2006, 66 (1): 114—126.

③ O'Flynn, J., *From New Public Management to Public Value: Paradigmatic Cnange and Managerial Implications*, The Australian Journal of Public Administration, 2007, 66 (3): 353—366.

④ 倪星：《反思中国政府绩效评估实践》，《中山大学学报》（社会科学版）2008 年第 3 期。

⑤ 周志忍：《公共组织绩效评估：中国实践的回顾与反思》，《兰州大学学报》（社会科学版）2007 年第 1 期。

⑥ 卓越、杨道田：《基于战略的公共部门绩效评估模式构建》，《天津行政学院学报》2007 年第 4 期。

⑦ Poister T. H., *The Future of Strategic Planning in the Public Sector: Linking Strategic Management and Performance Public Administration*, 2010, (12): S246—S254.

⑧ 包国宪、周云飞：《中国公共治理评价的几个问题》，《中国行政管理》2009 年第 2 期。

⑨ 倪星：《中国地方政府治理绩效评估研究的发展方向》，《政治学研究》2007 年第 4 期。

⑩ 尚虎平：《行将勃兴的治理绩效管理潮流——基于第三次明诺布鲁克会议的预测》，《公共管理学报》2010 年第 1 期。

⑪ Behn, R. D., *Why Measure Performance? Different Purposes Require Different Measures*, Public Administration Review, 2003, 63 (5): 586—606.

⑫ 吴建南、杨宇谦：《地方政府绩效评估创新：主题、特征与障碍》，《经济社会体制比较》2009 年第 5 期。

值为基础的政府绩效治理模型，并对其主要内容进行了解释，为解决政府绩效管理中的实践问题提供了一种新的路径。

二 对新公共管理背景下政府绩效管理的反思

实际上，学界对新公共管理运动的批评从未停止过，Moe甚至认为以市场机制解决公共管理问题基本上背离了政府存在的目的。[①] 作为新公共管理运动的核心内容，尽管有学者认为政府绩效管理作为一种新兴的管理模式，既继承了传统公共行政对效率与工具的追求，也体现了公平、服务、责任和回应性等价值理念，是一种理想的公共部门管理工具。[②③④] 但正如前文所述，政府绩效管理实践中的一系列问题都难以面对现实和理论的拷问。综合已有研究成果及笔者的研究和实践积累，我们认为，引起这些问题的原因主要在于新公共管理背景下对政府绩效管理"公共性"的忽视、政府绩效管理的"合作生产"主体缺失以及政府绩效管理"可持续性"的缺乏。

（一）政府绩效管理的"公共性"问题

从组织学意义上来说，政府作为一个一般性组织，私人部门的绩效管理方法可以运用其中，然而，政府本身又不是一个一般意义上的组织，它有自身的特殊性，有其特殊的使命和责任。Moore从财务绩效、组织存续和社会价值三者的关系角度阐述了政府和私人部门的区别，认为私人部门的财务绩效、组织存续和社会价值三者是一致的，而对于政府而言，财务绩效和组织存续却不等于社会价值。[⑤] 这就决定了政府不能将私人部门的管理方法照搬，也就是说，政府行为必须要体现"公共性"。弗雷德里克森在《公共行政的精神》一书中提出公共行政的公共性应满足四个基本的条件：一是必须建立在宪法之上；二是建立在得到强化了的公民精神的基础之上；三是建立在对集体的和非集体的公众的回应之上；四是建立在乐善好施与爱心的基础之上。[⑥] 政府的一切行为首先要体现其公共性的特质和要求，它是政府全部工作坐标系的原点。缺失了公共性的公共行政理论如同缺失公共性的政府一样，在理论和实践两方面都找不到自己的位置。

---

① Moe, R. C., *The "Reinventing Government" Exercise: Misinterpreting the Problem, Misjudging the Consequences*, Public Administration Review, 1994, 54 (2): 111—122.

② Osborne, D., *Gaebler T.*, *Reinventing Government: How the Entrepreneurial Spirit Is Transforming the Public Sector*, Reading, MA: Addison - Wesley, 1992.

③ Newcomer K. E., *Meeting the Challenges of Performance -oriented Government*, Washington, DC: ASPA, 2002.

④ 卓越、赵蕾：《公共部门绩效管理：工具理性与价值理性的双导效应》，《兰州大学学报》（社会科学版）2006年第5期。

⑤ Moore M., *Managing for Value: Organizational Strategy in For -Profit, Nonprofit, and Governmental Organizations*, Nonprofit and Voluntary Sector Quarterly, 2000, 29 (S1), 183—208.

⑥ 弗里德里克森：《公共行政的精神》，中国人民大学出版社2003年版。

政府绩效管理由传统公共行政的"效率中心主义"发端，新公共行政为了强调社会公平，力图用"社会效率"取代"机械效率"，但效率的核心地位并没有被动摇。[①]出现于20世纪80年代的新公共管理运动，尽管花样不断翻新，其"工具箱"如同"万花筒"，但固定的思维模式和预先设定的管理路径选择就是谋求通过竞争、外包和私有化等促进绩效的手段来应对来自于公共领域的挑战，对市场化的盲目崇拜在一定程度上更加深了其对效率的痴迷。政府绩效评估活动通过分权、结果导向、个人责任制等途径贯彻了效率优先的原则，这些途径由于不再具有明显的等级制和命令—控制色彩，表现为对责任和质量的重视，因而容易被我们移情为是对公共责任和社会公平的追求，[②] 而实际上政府绩效评估在解决效率与"公共性"的冲突问题上并没有取得实质性的方案。虽然"行政效率的研究要充分体现研究对象的特性、适应公共目标、公共责任、公共环境和公共组织的基本特点"的呼声一直未曾中断，[③] 但是私人部门管理的方法还是经常不加区分地、自觉不自觉地被引入政府绩效管理过程中，比如简单化了的结果导向、在不确定的环境下过分强调绩效、低估了公共服务供给中购买者和供给者相互分离的难度等，效率依然是占优的价值取向。

（二）政府绩效管理的"合作生产"问题

Stephen Brookes 在《新公共领导挑战》一书中明确指出，政府绩效的获得不仅取决于纵向上的组织、控制和科学管理，在复杂的环境中，政府绩效实际上更取决于横向上与其他利益相关者，比如公民、私营企业和非营利组织的合作。[④] "合作生产"（Co - Production）不仅是一种态度，更是一种实践手段。

政府绩效管理的实践路径从政府自身视角可以划分为"自上而下"的控制路径和"自下而上"的促进路径两种，"自上而下"的控制路径主要包括政府对效率和效益的追求、对绩效评估结果的报告和对责任的控制；在"自下而上"的促进路径中，绩效信息则被用来促进理解和学习，进而改善结果并提升公共服务绩效。[⑤] 然而，在这两种路径中，政府都很少与横向的利益相关者进行合作。[⑥] 作为一种新的行政模式，"治理"强调由政府、市场和公民社会形成组织网络，合作参与社会事务管理，谋求公共利益最大化，并共同承担责任。政府绩效只有通过"合作生产"过程才能得以形成。首先，政治过程需要被考虑。外部的政治支持或者直接影响绩效管理的有效性，或者通过影响组织支持和外部利益相关者的参与来间接影响绩效管理的有效性。政府绩效评估从过程角度分为接受和实施两个阶段．政府绩效评估的接受主要受组织和技术因素的影

---

① 周志忍：《行政效率研究的三个发展趋势》，《中国行政管理》2000年第1期。

② 倪星：《反思中国政府绩效评估实践》，《中山大学学报》（社会科学版）2008年第3期。

③ 周志忍：《行政效率研究的三个发展趋势》，《中国行政管理》2000年第1期。

④ Brookes S.，Grint K.，*The New Public Leadership Challenge*，Palgrave Macmillan，2010.

⑤ OECD.，*In Search of Results：Performance Management Practice*，Paris：OECD，1997.

⑥ Micheli P.，Neely A.，*Performance Measurement in the Public Sector in England：Searching for the Golden Thread*，Public Administration Review，2010，70（4）：591—600.

响，而其实施则主要受制于政治和文化因素;[①] 其次，如上提及，组织支持需要被考虑。绩效管理者要更多地关注组织复杂性、组织协作、组织文化、组织部门间或组织内部竞争以及政治和经济环境。就像 Moynihan 指出的那样，组织支持是绩效评估被接受和管理有效性达成最重要的前提，缺乏组织支持将对由外部压力驱动的政府绩效评估提出非常严峻的挑战，决策者必须将绩效评估与组织内部管理动态地联系在一起，并且有效地利用组织内部已经存在的资源和变革。[②] 再次，公民和其他利益相关者的参与需要被考虑。公民参与对于提升政府项目的质量和政府机构的回应性具有至关重要的作用，可以增加政府的合法性和信任，并支持“自下而上”的路径。Yang 和 Holzer 认为，政府绩效评估能够直接地通过公民参与绩效评价过程或者间接地通过公民对政府绩效的感知来促进公民对政府的信任，要通过建立制度安排、增加公民参与和沟通使得政府绩效与政府信任之间更好地进行连接。他们认为，必须从治理的视角来看待政府绩效的提升和信任的建立，要致力于构建政府机构与公民、私人部门和非营利部门等利益相关者及合作伙伴的动态伙伴关系。在一个公民驱动的政府绩效管理系统中，公民承担着绩效的“所有者”、“问题形成者”、“共同生产者”和“评估者”等多种角色,[③] 政府应该更多地关注回应性，倾听公民的声音并且进行反馈，因为这对于政府绩效的影响或许是更为关键的。将政府视为绩效唯一的“生产者”，而忽略横向上的其他利益相关者，不仅难以使绩效得以改善，而且最终会破坏其得以承载的共同生产网络。

（三）政府绩效管理的“可持续”问题

作为过程的政府绩效管理，需要不断地进行评价、反馈、沟通和改进才能促进其不断创新，从而持续提升政府绩效水平。我们认为，政府绩效管理的“可持续”主要包括两个方面：其一是政府绩效评估行为和内容的可持续性。在西方发达国家，政府绩效评估开展的基本过程及评估指标和内容一般都是通过法律或法规的形式确定的，也形成了相对稳定的评估机构和评估机制，比如美国俄勒冈州波特兰市通过审计办公室开展以标杆管理为基础的政府绩效评估活动，并定期向社会公布评价结果；美国1993 年通过的《政府绩效与结果法案》在 2010 年经过了重新修正和国会批准后依然是美国联邦政府部门绩效测量和绩效报告的纲领性文件，等等。然而，我国的政府绩效评估却显示出很强的“自发性”，迄今也未能形成统一的模式和实施规范，一些已经成功尝试了绩效评估活动的地方政府，也由于种种原因而停止了评估活动。政府绩效评

① De Lancer Julnes, P., Holzer, M., *Promoting the Utilization of Performance Measures in Public Organizations: An Empirical study of Factors Affecting Adoption and Implementation*, Public Administration Review, 2001, 61 (6): 693—708.

② Moynihan, D. P., *Why and How Do State Governments Adopt and Implement "Managing for Results" Reforms?* Journal of Public Administration Research and Theory, 2005, 15 (2): 219—243.

③ Ho A., Coates P., *Citizen-Initiated Performance Assessment: The Initial Iowa Experience*, Public Performance and Management Review, 2004, 27 (3): 29—50.

估穿上各种各样的彩色外衣后被无情地“嫁接”在形形色色的运动上，其命运必然是昙花一现，追求的还是短期利益，这不仅有悖于绩效持续性改进的宗旨，而且会成为政府绩效持续性改进的主要障碍。其二是政府绩效结果使用的可持续性。新公共管理背景下发展起来的政府绩效管理更多地关注于“绩效得分”，而忽视了对绩效信息的使用。研究发现，尽管政府已经实施了绩效评估行为并得到了绩效信息，这些绩效信息却没有被有效使用，也就是说，使用绩效信息来促进政策和项目实施、提高绩效并最大化公共利益的绩效管理行为是严重落后于绩效评估行为的，①② 同时，一些第三方机构组织的政府绩效评估活动也由于在价值取向上与政府发生了分歧，而对绩效评估结果的公布和使用方式没有达成共识。③ 作为一种过程，政府绩效管理由战略规划、年度计划、持续性绩效评估、绩效报告和信息利用等环节构成，是一个动态的过程，缺少了绩效结果使用环节的绩效管理过程虽然能够发现政府管理中的问题，但却丧失了解决这些问题的前提和基础。造成政府绩效管理不可持续的原因是多方面的，一是没有法律法规的支撑，这需要一个长期的努力过程和中央政府层面推动的法律制度建设；二是领导系统缺乏连续性，政府绩效评估活动往往会围绕领导确定的“中心工作”或者社会热点问题展开，但伴随着领导更替和热点转移，政府绩效评估便会夭折；三是政府绩效评估的管理主义倾向，比如政府会把“政府的高绩效”与“经济的高增长”画等号，把“政府绩效评价”与“干部工作考核”画等号等，更有甚者，在线性逻辑下，把产出甚至把投入当绩效，比如，眼下有些地方政府盲目的招商引资行为，政府工作报告中只言干了什么而不问结果如何都属此类。实际上，政府绩效的内涵非常丰富，不仅仅表现为政府的行政产出与投入之比，还应当包括公民满意度和地方发展战略促进机制两个重要方面。④

本文认为，一个高效的政府虽为必要，但却不是政府所应该追求的全部，“只顾低头拉车，不顾抬头看路”的政府绩效背后往往隐藏着严重的社会问题。政府在追求效率、效益和结果的时候，更要关注于公私部门是完全不同的，它们之间有着根本的区别，只有这样才能真正保证政府绩效的提升、社会价值增长与政体合法性的建立之间的一致性；在复杂的环境下，政府已经不再是绩效的唯一“生产者”，政府绩效需要一个“合作生产”过程；同时，政府绩效管理只有坚持“可持续”的准则才能发挥其应有的功效。当我们在强调新公共管理背景下政府绩效管理的管理主义优势时，我们却

---

① Behn, R. D., *The Psychological Barriers to Performance Management: Or Why Isn't Everyone Jumping on the Performance-Management Bandwagon?* Public Performance and Management Review, 2002, 26 (1): 5—25.

② Hatry, H. P., *Performance Measurement: Fashions and Fallacies*, Public Performance and Management Review, 2002, 25 (4): 352—358.

③ 张鹏：《政府绩效评估呼唤顶层设计》，《中国青年报》2012 年 2 月 20 日第 7 版。

④ 包国宪、曹西安：《我国地方政府绩效评价的回顾与模式分析》，《兰州大学学报》（社会科学版）2007 年第 1 期。

慢慢地发现绩效已然成为一个孤立的概念，建立在新公共管理理论基础上的政府绩效管理虽然很好地解决了绩效管理的科学性问题，构建了政府绩效管理的科学模式和方法，但却忽视了对于政府绩效合法性而言最为本质的公共价值基础，传统的治理理论虽然为政府绩效的"合作生产"提供了依据，但也无法从根本上解决问题。以公共价值为基础的政府绩效治理一方面源起于绩效本身的内涵变化，另一方面，也源起于复杂的环境和复杂的问题对公共管理提出的挑战以及突破这些挑战所必须立足的价值诉求。

三 以公共价值为基础的政府绩效治理的理论基础

对于公共价值以及公共价值与政府绩效管理间关系的研究构成了以公共价值为基础的政府绩效治理的理论基础。

对于公共价值的研究很多，不同学者研究的侧重点不同。一些学者关注于在私有化和将私人部门管理模式引入公共部门的背景下对公共价值的保护和调和，强调公共价值的社会意义和民主价值；也有学者关注于一般的公共价值内涵或公共价值的种类等问题，强调公共价值对政府官员行为、政府组织形式和公共政策的引导。[①] 最先提出公共价值概念的是哈佛大学的 Mark Moore 教授，他认为公共管理者的主要任务就是要致力于寻求、确定和创造公共价值，他们不仅要为达成授权目标而工作，还应当回答"怎样做才是有价值的"这一问题。他提出了著名的公共部门战略三角，即公共管理者必须向上获得政治授权，向下更好地控制组织的运作，向外考虑与组织紧密相关的外部环境，以确定什么是公共价值。他认为"价值"是扎根于个人的期望和感知的，而"公共价值"是公众对政府期望的集合，政府的首要任务不是确保组织的延续，而是要根据环境的变化和对于公共价值的理解，改变组织职能和行为，以创造新的价值。[②] O'Flynn 认为，公共价值是一种集体表达的、政治协调的公民偏好的反映，公共价值的创造能够有效地提升公民信任，[③] 他进一步解释说，新公共管理以经济视角为基础来定义政府，通过二十多年的实践，其弱点已经显示出来，研究者和实践者都越来越感兴趣于通过公共价值来理解政府行为、制定公共政策和供给公共服务。公共价值在作为公共组织最终目的的同时，也定义了追求公共价值过程中的准则。首先，作为一种治理方式，公共价值管理强调通过合作生产模式来优化公共部门的功能并产出绩效，强调将政府目标从主要追求经济、效率和效益转向追求更加广泛

① Wal Zeger van der, E. Th. J. van Hout., *Is Public Value Pluralism Paramount? The Intrinsic Multiplicity and Hybridity of Public Values*, International Journal of Public Administration, 2009, (32): 220—231.

② Moore, M., *Creating Public Value: Strategic Management in Government*, Cambridge, MA: Harvard University Press, 1995.

③ O'Flynn, J., *From New Public Management to Public Value: Paradigmatic Change and Managerial Implications*, The Australian Journal of Public Administration, 2007, 66 (3): 353—366.

和本质的公共价值。[①] 其次，公共价值的概念经常与善治联系在一起，不仅触碰到了治理的效益和效率，也碰触到了道德、民主和合法性的问题。同时，公共价值也不是一个一元概念，反而表现出很强的多样性、复杂性和冲突性。[②] 不同的公共价值在本质上是冲突的，对于价值的权衡在任何公共过程中都不可避免，而作为一种"合作生产"概念，公共价值为竞争性的价值和利益的表达提供了一个概念框架。[③] 在网络化治理背景下，公共价值管理强调通过动态的网络治理来实现公共价值目标，其对民主的态度和公共管理者角色的描述已经超越了之前的任何范式，对政府官员行为方式的理解也有着明显的不同。[④] 在已有研究的基础上，O'Flynn 总结了新公共管理和公共价值管理的主要区别，[⑤] 如表 1 所示。

表 1　　新公共管理和公共价值管理的主要区别

区别＼名称	新公共管理	公共价值管理
特征	后官僚，竞争性	后竞争
关注焦点	结果	网络关系
管理目标	达成一致的绩效目标	多元目标，包括对公民偏好的回应、通过服务获得信任以及对网络的控制等
对公共利益的定义	个人偏好的累积	共同偏好的表达
绩效目标	对投入和产出管理来确保经济性和对顾客的回应	多元目标，包括服务产出、满意度、结果、信任和合法性等
主导责任模式	通过绩效契约的自下而上责任和通过市场机制的由内向外对顾客的责任	多元责任体系，包括公民作为政府的监管者以及顾客和纳税人对服务的监管
服务供给系统	私人部门或者公有机构	实用主义主导的选择

在 O'Flynn 看来，传统的公共行政热衷于建立官僚原则，新公共管理认为管理主义会带来收益，而公共价值管理则强调持续的反馈、学习和适应。在公共价值管理中，政府在网络环境中运转，政府的行为和目标要显示和表达深层的公共价值，公共管理者必须通过参与政治过程、相互学习以及与社区和公民等更广泛的利益相关者进行合作来履行公共职责。这些主张对关注于竞争、外包和私有化的管理方式提出了极大的挑战，需要公共管理者跨越边界工作、开发新的领导技能和关系管理技能以更好地实

① Horner L., Lekhi R., Blaug R., *Deliberative Democracy and the Role of Public Managers*, London: Work Foundation, 2006.

② Jorgensen T. B., Bozeman B., *Public Values - An Inventory*, Administration and Society, 2007, 39 (3): 354—381.

③ Gjalt de Graaf, Zeger van der Wal. *Managing Conflicting Public Values: Governing with Integrity and Effectiveness*, The American Review of Public Administration, 2010, 40 (6): 623—630.

④ Stoker G., *Public Value Management - A New Narrative for Networked Governance?* The American Review of Public Administration, 2006, 36 (1): 41—57.

⑤ O'Flynn, J., *From New Public Management to Public Value: Paradigmatic Change and Managerial Implications*, The Australian Journal of Public Administration, 2007, 66 (3): 353—366.

现公共价值目标。[①②] 公共价值管理的另一个管理启示是对"什么起作用"这个问题的明确判断，Alford 和 Hughes 倡导一种公共行政的"问题解决"精神，他们认为公共管理就是要达成与公共价值相一致的结果，而这种结果的达成需要通过"实用主义"的路径来解决问题，[③] 也就是说解决问题的路径是多种多样的，每一种都包含了对于社会的、政治的、经济的、管理的权变思考和对这些要素的最优化过程。

对于公共价值的研究清晰地反映出新公共管理背景下对于工具和技术的强调的局限性，转而主张在关注环境、集体偏好、合作和网络的基础上共同创造公共价值，公共管理者的角色也被进行了重新定义，即公共管理者要转变成为公共价值的探索者和公共部门的创新者。同时，公共价值管理将政治视为贯穿于整个管理过程的协调机制。这些都为政府绩效管理提供了一个新的思维方式和视角。实际上，以公共价值为基础进行政府绩效评估的理念已经出现，比如 2004 年英国公布了"建构公共价值"宣言，对公共价值进行了界定并制定了一套绩效评估制度，而且这一制度近年来已经付诸实践，对于不同公共价值的政治权衡成为了增进公共利益的核心。[④] 我国对公共价值研究的起步较晚，有学者于 2005 年曾开展了基于公共价值的地方政府绩效评估模式研究，他们将公共价值定义为公众在政府提供的公共服务中获得的全部收益与公众付出的一种主观权衡，并提出了公共价值的实现步骤，即识别公共价值—制定公众价值交付战略—将战略转为内部操作流程和规范—实施公众价值交付战略—评估公众价值交付绩效。[⑤] 但是，文章后来将公共价值的评估简化为公共服务质量的评估问题，显然脱离了以公共价值为基础进行政府绩效评估的应有之义。

四　以公共价值为基础的政府绩效治理的概念架构和主要内容

公共价值管理关注集体偏好、重视政治的作用、推行网络治理、重新定位了民主与效率的关系，并且全面应对了效率、责任与公平问题，[⑥] 这些突破对解决政府绩效管理中的理论和实践问题具有重要的意义。具体而言，第一，政府的绩效必须符合基本的公共价值要求。在传统的政府绩效管理中，符合经济、效率和效益的公共过程都被视为是有绩效的，而在以公共价值为基础的政府绩效治理中，公共价值是判断绩效结

① Smith, R. F. I., Anderson E. and Teicher J., *Toward Public Value?* Australian Journal of Public Administration, 2004, 63 (4): 14—15.

② Entwistle T., Martin S., *From Competition to Collaboration in Public Service Delivery: A New Agenda for Research*, Public Administration Review, 2005, 83 (1): 233—242.

③ Alford J., Hughes O., *Public Value Pragmatism as the Next Phase of Public Management*, The American Review of Public Administration, 2008, 38 (2): 130—148.

④ Osborne, S. P., *The New Public Governance? Emerging Perspectives on the Theory and Practice of Public Governance*, London: Rout ledge, 2010.

⑤ 尤建新、王波：《基于公众价值的地方政府绩效评估模式》，《中国行政管理》2005 年第 12 期。

⑥ 何艳玲：《"公共价值管理"：一个新的公共行政学范式》，《政治学研究》2009 年第 6 期。

果是否达成的标准；第二，政府绩效管理要以政府绩效的价值建构为基础。政府绩效的价值建构是绩效观在意识、文化和制度层面的积淀、形成和变迁的历史过程，而公共价值是一定时期内价值建构的结果和表现。一方面，政府绩效管理要受到公共价值约束，在公共价值基础上对政府绩效进行管理，只有体现公共价值的绩效才能获得合法性和支持，也就是说政府绩效管理不仅要分析政府的政策、行为和产出，更重要的是还要分析"政府的决策、行为和结果是社会和公民需要的吗?"这一根本问题，另一方面，通过政府绩效管理体系来促进公共价值的表达并最终承载公共价值；第三，关注公共价值内涵的变迁，并反映到政府绩效评估过程中。尽管公共价值不是一个绝对标准，而是相对于不同社会制度、政治制度、经济环境和文化背景而言的，政府仍然需要不断从社会系统中获得公共价值信息，并通过绩效评估系统不断提高对于公共价值的回应性；[①] 第四，公共价值的实现和表达需要一个强有力的组织基础和回应环境挑战的科学管理体系。新公共管理的理论和方法在解决政府绩效管理的"科学性"问题以及相应的理论规范的建立方面都有其巨大贡献，要在价值建构的基础上，通过政府绩效的科学管理过程使得绩效最大化。因此，政府组织结构的作用不是要削弱，而是要加强，这在我国显得尤为重要。第五，充分发挥政治家和领导者的引领和协同组织作用。政治家是一种社会协调机制，处于理解公共价值的中心位置。首先，政治家能够帮助利益相关者超越狭隘的市场主义来进行合作和决策，其次，政治决策具有弹性，因此可以应对公共过程的不确定性、模糊性和变化无常，最后，政治家能够构建一个多方合作过程来实现公共价值。[②] 同样地，为解决复杂问题，公共部门领导者不但要在组织内行动，而且要在不同的利益相关者之间行动，这就意味着传统的政治家角色和以效率和顾客满意为导向的领导模式面对复杂的公共问题时已经无能为力了。

基于以上分析，我们认为，以公共价值为基础的政府绩效治理包含两个基本命题：一是政府绩效是一种社会建构，其核心思想是，只有来源于社会的政府绩效才能获得合法性基础，也只有根植于社会的政府绩效才能产生其可持续提升的需要，这是政府绩效管理的根本动力；[③] 二是以公共价值为基础的政府绩效治理，产出即绩效。回顾公共行政发展史，我们就会发现，每一个公共行政范式其实都是关注价值的，所不同的是价值在其理论体系中的地位以及价值与效率的关系。在传统公共行政范式下，政府的产出从理论上讲是符合公共价值的，但很难达到最大化；新公共管理背景下的产出由于缺乏了公共价值建构作为基础，从而使得产出与结果不相一致，即产出不等于绩

---

① Kelly G.，Muers，S.，Mulgan，G.，*Creating Public Value：An Analytical Framework for Public Service Reform*，London：Cabinet Office，UK Government，2002.

② Stoker G.，*Public Value Management – A New Narrative for Networked Governance?* The American Review of Public Administration，2006，36（1）：41—57.

③ Morgan，D. F.，Bao，G.，Larsen，G. L.，and Wang，X.，*Beyond New Public Governance：A Value-Based Global Framework for Performance Management*，*Governance and Leadership*，Administration and Society. 2012.（Forthcoming）

效；新公共行政作为对新公共管理范式的批判，提出了用公共精神和以公共价值为中心来指导公共行政过程这一重要观点，而以公共价值为基础的政府绩效治理的本质则是在政府绩效价值建构基础上对政府绩效管理体系的构建，以及在公共管理者的领导作用下对政府行为和产出的选择、约束和创新，从而以新的绩效观回答“我们究竟需要一个什么样的政府”这个根本问题，这是其与新公共行政的根本区别。围绕这两个命题，本文将对以公共价值为基础的政府绩效治理的实现路径和主要内容进行分析。

（一）以公共价值为基础的政府绩效治理的概念架构

如前所述，在新公共管理背景下，政府通过传统意义上的“政府绩效”建立的合法性开始变得脆弱，这是学界开始关注公共价值视角的动力之一。然而，如何以公共价值为基础构建一个新的政府绩效治理体系以面对政府的合法性危机却是一个尚未触碰的理论和实践问题。基于对新公共管理背景下政府绩效管理实践问题的反思和从公共价值视角对政府绩效管理的思考，以价值管理和科学管理理论为基础，本文提出了一个以公共价值为基础的政府绩效治理模型（Public Value - based Government Performance Governance，PV - GPG 模型），纵向上对政府绩效进行价值建构，横向上对政府绩效进行组织管理，如图 1 所示。

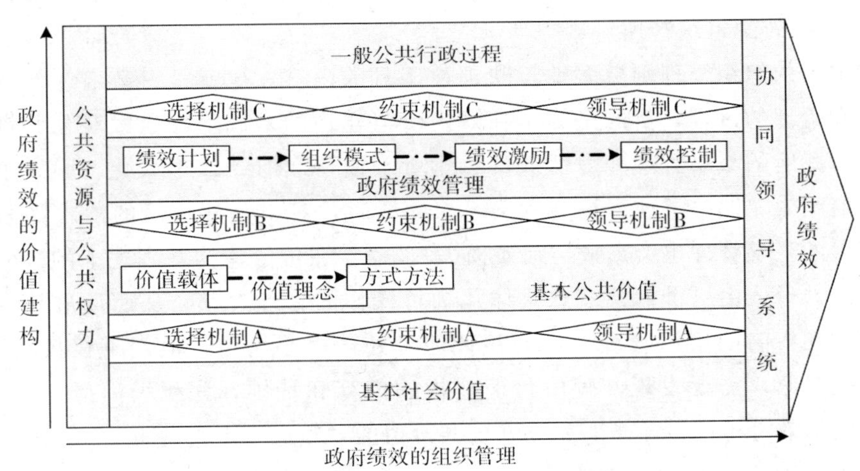

图 1 以公共价值为基础的政府绩效治理模型（PV - GPG 模型）

（二）以公共价值为基础的政府绩效治理的主要内容

以公共价值为基础的政府绩效治理模型是一个复杂的系统，我们认为，对其内容的阐释不仅包括对图 1 中各个部分内容的分析，对各个部分间关系的描述，还包括对其运行机制的研究。此处从政府绩效的价值建构、组织管理和协同领导系统等方面对模型的主要内容进行梳理。

1. 政府绩效的价值建构

政府绩效的价值建构是一个政府与公民和社会的对话与协商过程，在不同的社会制度、政治制度、经济环境和文化背景下是不同的。面对不同的情境，基本社会价值表现出差异性特征，并构成了孕育基本公共价值的基础，公共价值的多样性、复杂性和冲突性特征正是对于公共价值所依赖的基本社会价值特征的体现。也就是说，公共问题的背景、本质和可得的技术和资源对于策略的选择和公共价值的达成非常重要。在西方，政府绩效的价值建构过程是通过成熟的代议民主制及公民社会建设来实现的。而在我国，基本的社会制度、政治制度、经济环境和文化背景不同于西方，在以科层制为主的政府管理体系中，公民和社会参与政府绩效管理的机制没有形成，价值建构往往以口号、运动、红头文件等形式成为政府借以实现其短期利益的借口，尽管有时候其出发点和动机无疑也是正确的。尤其是近年来，我国很多地方出现的劳民伤财的“政绩工程”、扰民伤民事件，究其根本原因，皆出于对丧失了公共性灵魂的绩效的盲目追求。虽然公共价值没有一个绝对标准，但基本公共价值却有一个稳定的结构。政府绩效评估的主体、内容、过程和公民及社会的参与机制都必须建立在这个结构之上。失去了公共价值约束的科学性追求往往会将政府带入效率极端主义的泥潭，将政府不断“缩小”而使其绩效与合法性的取得不相一致。在纵向的价值建构过程中，政治家和领导者的社会协调机制处于中心地位。

2. 政府绩效的组织管理

政府绩效的组织管理则更多地反映理性工具的内容，也就是对政府绩效的价值链进行分析和管理的过程，目的是为了在既定价值建构的基础上，通过对公共资源与权力的投入、政府的战略管理和对绩效的科学管理使得政府绩效最大化。脱离了公共价值的“政府绩效”缺失灵魂，没有意义，与此同时，对于公共价值的追求如若脱离了对政府绩效的科学管理也会造成“绩效损失”。建立在价值建构基础之上的政府绩效管理过程将公共价值由一个抽象概念具体化为可操作的管理过程，从而促进基本公共价值的表达。在横向的组织管理中，公共管理者处于中心角色，他们不仅仅是执行者，还是一个战略家，需要发现并理解价值建构的内容和精神，并积极回应于这些价值，从而使政府绩效管理的“轮子”始终在公共价值的“轨道”上飞驰。

3. 政府绩效的协同领导系统

成功的政府绩效管理系统需要有强有力的领导力，以沟通使命、驱动公共管理者、形成战略并提供成功所必需的管理策略。协同领导系统在以公共价值为基础的政府绩效治理模型中处于连接绩效管理过程和绩效产出的关键位置，本文将协同领导系统划分为价值领导、愿景领导和绩效领导三个部分，通过协同领导系统的政治协调和要素协同来提升政府绩效并使其可持续发展。

政府绩效的价值建构、组织管理和协同领导系统构成了一个有机的系统。在这个系统中，政府绩效不再是通过强调“效率”、“公平”或者“顾客导向”就能够得到的，对于绩效的追求建立在了公共价值的基础之上，并且协同领导系统作为一种催化剂，在公共价值的创造网络中不断进行着协调和沟通。实际上，本文提出的以公共价值为基础的政府绩效治理模型不仅是一个概念框架，在实践中，对应于不同的一般公共行政过程，模型中各个部分的内容也会发生变化，价值内涵、绩效投入、管理过程、领导行为和微观的运行机制都会随着具体公共行政过程的不同而变化，从这个意义上说，本文提出的框架不仅仅是一种理论表达，更重要的是提出了一种行政改革的途径和操作指南。

五　未来的研究问题

以公共价值为基础的政府绩效治理提供了一个全新的治理框架，以绩效作为研究单元和专门分析对象，对绩效的来源、合法性基础、绩效管理过程和领导系统等问题进行了系统解释，并提供了一个实践的视角。当然，由于本研究是探索性构建，难免存在不全面和系统性不足之处，对于以公共价值为基础的政府绩效治理领域的研究仍然任重道远，本文尝试提出一些关键的研究问题，以抛砖引玉。

（一）以公共价值为基础的政府绩效治理模型的运行机制

以公共价值为基础的政府绩效治理概念框架，宏观上通过基本社会价值、基本公共价值的传递，在选择、约束和领导三个机制作用下以实现其价值建构。微观方面，组织管理和协同领导系统重构了绩效管理体系，并对公共行政过程进行管理和治理，这是一种全新的路径。但这三个机制是怎样作用的，在每个层面上作用的方式、内容是什么，尚需深入研究。

（二）中国情境中的模型应用问题

政府绩效管理的价值建构对于不同的国家而言，其过程、形式和内容是不同的，我们认为可以从社会、政体和行政三个层面理解政府绩效管理的价值建构。我国自改革开放以来，社会层面上对和谐社会、科学发展观的强调，政体层面上对民主、自由和人权的追求，以及行政层面上的服务型政府、法治政府、责任政府和廉洁政府的建设都属于价值建构的范畴。那么，如何用科学的方法获取和确定中国现阶段主要的公共价值内容，并在此基础上设计政府绩效管理体系，以推动我国的行政体制改革进程就成为一个主要的研究问题。

（三）模型在政府绩效管理实践中的“操作性”问题

以公共价值为基础的政府绩效治理是在政府绩效价值建构的基础上，构建政府绩效管理体系，对公共行政过程进行管理，从而使得政府绩效最大化的过程。从模型来看，纵向上，政府的一切公共价值供给都需要在社会层面进行需求调研，并进行公共价值的供需和平衡分析；横向上，政府绩效的科学管理过程要通过一系列的制度、组织和管理方面的具体政策和行为来承载公共价值，并最大化政府绩效。如前所述，对应于不同的公共行政过程，模型中的内容是不同的。本文更多的讨论了以公共价值为基础的政府绩效治理的理论架构，那么，如何将模型进行解构，针对不同类型的公共行政过程，具体化为可以在实践中操作的管理步骤和方法，成为一种实践的指南，还需要进一步研究。

（四）政府绩效管理的价值链分析

价值链分析是本文提出的概念架构的重要研究方法和分析工具，也是进行政府绩效管理的前提和依据。最初产生于私人部门的价值链分析工具为确定影响私人部门利润的关键流程和核心步骤提供了有效的方式，借鉴其理念，需要确定在政府绩效管理的每一个环节是否产生价值、价值内容是什么，进而分析其来源和构成，为科学管理既提供方法，又提供证据。

（五）政府绩效管理的价值评估

政府绩效通过以公共价值为基础的政府绩效治理模型是否实现了公共价值是需要评估的。价值评估的过程不但是一个信息收集、结果判断和管理矫正的过程，也是一个发现新的公共价值的过程。需要构建政府绩效管理的价值评估模型，并对其价值管理功能和价值管理机制进行探讨。

（六）政府绩效领导理论研究

2009 年 9 月，首届政府绩效管理与绩效领导国际学术研讨会在兰州大学召开，这是“绩效领导”（Performance Leadership）作为专业词汇首次出现在学术视野。[①] 西方学者这两年已经开始构建政府绩效领导的理论框架并着手开发课程体系，[②] 而我国在这个领域的研究尚属空白。本文从政府绩效的视角将领导系统分为价值领导、愿景领导和绩效领导三种类型，具有一定的启发意义，而对其具体内容和特点的研究还有待深入。

［作者包国宪，教授、博士生导师，兰州大学管理学院院长，兰州大学中国地方政府绩效评价中心（CCLGPE）主任，全国政府绩效研究会副会长、甘肃省管理学会会长；王学军，兰州大学—美国波特兰州立大学联合培养博士研究生］

① 包国宪等：《从绩效管理到绩效领导的公共部门创新理论与实践》，科学出版社 2011 年版。

② Behn，R. D.，*Performance Leadership Report*，Retrieved From，http：//www. hks. harvard. edu/thebehnreport/All%20Issues/February2011. pdf.

政府绩效评估方法

范柏乃　胡超君　闫　伟

政府绩效评估是评估主体在掌握一定的政府绩效评估信息的基础上，根据统一评估指标和标准，按照一定的程序，运用科学的分析方法，对各级政府或政府职能部门一定时期内的业绩做出客观、公正和准确的综合评判的过程。政府绩效评估的结果表明了政府部门管理行为的结果，是政府绩效管理的中心环节，也是政府绩效管理系统持续运行的基石。

政府绩效本身具有多元的特征，计划绩效与政策绩效之间、直接绩效与间接绩效之间、有形绩效与无形绩效之间，很难作出简单评判。因此，政府绩效评估是一项十分复杂的工作，需要综合运用一系列科学的定性与定量方法进行处理，才能保证评估工作的客观性和准确性。

近年来，随着绩效评估在政府管理实践中的广泛运用，政府绩效评估方法不断推陈出新。根据政府绩效评估理论与实践的发展，可以将政府绩效评估方法分为三种主要类型，即政府绩效信息采集方法、指标选择方法和对评估结果的定量分析方法。

一　政府绩效评估的信息采集方法

政府绩效信息采集是对政府绩效的取证，在政府绩效评估中具有十分重要的作用。通过信息采集，一方面可以为划分评估项目、选定评估内容提供参考和依据；另一方面也能够为结果分析提供数据信息支撑。

划分评估项目、选定评估内容所依据的信息一般来源于政府绩效评估工作所使用的前期资料。而能够为结果分析提供数据支撑的信息主要指的是与评估内容有关的政府业绩及政府系统内外部相关主体对评估对象的具体评价。实际上，绩效评估主体对评估对象的认识和判断都缘自这些信息的综合影响。评估结果是否合理，很大程度上取决于所采集信息的全面性、真实性、准确性及代表性。因此，要减少评估误差、提升评估质量，首先就必须根据评估环境和评估需求，采用科学恰当的信息采集方法。

目前，绩效评估的信息采集方法有文献法、访谈法、问卷法、观察法、实验法、工作记录法、统计资料法和实地考察法等十余种，而在政府绩效评估领域最常运用的方法是文献法、访谈法、问卷法和统计资料法。每种方法都各有利弊，为了保证绩效信息的全面性、准确性与客观性，政府绩效评估工作往往会综合运用各类方法。

（一）文献法

文献法是通过查阅、整理文献资料以获取所需信息的方法。它要解决的问题是如何在政府绩效评估的相关文献群中快速、准确地定位所需资料，并进行恰当分析和使用。运用文献法采集信息，一般不须与绩效评估对象及其公务人员直接打交道。

政府绩效评估工作可参阅的文献多种多样，按载体性质，分为印刷型、缩微型、机读型、视听型和实物型五类；按出版形式，分为图书、期刊、专利文献、会议文献、科技报告、政府出版物、学位论文、标准文献、技术档案和报纸十类；按文献的加工深度，分为零次文献、一次文献、二次文献和三次文献四类。不同类型的文献所提供的信息各有不同，扩大和丰富了信息采集工作的信息源，也使文献法成为各国政府绩效评估工作中最基础、使用最广泛的信息采集方法。

1. 文献法的操作程序

通过文献法采集政府绩效评估信息需要经过五项基本操作程序：确定采集计划、文献检索、信息摘录、文献鉴别与文献分析（见图 1.1）。

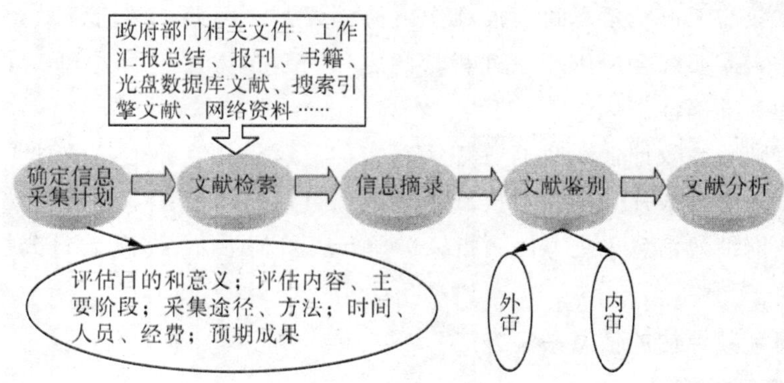

图 1.1　文献法的基本操作程序

拟定信息采集计划是政府绩效评估的第一步。信息采集计划指导着评估主体按一定步骤井然有序地开展评估工作，其主要内容包括评估的目的和意义、评估内容和主要阶段、文献采集的途径和方法、采集的时间分配、人员分工、经费预算和预期成果等。

文献检索即依照信息采集计划，利用专门的检索工具，从大量文献资料中迅速、准确、完整地查找所需文献。政府绩效评估工作常用的文献主要有政府部门相关文件、政府工作汇报总结、报刊、书籍、光盘数据库文献、搜索引擎文献以及数量巨大、更新迅速的网络资料等。

完成检索后，需要浏览、精读文献，并充分利用现代化手段来摘录所需信息。摘录信息的过程中要做到全面、客观，跳出自身主观立场。应秉承现实精神，对所搜资料去粗取精、去伪存真。

文献鉴别是保证文献信息真实性、可靠性的重要方式，可分为“外审”和“内审”两类。外审是对文献本身真伪的鉴别，包括对作者真伪的鉴别和对文献版本的鉴别。内审是对文献所载内容是否属实的鉴别，主要方法有文献间相互参照、实物与文献相互参照、文献与其产生背景相互参照等。具体可根据被审文献的性质和复杂程度，采取多种方法或交互复核。

文献分析即对已经过鉴别的文献内容进行描述和整理，并得出分析结论。

2. 文献法的基本特点

文献法历来都是最富生命力的信息采集方法。运用文献法采集政府绩效评估信息的优点在于：不受时空限制；评估过程不受政府部门及其公务人员、公众等主观“反应”的干扰；信息容量大，且可以节省大量的人力、物力和财力。

但文献法也存在局限性：第一，文献往往具有主观色彩，作者故意掩盖部分事实、文献被选择性保存、文献造假等现象并不鲜见；第二，文献往往具有历史局限性，即便不存在故意歪曲，文献内容与客观事实之间也不可避免地存在一定距离；第三，文献抽样往往缺乏代表性，文献资料一般由教育程度较高的阶层完成，他们无法完全代表其他阶层的观念与状况；第四，文献采集的难度较大，对于政府绩效评估工作而言，常常遇到文献严重不足的情况，这一方面是因为政府机关一般会在文件记录过程中有意识地记录正面信息，删除负面信息，对文件也会进行选择性保存；另一方面是因为一些政府机关的文献受到保密原则的约束无法公开，这加大了文献搜集的难度。

“纸上得来终觉浅”，也正是因为文献法存在内在局限性，政府绩效评估主体需要探寻其他绩效信息采集方法作为补充，弥补文献法的不足。

（二）访谈法

访谈法是通过访问、面谈、座谈会等形式，有目的地与被评估部门领导、工作人员及公众等相关主体进行沟通，以获取评估工作所需信息的方法。

访谈法具有不同的形式，根据访谈进程的标准化程度，分为结构型访谈和非结构型访谈；根据访谈时是否借助于一定的中介物，分为直接访谈和间接访谈；根据受访者人数，分为个别访谈和集体访谈；根据访谈中的提问方式，分为定向型访谈和非定向型访谈；根据访谈时间或次数，分为一次性访谈与重复性访谈（见表 1.1）。

表 1.1　访谈法的具体分类

划分依据	标准化程度		访谈方式		受访者人数		提问方式		访谈次数	
	严格控制	非标准化	当面交谈	借助中介	单个受访	集体受访	事先设计	自由提问	一次完成	多次跟踪
具体类型	结构型访谈	非结构型访谈	直接访谈	间接访谈	个别访谈	集体访谈	定向型访谈	非定向型访谈	一次性访谈	重复性访谈

1. 访谈法的操作程序

通过访谈法采集政府绩效评估信息，一般要经过确定访谈主题、确定访谈可行性、制定访谈计划、实施访谈、整理和分析访谈结果五项基本程序（见图 1.2）。

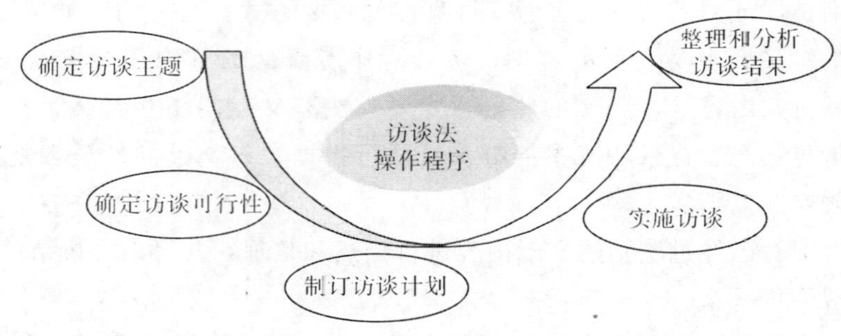

图 1.2　访谈法的基本操作程序

在正式实施访谈之前，首先需要确定访谈的主题，为绩效评估工作的开展提供方向性指导。主要须明确要从受访者处获得哪些信息，比如，受访者认为的绩效评估重点是什么，应有哪些评估指标，对指标相关问题的评价如何等。

确定访谈可行性，就是确定拟议中的访谈是否能够按计划实施，主要应考虑两个方面：一是拟定中的访谈对象是否接受访谈；二是访谈者自身能否进行访谈，这主要指访谈者是否具备访谈的知识、经验和技巧。

制订访谈计划，包括确定访谈对象，确定访谈内容和问题，确定访谈的时间和地点，确定访谈的记录方式，确定访谈所需资金和其他物质条件（如记录仪器）等内容。此外，还需在访谈计划中对可能存在的信度和效度问题进行说明。事先制订好并充分熟悉访谈计划的内容，在访谈过程中紧紧围绕访谈的目的进行，这是确保访谈取得预期效果的前提。

实施访谈是访谈法操作的主体程序，主要是根据确定的访谈形式进行访谈、记录访谈资料、监测访谈进展和抽样复查以求证访谈实际情况等。

整理和分析访谈结果，首先要检查收回的资料是否有错误或遗漏，应根据访谈时的会议最大限度地补齐记录。之后则需按照一定的标准进行归类和分析，总结重要信息，提炼相关数据。

2. 访谈法的基本特点

访谈法是一种适用范围很广的资料搜集方法，其具有两个明显的特点：一是整个访谈是访谈者与受访者互相影响、互相作用的过程；二是它具有特定的科学目的和一整套设计、编制和实施的原则。

运用访谈法采集政府绩效评估信息的优点在于：第一，直观、全面，受访者可以是被评估部门的领导及其他公务人员，可以是与被评估部门有工作往来的其他部门人员，也可以是社会公众，还可以是政府绩效评估领域的专家学者。通过访谈，可以直观地了解到各主体对评估对象的看法，也易得到预期之外的有价值的信息。第二，可靠性强，在访谈过程中，可以通过访谈对象的言辞、语气、神态、动作等来判断其看法、说法是否可信、是否全面。第三，灵活性强，访谈者可以根据访谈过程中的具体情况来灵活决定访谈问题及访谈进度，且可以适时根据访谈对象的特性提出相应问题。

而访谈法的局限性主要表现在三个方面：第一，费用多，耗时长。这不仅会造成较高的执行成本，也容易影响政府绩效评估工作功能的发挥——及时为政府部门进一步提升绩效提供依据与指导。第二，标准化程度低，难于统计分析。受访者对于被评估部门的评价往往来自于平时的工作、生活经验，信息量庞大且复杂，主观性强，有的很难量化。第三，易产生偏差。受访者的社会地位、文化水平、访谈经验、对评估部门的了解程度、受访时的心境等都会影响访谈结果，造成偏差。

（三）问卷法

问卷法是将严格设计的测量项目或问题形成问卷，发放给受访者填写，以搜集评估资料和获取评估数据的方法。政府绩效评估主体须将拟定的问题编制成具一定格式的表格，以邮寄、当面递交、在线调查、追踪访问和发送电子邮件等方式让受访者填答，从而了解其对被评估部门的看法和意见。采用问卷法搜集绩效评估资料的目的主要是通过问卷回收得知相关主体对被评估单位的态度、意见和看法，然后进行比较分析，以为评估工作提供数据参考。

1. 问卷法的操作程序

问卷设计是问卷法操作的核心环节，问卷的质量直接影响到政府绩效评估工作的效率和评估结果的可信度。

要设计出高质量的政府绩效评估问卷，一般应遵循六个基本程序：明确评估目的、构建问卷设计的框架体系、拟定并编排问题、确定问题的表述方式、问卷的排版和布局、问卷预调查与修订（见图 1.3）。

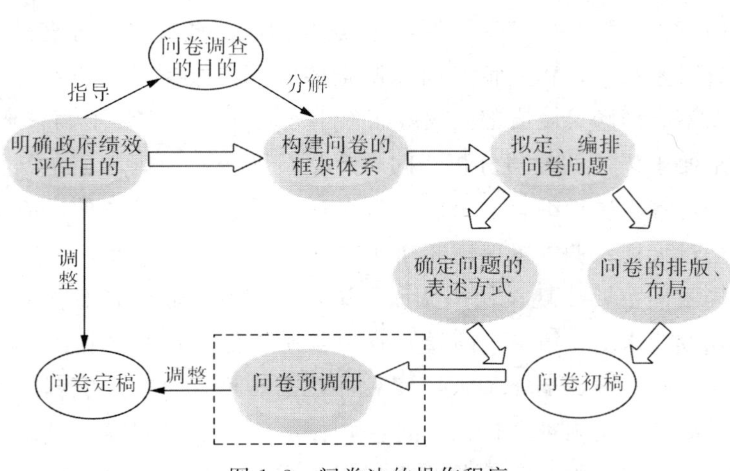

图 1.3　问卷法的操作程序

明确评估目的是问卷设计的前提和基础。一般而言，政府绩效评估的目的是对政府部门的行政行为进行监测，以提高行政效率和政府行为的公众满意程度。必须依据评估目的指导问卷法的整个操作过程。

之后要分解问卷调查的目的，建立目标分级体系，进而构建问卷的框架体系。一份问卷主要包括七大块内容，即问卷名称、封面信、被调查者基本情况、指导语、调查内容、编码、结束语等，每部分内容都必须与评估目的紧密相连。

拟定并编排问题，即依照政府绩效评估目的或相应的评估指标体系，尽量详细地列出与所需信息有关的问题，再进行检查、筛选，对多余、遗漏、不当的问题进行删、补、换。

确定问卷问题后，要科学设计问卷的表述方式。力求做到用词清楚简洁；避免提及带有双重或多重含义的问题；不用反义疑问句，避免否定句；避免问题的从众效应和权威效应；避免诱导性的用语等。

在问卷的排版与布局方面，要注意问卷问题的连贯一致性。先问同一框架的问题，再问另一框架问题，并按逻辑次序或时间次序排列，以保持回答者的注意力和思维序列。问卷排版的布局总的要求是整齐、美观，便于阅读、作答和统计。

为确保问卷的有效性，可进行问卷预调查，根据预调查结果对问卷进行适当调整。问卷定稿形成之后，便可进行发放以采集信息。

2. 问卷法的基本特点

在政府绩效评估工作中，很多问题无法直接测量，只能通过问卷的方法进行间接调查，而互联网的发展也给问卷法的使用创造了更多机会。在当前的政府绩效评估工作中，越来越多的国内外各级政府开始在官方网站上挂出绩效测评调查问卷以向公众广泛搜集绩效评估信息。

问卷法的优点明显：第一，效率高，费用低。问卷法一般不受地域、时间的限制，可通过政府部门官方网站、e－mail 等形式发送与回收，调查结果可直接采用数据库记录。第二，调查对象受干扰程度低。问卷调查的匿名性避免了调查者对被试的主观干扰，特别是公众不必因顾忌政府部门权威而作出违心回答，增强了调查结果的真实性。第三，调查结果便于统计处理与分析。问卷严格按照统一原则和固定结构设计，标准化程度高，便于对答案进行编码。第四，为大样本调查提供了条件。而政府绩效评估工作往往需要通过大样本调查以保证准确性。

问卷法的局限性主要体现在四个方面：第一，调查问卷设计难。需要设计者拥有丰富经验、较强专业水平。第二，问卷回收率普遍较低。特别是我国公众对于政府绩效评估工作的参与感普遍偏弱，加大了问卷回收的难度，也在一定程度上影响了调查结果的代表性。第三，实施难度较大。问卷调查法使用书面问卷，对调查对象的阅读能力、理解能力有一定要求。而在某些小城市或农村地区，居民甚至政府工作人员的文化水平相对偏低。第四，缺乏弹性。问卷问题及大部分答案都被预先设定，限制了调查对象的作答，从而可能遗漏一些更为深层的信息。

（四）统计资料法

统计资料是统计部门或单位在工作过程中所搜集、整理、编制的各种统计数据资料的总称。统计资料法就是通过查阅统计资料来获取、提炼所需信息的方法。

统计资料一般存放于国家或各级行政单位的统计部门，主要包括社会经济统计数据、人口统计（普查）数据、工农商业产值数据、各类进出口产品数量数据、环境污染监测数据、各种地球物理现象观测值、水文要素观测数据等。不同类型的数据值都与相应政府部门的行政行为有所关联。统计资料现也已成为了各级政府绩效评估工作的重要信息源。在政府绩效评估领域，统计资料法主要用于评估指标体系构建完成后的数据采集阶段。

1. 统计资料法的操作程序

统计资料法的操作程序与文献法类似，但比文献法更为具体、简单，基本程序有制定采集计划、资料获取、数据整理和定量分析四项。

制定采集计划是根据构建完成的指标体系确定具体需要的统计数据，明确这些数据的获取渠道，进而预先计划好信息采集工作的开展步骤。

资料获取是根据采集计划搜集数据，对于已对外公开的统计资料，直接在图书馆、网络数据库等载体上检索；对于还未公开的统计数据，则须联系相关部门。

获得统计资料数据源后，则需提取评估工作所需的统计数据，并根据已建成的评估指标体系对数据进行整理，形成数据汇总表格。

定量分析就是对整理好的统计数据进行分析。文献法中的文献分析主要倾向于定性分析或内容分析，而统计资料法中的资料分析则更倾向于结构式的定量分析，主要用于趋势分析、比较分析和意向分析等。

2. 统计资料法的基本特点

与一般的文献资料相比，统计资料带有一定的官方性，且都以数据形式呈现。运用统计资料法采集信息，不仅可以节省大量的人力、物力、财力，也可以保证数据的可靠性，同时还便于直接进行统计分析。

但是，在政府绩效评估越来越强调公众参与及公众满意的趋势下，统计资料难以体现公众态度的劣势也逐渐凸显出来。同时，由于统计部门的每次统计工作之间都存在一个较长周期，使得统计数据难免存在时滞，这也导致统计资料法缺乏足够的时效性。

二 政府绩效评估的指标选择方法

绩效评估指标是绩效评估的重要组成部分，是开展绩效评估工作的载体。政府绩效评估指标反映了政府绩效评估工作的内容，是衡量、监测和评估某一级政府或某一个政府部门工作业绩，并揭示工作中存在问题的重要量化手段。

一般来说，政府绩效评估的指标体系分为三个层级架构，或称为三级指标体系。一级指标即评估维度，关注评估的战略思路和战略理念；二级指标也叫基本指标，侧重评估的策略目标，关注组织内职能结构；三级指标为具体指标，结构复杂，角度多变。而一级指标是第二、三级指标设计的基础。

科学地选择政府绩效评估指标，不仅可以为评估工作确定基本的工作原则与方向，使评估工作具有更强的现实操作性，也可以保证评估工作的公平公正、系统全面、客观可靠和连续稳定。因此，政府绩效评估工作必须重视对评估指标的选择，采用科学化、多元化、多视角的绩效评估指标选择方法。

随着越来越多企业绩效评估指标选择方法被引入政府绩效评估领域，政府绩效评估指标选择的方法体系不断拓展，并日益趋向专业化、科学化。目前，政府绩效评估工作中普遍运用的指标选择方法或模型就有20余种，包括“4E”评估法、平衡计分卡法、关键绩效指标法、标杆管理法、因果关系设计法、行为量表法、绩效棱柱模型、SERVQUAL评价模型和QQTC模型等。

虽然各方法都有其先进性，但对于特定层级政府或政府部门来说未必完全适用。因此，必须根据评估工作的具体目标和需求采用适宜的指标选择方法。本部分将选取平衡计分卡法、关键绩效指标法和SERVQUAL评价模型作具体介绍。

（一）平衡计分卡法

“平衡计分卡”（The Balanced Score Card，BSC）由美国哈佛商学院的卡普兰（Kaplan）教授与诺顿（Norton）教授于1992年首次提出，最早用于考察企业管理成就，是一种全面、系统、有效的企业绩效评价指标体系。《哈佛商业评论》将“平衡计分卡”称为七十五年来最具影响力的战略管理工具。

1. 平衡计分卡法的基本思想

卡普兰和诺顿认为，单纯追求财务指标不利于提高组织的综合竞争力。平衡计分卡的基本思想就是在财务指标与非财务指标之间寻求相互“平衡”，依照多维指标考核组织绩效。

与传统的绩效评估过于重视财务指标不同，平衡计分卡法从财务、顾客满意、内部业务流程及学习与成长四个方面来设计绩效评估指标，代表了三个利害相关群体：股东、客户及员工（见图2.1）。

• 财务指标：包括收入增长指标、成本减少或生产率提高指标、资产利用或投资战略指标等。财务指标直接体现股东利益，能够反映企业战略的制定、实施和执行是否正在为最终业绩绩效的改善作贡献。

• 顾客满意指标：包括顾客取得率、顾客保留率、顾客满意度、顾客盈利率等。顾客满意指标直接体现客户利益，使企业的经营战略转变为以顾客和市场为依据的具体目标。

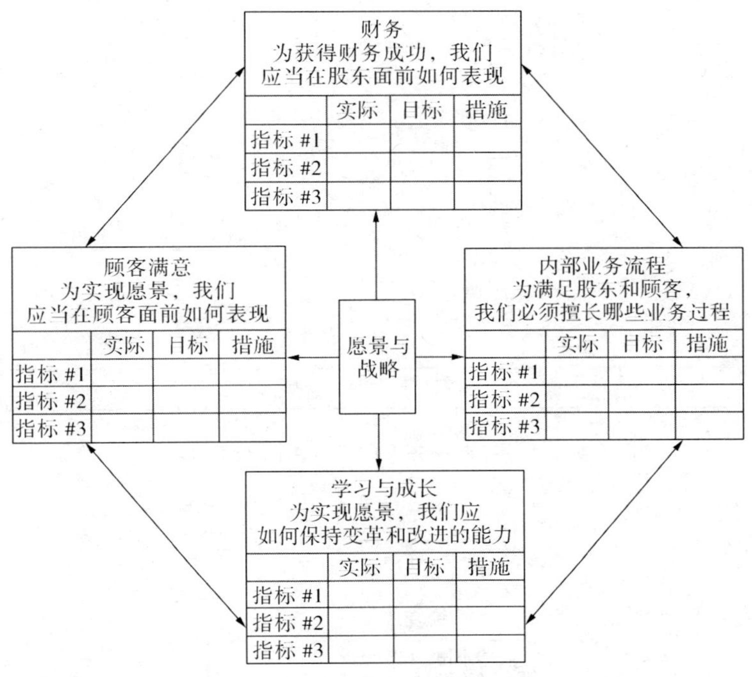

图 2.1 平衡计分卡战略透视图

资料来源："Linking the Balanced Scored to Strategy"，Kaplan and Norton，California：Management Review，July 1996。

• 内部业务流程指标：包括企业创新能力指标、企业生产经营业绩指标和企业售后服务业绩指标。企业财务业绩的提升、顾客需求的满足及股东价值的追求，都需要靠其内部良好的经营和流程来支撑。

• 学习与成长指标：主要指向企业内部员工个体的学习与发展情况，企业自身的学习、变革与发展情况等。学习与成长指标在很大程度上体现了员工利益。

财务指标是企业最终的追求和目标；要提高企业的利润水平，必须以顾客为中心，提高顾客满意度；要满足顾客需求，就必须加强自身建设，提高企业内部的运营效率；而提高效率的前提又是企业及员工的学习与成长。可以说，这四个方面的指标共同构成了一个循环系统，形成了一个决定企业发展速度的因果关系链（见图 2.2）。

2. 平衡计分卡法在政府绩效评估中的应用

卡普兰和诺顿（1996）认为 BSC 同样适用于政府机关。但相对企业组织来说，政府具有公共服务和社会责任的最高目标，不以利润和经济收益为导向，缺乏传统的财务维度。且政府服务对象是社会公众，而非一般意义上的顾客。因此，有必要对原有的平衡计分卡指标进行相应调整，构建一个政府绩效评估的平衡计分卡模型（见图 2.3）。

第一，使命。与企业的最终目标是营利不同，政府部门服务于更高的目标，如降

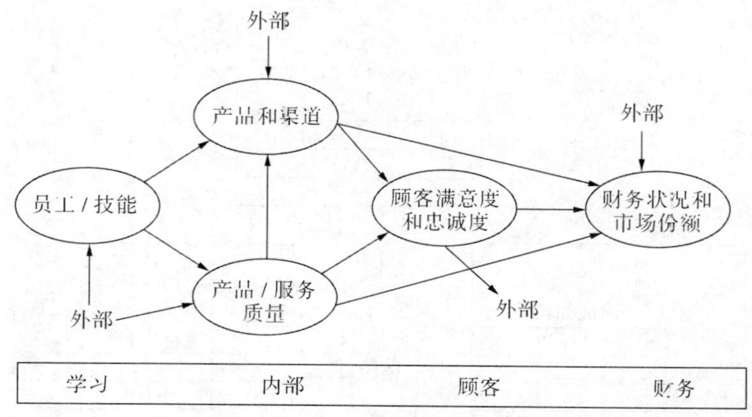

图 2.2 平衡计分卡四个方面的因果关系

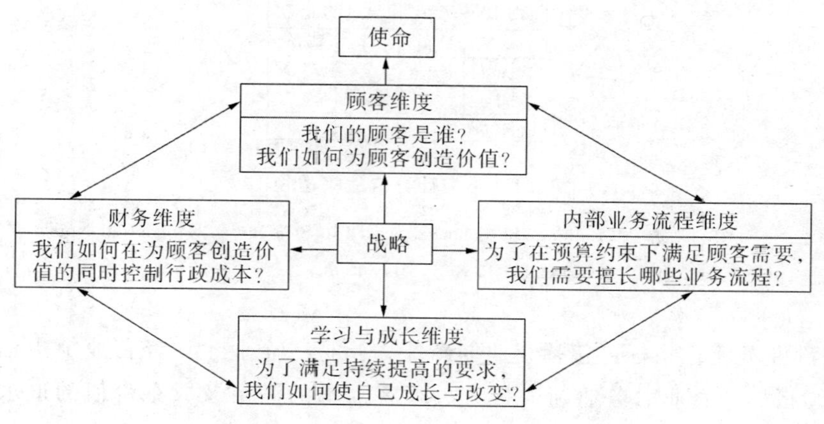

图 2.3 政府组织的平衡计分卡

资料来源:[美] 保罗 · R. 尼文:《政府及非营利组织平衡计分卡》,胡玉明等译,中国财政经济出版社 2004 年版。

低艾滋病感染率,提高社会公平等,这些压倒一切的目标应该被置于政府平衡计分卡的最高位置。

第二,顾客维度。在政府部门平衡计分卡模型中,顾客维度得到提升。从使命出发,更为关注的是组织的顾客,而不是财务利益相关者。因此,组织必须明确其服务对象以及如何最好地满足他们的要求。

第三,财务维度。由于政府部门不以营利为目的,因而在政府部门平衡计分卡模型中,财务维度的目标是“如何在预算约束条件下为顾客创造价值”。财务维度主要表现为政府成本,即以最低的行政成本提供公共服务。

第四,内部业务流程维度。良好有序的政府管理内部流程是保证政府绩效水平的关键。如果组织内部运作流程失范,长此以往,势必会导致政府部门腐败滋生,继而危害整个组织及公众的利益。

第五，学习与成长维度。全球化、信息化的发展对政府的管理创新能力提出了越来越高的要求。政府管理创新的核心力量来自于政府及其行政人员的学习能力，来自于政府保持与外部行政生态环境在物质、人员、信息、文化等方面的良性互动。因此，学习与成长能力也应成为考量政府绩效水平的新维度。

（二）关键绩效指标法

关键绩效指标（Key Performance Indicator，KPI）法是企业绩效管理中比较流行的一种指标设计方法，是目标管理（Management By Objective，MBO）法与帕累托定律（“二八定律”）的有机结合。

1. 关键绩效指标法的基本思想

在企业绩效评估中，关键绩效指标法是对企业的战略目标进行全面分解，分析和归纳出支撑企业战略目标的关键成功因素（Critical Success Factors，CSF），继而从中提炼出企业、部门和岗位的关键绩效指标的指标选择方法。关键绩效指标法的应用逻辑是：首先以企业的战略目标、经营管理计划和目标为基础，筛选出企业 KPI 指标；再根据企业部门与团队职责，将企业 KPI 指标分解为若干部门 KPI 指标；之后根据部门内各个岗位的职责流程，进一步将部门 KPI 指标分解为员工 KPI 指标，最终构建一个系统的组织 KPI 指标库（见图 2.4）。

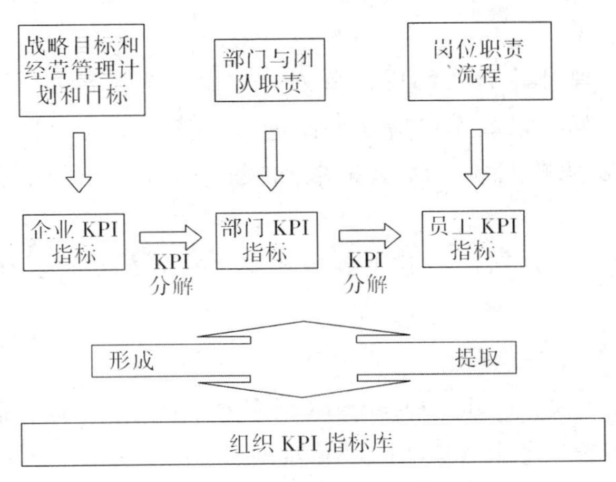

图 2.4 KPI 指标结构图

关键绩效指标法的核心思想是企业 80％的绩效可通过 20％的关键指标来把握和引领，企业应当抓住主要矛盾，重点考评与其战略目标实现关系最密切的 20％的关键绩效指标。设立关键绩效指标的价值在于使经营管理者将精力集中在对绩效有最大驱动力的经营行动上，并采取提高绩效水平的改进措施，使员工把精力投放在与企业战略目标实现紧密相连的工作中。

一般来说，设计关键绩效指标主要可以通过六种方式实现。一是把握组织、部门、岗位的工作职责，提取工作要项目；二是管理者与被管理者共同参与，提出指标选择方案；三是指标权重的调查和提炼；四是标杆基准法（外部导向法），将同一职能范围最优成效的部门关键业绩行为作为对照分析基准；五是通过鱼骨图等成功关键分析法；六则是以平衡计分卡为依据来构建 KPI 体系。

2. 关键绩效指标法在政府绩效评估中的应用

KPI 的精髓是“关键”，可将 KPI 引入政府绩效评估，通过对政府 20％的关键行为进行考核，推导出政府 80％的绩效。但政府与企业毕竟属于不同性质的组织，二者在运营机制上有很大不同。因此，必须针对政府绩效评估的特点，建立调整后的 KPI 体系（见图 2.5）。

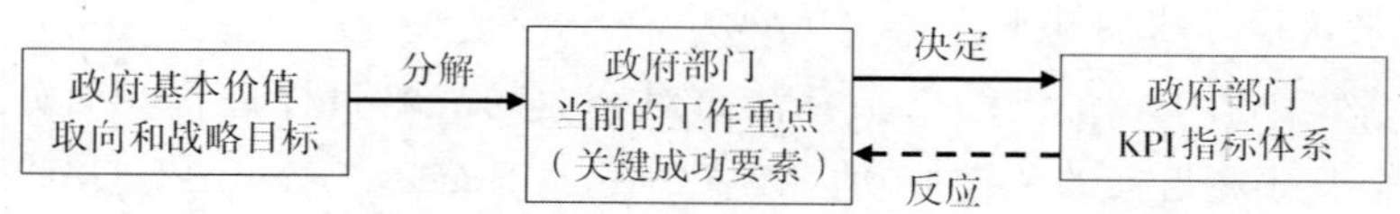

图 2.5 KPI 在政府绩效评估中的应用

首先，应确立一致的政府基本价值取向和战略目标，高层管理者、管理层和普通公务人员必须对战略目标进行承诺，这样做的目的是将战略目标、措施与政府内部各个层级的运作相联系，使政府内部自上而下对政府的战略目标都有一个清楚的认识。

其次，要找出实现目标的关键成功要素。如果政府将经济增长作为今后一段时间的首要战略目标，那么采取哪些措施来促进增长就成了实现目标的关键成功要素；如果将稳定作为首要战略目标，那么采取如减少贫富差距等的措施就是关键成功要素。

之后便是通过特定的指标选择方式整理已确定的关键成功要素，进而选择相应的关键绩效指标。

（三）SERVQUAL 评价模型

SERVQUAL 为英文 Service Quality（服务质量）的缩写，最早由帕拉苏拉曼（A. Parasuraman）、泽丝曼尔（Valarie A. Zeithaml）和贝里（Leonard L. Berry）三人（简称 PZB）于 1988 年提出。SERVQUAL 模型现已被证明是最具权威性的评价服务质量模型，在企业管理领域已运用得比较成熟。目前，在建设服务型政府的大背景下，SERVQUAL 模型也逐渐被引入了我国政府绩效评估领域。

1. SERVQUAL 评价模型的基本思想

SERVQUAL 评价模型强调企业组织的“服务性”，将“顾客感知服务质量（Perceived Service Quality）”作为评价组织绩效最重要的标尺，通过“顾客”评价来考核组织绩效。

SERVQUAL 评价模型的理论基础是服务质量差距模型。1985 年，塞斯莫尔等人提出"顾客感知服务质量（Perceived Service Quality）"的高低取决于服务过程中顾客的感觉（Perception）与对服务的期望（Expectation）之间的差异程度。这个差异程度由另外四个差距造成（见图 2.6），差距 1 是顾客期望与服务提供者对这些期望的感知之间的差距；差距 2 是未选择正确的服务质量设计与标准；差距 3 是服务履行的差距，即未按服务设计与标准提供服务；差距 4 是实际传递的服务与对外沟通间的差距，即服务提供者在对外沟通中可能做出了过度承诺；差距 5 就是服务预期与服务感知间的差距，该差距由以上 4 个差距造成，差距值决定着服务提供者的总体服务质量水平。

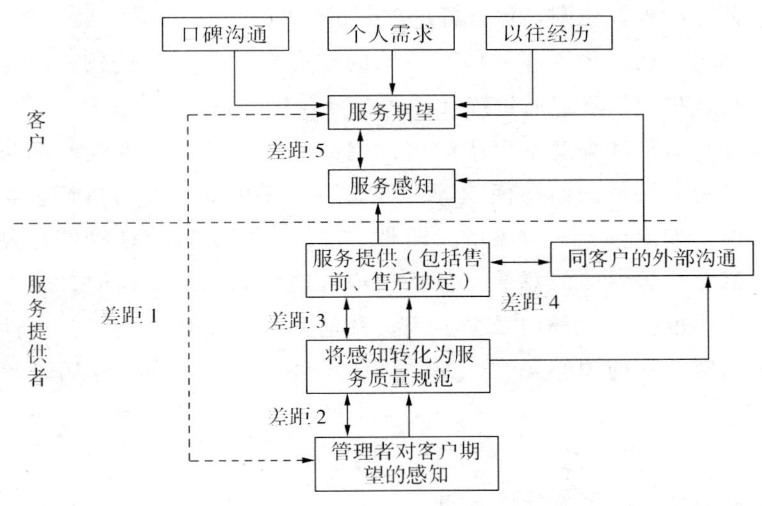

图 2.6 服务质量差距模型

在服务质量差距模型的基础上，人们通过多次调查最终提炼出 5 个评价服务性部门绩效的基础维度，并在此基础上设计二、三级指标。

• 有形性，指企业可以提供优质服务的有形证明。如设备与人员外观、用以提供服务的工具和设备完好情况、工作人员的精神面貌等。

• 可靠性，指企业一贯地、可靠地、精确地履行承诺的服务能力。如企业提供服务的及时性和其承诺的履行情况、管理记录的准确性等。

• 反应性，指企业帮助顾客和提供及时服务的意愿，评价企业能否迅速应对顾客的要求询问和及时、灵活地处理顾客的问题。如服务提供者的雇员能否准确提供服务时间、服务提供者是否愿意帮助顾客等。

• 保证性，指企业及其雇员提供服务的能力和信用。如能否使顾客信任雇员、雇员是否有谦恭、雇员在完成其工作中能否从企业得到足够的支持等。

• 关怀性，指企业对顾客的关心。如企业是否对顾客给予个别关注、营业时间对顾客来说是否方便、雇员是否了解其顾客的特殊需求等。

2. SERVQUAL 评价模型在政府绩效评估中的应用

由于政府部门以服务顾客为使命，因而可将强调“顾客感知”的 SERVQUAL 评价模型用于设计政府绩效评估指标，其根本逻辑是以公众对政府部门的评价为重点，通过综合衡量部门服务水平来考量政府绩效。

但鉴于政府部门及其绩效评估的特点，也需要遵循特定原则对初始模型进行调整与修正。一是一致性原则，使评价维度与政府部门的战略目标保持一致，满足公众需求是政府部门的最高宗旨，因而评价维度要体现公众导向；二是有用性原则，须对改善政府部门绩效有激励作用；三是正确导向性原则，避免不合理的、易导致负面行为的维度设计；四是明确性原则，保证各维度能够有清楚的定义，评价内容一般可量化；五是可比较性原则，使评价内容可以在不同的政府部门间进行比较；六是可获得性原则，即所有评价数据应该能够通过统计、调查等方法得到。

政府绩效评估有形性维度主要指政府部门的外在形象，包括政府部门在公众心目中的总体形象及公务人员的精神面貌等。可靠性维度指政府部门执行公共政策、履行对外承诺的能力，如执行公共政策的及时性、准确性等。反应性维度主要指向政府部门及公务人员以公众为导向的意愿，包括各项行政行为的平均耗时、公务人员的工作意愿等。保证性维度指政府部门及公务人员的能力、素质和信用。关怀性维度指政府部门及公务人员对公众的关心程度，如是否给予公众个别关注、是否了解公众特殊需求等。

三 政府绩效评估的定量分析方法

为了科学地测度绩效，提高评估结果的可靠性和有效性，必须选择一种适当的定量分析方法。常用的绩效评估定量分析方法有十多种，这些方法各具特点，各有不足之处。在政府绩效评估的实践中，评估主体应在明确评估目的和评估对象后，综合考虑评估成本及实施难度，有针对性地选择某一种恰当的定量分析方法。本部分主要介绍主成分分析法、层次分析法和数据包络分析法，以及这三种方法在政府绩效评估中的应用。

（一）基于主成分分析的政府绩效评估

主成分分析法（Principal Component Analysis）由英国学者斯皮尔曼（Chales Spearman）于 1904 年发明。它将多个变量通过线性变换以选出较少个数重要变量，是把各变量之间互相关联的复杂关系进行简化分析的方法，旨在利用降维的思想，把多指标转化为少数几个综合指标（即主成分）。

1. 主成分分析法的基本原理及程序

求解主成分的主要数学工具是特征方程。设有 P 个相关的观测变量（X_1，X_2，X_3，…，X_p），现要求由它们线性组合成 p 个正交的主成分（F_1，F_2，F_3，…，

F_p），即

$$\begin{cases} F_1 = u_{11}x_1 + u_{12}x_2 + \cdots + u_{1p}x_p \\ F_2 = u_{21}x_1 + u_{22}x_2 + \cdots + u_{2p}x_p \\ \cdots\cdots \\ F_p = u_{p1}x_1 + u_{p2}x_2 + \cdots + u_{pp}x_p \end{cases}$$

用矩阵表示，

$$\begin{pmatrix} F_1 \\ F_2 \\ \vdots \\ F_p \end{pmatrix} = (u_{ij})_{p\times p} \begin{pmatrix} x_1 \\ x_2 \\ \vdots \\ x_p \end{pmatrix} F = U \cdot X$$

这里 u_{ij} 要求满足以下条件：

（1）F_i 与 F_j（i，$j=1$，2，…，p，$i\neq j$）是相互独立的，

$$u_{i1}^2 + u_{i2}^2 + \cdots + u_{ip}^2 = 1 \ (\mathrm{i}=1,\ 2,\ \cdots,\ \mathrm{p})$$

（2）F_1 是 x_1，x_2，x_3，…，x_p 的一切线组合中方差最大的；F_2 是与 F_1 不相关的 x_1，x_2，x_3，…，x_p 所有线性组合中方差最大的，F_3 是与 F_1，F_2 不相关的 x_1，x_2，x_3，…，x_p 所有线性组合中方差最大的，如此类推。

假设 $X=$（x_1，x_2，x_3，…，x_p）是一个 P 维向量时，可以得到 X 的样本协方差矩阵 $R=(r_{ij})_{p\times p}$。(r_{ij}) 是把 x_i（$i=1$，2，…，p）经过标准化转换后两两成对计算求得的相关矩阵。因此，可求得特征根

$$|R-\lambda I_P|=0$$

于是得到 p 个主成分

$$F_i = u_{i1}x_1 + u_{i2}x_2 + u_{i3}x_3 + \cdots + u_{ip}x_p \ (i=1,\ 2,\ 3,\ \cdots,\ p) \quad ①$$

第 i 个主成分 F_i 的特征值 λ_i 即为该主成分的方差，方差越大，对总变差的贡献也越大，其贡献率为 $\alpha_i=\lambda_i/\sum_{j=1}^{p}\lambda_j$，它反映了第 i 个主成分综合原始变量信息的百分比。与特征值 λ_i 对应的特征向量 u_i 的 P 个分量就是第 i 个主成分 F_i 中 P 个标准化变量的系数，它们的绝对值大小和正负号反映了该主成分与相应变量的相关程度和方向。最后，以每个主成分的贡献率为权数，构造综合评价函数

$$F=\alpha_1F_1+\alpha_2F_2+\alpha_3F_3+\cdots+\alpha_PF_P \quad ②$$

将每个政府的 P 项指标得分标准化后带入①式，求出其主成分值，即主成分得分，再由②式即可得到该政府绩效的综合评价函数值，综合得分越高，表明该政府绩效就越高；反之越低。

2. 主成分分析在政府绩效评估中的应用

在构建了政府绩效评估的指标体系，并采集到相关数据后，就可以对政府绩效评估数据进行主成分分析，这可以通过 SPSS 统计软件来完成，需经过以下步骤：

(1) 根据政府绩效指标值建立 SPSS 数据文件，进行主成分分析。可以依据特征值大于 1 或方差累积贡献率大于 80%的标准决定因子抽取的个数。SPSS 可以直接输出主成分的方差贡献率、主成分的因子载荷表，还可以直接保存根据主成分的因子载荷数据计算出的各主成分的值。

(2) 以主成分的方差贡献率为权重系数构造政府绩效综合评价函数，得到政府绩效综合得分。

(3) 运用 SPSS 软件，可以得到评估对象政府绩效综合得分的标准化分数。

为了便于对比分析，还可以用效用值表征各个政府绩效的高低，并规定效用值的取值区域范围为 [0，100]，即绩效最高的政府效用值为 100，最低的政府效用值为 0。如果用 F_i 表示第 i 个政府绩效的综合得分，$F_{i\max}$ 表示政府绩效综合得分的最大值，$F_{i\min}$ 表示政府绩效得分的最小值，则第 i 个政府绩效的效用值 V_i 可以表示为：$V_i = \frac{F_i - F_{i\min}}{F_{i\max} - F_{i\min}} \times 100$

（二）基于层次分析的政府绩效评估

层次分析法（Analytic Hierarchy Process，AHP）是美国学者托马斯·塞蒂（T. L. Saaty）教授提出的一种在处理复杂的评价（决策）问题中进行方案比较排序的方法，是一种典型的定性和定量相结合的评价分析方法。

1. 层次分析法的基本原理及程序

层次分析法的核心思想是把复杂的评价问题层次化，即首先把评价问题按评价目标、评价领域、评价指标的顺序分解为不同层次的结构，上一层元素对相邻的下一层次的元素起支配作用；然后根据对一定客观现实的判断就每一层次的相对重要性给予定量表示形成判断矩阵，通过求判断矩阵特征向量的办法，求得每一层的各元素对上一层次某元素的权重；再利用加权和的方法递阶归并，求出最低层（评价指标）相对于最高层（评价总目标）的相对重要性，从而对最低层各元素进行优劣等级的排序（见图 3.1）。

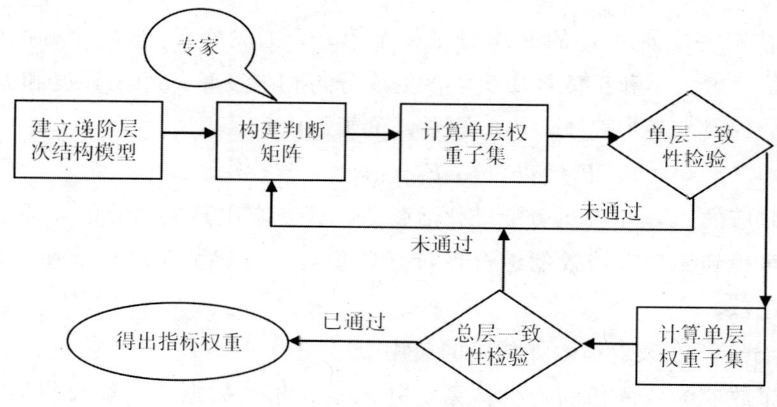

图 3.1　层次分析法的操作程序

运用层次分析法进行政府绩效评估，主要包含以下程序：

（1）建立递阶层次结构模型。首先把问题条理化、层次化，构造出一个有层次的结构模型。这些层次可以分为三类：一是最高层，也叫目标层，该层只有一个元素即分析问题的评价目标；二是中间层，也称为准则层或领域层，包含为实现目标层所涉及的中间环节，可由若干个层次组成，每个层次又可以包括多个元素；三是最底层，也称为指标层或方案层，包括为实现目标可供选择的各种具体评价指标或方案等。这三种层次中，上一层次的元素作为准则对相邻下一层次有关元素起支配作用。递阶层次结构中的层次数与问题的复杂程度及需要达到目标的详尽程度有关。

（2）构造两两比较判断矩阵。层次结构反映了因素之间的关系，但领域层中的各评价因素在目标衡量中所占的比重并不一定相同，在决策者的心目中，它们各占有一定的比例。对于需要比较 n 个因子 B_1，B_2，…，B_n 对某因素 A 的影响大小的情况，通常采取两两比较办法，建立成对比较矩阵。设 a_{ij} 表示因子 B_i 和 B_j 对因素 F 的影响大小之比，再设矩阵 $A=(a_{ij})_{n\times n}$，称 A 为判断矩阵或成对比较矩阵。显然，矩阵 A 具有性质：

$$(1)\ a_{ij}>0;\ (2)\ a_{ji}=\frac{1}{a_{ij}}\ (i,\ j=1,\ 2,\ \cdots,\ n)。$$

满足这两个性质的矩阵称为正互反矩阵。

根据心理学的研究结果，若分级太多，则会超越人们的判断能力，因此通常用数字 1—9 及其倒数作为矩阵 A 的标度（见表 3.1）。

表 3.1　　Saaty 标度说明表

标度 a_{ij}	含义
1	因素 B_i 和 B_j 同等重要
3	因素 B_i 和 B_j 略重要
5	因素 B_i 和 B_j 较重要
7	因素 B_i 和 B_j 非常重要
9	因素 B_i 和 B_j 绝对重要
2，4，6，8	以上两判断的中间状态
倒数	因素 B_i 和 B_j 比较时，标度为 $a_{ij}=1/a_{ij}$

依据上述分析，对层次结构模型中每一层次各因素的相对重要性可以用数值形式给出相应的判断，并写成如表 3.2 的矩阵形式。判断矩阵中的指标数值可以根据多位专家意见综合权衡后得出。

表 3.2 两两比较判别矩阵

A	B_1	B_2	…	B_{x-1}	B_x
B_1	b_{11}	b_{12}	…	$b_{1(x-1)}$	b_{1x}
B_2	b_{21}	b_{22}	…	$b_{21(x-1)}$	b_{2x}
⋮	⋮	⋮	⋮	⋮	⋮
B_{x-1}	$b_{(x-1)1}$	$b_{(x-1)2}$	…	$b_{(x-1)(x-1)}$	$b_{(x-1)x}$
B_x	b_{x1}	b_{x2}	…	$b_{(x-1)(x-1)}$	b_{xx}

（3）层次单排序。层次单排序是根据判断矩阵计算对于上一层某因素而言，本层次与之有联系的因素的重要性次序的权值，它可以归结为计算判断矩阵的特征根和特征权向量问题，即对判断矩阵 A，计算满足 $AW=\lambda_{\max}W$ 的特征根和特征权向量，并将特征权向量归一化。

（4）层次总排序。在算出层次单排序后，还可进一步得到指标层中每个具体指标占目标评价的比重也即层次总排序。每个具体指标的层次总排序权值等于该指标的单排序权值与该指标在各层次所属的上级元素的单排序权值的乘积。

（5）一致性检验。进行层次单排序时，由于受诸种主客观因素的影响，判断矩阵很难出现严格一致性的情况，因此需要对判断矩阵的一致性进行检验。当判断举证的一致性比率 $CR<0.10$ 时，认为判断矩阵的一致性是可以接受的，否则应对判断矩阵作适当修正。在应用层次分析法解决重大决策问题时，还需作各层组合一致性检验和总体一致性检验。

2. 层次分析法在政府绩效评估中的应用

运用层次分析法对政府进行绩效评估时，按照上述流程同样可以分为以下几个步骤：

（1）建构政府绩效评估指标体系的层次结构模型。可以分三层，第一层（目标层）为政府绩效这一评估目标（A）；第二层（领域层）包含 B_1，…，B_m 共 m 个因素；领域层的每个因素又会包含几个具体的评价指标，共同构成第三层（指标层）。

（2）建立政府绩效评估结构模型的判别矩阵。根据专家咨询法获得各判别矩阵的数值，数值统一用整数 1—9 或其倒数来表示。

（3）计算层次排序权重及一致性检验。运用数学软件 Mathematica 计算得到各判别矩阵的权向量及指标层各指标的层次总排序权重，并对判断矩阵进行单个一致性检验、组合一致性检验及总体一致性检验。

（4）计算政府绩效综合评价得分。政府绩效的最终评价值为所有具体指标的总权重与具体指标增量值乘积之和，即

$$F=\sum_{i=1}^{n}(W_i\times V_i)$$

（三）基于数据包络分析的政府绩效评估

数据包络分析法（Data Envelopment Analysis，DEA）由美国著名运筹学家查恩

斯（A. Charnes）和库伯（W. W. Copper）于 1978 年提出，是以相对有效概念为基础发展起来的一种效率评价方法。

1. 数据包络分析法的基本原理及程序

DEA 方法的基本思路是把每一个被评价单位作为一个决策单元（Decision Making Units，DMU），再由众多 DMU 构成被评价群体，通过对投入和产出比率的综合分析，以 DMU 的各个投入和产出指标的权重为变量进行评价运算，确定有效生产前沿面，并根据各 DMU 与有效生产前沿面的距离状况，确定各 DMU 是否 DEA 有效。同时，还可用投影方法指出非 DEA 有效或弱 DEA 有效 DMU 的原因及应改进的方向和程度。

设有 n 个单位 DMU，每个 DMU 都有 m 种类型的输入（表示对资源的耗费）以及 s 种类型的输出（表明成效的信息量），其形式为：

$$X=\begin{bmatrix} x_{11} & x_{12} & \cdots & x_{1j} & \cdots & x_{1n} \\ x_{21} & x_{22} & \cdots & x_{2j} & \cdots & x_{2n} \\ \vdots & \vdots & & \vdots & & \vdots \\ x_{i1} & x_{i2} & \cdots & x_{ij} & \cdots & x_{in} \\ \vdots & \vdots & & \vdots & & \vdots \\ x_{m1} & x_{m2} & \cdots & x_{mj} & \cdots & x_{mn} \end{bmatrix},\ Y=\begin{bmatrix} y_{11} & y_{12} & \cdots & y_{1j} & \cdots & y_{1n} \\ y_{21} & y_{22} & \cdots & y_{2j} & \cdots & y_{2n} \\ \vdots & \vdots & & \vdots & & \vdots \\ y_{r1} & y_{ri2} & \cdots & y_{rj} & \cdots & y_{rn} \\ \vdots & \vdots & & \vdots & & \vdots \\ y_{s1} & y_{s2} & \cdots & y_{sj} & \cdots & y_{sn} \end{bmatrix}$$

再设 m 种输入和 s 种输出的权重向量分别为：$v=(v_1, v_2, \cdots, v_m)^T$ 和 $u=(u_1, u_2, \cdots u_s)^T$。

其中：每个决策单元 j（$j=1, 2, \cdots, n$）对应一个输入向量 $X_j=(x_{1j}, x_{2j}, \cdots, x_{mj})^T$ 和一个输出向量 $Y_j=(y_{1j}, y_{2j}, \cdots, y_{sj})^T$。$x_{ij}$ 为第 j 个决策单元对第 i 种类型输入的投入总量，$x_{ij}>0$；y_{rj} 为第 j 个决策单元对第 r 种类型输出的产出总量，$y_{rj}>0$；v_i 为对第 i 种输入的一种度量；u_r 为对第 r 种类型输出的一种度量；$i=1, 2, \cdots, m$；$j=1, 2, \cdots n$；$r=1, \cdots, s$。

每一个决策单元（DMU_j）都有相应的效率评价指数：$E_{ij}=\dfrac{y_i^T u}{x_i^T u}$

在该式中权重 u 和 v 都是待定的。对于每一个 DMU_j，我们求使效率评价指数 E_{ij} 达到最大值的权向量，就得到 DEA 的 C^2R 模型。

对于每一个 DMU_j，解以下极大值问题：

$$\begin{cases} \max \dfrac{y_i^T u}{x_i^T u}=E_{ij} \\ s.t.\ \dfrac{y_i^T u}{x_i^T u}\leqslant 1 \end{cases}$$

若令 $t=\dfrac{1}{x_i^T v}$，则上式可以转化（Charnes - Cooper 变换）为等价的线性规划问题：

$$\begin{cases} \max y_i^T tu=E_{ij} \\ s.t.\ y_i^T tu\leqslant 1 \end{cases}$$

上式线性规划的解称为 DMU_j 的最佳权向量，它们是使 DMU_j 的效率值 E_{ij} 达到最大值的权向量。为了便于检验DEA的有效性，一般考虑将上式转换为线性规划对偶模型（加入松弛变量）：

$$\begin{cases} \theta_j^* = \min\theta \\ s.t. \sum_{j=1}^{n} x_{ij}\lambda_j + S_i^- \leqslant \theta x_{i0}, \ i=1, 2, \cdots, m \\ \sum_{j=1}^{n} y_{rj}\lambda_j - S_r^+ \geqslant y_{r0}, \ r=1, 2, \cdots, s \\ \lambda_j \geqslant 0, \ S_i^- \geqslant 0, \ S_r^+ \geqslant 0, \ \theta \text{自由} \end{cases}$$

其中 x_{j_0} 表示第 j_0 个 DMU 输入向量，y_{j_0} 表示第 j_0 个 DMU 输出向量，θ 表示投入产出的效率系数，λ 表示决策单元线性组合的系数，S_r^+ 和 S_i^- 分别为加入的松弛变量，S^- 为未利用资源变量数值，S^+ 为产出不足变量数值，带 $*$ 表示最优解。

上式的数学意义是：λ_j 将各个有效点连接起来，形成有效前沿面。非零的过剩量 S^{+*} 或不足量 S^{-*} 使有效前沿面可以沿水平和垂直方向延伸，形成包络面。θ^* 表示 DMU 距离包络面的投影。

将有关数据代入上式，可得到一组（θ_j^*，λ^*，S^{-*}，S^{+*}），判定方法是：

（1）若 $\theta^*=1$，$S^{-*}=S^{+*}=0$，则称 j_0 单元（MDU_{j_0}）为DEA有效；

（2）若 $\theta^*=1$，$S^{-*}\neq 0$，$S^{+*}\neq 0$，则称 j_0 单元（MDU_{j_0}）为DEA弱有效；

（3）若 $\theta^*<1$，则称 j_0 单元（MDU_{j_0}）为DEA无效。

若 MDU_{j_0} 为DEA无效，此时可以通过对输入指标 x_{ij_0} 进行适当调整，即对投入指标进行适量调整，进而使 DMU_{j_0} 趋向相对有效。这种对投入的调整量，可以为决策者提供决策参考信息，通过调整投入指标 x_{ij_0} 来提高政府的综合绩效。

2. 数据包络分析法在政府绩效评估中的应用

运用数据包络分析法可以反映各地方政府工作绩效的相对有效性。在选取若干地方政府作为决策单元后进行数据包络分析，主要有以下步骤：

（1）建立政府绩效相对有效性评估指标体系，包含输入指标和输出指标。根据数据包络分析的通用规则，决策单元的个数最好不少于输入、输出指标总数的2倍为好。因此，如果输入输出指标总数过多，可以在采集了个指标的数据后，用主成分分析方法对指标体系进行降维处理，以满足DEA的需求。

（2）分别建立进行DEA分析所需的输入指标与输出指标的数据表。

（3）运用C2R模型分别对每个地方政府建立相应的线性规划模型，运用Mathematica软件包求解方程，得到每个地方政府的最优解及绩效相对有效性测评结果。

（4）根据最优解及绩效相对有效性测评结果判断各地方政府是否DEA有效及各政府达到有效的后续改进措施。

对于政府绩效评估工作而言，主成分分析法、层次分析法、数据包络分析法在核心思想、样本数量和评估效果等方面都各有差异（见表 3.3）。

表 3.3　三种定量分析方法间的比较分析

对比维度＼定量分析方法	主成分分析法	层次分析法	数据包络分析法
核心思想	通过降维将分散而复杂的测量趋向整体和简单化，用几个有代表性的主要成分进行评价	把复杂的问题层次化、条理化，先计算单层指标权重，再进行层次间的指标总排序	以相对效率为基础，依赖线性规划技术来评价相同类型的决策单元是否有效
样本数量	要求样本量比较充足，至少是指标（变量）数的 5 倍以上	对样本数量没有要求，但层次结构模型中每层各元素所支配的元素不宜超过 9 个	决策单元的个数最好不少于输入、输出指标总数的 2 倍
评估效果	避免了在综合评分等方法中权重确定的主观性和随意性，同时利于简化指标	通过专家确定权重，不仅可以降低工作难度，也有利于提高权重确定的信度和效度	依赖线性规划技术，利于避免主观因素、简化运算，可指出改进绩效的具体方向；但只能大体上将评估对象分为有效率和无效率两种

四　政府绩效评估方法的应用实例

在政府绩效评估工作中，首先需要运用科学方法采集绩效评估工作的前期资料，为评估主体全面了解评估对象、把握评估任务提供信息支撑；其次需要根据对前期资料的解读，采用科学方法选择合适的绩效评价指标，建立指标体系，并形成量表；再者针对量表内容，通过适合的信息采集方法采集相关信息和数据；之后运用定量分析法分析量表数据，直至产生评估结果（见图 4.1）。

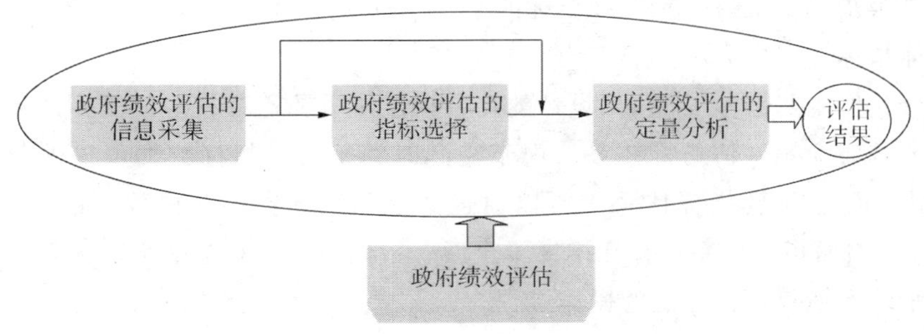

图 4.1　政府绩效评估程序

可以说，一个完整的政府绩效评估方法系统是由信息采集方法、指标选择方法和定量分析方法共同组成的。

本部分将借助“2009 年我国省级政府绩效评估”的实例来介绍政府绩效评估的信息采集方法、指标构建方法及定量分析方法的具体应用。

（一）政府绩效评估的信息采集

无论采取何种信息采集方法，都必须遵循5大原则。一是可靠性原则，即必须保证信息来源是可靠的，保证采集的信息能反映真实状况；二是完整性原则，指采集的信息在内容上必须完整无缺，反映事物全貌；三是实时性原则，指采集能及时获取所需的信息；四是准确性原则，相对于政府部门自身来说具有适用性，是有价值的；五是易用性原则，指采集到的信息应按一定的形式呈现，便于使用。

本案例运用文献法查阅了中国知网数据库中的政府绩效评估相关文献，通过阅读、分析文献，了解省级政府绩效评估的内涵及维度、已有文献中设计或使用的绩效评估指标。此外，我们运用统计资料法查阅了《中国统计年鉴2010》、《中国环境统计年鉴2010》及国泰安CSMAR数据库等资料，获得了2009年我国31个省级政府的相关绩效信息。

（二）政府绩效评估的指标选择

在政府绩效评估的指标选择上，应遵循"SMART"原则。S代表Specific，要求指标要具体、明确、切中目标；M代表Measurable，要求指标最终是可衡量、可评价的，能够形成数量指标或行为强度指标；A代表Achievable，要求绩效指标是能够实现的，不能不切实际；R代表Realistic，要求指标要现实；T代表Time bound，要求指标要有时限性。

在2009年我国省级政府绩效评估指标选择方面，我们综合运用了平衡计分卡法和关键绩效指标法。首先，明确将"科学发展"和"以人为本"作为我国政府发展的"使命"，置于平衡计分卡的最高位置。其次，在"使命"的指导下，重新解释政府绩效评估中的顾客、财务、内部业务流程、学习与成长四个维度，形成2009年我国省级政府绩效评估的一级指标。再者，运用关键绩效指标法设计一级指标的KPI，作为绩效评估的二级指标。最后，在二级指标的基础上进一步构建2009年我国省级政府绩效评估的具体指标。

本部分我们主要借鉴了倪星①设计的综合指标体系及笔者②于2005年通过实证筛选得出的地方政府绩效评估指标体系。由于受到时间精力及指标数据可得性的限制，我们共筛选出了以上两套指标体系中可以通过文献和统计资料获得数据的16项硬指标（见表4.1），因而指标体系还存在维度不全面、指标不丰富和结构不均衡等局限，在此仅用于演示政府绩效评估方法的操作过程。

① 倪星、余琴：《地方政府绩效指标体系构建研究——基于BSC、KPI与绩效棱柱模型的综合运用》，《武汉大学学报》2009年第5期。

② 范柏乃：《政府绩效评估理论与实务》，人民出版社2005年版，第206—207页。

表 4.1 我国省级政府的绩效评估指标

省级政府绩效评估指标（三级/具体指标）	指标来源	数据来源
1. 行政管理支出占财政支出的比重 *	倪星、范柏乃	中国统计年鉴
2. 人均 GDP	范柏乃	中国统计年鉴
3. 政府一般财政预算收入	范柏乃	中国统计年鉴
4. 二三产业所占比重	范柏乃	中国统计年鉴
5. 规模以上工业万元产值能耗 *	范柏乃、倪星	中国统计年鉴
6. 环保污染治理投资占 GDP 比重	范柏乃、倪星	中国统计年鉴
7. 人均绿地面积	范柏乃、倪星	中国统计年鉴
8. 森林覆盖率	范柏乃、倪星	中国统计年鉴
9. 居民消费价格指数 *	范柏乃、倪星	中国统计年鉴
10. 城镇居民人均可支配收入	范柏乃	中国统计年鉴
11. 农村居民人均纯收入	范柏乃	中国统计年鉴
12. 城乡消费水平对比 *	统计年鉴	中国统计年鉴
13. 城镇登记失业率 *	范柏乃、倪星	中国统计年鉴
14. 科技经费占 GDP 比重	范柏乃	中国统计年鉴
15. 每万人拥有公共交通车辆	范柏乃、倪星	中国统计年鉴
16. 人均城市道路面积	范柏乃、倪星	中国统计年鉴

该指标体系包含 11 个正向指标（即数值越大，绩效越高）和 5 个逆向指标（即数值越小，绩效越高）。其中，逆向指标有行政管理支出占财政支出的比重、规模以上工业万元产值能耗、居民消费价格指数、城乡消费水平对比、城镇登记失业率，用 * 表示。

（三）政府绩效评估的定量分析

对于省级政府绩效评估的定量分析，本案例将借助 SPSS 软件，运用主成分分析法实现，基本步骤如下：

（1）通过查阅《中国统计年鉴》、《中国环境统计年鉴》、国泰安数据库获得 2009 年 31 个省级政府绩效指标的原始数据。由于西藏有多个指标的数据缺失，因此本案例将只对其余 30 个省级政府的绩效进行评估。

（2）对评估指标的原始数据进行标准化处理。由于各个指标单位不同，数值差别较大，因此对各指标的原始数据进行标准化处理，并将 5 个逆向指标标准化后的数据取相反数，以使最终的结果能够得到合理解释。

（3）根据上述转化得到的数据建立 SPSS 数据文件。

（4）打开 SPSS 统计软件，依次进入 Analyze - Data Reduction - Factor，把需要分析的变量输入变量（Variables）框，并在对话框中相应选择 principal component（主成分分析）、number of factors（输入 5，即提取五个主成分）、Varimax（最大方差旋转法）、Save as variables（把主成分保存到数据文件当中）、Sorted by size（因子负荷从

大到小排列）等选项；SPSS 将输出主成分分析的结果文件包括主成分的方差贡献率（见表 4.2）、旋转后的因子负荷矩阵（见表 4.3）。

表 4.2　　Total Variance Explained

Component	Initial Eigenvalues			Extraction Sums of Squared Loadings			Rotation Sums of Squared Loadings		
	% of Variance	Cumulative %	Total	% of Variance	Cumulative %	Total	% of Variance	Cumulative %	Total
1	6.506	40.660	40.660	6.506	40.660	40.660	4.807	30.044	30.044
2	2.527	15.794	56.454	2.527	15.794	56.454	2.502	15.636	45.679
3	1.998	12.486	68.940	1.998	12.486	68.940	2.095	13.091	58.770
4	1.123	7.018	75.958	1.123	7.018	75.958	1.977	12.355	71.125
5	0.932	5.826	81.784	0.932	5.826	81.784	1.705	10.659	81.784
6	0.839	5.243	87.027						
7	0.604	3.777	90.804						
8	0.405	2.532	93.336						
9	0.319	1.991	95.327						
10	0.254	1.587	96.914						
11	0.228	1.422	98.336						
12	0.099	0.616	98.952						
13	0.091	0.566	99.519						
14	0.047	0.297	99.816						
15	0.019	0.122	99.937						
16	0.010	0.063	100.000						

表 4.3　　Rotated Component Matrixa

	Component				
	1	2	3	4	5
人均 GDP	0.880	0.394	−0.034	0.023	0.084
城镇居民人均可支配收入	0.875	0.297	−0.031	0.160	0.268
二、三产业产值占 GDP 比重	0.845	0.139	0.022	−0.173	0.017
农村家庭人均纯收入	0.835	0.424	−0.017	0.200	0.171
政府财政一般预算收入	0.789	−0.008	0.282	0.282	0.192
科技指出占 GDP 比重	0.657	0.450	−0.494	−0.101	0.040
每万人拥有公共交通车辆	0.333	0.798	−0.040	−0.091	0.200
城乡消费水平对比	0.387	0.656	0.209	0.335	−0.152
行政开支占财政支出的比重	0.240	0.626	−0.447	−0.128	−0.160

续表

	Component				
	1	2	3	4	5
人均城市道路面积	-0.060	-0.091	0.932	-0.006	-0.105
人均绿地面积	0.230	0.094	0.780	-0.183	0.223
环保污染治理投资占 GDP 比重	-0.064	0.113	0.154	-0.824	0.021
规模以上工业能耗	0.360	0.384	0.088	0.679	0.232
森林覆盖率	-0.270	-0.064	-0.010	0.627	0.573
CPI	0.364	-0.294	0.013	0.287	0.729
失业率	0.296	0.358	0.118	-0.073	0.704

虽然表 4.2 中第 5 个特征值为 0.932<1，但由于该特征值相比后面的特征值明显较大且综合考虑抽取因子的方差总贡献率应大于 80%，因此，本案例抽取 5 个因子。从该表可以看出，五个主成分的方差总贡献率为 81.784%，经旋转后，第一主成分、第二主成分、第三主成分、第四主成分、第五主成分的方差贡献率依次为 30.044%、15.636%、13.091%、12.355%、10.659%。

（5）分析上表中旋转后的因子负荷矩阵，根据同一主成分上负荷较大的变量性质，对主成分进行因子命名。

（6）进入 Transform - Computer，以五个主成分的方差贡献率为权重系数，构造政府绩效综合评价函数，从而得到 30 个省级政府绩效的评价值：

$$F=0.30044F_1+0.15636F_2+0.13091F_3+0.12355F_4+0.10659F_5;$$

（7）为了便于对比分析，将各省市的政府绩效综合评价值转化为取值区域范围为［0，100］的效用值。进入 Transform - Computer，构造函数：$V_i=\frac{F_i-F_{i\min}}{F_{i\max}-F_{i\min}}\times 100$。

则 V_i 即为转化后的 2009 年省级政府绩效评价效用值，排序后结果如表 4.4 所示。

表 4.4 2009 年我国省级政府绩效评价效用值

排名	省（市）	政府绩效值	排名	省（市）	政府绩效值
1	北京	99.8	16	安徽	35.2
2	江苏	90.7	17	内蒙古	33.4
3	浙江	86.1	18	四川	32.3
4	上海	79.0	19	陕西	31.3
5	广东	78.1	20	河南	30.7
6	山东	71.7	21	广西	29.1
7	天津	68.0	22	重庆	28.0
8	福建	61.1	23	海南	27.3
9	辽宁	43.0	24	青海	20.9

续表

排名	省（市）	政府绩效值	排名	省（市）	政府绩效值
10	江西	42.8	25	山西	18.3
11	吉林	37.5	26	宁夏	17.7
12	湖北	37.1	27	云南	16.5
13	河北	36.7	28	新疆	15.9
14	黑龙江	36.6	29	甘肃	6.5
15	湖南	35.8	30	贵州	0

（作者范柏乃，浙江大学公共管理学院教授、博士生导师，政府管理系系主任，九三学社浙大委员会秘书长。胡超君，浙江大学公共管理学院行政管理专业硕士研究生；闫伟，浙江大学公共管理学院行政管理专业博士研究生）

中国绩效管理的实践特点与理论价值

高小平　盛明科　刘　杰

政府绩效评估作为20世纪70、80年代以来世界范围行政改革的一项重要措施，在经历一个由缘起到拓展、再到推广的过程后，已成为当今大多数西方国家公共治理领域符号感很强的制度创新活动。在西方国家成功经验启示、国内行政管理体制改革内生需求驱动下，这样一种管理制度逐步引入我国，与本国原有实践有机结合，被列入中央和地方各级政府的重要政策议程，成为公共管理领域十分活跃、令人瞩目的创新实践，与行政审批制度改革、行政问责制同时成为重要的改革工具，并且从绩效评估向绩效管理拓展，正在成为一种新的行政管理模式。

中国在提升政府绩效和管理政府绩效探索的实践过程中，也遭遇这样那样的窘境，其中突出的问题就是采用政府绩效管理国际经验并不能很好地契合中国各级政府的体制机制。于是中国探索走一条有自己鲜明特点的绩效管理之路——“创效式”绩效管理。这种探索在地方政府已有大量实践，创新效果相当明显，从全国范围而言则还刚刚开始，尚缺乏顶层设计。在当前中国现行的政府管理体制和绩效产出机制条件下，如何实现政府绩效管理形式与实质的统一，如何学习借鉴西方国家绩效管理经验而不照搬西方的模式，如何依据中国国情和政府管理实际构建科学的绩效管理体系，如何通过实施适合国情的政府绩效管理推进这项制度更加理性地发展？在绩效管理发展到现阶段，急需对已有理论与实践进行梳理，对那些基础性、根本性与前提性问题开展研究。本文通过对两种绩效管理含义的区分，从“应然”和“实然”两个层面，探讨中国绩效管理的特点与价值，提出“创效式”绩效管理的概念，阐述未来中国式绩效管理的发展与走向。

一　中国绩效管理的形成

目前，关于政府绩效管理的理解，有广义和狭义的区分。广义上的政府绩效管理意味着为提高政府绩效而实施的管理（managing for performance），或者说为实现所期望的结果而实施的管理（managing for results），即“绩效管理就是公共机构领导人积极的、有意识的系统化努力，以便向公民提供更多、更好的结果”。[1] 正如米歇尔·阿姆斯特朗指出的：“绩效管理涉及组织管理活动的各个环节，具有自己的基本信念和理论基础，不是一种技术而是多项技术的集合，并且实际操作中体现出自己的特点。”[2] 这也就是说，政府绩效管理是为提高政府绩效而做的系统化努力，其概括的是一些提升政府绩效的管理机制和管理方式。在中国，政府绩效管理主要是通过政府系统的自上而下的权威、主观动员、资源配置、层级管理，旨在推进经济发展、社会秩序、公共服务、人民福祉，而采取的各种管理活动及其结果。在中国，这种提升政府绩效的行为更多的带有较强的主观能动性，与西方国家不同，属于创造绩效一类的相对综合型管理方法。而狭义上的政府绩效管理，是指“利用绩效评估信息帮助建立绩效目标，分配并优先配给资源，通知管理者核实或改变目前的政策或项目的方向以达到目标，并报告是否成功达到了这些目的”[3]，是一个由多种环节和要素构成的过程，包括“部门绩效的战略规划，年度绩效计划，持续性绩效管理，绩效评估、报告和信息利用”[4]，是针对政府履行职能、完成工作任务、实现政府目标的过程和效果而进行的综合性评价、控制与改进过程，是与政府人力资源管理、战略管理等相对的管理活动类型。

狭义上的政府绩效管理，作为新公共管理改革运动的重要措施，从20世纪中期开始，先在英国、新西兰、美国发展起来，后逐步被荷兰、澳大利亚、丹麦、芬兰、挪威以及其他国家采用。关于中国绩效管理实践的起源目前学术界有不同的看法，一种观点认为是西方国家政府绩效管理实践经验的学习与借鉴，属于外源型[5]；另一种观点认为是源于中国古代官员考绩、考课制度，在经过传统目标责任制考核、干部政绩考核的基础上基于国情实际而形成的，属于内生型。我们认为，中国绩效管理的形成与发展是一条综合性道路：既受古代官员绩效考核传统的影响，如古代就有“原其绩效，足享高官”[6]，“录其绩效，擢处钧衡”[7]，评估标准上的“四善二十七最”，评估导向上的“举贤尚功”等丰富的考核实践与资源[8]；同时新中国成立以后在毛泽东、邓小平的

---

① Behn, Robert D., *One Approach to Performance Leadership: Eleven "Better Practices" That Can Help "Ratchet Up" Performance*, *paper prepared for The Twenty-Fifth Annual Research Conference*, The Association for Public Policy Analysis and Management, Washington, D.C., 2003.

② Armstrong, Michael, *Performance Management*, London: Kogan Page Limited, 1994.

③ Holzer, Marc, *Performance Measurement and Improvement in the Public Sector*, Chinese Public Administration, No. 3, 2000.

④ 周志忍：《发达国家政府绩效管理》，《部级领导干部历史文化讲座》，北京图书馆出版社2005年版，第211—212页。

⑤ 新制度经济学认为，任何一种制度规范并非恒常，总是处于动态的、不稳定的状态，影响社会制度变迁的因素因社会环境、传统的不同而不同。从社会制度变革与发展的宏观视野分析，制度变迁主要有外缘型和内生型两种。“外源型”制度变迁模式是指社会制度的发展并非出自社会内在累进的自发过程，而是受到较大外力因素或机制作用的影响。“内生型”制度变迁模式是指制度变迁是自发的、自下而上的、渐进变革过程，其基础是传统社会制度、习俗或制度本身的惯性。

⑥ 《后汉书·荀彧传》。

⑦ 《旧唐书·夏侯孜传》。

⑧ 高小平、陈春会、吴建南：《我国汉唐时期绩效考评的特色与启示》，《中国行政管理》2007年第2期。

政治管理、政府制度和干部评价思想的指导下，形成了社会主义国家政府考评、干部考核制度，特别是自改革开放以来实施的以岗位责任制为核心的政府自身管理制度；在20世纪末期、21世纪初，由于际遇西方国家新公共管理改革运动，我国学术界和实务界均受到西方国家管理思想、绩效评估实践的影响。然而中国绩效管理发展的综合性道路，一方面能为现代中国绩效管理制度建构提供众多的理论基础和思想指导，但同时这些多渠道的影响也隐含着绩效管理实践与制度危机：即难以跳出传统目标责任制考核的拘囿，同时又兼有西方绩效管理制度的某些特点。因此，如何评价中国绩效管理的现实，如何定位和助推中国绩效管理的未来发展，值得深入研究和讨论。

西方国家政府绩效管理有其特定的生成环境和社会背景。20世纪70年代，世界经济“滞胀”危机导致公共财政赤字加深，以及西方福利国家陷入困境。1979年撒切尔首相上台时，英国的国内生产总值出现负增长，通货膨胀率达10%。1975年美国联邦政府财政赤字高达532亿美元。[①] 不堪重税之压，人们以怨税、抗税等行动来表示对政府的怀疑与否定，公众对政府的信任降到历史最低点。这一时期，恰逢新技术革命浪潮风起云涌，知识经济初露端倪，深刻地改变着人类社会基本结构、价值观念和交往模式，迫切要求政府必须以更加灵活高效、更具回应性与应变力提供公共服务。然而与工业社会相适应的科层制政府面临机构膨胀、预算攀升、回应不足和僵化迟钝的弊端，不能适应环境和时代的需要。如奥斯本认为的，“20世纪30年代设计出的官僚体系，中央集权、层次繁多，在变化迅速、信息丰富、知识密集的90年代已不能有效运转”[②]。这一时期企业管理机制、技术和方法创新取得卓越成就，给人们很多启示，“提高了公众对高水准服务的认识和期待”，向社会表明政府“提供服务可以有更佳的方法，没有必要依赖官僚们根据他们自己的意愿和便利行事”[③]，客观上为推进公共部门改革起到了示范性效应。同时，随着经济全球化的加深，政府政策愈发要求通过行政改革创造更好的商业环境，为增强本国企业竞争力提供条件。总而言之，在这样一种环境变化不确定、全球竞争加剧和科学技术发展的宏观背景下，为了克服传统行政体制弊端，解决公共财政危机，重建公众对政府高质量公共服务的信心，西方国家普遍将私营部门管理法则与经验运用到公共部门，政府绩效管理作为“管理主义”取向改革的重要措施极受青睐。于是，西方国家政府绩效评估就在这样的环境中产生了，推广了，形成了“本质是西方国家在现存政治制度的基本框架内、在政府部分职能市场化和公共服务输出市场化以后”[④] 所采取的政府治理方式。

对比中国来说，在20世纪70年代末以来，从建立目标管理制度到绩效评估制度，

① 宋世明：《美国行政改革研究》，国家行政学院出版社1999年版。

② ［美］戴维·奥斯本、特德·盖布勒：《改革政府——企业精神如何改革着公营部门》，中国人民大学出版社1996年版，第13页。

③ ［美］盖·彼得斯：《政府管理与公共服务的新思维》，国家行政学院国际合作交流部，《西方国家行政改革述评》，国家行政学院出版社1998年版，第11页。

④ 蔡立辉：《西方国家政府绩效评估的理念及其启示》，《清华大学学报》（哲学社会科学版）2003年第1期。

所处的社会背景和管理环境是从农业社会向工业社会转变，从计划经济向社会主义市场经济转变，从经验型、人治型、粗放型行政管理向科学型、法治型、精细型行政管理转变并开始建设服务型政府的。在这样一个时期，党中央适时提出贯彻落实科学发展观和正确政绩观，要求地方行政更加注重以人为本，全面推进经济、政治、文化、社会和生态文明五大建设，在搞好经济调控与市场监管的同时更加注重社会管理和公共服务。目前中国实施绩效管理，其目的是要建立适应社会主义市场经济体制的行政管理体制，建立体现科学发展观和正确政绩观的绩效评估体系，助推政府职能转变和公共产品、服务质量的提升，完善理性制度精神和行政问责制度，推进政府管理规范化和现代化，构建服务型政府。因此，不同的经济社会发展阶段、时代背景和使命目标，必然导致我国政府绩效管理在原初创制动力方面与西方政府绩效管理的巨大差异，也决定着两者在观念、制度和实践层面上的本质区别。西方国家政府绩效管理是在政治行政二元结构性分离范式下，运用商业化管理手段解决传统官僚制的弊端，期待重塑政府形象与重建政府合法性的过程，其绩效管理具有工具性、执行性、面向公众等特点；而中国绩效管理则是在政治行政二元功能性分化[①]前提下，“体现着我国基本政治制度最本质的要求和内容”[②]，着眼于推进经济社会科学发展与行政体制改革，所生成的一种体制性、机制性、面向政府自身的综合治理体系。

进一步的研究表明，西方国家政府绩效管理有其特殊的制度基础与实践逻辑，拥有来自管理主义改革所奠定的制度和文化基础。一是“顾客至上”，把市场竞争的企业经营理念引入政府管理，逐步“成为在公共管理领域中的一种时尚”[③]，强调政府应更多地倾听顾客的声音，引入市场机制为顾客提供更广泛的选择，要求通过顾客价值感知来测量政府公共部门绩效，为西方国家政府绩效管理推行提供了重要的观念支持。二是“结果导向”，革除“以过程为导向的控制机制”，谋求“以结果为导向的控制机制”[④]，成为西方国家蓬勃兴起的一种新的管理思潮，试图通过结果评估来提高政府和官员对公众的回应性。三是“分权管理”，通过政府管理中的放松规制和充分授权，促进不同公共部门和公共服务机构之间的竞争，提升政府绩效水平。四是法治的健全，法治理念的基本内涵与精神体现和贯彻实施于政府公共行政活动之中，不仅表现为刻板的法律条文对政府权力的限制，同时还体现为市场竞争机制作用下规范的绩效目标控制。五是充分的科层制这一“复杂组织的最高效和有效的管理形式”[⑤]，包括理性的组织结构与流程、人员录用评价和晋升的绩效导向、严格的依规章办事制度和标准化非人格的运作过程。这些制度基础以内契的方式作用于政府绩效评估体系的设计与制

① 张康之：《对政治与行政二分原则的审查》，《国家行政学院学报》2001 年第 4 期。

② 王澜明：《关于中国特色社会主义行政管理体制的几个问题》，《中国行政管理》2010 年第 1 期。

③ Laaac - Henry, Kester, Chris Painter and Chris Bames (ed.), *Management in the Public Sector: Challenge and Change* (*Second edition*), London: Thomson Business Press, 1997, p. 13.

④ 宋世明：《美国行政改革研究》，国家行政学院出版社 1999 年版，第 175 页。

⑤ Charles Perrow, *Complex Organizations: A Critical Essay*, New York: Random House, 1979.

度的生成，进而勾勒出西方国家政府绩效管理的表现形态，即西方国家政府绩效管理是在“政治—行政二分”的理论与实践范式下，将“置身于‘政治’所特有的范围之外的”[①] 合法的、明确而且系统的执行活动所产生的成果作为测评的对象，是对政府系统在排除体制性、主观性与能动性前提下的机械性、专业化执行与配置绩效的管理。西方国家政府绩效评估制度设计都是植根于这些制度基础和文化条件，体现了各国特有的国民性格、价值取向和制度结构等因素。伯瑞·瑞丁认为，“《政府绩效与结果法案》是对多年来提倡公共管理改革者的一种回应……但如果你不理解其所处的生态环境，你就不能理解它所引发的各种反应，这种生态环境包括现实的预算体制、管理碎片化、分权和授权的环境，等等”[②]。

反观中国，当前是一个社会主义市场经济体制和秩序初步建立并逐步完善的转型国家，存在许多与上述西方国家政府绩效管理制度基础很不相同的地方：一是行政管理体制改革与政府职能转变正逐步深入，政府从直接从事和干预微观经济活动转变到有效实施宏观调控、创造市场环境和条件上的改革尚在进行。二是压力型政府体制无法充分地对下级授权，政府层级之间因目标导向控制过度而无法形成平等和契约式的合作关系，地方政府之间常常出现“政绩”比拼和竞争。三是政府管理过程规范化程度不高，理性制度供给不足，政府提供公共服务的内容、流程、时限、标准等尚未制定明确的制度规定，公务员岗位职责缺乏成文细化的规定。四是政府行政管理法治化程度不很高，正式制度外的发挥主观能动性的行政行为较为普遍，行政部门自由裁量权比较大，未真正建立起决策、执行、监督相互制约又相互协调的政府权力运行机制。五是长期以来公共治理中的政府本位，导致了公众与政府的隔阂，公众对政府冷漠和不信任的现象普遍存在，政府绩效管理的社会成本与公共理性条件亟待改善。这些政府管理基础状况决定了中国绩效管理模式不同于西方分权管理、结果导向和公众理性成熟等条件下的绩效管理模式，只能是依据政府管理的实际实现绩效管理自主创新。

总而言之，作为特定社会生态环境中的一项治理制度抑或工具，政府绩效管理必然受到一个国家或地区的政治、经济、文化等诸多因素的影响与制约。中国和西方国家政府绩效管理在生态环境与社会背景、制度基础与实践逻辑等方面存在的差异，导致了中西方国家政府绩效管理制度的差别：在绩效管理缘起的路径上，中国绩效管理既受传统和现代等因素的制约，同时又受本土条件和西方经验的影响；在绩效管理的推进的动力上，西方国家政府绩效管理是新公共管理运动下“管理主义”思潮的集中体现，中国绩效管理是中国社会主义建设事业发展要求行政体制改革推动的政府治理创新；从绩效管理的制度条件来说，西方国家是以官僚制和放松规制条件下的市场化体制为基础，中国绩效管理是以中国特色的行政管理体制与制度为基础。西方国家政

① ［美］伍德罗·威尔逊：《行政学研究》，《政治科学季刊》1887年第6期。

② Beryl A. Radin, *The Government Performance and Results Act*, Public Administration Review, 1998 (8).

府绩效管理既定政治体系框架下官僚制行政系统产出与公共服务市场化绩效的测评，属于绩效合同下政府部门及其部门间执行性、机械性绩效产出的评估；而中国绩效管理则属于政府系统在履行基本职能与完成工作目标过程中政府及部门主观能动性、创造性基础上的业绩评价。

中国绩效管理区别于西方国家绩效管理，在绩效管理理论研究和实践过程中必须要求这种理论自觉。正如罗伯特·达尔所说，“从某一个国家的行政环境归纳出来的结论，不能够立刻予以普遍化，或被应用到另一个不同的场合，必须先把那个特殊场合加以研究之后才可以判定”。特定国家或地区政府绩效管理制度不能完整地被其他国家复制或照搬。当前，如果强行进行制度移植和模仿，将会导致画虎不成反类犬的效果。目前部分学者在研究政府绩效管理过程中不注重中西方的这种差异，一些地方政府也模拟西方国家的实践做法，导致只是借用了西方的绩效管理的“外壳”，而“内瓤”则基本都是中国的。“绩效管理研究的本土化已经呼吁了十多年，迄今依然停留在原则和目标的层次上。”① 正因为如此，推进中国政府绩效管理事业，必须立足于国情探讨适合中国政治体制、经济发展阶段、文化基础条件、特别是政府管理体制的绩效管理模式，实现制度设计与制度安排的本土化，“把产生于国外的政府绩效管理与我国的现实国情和政府管理的具体实践结合起来”，进行创造性转化，使其“适应我国政府管理的文化环境、价值取向和交往机制等”②。

二　中国绩效管理的本质与特点

中国在探索政府绩效管理的实践中，形成了异彩纷呈的局面。中国行政管理学会在政府绩效评估研究报告中将其概括为三种类型，即普适性的政府机关绩效评估、行业性组织绩效评估、专项绩效评估。还有学者将各地政府绩效评估分为十种类型：岗位责任制和目标管理责任制形态、社会服务承诺制形态、效能监察形态、效能建设形态、督查验收重点工作形态、公民满意度测评形态、经济社会协调发展导向形态、领导班子实绩考核形态、公共支出绩效考评形态等。同时，一些地方通过探索，不断宣传、提炼出一些以地域命名、颇具特色的模式，如“甘肃模式”、“青岛模式”、“福建模式”、“珠海模式”、“杭州模式”、“岳阳模式”等。从推进中国政府绩效管理来看，这些实践为推进中国政府绩效管理理论研究，准备了来自管理现场和评估一线的知识、经验，也有助于深化政府绩效管理知识体系的形成，有助于形成更加贴近中国制度基础和文化条件的政府绩效管理操作体系。然而，这种多样化的实践探索表明目前中国绩效管理仍处于试点和争鸣阶段，理论研究是这样，实践探索也是这样。因此亟待对中国政府绩效管理的关键性、基础性问题予以澄清和规范，迫切要求对中国绩效管理

① 周志忍：《我国政府绩效管理研究的回顾与反思》，《公共行政评论》2009 年第 1 期。
② 盛明科：《政府绩效评估研究的瓶颈与本土化战略的建构》，《行政论坛》2008 年第 2 期。

进行类型学层面的提炼，期待为中国绩效管理研究提供通用概念和知识体系，为实践探索搭建统筹与对话的平台。探讨建立适合我国情况的组织绩效评估理论框架、方法论体系及操作程序，从而使绩效评估规范化、系统化、制度化、科学化，已经成为我国管理现代化的迫切要求。①

（一）创效式绩效管理的含义

那么中国绩效管理究竟是怎样一个基本框架呢？中国绩效管理的核心属性抑或本质内涵何在？究竟要从何种层面、何种视角、何种立场来概括中国的绩效管理经验？中国绩效管理的概括和提炼，一是需立足于比较的视野，即从比较西方国家与中国绩效管理环境条件差异的视角，避免陷入“西方中心主义”的立场；二是要秉持诠释的方法，即脱离绩效管理某个局部、片面的细节的描述，从一个更加宏观、彻底的视野来看待；三是要运用抽象的思维，从政府绩效管理的基本使命、现实环境、体系构成、运行机制来提炼。

从广义的政府绩效管理思路上看，中国绩效管理与西方国家政府绩效管理的一个最根本的差别就是，西方国家政府绩效管理是在市场经济成熟、公共部门法治完备、政府管理理性程度非常高的前提下的、以评估绩效为主要目的的一种相对单一的管理工具，而中国地方政府绩效管理则更多的是应用于政府要实现发展中国家跨越式发展的任务，有着很强的主观能动性前提下的、以创造绩效为主要目的的一种相对综合型管理方法。具体来说，西方国家绩效管理强调对政府组织和公共项目的理性预算的经济性、过程产出的效率性和结果责任实现的效益性的评价，同时也包括对公共部门行政官员法定岗位职责履行情况的衡量，绩效管理的过程规范、结果导向、职责至上是其主要特征，本质上侧重公共部门分内事情的完成，其绩效管理属于“过程式”和“结果式”并重模式。中国绩效管理是对政府在履行职能、行使公共权力、完成工作目标过程中的结果和效益进行的全面评估，其评估的重点在于政府部门常规日常工作、政府重点重大工作目标任务，公务员业绩评价，其强调政府部门和公务员行为的积极性和创造性发挥程度方面。因此，可以将中国绩效管理引申概括为“创效式”绩效管理。“创效式”绩效管理在许多地方政府的绩效评估方案中有集中的体现，如在湖南省绩效评估方案中就有评估“省委、省政府重点工作和为民办实事”② 等内容，在四川省绩效评估方案中有“主要评估贯彻省委、省政府决策部署，完成《政府工作报告》目标任务的情况”③ 等提法。在福建省三明市绩效管理方案中，其评估的重点是“贯彻落实中央和省委省政府重大决策部署的情况、本年度工作任务的完成情况、维护群众切

① 周志忍：《我国政府绩效管理研究的回顾与反思》，《公共行政评论》2009 年第 1 期。

② 参见中共湖南省委办公厅、湖南省人民政府办公厅关于印发《2009 年市州政府和省政府工作部门绩效评估实施方案》的通知。

③ 参见四川省人民政府关于印发《四川省人民政府部门绩效管理办法（试行）》的通知。

身利益的情况、政府及其部门自身建设的情况。”① 其他很多省市县绩效管理办法、方案中大体上均是较笼统、不精细的描述绩效管理的内容。从这些地方绩效管理的政策文本中可以发现，中国绩效管理其实质是评估政府所创的业绩和效果。

（二）创效式绩效管理的内容

“创效式”绩效管理能抓住中国政府绩效管理实践中核心要件，即“通过创新，创造绩效”这一发展中的中国各级政府行为的关键特征和形式，可以成为中国绩效管理的通用框架。“创效式”绩效管理模式在形式要件上，即程序、要素构成等方面与西方国家政府绩效管理存在着相似性，但在实质性内容方面存在着不同。从广义上看，中国绩效管理主要是通过体制性创效、机制性创效、功能性创效和辅助性创效以及对这些行为的评价与管理，实现绩效管理的创效化、行政管理的高效化。

第一，体制性创效及其管理。体制性创效主要通过行政体制和制度来明确社会利益关系、优化资源配置、提高资源配置效率，促进经济社会持续发展和“帕累托改进”。传统计划体制下，中国行政资源配置绩效低下，经济社会发展缓慢。伴随着经济体制、政治体制特别是行政体制改革逐步深入，传统行政权力对经营性环节的控制放开，国有企业垄断局面逐步被打破，中央与地方财税分权改革激发了地方的活力，政府条块管理逐步得以调整、行政审批制度改革进一步加快、政府层级和部门间关系以及公共服务供给体系进一步完善，推进了地方政府体制创效的不断提升。在中国基于经济社会体制和行政体制的作用所形成的，具体在经济发展、社会进步、民生改善、公共服务供给等方面形成的绩效，是政府绩效评估与管理的重要方面，基于绩效结果而开展的绩效改进与体制改革，是中国式创效的重要方式。对这种体制性创效的管理，不同于一般对政府管理的资源、投入、管理、产出、效果、影响等系统运作过程要素的考评，而主要是通过测评政治管理、政治与行政调节体制变革等要素作用于经济社会发展的长远效果来实现。

第二，机制性创效及其管理。机制主要是指各构成要素之间相互联系和作用的关系及其功能。传统的行政系统运行主要依靠强制性的行政动员、指令性的行政任务、普遍性的行政命令等方式，伴随这些运行方式的是集权导向的决策机制、压力型目标推进机制、创效进取的孵化机制。随着时代环境的变迁和民主治理变革的推进，在政府职能转变加快、行政问责积极推行、行政实施方式日益多样化的背景下，中国传统行政机制赖以存在的利益结构、集权体制逐步得以消解，政府运行越来越依赖公正公开的法治机制、科学有效的过程管理机制、公务员职业化与伦理自律机制等。这些机制在政府系统内部成为创造绩效的源头，主要是依托政府及其部门效能监察、行风评议以及各种党风廉政制度对勤政廉政与优政的倡导。勤政要求政府及其公务员忠于职守，勤奋敬业，增强事业心和责任感，自觉地把部门和个人工作同国家和人民群众的

① 参见三明市人民政府办公室关于印发《2008年度三明市政府绩效评估工作方案》的通知。

根本利益紧密联系起来。廉政要求政府及其公务员为政清廉，严于律己，能具备应有的基本素质和遵循行政伦理准则。优政就是要求政府及其公务员工作务必讲求实效，勇于创新，把实干精神和科学态度结合起来，做到提高工作效率和全面完成创新目标。在政府绩效管理实践中，不仅注重对管理制度、岗位责任制度等刚性机制创效进行评估，同时也十分重视对由工作作风、工作态度、工作技能等柔性机制的评估，来改进政府部门及其公务员的作风、增进工作效能、提升公众满意度水平的测评。

第三，功能性创效及其管理。从总体上说，卓越的政府功能性创效是指政府在一定时间内在绩效方面期待实现的可考核的结果，一般来说是体现在绩效的不同维度或结果上。政府行为创效有的表现为政府部门目标的达成，即体现结果导向；有的表现为工作作风的改进，即注重过程的态度；有的还体现为政府行为回应性的增强，即谋求政府行为有效。从目标达成的功能性创效来说，政府主要是通过追求行政活动功能的高绩效，实现经济快速发展、社会管理秩序井然，其核心是建设绩效型政府。从政府作风改进的功能创效来说，政府主要是通过建立适应市场经济体制的政府作风与形象，营造良好的经济社会发展政务环境来推进经济社会发展，其本质是实现服务型政府建设目标。从增强政府行为的回应性来说，主要是要求政府对公众的需求和问题具有敏感性，能及时做出反应并满足公众的合理要求，及时而又公正合理地解决公众提出的问题，体现为通过承诺制、公示制、政务公开制度、听证制度和保密制度等方面的改革而获取的政绩合法性。

第四，辅助性创效及其管理。辅助性创效主要是指政府通过体制、机制等创效方式以外的监督、监察方式进行的，主要是以事后性、补充性、监督性为特征的一种创效途径，其具体体现在效能监察、行政督查与行政问责这三种形式当中。詹姆斯·布坎南所代表的公共选择学派认为，政治其实也是一种市场，政治组织和政治家在政治市场上从事政治活动的目的也是追求自身利益的最大化。由于受传统“官本位”思想、各种监督制度尚不健全、信息不对称等的影响，地方政府“经济人”自利趋利行为愈演愈烈，必须在法律、制度、舆论等多个层面建立有效的监督和制约机制，对政府过度膨胀的“经济人”行为进行抑制，强化政府权力的监督、监察与问责，从而“保证把人民赋予的权力真正用来为人民谋利益”。辅助性创效包括中央政府以及各级地方政府行政监察部门开展的效能监察、行风评议，一些地方政府综合部门当中的督查部门开展的执行性督查督导，同时还有一些以行政问责形式开展的负强化建设。辅助性创效的考评主要是通过“党风廉政建设责任制”一票否决等评估指标来实现。

（三）创效式绩效管理的优势

“创效式”绩效管理是一种综合性、开放型的框架，在具体的实践中并不会完整地出现，在实践中会以更为灵活的体系出现。目前在中国各级政府绩效管理实践中，“创效式”绩效管理具有“主体—客体”统一的优势、“评估—创建”结合的优势、“业绩—考核”整合的优势和“诊断—改进”兼顾的优势等四大优势。

——“主体—客体”统一的优势。就是把绩效作为一种行政主体行为与能力的“被评价”和客体对行政主体的“评价”的有机统一，而不是单方面从“评价方面”进行的评价。在政府绩效管理中，很多地方流行社会公众评议政府机关、“万人评政府”、甘肃的非公有制企业评估政府等，都属于服务受众对政府绩效的“主体—客体”式评估。

——“评估—创建”结合的优势。就是把绩效评估作为促进效能建设的手段，通过设置系列指标进行评估并发现工作中的问题，使之成为“以评促建”、“以评促改”、“创新争优”的重要载体。目前我国很多行业、部门开展的专项评估大多属于这一类型，如社区“双文明”评估创建，文明城市、文明街道、文明单位的创建评估等。

——“业绩—考核”整合的优势。就是既注重对行政机关的组织业绩进行评估，又发挥对行政领导和公务员个人业绩的考核，成为落实依法行政、科学行政、民主行政的重要制度创新。这一类型主要是沿袭过去目标责任制考核，将政府管理的业绩作为绩效管理的重要方面，通过对业绩的认定与考核达成对政府绩效的管理。如当前许多地方开展国有企业负责人经营业绩考核等都属于此类。

——“诊断—改进”兼顾的优势。就是把绩效管理的着力点放在通过绩效评估发现问题、改进工作上，推动地方从单纯GDP导向的经济发展转向科学发展，指引政府积极改善民生，避免传统政府治理机制和调控行为赶时髦的贴标签运动以及急功近利、“乌托邦”与“政绩”攀比等一系列不良效应，达成自我发展、自我纠错的机制。“对政府绩效的评判所形成的强大压力可以促使政府对其职能及其职能行使方式进行彻底反思，能够从根本上扭转政府决策冲突、自利倾向而造成的职能错位和短期行为”。[①]

但需要辩证看的是，中国创效式绩效管理除了具有以上几大优势外，同时也具有一些局限性。首先，创效式绩效管理是立足现实国情和政府管理实际基础上形成的绩效管理模式，基于的国情和政府管理实际既有积极的一面，如注重体制集中统一的优势、注重机制的多样性、积极倡导主观能动、鼓励“创新争优”、注重思想政治的激励作用等，同时也有对于当前中国行政管理消极现实妥协的一面，即由于社会资本匮乏及公众参与理性不强而导致的公众参与评估的式微；行政管理法治化程度不高导致绩效管理缺乏像西方国家那么高的制度化程度；政府战略管理的缺乏导致绩效管理成为政府具体任务监管的杠杆而非远景使命的助推器；政府权力的过分扩张造成绩效管理集权、内部推动特征明显，容易造成没有外部监督下迅速流于形式。其次，创效式绩效管理的对象是政府组织及其官员的创效行为及绩效，根据理性经济人假设，现实政治系统中的政府及其官员都是倾向于一定的价值偏好和利益最大化，在这种情况下创效式绩效管理无法促进政府组织“做出集体选择以追求公共利益”。再次，如果在缺乏有效的法律规制、科学的官员选拔机制和良好的官员职业道德与公共伦理精神的情况

① 包国宪：《政府绩效评价中的“顾客导向”探析》，《中国行政管理》2006年第1期。

下，创效式绩效管理有可能激化目前国内地方政府初见端倪的"政绩"无序恶性竞争，不仅会破坏现有的政府内部委托代理关系，而且会造成政府外部公共责任机制的失效。当前中国各地政府绩效管理多由政府内部的专门机构如绩效办、督考办、效能办、纠风办等组织协调。内部的组织机构拥有充分的执行网络和资源，能够以较短的时间和较低的沟通成本实现绩效评估。然而，由于这些组织机构本身也是科层制体系的一部分，无论是否借助外部参与，依然难以彻底转变政府绩效评估"自说自话"的特征。①

三　中国绩效管理的价值与未来

党的十七届五中全会通过的《中共中央关于制定国民经济和社会发展第十二个五年规划的建议》中强调，要"完善政府绩效评估制度"。虽然政府绩效评估在中国已有20多年的历史，但是由于理念和立法尚未到位，体制和机制还存在诸多制约，中国绩效管理仍是"一个未出襁褓的婴儿"，没能像西方国家政府绩效管理那样与其政治生态、管理机制、文化系统契合得那么紧密，没有走向健全化、制度化、长效化的轨道。在当前，要完善政府绩效评估制度，推进中国绩效管理的长效发展，评估现行绩效管理理论与实践资源，定位中国绩效管理的价值，预测其未来走向，是必须认真思考的问题。

（一）中国绩效管理的理论价值

中国绩效管理的提炼和反思，是要让政府绩效管理体系的理论构建和实践操作适应中国的行政生态和中国公共行政实践，研究和解决中国的问题，体现中国特色和"中国气派"。对于公共管理和文明行政而言，中国绩效管理具备以下理论价值和贡献：

中国绩效管理即"创效式"绩效管理，是一种不同于传统政府绩效管理的概念。该概念既能较好地区别中国绩效管理与西方国家的不同，同时又能形成对于中国名目繁多、各执一词的政府绩效管理标签的一种统合，有助于推进中国绩效管理理论研究和实践探索。西方是在成熟市场经济的条件下进行的改革，是对行政系统的"修补式"革新，而中国是在从计划经济转向市场经济的过程中进行的行政改革，是具有"革命性"意义的活动。尊重中西方国家在行政环境、行政本质、工具性质等方面的完全不同，提出并实践中国创效式绩效管理，有助于构建体现中国国情的政府绩效评估指标设计、工作流程、评估主体等，有助于避免运用一种非此即彼的线性思维来理解西方国家政府绩效评估，有助于在政府绩效管理方面超越西方国家的经验与模式。

"创效式"绩效管理的实质是期待使政府实质绩效与形式绩效统合在一定的绩效管理制度之内，通过缩减中间环节和扩大参与机会的方式，在职能普遍性规范、管理结

① 吴建南、杨宇谦：《地方政府绩效评估创新主题、特征与障碍》，《经济社会体制比较》2009年第5期。

构性功能和服务系统性效果三个方面按照效能的内在逻辑展开主动创新，去实现政府组织、外部环境和公众动态的价值期望。从绩效管理研究与实践的进化过程来看，这种“创效式”绩效管理是在中国各地实践的“评估式”绩效管理、“全程型”绩效管理之后出现的一种新的整合式管理模式，标志着绩效管理从单维度向多维度发展、从引进为主型向自主型转换，标志着绩效管理进入到更高阶段。

（二）中国绩效管理的实践价值

中国绩效管理，即“创效式”绩效管理模式，有助于推进中国特色政府绩效管理制度的形成。里格斯行政生态学理论认为，任何行政制度的产生都有其深刻的行政生态背景，任何制度也只有在一定的行政生态中才能有效地确立并发挥作用。中国特色政府绩效管理制度，是指以深化中国特色社会主义行政管理体制改革为目的，紧紧围绕提升中国政府行为绩效、促进民生改善与经济社会发展，对各级政府职能与目标实现行为的经济性、资源使用的效率性、达到目标的效益性进行管理的制度体系。因而中国政府绩效管理制度只有在中国国情下和特定政府生态系统中形成，同时这样的一种绩效管理制度也只有在“创效式”的行政生态中有效地确立和发挥作用。中国绩效管理有助于推进适应中国特色的政府绩效管理目标体系、价值体系、指标体系、结果运用制度以及相关配套制度等的形成。

中国绩效管理对于推进中国政府绩效评估实践具有十分重要的实践意义。创效式绩效管理，在我国最为典型的就是江苏省灌南县实施的“三政”绩效评估体系和北京市实施的“三效一创”绩效管理体系。2008年灌南县开始在全县实施“三政”绩效管理，“三政”即勤政、优政、廉政。勤政指常规绩效，是按照自身职能与职责应完成的工作，属于“规定动作”。优政指的是创新绩效，体现自加压力、创新创优的工作以及取得突出业绩的内容，属于“自选动作”。廉政即指执行廉政建设规定情况。“三政”绩效管理立足创新，实施几年来充分调动了公务员工作主动性，有力地促进了灌南县政府效能的提升。我国很多县一级党委和政府实施的绩效管理与此有异曲同工之妙。北京市政府运用“三效一创”[①] 绩效管理体系对市级国家行政机关进行绩效考核。“三效一创”绩效管理体系是通过提取政府管理“核心绩效指标”，运用相对科学的方法、标准和程序，对市政府各部门履职的过程、结果进行评价和分析，促进绩效提升的管理行为和工作体系。在具体的绩效管理过程中，“履职效率”细化为“职责任务”指标，对市政府各部门主要职责履行情况和重点工作任务完成情况进行评价。“管理效能”细化为“依法行政”和“能力建设”两个指标，对各部门依法行政、行政审批制度改革、效能监察及公务员队伍建设情况进行评价。“服务效果”细化为“服务中央在京单位与驻京部队”、“公众评价”、“领导评价”和“协调配合”四个指标，对各部门工作效果和服务对象满意度的评价。“创新创优”指标则是对各部门开展工作创新和创

① “三效一创”是指政府部门的履职效率、管理效能、服务效果和创新创优四项重要管理指标。

优的评价。该绩效管理模式试行以来，极大调动了北京市各部门创新创优的积极性。据统计，北京市政府各部门2009年一年推出了267项创新措施，其中“重大项目绿色审批通道”、“征地多元化补偿机制”、“信息化城市管理系统”等146项措施，被专家评为年度创新成果。“三效一创”绩效管理体系获得第五届“中国地方政府创新奖”。江苏灌南县“三政”绩效管理和北京市“三效一创”绩效管理体系较完整地体现了中国绩效管理的特点，是开展创效考评的典范。目前我国其他的一些地方政府开展的绩效管理，或者部分或者全盘地体现出创效管理的特色。

（三）中国绩效管理的未来

创效式绩效管理是当今中国绩效管理模式的理性选择，将其进一步科学化，应该成为未来中国绩效管理发展的方向。当然，我们认为创效式绩效管理并非完美，其在提出和发展过程中一方面是切合和反映中国政府管理的实际，同时另一方面也有基于适应一些不良环境与现实以期逐步改造政府管理的谋划。因此，未来中国政府绩效管理实践的推进、绩效评估体系的健全、绩效管理功能的升华，仍是一项既具有挑战性又富有开拓性的工程。

第一，要实现自我更新。“公共部门绩效评估会随着社会和组织的发展而发生变化，并通过自身的创新来适应环境变化”。[①] 政府绩效管理体系与模式应适应时代、国家宏观环境、发展观与政绩观、经济社会发展方式等的变化不断谋求自我完善和发展。虽然创效式绩效管理能立足中国国情和政府管理实际，有效地激发并测评政府及其部门的业绩，但是中国经济社会发展状态、政府管理情势、社会组织力量、公众公民精神等均会发生变化，因而政府绩效管理也应该不断地加以完善，要设计好绩效管理的“评估子系统、结果运用子系统和支持保障子系统”[②]。一是在价值观念上，要对绩效管理进行科学的定位，要充分认识绩效管理的系统性、战略性和全面性，不能将绩效管理当成目标压制和任务控制的手段，而要使得绩效管理升华为推进公共责任机制重建、政府战略使命管理、扩大公共行政公众参与、推进依法高效文明行政的综合机制。二是在绩效指标方面，要突破传统政府主导型、经济增长方式偏重追求经济总量扩张的绩效管理制度，构建一套将绿色GDP增长、节能减排、解决资源环境约束矛盾、公共服务质量、食品安全监管、收入分配差距缩小、公共财税政策合理性等指标在内的政府绩效评估指标体系。三是在绩效创造激励方面，要以实现经济发展方式转型为主线，激励地方政府摆脱偏重经济总量扩张的绩效追求，避免权力干预经济，倡导体现经济发展方式转变的绩效管理体系，实现绩效创造的科学、公平、绿色与和谐。四是在绩效管理与政府管理创新方面，必须从变革传统政府管理体制的高度，将绩效管理作为推进中国行政管理体制改革的一个突破口，充分发挥其对于促进社会管理体制变革、激发公民理性、催生社会资本、培育绩效文化的积极作用，从制度硬约束与文化软约

① 柳剑诏：《“北京模式”绩效管理获“中国地方政府创新奖”》，《北京青年报》2010年3月30日。

② 彭国甫：《构建地方政府绩效评估体系的三个基本问题》，《湘潭大学学报》（哲学社会科学版）2007年第4期。

束推进行政体制改革，从组织、制度和文化等多层次系统构建和整体推进绩效管理，共谋政府创新之道。

第二，要推进体制改革。欧文·休斯曾深刻地指出，“无论采取何种标准……传统行政模式中的绩效管理都是欠缺的。”① 政府绩效管理作为行政治理体系中的组成部分，不是孤立存在的，而是不可避免地要与其他部分发生联系；也不是单独产生作用的，而是要与其他部分、其他措施相互作用、相互配合。政府绩效管理绝不仅是上级政府控制下级政府的“紧箍咒”，而是增强政府管治能力和满足公众对政府的服务需求，以及建立服务政府、民主政府、责任政府、法治政府、透明政府、高效政府和信用政府的有力武器②。在传统的政府治理模式中，绩效管理会陷入“路径依赖”困局而出现制度无效率的局面。中国未来创效式绩效管理必须着眼于推进体制变革：一是要改变传统的经济“赶超”体制和思维方式，破除地方政府“政绩”与利益双重冲动，避免地方因恶性竞争导致其不断寻求自身的扩张和发展。二是要改革传统政府“压力型体制”，这种体制是“上级给下级政府的各种组织和个人分派任务和设定目标，并且要求他们在规定的时间内完成”③，要规避压力型行政体制催生出的政府角色错位、“政绩”工程、虚夸之风等行政痼疾。三是要实现政府管理由过去的经济发展型政府转向公共服务型政府，将政府职能转变到管理社会公共事务、提供有效的公共服务方面来，加大对基础教育、公共卫生等基本公共产品和服务的供给及基础设施投入，做好社会利益关系的调整和收入分配差距的调节，解决好社会就业、城乡公共服务均等化、社会弱势群体保障等问题。四是要推进政府内部管理体制改革，包括科学处理并规范中央与地方之间的利益关系，避免因地方政府作为独立利益主体地位的过分突出而形成与中央的政策执行博弈；积极推进公共部门人力资源管理制度变革，健全并推行体现实绩的、科学有效的干部政绩考核与激励制度；加快政府绩效预算信息和相应的预算分析能力建设，积极推进政府预算信息公开，建立公共支出绩效评价体系。只有积极推进相关体制改革的进行，才能为中国绩效管理的发展提供优良的制度供给，才能为绩效管理赢得更多的发展空间。

第三，要提供制度保障。未来中国绩效管理的发展，必须推进其与政府组织内部的其他管理制度有效整合，使绩效标准更加科学和规范。一个组织的规范化管理实际上为绩效评估提供有效的标准和依据，也是有效开展绩效管理活动的“硬环境”。对于中国这样一个关系型社会文化形态与理性传统结合的国度而言，政府组织及其公务员理性思维和精细化管理传统极易受到人情世故的影响，往往注重人际关系而淡化规则意识，制度外的组织行为过多，管理体系化程度不够，职业化管理环境缺失，组织人

---

① ［澳］欧文·休斯：《公共管理导论》（第三版），张成福等译，中国人民大学出版社 2007 年版，第 182 页。

② 范柏乃：《政府绩效评估理论与实务》，人民出版社 2005 年版，第 39—45 页。

③ 荣敬本、崔之元等：《从压力型体制向民主合作体制的转变——县乡两级政治体制改革》，中央编译出版社 1998 年版，第 2 页。

格化倾向明显，这是绩效管理的“生态障碍”。理性管理制度作为在法理性权威基础上的有效组织形式——“精确、迅速、明确、精通档案、持续性、保密、统一性、严格的服从、减少摩擦、节约物资费用和人力……能达到最佳的效果”[①]。因此，创效式绩效管理要按照组织自身的目的，与政府职责、工作流程、岗位目标、战略规划和年度工作计划等有效地进行整合和契合，与改革行政管理体制、建立行政问责制、促进人事制度改革等同步推进、有机结合，避免出现绩效管理单兵作战，与其他相关管理制度“两张皮”的现象。在提供制度保障方面，一方面要进一步推进政府相关法规制度建设，包括政务信息公开、公民知情权保障、政府财政预算、政府绩效评估、公共信息统计、公务员绩效考核等制度。另一方面要营造有助于创效式绩效管理运行的非正式制度，变革传统“官本位”文化和集权导向价值，培育激励的组织文化、创新创优的观念以及理性的管理精神等，倡导健康和谐而又适当竞争的绩效理念，精细化的组织精神等。具体来说，要为创效式绩效管理提供有效的制度供给，体制性创效评估应完善政府战略管理，机制性创效评估应推进政府组织规范化管理，辅助性创效评估应与政府部门社会服务承诺制以及其他一些相关制度结合起来。

（作者高小平，中国行政管理学会执行副会长兼秘书长，研究员；盛明科，湘潭大学公共管理学院副教授；刘杰，中国行政管理学会助理研究员）

① ［德］马克斯·韦伯：《经济与社会》（下卷），林荣远译，商务印书馆1997年版，第296页。

国内外政府绩效管理实践比较研究

李　乐　周志忍

绩效管理被国内外政府官员誉为手中“最有效的管理工具”①。二十多年来，绩效管理在发达国家得到了广泛的应用并取得了良好的效果。随着我国行政管理体制改革的扩展和深化，也伴随着学界对于政府绩效管理研究的深入，绩效管理在我国正日益受到重视，不少地方政府主动开始了绩效管理的实践。温家宝总理 2008 年 3 月在十一届人大一次会议上作的政府工作报告中提出推行“政府绩效管理制度”，② 标志着绩效管理制度正式被我国中央政府认可，并直接推动绩效管理制度在全国范围内的广泛实施。然而，绩效管理作为一套管理工具，毕竟是一个舶来品，我国的相关实践还存在着明显的不足，还有待进一步规范化、科学化。因此，对国内外绩效管理从理念到实践进行系统的比较研究，对于构建适合我国国情的规范的绩效管理体系具有重要的理论和实践意义。

本文从理念、制度和技术三个层面对近二十年来国内外政府绩效管理进行系统比较：一是比较政府为什么要推行绩效管理；二是比较绩效管理的推行机制；三是比较绩效管理的要素框架；四是对绩效管理信息利用方式进行比较。

一　为什么要推行绩效管理

（一）绩效管理的功能和作用

绩效管理在政府管理中发挥多样化的作用和功能，根据其功能和作用的不同，可以将绩效管理划分为两大类，“内部控制型”和“外部责任型”。③

“内部控制型”绩效管理其功能主要表现在以下方面：

---

① 周志忍：《效能建设：绩效管理的福建模式及其启示》，《中国行政管理》2008 年第 11 期。

② 我国从 20 世纪 90 年代中期开始兴起绩效评估，到近期国内首部政府绩效管理的地方性法规——《哈尔滨市政府绩效管理条例》的出台，我国政府绩效管理正经历着理论和实践不断深化的过程。迄今为止，全国大约有 1/3 的省（市、区）不同程度地开展了政府绩效评估工作。

③ 参见戴维·奥斯本、特德·盖布勒《改革政府——企业精神如何改革着公营部门》，上海译文出版社 1996 年版。

• 计划辅助功能。政府绩效的提高有赖于科学的管理计划。一个具体的管理目标或指标的制定至少要参照三个方面的信息：有关部门前一阶段的表现状况；部门内部工作条件、工作程序及环境方面的变化；社会需求与社会环境变化的预测。绩效管理的作用就在于它满足了第一方面的信息需求，某一阶段的评估结果就成了下一阶段计划的基础和出发点。

• 监控支持功能。行政管理工作走出计划而进入实施阶段后，必须时时对执行情况进行严密的监测，如发现背离计划的情况，就要预测它的可能后果并采取相应的控制措施。绩效管理在这里的作用，主要表现在它在绩效评估阶段通过监控提供了信息支持。

• 促进功能。实践表明，测量自己工作效果的组织，即使未把拨款或报酬同效果联系起来，也会发觉测量得到的信息会促使自己发生变化。美国马萨诸塞州福利部的工作差错率高且居高不下，有关部门公布每个办公室的差错率，继而公布每个工作人员的差错率，情况就发生了变化，由23%降到8%。

• 激励功能。美国学者曾对绩效评估的激励功能做了这样的说明：若不测定效果，就不能辨别成功还是失败；看不到成功，就不能给予奖励；不能奖励成功，就有可能是在奖励失败。“在教育方面，我们通常奖励失败。……如果你失败，你有资格得到帮助。如果你做得出色，那么你就失去资助。在公共安全方面我们也奖励失败：当犯罪率上升时，我们给警方更多的钱。如果他们继续失败，我们再给他们更多的钱”①。奖励失败的结果是产生荒谬的刺激，导致组织绩效每况愈下。

• 资源优化功能。在缺乏关于效果的客观资料的情况下，当政府官员决定加强某个领域的工作时，往往不知道把新增加的资金投向何处；当他们在削减预算时，又不知道削减的是“肌肉”还是“脂肪”。绩效评估有助于科学设定目标并根据效果来配置资源。

“外部责任型”绩效管理，是指绩效管理是政府对公民负责的一种方式，是民主控制的一种手段。“对政府活动的绩效评估在任何民主社会中是基本的东西。它是政府责任的一个重要方式。责任涉及许多问题……评估是回答这些问题的有效方式。”② 其功能主要表现在以下方面：

• 展示成果能赢得公众的支持和理解。绩效评估是向公众展示工作效果的机会，展示成果能赢得公众对政府的支持。如果把绩效与政策紧密挂钩，不受欢迎的措施也可以得到公众的理解。美国佛罗里达州为了改善交通运输系统准备把每加仑的汽油税增加4美分，仅有43%的公众表示赞成。当改问“如果州立法机关规定，只有当运输部达到规定的业绩标准时增税才实际生效，你是否赞成把每加仑汽油税增加4美分”，

① 参见周志忍《我国政府绩效评估需要思考的几个问题》，《行政管理改革》2011年第4期。

② 参见Jackson, Peter M. (ed.) *Measures for Success in the Public Sector*, London: CIPFA. In stock: 19, 1995。

结果是59%的人表示赞成。

• 展示绩效状况能推动公众对政府的监督。许多政府部门的服务处于垄断地位，无法同其他地方或部门比较——公民不能体验其他部门的服务，甚至不能直接体验本地区的服务（如消防、急救等纯公共物品）。绩效评估的实质是一种信息活动，其特点是评估过程的透明和信息的公开。评估和公布绩效状况是公众"体验服务"的一种方式，有助于广大群众了解、监督和参与政府的工作。

• 绩效评估能提高政府的信誉。绩效评估并不只是展示成功，它也暴露不足和失败。暴露不足和失败并不一定损害政府部门的信誉，因为它向公众展示了政府为提高绩效而做出的不懈努力。政府和公民围绕绩效展开的互动，有助于提高政府的政治合法性，最终形成政府与公民、国家与社会之间的良性关系。

（二）发达国家外部责任型绩效管理

发达国家当代政府绩效评估着眼于外部问责，属于"外部责任型评估"，呈现出三大特点：一是发达国家推行绩效管理的动机非常明确，从国外学者对绩效管理与责任的论述，特别是官方启动绩效管理时的有关文件可以看出，向公民汇报展示、接受公民监督问责是其推行绩效管理的主要动机。美国经济发展委员会1976年就指出，提高政府生产力的重要性不仅在于节约成本，而且超过了质量和效益的问题，它直接涉及恢复老百姓对政府的信任。Jackson Peter 在 *Measures for Success in the Public Sector* 一文中指出，"对政府活动的绩效评估在任何民主社会中是基本的东西。它是政府责任的一个重要方式。责任涉及许多问题……评估是回答这些问题的有效方式。"① 马克·霍哲在《公共部门业绩评估与改善》中指出政府责任包括三大方面：（1）公民从上交的税款中得到什么样的服务；（2）税款使用的效率和效果如何；（3）这些服务如何使服务对象以及服务对象关心的人受益。而政府绩效评估是实现政府责任的手段，"只有政策制定者和市民积极主动地参与业绩评估——即参与让政府机构对它们的开支负责，对它们的行动负责，对它们的承诺负责这样的评估过程，上述的多重目标才能实现"②。而在美国学者E. 布朗在《政府绩效审计》一书中对绩效评估与民主责任进行了清晰地说明："公众和公共部门的官员认为有了解公共部门提供产品和服务质量的需要，因为公众为此付出了代价。"③ 1999年美国明尼苏达州明尼阿波利斯市年度绩效评估文件中对绩效评估与政府责任进行了清晰的解释：一个被选举的官员想知道去年公共安全功能领域预算的增长是否导致了犯罪率的下降。一个公民想知道为什么尽管近年来税收增长了但公路的凹坑仍然是一个非常棘手的问题。所有这些问题都需要良好

① 参见 Jackson, Peter M.（ed.）*Measures for Success in the Public Sector*, London: CIPFA. In stock: 19, 1995。

② 参见马克·霍哲《公共部门业绩评估与改善》，《中国行政管理》2000年第3期。

③ ［美］E. 布朗、T. 加勒、C. 威廉斯：《政府绩效审计》，袁军等译，中国财政经济出版社1992年版，第78页。

的绩效评估信息，且这些信息是及时的，精确的而且能够回应手边的问题。美国费尔法克斯县《2003年绩效评估指南》中指出，“绩效评估的最有力的理由是，市民持续地要求有更具回应性和竞争性的政府”[①]。英国官方文件《新工党的绩效评估》中指出，1998年12月财政部的白皮书中为所有的中央部门和机构引进了公共服务协议(PSAS)，PSAS规定了设定每个部门的目标，并就公共服务的改进提出了具体的目标，“白皮书中指出，这种方式通过提供清晰的，可测量的目标是提高民主与责任的非常重要的一步”[②]。

二是发达国家绩效管理具有一套非常成熟的顾客或公民导向的评估指标体系。以欧盟为例，欧盟绩效评估指标体系非常成熟，它分为两大类要素：“能动因素”和“结果因素”。其中，结果要素有4个指标，包括雇员角度的结果、顾客/公民导向的结果、社会结果、关键绩效结果[③]，其中每个指标又分别包括2—6个次级标准/指标。以“顾客/公民导向的结果”指标为例，它细分为“顾客/公民满意度的测评结果”和“公民/顾客导向的测评指标”两大次级标准。其中“顾客/公民满意度的测评结果”的考察因素又具体分为“有关组织整体形象的结果”、“有关所涉及与参与的结果”、“有关平易近人的结果”、“与产品和服务相关的结果”；“公民/顾客导向的测评指标”的考察因素具体分为“有关组织整体形象的指标”、“投诉的数量及受理时间”、“公众对组织及其产品和服务的信任程度”、“等候时间”、“服务递送的处理时间”、“员工在有效处理公民/顾客关系方面的受训程度”、“在多元化和性别方面的指标”、“有关参与的指标”、“利益相关人参与设计和提供服务与产品和/或参与设计决策过程的程度”、“接收并记录的建议”、“采用创新的新方法与顾客/公民打交道的力度”、“有关产品和服务的指标”、“坚持已经公布的服务标准（例如公民宪章)”、“被退回的错案和/或要求重新处理/赔偿的案件数量”、“改进信息有效性、准确性和透明性的努力程度”[④] 15项指标。在界定好每项指标的测量内容后，再对其进行评分，评分的依据是所评机构取得进步的大小、与自身目标以及与同类机构相比成果如何。

三是非常强调政府绩效管理中的公民参与。公民为本是当代发达国家政府绩效管理的理念基础和根本指导原则之一，具体包括五大要素：回应公民需求、倾听公民的呼声、公民选择权、公共服务设计和提供过程中的公民参与、部门绩效评价以公民为主体。其中“部门绩效评价以公民为主体”是指“部门增强透明性并提供充分信息，

① 参见 Department of Management and Budget *Fairfax County* (*VA*) (2003): *Measures Up: A Manual for Performance Measurement* (7th Edition)。

② John Rouse (Professor of University of Central England), *Performance Management Under New Labour: really new or merely more of the same?* (working paper) February 2001.

③ 孙迎春、周志忍：《欧盟通用绩效评估框架及其对我国的启示》，《兰州大学学报》（社会科学版）2008年第1期。

④ 同上。

绩效优劣主要由服务对象而非上级来评判，强化公众监督和公共部门的公共责任”[①]。这一要求充分体现了发达国家在政府绩效管理的过程中坚持以公民为主体。美国《政府绩效与结果法》中的要求相对原则和笼统：立法目的是通过系统的责任机制赢得美国人民对政府的信任；要求公开向公众报告目标实现和进展情况；实现管理目标从投入、过程到结果、服务质量和顾客满意的转变。以美国绩效评鉴委员会为例，美国国家绩效评鉴委员会从政府改革历史的角度论述了公民参与的重要性：“仁人志士一直致力于联邦政府的改革，20世纪大规模的改革运动就有十几次，但几乎都不成功。改革之所以成效不彰，原因在于推行方式是自上而下而非自下而上。改革者没有深入到美国公众中征询改革思路、方向和措施，也没有认真征询第一线雇员的意见和建议。绝大多数改革是由外部人员研究设计的，改革的成败对这些人没有切身影响。……先天不足，改革注定会失败。也不可能有别的结果。”[②] 在其1995的改革年度报告《常识政府》中指出，“在过去，政府似乎很少认真思考人民的需求，或者准确地说，政府自认为知道公民需要什么。这是错误的”。报告要求公民需求的确认必须直接征询公民的意见，并列举了许多最佳实践案例。在其1993年《使命驱动、结果导向的预算》报告中，委员会对获取顾客输入（customer input）的方式提出了具体建议，包括“服务设计小组中要有顾客代表，组织多样化焦点群体（focus group）以覆盖主要顾客类型，小组内部组织顾客和公共利益团体的角色扮演”等。在其1999年的《测度平衡：绩效管理的最佳实践》中，委员会（此时更名为“全国重塑政府伙伴委员会”）强调：“有必要重新审视政府组织绩效管理中顾客、利益相关者和雇员介入的方式和手段，以便在组织使命的实现和不同群体需求的满足之间达到适当的平衡”。为确保组织追求的结果能均衡反映不同群体的利益，报告中提出了三条原则要求：“把顾客、利益相关者和雇员组织在一起；创立一套他们易于理解的绩效测度体系；明确说明这些绩效测度和他们所关注的问题之间的关系”。[③] 政府绩效管理中广泛的公民参与在其他国家也得到充分体现。以英国为例，前面我们讨论过的“公民宪章”可以说是一个早期范例。工党执政以来，改革更加突出服务质量和对公民的回应性，绩效和质量管理被视为“利益相关者之间的对话”，日益成为一个公民驱动的政治过程。[④] 英国绩效管理中公民参与最著名的是“人民咨议会”（People's Panel），由内阁办公厅创议于1998年设立，成员达5000人，从全体公民中随机抽样产生，以保证其代表性。咨议会设立的目的是“更好地理解公民需求和更好地评价公共管理改革的有效性”，也就是从使用者的角度

---

① 参见周志忍《当代政府管理的新理念》，《北京大学学报》（哲学社会科学版）2005年第5期。

② Gore, Al (1995), *Common Sense Government: Works Better and Costs Less*, Third Report of the National Performance Review.

③ National Performance Review (1993), Mission - Driven, Result - Oriented Budgeting; National Partnership for Reinventing Government (1999), Balancing Measures: Best Practices in Performance Management.

④ John Rouse (Professor of University cf Central England), *Performance Management Under New Labour: really new or merely more of the same?* (working paper) February 2001.

评判服务质量并推进改革，政府部门和其他公共机构可以测验公众对政策和管理变革的反应。成员固定有利于对民意进行持续性调查和追踪，有关部门为此建立了专门的数据库。OECD在其《未来政府》文件中高度赞赏这种民意征询的渠道，认为它“有助于政府持续性追踪公众的态度和意见，考察变革的推动力，对特定服务的使用者和非使用者的看法进行系统的研究和审视”。[①]

（三）我国内部控制型绩效管理

从实践来看，对比西方发达国家政府外部责任型绩效管理中注重公民参与的特点，近年来我国政府绩效评估实践中的公民参与发生了显著的变化，具体表现在：“一是评估侧重点向公民的倾斜，主要体现在评价体系中民生类指标的扩展及其权重的增加；二是政府绩效评估中公民的介入，主要形式是满意度测评或社会评价，虽然所占权重各地之间差异很大，但总体上呈现出逐步加大的势头。”[②] 虽然近年来我国政府绩效管理中公民参与，尤其是公民导向的指标体系设计（主要如关注民生指标和公民满意等）与过去相比有长足进步，但我国政府绩效管理总体上还处于内部控制型模式。

我国内部控制型绩效管理主要表现在三大方面：一是绩效管理的“内向性”，绩效评估主要是一种政府内部的行为，由政府部门发动并组织实施，评价结果主要用于“内部消费”，对社会和公民相对封闭。二是绩效管理的“单向性”，从政府层级关系看，绩效评估主要是上级对下级的评估；从行政机关与其他公共部门的关系来看，重视政府主管部门对所属企、事业单位对各自主管部门的评估。三是绩效管理的控制取向，更多着眼于内部控制和监督。

二 政府绩效管理推行机制的比较

（一）国外绩效管理推行机制

国外绩效管理推行机制的基本模式大致可以划分三大类：自上而下或自下而上；激进或渐进；个别或系统。按照经合组织的结论，芬兰、丹麦和瑞典等北欧国家一般属典型的自下而上的分权化途径，上层很少或根本没有正式的要求；澳大利亚、新西兰则属于自上而下的途径；法国、加拿大、荷兰、英国和美国多采用的是两者都有的复合式评估途径。从推行力度来讲，新西兰采用的是激进的英国方式，而芬兰和法国则采用的是试点或实验性的个别渐进式方案。无论是哪种推行方式，都充分注重吸纳公众意见，重视公民参与。以下我们具体阐释英国的自上而下的集中统一推行机制和美国分权化的推行机制。

---

① OECD, *Government of the Future* (Public Management Policy Brief), June 2001. 2002年年底，人民咨议会终止活动。按照内阁办公厅的说法，这并不意味着公民参与不再受重视。由于部门和公共机构对有关做法已熟悉，内阁办公厅组织的“集中化”的人民咨议活动停止，公民参与走向“分权化”。

② 参见周志忍《政府绩效评估中的公民参与：我国的实践历程与前景》，《中国行政管理》2008年第1期。

1. 自上而下的集中统一模式：以英国为例

在英国绩效管理实践中，自 2002 年至 2009 年 4 月[①]，英国审计委员会对地方政府绩效进行评价的统一指标体系即 Comprehensive performance assessment（CPA）是一种典型的自上而下的集中统一的绩效管理模式，它在英国绩效管理实践中发挥了重要作用。其特点主要体现在以下方面：

第一，由国家审计署统一制定全面绩效测评指标体系。英国国家审计署是一个独立的机构，代表英国中央政府，具有很高的威性。国家审计署制定地方政府绩效考核的框架结构和考核方案依据的是法律法规以及中央政府对地方政府的具体要求，并充分征求政府官员、专家学者、社会团体及公众意见。CPA 的框架结构包括三大类：一是资源利用评价（fuse of resources），包括财务报告、财务管理、财务信用、内部控制、投资效益 5 个主要二级指标；二是服务评价（service assessment），主要包括对地方政府环境服务、住房服务、文化服务、消防服务（2006 新增）的评价，这些服务项目的监督权都在国家审计署；三是市政当局评价（corporate assessment），对市政当局的评估，包括抱负、优先发展战略、能力、内部绩效管理、成就等[②]。其中前两部分进行年度考核，后一部分每三年考核一次。

第二，CPA 在制定与实践过程中充分注重公民参与。在 CPA 的制定过程中，国家审计署需要在网页上公开考核指标设计的原则、方式与方法，政府官员、专家学者、社会团体、普通公民可以根据这些原则和方法，提出自己认为科学、合理的考核指标体系。在绩效考核过程中，地方政府需将其绩效考核中的各项成绩及最终结果在政府网站公布，供公民查阅，协助并监督地方政府改善管理和服务。

第三，在绩效评估过程中同样由国家审计署对于其进行监督检查。具体方法是，在对地方政府进行年终绩效考核时，地方政府首先对照评估办法进行自评，然后由审计署组织有关官员、专家等进行实地考察和问卷调查，得出考核结果，审计署根据考核结果分别授予地方政府一星级、二星级、三星级、四星级政府的荣誉称号，成绩优秀者给予奖励，欠优者拿出整改方案并反馈整改结果。

在 2009 年 4 月 CPA 被 Comprehensive area assessment（CAA）取代前，CPA 在 2002—2008 年间作为评价英国地方政府工作绩效与持续改进能力的工具，是英国绩效评价发展历程中历时最长的评价形式，它对于促进地方政府提高工作绩效，改善公共服务功不可没。后来由于 CPA 只能单纯测评地方政府的工作绩效，并未能衡量市政当局与其他伙伴机构是如何输出更好的工作绩效，2009 年 4 月 CAA 取代了 CPA。

2. 美国联邦政府分权化绩效管理推行机制

美国联邦政府分权化绩效管理推行机制的特点是绩效管理的三大环节（战略规划、

---

① 参见 http：//www. idea. gov. uk/idk/core/page. do? pageId＝73047。

② 参见陈宏彩《英国地方政府全面绩效考核体系及其借鉴意义》，《中国人事科学研究网》，http：//www. rky. org. cn/c/cn/news/2007－08/06/news _ 1270. html。

年度绩效计划、绩效报告和信息利用）完全由各个部门自己实施。分权化推行机制的优点是，各个部门对自己的业务很熟悉，有助于因地制宜构建适合本部门的绩效管理体系（一个主管机关不可能熟悉所有业务，统一推进可能出现所谓“玩游戏”的现象）。其缺点在于对绩效管理的规范化带来挑战。美国绩效管理分权化推行机制主要靠四项措施来应对规范化的挑战：

第一，立法推进。法律对绩效管理的含义、核心理念、主要环节和各环节的主要要素等有明确的规定，各部门依法行事。以《政府绩效与结果法》中对战略规划的要素要求为例。战略规划的要素要求明确规定包括 A、B、C、D① 四大块：A. 1997 年 9 月 30 日以前，所有联邦机构的负责人须向总统管理和预算办公室主任和国会提交项目活动的战略规划。B. 从提交规划的预算年度算起，战略规划应覆盖五年以上，至少每三年应进行一次更新和调整。C. 部门年度绩效计划应该与其战略规划保持高度一致。对战略规划没有覆盖的预算年度，其年度绩效计划不必提交。D. 制定战略规划时部门应与国会咨商，并积极征求受规划潜在影响或对规划感兴趣的群体的看法和建议。而 A 项要素具体内容又规定如下：（1）系统的部门使命陈述；（2）覆盖主要职能和运作领域的部门长远总目标（General Goals），包括与结果相关的目标；（3）部门实现既定目标的手段和策略的阐述，包括运作过程、技能和技术投入以及实现目标所需要的人力、资金、信息等方面的资源需求；（4）阐明年度绩效目标与总目标之间的关系；（5）确认对部门目标实现具有重大影响但部门又无法控制的关键外部因素；（6）明确说明目标设定和目标调整所使用的项目评估技术，并列出项目评估实施时间表。

第二，制定专门的机构对绩效管理做正面的技术指导。管理和预算办公室 1993 年《政府绩效与结果法》中明确规定：各联邦政府部门的战略规划和年度绩效计划须提交给管理和预算办公室；项目活动的绩效目标是否可以“客观、定量并易于测定”须经管理和预算办公室确认，经其授权后部门才可以采用绩效目标的其他表述方式；绩效管理试点单位由管理和预算办公室选择和指定；试点状况总结评价也由这一办公室负责。1994 年的《政府管理改革法》和《联邦财务管理法》，则赋予该办公室审查部门年度财务报告和结果报告的权力，并要求它制定有关的技术规范。第三，审计总署（现更名为政府责任署）代表国会对各部门的绩效管理进行审核督察。第四，信息公开，包括绩效管理规范和基本要求的公开，各部门以此制定的战略规划、年度绩效计划、绩效报告等公开，接受全社会的监督。

（二）我国绩效管理推行机制

在中央政府层面，我国绩效评估推行机制，中央仅在相关文件中提出要推行绩效管理和行政问责制度，这包括 2008 年的政府工作报告和中共十七届二中全会《关于深化行政管理体制改革的意见》、“十二五”规划等文件，但目前尚未出台全国性的绩效

① US Congress (1993), Government Performance and Results Act of 1993. 为突出有关绩效管理的实质性规定，文中省却了一些有关适用范围和概念界定的条款。

管理的指导性文件。

在地方政府层面，我国地方上绩效管理推行机制主要是集中推行，统一管理的机构各地安排五花八门：福建是各级政府的效能建设办公室（江苏淮安称为软环境建设办公室）挂靠在纪委监察部门；许多地方由党委组织部牵头推行绩效管理；有的由人事局负责；有的党委办公厅下的督察室负责（如青岛）或政府办公厅的督察室（如北京）。未来走势是，随着中央层级的绩效管理监察室设在监察部，未来各地可能会照此模式。尽管主管部门可能有些变化，我国的推行模式依然是集中推行模式。一个值得关注的问题是，我国的集中推行模式在实践中并没有取得所期望的规范化和统一，相反带来几个问题：一是绩效管理和绩效评估缺乏稳定性，由于推行主要属于“一把手工程”，而一把手又调动频繁，任期普遍短，一把手调动后新领导都会推翻原来模式另搞一套，导致绩效管理缺乏长久性；二是绩效评估各个部门都有积极性，导致绩效评估的贪大求全和专项评估的泛滥。绩效评估贪大求全的表现是绩效评估指标体系过于烦琐。有的城市邀请国际著名咨询公司，设计了包含3000多指标的评估体系。美国州政府的绩效评估体系，多数包括200个左右的指标。整合了所有服务和内部管理的英国地方政府的综合绩效评估体系，也没有超过700个指标。此外专项评估的泛滥则表现在综合评估外有部门的评估，日常工作评估外还有专项活动评估，甚至突出什么就评估什么，如公共服务评估体系、和谐社区评估体系、维稳评估体系、学习型组织评估体系等，评估趋于多元化和碎片化。第三，绩效评估中的公民参与具有“剑走偏锋”的趋势。存在独立封闭和激进民众测评两个极端。独立封闭式评估即政府主导和缺乏公民参与，主要发生在前些年。激进民众测评近几年出现，其形式就是“万人评政府”、“万人评政府部门”等活动，民众测评占据很大比重，甚至成为政府绩效评估的唯一形式。一方面我们应该为公民参与的进步感到高兴；但另一方面也应该看到“万人评政府”这样的公民参与形式存在着很强的局限性：公民公众作为评价主体存在能力的有限性；公民满意度并不能完全反映服务的质量；公民满意度的横向比较价值相当有限；顾客满意率不能回答权利公正问题。总的来说，绩效管理推行机制是集中化还是分散化并不特别重要，关键是公众的参与和监督，在这一点上，美国的经验值得借鉴。

三 绩效管理内容的比较

发达国家政府绩效管理是一种过程模式，“由相互补充的三大环节构成的动态过程，包括确定战略方向，制定年度目标和测度体系，报告绩效水平”。以美国为例，美国政府部门的绩效管理过程一般包括四大环节：部门绩效的战略规划（包括系统的使命陈述、目标体系的确定、手段和测量描述、外部因素和风险分析）；年度绩效计划（包括目标体系、部门合作机制、信息核实方式、绩效协议）；持续性绩效管理；绩效评估、报告和信息利用（包括绩效状况的监测和反馈、年度绩效报告、绩效信息的利用)。关于发达国家政府绩效管理过程中每一个环节的具体描述参见周志忍在《政府绩效管理的行与知》文集中《发达国家政府绩效管理》一文，此处不再赘述。

对比国内外政府绩效管理内容发现，发达国家的过程模式强调规划和评估的统一，评估以规划为基础，而我国各地的绩效管理实践认真规划的比较少，绩效管理多数仍停留在绩效评估阶段。比较发现，绩效评估阶段我国同国外发达国家主要在以下问题上存在差异：政府角色定位问题、结果导向问题、绩效评估中的公民参与问题等。

(一) 政府角色定位问题

政府部门角色的合理定位，是科学的组织绩效评估与绩效管理的前提。绩效评估评什么？当然是评政府该做的事情，绩效评估适用于哪些领域或活动？当然适用于政府部门分内事或法定职责。关于哪些是政府该做的事情，哪些是政府不该做的事情，哪些是政府部门分内的事，哪些不是政府的职责不应由其插手，这些问题归根到底都是对政府角色的合理定位。在这一点上，我国与西方发达国家在绩效评估实践中存在着巨大的差别。

1. 发达国家绩效评估中政府角色的定位

西方绩效管理改革源于思想上的革命，传统行政体制下大政府的定位已经无法应对政府所面临的困境，“财政危机、管理危机与信任危机”[①] 迫使政府开始对自身定位进行反思。在公共选择和管理主义思想的影响下，西方国家对自身的角色定位发生了巨大的变化，认识到只有对政府不该管的事情放手不管，才能集中财力和精力将该管的事情管好。“改革的第一要务是政府职能的调整和优化，即首先解决应该管什么不应管什么的问题”[②]，重新调整了政府与市场和社会的关系。政府不再是万能的，政府能力是有限的，政府角色不再是拯救市场失灵的能手，应该尊崇市场力量，放松市场管制和社会管制，通过“非国有化、自由化、压缩式管理”[③] 的具体措施减少政府职能。在对政府角色进行清晰定位后，绩效管理工具紧紧围绕政府的分内职责展开。

以英国为例，自撒切尔开始的绩效管理改革中对于政府角色的定位就非常明晰。撒切尔政府认为英国传统政府角色定位是过度扩张的国家观，“抹杀了个人、家庭与社会群体的创造性，毫无效率地生产和分配着公共产品。扭曲了市场法则，对消费者提出的质量要求不敏感，追求整齐划一而忽视了公共服务的多样性。行政机器只是过度扩张的国家的工具”[④]。他们认为要对英国的传统行政体制进行根本变革，其中的第一大点是对政府角色进行重新定位：“崇尚市场机制和市场力量，主张尽量减少市场干预，将改革着眼于政府与社会的关系，目的是通过‘卸载’(off - loading) 实现政府从社会的全面撤退 (a general withdrawal of government from society) 和重归小政府模式

① 具体参见周志忍主编《当代国外行政改革比较研究》，国家行政学院出版社 1999 年版，第 12—15 页。

② 同上书，第 30 页。

③ 同上书，第 31—32 页。

④ 同上书，第 49 页。

(minimum government)。改革的手段主要是非国有化。”① 同英国一样，加拿大、澳大利亚、新西兰和美国等国家在推行绩效管理改革中，它们对于政府角色的定位都是以管理主义为理论指南，以市场化为发展方向。

2. 我国绩效评估中政府角色的定位

考察我国政府绩效评估实践发现，对政府角色定位不清，在政府越位基础上实施组织绩效评估是我国绩效管理实践中存在的一个值得关注的问题。在目标责任制、效能监察和效能建设等管理机制中，组织绩效评估的一个显著特点是围绕中心工作展开，而不少地方政府和部门确定的中心工作，并不一定属于政府的分内职责。

比如，有的地方把农业产业化作为振兴农业的突破口，有的地方则立足于科技兴农，采取了强制推广某种经济作物或兴办科技示范园的形式，并把它列为政府中心工作，严格绩效考评。其结果是所有政府部门的绩效考评中，推广种植某种经济作物就成为一个重要指标。这不仅违反了中央关于党政机关不得经商办企业的规定，而且用行政手段剥夺农民的经营自主权，无疑是一种政府角色的越位。另外一个普遍的做法是招商引资目标考核，凡完不成招商指标的部门和官员将面临通报批评、扣发补贴、离岗、引咎辞职的处理。② 当面临巨大的招商压力时，部门难免会利用自己掌握的权力进行交易：法院可以给商户提供偏袒的许诺或某种默契，治安警察可给商人提供特殊安全保护，交警可以赠予交通违规的免罚权，教育部门在子女上学上可以提供特殊照顾，劳动部门对恶劣劳动条件或欠付工资/保险睁一只眼闭一只眼，土地管理部门可以提供用地方面的优惠。在一个为招商引资而展开政策拍卖或优惠竞赛的大环境下，政府部门很难成为“公正仲裁者”或良好市场秩序的缔造者。政府角色越位基础上的绩效评估不仅起不到应有的积极效果，而且会妨碍政府职能转变，扭曲政府部门的行为，造成政府与群众的矛盾，损害政府形象。

（二）以何为导向：结果还是投入、规则

“结果导向”的基本含义是关注使命和组织目标的实现，政府管理应着眼于终极产品和实际社会效果。③ 作为当代绩效管理改革的重要指导原则和政府管理的新理念，“结果导向”以公民为本为前提，聚焦于客观效果和结果。

1. 发达国家绩效评估中的结果导向

绩效管理在西方亦称“结果管理”，即为实现期望的结果而实施的系统化努力。“结果导向”是同“投入导向”和“规则导向”相对的。“投入导向”是指对投入的关注胜于对效果的追求。“投入”既包括一般意义上的投入（inputs），也包括部门管理活动的直接产出或者说“过程投入”（throughputs）。耶金和斯坦尼斯罗曾以企业为例，对投入导向作了非常形象的说明：“利润和效益作为经济指标并不是苏联体制的组成部

① 具体参见周志忍主编《当代国外行政改革比较研究》，国家行政学院出版社1999年版，第50—51页。

② 评论员：《法院引资2000万》，《南风窗》2003年第4期下。

③ 同上。

分。真正重要的是‘完成计划’，或者至少做到看上去是完成了计划。判断钻探队的成绩并不是根据他们是否以经济合理的代价找到了原油，而是看他们到底钻探了多少米。”① “规则导向”则是指过分关注烦琐规则和过程控制。规则过多过细的结果是束缚了管理者的手脚，导致低效、浪费、消极服从意识和目标置换。比如，某军事基地年度预算中有“维修”而未列“购置”大型清雪设备的费用，当现有设备损坏到无法修复时，按照规则只能从维护类目中出钱到市场去租赁，一年租赁费万美元，与购置一台新设备的资金相差无几。再比如克林顿时期政府创新的最高奖取名为“榔头奖”，其背后有一个经典故事：按照有关规定，换领一把榔头需要经过十几道审批程序，填写数张表格，把涉及的人力和时间等折算加总，这把榔头的实际成本高达近600美元，是其市场价格的十几倍。类似的例子举不胜举。为改变“规则导向”带来的低效情况，美国政府绩效管理运动中，“国家绩效评鉴”② 提出了一系列的改革措施。从消极角度看，包括清除繁文缛节，简化规章制度，以“结果取向的控制”取代“过程取向的控制”，为管理者实现组织目标和期望结果留下充足舞台空间和灵活性，从积极角度看，结果导向还包括完善激励结构和责任机制，促使管理者和雇员为实现期望结果积极努力。

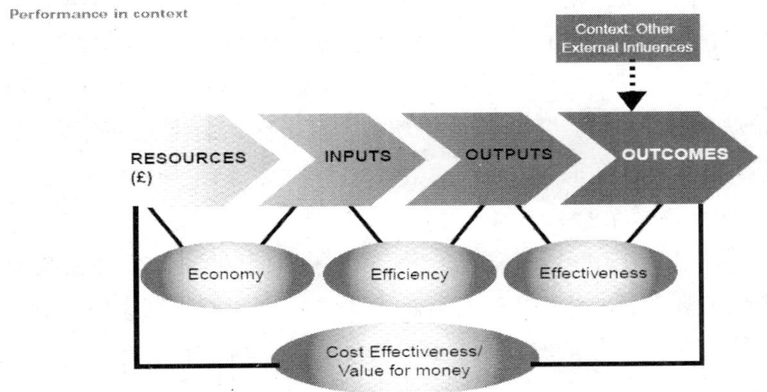

资料来源：周志忍：《当代政府管理的新理念》，《北京大学学报》（哲学社会科学版）2005年第5期。

坚持“以结果为导向”还可以从上图英国财政部提出的政府绩效内容框架中看出来。“资源”（resources）就是预算拨款，它是任何政府部门获取的资源的最初形态；然后用预算资金来用人、留人、购买设备，保护、维持办公条件等，这些都是管理过程中的“投入”（inputs）；人力、物力、财力等投入转换成“产出”（outputs）；产出

① ［美］丹尼尔·耶金、约瑟夫·斯坦尼斯罗：《制高点：重建现代世界的政府与市场之争》，段宏、邢玉春、赵青海译，外文出版社2000年版，第386页。

② 国家绩效评鉴委员会是各界代表组成的团队，由副总统戈尔挂帅，负责政府重塑的总体设计和推行。1997年更名为“重塑政府伙伴关系委员会”。

最后导致所期望的社会效果（outcomes）。政府工作从一定程度上讲，就是从资源到追求的结果的一个转换过程。管理就是对这个过程的驾驭。“结果导向”关注的不是“经济”（economy，即资源向投入的转换状况）；也不是“效率”（efficiency，即投入产出比）；而是最终的社会效果，即产出对社会的影响，目前包括产出的质量、社会效果、公民满意等。

2. “结果导向”在中国的实践情况

考察我国实践中的政府绩效管理可发现，投入和过程导向依然是其特征之一。以治理超载为例，出动了警力多少人次，设立了多少个检查站，检查时间从过去的多少小时延长到多少小时，发现并处罚了多少个违规车辆等，都是成绩汇报的着力点。投入导向正在固化成一种模式：领导重视、组织保障、组织的活动、效果或服务对象得到的实惠，各占 1/4 的比重。问题在于：领导重视也好，组织保障和组织的活动也好，都属于部门的投入或付出的努力，如果没有落脚到服务对象受益这一结果上，这种努力到底有什么意义？用最少的投入获取最大可能的效果，才是高绩效政府的真谛。当投入和付出的努力占据了绩效评估 75% 的比重时，它所鼓励的只能是形式主义。

国民对结果导向理念存在两个认识上的误区：一是把产出等同于结果。其实，抓获的罪犯多了是产出的增加，但不一定意味着治安状况的总体改善（结果）；同理，抓获的贪官多了并不一定意味着政府更清廉。二是结果界定主体认识不到位。有人质疑，唯 GDP 论是不是结果导向？其后果是否值得质疑？这个问题的答案很简单，这里所讲的结果，是公民所期望的结果而非官员追求的结果。换言之，结果导向是公民为本为前提的。

（三）绩效评估环节的公民参与

政府绩效评估是一个由多种环节和要素构成的动态过程，公民在政府绩效评估中的介入涉及不同的环节，由此决定了参与的范围或广度，西方国家绩效管理运动中，良好的评估和绩效改善体系包括的七个步骤，具体如表 1 所示：

表 1　评估与绩效改进步骤与公民介入的方式和内容

评估与绩效改进的 7 个步骤	公民参与的方式和内容
鉴别要评估的项目	共同决定是否实施绩效评估；在评估对象（项目或部门）的选择上具有发言权
陈述目标并界定所期望的结果	和政府部门一起，制定政府部门的使命、愿景、战略规划和重要目标
选择衡量标准和示标	与公共部门管理者一起确定评估指标体系，包括投入、能力、产出、结果、效率和生产力等
设置绩效和结果的标准	与管理者一起确定目标实现程度的评价标准，即如何确定所陈述的有效性及质量标准是否达到
监督结果	与管理者一起系统地、周期性地监督项目或部门绩效，寻求采取纠正措施的机会
绩效报告	绩效资料的表述应立足于公民；绩效报告公开化以利公民的监督
使用结果和绩效信息	与管理者一起确认优势、缺点和改善机会，从而改进和完善绩效规划、资源配置和内部管理

资料来源：周志忍：《政府绩效评估中的公民参与：我国的实践与前景》，《中国行政管理》2008 年第 1 期。

在我国，政府绩效评估中的公民参与经历了两个阶段：一是20世纪80年代中期到90年代初期，是“政府主导与公民无参与阶段”[①]；二是21世纪后的“公民有限参与”的阶段。对比西方国家公民参与政府绩效评估的成熟模式可以发现，我国公民参与机制存在着以下不足：一是参与范围或广度的有限性。我国绩效评估中的公民参与属于少数环节的部分参与。比如“监督结果”环节，公民或市民参与方式主要是填写满意度问卷或接受各种形式的访谈；在“绩效报告”环节，评估结果公开化近年来受到重视。但是除此之外，老百姓在绩效评估与改进的其他环节上基本无从发挥作用。另外，由于缺乏统一规定和制度化，公民参与在各地发展很不平衡，一些地方沿袭传统做法，政府绩效评估中并没有给公民留下余地。二是角色或参与方式的单一性。

四 绩效信息利用方式的比较

绩效管理的结果如何利用的问题首先是一个政府管理理念的问题。对比实践中我国同西方发达国家绩效管理可以发现，在对绩效管理与评估结果的利用上，国内外存在着显著的区别，具体分析如下：

在西方发达国家，绩效管理与评估的结果有三大利用方式：

第一种是绩效奖惩，根据绩效表现对单位和个人实施奖惩。学界曾对此有争论，认为是“粗俗的泰勒主义”。不论学界怎么看，实践中的物质奖励依然是绩效信息利用的一个重要方面。在西方，目前发展趋势是，加大奖惩力度，完善奖惩机制。加大奖惩力度首先是拉开基本工资档次，比如英国高级文官同级的工资额相差一倍；其次是提高奖金额度，由工资总额的15%提高到20%。完善奖惩机制则包括明确奖励幅度确定的标准，拉开组织之间的奖励水平，个人绩效奖惩与组织整体绩效的挂钩等。

第二种主要利用方式是“责任与灵活性交易”(flexibility in return for accountability)，或者说以责任来换取灵活性。如果组织绩效好，它在管理过程中享受的自主权就大，受到的监测、控制就少。这是西方国家目前绩效信息利用中比较多的做法。在英国，这种做法被称为“赢得的自主权”(earned autonomy)，就是以高绩效换取管理自主权。以英国财务制度为例，如果地方政府绩效优异，连续一两年A类，那中央给的是“一揽子拨款”，资金使用具有很大的灵活性。如果绩效水平是D，那中央给的是分项拨款，资金使用和项目之间的资金调配面临严格监督和控制。跟这种拨款形式差不多的是绩效预算，目的是打破传统管理中“奖励失败”的做法，把绩效水平和预算拨款有机联系起来。

第三种是“诊断与指导”。西方国家绩效管理中早期也搞排行榜，期望以此形成社会压力，迫使部门改进。这种策略被称为“frame or shame”策略：要么荣光，要么现

① 参见周志忍《政府绩效评估中的公民参与：我国的实践与前景》，《中国行政管理》2008年第1期。

丑。后来发现存在很多问题。现在主要是"建设性策略"，即帮助诊断问题、提供建议、解决问题，也有人把它叫做绩效评估的"三D模式"：诊断（diagnosis）、发展（development）和设计（design）。

另外，以上三种利用方式都是讲外部机构怎样来利用部门的绩效评估结果，除了外部机构的利用，绩效信息更多还是利用部门自身，利用方式主要是做下一年绩效计划，包括预算申请的论证、内部资源配置、政策或项目调整、绩效目标的调整、手段与策略的改进、人力资源发展计划等。

考察国内绩效管理与评估中对结果的利用，我国实践中需要关注并避免绩效评估结果利用的两个极端：一是评估结果束之高阁，与干部任用、奖惩和资源配置相互脱节；二是绩效评估结果利用上急功近利，简单化采取"一票否决"、"末位淘汰"等貌似激进，实则很不科学的做法。从实践与发展趋势看，第二种倾向尤其值得警惕。"一票否决"、"末位淘汰"等着眼于处罚，而且相当严厉。高压之下，部门和官员往往靠杜撰假数据、假信息来应付。实践中，甘肃省几个缉毒警察为摆脱末位排名，竟然设套陷害百姓，致使三个普通百姓成为"毒枭"并被判死刑（后来被无罪释放）的案例，更向我们敲了警钟①。绩效管理与评估是为了提高政府绩效，政府绩效的核心是人民满意或达到人民所期望的结果。如果绩效评估导致了类似祸国殃民的犯罪行为，会令每个推动者汗颜，那还不如不搞。

五 结论与建议

（1）从政府为什么推行绩效管理上进行比较，总体来看，西方发达国家政府绩效管理属于"外部责任型"，而我国政府绩效管理仍处于"内部控制"阶段；（2）比较我国与发达国家政府绩效管理的推行机制发现：国外政府绩效管理推行机制类型多样，既有英国这样的自上而下的集中统一模式，也有以美国为代表的分权化的推行机制，但无论是哪一种推行机制，它们都注重在推行中重视公民的参与，充分吸纳民众的意见；而我国政府绩效管理的推行机制在中央层面缺乏规范化，在地方政府层面则仍处于集中统一的推行方式，且与国外推行机制存在的最大差别就在于，公民参与与监督不足。（3）比较我国同发达国家绩效管理要素和框架的异同可以发现，发达国家的过程模式强调规划和评估的统一，评估以规划为基础，而我国各地的绩效管理实践认真规划的比较少，绩效管理多数仍停留在绩效评估阶段。比较发现，绩效评估阶段我国同国外发达国家主要在三大问题上存在差异：政府角色定位问题、结果导向问题、绩效评估中的公民参与问题。（4）比较西方发达国家同我国绩效管理信息利用方式发现，绩效奖惩、责任与灵活性交易、诊断与指导是发达国家利用绩效管理信息的三种主要

① 成功、廖明、郝东白：《三名"毒贩"被追回的生命》，《南方周末》2004年11月4日。

方式；我国对于绩效管理信息的利用存在着以下两大弊病：一是评估结果束之高阁，与干部任用、奖惩和资源配置相互脱节；二是绩效评估结果利用上急功近利，简单化采取“一票否决”、“末位淘汰”等貌似激进，实则很不科学的做法。

总之而言，经过比较发现，无论是从理论上还是从实践上，西方发达国家政府绩效管理都比国内要成熟，我国政府绩效管理与评估中仍存在着种种问题。这些都迫切需要深入研究，从理论上探讨解决方案，使有关实践有一个高的起点并建立在先进理念的基础上，避免重蹈昙花一现的覆辙。

（作者周志忍，北京大学政府管理学院教授、博士生导师，全国政府绩效研究会副会长；李乐，北京大学行政管理学博士研究生）

改革开放以来中国的廉政方略变迁及其绩效评估①

倪　星

腐败被称为“政治之癌”，是人类社会健康肌体上的毒瘤。在任何社会中，如何有效地遏制腐败都是一个重大的理论和现实课题。在我国的反腐败实践中，最经常使用的廉政方略主要包括思想教育、社会运动和制度约束三种，这三种廉政方略的作用方式各有不同，作用效果也有所差异。思想教育方略贯穿过去数十年的反腐败历程，主要靠意识形态和道德观念规范人们的行为。社会运动方略活跃于 20 世纪 50 年代至改革开放前，通过全民运动镇压腐败。制度约束方略在近年慢慢兴起，它依靠事前预防、事中监督和事后惩罚三大机制来发挥作用，在当前实践中得到日益广泛的运用。② 那么，一个重要的问题是，各种不同的廉政方略对于反腐败活动的实际效果有什么影响？对这一问题的回答直接关系到中国未来廉政政策的方向性选择，理论与实践意义十分重大。

本文以 1978 年改革开放以来中国的反腐败历程为研究对象，首先运用内容分析法梳理我国廉政方略的演变轨迹，然后通过最高人民法院和最高人民检察院的官方数据来定量统计反腐败的实际效果，最后以 SPSS 软件为工具探究不同廉政方略与反腐败实际效果之间的内在关系。

一

1949 年新中国成立以后，我国反腐败工作主要经历了国民经济恢复和社会主义改造时期、全面建设社会主义时期、“文化大革命”时期、两年徘徊时期和改革开放后社会主义现代化建设时期。③ 本文探讨的是改革开放以来中国反腐败斗争的进程，即 1978

① 基金项目：2010 年度国家社会科学基金项目（10BGL078），2009 年度广东省人文社会科学重点研究基地重大项目（09JDXM81003），中山大学“985 工程”三期建设项目。

② 倪星：《试论中国反腐败方略的系统设计》，《政治学研究》2003 年第 4 期。

③ 黄修荣、刘宋斌：《中国共产党廉政反腐史论》，中国方正出版社 2007 年版，第 3 页。

年以后的国家反腐败经验。在当前众多的腐败与反腐败研究文献中，研究者们大多基于个人主观意见或者制度观察进行定性分析，理论与现实的结合尚不够紧密，观点的主观性与片面性较为明显。而相对于定性的理论推导，定量的数据测量能在一定程度上增强观点的客观性，提供思考和解决问题的新视角。

在对中国腐败问题的研究中，张增田率先引入了内容分析法，通过查阅反腐败的重点政策文件，检索其中重点关键字的出现和变化轨迹。他认为，如果某一时期某一类关键字出现的频率越高，那么在一定程度上反映了该时期该关键字所属的反腐败方略越得到国家的重视。基于中纪委自党的十二大以来所作的工作报告，他通过内容分析法得出结论，认为1978年以来我国反腐倡廉的道路经历了准备期、探索期和确立期三个阶段。①《新中国建立以来反腐败斗争方式的演变及其趋势》一文则通过定量、客观的测量方法，分析认为近年来反腐斗争方式出现从重打击到更注重预防教育、打击性治腐更为严厉和规范、更重视他律等趋势。② 而对于我国腐败现状的测量，倪星等认为当前主要有客观测量与主观测量两种方法。其中，客观测量以最高人民检察院、最高人民法院以及纪检监察机关历年工作报告中所披露的数据为依据，描述出历年腐败案件数、涉案金额数、涉案人数等变化趋势。主观测量则是通过对社会公众的主观态度调查来补充客观测量的不足，例如国际上普遍采用的透明国际清廉指数和行贿指数、世界银行腐败控制指数等。③

上述两种研究取向中，前一种通过内容分析法总结廉政方略的演变过程，后一种则可用来描述反腐败政策的实际效果。内容分析法这种定量统计工具，通过对官方政策文件的精确梳理，能在一定程度上反映反腐败斗争方式和重心的演变轨迹。而国家政策方略的变化，一般会体现在各级部门的执法行动中。每年我国相关国家机关都会对腐败案件数、涉案金额、涉案人数等进行汇总统计，公开披露客观、准确的数据。通过统计分析各种被曝光和查办的腐败案件情况，能较为准确地反映当年查办腐败的力度和反腐败的实际效果。很显然，当国家廉政方略改变时，打击腐败活动的执法重点和方式会相应地改变，当年所统计出的反腐败数据就会有所不同。因此，我们认为，将上述两种研究取向融合起来，可以尝试回答不同的政策方略对于反腐败活动的实际效果有多少影响的问题，能够得到更为深刻的结论。

倪星曾在《试论中国反腐败方略的系统设计》一文中，运用成本——收益分析方法对思想教育、社会运动、制度约束三种廉政方略进行比较，并在此基础上提炼出了一套具有中国特色的反腐败系统机制。④ 本文同样致力于探讨这三种廉政方略的效用问

---

① 张增田：《中国特色反腐倡廉道路的探索历程及其内涵——基于改革开放以来中纪委工作报告的内容分析》，《预防职务犯罪研究》2009年第1期。

② 张增田：《新中国建立以来反腐败斗争方式的演变及其趋势》，《广州大学学报》2010年第1期。

③ 倪星、王立京：《中国腐败现状的测量与腐败后果的估算》，《江汉论坛》2003年第10期。

④ 倪星：《试论中国反腐败方略的系统设计》，《政治学研究》2003年第4期。

题，但运用的分析方法则有所不同。

在实践中，中共中央纪律检查委员是我国反腐败工作的政策制定者和实际领导者。中共每五年召开一次党的全国代表大会，每年召开一次中央纪律委员会全体会议，总结过去的反腐败成果和制定未来的反腐败战略。历届中纪委的工作报告全面涉及各阶段党内纪律检查工作的方方面面，是最为权威的反腐败政策资料。本文首先运用内容分析法，[①] 统计 1978 年以来中纪委向党的历届全国代表大会所作的工作报告和历次中纪委全体会议工作报告中相关关键词的出现频率，观察特定时期党风廉政建设的政策导向和重心变化，据此梳理我国廉政方略的演变轨迹。其次，本文根据每年最高人民检察院、最高人民法院向全国人民代表大会提交的工作报告，统计汇总其中披露的腐败案件数、涉案金额、涉案人数等信息，据此描述出新时期反腐败斗争的实际效果。最后，以 SPSS 统计软件为工具，通过计算 Spearman 系数的方法，具体探究思想教育、社会运动、制度约束三种廉政方略与反腐败实际效果之间的内在关系。

值得注意的是，由于十四大之前的报告难以查阅，本文对 1978 年至 1992 年的数据处理是以各次全会中相关领导针对廉政建设所作的讲话、或者当年颁布的反腐法律为样本，挑选内容字数相当的文献进行替代，如 1990 年选取《关于加强党风和廉政建设的意见》一文。[②] 而部分年份由于一年内可能召开超过一次会议，如 2002 年年初召开中纪委十五届七次全会，该年末又召开了党的第十六次全国代表大会，该年份则会同时收录两次会议的工作报告。因为我们认为，同一年份召开的会议越多，颁布的文件越多，会同样强化当年的反腐败活动。

二

结合我国的反腐败斗争实践，本文将廉政方略划分为思想教育、社会运动、制度约束三个大类，其中制度约束又可分为事前预防、事中监督和事后惩罚三个小类。下面根据中纪委的相关工作报告进行分类统计。

（一）思想教育类廉政方略

意识形态是关于世界的一套信念和信仰体系，对人类的行为产生强有力的导向与约束。通过对个人进行意识形态的教育，例如家庭、学校和社会的长期熏陶，教化、灌输某种人生观和价值观，可以从源头上改变人的行为倾向。[③] 如果良好的思想教育能发挥作用，即使存在制度漏洞，大部分官员仍难以突破心理障碍，依然会自觉承担社会责任、洁身自好、廉洁从政。自建党以来，中国共产党一直非常重视意识形态教育，

---

① 里弗尔、莱西、菲科：《内容分析法——媒介信息量化研究技巧》，清华大学出版社 2010 年版，第 10 页。

② 中央纪委办公厅、中央纪委研究室：《党的十四大以来中共中央纪律检查委员会历次全会工作报告汇编》，中国方正出版社 2005 年版，第 45 页。

③ 倪星：《试论中国反腐败方略的系统设计》，《政治学研究》2003 年第 4 期。

通过严格规范党纪政纪，定期在党内开展整风纠风教育，广泛提倡集体主义，树立道德模范等方式开展廉政思想教育。

思想教育类关键词的频数统计，主要选取“整风”、“弘扬”、“发扬”、“作风”、“纠风”、“党风”、“党纪”等七组词语。由图 1 可见，思想教育类廉政方略在新时期一直受到重视，整体水平保持在每年 40 次左右，尤其在 2001 年、2002 年、2009 年更是被多次提及。

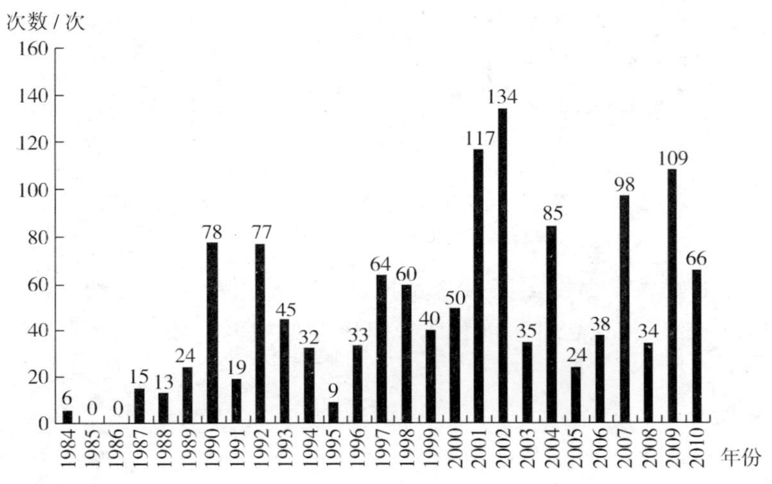

图 1　思想教育类关键词被提及频数

（二）社会运动类廉政方略

社会运动类廉政方略，是通过广泛的宣传动员和大规模的群众参与，抑制腐败的发生，有力惩罚腐败分子。① 20 世纪 50 年代后，我国曾多次开展反腐败群众运动，如“三反”、“五反”、“四清”、“五清”、整风运动和“文化大革命”等，在短期内就能发挥巨大的效果，迅速揪出一大批腐败分子，控制腐败的蔓延。但社会运动的扩大化，也容易造成大量冤假错案，破坏人民内部关系，摧毁社会信任机制。因此，在改革开放后，这种廉政方略就越来越少被提及了。

社会运动类关键词的频数统计，主要选取“运动”、“发动”、“号召”、“检举”、“揭发”、“围剿”等六组词语。由图 2 可见，六组词语出现的频率都很低，且总体上呈现逐年递减之势，部分词语近十年中甚至不再出现。这说明社会运动类廉政方略在新时期大大减少，不仅出现的总体频数少，而且呈现递减趋势，越来越不受重视。

（三）制度约束类廉政方略

制度约束是近年来颇受各国青睐的廉政方略。制度约束类廉政方略认为，人的“经济人”动机是不可根除的，但可通过制度创新和加强制度约束为人们提供相对固定

① 倪星：《试论中国反腐败方略的系统设计》，《政治学研究》2003 年第 4 期。

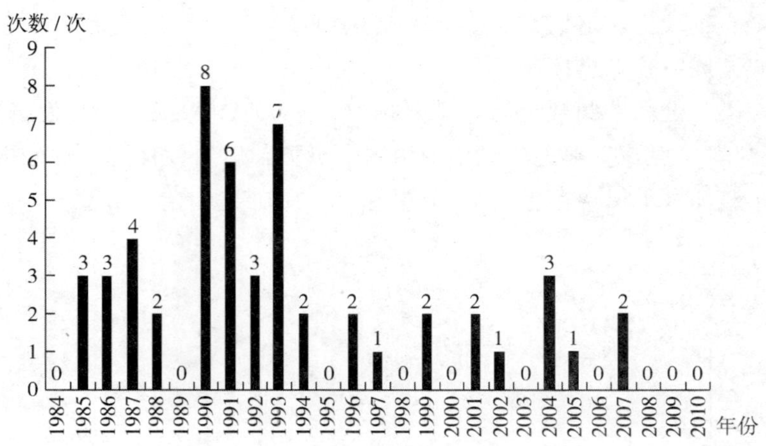

图 2　社会运动类关键词被提及频数

的行为准则，在一定程度上稳定其行为预期，有效地引导个人活动，进而起到规范公共权力的作用。[①] 制度约束包括事前预防、事中监督和事后惩罚三种机制，下面进行具体分析。

1. 事前预防

事前预防是指要建立严格的法律制度、健全的组织机构，从制度上加大贪污贿赂等腐败成本，规范官员行为。事前预防类关键词的频数统计，主要选取“预防”、“源头”、“规定”、“制度”、“改革”、“自律”等六组词语。由图 3 可见，事前预防在新时期受到很大的重视，最初保持在每年 90 次左右，2001 年开始数值更是猛增，越来越受到中央的重视。具体的数据分析发现，除了“规定”一词的使用频率有所下降之外，其他五组词语的使用频率皆呈现上升趋势。而在总数上，“制度”、“改革”和“规定”在早期保持较高水平，“预防”、“源头”和“自律”在中期才开始被提及，近年来迅速增加，尤其是“预防”一词。

2. 事中监督

事中监督是指官员在执行公务时，政务公开，受到专门监督机关、社会群众或新闻舆论的监督。事中监督类关键词的频数统计，主要选取“监督”、“管理”、“公开”、“监管”、“执行”、“实施”等六组词语。由图 4 可见，事中监督在早期并没有得到很大的重视，而自 1996 年开始中央对此类方略的重视程度呈递增趋势。具体的数据分析发现，六组词语使用频率均呈递增趋势，“公开”、“监管”和“实施”使用频率缓慢上升，而“监督”、“管理”和“执行”的使用频率皆在中期开始激增。

3. 事后惩罚

事后惩罚是指对官员行为进行严格监督，惩戒其负面的行为结果，特别对腐败分

---

① 倪星：《试论中国反腐败方略的系统设计》，《政治学研究》2003 年第 4 期。

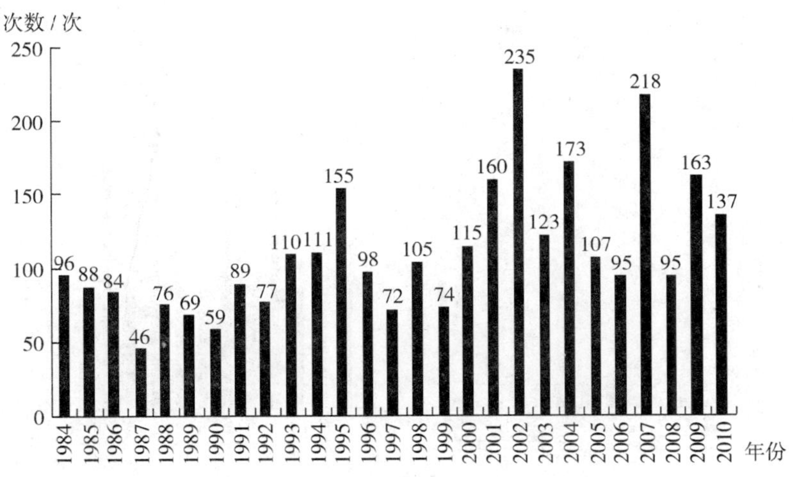

图 3　事前预防类关键词被提及频数

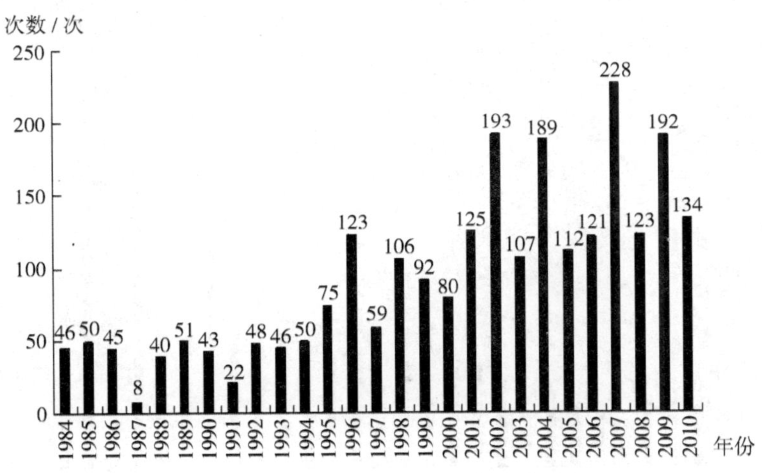

图 4　事中监督类关键词被提及频数

子进行严厉的打击与查办。事后惩罚类关键词的频数统计，主要选取“打击”、“查办”、“处理”、“案件”等四组词语。由图 5 可见，在早期事后惩罚的力度较弱，1990 年开始逐渐受到重视，在 2007 年达到顶峰。具体的数据分析发现，“打击”、“处理”的使用频率呈波动下降趋势，而其他四组词语的使用频率则先升后降。“查办”、“案件”等词包含使腐败者得到惩戒，付出代价的意思，相比较于“处理”、“打击”等词更具惩罚性质，这种变化说明我国对腐败行为的事后惩罚日趋严厉。

4. 制度约束类关键词频数汇总

制度约束包括事前预防、事中监督和事后惩罚三种机制，通过对这三种机制进行数据汇总，如图 6 所示，制度约束类廉政方略一直备受中央重视。从 20 世纪 90 年代中

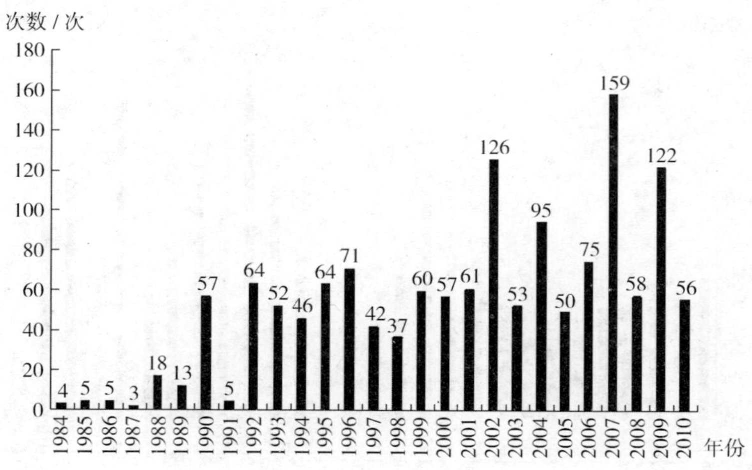

图 5　事后惩罚类关键词被提及频数

后期开始，此类关键词被提及的频数更是大幅度跃升，尤其在“十五大”之后，中央更注重运用制度约束类方略来抑制腐败。

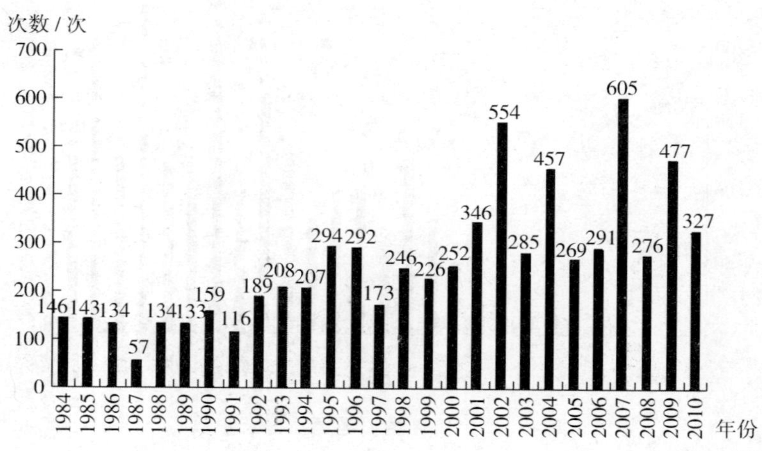

图 6　制度约束类关键词被提及频数汇总

（四）改革开放后我国廉政方略的演变历程

通过汇总上述数据，能从一个侧面反映我国廉政方略的演变轨迹。由图 7 可见，社会运动在改革开放后受到很大程度上的抑制，新时期的反腐败斗争已经不再提倡这种方略。与此相反，制度约束一直备受重视，特别在“十七大”时期更是达到最高峰值 605 次，可见此时中央政策明显导向于通过制度建设来治理腐败。思想教育类关键词的使用频率则一直在较平稳的水平上波动，在“十三大”与“十五大”阶段稍有增长，这说明思想教育长期以来都是我国廉政建设中重要的内容。

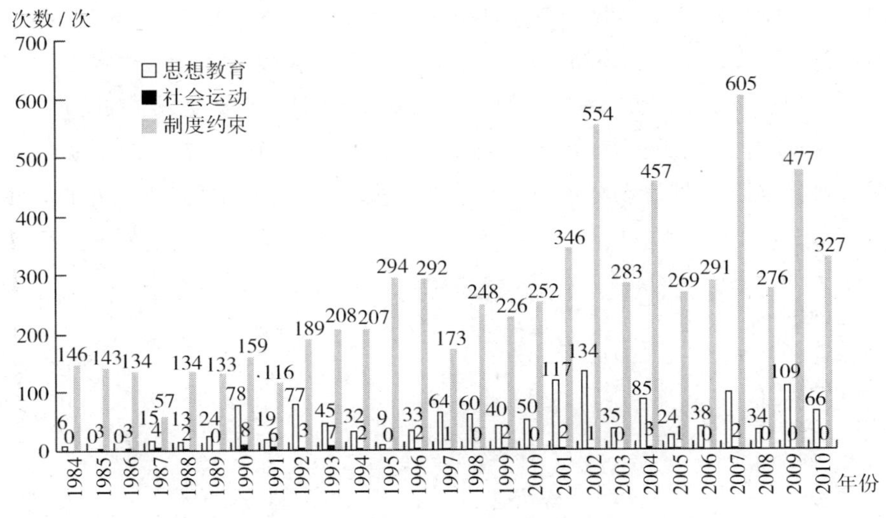

图 7　各类型关键词被提及频数汇总

三

本文旨在探讨国家廉政方略变化是否与反腐败活动的实际效果有关系，有着多大的关系。因此，必须对改革开放以来我国反腐败的实践成果进行客观统计测量。因为腐败具有一定的隐蔽性，当前学术界常用的腐败与反腐败测量方法主要有两种，分别是客观测量法与主观测量法①。本文将运用客观测量法进行统计分析。

客观测量法，是通过统计分析各种被查办和被曝光的腐败案件情况来揭示腐败的总体状况，能在一定程度上反映当年查办腐败的力度和效果，反映政府和社会反腐败的实际努力程度。在我国，国家检察机关即各级人民检察院，作为专门的法律监督机关，负责对涉嫌犯罪的贪污贿赂等腐败犯罪案件进行立案侦查、起诉。国家审判机关即各级人民法院，依照法律规定独立行使审判权，负责审判腐败案件，决定刑罚。在每年的全国人民代表大会上，最高人民检察院、最高人民法院都要提交当年的工作报告，公开当年全国范围查办案件数量、涉案金额、涉案人数等数据。本文通过查阅两院工作报告，绘制出改革开放以来反腐败数据变动的折线图，据此分析反腐败的实际效果及其走向、趋势。

（一）查办的腐败案件数量

通过统计历年全国检察机关查办腐败案件的立案数量，在部分年份数据缺失的情况下，还是能发现总体趋势。由图 8 可见：1980 年至 1988 年为第一个反腐败周期，

① 倪星、王立京：《中国腐败现状的测量与腐败后果的估算》，《江汉论坛》2003 年第 10 期。

1980 年 1—9 月检察机关立案数量只有 4400 件，然后波动上升至 1986 年的 49557 件，在 1988 年回落到 21100 件。1988—1992 年是第二个反腐败周期，检察机关立案数量上扬至 50000 件以上。1992—1998 年是第三个反腐败周期，立案数量在此段时间逐步上升，甚至在 1997 年达到历史最高峰 145497 件。1998—2010 年是第四个腐败周期，腐败势头明显被控制，数据波动幅度少，大部分在每年 35000 件案件左右徘徊。

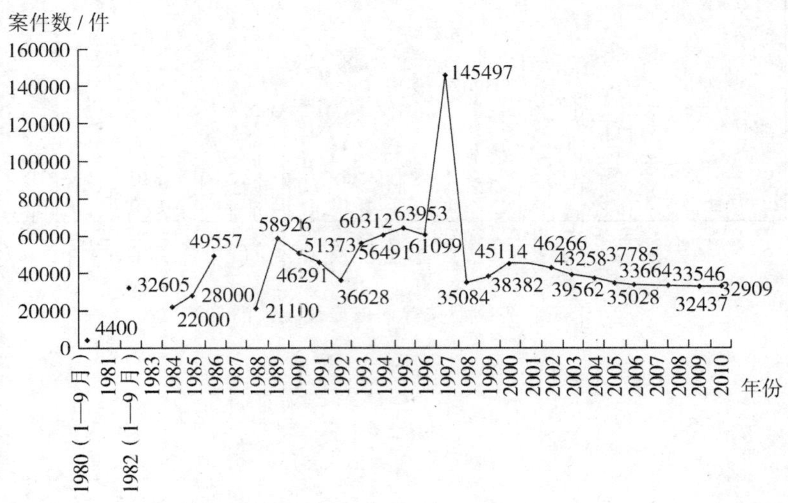

图 8　全国检察机关查办腐败的立案数量

（二）查办案件的涉案金额

图 9 为改革开放后全国检察机关查办案件涉案金额的变动趋势图，从中可见：1982—1992 是第一个反腐败周期，这段期间每年涉案金额还在 10 亿元以下徘徊，仅在 1990 年达到过 8.1 亿元的最高值。1992—1999 年是第二个反腐败周期，涉案金额从 1992 年的 3.6414 亿元迅速增加至 1997 年的 67.8 亿元，然后同样快速回落至 1999 年的 40.9 亿元。1999—2004 年是第三个反腐败周期，查办的涉案金额在此期间一直在 45 亿元上下波动，态势比较平稳。2004 年至 2010 年是第四个反腐败周期，每年涉案金额数值迅速上升至近 30 年的最高峰，突破 70 亿元。

（三）腐败案件中的涉案人数

图 10 描述了历年腐败案件中涉案总人数的变动情况，可以从中看出：1984—1992 年为第一个反腐败周期，检察机关提起公诉人数从 1984 年的 15000 人逐渐攀升至 1991 年的顶峰 23341 人，而此阶段法院判刑人数普遍处于相对低位。1992 年至 1998 年为第二个反腐败周期，1992 年后检察机关提起公诉的人数快速增加，虽然在 1995 年和 1996 年又短暂回落，但在 1997 年达到了近 30 年来的最高点 96349 人。法院判刑人数与前者的趋势相似，从 1993 年开始波动上升至 1996 年 65424 人的高峰，然后逐步下降。1998 年至 2010 年是第三个反腐败周期，在此期间检察机关的公诉人数与法院判刑

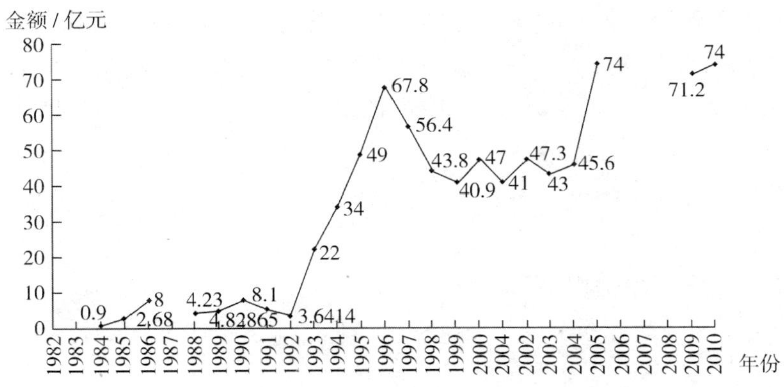

图 9 全国检察机关查办案件的涉案金额（亿元）

人数都呈逐步上升的态势，检察机关公诉人数在 2010 年更是达到近年来的新高 44085 人。

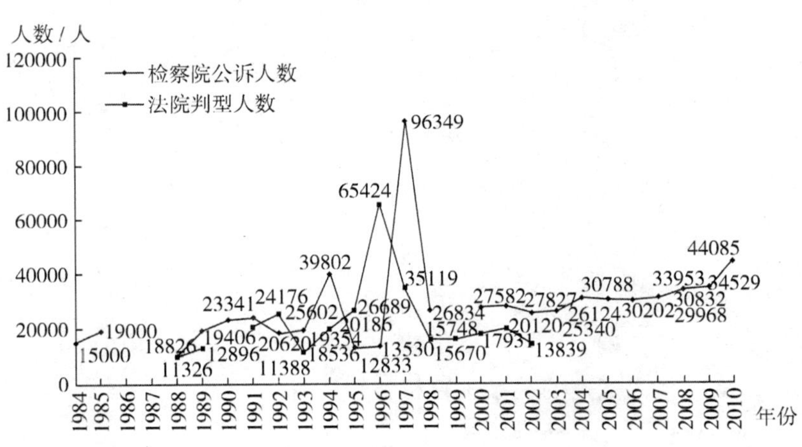

图 10 腐败涉案人数

（四）涉案县处级以上官员人数

图 11 为全国检察机关和法院查办县处级以上腐败分子的人数变动情况，从中可见：1988—1993 年为第一个反腐败周期，检察院查办县处级以上人数从 1988 年的最低点 194 人波动上升至 1992 年的 1448 人，然后在 1993 年回落到 1037 人，而法院判刑县处级以上人数皆低于检察院查办人数，甚至有逐年减少的趋势。1993—1998 年为第二个反腐败周期，检察机关查办县处级以上人数自 1993 年开始迅猛增加至 1996 年的 2699 人，再快速下降至 1998 年的 1820 人，而法院判刑县处级以上人数则一直平缓攀升，但总人数远远少于检察机关查办人数。1998—2003 年为第三个反腐败周期，检察机关查办县处级以上人数自 1998 年开始波动上升，在 2002 年达到最高的 3269 人，而后在 2003 年回落至 2728 人。另一方面，法院判刑县处级以上人数虽然在 2002 年达到

819 人，但总体上升趋势仍然缓慢。2003—2010 为第四个反腐败周期，在此期间检察机关查办县处级以上人数逐步下降，数字在 2700 人上下徘徊。法院判刑县处级以上人数则出现较大波动，在 2005 年达到 1932 人的最高值后，2006 年的判刑人数迅速降低到只有 825 人。

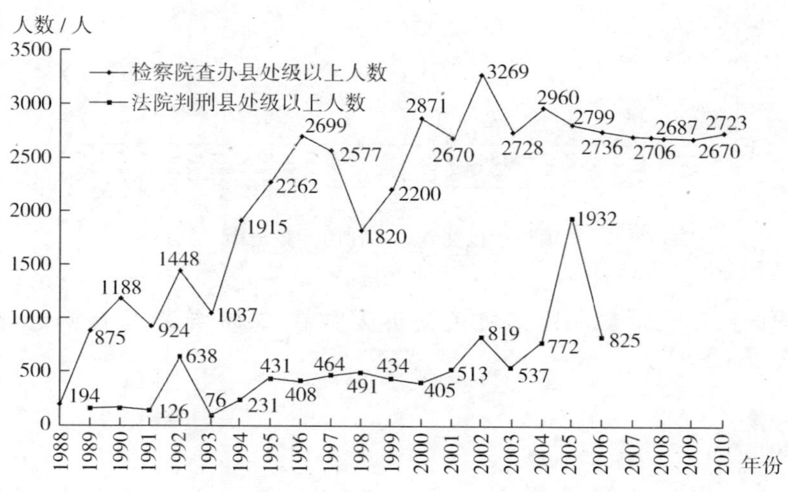

图 11　涉案县处级以上官员人数

四

在上述数据统计的基础上，本文采用社会科学研究中广泛使用的 SPSS 软件，对廉政方略与反腐败实际效果之间的关系进行相关性分析。

（一）Spearman 秩相关系数的选取

相关性分析是考察两个变量之间线性关系的一种统计分析方法。一般而言，当一个变量发生变化时，要了解另一个变量如何变化，就需通过计算相关系数来进行深入的定量分析。如果数据呈现相同的波动方式，则表示二者之间的相关性较强，反之则较弱。

Pearson 系数是相关性分析中经常用到的相关系数，但它有较为严格的适用范围，即 Pearson 线性相关系数必须假设数据是成对地从正态分布中取得的，并且数据至少在逻辑范畴内必须是等间距的数据。由于本次研究收集的数据有部分缺失，数据也不呈正态分布，简单的 Pearson 系数并不适用。因此，本文采用 Spearman 秩相关系数来代替 Pearson 线性相关系数。

Spearman 秩相关系数是一个非参数性质的秩统计参数，当数据的分布不适合以 Pearson 线性相关系数来描述时，可用其来度量两个变量之间联系的强弱。如果两组数据有严格的单增关系，它们的 Spearman 秩相关系数为 1，反之则为-1。如果两组数据越接近严格的单调函数关系，则 Spearman 秩相关系数的绝对值越大，两组数据之间的关系越强。对于社会科学研究领域而言，Spearman 秩相关系数在 0.2—0.4 属弱正相关，0.4—0.6 属中等相关，0.6—0.8 则达到强正相关。①

（二）Spearman 秩相关系数的计算结果

通过 SPSS 软件计算可得表 1 和表 2。表 1 显示的是三种廉政方略与反腐败实际效果之间的相关性，表 2 则更为深入地显示了制度约束类方略中事前预防、事中监督、事后惩罚三种机制与反腐败实际效果之间的相关性。

表 1　三类廉政方略与反腐败实际效果之间的相关系数

			检察机关查办案件涉案金额	检察院公诉人数	法院判刑人数	检察机关查办腐败案件数量	检察院查办县处级以上人数	法院判刑县处级以上人数
Spearman 的 rho	思想教育类	相关系数	0.438*	0.488*	0.015	−0.005	0.372	0.335
		Sig.（双侧）	0.036	0.015	0.958	0.981	0.080	0.175
		N	23	24	14	26	23	18
	社会运动	相关系数	−0.432*	−0.234	0.025	0.230	−0.361	−0.315
		Sig.（双侧）	0.039	0.271	0.932	0.257	0.091	0.203
		N	23	24	14	26	23	18
	制度约束	相关系数	0.767**	0.412*	0.121	−0.126	0.759**	0.622**
		Sig.（双侧）	0.000	0.045	0.681	0.539	0.000	0.006
		N	23	24	14	26	23	18

**在置信度（双测）为 0.01 时，相关性是显著的。*在置信度（双测）为 0.05 时，相关性是显著的。

表 2　制度约束类具体方略与反腐败实际效果之间的相关系数

			检察机关查办案件涉案金额	检察院公诉人数	法院判刑人数	检察机关查办腐败案件数量	检察院查办县处级以上人数	法院判刑县处级以上人数
Spearman 的 rho	事前预防	相关系数	0.550**	0.334	0.024	−0.117	0.635**	0.358
		Sig.（双侧）	0.007	0.111	0.935	0.568	0.001	0.145
		N	23	24	14	26	23	18
	事中监督	相关系数	0.767**	0.544**	0.134	−0.212	0.780**	0.732**
		Sig.（双侧）	0.000	0.006	0.648	0.298	0.000	0.001
		N	23	24	14	26	23	18
	事后惩罚	相关系数	0.574**	0.246	0.339	−0.004	0.592**	0.528*
		Sig.（双侧）	0.004	0.246	0.236	0.985	0.003	0.024
		N	23	24	14	26	23	18

**在置信度（双测）为 0.01 时，相关性是显著的。*在置信度（双测）为 0.05 时，相关性是显著的。

由表 1 中的计算结果可见，思想教育与制度约束两类廉政方略与反腐败实际效果

① 张文彤、董伟：《SPSS 统计分析高级教程》，高等教育出版社 2004 年版，第 78—82 页。

之间的相关系数大部分是正数，说明它们之间大致上呈现正面影响的关系，而不是相互抵消的关系。而社会运动类廉政方略与反腐败实际效果之间的相关系数大部分是负数，说明二者之间存在负面影响的关系。

进一步观察表 1 中的相关系数数值与置信度数值，可以发现：（1）思想教育类廉政方略与检察机关查办案件涉案金额之间的相关系数达到 0.438，与检察院公诉人数之间的相关系数达到 0.488，对于社会科学研究来说处于中等强度的正相关，而且其置信度较高，分别达到 0.036 和 0.015 的水平。（2）社会运动类廉政方略与检察机关查办案件涉案金额之间的相关系数为-0.432，置信度为 0.039，说明二者之间存在中等强度的负相关。（3）制度约束类廉政方略与反腐败实际效果中的多项指标之间都达到较强的相关度，其中与检察机关查办案件涉案金额之间的相关系数为 0.767，与检察院查办县处级以上官员数之间的相关系数为 0.759，与法院判刑县处级以上人数之间的相关系数为 0.622，三个数值都达到社会科学研究中强正相关的水平，这说明制度约束类廉政方略与反腐败实际效果之间存在较强的正相关性。

表 2 所表示的是制度约束类廉政方略中三种机制与反腐败实际效果之间的相关系数。从数值的正负来看，可发现在三组数据中除了与检察机关查办腐败案件数量一项的相关系数为负值之外，其他均为正值，说明它们之间大体上呈现的是正面影响关系。

再进一步观察表 2 中的相关系数数值与置信度数值，可以发现：（1）事前预防与检察机关查办案件涉案金额之间的相关系数为 0.55，与检察院查办县处级以上人数之间的相关系数为 0.635，相关系数数值属于中等强度水平，置信度都达到 0.01 级，相关度高。（2）事中监督与检察机关查办案件涉案金额之间的相关系数为 0.767，与检察院查办县处级以上人数之间的相关系数为 0.78，与法院判刑县处级以上人数之间的相关系数为 0.732，相关系数数值均属于强正相关水平，与检察院公诉人数之间的相关系数为 0.544，数值属于中等相关水平，而三组数据的置信度都处于 0.01 级，表示相关度极高。（3）事后惩罚与检察机关查办案件涉案金额之间的相关系数为 0.574，与检察院查办县处级以上人数之间的相关系数为 0.592，数值属于中等相关水平，置信度都处于 0.01 级，说明相关度也是极高的。

（三）主要研究结论与讨论

通过上面的数据分析和统计计算，可以得出以下主要结论：

第一，在三种廉政方略中，思想教育、制度约束与反腐败实际效果之间大致呈现正面影响的关系，而社会运动与反腐败实际效果之间大致呈现负向关系，即存在相互抵消的关系。

第二，在相关性强度方面，制度约束与反腐败实际效果之间存在很强的相关性，无论从相关系数或置信度来看，许多数值都达到社会科学研究中的较高水平。思想教育与反腐败实际效果之间存在中等强度的相关性，而社会运动与反腐败实际效果之间的相关性则较低。

第三，在制度约束类廉政方略的三种机制中，事中监督与反腐败实际效果的相关性最强，多项数据的相关系数或置信度数值都达到社会科学研究中的最高水平。其余的事前预防、事后惩罚两种机制与反腐败实际效果的相关性属于中等水平，事后惩罚较事前预防的相关性稍高。

上述定量统计分析的结果，能够从一种全新的视角证明我国廉政方略转型的重要性和必要性，为制度约束式廉政新战略提供强有力的实证支持。当然，本文是在排除其他因素的理想状态下所作的双变量分析，真实世界中的腐败与反腐败问题更为复杂，影响因素更多，交互作用的方式更为隐秘，这一点必须引起足够的重视。例如，现实中反腐败的实际效果除了受政府政策方略的影响之外，还会受到社会经济环境、执法机关执行力等因素的影响。伴随着市场化改革的进程和社会经济的发展，不可避免地在金融、证券、产权等领域出现许多新的腐败形式，在一定程度上增加执法机关的办案数量。而执法机关对政策的落实程度、执行力度，也影响着反腐败斗争的实际成果。

此外，内容分析法中所采用的文献是中纪委在党的全国代表大会或其全体会议上的工作报告，对于缺失的部分文献采取了尽量合理的替代方法。各种廉政方略的关键词是通过查阅相关政策文件，多次对比各组词语而选择的，力求客观和有针对性，但仍不能排除在选择过程中会受到主观意识的影响。对于反腐败实际效果的客观测量，1978 年至 1998 年的数据来源于每年最高人民检察院、最高人民法院的工作报告，1999 年至 2010 年的数据则来源于国家统计局网站。由于各年报告形式的差别，部分数据口径不一，还会出现数据缺失的情况，也在一定程度上影响着研究的精确性。更重要的是，相关性分析揭示的是两个变量之间共享的某些特征，并不一定说明两个变量之间存在着因果关系。即使相关系数的数值很大，置信度很高，也不能说明两组变量之间一定存在着因果关系。[①] 例如，在本文的研究中，只能表明制度约束类廉政方略与反腐败实际效果之间具有极高的相关度，但并不能就此推导说是因为更多地运用了制度约束方略，就达到了更好的反腐败实际效果。

对于未来的研究，我们认为在数据、方法、内容等方面还有很大的深化空间。在数据方面，如果能收集到更多具有代表性的中国反腐败历史文献，那么就能增强内容分析法的客观性，如 2010 年出版的《中国反腐倡廉大事记（1978—2010）》提供了近年来最为权威、内容最为详细的资料。[②] 同样，如能收集到两院报告中缺失的部分数据，也将大大增强相关性分析的准确性。在方法方面，相关性分析本身只能反映两组变量的共享特征，而难以显示因果关系，因此以归因分析代替相关性分析，或许能得出更为满意的结果。在内容方面，由相关性分析得出的结论可见，三类廉政方略大致上都与反腐败实际效果中的法院判刑人数之间的相关性不大，却与检察院查办案件涉

① 张文彤、董伟：《SPSS 统计分析高级教程》，高等教育出版社 2004 年版，第 127 页。

② 人民日报社、中国纪检监察报社、中国方正出版社联合编写：《中国反腐倡廉大事记（1978—2010）》，中国方正出版社 2010 年版，第 1—10 页。

案金额、公诉人数等之间有比较强的相关性。这种现象是否意味着廉政政策的变化虽然能促使执法机关审查更多的腐败人员，但最终因为某些原因却难以对他们判刑呢？另外，在制度约束类廉政方略的三种机制中，近年来受到广泛推崇的事前约束机制，其成效似乎比起其他两种机制而言要小，出现此现象的原因是什么呢？这是否说明事中监督、事后惩罚比事前预防更重要呢？对于这些问题，均有待以后的更深入研究。

（作者倪星，教授、博士生导师，中山大学中国公共管理研究中心行政管理学系教授、廉政与治理研究中心）

科学基金管理绩效评估:基于项目资助与组织管理的视角[①]

吴建南　马　亮　白　波　郑永和

0 引 言

近些年来，在“新公共管理”运动的影响下，世界主要国家都在大力推进公共财政支出政策改革，强调绩效、结果与问责[②]。科技资助机构的绩效评估日益受到各国政府的重视，包括美国、英国、德国、日本、荷兰等在内的许多国家的科学基金会和研究理事会都已开展了整体性的绩效评估或国际评估，为公众理解公共财政的投入和产出情况提供了条件，也大大促进了这些机构的战略规划和绩效管理[③④⑤]。作为我国科技体制改革的重要产物和国家基础研究的主要资助渠道，国家自然科学基金（NSFC）至今已经走过了20多年的发展历程。NSFC在推动我国基础科学发展、培养科技人才和营造科学环境等方面发挥了“不可替代的作用”，得到了科技界的广泛认可[⑥]。“适时启动科学基金资助管理绩效国际评估工作，总结经验与成效，评估和分析运行状况，进一步明确发展和完善科学基金制的着力点，不断提高管理水平和资助效益”，已经成

---

① 本文为基金项目：国家自然科学基金委主任基金项目“科学基金资助与管理绩效国际评估研究”子课题“科学基金资助与管理绩效评估总体方案研究”（J0910012）；国家自然科学基金项目“目标责任考核、财政管理与组织创新——面向中国地方政府绩效改进的实证研究”（70873092）；西安交通大学腾飞人才特聘教授项目。于2010年7月发表在《科学学与科学技术管理》上。

② Boyne G. A., Meier K. J., O'Toole L. J., *Public Service Performance: Perspectives on Measurement and Management*, Cambridge University Press: Cambridge, 2006.

③ 吴建南：《科技计划（基金）绩效评估的国际实践——参加八国集团研究评估2008年会议的报告》，《中国科学基金》2009年第4期。

④ 吴建南、马亮、郑永和：《科学基金国际评估的框架、内容与方法——基于多案例的跨国比较研究》，《科学学研究》2009年已录用。

⑤ 吴建南、马亮、郑永和：《科学基金国际评估如何报告绩效：关于日本学术振兴会绩效报告的叙事分析》，《科学学与科学技术管理》2009年第12期。

⑥ 于维栋：《科学基金制——科学研究永葆活力的催化剂》，科学技术文献出版社1994年版。

陈宜瑜：《坚持解放思想、推动科学发展，为提升国家科技竞争力作出更大贡献——在六届一次全委会上的工作报告》，国家自然科学基金委员会，2008年。

为 NSFC 的重要议题。

2008 年年初 NSFC 开始关注整体性绩效评估，并将其定位为一次针对 NSFC 资助与管理活动的整体绩效的国际性评估[①]。通过对 NSFC 资助与管理的运行状况进行系统评估，分析资助与管理的效率与效益，以期改进 NSFC 管理体系和运行机制[②]。因此，系统描述 NSFC 的资助与管理过程，梳理其绩效形成机理及关键点，是国际评估需要完成的重要工作之一。

尽管许多国家都在科学资助机构绩效评估方面进行了积极的探索和实践，但目前国内外关于该领域的研究还极为不足，尚无法支持 NSFC 资助与管理绩效评估的实际需求[③]。为了推进 NSFC 资助与管理绩效评估，我们结合国外实践和已有研究，通过实地考察和半结构化访谈的形式，对 NSFC 管理绩效评估进行了研究。2009 年 5 月底，我们对 NSFC 进行调研，先后走访计划局、政策局、财务局、信息中心、科学部等 5 个部门，对 10 余位部门主管和工作人员进行了深度访谈。访谈内容涉及各个部门的职能、流程、NSFC 发展中的关键事件以及 NSFC 资助与管理的要点等。

以访谈资料为基础，结合研究文献和文件材料，本文梳理和描述了 NSFC 项目资助与组织管理的基本状况，探讨了影响其绩效的关键因素，以期为其国际评估提供依据。通过梳理政策文件与访谈材料，我们发现 NSFC 的资助与管理活动主要围绕两条主线，一条是 NSFC 的组织管理，一条是 NSFC 的受资助项目管理。本文首先对科学资助机构管理绩效评估的实践进展和研究状况进行综述，并结合 NSFC 的实际情况提出其绩效评估的分析框架。其次，对 NSFC 受资助项目的管理状况加以考察，探讨项目资助与管理绩效评估的主要内容。再次，对 NSFC 的组织管理进行分析，明确组织管理绩效评估的关键议题。最后，我们提炼了 NSFC 资助与管理绩效评估的关键议题，并讨论了它在国际评估中的应用前景。

1 NSFC 管理绩效评估的分析框架

1.1 实践进展与研究述评

尽管科学资助机构的职能单一，主要是接受国家公共经费投入并通过价值评议等竞争机制分配和管理经费，但它们却是一个混合体[④]。传统的科技绩效评估将管理视为

---

① 陈宜瑜：《坚持解放思想、推动科学发展，为提升国家科技竞争力作出更大贡献——在六届一次全委会上的工作报告》，国家自然科学基金委员会，2008 年。

② 钱炜、罗晖：《科学基金：试水科研投入总体绩效评估——访国家自然科学基金委主任陈宜瑜代表》，《科技日报》2009 年 3 月 9 日。

③ 吴建南、马亮、郑永和：《科学基金国际评估的框架、内容与方法——基于多案例的跨国比较研究》，《科学学研究》2009 年已录用。

④ Braun D.，*The role of funding agencies in the cognitive development of science*，Research Policy，1998，27 (8)：807—821.

"黑箱"，仅仅考察投入与产出，后来扩展到对结果和影响的评价。相对于产出与结果，管理显得较为软性，通常是看不见的，因此常常被人们忽视①。但随着研究的日益深入和实践经验的积累，人们对管理的认识日益清晰，并发现管理在联结投入与产出之间关系的关键地位，由此揭开了管理绩效评估的序幕②。

美国国家科学基金会（NSF）和英国研究理事会（RCUK）的管理绩效评估较有代表性。NSF 将管理作为其四大战略目标之一，并通过一系列量化方式对其各个目标进行评价③。NSF 管理绩效评估包括 8 个目标：及时决策、价值评议、顾客服务、扩大参与、管理大型设施、资助后监督、电子政务、信息技术安全。这些目标细分为 23 个指标，并设定了具体的标准。以及时决策为例，绩效目标是在 6 个月内将结果告知至少 70%的申请人。尽管有其可取之处，但 NSF 侧重于年度绩效评估，很难完全适用于 NSFC 的纵贯评估。

RCUK 主要通过问卷调查了解下属的 8 个研究理事会的服务对象的价值感知水平，借此对其管理水平进行评价④。RCUK 委托专业调查机构设计问卷，通过电话访谈了解受资助者对 RCUK 的专业性、效率、速度、服务质量等的评价。通过这种大规模调查，RCUK 可以识别受资助者最为关注且最不满意的领域，并有意识地采取措施进行改进。这种方法在其他科学资助机构中也有采用，并日益专业化和常规化。

虽然国外科学资助机构绩效评估实践取得了较大的进展，但国外研究仍然局限于科研项目、科技计划和研究实体层面，尚没有上升到科学资助机构整体绩效评估的层面⑤。目前国内关于科学基金绩效评估的相关研究主要集中在两个方面：其一，从基础研究项目绩效评估的角度，对 NSFC 受资助项目评估的理论、方法和指标等进行研究，如 NSFC 管理科学部⑥。其二，借鉴美国、英国等发达国家科学资助机构的绩效评估实践，对 NSFC 绩效评估的价值、内容和方法等问题进行探讨⑦⑧。上述研究为 NSFC 国际评估提供了重要的理论基础和经验借鉴，但总体而言仍缺乏对 NSFC 资助与管理情况的系统描述，特别是从项目资助与组织管理的角度对 NSFC 的运行状况及其特征加以分析。

"管理至关重要。"公共组织绩效的国际前沿研究领域即在于考察管理对组织绩效

---

① Daft R. L., *Organization Theory and Design*, Cincinnati, Ohio: South－Western College Publishing, 2007.

② Ingraham P., Joyce P. K., Donahue A. K., *Government Performance: Why Management Matters*, Baltimore: Johns Hopkins University Press, 2003.

③ NSF, *FY 2008 Annual Performance Report*, Washington D. C.: National Science Foundation, 2009.

④ PricewaterhouseCoopers LLP, *Research Councils UK User Satisfaction Survey Final Report*, London: RCUK, 2007.

⑤ 吴建南：《科技计划（基金）绩效评估的国际实践——参加八国集团研究评估 2008 年会议的报告》，《中国科学基金》2009 年第 4 期。

⑥ 杨列勋、李若筠：《管理科学基金项目绩效评估问题研究》，《中国科学基金》2001 年第 3 期。

⑦ 郑永和、刘云、何鸣鸿：《科学基金绩效评估方案设计中的若干问题研究》，《中国基础科学》2008 年第 2 期。

⑧ 龚旭、赵学文、李晓轩：《关于国家自然科学基金绩效评估的思考》，《科研管理》2004 年第 4 期。

的影响[①]。但由于复杂性和多向度，管理绩效也是非常难以评价的维度之一。著名的“政府绩效项目”（GPP）从能力的角度对管理进行评价[②]。自1998年以来，GPP每年都对美国50个州政府、较大的市县政府进行绩效评估并发布报告。GPP借助新闻媒体和专家学者，从财政管理、人力资源管理、资本管理和信息技术管理等方面对政府管理能力进行排名。GPP的经验表明，公共组织绩效评估需要聚焦管理的核心要素，从能力提升的角度加以考察。

NSFC的管理有哪些特点？如何对其管理进行评估？其管理绩效形成过程中存在哪些关键点？目前的研究已经揭示了NSFC的核心在于制度创新，即建立和完善了具有中国特色的科学基金制[③]，其重点即是基于价值的同行评议制。一些学者还就科学基金文化进行了探讨，认为它对于科学基金制的运行具有重要价值[④]。还有学者考察了科学基金绩效评估的意义[⑤]。但上述研究都只是从某个或某些方面对科学基金资助与管理进行研究，往往失之片面，并没有形成一个整体性的分析框架。聚焦NSFC跨越20余年的系统评估，有必要在上述实践和研究的基础上，进一步凝练其关键内涵，形成NSFC管理绩效评估的框架和议题。

1.2　分析框架

科学基金制是科学和社会经济发展到一定阶段的产物，设立NSFC的基本考虑是统筹国家在科学研究（特别是基础研究）上的经费投入和管理，加强对人才的培养[⑥]。目前，世界上几乎所有的发达国家都已建立了科学基金会或研究理事会，表明这种组织和机制的优越性[⑦]。NSFC成立于1986年，把竞争机制引入科学研究资助领域，依靠科学家群体进行民主管理，是对以前依靠行政拨款和行政决策管理科学技术的制度的改革和突破[⑧]。

一般认为，“基金”包含“资金”（fund）和“组织”（foundation）两方面的含义。从资金上讲，基金是用于特定目的并独立核算的资金；从组织上讲，基金是为特定目标而专门管理和运作资金的机构或组织。相应地，对NSFC管理绩效的认识，至少需要基于上述两个层面进行考虑。一方面，NSFC肩负着管理国家自然科学基金、监督受资助项目实施的责任，按照项目指南发布、申请与评审、资助与实施、监督与管理等

---

① Boyne G. A., Meier K. J., O'Toole L. J., *Public Service Performance: Perspectives on Measurement and Management*, Cambridge University Press: Cambridge, 2006.

② Ingraham P., Joyce P. K., Donahue A. K., *Government Performance: Why Management Matters*, Baltimore: Johns Hopkins University Press, 2003.

③ 于维栋：《科学基金制——科学研究永葆活力的催化剂》，科学技术文献出版社1994年版。

④ 张恒力：《科学基金文化特征探析》，《科学学研究》2009年第4期。

⑤ 龚旭、赵学文、李晓轩：《关于国家自然科学基金绩效评估的思考》，《科研管理》2004年第4期。

⑥ 于维栋：《科学基金制——科学研究永葆活力的催化剂》，科学技术文献出版社1994年版。

⑦ 同上。

⑧ 同上。

流程对中央财政投入基础研究的经费进行集中管理①。另一方面，作为国务院直属事业单位，NSFC也需要协调其组织目标、组织结构、技术、资本和人员等组织构成要素及其匹配关系②。

上述分析表明，对NSFC的管理绩效进行评估，需要首先认识NSFC的资助与管理过程，梳理其绩效形成机理中的关键点。刻画NSFC的资助与管理状况，至少可以从项目资助流程和组织管理要素两个方面加以分析。基于此，我们构建了NSFC项目资助与组织管理绩效的分析框架（如图1所示），对调研资料进行整理和分析，并考察其关键评估议题。

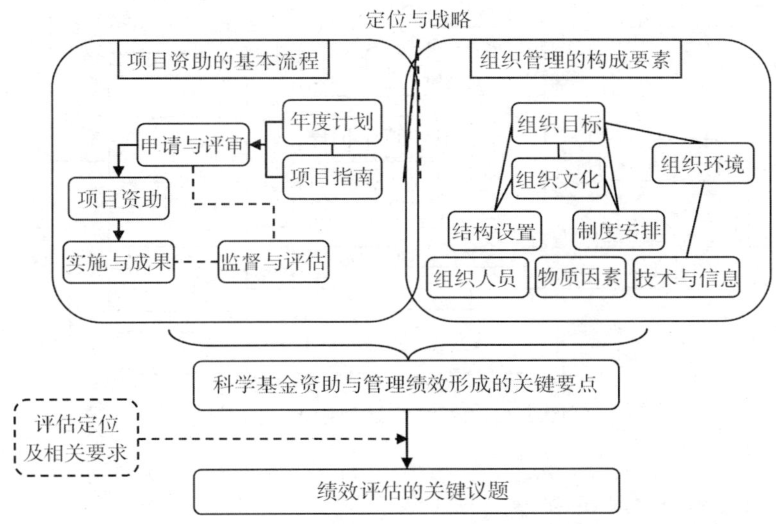

图1 NSFC项目资助与组织管理绩效的分析框架

具体而言，从项目资助的角度来看，可以依据基础研究项目资助的基本流程，将其划分为年度计划和项目指南的编制、项目申请与评审、项目资助与实施、项目成果管理等基本环节，考察各个环节的实际运行情况，并明确其绩效关键点。从组织管理的角度来看，可以将NSFC视为特定公共组织，考察组织目标、组织文化、组织结构、人力资源、信息化建设等各个要素③，并分析各个要素的现实情况及其影响。上述两个方面统一于NSFC在国家创新体系中的定位和发展战略，同时又共同对其资助与管理绩效产生影响。

2 NSFC受资助项目的管理要素分析

按照国务院2007年颁布的《国家自然科学基金管理条例》（以下简称《条例》）的

① 于维栋：《科学基金制——科学研究永葆活力的催化剂》，科学技术文献出版社1994年版。

② Rainey H. G., *Understanding and Managing Public Organizations*, San Francisco, CA: Jossey-Bass, 2003.

③ Ibid.

规定，NSFC对基础研究项目的资助大致包括发展规划和项目指南的编制，项目申请与受理，项目评审与资助，项目实施与成果管理，以及项目监督与评估等环节（如图2所示）。下面我们依据项目资助流程对NSFC项目资助的实施现状及其绩效关键点进行分析。

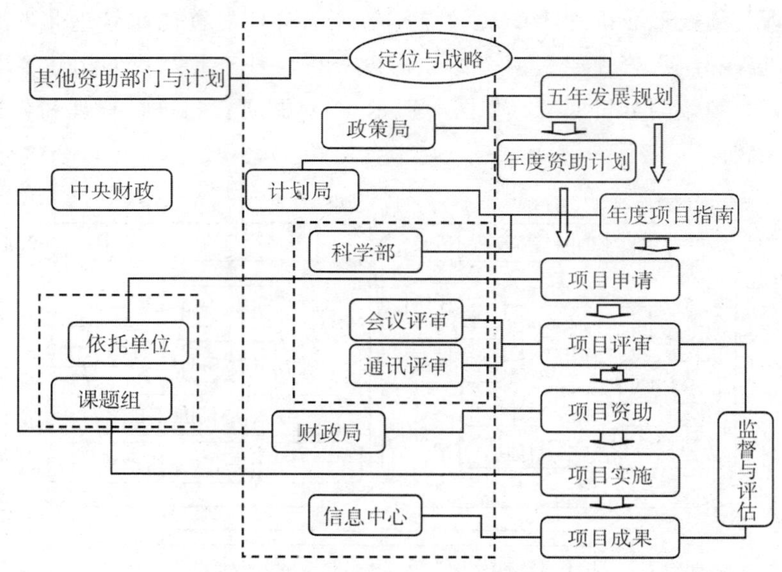

图2 NSFC项目资助流程示意图

2.1 发展规划与项目指南

《条例》规定，“基金管理机构应当根据国民经济和社会发展规划、科学技术发展规划以及科学技术发展状况，制定基金发展规划和年度基金项目指南”。实践中，NSFC发展规划主要以五年为周期进行编制，体现在五年发展规划等政策性文件上。规划的依据与NSFC在国家创新体系中的战略定位、基础研究学科发展及经济社会发展需求密切相关，具体由政策局负责编制，主要内容为发展目标、主要任务等未来五年内的宏观发展方向。对于每年的资助计划和项目指南，规定了资助项目的经费分配和内容导向，一般由计划局负责编制。具体而言，年度资助计划规定了中央财政在当年拨付的NSFC总额在各个科学部之间的分配比例，实践中往往采用“参照惯例”的做法（如无特殊标注，引号内文字为访谈对象口述内容，下文同），基本沿用前一年度的比例进行分配，“政策调控的力度并不大”。年度项目指南一般由各个科学部组织项目评审专家进行编制，主要依据“科学家对学科前沿的理解”，计划局负责将各个科学部的专家意见进行编纂并向社会发布。

事实上，伴随着科学基金制在我国的建立和发展，NSFC对其战略定位的认识也经历了变化和发展的过程。因此，对NSFC发展规划的认识和评价，一方面应当从历史角度充分考虑其作为“先行者”的优势。如在NSFC设立之初，“依靠科学家自己管理”的模式和“课题制”的引入，对于当时历史条件下我国基础研究领域可谓是“一股清风”，是具有开创性的改革[①]。另一方面，也要考虑当前国家创新体系背景下NSFC战略定位的“精确性”问题。由于当前我国基础研究资助体系体现了“多方资助”的特点，NSFC的资助在国家基础研究总体经费支出中的比重客观上有所下降，这不仅提醒我们思考“过去的8000万和现在的70亿，谁发挥的作用更大”的问题，也应当注重分析NSFC战略规划同其他科技计划的衔接问题。即NSFC如何体现“独特的作用”，如“对于一些濒临灭绝的学科，只能从基金获得资助以维持生存”。

调研中我们也了解到，目前的战略规划在内容和落实方式上也需要在未来的评估工作中予以关注。由于基础研究自身的特点，目前的五年规划常常表现出只有“干什么”的设计，而没有“干到什么程度”的预期；而战略规划在具体年度资助计划、项目指南以及日常管理中的细化与落实等问题仍有待于进一步解决。

2.2 项目评审与资助

目前基金项目的申请工作主要由依托单位管理，NSFC的主要职责就是组织科学家对已受理的项目申请进行评审，对通过评审的项目进行经费资助。项目评审方面，NSFC自成立之初就一直采用同行评议的方式对科技资源进行配置。同行评议是由科研人员对其同行的研究进行评价，充分体现了NSFC资助工作“依靠专家、发扬民主”的原则，被认为是“科学基金优越性的重要体现”之一。NSFC的同行评议工作具体由各个科学部组织实施，通常的做法是“先从同行专家库中随机选择3名以上专家进行通讯评审，再组织专家进行会议评审”。项目资助方面，NSFC主要由财政局进行经费的划拨工作，单个科研项目的经费由依托单位具体进行管理。由于NSFC经费由国库统一支付，财政局主要发挥类似“出纳”的作用，可以调度的余地不大。

调研了解到，同行评议是科学基金制的焦点问题。一方面，制度本身的“优越性”获得了普遍的认同，在“充分发挥科学家群体在科研决策中的作用”、“实现科学资源的优化配置”等方面具有科学性和合理性，同时NSFC通过对同行评议的“匿名”和“回避”等机制的设计，也对其在“程序上的公正性”提供了保证，这也被认为是NSFC在“科学界获得广泛好评”的重要原因。另一方面，目前同行评议在实践中也面临一些亟待解决的问题。例如，在组织实施过程中，由于每年受理的申请数目不断增加，致使评审专家常常要对“十几个甚至几十个”项目进行评审，“评审工作量过大”在一定程度上影响了评审质量。由于评审专家的主观判断对项目评审结果有重要影响，“加强对评审专家的约束”就成为NSFC未来的重要工作。总体上看，作为“科学基金政策研究永恒的主题”，需要在未来的评估工作中对同行评议进行重点关注。

项目资助方面，目前学科之间的经费分配采用“参照惯例”的做法，在维护“学科门类齐全和持续发展”方面起到了积极作用，但“常年不变”的做法是否适应特定

---

① 于维栋:《科学基金制——科学研究永葆活力的催化剂》，科学技术文献出版社1994年版。

历史条件下“不同学科的发展现状”则值得探讨。另外，由于 NSFC 总量的相对固定，“总体资助率和单个项目资助强度存在一定的矛盾关系”，在项目申请数目快速膨胀的情况下，现有资助率和资助强度合理与否，也需要在评价项目资助工作时进行考虑。

2.3 项目实施与成果

《条例》规定，NSFC 具有监督基金资助项目实施的职能。实践中，NSFC 对受资助项目实施过程的管理采取以宏观管理为主的管理方式，包括经费控制在内的管理职能主要利用依托单位的执行与监督予以实现，具体实施中需要“依靠依托单位和科学家的自觉”。由于 NSFC 的人员编制不足、精力有限，“没有组织专门性、经常性的检查”。在项目成果方面，NSFC 自 2006 年 5 月正式开通了“科学基金共享服务网”，对已结题项目的研究成果进行公示，目前公开的范围包括项目成果报告的摘要和部分成果的名称。

单个项目的实施及成果管理方式与基础研究项目注重探索性和允许失败有关，因而显得较为松散。NSFC 项目的资助体现出“进门难、交账容易”的特点，相对于 NSFC 的宏观管理，依托单位和课题组自身在项目实施中发挥的作用更大。一种观点认为，“对 NSFC 管理绩效进行评价，重要的是体现资助落实的情况”，而不在于项目的成果。一方面，基础研究成果具有一定的不可预期性，科学家在其中发挥着主导作用。另一方面，由于 NSFC 的职责和精力所限，“在项目成果管理方面，依托单位发挥的作用要更大”。对于课题组提交的年度报告和最终成果报告，NSFC 主要是进行建档保存，对其信息真实性无法做到“细致的检查”。目前尚在探索阶段的成果公示对项目“成果信息的真实性具有一定的约束作用”，但仍然值得在国际评估中予以注意。

3 NSFC 的组织管理要素分析

作为国务院直属的事业单位，NSFC 除了具备上述基础研究项目资助的业务流程之外，还具有典型公共组织的构成要素和一般特征。这些组织管理要素也会影响其绩效的形成过程，需要在评估中加以考察。

一般认为，组织要素分为有形要素和无形要素。有形要素是指实现目标所需实施的工作、人员、物质条件、权责结构等，无形要素是指工作的主动性与积极性、良好的沟通网络和制度、和谐的人际关系、有效配合与通力协作等[①]（如图 1 所示）。在其 20 多年的发展历程中，NSFC 的组织管理方式也经历了较大的调整和变化。根据调研中了解的情况，以下从组织文化、组织结构、人力资源管理等方面对 NSFC 的组织管理要素进行分析。

组织文化方面，学术文化与行政文化的交融形成了 NSFC 独特的组织文化[②]。一方

① Daft R. L. , *Organization Theory and Design*, Cincinnati, Ohio: South - Western College Publishing, 2007.

② 张恒力：《科学基金文化特征探析》，《科学学研究》2009 年第 4 期。

面，学术专家在整个组织管理过程中发挥了不可替代的作用，体现了“尊重专家、依靠专家、利用专家、发挥专家的作用”的学术管理特点。另一方面，NSFC的多数工作人员此前都有过科研工作经历，使得整个组织的行政化和官僚化色彩较淡。NSFC带有一定的“平等主义”倾向，决策科学化、民主化的组织文化是“政府部门学习的典范”。

组织结构方面，NSFC以科学部之间专业化分工和职能局室的统筹管理相结合的方式进行管理。科学部主任由科学家兼任，常务副主任为主要负责人，“组织的官僚化色彩较弱”。包括计划局、政策局、国际合作局等在内的职能局室承担了NSFC整体发展规划制定、制度建设和各个科学部之间的协调工作。相对于其他基础研究资助计划与部门，NSFC在学科资助管理方面实施专业化分工的科学部制度是一个较为鲜明的特色，对于各个学科门类的齐全和可持续发展发挥了积极的作用。然而，科学部机构设置的长期不变，“各个科学部工作人员难以超越本学科发展的限制”问题也日益成为“值得探讨”的问题。

制度规范方面，以《条例》为“上位法”，目前NSFC形成了超过30部制度规范，涵盖了各类项目的资助管理、国际交流与合作、财务管理、成果管理、人员管理及信息公开等各个方面的内容，对规范NSFC的内部管理和项目资助工作发挥了不容忽视的作用。但是，对于各种制度规范的“完备性与自洽性尚有待于进一步的评价”。而且随着我国基础研究宏观环境的变化，各类管理办法也有待于进一步完善。例如，对项目经费管理的人员费、劳务费等规定就需要做大的调整。据了解，以《条例》的出台为契机，目前NSFC的各种制度规范都在修正和完善过程之中。

人力资源管理方面，目前NSFC的人员编制在200人左右，另有为数不少的临时借调人员。据了解，由于“刚性编制”和服务对象（项目申请）的不断增加，项目太多导致内部员工的工作压力较大，已经显现出超负荷运转的迹象。由于特殊的工作内容，编外人员的存在对于NSFC工作的保密性带来了隐患。另外，员工的流动性较低等问题也在调研中被提出，可能需要在未来的评估工作中予以考虑。

包括财务管理、信息化建设等在内的组织管理要素也在调研中被一再提及。信息化建设方面，“NSFC建立伊始就对信息化建设高度重视，历届领导中基本都有从事信息学科研究的专家”，其信息化建设水平在国内政府部门中具有一定的“超前性”，与国外同类机构相比也毫不逊色。2005年，NSFC实现了同行评议的完全电子化，加快了项目申请的受理和处理效率。信息化建设在NSFC的日常工作中发挥了重要的作用，它就“像空气一样，感觉不到也离不开”，因此需要像NSF一样对其作用进行专门评价①。

① NSF, *FY 2008 Annual Performance Report*, Washington D. C. : National Science Foundation, 2009.

4 NSFC 管理绩效评估的关键议题分析

综上所述，以调研资料为基础，上文分别从 NSFC 的项目资助流程和组织管理要素两个角度对其资助与管理现状进行了分析。从中不难发现，对于 NSFC 的职能实现和绩效形成，可能存在若干关键要点会对其绩效产生重要影响。从回溯历史的角度而言，这些要点是 NSFC 在 20 多年中“取得显著成就”的重要原因；从现实和未来出发，这些要点又是“提高管理水平和资助效益”的可能途径。因此，在国际评估中需要对上述内容予以充分关注。通过对上述关键要点的梳理，可以为关键评估议题设置提供依据。

由于国际评估既涉及对 NSFC 建立和发展 20 多年历史的回溯，同时又强调对其运行现状的评判，其评估内容是一个纵观、全面的体系。纵向的时间跨度和横向的评估领域都较为复杂，因此可能需要设置关键评估议题进行深入剖析。我们通过归纳对 NSFC 管理绩效形成机理中的关键点进行了初步探讨，也为国际评估的关键评估议题设计提供了参考（如表 1 所示）。

表 1　NSFC 资助与管理绩效形成的关键点

评估方面	评估议题	考察内容
战略定位与发展规划	在国家创新体系中的定位	在国家创新体系与基础研究资助格局中独特的历史作用
		与其他国家科技计划的衔接和互补
	战略与规划及其细化	战略定位与年度资助计划的衔接
		战略定位与年度项目指南的衔接
项目评审与资助	同行评议制度	制度的科学性、合理性 组织实施的有效性、公平性、效率性
	项目资助	学科均衡、协调、可持续发展
		资助率、资助强度与资助结构
组织管理	组织结构	专业化分工与协调合作的均衡程度
		学术管理与行政管理的协调性
	组织文化	平等主义、决策的民主化、鼓励创新
	制度规范	自洽性、完备性、与时俱进
	人力资源管理	员工规模、素质、流动性、工作压力
	财务管理	有效性、安全性、及时性
	信息化建设	安全性、便利性
项目实施与成果	项目实施管理	管理方式的有效性、经费控制的严格程度
	成果管理	成果公开透明程度、成果数据的真实性

5 结 论

通过对访谈资料和文件档案的归纳和整理，本文从项目资助流程和组织管理要素两个方面对 NSFC 的组织运行状况及绩效形成机理进行了初步分析。从项目资助的角度来看，NSFC 战略定位的落实、项目资助与评审、项目实施与成果管理等是其关键的职责和主要工作内容。从组织管理角度而言，包括组织文化、组织结构、人力资源管理、制度规范等方面构成了其关键的管理要素。以上两个方面共同构成了目前 NSFC 资助与管理的基本情况。通过对以上两个方面的具体要点进行描述，发现这些要点对 NSFC 的绩效产生了不容忽视的重要影响。因此，无论是“回顾历史、总结成效”还是“提高管理水平”，在未来的国际评估工作中均需要对这些要点进行重点考虑。

囿于研究条件的限制，本文仅以访谈对象的主观感知作为分析资料，对于 NSFC 资助与管理绩效的形成机理的探讨还处于探索阶段，尚待进一步的检验和挖掘。然而，作为 NSFC 国际评估研究的基础性工作，我们期望以上研究能对此次国际评估乃至未来 NSFC 管理机制的完善发挥一定的参考作用。

（作者吴建南（1970—），男，陕西西安人，博士，西安交通大学腾飞人才特聘教授、博士生导师，公共政策与管理学院副院长，绩效管理研究中心主任，中国行政管理学会政府绩效管理研究会副会长，研究方向：公共部门绩效管理）

政府绩效管理平台研究与设计

张锐昕　于　跃

近年来，许多国家都在积极引入绩效评估，并重视研究提高政府绩效的方法。伴随我国各级政府部门绩效评估工作的蓬勃开展和相关理论研究的不断深入，政府绩效评估的方法和提高政府绩效的方法也在持续改进、创新和发展，政府对绩效评估的态度由犹疑、被动、盲目跟从到积极、主动、绩效管理立法，绩效评估向绩效管理转变已渐成趋势。随着政府绩效管理工作的日趋繁重和指标数据的日积月累，工作的数量、强度和难度也在不断增加，绩效评估的成本在逐年攀升。为了寻求使政府从繁重的工作、沉重的负担和潜藏的危机中解脱出来的良策，也为了找到完善评估工作客观性、科学性和公正度的方法，应用先进的技术手段和工具以实现绩效评估方式和方法的改进就成为当代政府的理性选择，由此，信息技术与政府绩效管理的有机结合成为政府绩效管理发展的主要形式和重要途径。

其实，早在我国规划电子政务服务领域阶段，就已经把绩效评估设计为政府与政府之间电子政务的核心功能了，当然，受电子政务理论和技术发展的局限，当时还仅仅是把绩效评估信息系统的功用定位在依照设定的任务目标、工作标准和完成情况对政府各部门业务的绩效进行科学的测量和评估上。实践中，有一些具有创新意识和改革精神的地方政府部门率先在此方面进行了有益尝试——把绩效评估信息系统引入到了政府绩效评估体系之中。如深圳市政府于 2007 年就建成了“深圳市政府绩效评估系统”，基本实现了绩效评估的在线化、实时化和动态化；台湾省的实践早一步也进一步，他们在 1998 年就已经将信息技术运用于绩效管理，并于 2006 年建设了“计划管理 e 网通”，使其各项绩效管理流程均在网上完成，绩效报告也在网上公开，接受公众与媒体的检视，绩效评核结果回馈各机关。研究类似案例我们发现，即使是这些在绩效评估信息系统建设方面处于领先地位的政府，其系统应用也囿于收集信息以及发布信息层面，信息技术、网络和电子政务系统的效力和潜力远未充分发挥出来。这使得我们开始深入思考和研究这样一些问题：要想降低评估成本，扩大评估战果，改善评估工作绩效，促进持久评估、评估结果应用和绩效持续改进，电子化政府绩效评估系统究竟在政府绩效评估中该扮演什么角色，能发挥什么作用，其有效性所及程度如何、可行性怎样？如果将其拓展至电子化政府绩效管理平台，政府机关对平台到底有哪些需求，具体的目标、结构和功能应如何设计？以下研究成果是我们对这些问题的回答。

一 概念和效用

（一）电子政务系统与电子化政府绩效评估系统

研究电子政务系统与政府绩效评估系统的目的，是为了充分利用电子政务系统的特点和优势，设计并创建科学、合理的基于电子政务系统的政府绩效评估系统——电子化政府绩效评估系统。

1. 电子政务系统的内涵、组成与绩效

所谓电子政务，是国家各级政务部门以信息网络为平台，综合运用信息技术，将其管理和服务职能进行集成，在网络上实现政府组织结构和工作流程的优化重组，超越时间、空间与部门分隔的制约，全方位地向社会提供优质、规范、透明、符合国际标准的信息和服务，实现公务、政务、商务、事务的一体化管理与运作。简言之，电子政务是政务的电子化、网络化和一体化的结果，其具体实现形式是电子政务系统。电子政务系统从本质上讲是程序系统。狭义的电子政务系统，仅指程序系统本身。而广义的电子政务系统，却包括网络平台、存储平台、应用平台、硬件设备、程序系统和人等诸多组成要素，是一个关系复杂的网状立体的交叉结构的系统。我们研究的电子政务系统虽然取其狭义，但论及的内容范围却延伸至系统所依托的各种平台和所依靠的管理和操作人员。可见，电子政务与电子政务系统之间的关系，是业务和载体的关系，是处理对象和工具手段的关系，也是操作对象和操作主体的关系。实现电子政务实际上就是实现政务的电子化、网络化和一体化，即建设电子政务系统。

论及某级政府部门电子政务系统的组成，围绕政府部门内部、部门之间和部门与公众之间这三条主线，主要由政府部门内部的办公自动化系统、政府部门之间的资源共享和协同办公系统、政府部门面向公众提供信息服务、网上办事与互动交流的信息系统等三部分组成。而论及它的边界，则可由其每一项组成内容的边界来推演。我们可从横纵两个向度来描述。在横向上，它和与它相联的其他部门、网络用户等作为网络上星罗棋布的独立节点而存在，它们之间逻辑联通而结成一张复杂紧密的关系网。网上节点有疏有密，之间联通有虚有实，表现出节点间的关系有松有紧，这是由于“信息孤岛”、“数字鸿沟”还大量存在，职能转变和体制改革还未到位，基于政务流程再造的“一站式”管理和“一条龙”服务还只能局部实现等原因造成的，这些原因成为制约电子政务系统绩效发挥的关键因素。随着电子政务系统应用领域的不断拓展、功能内容的日益健全和客户数量的持续增长，横面上的系统边界也在不断扩张，评估的内容范围随之逐步扩大，这会逐渐加大评估的难度。在纵向上，按着国家电子政务规划，每一个职能部门的电子政务系统都和与其业务相同的上级、下级政府职能部门的电子政务系统相联通。这样，同一种业务中的各级政府部门的电子政务系统按着业务层次序列实现了纵向贯通。由于在这个纵向贯通的轴上排列的政府部门之间有明确的上下级关系，因此，纵轴上的各个系统之间主要是控制与被控制的关系，关系相对简单。这类系统目前正在逐渐地由相对独立、彼此兼容走向统一整合，结果使得这类系统中的上下级职能部门之间耦合度高，交接处不易区分，甚至如果从业务流、信息流触及的范围来定义边界的话，系统边界似可延伸至最顶端与最底端，这无疑给具体绩效的归属和审核带来了难度。

落实到具体的某级政府部门的电子政务系统，是这纵轴和横面相交的“点”。由于横面是由众多的类似的“点”连接而成，如果我们能很好地解决“点”的绩效，以“点”带“面”将成为可能，所以说，解决“点”的绩效评估问题是解决“面”上绩效评估问题的突破口。那么，一级政府部门电子政务系统的绩效到底要牵涉哪些内容呢？我们知道，电子政务系统是人—机信息系统，需要人的参与，并且人在其中起着决策、控制等重要作用，这样造成的结果是，即使系统自身的自动化程度再高，结构功能再完善，也只能保障其自动化部分的高绩效，而对于人机接口部分牵涉的人工处理环节的绩效则无法保证。况且，即使是很少需要人来参与的系统，其完全的“自动化”受人工智能技术的局限在技术上做不到，受职能转变艰难的制约在功能上实现不了，受体制改革滞后的阻碍在整合上也难做到，故目前还只能实现“半自动化”。如此看来，电子政务系统的绩效，既应包括系统自身的绩效，也应包括系统中人的绩效。当然，影响其绩效水平发挥的关键因素在于其操作人员的绩效水平及操作人员与系统之间的协调配合能力，而不在于程序系统本身的效率，因为程序系统的运行速度与人的操作速度相比，其占用的时间成本耗费几乎是可以忽略不计的。

2. 电子化政府绩效评估系统

随着中央政府到地方各级政府的电子政务建设的逐步拓展，政府在网上提供信息和服务的能力在逐渐增强。但是，随着社会公众对公共信息和公共服务的需求的不断攀升，人们对电子政务的功能内容、服务品质和反应速度的批评在不断升温，对包括电子政务绩效在内的政府绩效急需提高的呼声也日渐高涨。政府为完善服务，改进绩效，提高公信力以及满足公众需求，急需引入先进的技术手段辅助服务、监管和评估，以使自身从日渐繁重的工作任务和负担中解脱出来，而基于电子政务系统的政府绩效评估系统正可担此重任。

基于电子政务系统的政府绩效评估系统，即电子化政府绩效评估系统。我们要把它作为电子政务系统中的一个独立的子系统来建设，并依据监测和评估的需要把它安置在不同的电子政务系统平台上，进一步地，可使之扩展成为适于不同层面的政府和部门的绩效管理平台。鉴于不同层面的政府和部门的行政职能、岗位职责和工作任务各不相同，其各自绩效所包含的具体内容、影响因素及其测量方法也不一样，故不同层面的电子化政府绩效评估系统实施对不同内容的评估，相应地，不同层面的绩效管理平台实现对不同级别的政府和部门的绩效管理。我们设计这种电子化政府绩效评估系统或再将之进一步扩展为绩效管理平台的目的，是为了充分挖掘信息技术的特长和优势，在原有的政府绩效评估体系或绩效管理体系中加入更多的技术元素，通过把已有的比较成熟的评估理念、方法、制度等研究成果内嵌入绩效评估系统或绩效管理系统的方式，使电子化政府绩效评估系统或绩效管理平台能尽量地代替政府和部门担负起评估其各自绩效或改进其各自绩效的部分责任，帮助政府尽可能地实现评估运行和绩效管理的规范化、标准化、制度化、电子化、网络化。

利用电子化政府绩效评估系统或绩效管理平台进行评估的优势在于其评估主体和评估工具是程序化执行的系统，具有"刚性"和"长性"，它会严格按指令行动，按程序办事，按规则操作，不为人情左右，不被时空羁绊，能有效地保障评估过程和结果的透明性、公正性。当然，在技术达不到的时间、环节和地方，还是要以人工评估为主。如果政府能够采取有效策略把电子化评估方式与人工评估方式进行有机结合的话，就可以实现两者的优势互补，同时又规避两者的弱势，使绩效评估取得更好的效果。

电子化政府绩效评估系统或绩效管理平台的主要构建要素都包括评估对象、评估范围、评估主体、评估内容、评估指标、评估方法和评估方式，它们与以往评估体系要素所不同的，主要是在形式、内容、方法和功能上的创新。以评估对象而言，电子化政府绩效评估系统，不仅可评估政府部门利用电子政务系统处理相关业务的绩效，评估使用电子政务系统的管理人员和操作人员的绩效，评估电子政务系统自身的绩效，也可评估政府其他业务工作的绩效。实际上，就政府绩效评估而言，通常学者们所讲的电子政务绩效（即本文所指的广义的电子政务系统的绩效）是应该作为其重要的评估内容的。这是因为，一方面，电子政务已经成为政府管理的新的实践活动和管理模式，涉及政府管理的方方面面，地位与作用上升至国家战略，电子政务系统绩效的提高对政府组织绩效的整体改进至关重要。另一方面，各级政府在承担电子政务这样一个累计投资巨大、内容纷繁复杂、服务对象广泛、战略地位重大、触及"灵魂"变革的社会化系统工程时，缘于保证国家信息化战略目标实现的现实需要、组织领导电子政务建设的自然要求、保证电子政府秩序的制度要求、促进政府管理变革的动力机制要求、巨大资金投入后的效益回报要求等动因①，也非常有必要对自身的电子政务系统进行评估。但是，毕竟政府绩效还包括经济绩效、社会绩效和政治绩效，所以，电子政务系统评估的对象将相当广泛。具有创新意味的是，这种评估的主体是系统，运用的工具是程序，操作的依据是流程，而关注的重心不只是结果，还有过程，甚至涵盖过程中的所有细节。就评估主体而言，要评估电子政务系统的绩效、它所处理的相关业务的绩效和人的绩效，在任何时候、任何情况下，都可把电子政务系统作为其重要的评估主体。当然，任何一个"评估主体都有自身特定的评估角度，有不可替代的比

① 张锐昕：《建立电子政务评估制度的动因》，《社会科学战线》2005年第4期。

较优势，同时，具有特定身份的评估主体亦有自身难以克服的评估局限。”① 我们可以采取以自动化评估为主，以人工评估为辅的评估方法，实行定量评估和定性评估相结合，以弥补评估主体在信息收集与处理技术、技能等方面的欠缺。

我们主张尽可能地采用电子化的评估手段，并不等于我们不重视传统的政府绩效评估体系。实际上，电子化政府绩效评估系统之所以具有优势且有效和可行，归因于它是建立在充分吸收传统的科学、成熟、稳定的政府绩效评估体系成果的基础之上的。

（二）电子化政府绩效评估系统的效用空间

目前，吉林省政府、福建省政府等已将电子政务绩效考核结果作为政府和部门绩效评估结果的重要组成部分计入绩效评估总分，但他们所做的电子政务绩效评估还只停留在政府互联网站绩效层面，并没有涉及电子政务网络，更未涉及电子政务绩效的宏观层面和中观层面。电子化政府绩效评估系统却不仅仅局限于对狭义的电子政务系统的三个组成部分的绩效的评估，也不像台湾省和深圳市那样，仅把电子政务平台和系统用作评估政府绩效的一个简单的操作平台和单纯的评估工具，而是要让它在兼具操作平台和评估工具的作用的同时亦兼扮评估主体的角色，并且把政府绩效评估的理念、方法、指标体系、程序、制度等都融合内嵌其中，使之成为一种电子化的评估模式，成为实时运行，天天在线的制度化的评估机制。

根据电子政务的作用空间推演，电子化政府绩效评估系统可作用于网络空间、业务流程和人之管理操作等三个维度，而有效性和可行性表现广泛至三网空间，深入达业务流程，详细至操作细节。

1. 广泛至三网空间

从电子政务的角度，网络包括电子政务网络和互联网，而电子政务网络由政务内网和政务外网构成，为此，依靠电子政务系统而建设的政府绩效评估系统可有效作用于政务内网、外网和互联网。鉴于电子化政府绩效评估系统兼具电子政务系统的特征和优势，所以，它能够在网络空间中比较独立自主地工作或与其他评估主体协调配合。其力所能及的职责担当包括：对网络用户行为进行监控，据此了解用户对网络资源的使用是否合理、是否进行了与工作无关的网络访问；对终端计算机运行进程实施监控，据此发现用户正在运行的程序，限制用户的相关操作；对终端计算机上网实行控制，据此控制终端计算机用户的网站访问、网络聊天和下载行为等，从而既可避免用户滥用网络资源，又能降低随意浏览互联网带来的安全隐患。尤其在互联网上，由于电子政务使政务工作更趋公开、透明，以及政府与公众之间交流和互动的日益频繁，使得公众更有条件、有意愿、有能力主动积极地参与政府管理决策过程，获取公共信息服务，享受信息自由权利，也使得广大公众广泛参与政府绩效评估成为可能。如果多元化评估主体广泛参与政府绩效评估，将会使评估数据的采集、处理、统计和发布工作

① 卓越：《公共部门绩效评估的主体建构》，《中国行政管理》2004 年第 5 期。

变得更加繁重，唯有依靠电子化绩效评估系统才能胜任这些工作，因为只有先进技术手段的科学、合理的运用，才能保证评估结果的准确性、有效性和可靠度。

2. 深入达业务流程内部

电子政务系统是依据政府业务流程的逻辑而设计的，业务是流程中流动的物质、操作的对象，人是流程中操作的一个主体，因此，无论是评估电子政务系统的绩效、对应的政府部门业务的绩效还是其中管理人员或操作人员的绩效，对其实施过程进行电子化评估的最科学、最合理的解决之策都应该是深入至业务流程内部。电子政务系统的结构的确复杂，但是，毕竟其所有的横向和纵向的系统都是以一个统一的体系结构相连接的，所以，对其流程的跟踪和监控是可行的。电子化政府绩效评估系统是要直接深入到业务流程内部提取节点处的有用数据，使其有效作用深度深及业务流程层面。我们知道，电子政务的业务流程由一系列的活动或操作所组成，是一种突变的断续型流程。其最简单的形式是由一系列单独的任务组成，有一个输入和一个特定的输出，输入经过流程后变成输出。因此，流程实质上就是工作的做法或工作的结构，包含了事件运行的始末以及其发展变化的整个过程，所以，有的流程是依据事件发展的时序变化过程设计的，也有的是按照事件发展的空间变化位置设定的。因为流程中各项活动或操作相对独立，独立的活动或操作间存在断点，而这些断点又依据特定的逻辑轨迹连接，于是断点变成了连接点，实现了流程的无缝隙整合。断点的作用在于清晰了活动或操作之间的边界，而连接点的效用在于规定了活动或操作的次序或位置，这样一来，通过分析涵盖核心业务链条和关键环节的业务流程，找出核心业务链条上的关键节点，就可以对这些节点自动采集有用数据，以实现对整个流程中各项活动或操作的动态监测，达到在流程中期防范风险的目的。由于流程设计中可以内嵌政府的制度、标准和规则，所以，如果能够保证固化的流程是建立在管理科学化、民主化、法治化、程序化、精简化、整合化的基础前提之上的，将对政府管理的规范化建设产生重要影响。

3. 详细至管理操作细节

电子政务系统是一个利用信息技术有效地实现政府部分监管和服务职能，在政府、社会和公众之间建立有机服务系统的集合。由于它具有存储量大、运算速度快、准确度高的技术优势，又具有开放性、共享性、全天候性、互动回应性、整合性、统一性等管理优势，使得它能高效地实现对业务流程的各个环节以至细节的操作和监控，其操作内容涉及各个活动或操作的处理内容、预期目标、操作人员、管理人员、经历时间、完成时限、发生地点、成本耗费等，而其监控功能涵盖所有数据的采集、存储、处理、统计、比较、分析、发布等。这一方面有助于保持流程运作的条理化、衔接性和顺畅感，另一方面，如果流程中有了阻滞现象和不和谐因素，系统可以通过自动提取各个关键节点的业务数据，依据流程评估的指标体系，实现对每个活动环节或操作细节的绩效状况的自动化评估，实现对电子政务系统与人之间、工作人员之间的相互协调配合状况的量化评估，从而发现流程运转中的阻滞现象，找出其中惰性的环节、细节或个人，并对其绩效状况做出具体诊断。这种做法的创新之处和亮点是能客观、准确地评估管理操作细节，通过对细微处的环节、细节或个人的绩效的提高带动组织整体绩效的提高。由此，“电子”是评估的工具，也是指标数据的来源，通过基于流程的业务环节的分解和基于“电子”的评估要素的测量，电子化的评估体系建构得以实现。

挖掘电子化政府绩效评估系统在以上三维空间效用的潜力，我们可以得出如下结论：首先，电子化政府绩效评估系统能够帮助政府部门掌控全局，了解细节，把握机会，并防范可能存在的威胁和风险，这对提高组织绩效是非常有利的。其次，通过对流程中的关键节点和输出结果的持续检查，并坚持评估，可以纠正流程中各个环节上的运行偏差，修正指标体系，伴随着对流程的日积月累的渐进改善，电子政务系统建设会有质的飞跃。最后，将电子化评估放到政府绩效评估体系的整体框架中加以认知，把程序相对于实体的独立作用和程序对于实体的促进作用结合起来，则理念与规制的相互转化有望成为可能，最终将会建立起一个完整统一、公开透明、事前确定、严格执行、讲求绩效、可以问责的管理运行机制①。

上述研究成果能帮助各级政府和部门充分认识到电子化政府绩效评估系统的评估潜力和优势效益，进一步地能在其条件和时机成熟时将之拓展为政府绩效管理平台，实现为建设政府绩效管理长效机制服务的目的。以此为理论基础，吉林大学行政学院电子政务研究所研制的《基于电子政务系统的政党外交业务绩效监测与评估的指标体系设计》于2007年被中联部政党外交信息化工程采纳，帮助长春长白信息科技有限责任公司设计的《政府机关绩效指标词典及其支撑平台》也正在建设当中。

二　需求和目标

我们以省厅（局）级政府机关为例，构建了一个通用的②绩效管理平台。构建之初，先是弄清楚了两个问题：其一，用户到底要解决什么问题，有哪些要求，即确定要做什么——用户需求；其二，平台的预设目标和结果，即能为用户提供什么——目标设计。

（一）用户需求

对政府机关而言，其绩效管理是指机关通过一定的方法和制度确保其处室和员工的工作表现和业务成果能够与组织战略目标保持一致并促进组织战略目标实现的过程。也就是说，绩效管理过程是密切监控机关员工的工作实绩和业务的运行状况，不断进

① 张锐昕：《基于电子政务系统的政府绩效评估系统研究》，《理论探讨》2009年第4期。

② “通用的”是指其功能比较全面、内容相对丰富、流程有序完整，且功能、内容和流程普遍适用。如果其采取多样化的组合策略并允许用户对其功能、内容和流程进行灵活定制的话，就可使“通用的”绩效管理平台随需应变成为满足某类用户个性化需求的“专用的”绩效管理平台，从而为各类政府机关享有自己专有的绩效指标库、柔性的绩效管理流程和专用的绩效管理系统提供了技术支持。

行辅导沟通和反馈控制，并使机关向既定目标迈进的过程。为支持省厅（局）级政府机关电子化实施绩效管理全过程，需要在全面收集和系统整理同级各类政府机关及其周边考核人员[①]等用户的基本需求的基础上，进一步了解和分析不同用户潜在的个性需求以及其他需求。为此，我们走访了吉林省政府办公厅、人力资源和社会保障厅、纪检监察厅、吉林省公务员局等单位，分别与这些单位的副厅级、处级负责人和绩效管理工作负责同志进行了多次座谈，并尽可能地收集了与这些单位相关的发展规划、近3年的评估资料、评估对象近2年的年度重点工作目标责任制、绩效评估计划、工作报告等文件，深入了解了这些单位对绩效管理的要求和期望，与此同时，网上调研了外省多个厅（局）级政府机关，结合电子政务研究所多年积累的绩效管理案例和资料，对通用型省厅（局）级政府机关绩效指标库及绩效管理平台方案进行了较为系统、深入的研究，在确认用户需求的基础上提出了要实现的目标。

1. 基本需求

（1）协调统一的绩效管理平台

作为由不同处室和员工组成的复杂系统，一个机关要提高所有处室和员工的工作绩效，并使他们协同一致地为机关的战略目标服务，就必须使每个处室的绩效管理工作形成一个有机的整体，以使机关拥有良好的绩效表现。此外，由于绩效管理操作的技术性很强，需要依靠专业人员进行系统设计，更需要在管理实践中规范运行，所以，非常有必要将其功能和流程按照合理的位置和顺序集成为一个有序的整体，以此为政府机关达成绩效管理目的提供整体性解决方案。缘于上述动因，机关需要在管理者和员工之间搭建一个协调统一的绩效管理平台。这个平台应以绩效管理流程为主线进行设计，尽可能地集成绩效管理活动的各个阶段及其环节和内容、各类绩效管理方法及其常见的操作方式，并有效地整合绩效管理系统的各个子系统与其他辅助系统和关联信息，以此为机关及其各部门（处室）在统一的平台上协调一致地实施绩效管理提供技术支持。搭建协调统一的绩效管理平台将会极大地便利管理者与员工之间的日常工作沟通、实时绩效辅导、关键事件记录、工作进度了解以及评估结果反馈等，也将方便管理者及时了解下属的困难，帮助他们分析和解决工作中的问题，实施多方之间的高效协同和有效互动。

（2）科学完善的绩效管理体系

绩效管理体系是以实现组织战略目标为驱动力，以关键绩效指标和工作目标设定为载体，以绩效管理相关政策法规和制度为指导，通过绩效管理流程的各个阶段的实施，来实现对组织内各部门及其员工绩效的客观衡量、及时监督、准确指导、科学奖惩、有效提升，从而调动全体员工的积极性，发挥各岗位的优势，以提高组织绩效，

① 周边考核人员“是指与被考核人员具有工作流程关系的人员。包括：上游工作接口关系、下游工作流程关系、提供信息关系、提供服务关系、项目合作关系、业务往来关系、要求临时解答与解决问题的关系、使用产品的关系、共同处理问题的关系等”。参见何科明《绩效管理e化之道》，海天出版社2011年版，第11页。

实现组织战略目标的管理体系。从国际经验看，绩效管理体系是由制度体系，组织体系，分类体系，指标、标准和方法体系，结果应用体系等5个部分组成的完整系统。

一般的绩效管理系统都由绩效计划、绩效辅导、绩效评估、绩效反馈、绩效诊断、绩效改进等几部分组成，是一个全封闭的循环系统。即使绩效管理系统再完善，扩展到包括相关政策法规的宣传、评估管理制度的建立、评估结果的有效应用，以及相关知识帮助的提供等功能，它也只是绩效管理体系的一个组成部分。要实现一个科学完善的绩效管理体系，绩效管理系统除了要为组织战略目标的制定、工作目标的设定、关键绩效指标的确定等提供技术支持之外，最好还是将这些功能内容作为其自身的一个附加功能，因为这些功能内容既是机关绩效管理工作的重要组成部分，也是绩效管理系统本身有序运作的前提条件。此外，机关还应建立适应绩效管理系统运作的多元化要求和个性化需要的基础性绩效指标库，并提供相应的辅助功能，如信息管理、指标管理、过程控制、结果查询、系统维护等。只有上述功能内容都具备，并整合起来协同工作，政府机关科学完善的绩效管理体系才能够实现。

（3）规范有序的绩效管理流程

绩效管理是绩效管理过程和结果的统一体，既是对过程的管理，也是对结果的管理。如果管理有效，绩效管理不但可以大力提升机关的工作绩效，也可以有效促进机关的可持续发展。而这些效用的取得，一个重要的前提是整个绩效管理流程及其中的所有活动和内容都能够实现标准化、规范化、有序化的运作，这也是保证输出结果标准化、规范化和有序化的重要关键因素。“三化”的效用还表现在：一方面，流程中的绩效计划、绩效辅导、绩效评估、绩效反馈、绩效诊断、绩效改进等各环节依据功能内容和关联程度有序连接，有助于建造一个协同、互动、循环、充满活力的有机系统；另一方面，流程中的各环节的形式和内容依循规范和标准设计而成，有益于营造一个开放、共享、包容、协调一致的有序环境。有机系统加有序环境，将助力管理者借助流程进行工作任务的跟踪、问题解决过程的跟踪以及绩效评估进程的跟踪，从而支持其理解用户需求，便利绩效辅导、沟通、诊断和反馈，保证对所有业务流程的全面掌控和对所有用户的操作行为和评估权限的深度管控。

（4）简便易用的绩效管理系统

以操作简便和易于执行为基本设计思路，通过实现绩效管理系统流程的有序连接和其功能与指标库等资源管理系统的合理对接，绩效管理平台有望成为以绩效管理系统与资源管理系统为共同基础的集约化平台。这个平台把绩效管理理念、制度转变为绩效管理系统中的流程和工具，尽可能自动化地实现绩效管理的关键流程，支持对所有业务的功能、流程及权责进行定制和分配，在分工明确、边界清晰、权限合法的基础上，强调系统功能的实效安全和操作执行的简便易用，从而使管理者面对的是友好的界面、明晰的流程和简捷的操作，以简便易用的绩效管理系统有效推动绩效管理的真正落实，大幅度降低管理成本。

2. 个性需求

(1) 所有数据做到静态存储和动态管理相结合

指标库中的指标内容应尽可能全面，允许用户自主选择和自由添加；指标分值应有满分值建议和评分标准，允许用户因需改变；指标权重应有具体建议，允许用户适情修改；所有在绩效管理过程中可能用到的要素和参数，指标库中应有相应的数据项设计，以方便静态存储和动态管理，最终实现“你想得到什么，就考核什么”。在此基础上，所有加工处理过的数据文件的内容可以静态存储和动态管理，大量繁冗的手工操作交由系统自动完成，以提升绩效管理的精细化水平。比如，基于指标库中的数据项，绩效管理系统可自动生成评估表、诊断书等；各类量化评估指标可以通过与绩效评估系统开发接口、交换数据，实现自动打分，考核结果自动汇总、计算和分析等。再比如，通过绩效辅导平台，各处室在系统中制订工作计划，并与上级互动完成目标修改、确认，上级也通过系统跟踪各处室工作进度，最后还可以在线完成绩效结果反馈、制订员工能力提升和绩效改善计划，而且上述绩效管理的全过程及其生成的数据文件都能自动存档，这能在一定程度上弥补上下级之间沟通不充分的问题，也能加强沟通过程的流程化和制度化，而全过程数据归档则能进一步规避产生纠纷的风险。

(2) 绩效管理系统性能通用性和专用性兼备

绩效管理受到政府机关工作性质、特点、规模、管理水平、行政文化、管理者偏好、工作方式和过程等诸多因素影响，这些因素相互作用的综合结果，决定了不同机关的绩效管理必然高度个性化和差异化。即使工作性质非常接近的机关，其绩效管理也存在一定的差异。由于不同的机关不可能有完全相同的绩效管理体系，而处于不同绩效管理发展阶段的工作性质相同的机关对于绩效管理的要求也会完全不同，需要机关随着绩效计划的变化适时调整，这说明它们的绩效管理的稳定性是有区别的。这些特点决定了各机关对绩效管理的个性化需求。目前的状况是，政府机关买不到完全适合自己需求的通用型绩效管理系统，而只能根据自己的不同情况研制专用的绩效管理系统。如此一来，开发经费和成本的增加必不可少。那么，如何做到响应用户需求，提供满足用户要求的功能全面、质量优良，又不会大幅度增加二次开发以及实施成本呢？关键之处在于开发一个通用型绩效管理系统并使之能兼顾个性化功能定制和灵活配置流程，且能随需应变提供备选内容，使通用的绩效管理系统兼具专用型系统的特性。当然，要达成这样的绩效管理系统，其指标库的通用性和专用性兼备是必要前提。其指标库内容越全面、系统设计越灵活，功能越完善，则对于机关绩效管理需求的响应越充分，人工越节省，效率越高，满意度越高，且成本越低。

(3) 绩效管理过程刚性和柔性有机结合

绩效管理平台将各个绩效管理过程和关键环节、各类绩效管理方法、常见的操作方式、各个子系统与其他辅助系统和关联信息集成为一体，目的是在保证绩效管理过程刚性的基础上实现流程的柔性配置。刚性的优势在于：严格执行流程，易于维持组织，便于协调员工个体之间以及员工与组织之间的关系，非常方便绩效评估，但缺陷是：会降低组织活动的灵活性，影响组织与外部环境的协调；将员工置于消极被管理的状态，限制其积极性与创造性；造成员工的惰性，使员工一味只求完成分内的工作。柔性具有人性化特征，决定了它能深层次地激发员工的工作动机，增强员工的主人翁责任感，有利于组织内部形成集体主义和相互协作精神，如果再允许用户随需应变地灵活配置流程，即实现弹性化定制和柔性化管理，就既能保证业务处理的高效性，又能拓展系统的应用程度，使系统可以满足适应许多复杂情况和特殊要求的需要。基于刚性和柔性的有机结合，绩效管理的流程可以做到适应机关情况和需求的变化而变化，即在遵守规范化的、刚性的绩效管理过程的前提下，机关可以自主地进行绩效管理系统的过程和内容的重新配置。正是从这个意义上来说，这类系统可以作为充分响应机关个性化需求的多元化功能平台，以支撑不同的管理过程、考核方法、操作方式和管理内容的因需配置和调整。

此外，绩效管理平台还应提供相关概念、知识解答、常见问题、经典案例等帮助功能，提供包括识别关键参与者、获取全体员工对系统的支持、明确绩效管理系统的目标等一系列内容，以便明晰如何开发和实施它，为政府机关绩效管理可持续发展提供经验参考和操作指引。

（二）目标设计

1. 绩效指标库目标

（1）建立统一、共享的基础性绩效指标库。政府机关绩效指标是其行政职能、岗位职责和工作任务的具体体现，因此，为同类政府机关建立统一、共享的基础性绩效指标库是可能和可行的。所采取的策略是对国内同类机关的共性要素（包括主要工作职责、业务情况、三定方案、中心工作或重点工作等信息）和共同标准规范以及法治约束等进行全面搜集、深度挖掘和系统认定，从而汇集起适合该类机关公用的、丰富的绩效指标资源（包括其附属、关联信息）。该库需具备足够的开放性和全面性，允许绩效管理人员随时查阅和动态更新。库中因需自主增添指标是被允许的。

（2）建立独立、连续的面向处室层次的年度绩效指标库。在每个新的绩效周期之初，围绕贯彻落实省市党委、政府当年经济社会发展的重大决策部署以及当年的中心工作和重点任务，结合本地有特点的创新性工作和政府自身建设等内容，系统允许机关绩效管理人员对绩效指标进行重新调整和再设计，为此，需要参照本年度绩效计划中可能变化的要素修改或增减指标，生成新的年度绩效指标库。可采取的策略有：以上一个绩效周期的年度绩效指标库为蓝本，或以基础性绩效指标库中的绩效指标资源为备选项，根据政府机关各部门的岗位职责改变和重点任务变更以及评估需求变化等实际情况，自行调整、添加、取消和合并一些绩效指标，形成新的年度绩效指标库。也就是说，对于一个新开展绩效管理工作的机关，它没有前期的年度绩效指标库，需要参照基础性绩效指标库来建立本年度绩效指标库；而对于一个已经经历过绩效管理循环的机关，它只需在新的绩效周期开始时考虑是否需要对前次的年度绩效指标库进行修改，无论修改与否，都会在重新存储时自动生成新的年度绩效指标库。

（3）建立年度绩效指标库和基础性绩效指标库之间操作的连动性和同步性。在每一次生成新的年度绩效指标库的同时，系统会将新增添的或修改过的指标及其附属、关联信息重新写回基础性绩效指标库，就是说，年度绩效指标库和基础性绩效指标库之间的操作是连动和同步的。两者之间建立的这种关联保证了两者之间的协调性和一致性，决定了政府机关年度绩效指标库对基础性绩效指标库的引领作用，也保持住了基础性绩效指标库的与时俱进和丰富完善。于是，各个绩效指标库的应用就为政府机关创新性地开展绩效计划工作预留了充分的发挥空间。

2. 绩效管理平台目标

（1）以政府机关战略目标、工作职责、目标责任制等内容为基础，以绩效指标库为核心，以绩效管理流程为主线，通过引入多种绩效评估模式和方法，搭建协调统一的绩效管理平台，设计规范有序的绩效管理流程，开发简便易用的绩效管理系统，旨在构建科学完善的绩效管理体系，为政府机关实施绩效管理提供实践基础和操作指引。

（2）在年度绩效指标库的作用下，通过对政府机关各处室的重点工作和业务活动的定期评估、日常监控和自动诊断，系统将具体绩效状况及时反馈给处室或员工，并对其给予必要辅导，使其充分了解自身的绩效状况和需改进之处，达成指导机关内各职能业务处室检视自身绩效和改进管理服务品质的效果。

（3）在提供通用型绩效管理系统的基本功能的前提下，允许用户根据环境变迁和自身需求进行自主、灵活的功能定制和流程配置，使之具备专用型系统的个性化特质。

三 结构和功能

绩效管理平台设计旨在研发有效支持政府机关绩效管理全过程的绩效管理系统及其辅助系统。要达此目的，现有的绩效管理系统通用型的指向性差，专用型的适应力不足，要超越现有的绩效管理系统并尽可能充分地满足用户需求，就应基于政府机关绩效管理的具体实践和实际需求，在借鉴相关理论研究成果和标杆案例最佳实践的基础上重新考量和确定绩效管理系统的结构和功能。为此，我们选取了一些政府和企事业单位中的绩效管理领先者的绩效管理系统，将其中涉及功能结构组成、绩效管理体系推进流程配置和绩效评估方法选择等方面的做法与经验作为参照系，以确定政府机关的相关内容选择。限于篇幅，我们在此仅提供绩效管理系统的总体结构以及绩效计划功能的概要设计。

（一）结构模型

1. 绩效管理系统结构模型

绩效管理系统由 6 个子系统构成，分别是绩效计划系统、绩效辅导系统、绩效评估系统、绩效反馈系统、绩效诊断系统和绩效改进系统，其总体结构模型如图 1 所示。其中的 6 个子系统模块既相互独立又彼此关联，分别作用于绩效管理的不同阶段，又共同服务于绩效管理的总体目标。

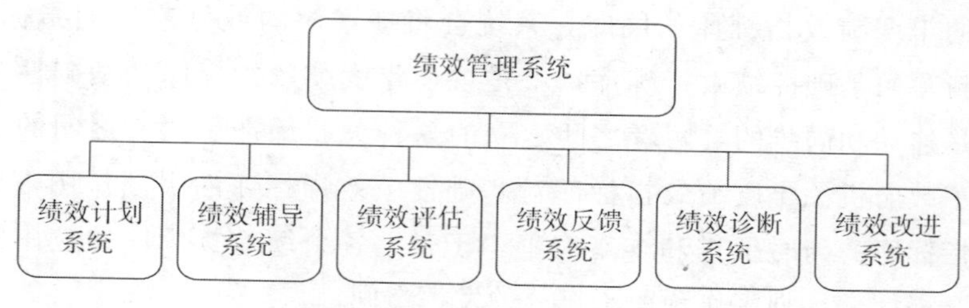

图 1　绩效管理系统结构模型

相应地，6 个子系统分别对应并承担绩效管理流程的 6 个阶段的具体工作任务。6 个阶段首尾衔接，相互联系，将组织的目标、计划、任务和绩效管理有机地结合在一起，结果使 6 个子系统及其构成的绩效管理系统得以在一轮又一轮的绩效周期中形成持续上升的循环过程（如图 2 所示）。

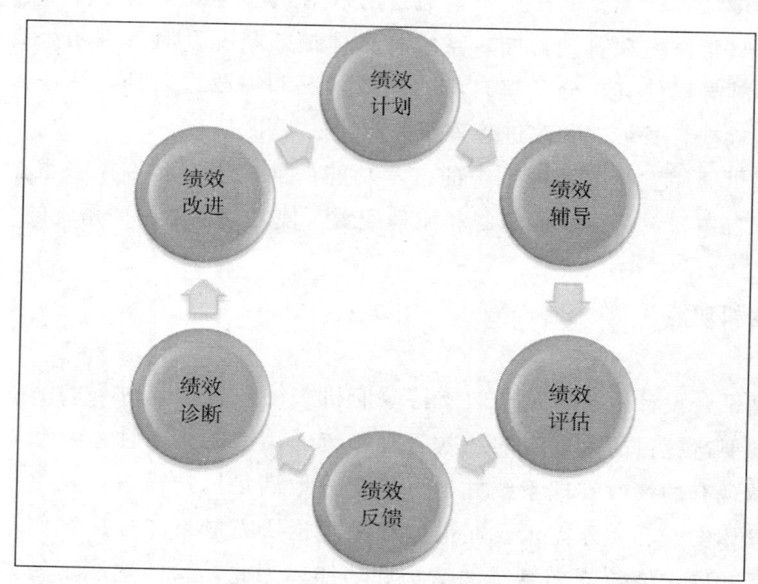

图 2　绩效管理流程六阶段模型

对于绩效管理系统来说，6 个子系统是其必备的功能，也是其有别于绩效评估系统且具有完善性的标志。由于各类政府机关绩效管理水平差异性很大，我们设计的系统在完整提供 6 个子系统功能的同时，也提供个性化功能定制和“菜单式”管理服务，使用户可随需应变地自主选择备选功能；而对于绩效管理流程来说，本系统所提供的过程虽然必须依序执行，但其中的具体环节却可自主定制，即每一个过程都是不可欠缺的，其运作也有具体的条件和顺序要求，但如何选择过程中的具体环节完全由政府机关自行决定，也就是说，系统不对其遍历所有过程中的各个环节做硬性要求或规定，而是允许用户根据自身的环境、时势、任务和员工的具体情况来量身订制具体的环节和灵活配置合适的流程。总的说来，我们的研究旨在提供一个兼具通用型（对一类机关而言）和专用型（对具体机关单位而言）的系统性能和流程环节的绩效管理系统。

2. 绩效指标库结构模型

图 3 表明绩效指标库结构由 25 个数据项构成。其中，指标总序号是由系统按指标输入先后顺序自动生成的指标的编号，它在指标库中是唯一的；指标层级描述的是指标所处层次及各级指标间相互关联的关系，它是对所涉及部门的所有指标进行分类而构造的一个显示各指标之间相互联结关系的递阶层次结构；指标名称是为指标给定的、用以区分不同指标项的直观、明确的标签；指标定义是对指标内在性质及范围等内容确切而简要的解释说明；指标权重表示某项指标在指标体系中价值的高低和相对重要的程度，也是所占比例大小的量化值；指标满分值是某项指标所能得到的最高分值；指标值类型是指评估某项工作结果或成效的指标项所属的类型，包括数值型、百分比型和离散型；指标值性质用于区分指标所评估工作的性质，分为普通项、加分项和减分项；指标方向性质描述指标所评估的工作的数量、花费时间等是应该上升的还是应该降低的。正向指标是指数值应不断提高的指标，逆向指标是指数值应不断下降的指标；指标分值来源是指获取指标分值的渠道和方式，主要有人工录入、自动计算和外部数据（如 EXCEL 等）导入三种方式；指标分值计算公式编码是指标分值自动计算时采用的计算公式编码；等等。

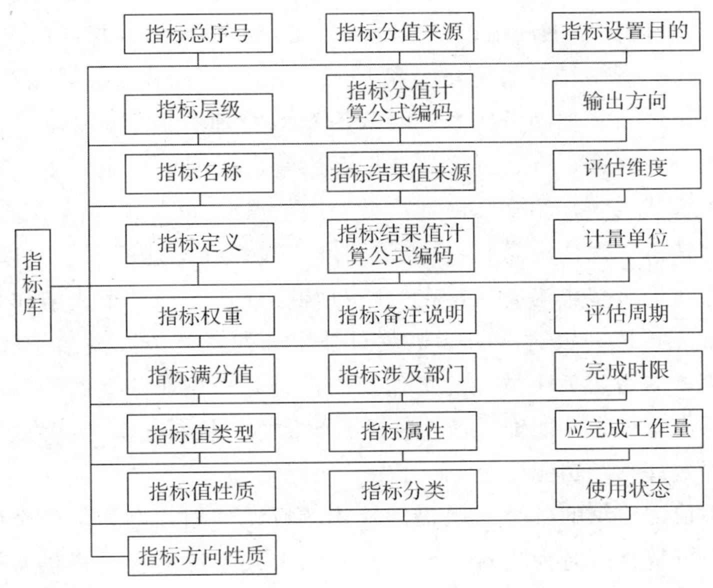

图 3 绩效指标库结构模型

（二）功能模型

我们仅以绩效计划系统为例，说明其具体的功能组成。

绩效计划系统的工作任务包括：绩效管理人员与全体员工合作，通过员工动员大会、处室讨论会、主管人员与员工单独交谈、越级谈话、与机关领导面谈、座谈会、绩效计划会议、员工意见调查（不记名）、公告栏、内部刊物、申诉制度等沟通方式，就机关、处室的工作目标、绩效标准以及各处室应该履行的工作职责、各项任务的重要性等级、绩效的衡量、绩效管理人员提供的帮助、可能遇到的障碍及解决的方法等一系列问题进行双向沟通，在达成共识的基础上，将沟通结果落实为正式书面协议——绩效计划书和绩效评估指标体系，并据此编制绩效改进计划和绩效管理手册。其主要功能包括：提供前期准备、拟定绩效计划、建立绩效评估指标体系（如图 4 所示）。

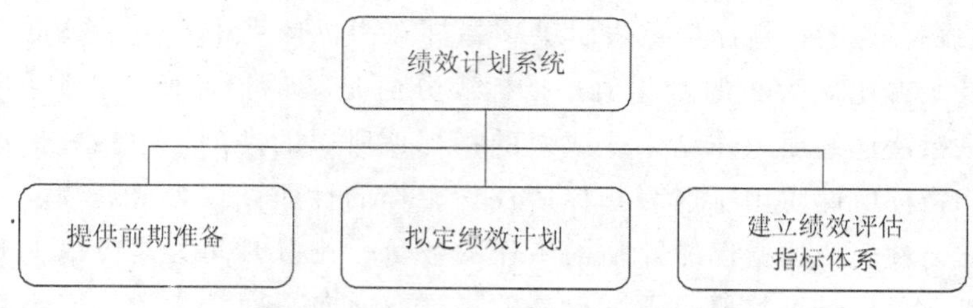

图 4 绩效计划系统功能模块构成

1. “提供前期准备”功能模块

该模块主要实现以下功能：（1）组织准备，主要是成立绩效管理组织机构，解决“谁来管理”和“谁来评”的问题；（2）思想准备，在明确绩效管理目的的基础上，了解绩效管理的效用，弄清绩效计划的分类和意义；（3）制度准备，解决“如何保证”的问题，主要建立绩效管理制度体系，对政府绩效管理的框架原则、主要内容、组织机构、绩效评估指标体系、方式方法和结果运用等进行明确规定；（4）信息准备，包括组织结构（处室代码表）和全员信息（员工代码表）、机关领导需要准备的信息（如组织信息、处室信息、岗位信息）、员工需要和直线领导沟通的事项，以及评估基础①等。在员工和直线上级多次沟通后，在战略目标、处室目标、个人工作目标取得协调一致的基础上，分析要完成这些目标机关对处室、处室对个人需给予哪些资源支持。此外，各级管理者需密切关注员工的工作动向，及时提供业务上的指导和给予资源上的支持，因为只有这样，才能促进个人完成绩效目标，从而处室、机关才能完成目标。

2. “拟定绩效计划”功能模块

绩效计划不仅为组织的各个层级提供具体的行动计划，也为每一个绩效目标的最终达成作阶段性分解，同时为现有资源的分配和未来资源的投入提供基础。绩效管理

① 评估基础主要是指组织战略、组织结构、岗位职责、业务流程等是否具备基本的合理性，并且是否被澄清。

的五项关键决策：评估什么、评估主体、评估方法、评估周期、评估结果如何运用等，都需要在拟定绩效计划阶段做出。拟定绩效计划的功能包括：各年度绩效计划待修改的内容选项，绩效计划书的内容，成立或调整绩效管理组织机构，明确本年度绩效管理工作目标，说明绩效计划工作依据，根据机关所处的内外部环境制定或调整机关战略目标，落实工作目标和工作计划，界定职位工作职责，明确关键职责，明确各工作岗位所需具备的工作技能，制定绩效目标和标准，设定各处室关键绩效指标，制定评估原则，明确评估维度，确定评估周期，确定评估类型，选择评估方式方法，制定评估程序，确定评估结果划分等次，确定评估结果如何应用，明确绩效培训内容，确定评估对象范围，选择评估主体，研究完成绩效目标的过程中可能遇到的困难和障碍，明确所需的合作对象和可供调配的资源，说明组织能够为员工提供的支持和帮助以及沟通方式，制订绩效改进计划，研制行动计划，形成绩效管理手册等共 27 项内容。其关键流程概括为：（1）前期准备；（2）中期沟通；（3）审定和确认。

3. “建立绩效评估指标体系”功能模块

绩效评估指标体系是指在一定的价值和评估目的指导下建立的一组能全面、客观、真实地反映组织活动结果及其效果的具有内在逻辑联系的指标结构体系，主要包括绩效指标、指标标准化和指标权重等内容。本绩效管理系统根据同类机关战略目标、组织使命、发展目标、工作职责、指导思想、工作计划、内设机构、人员编制、业务情况、原则要求等情况已经先期建立了比较完备的绩效指标库，供机关建立和修改绩效评估指标体系时使用。此功能模块旨在将新的绩效计划具体到绩效评估指标体系，具体来讲，就是政府根据发展需要进行目标制定、目标分解、衡量指标确定、指标分析、指标定义、指标识别和规划等一系列工作。其具体功能和运作流程依序为：（1）依据本年度机关战略目标的调整情况、达成绩效管理工作目标的结果预期、机关目标管理情况及计划实现周期等，调整机关工作计划和处室工作计划，确定本年度绩效目标；（2）如果是第一个绩效周期，则从指标库中选取相应的评估指标，初步确定分值和权重等，形成该年度各处室绩效评估指标体系模板；否则，提取各处室上一年度绩效评估指标体系作为待改模板；（3）将本年度绩效目标分解结果作为指标备选项，人工增加指标，进行新增指标的量化设计，在将其写入本年度各处室绩效评估指标体系的同时，也把其附属、关联信息自动写进基础性绩效指标库；（4）形成各处室绩效评估指标体系初步方案；（5）分发通知，通过多种沟通方式，广泛收集和征求被评估处室负责人和员工对绩效评估指标体系的意见和建议；（6）如果处室员工有修改意见，当面提出或将意见上传；（7）绩效管理委员会再次讨论和沟通，修正本年度各处室绩效评估指标体系，对基础性绩效指标库中的相应指标内容作同步校正，从而最终确定本年度各处室绩效评估指标体系，并使绩效指标库不断更新完善，为的是保证其“通用性”。系统的年度绩效指标库就是依据上述步骤建立起来的。

除上述内容外，绩效计划系统的后续流程还包括制订绩效评估工作方案，审核方案，公示机关年度绩效评估指标体系计划，发布年度绩效计划，依据基础性绩效指标库中各处室指标输出方向（服务对象）生成绩效评估组成员备选名单，由绩效管理办公室最终确定绩效评估组成员并生成评估组成员名单，根据绩效评估组成员及人数生成该年度绩效评估相关表单等。

（作者张锐昕，博士，吉林大学行政学院教授，博士生导师，公共管理实验中心主任、电子政务研究所所长，国际行政科学学会中国专家委员会委员，中国行政管理学会理事、教学研究会常务理事兼副秘书长，全国政府绩效管理研究会常务理事，中国人才研究会理事兼第五届理事会特邀研究员；于跃，吉林大学行政学院电子政务系研究生）

构建整体性绩效管理框架：西方政府绩效管理的新视点[①]

卓　越　孟　蕾　林敏娟

进入21世纪，西方政府在绩效管理方面有一个明显的趋势，即较为普遍建立起整体性的绩效管理框架：英国制定了《公共服务协议》（Public Service Agreements，PSA，1998年—2010年6月）[②]。2004年，加拿大构建起《管理问责制框架》（Management Accountability Framework，MAF）[③]。2008年8月，澳大利亚昆士兰州政府通过了关于以新的绩效管理框架代替管理绩效框架的决定，并于2009年5月公布了《昆士兰州政府绩效管理框架指南》（A Guide to the Queensland Government Performance Management Framework）。2009年10月，维多利亚州基本服务委员会公布了《地方政府绩效控制框架》（Local Government Performance Monitoring Framework）[④]。2008年8月，新西兰国家服务委员会和财政部联合发布了《绩效评估：关于如何建立有效框架的建议和实例指南》（Performance Measurement：Advice and Examples on How to Develop Effective Frameworks）[⑤]。可以这么认为，构建整体性绩效管理框架拓展了绩效管理的发展空间，推进了绩效管理的发育成熟，是西方政府绩效管理发展新阶段的明显标志。

---

① 本文系国家自然科学基金项目“基于数据挖掘的地方政府绩效评估指标设计研究”（70873100）、国家社会科学基金重点项目“十二五时期公共服务标准化创新机制研究”（10AZD005）阶段性成果。发表于2011年第四期《中国行政管理》。

② National Audit Office，http：//www. nao. org. uk/publications. aspx.

③ http：//www. tbs－sct. gc. ca/maf－crg/index－eng. asp.

④ Department of the Premier and Cabinet. *A Guide to the Queensland Government Performance Management Framework*，http：//www. premiers. qld. gov. au/right－to－info/published－info/assets/guide－to－the－ald－gov－performance－mgmt－framework－may09. pdf.

⑤ State Services Commission and the Treasury. *Performance Measurement：Advice and Examples on How to Develop Effective Frameworks*，http：//www. ssc. govt. nz/upload/downloadable _ files/performance － measurement. pdf.

一　构建整体性绩效管理框架的时代意义

1. 整体性绩效管理框架是绩效管理发展新阶段的明显标志

众所周知，从 20 世纪 80 年代开始，西方国家兴起了一场轰轰烈烈的新公共管理运动。学界梳理概括的角度不尽相同，市场化、社会化、分权化等说法不一。笔者以为，为应对财政危机、降低政府成本、提升管理效能的新公共管理运动本质上是一场以绩效管理作为导向的政府改革。西方政府绩效管理的改革有不同的发展路径，经历了不同的阶段。提出整体性绩效管理框架可以看成是绩效管理进入全面推行的发展新阶段，整体性绩效管理框架是在改革基础上的跃进，是对以往改革成果的整合，是对现阶段的研究和实践热点的融入，可以看成是一种较为成熟的标志。

例如，加拿大政府对绩效管理的探索可以追溯到 20 世纪 90 年代的公共支出管理制度的改革。当时加拿大政府面临的挑战是在减少支出的同时改进服务。加拿大政府为各项公共服务的流程、做法等内容设定明确而清晰的服务标准，并予以公开，使民众了解政府提供公共服务的范围及程度，公务人员也有明确的标准来考核其服务绩效。加拿大政府在 2000 年积极倡导"基于加拿大人民需求的成果取向"，强调政府各项运作的成效与结果。政府在线工程使所有政府信息和服务网络化、电子化。加拿大政府要求所有公务员必须能够与公众在网络上实现互动，从而在面对面、电话交谈外，再增加另一项更及时、更丰富的沟通渠道。加拿大政府致力于构建的整合的绩效管理战略与英国的 PSA 颇有些相似。在联邦政府的层次上，财政部秘书处推进两条革新的又相互影响的绩效改进路径。2004 年建立的管理问责框架（MAF）以政府能力建设为目标，并以此框架为基础整合了公共支出管理系统（Expenditure Management System，EMS）与管理、资源和结果框架（Management，Resources and Results Structure，MRRS）主要关注政策和项目层面的绩效评估。

2. 整体性绩效管理框架是一个完整的系统和过程

在政府管理领域，绩效管理尚未被清晰定义，但是，作为一个完整的系统和过程，绩效管理包含绩效战略、绩效评估、绩效控制、绩效沟通、绩效改进等内容这是确定的。西方国家整体性绩效管理框架的构建，可以看成是对绩效管理内涵的基本注释。

英国公共服务协议（PSA）要求各部门同财政部进行协商，提出部门公共服务协议白皮书。白皮书需要包括各部门的目标（Targets）及目的（Objectives）。并解释说明如何实现这些目标和目的，以及在什么时间内、以什么样的程度完成绩效指标。同时强调战略目标、成本收益、公平、高质量等方面。对各级次的目标完成情况要通过部门报告和秋季绩效报告的形式予以公布。此外，公共服务协议体系还要明确具体目标落实情况的负责人。

澳大利亚《昆士兰州政府绩效管理框架指南》介绍了绩效管理框架、政府目标、机构目标、绩效指标、绩效改进、政策制定、绩效控制和绩效报告等内容。维多利亚州基本服务委员会《地方政府绩效控制框架》包含了一套共同的关键绩效指标，关注服务的质量、效益和效率。这实际上也是维多利亚地方政府进行绩效评估和绩效管理的框架指南，包括评估领域的识别、绩效指标体系的建立（包括指标原则、指标维度、关键指标）、绩效战略和目标、绩效报告、绩效信息的收集和处理方法等等。

昆士兰州政府认为，绩效管理是一个系统，该系统整合了组织的战略管理、绩效信息、评估、绩效控制和绩效报告等过程。基于这样的认识，它们强调绩效管理的重要性并构建了总体性框架，以提高绩效信息的使用率并改善政府绩效。该框架提供了十分清晰的结构，各要素互动关联并发挥着各自的作用。绩效管理框架提供了基本思路，从上往下看，在政府战略和使命的指导下，政府各个关键政策领域有其自身的目标和优先事项；要想实现政策目标，需要与各个机构签订绩效协议的方式来完成；由此，各个机构就有它们各自要实现的目标和衡量指标；机构要实现目标就需要提供特定的服务，这就有了服务标准和衡量指标。从下往上看，各个机构通过提供符合标准的服务来履行其与政府签订的绩效协议，由此帮助政府来实现政策目标并进而实现政府战略。绩效管理就贯穿在绩效战略和绩效目标实现的全过程。在《昆士兰州政府绩效管理框架指南》中，还规定了不同层次且相互关联的政府目标，主要有：（1）政府抱负或理想（Ambitions）。它代表的是政府服务的社会总体目标，是可以变化的，是战略性的、高层次的且可测量的。所以，也可以理解为是政府愿景或是战略。框架规定用五个词表述了这些战略：强大、绿色、灵活、健康和公正。（2）政府目标（Government targets）。它是关键政策领域具体、可观察且可测量的目标。这些目标的实现通常需要多个政府机构之间的合作。（3）协议目标（Collaborative agreements）。合作协议是绩效管理框架的中心部分，它规定了各个机构的具体贡献并对达成政府目标的行动和服务进行协商和维护。除了政府战略和目标外，还有其他目标或是优先事项可能体现在绩效协议中。例如，提供更好的医疗卫生服务、处理气候变迁问题等等。

新西兰的《绩效评估：关于如何建立有效框架的建议和实例指南》除了摘要、简介和附录之外，绩效评估指南的核心部分包含六方面内容：为什么要进行绩效评估；建立初始绩效图景；让利益相关者参与评估；定义结果、中间结果（影响）和产出；进行测量并建立指标；连接绩效管理的三个层次并进行结果反馈。该框架指南有三个显著特点：其一，关注绩效战略。在绩效管理框架结构图中，处于最顶层的就是政府战略，其他层次的工作都是为了实现政府战略。框架指南在对政策目标和机构目标的说明中都强调要围绕政府战略作出，将战略导入绩效管理有利于绩效改进。其二，关注绩效信息。指南指出，设计绩效管理框架的目的是为了提高绩效信息的分析和应用，为机构、政府和社会识别、处理风险和机会；它应有助于鼓励更好的实践，建立一种共同的语言，使它更容易整合机构之间的绩效信息；同时，它能够使各个机构利用绩效信息向政府提出建议，改善服务供给和结果等。其三，关注绩效合同。框架指出，政府为了完成战略目标与具体政策领域的目标，就需要各机构之间的协作，并且这个协作要以合约（合同）的方式固定下来。政府的绩效合同不仅规定了各个机构的目标，也规定了各个机构的绩效指标。机构目标和绩效指标通常包含在 CEO 和 SES 的绩效协议中。

3. 整体性绩效管理框架体现综合功能

在加拿大，MAF 的功能是这样被定义的：

MAF 是一种前景目标，因为它清晰地定义了要确保政府出色运转和促进良好管理的必要条件；它是一个完整的过程，因为它包括每年 MAF 对大部分的部门和机构的评估和最后的公开报告；它还是一种分析工具，MAF 被用来在政府范围内评估一个独立部门或机构在管理上的优缺点。它旨在通过强化问责制来保证部门机构的有效运行，以及为加拿大公民提供更佳的公共服务。

MAF 框架除了作为评估工具，还有很多其他的用途：作为各部门机构同财政部秘书处之间的绩效协议；作为各部门机构评估和监控自身管理活动，以及宣传管理绩效改进的指南；作为公共服务管理者评估组织绩效，识别改善管理绩效优先事项的工具；改善部门向议会汇报管理计划和绩效的方式；以及作为一种基于客观公共服务实践的报告工具。

随着 MAF 框架的不断演变和进化，它提供的管理愿景和分析框架对政府部门机构的计划制定和绩效评估而言变得越来越重要。时至今日，MAF 框架已经从最初的愿景陈述逐渐进化为有力的管理工具。为了实现政府项目规划和绩效管理、绩效改善的同步进行，加拿大政府在 2005 年将 MAF 框架纳入政府的计划和报告周期。

二　凸显指标体系的元工具作用

“绩效管理在根本上是一种关注工具、技术与方法的机制管理，在持续发展的新公共管理运动中，它承担着核心机制和重要工具箱的双重使命。”① 而在这个工具箱中，绩效评估起着元工具的作用。作为一个过程，绩效评估为绩效战略、绩效沟通、绩效改进等绩效管理的各个环节有序展开提供串联的枢纽；作为一个系统，绩效评估为绩效预算、绩效审计等绩效管理中的各个领域有机生成提供衡量的依据。在整个绩效评估过程中，指标体系是最为核心的部分，是绩效评估能否达到全面、客观、准确的关键所在。进入 21 世纪以来，西方国家普遍在这个问题上给予了更大的关注。

1. 强调指标体系的逻辑关系

一个绩效评估指标体系实际上就是一个模型，评估指标在纵向层级之间具有隶属

① 卓越、赵蕾：《绩效评估：政府绩效管理系统中的元工具》，《公共管理研究》第 6 卷，上海人民出版社 2008 年版。

关系，在横向指标之间具有相关关系，它们之间形成一个逻辑严密的体系。绩效评估指标体系逻辑严密程度是绩效管理成熟度的一个重要的标识。

2007年，英国的PSA发展到了高峰阶段，政府通过重新设定PSA的数量，持续不断地加速改进绩效。(1) 确定了30个PSAs，152个评估指标。并明确表达了该评估周期内的政府最高优先级的事项；(2) 每个PSA后面都附有一个实施协议 (Delivery Agreement)。该协议细化了各部门欲达到预期政策结果的各种活动，包括每个PSA都会标明主要负责的部门；(3) 每个PSA都有一定数量国内的、聚焦结果的绩效指标来支持；(4) 每个绩效指标后附有测量摘要，解释计算方法和数据的使用；(5) PSA同每个公共服务提供负责任合作来保证跨部门的公共服务供给；(6) 新内阁通过周期性的过程监控来控制部门和项目进展，以期实现政府间PSA；(7) 每个部门发布部门战略目标 (Departmental Strategic Objectives, DSOs)，跨越部门运作，更好实现公共服务协议；(8) 每个部门战略目标 (DSOs) 都拥有一定数量的绩效指标。在2009年政府财政预算案里，政府为了更好地反映经济的优先诉求，重塑了绩效评估框架。PSA框架中新增了一项统揽全局的目标，即帮助民众和企业尽快脱离低迷时期，实现经济的长久繁荣发展。政府通过许多方式来实现该目标，也包括经济、生产力、能力、就业、房屋、企业、交通、科学创新等PSA。政府致力于继续推进这些目标，其他的30个PSA仍然关注改善公民获得的公共服务的质量。

加拿大MAF包含10项管理的核心因素，体现了简洁性的特点。这些核心因素共同定义"管理"，确定对部门或机构良好管理的预期。在MAF中，卓越的领导力 (Excellent Leadership) 占据支配地位，因为它是一切优秀管理行为的基础。卓越的管理绩效始于高效的管理框架和有意义的绩效信息，这些因素相辅相成，只有10项因素共同发挥作用才可以实现卓越的领导力，体现了现代管理一体化的本质。例如，价值观和道德观念就必须与其他九个功能结合起来考虑。这10项核心因素又可以细化为一系列具体的次级因素或评估指标。MAF承认公共服务人员的作用之一就是将政府的战略转化成为公民提供的服务。这种行为塑造了该框架的结构。公共服务价值观以及政府成长、学习和创新的能力要嵌入所有的行政决策之中。

2. 重视绩效指标的开发思路

绩效的内涵包含3E或者4E，这基本上已达成共识，但是，要把绩效管理和目标管理的明确区别，关键在于绩效指标的开发思路。不同的开发思路，直接决定指标的开发质量，可以说，在整个绩效指标构建过程中，开发思路是最见功力的部分。

在新西兰的《绩效评估：关于如何建立有效框架的建议和实例指南》中，构建强有力的指标体系一般包含六个步骤（各个步骤是独立的，可同时进行）：(1) 建立每一层次的指标集，确定良好指标的具体标准，并强调影响性指标的重要性。(2) 识别有意义的比较组。为了可比较，一般按性质对指标进行归类。也就是说指标要具有可比性，有利于进行比较。通常一开始在设立指标时开发一些基本性的指标，但很快就将重点放在改进对照组上。(3) 搜集信息产生相应组别的指标。(4) 试运行指标，检查其可行性并识别潜在的挑战。(5) 提高指标和被控资源及产出间的可归因性。(6) 基于所学的来完善框架和指标体系。同时，报告也指出，该指南并非教条，各个机构在使用时应结合自身需求和运作环境，但要保留证明资源，产出，中期结果和结果之间联系的整体性方法。机构需要以建设性和可审计的方式评估其绩效，把进展反馈给投资该领域的人力和资金。也就是说，要建立资源、产出和良好绩效之间的联系，保证提供的是清晰的、以证据为基础的“绩效故事”。

澳大利亚《昆士兰州政府绩效管理框架指南》提出了机构目标及其指标的设计思路：机构目标通常嵌入在首席执行官和高级行政人员的绩效协议中，其主要特点有：关注结果或影响、与政府目标一致、聚焦战略、与机构愿景一致、可测量的或至少是可证实的、告知性等。绩效指标提供了一套标准以判定机构目标的实现程度。确定绩效指标应考虑以下特点：体现变化、不仅是可测量的而且是机构要努力的、可归因的(能体现行动与目标的相关性)、具有挑战性并且通过努力是可以达到的、能够为决策提供信息、能够为绩效达成提供概览、能说明目标而非服务或活动本身。同时，指南还为机构服务和服务标准确定了基本原则：各个机构通过提供服务以达成各自的目标。由于每个机构特性不同，因此很难建立一致的服务结构。一般来说，机构服务应该是可控的、综合的、可测量的且是告知性的。服务标准可以看成是机构指标的次级指标，应符合以下特点：具体、可测量、可达到、相关性、有时间框架、能够避免不当激励、可归因、可比较、明确定义、及时、可靠且可核查、收集处理数据的成本效益分析、可信的。此外，指南还就改进机构绩效的方法、政策过程的政府目标体现、绩效控制及绩效报告的原则等方面做了规定和说明。

3. 更加关注效果类的指标

绩效以结果为导向，在整个3E结构中，代表目的使命的效果性产出是最重要的元素。同样，对效果类指标的关注程度，也是绩效管理成熟度的一个重要的标识。

英国的PSA旨在促进政府责任感和绩效改进的目标从来没有动摇过，但其自身也是不断变化的。据英国审计署的资料，评估框架更加关注效果类的指标。1998年，PSA指标中仅有15%左右的效果类指标，从2000年开始，PSA指标有50%以上为效果类指标，最高的可达80%。该框架不断吸收部门间活动的联合目标和评估指标。2000年，部门间活动的联合目标和评估指标不到12%，2004年，这一类型的指标超过20%。同时，评估框架逐渐倾向关注主要优先事项，逐渐远离具体的事项。1998年，具体事项的指标数量305个，占所有指标的55%，2007年，具体事项的指标仅有40个，占所有指标的26%。

为了使代表效果类的指标更为细致、更具有操作性，新西兰在《绩效评估：关于如何建立有效框架的建议和实例指南》中将绩效评估分成产出、中间结果和结果三个层次，专门强调了中间结果的概念。中间结果可以通过使用影响尺度或指标进行测量。

这些中间结果的尺度对绩效评估过程是至关重要的，因为它们为基于绩效的管理提供了支撑。它们在以下方面发挥作用：（1）代表着所提供商品和服务预期的近期结果；（2）通常可以在交付后不久进行测量，促进及时做出决定；（3）经常展现具体方法使管理人员可以弥补绩效的不足；（4）降低生产成本；（5）关乎各级机构和部门决策者的切身利益。

三 加强组织实施的操作流程

在政府绩效管理过程中，组织实施属于保障性的机制，是评估指标体系的落脚点。透视西方政府整体性绩效管理框架，组织实施个性化程度比较强，评估的周期步骤、主体建构、沟通方式各有不同。

1. 绩效评估周期

一般来说，政府部门的评估周期相对较长，以半年评估、年度评估居多。加拿大的 MAF 由财政部秘书处和各部门牵头进行管理问责制框架的评估。每一年，TBS 都会以管理问责制框架为标准对挑选出来的部门机构进行考核评估。最近的第七轮的评估开始于 2009 年 9 月，结束于 2010 年 4 月。

评估内容是一些与管理问责制框架内的指标相关的问题。各部门机构要能够清楚地说明管理问责制框架的进展。必须承认，10 项基本目标很难同时实现。该框架不是硬性规定。各部门可以按照自身的工作性质、可获取的资源来描绘绩效蓝图。但是目前的情况是几乎所有的部门机构都表示出在所有目标上都有进步。各层次的管理者都应该利用该框架来提升本组织的效率，鼓励下属朝着更高目标前进。当然，部门管理绩效改善的最终责任还是归于部门领导。评估的结果可以用来推动绩效的改善。例如通过协商的方式制定绩效改进行动方案，或者设立部门的绩效奖金。

在 2010 年 4 月结束的第七轮评估中，MAF 简化了评估流程以提高效率。新的评估过程强调对各联邦政府组织机构的实际需求、能力和挑战的回应。例如对大型的机构，每年只需评估他们核心的管理领域（基于价值观的领导力；风险管理；人力资源管理；财务管理和控制；绩效评估和内部审计）；部门的具体管理活动；需要完善的管理领域以及以三年为周期评估剩余的管理领域。小型部门机构只需接受三年一次的财务考核。这种考核方式有助于减轻被评估部门机构的报告重负。财政部秘书处的 MAF 的评估进展也可以在官方网站上查阅。

新西兰的《绩效评估：关于如何建立有效框架的建议和实例指南》解释了绩效评估周期的关键步骤、为什么每一步是重要的以及完成每一步骤该采取哪些活动。绩效评估是重复性的过程，包含建立绩效故事、绩效图景、管理预期、建立利益相关者图景、定义结果、定义中间结果、定义产出、收集数据并进行测量以及连接绩效的各个层次等环节。实施绩效评估是为了实现以下三个目标：（1）为战略和政策发展提供信息；（2）为能力提高和服务改善提供信息；（3）报告成果。

2. 绩效评估主体

广义的绩效评估组织实施包括了体制建设，评估主体是体制建设的基本要素。评估主体多元化的原则已形成共识，但是，各国具体的评估主体是不同的。这里，我们以澳大利亚《昆士兰州政府绩效管理框架指南》为例来说明绩效管理参与者的角色与责任：（1）行政首长——有效地管理其负责的部门；掌握机构运作的信息并识别其是否达成绩效目标；向部长报告关于目标、服务和绩效信息的情况及其适当性。（2）内阁——政策管理、人事任命和审批政府开支。（3）昆士兰审计署——提供独立的审计服务并向议会报告以提高各个部门的责任；承担绩效管理系统的审计工作以评估其效益、效率和经济及其目标达成情况。（4）总理内阁部——在各个层级帮助机构制定政策；在州预算过程中嵌入绩效管理。（5）昆士兰财政部门——通过财政管理提高州政府的财政定位和经济绩效，以获得成长期的可持续经济增长。（6）公共服务委员会——帮助其他机构建立良好的机制以达成绩效目标、提供组织绩效并评估绩效改进；进行能力建设并寻求改进绩效管理的实践；承担评估工作以提高政府实体的总体效益和效率。（7）首席信息办公室——与其他机构沟通制定和执行州信息和通信技术战略。（8）绩效领导小组——审查机构战略计划和年度报告；审查首席执行官的绩效协议；必要时向政府提供改进绩效的行动建议。（9）内阁支出审查委员会——控制政府支出、确定其优先事项并进行效率审查。

3. 绩效评估实施步骤

评估的实施步骤有很大的弹性空间，没有统一的格式要求。例如，新西兰在正式评估前有两套测试过程。试评估一段时期后，在投入更大规模的人力和费用进行数据采集和绩效评估之前，需进行两套通用的测试，其实是进行再一次的评估原则或者说指标维度的确认。

第一套测试包括回答一些原则性的问题，以考虑测量指标是否：（1）反映部长、被试者的业务和法定职责和目标的关键优先事项；（2）为战略、政策选择和提供资源的决定提供信息；（3）为利益相关者所拥有，它们必须重视、信任和使用相关信息；（4）有前瞻性，确保成果和中间成果反映的是新西兰人基于持久基础上的希望（这与可能提供现有的产出是不同的）；（5）具有一致性，更宽广地看待你在部门的作用和部门的目标；（6）进行分类，能够随着时间的推移使跨团体或地区间的比较成为可能；（7）明确界定，使被公众所理解，随着时间的推移能被复制（经得起推敲和考验，有生命力的）；（8）通过干预逻辑连接产出与中间结果和结果（建立它们之间的联系）；（9）在测量的每个层次连接资源与结果。

第二套测试使用 FABRIC 准则，这也是领导希望在整个评估过程中寻找（追求）的质量：（1）Focused——聚焦于机构和部门的宗旨和目标；（2）Appropriate——对潜在的使用者来说是适当的和有用的；（3）Balanced——平衡的，提供涵盖所有重要领域的行动图片；（4）Broad——广泛的，涉及绩效的不同方面和层次；（5）Robust——强大的，以承受组织输出或人事变动；（6）Integrated——整合至业务规划和管理过程；（7）Cost Effective——平衡成本和收益。

此外，新西兰绩效评估强调把评估结果嵌入到决策中去，提高绩效信息的效用，以便在主要战略和政策的绩效和设计、来自主要活动和产出的结果（包括经济和效率）、绩效管理能力建设、使重大成就的报告更具透明性和代表性四个领域得到改进。同时，报告的附录部分还给出了详细的绩效评估清单（Checklist for performance measurement）和阅读材料（Further reading on performance measurement）。绩效评估清单贯穿绩效评估全过程，具有很强的问题意识，有利于框架的完善。绩效评估的阅读提供了一份参考资料清单，应该说其实践是非常丰富的。

（作者卓越，男，福建人，厦门大学公共事务学院副院长、教授、博士生导师，主要研究方向为政府绩效管理、政府比较和发展；孟蕾，女，陕西人，厦门大学公共管理系2008级博士生，主要研究方向为政府绩效管理；林敏娟，女，浙江人，厦门大学公共管理系2008级博士生，主要研究方向为政府改革与治理。）

第三篇

实践聚焦

2011年6月10日，监察部印发了《关于开展政府绩效管理试点工作的意见》。同年6月28日，政府绩效管理工作部际联席会议在京召开政府绩效管理试点工作动员会，选择北京市、吉林省、福建省、广西壮族自治区、四川省、新疆维吾尔自治区、杭州市、深圳市8个地区进行地方政府及其部门绩效管理试点，国土资源部、农业部、质检总局进行国务院机构绩效管理试点，国家发改委、环境保护部进行节能减排专项工作绩效管理试点，财政部进行财政预算资金绩效管理试点，为全面推行政府绩效管理制度探索积累经验。

《年鉴》编辑部根据资料的完整和丰富程度，首先精选4篇文章介绍我国政府绩效管理实践的总体情况；其次，选取国土资源部、农业部、环境保护部和财政部4部门为典型介绍国务院试点部门的实践情况；再次，选取8个试点省市中的北京市、吉林省、福建省、四川省、新疆维吾尔自治区、杭州市、深圳市7个省市进行介绍；最后在非试点省市中从省级政府（7个）、市级政府（7个）和县级政府（10个）3个层面，分别选取部分典型做法予以介绍。通过以上四个部分，由面到线、由线到点，多视角、全方位地介绍了两年来全国政府绩效管理的实践，以期对中外政府绩效管理的研究和实践提供参考和借鉴。

I　全国的实践概况

从自行探索到开展试点　政府绩效管理制度建设提速

（《人民日报》2011 年 09 月 06 日）

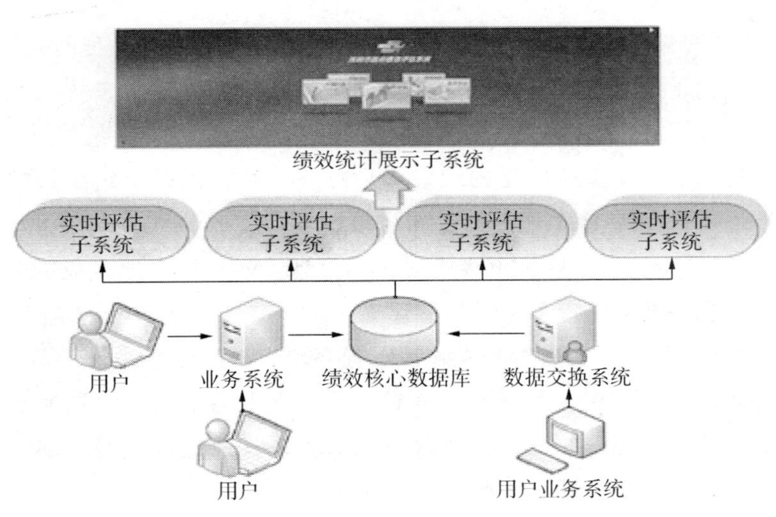

深圳市政府绩效评估系统示意图

2010 年 7 月，中央纪委监察部正式组建绩效管理监察室；今年 3 月，由监察部、中组部、中编办、国家发改委等 9 个部门组成的政府绩效管理工作部际联席会议成立；今年 6 月，国务院批准 8 个地区和 6 个部门开展政府绩效管理试点工作。这一系列动作，标志着政府绩效管理工作开始从国家层面进行推广。

7 月 14 日，广西壮族自治区年中工作会议上，获得 2010 年度自治区绩效考评优秀等次的单位和区市正受到自治区党委、政府的隆重表彰。上台领奖的自治区副主席、公安厅厅党委书记、厅长梁胜利特别激动：在 2010 年度自治区绩效考评中，公安厅排名居执法类机关第三名，被评为优秀单位，比起 2009 年排名倒数第二，这是一个巨大的跨越！

"绩效管理制度就像一根指挥棒，引导着各级政府机关不断改进作风、提高效能，从而提高政府的执行力和公信力，加快向服务型政府转变。"北京大学政府管理学院教授李成言打了一个形象的比喻。他认为，政府绩效管理作为一种有效的公共管理模式和手段，在世界各国得到了普遍推广和运用，我国加快推行这一制度十分必要和及时。

1. 从目标管理到"万人评政府"，各地探索各具特色

今年1月31日，江苏省南京市所有机关在"万人评议机关"活动中的群众满意度排名通过媒体向社会公布，这已经是该项活动的第十个年头。"万人评议机关"，顾名思义，就是邀请上万名群众来给政府机关评分，正是最为广大群众所熟知的政府绩效管理的一种形式。

政府绩效管理作为一种新型的行政管理模式，主要是指通过建立科学合理的政府绩效评估指标体系和评估机制，对政府及其工作人员履行职能、完成工作任务以及实现经济社会发展目标的过程、实绩和效果实行综合考核评价，并根据考评结果改进政府工作、降低行政成本、提高政府效能的一种管理理念和方式。我国地方政府从20世纪80年代开始，开展了多种形式的政府绩效评估，主要分为目标管理责任制考核模式、社会评议模式、效能建设模式和党政领导干部考核和公务员考核模式等几类典型模式。

目标管理是我国开展得最广泛的绩效管理方式，其特点是将组织目标分解并落实到各个工作岗位，目标完成情况考核也相应针对各个工作岗位进行评估。1998年时，全国就有23个省区市实行了省区市级机关目标管理，90%以上地市级机关推行了目标责任制，有100多个城市实行了城市目标管理。

20世纪90年代以来，为转变机关作风、提高政府部门办事效率、规范机关工作人员行为，一些地方和部门引入服务对象对政府部门的评议。沈阳、南京、杭州、武汉等城市政府陆续开展大规模的"万人评政府"活动，其他地方政府和部门纷纷开始效仿，从而将外部评议主体正式引入到政府绩效评估。

进入21世纪，一些地方政府或部门纷纷与高校或科研院所合作，引入科学模型进行绩效评估，如哈尔滨铁路检察院和厦门市思明区政府引入了国家行政学院构建的中国通用绩效评估框架（CAF），广西钦州市引入了复旦大学公共绩效与信息化研究中心开发的绩效管理信息系统（平衡计分IT系统），还有不少政府部门运用企业和国外政府绩效管理理论和方法，如关键绩效指标法、全面质量管理、标杆管理等，摸索出各具特色的绩效评估模式。

2. 从"打分排名"、"评比评优"到全过程管理，绩效管理重在过程控制

浙江省杭州市纪委常委、秘书长陈建华至今对年初他代表本单位参加的2010年度市直单位创新创优目标绩效考核专家评估现场答辩会的情况记忆犹新："我们杭州市的市直单位绩效考评除了社会评价、目标考核、领导考评几大块以外，还设置了创新创优这个项目，各单位自愿申报，最高可以获得5分的加分。我们单位这次申报的创新

项目是‘岗位腐败风险防控机制建设’，台上坐着的专家都是从全国随机抽来的，黑压压坐了一大排，他们问了不少刁钻的问题，答辩完了我的衬衫后背都湿透了!”最后，杭州市纪委在创新创优项目上获得了第二名的好成绩，其2010年度的综合考评结果则排在了全市第三。

政府工作做得到底怎么样，很关键的一点是看给老百姓做了些什么。深圳市在制定政府绩效评估系统时，专门设置了“公共服务白皮书”这一项。每年年初，各区各部门都要制定并通过政府公报、政府网站等形式向社会公布其主要职责、本年度任务等，公开向社会承诺这一年要为老百姓办哪些实实在在的事儿。如果完成的情况不好，那么绩效电子评估系统会自动给相关单位扣分，谁说情也不管用。

在各地区各部门的实践中，都对如何进一步发挥绩效管理的作用作出了探索与创新，力求给各考核单位带来“上压下挤”的工作压力，对转变机关作风、提高政府效能起到了推动作用。但从记者目前了解的情况看，各地的政府绩效管理工作在一些方面还亟待规范和提高。

首先，政府绩效管理工作基本上处在各地自行探索阶段，缺乏统一的领导机构和考评标准，缺乏有效的激励机制和长效机制，实践中方法各异、标准不同，缺乏统一的规范。从绩效评估的打分制来看，有百分制、千分制，还有额外加分制；从各项指标所占分值比重来看，以社会公众评议结果为例，最少有占20%的，最多有占50%的，最终得分也就失去了可比性，不同部门或地区间无法进行比较评估。

其次，对政府绩效管理的价值导向存在误区。在实践中，一些地方政府和部门更多地将绩效管理理解为一种“打分排名”、“评比评优”的考核工具，而忽略了绩效管理在发现问题、解决问题、改进工作方面的功效。绩效评估仅仅是绩效管理的一个环节，得到一个分数并不是绩效管理的最终目的，而是要通过绩效评估促进政府部门提高执行力、提高内部管理水平、改进服务质量。

此外，目前一些地方的绩效评估内容往往过分关注结果而忽略过程。绩效管理体现的是结果导向和过程控制的有机统一，要做到考评结果公正客观，必须科学设计和精细评估，扎实做好过程控制环节的各项工作。许多政府工作实际上很难完全用量化的指标反映出来，因此不能仅仅依据单一的“打分”来评价考评对象的工作。在各地开展的绩效评估实践中，曾经出现与群众打交道较为密切的市场监管与执法监督的部门，如城管、工商、税务等部门，群众评议的得分往往会比那些很少与群众打交道的部门要低。从绩效管理的整个过程看，绩效评估必须走出“数字化陷阱”，评估结果运用、绩效沟通等环节也应当引起重视，才能促使绩效管理中发现的问题及时得到改进。

3. 从自行探索到开展试点，绩效管理逐步走向规范化

建立政府绩效管理制度，是党中央、国务院在新世纪新阶段提出的一项重要任务。党的十七届二中全会通过的《关于深化行政管理体制改革的意见》提出，要推行政府绩效管理和行政问责制度，建立科学合理的政府绩效评估指标体系和评估机制。中共

中央政治局常委、中央纪委书记贺国强在十七届中央纪委第六次全会工作报告中强调，要“积极推行绩效管理，开展对行政机关及其公务员的绩效考核和绩效评估”。

据了解，目前全国已经有21个省（区、市）和新疆生产建设兵团设立了绩效管理或绩效评估领导机构和办事机构。但是，要推动政府绩效管理工作的顺利开展，光靠各地自行探索远远不够。2010年，中央编办批准在中央纪委增设绩效管理监察室，负责组织开展政府绩效管理情况调查研究和监督检查工作，指导协调各地区各部门绩效管理监察工作。

为加强对全国政府绩效管理工作的综合指导和组织协调，今年3月10日，国务院批复同意建立政府绩效管理工作部际联席会议制度，联席会议由监察部、中央组织部、中央编办、国家发改委、财政部、人力资源和社会保障部（公务员局）、审计署、统计局、法制办等9个部门组成，监察部为牵头部门，监察部部长为召集人。联席会议办公室设在监察部，日常工作由绩效管理监察室承担。以此为标志，推进政府绩效管理工作的领导体制和工作机制正式建立起来。

6月10日，经国务院同意，监察部印发了《关于开展政府绩效管理试点工作的意见》。6月28日，政府绩效管理工作部际联席会议在京召开政府绩效管理试点工作动员会，选择北京市、吉林省、福建省、广西壮族自治区、四川省、新疆维吾尔自治区、杭州市、深圳市等8个地区进行地方政府及其部门绩效管理试点，国土资源部、农业部、质检总局进行国务院机构绩效管理试点，国家发改委、环境保护部进行节能减排专项工作绩效管理试点，财政部进行财政预算资金绩效管理试点，为全面推行政府绩效管理制度探索积累经验。

目前，我国政府绩效管理工作整体上还处在探索阶段，面临许多新情况、新问题，迫切需要在广泛深入调查研究的基础上，进一步总结经验，不断规范、提高。

政府绩效管理工作实现良好开局

（《中国纪检监察报》2012年01月03日）

建立健全政府绩效管理制度是党中央、国务院为深入贯彻落实科学发展观、促进树立正确政绩观而作出的重要决策，是深化行政管理体制改革、加强政府自身建设的重要部署。党的十六大以来，党中央、国务院对推行政府绩效管理工作高度重视，多次提出明确要求。2008年年底，中央明确由监察部牵头负责这项工作；2010年7月，经中央编委批准，中央纪委监察部增设绩效管理监察室。2011年度，监察部会同有关部门认真贯彻落实中央的部署和要求，推动建立政府绩效管理工作领导体制和工作机制，指导和协调各地区、各部门紧紧围绕主题主线，积极稳妥地推进政府绩效管理，取得了初步成效，实现了良好开局。

致力顶层设计，理清工作思路，奠定扎实的工作基础

中央纪委监察部高度重视政府绩效管理工作，将其纳入惩治和预防腐败体系建设，列为2011年度重点工作之一，作出具体部署。按照“健全机构、完善体制、加强调研、摸索经验”的工作要求，监察部积极推动建立政府绩效管理工作部际联席会议制度，确立了中央层面政府绩效管理工作的领导体制和工作机制；组织召开联席会议第一次会议，明确联席会议成员单位职责分工，对2011年工作任务进行研究和部署。绩效管理监察室坚持“走出去”与“请进来”相结合，先后到20多个地区和部门开展调研，邀请专家学者和地方的同志座谈，尽快熟悉面上情况，广泛听取意见建议，逐步理清工作思路，不断提出有力举措，加强政策宣传和工作指导，推动形成加快推进政府绩效管理工作的良好氛围。

各地区、各部门积极建立健全绩效管理领导体制和工作机制。截至2011年年底，有23个省（区、市）设立了绩效管理（或绩效评估）领导机构和办事机构，一般由政府主要领导或党政领导班子副职亲自挂帅，明确牵头部门、参与部门和相关责任人，引导群众和社会力量有序参与，建立工作机制，为绩效管理工作提供了坚强的组织保证。坚持理论与实践紧密结合，继承总结我国公共行政管理的经验，积极吸收借鉴国际绩效管理理念和研究成果，结合实际制定和完善有效管用的工作思路、工作制度和具体措施，切实提高工作的专业化、制度化、科学化水平。一些地区和部门还邀请专家学者参与制度设计，或者委托绩效管理科研机构研究设计指标体系和评估机制，充分发挥理论研究对实践工作的指导促进作用。

针对政府绩效管理工作起步较晚、基础薄弱、发展很不平衡的特点，中央纪委监察部加大对政府绩效管理干部的教育培训力度，在中国纪检监察学院举办了全国政府绩效管理工作研修班。通过研修培训，提高了政府绩效管理干部的理论和工作水平。各地区、各部门也积极组织各种形式的宣传培训活动，取得了较好的普及知识和教育培训干部的效果。

围绕主题主线，服从服务中心，确保工作取得实效

各地区和有关部门紧紧围绕深入贯彻落实科学发展观、加快转变经济发展方式和促进和谐社会建设选题立项，把中央重大决策部署落实情况、党委政府重点工作任务完成情况以及社会关注热点问题处理情况等作为考评重点，细化实化量化为具体的管理指标，使职责任务更加明确，管理目标更加清晰，工作重点更加突出，过程控制更加有效，充分发挥绩效管理的导向和激励约束作用。

江苏、广东等地围绕加快转变经济发展方式，在结构调整、科技创新等指标设计上赋予更多权重，引导各地优化产业结构，推进自主创新，提高经济发展质量；湖南、广西等地设置“为民办实事”指标，引导各级各部门着力保障和改善民生，切实解决涉及群众切身利益的突出问题；发展改革委、环境保护部按照“十二五”规划的要求，完善节能减排绩效考评的指标体系和考核办法，引导和督促各地区、各部门及中央企业在重视发展速度的同时，更加注重发展质量和效益，更加注重结构优化、资源节约和环境保护；农业部把中央关于“三农”工作的决策部署以及部党组明确的工作任务分解量化为具体的管理指标，确保粮食产量稳定在1万亿斤以上、农民收入增长7%以上等国家农业战略目标和农业部各项牵头工作的顺利完成。

组织开展试点，鼓励大胆实践，为全面推行探索积累经验

经联席会议研究并报国务院同意，选择北京市、吉林省、福建省、广西壮族自治区、四川省、新疆维吾尔自治区、杭州市、深圳市等8个地区进行地方政府及其部门绩效管理试点，国土资源部、农业部、质检总局进行国务院机构绩效管理试点，发展改革委、环境保护部进行节能减排专项工作绩效管理试点，财政部进行财政预算资金绩效管理试点，为全面推行政府绩效管理制度探索积累经验。14家试点单位基本涵盖不同片区，各具工作特色，工作基础较好，积极性较高，具有较强的代表性、典型性和可推广性。

2010年6月，监察部印发了《关于开展政府绩效管理试点工作的意见》，召开动员会进行了具体部署。联席会议办公室认真履行职责，切实加强对各试点单位的联系指导和督促检查。各试点单位在原有工作基础上，积极制订工作方案，广泛宣传发动，加大工作力度，以改革创新的精神推动试点工作不断深入。如北京、广西等地强化了领导体制，增加了工作机构编制，进一步扩大了绩效管理范围；四川、深圳等地修订了绩效管理办法，进一步优化考评指标体系，积极探索开展绩效管理监察；发展改革委、国土资源部、环境保护部、质检总局成立了高规格的领导机构，结合实际制定完善了绩效管理办法和实施细则；财政部对149个中央部门的242个项目试行了预算支出绩效评价，涉及资金70亿元，并出台《关于推进预算绩效管理的指导意见》及配套办法，使预算绩效管理逐步走上制度化、规范化轨道。

各试点单位还结合实际，积极在所属地区和部门开展专项工作绩效管理，创造了很多好的做法和经验。总的来看，各试点单位绩效管理工作日趋规范，成效逐渐显现，有力推动了各项工作任务的落实，提高了行政管理科学化、精细化、规范化水平，促进了勤政廉政建设和创先争优活动的深入开展。

政府绩效评估呼唤顶层设计

专家：警惕沦为新的“政绩工程”

（《中国青年报》2012年02月20日）

没有媒体的渲染，政府绩效评估静静地推动着一场政府的变革。

7年前，甘肃省人民政府为改善甘肃省非公有制经济落后的现状，对所辖14个市（州）政府和所属39个部门的绩效委托兰州大学实施评估，并向社会公布了评价结果。这项后来被外界称作“甘肃模式”的第三方政府绩效评价试验一石激起千层浪，备受各界瞩目。

用什么标准衡量并考评政府“干得怎样”？肇始于7年前的这场试验，其令人耳目

京沪等地将食品安全纳入政绩考核

一新的创新理念以及精神气质，让公众有理由对其充满更大的期待。

“它的意义不仅仅在于它的效果，也不在于它的制度是否健全，最重要的意义在于开创了中国历史上第三方评价政府绩效的先河。”兰州大学中国地方政府绩效评价中心主任、兰州大学管理学院院长包国宪教授在接受中国青年报记者采访时直截了当地指出。

在包国宪看来，政府绩效评估和管理不仅仅是工具和手段，也应该是政府体制创新的重要内容和组成部分。

“如果哪一个县，哪一个省能把这个坚持下去，这个县、省的面貌肯定就会有非常大的变化，全国如果能坚持下去，整个政府的绩效水平、管理水平就会持续提高，能够解决目前困惑我们的一系列社会问题。”他强调说。

政府绩效评估启动至今，从地方个别探索到全面探索，已渐成气候。目前，全国三分之二的地方政府都在进行不同形式的探索。权威信息表明，近两年，政府绩效管理工作全面提速，已上升至国家层面，进入决策层视野。

公开资料显示：2010 年 7 月，中央纪委、监察部组建绩效管理监察室，组织开展政府绩效管理情况调研和监督检查；2011 年 3 月，由监察部、中组部、中编办、国家发改委等 9 个部门组成的政府绩效管理工作部际联席会议成立；2011 年 6 月，国务院批准包括北京市等 8 个地区和国土资源部等 6 个部门开展政府绩效管理试点工作。

此外，多个不同层级的地方政府绩效评估与管理的法规性文件出台实施。“总体来说，这是一种制度变迁。”包国宪说。

打开地方政府“黑箱”

毋庸置疑，第三方政府绩效评价之所以被热议，与地方政府传统的考核方式不尽如人意密切相关。

惯常的考核方式、评价指标缺乏量化标准，且评估主体单一，评估“柔性有余，刚性不足”，有时受人情因素影响，存在“迁就照顾”、“轮流坐庄”的现象，这与设计者、推动者的初衷相差甚远。

“这是一个世界性难题。”包国宪说。他通过对中国县级政府绩效的研究发现，政府绩效具有测不准特性。

“地方政府是一个‘黑箱’，而政府绩效评价必须建立在全面掌握信息的基础上，且评价过程中存在博弈行为、评价技术工具的限制和面临信息不确定与不对称问题，评价中不可避免地存在‘绩效损失’，这就是政府绩效评价难的重要根源。”他说。

包国宪将政府绩效评价比喻为“盲人摸象”。“摸得全面一些，就能评价准确一些，摸得不全面，就很难评价。”

包国宪具体解释说，“过去没有第三方评价之前，政府和百姓之间存在隔阂。第三方绩效评估，实际上相当于打开了这个黑箱，让社会来看。绩效评价一方面让政府改进工作，另一方面增进了公众对政府的了解。”

“我们做的这个第三方评价叫作‘委托第三方评价’，就是政府把这件事情委托给你去做，制订方案，收集信息，数据处理，出评价结果和报告。最后交给政府，由政府来决定是否要公布，如何使用。”包进一步解释说。

其实，政府绩效管理在中国的探索从未停止过。显然，中国加入世界贸易组织加速了这一进程。

此后，全国各地掀起了探索的热潮。诸如“效能建设与监察”、“社会服务承诺制”、“万人评政府”和“第三方评估”等实践形式纷纷出现。

根据包国宪的介绍，他们中心根据国内外的实践案例，把政府绩效评价与管理大致归纳为六个基础模型，即民意调查型、治理型、考核型、参与型、决策型、监督型。

“作为一种评估与管理的工具，每一个基础模型有一个核心功能。而这样一种评估与管理的工具，帮我们找到了减少政府绩效损失这一谜题的钥匙。”包国宪说。

地方政府从“躲躲闪闪”到“主动出击”

“我国的政府绩效评估奔走呼号的时代已经结束。”北京大学政府绩效评估中心主任周志忍教授曾对媒体表示。

接受中国青年报记者采访时，周志忍表示，“我国的政府绩效评估已经从过去不受重视到现在官方认可、各地（探索）比较热，进入在落实中创新的阶段。”

在 2011 年 4 月《中国政府绩效评估报告》首发式上，《报告》课题组称：随着社会民主化的发展，人们越来越认识到“政府管理的本质不是管制而是服务”，因此政府评估的导向要“以公民为中心，以公民的满意度为终极标准”。

作为中国第一家政府绩效评价专业研究机构的领军人物，包国宪曾清晰地感觉到地方政府的心态变化——“从当初的不了解到现在基本了解，由战战兢兢、躲躲闪闪，到主动出击、积极推动，地方政府逐步认识到政府绩效评价的重要性——不仅是科学的工具和方法，而且对深化体制改革、加强政府和社会的沟通、加强社会管理至关重要。”

但同时，他坚持呼吁倡导社会应该形成正确的绩效文化。“要不要把政府绩效评价的结果跟资源配备、跟干部的使用挂钩，这是个很复杂的问题，不能简单地挂钩。这是目前政府绩效评价使用中的一个难点。”

这种复杂在很大程度上体现在实际操作中的难度。简单地说，就是在政府绩效评价中，地方政府更多地从满足实际工作需要出发，学术机构在具体到评估的各种细节中，则涉及很多难以把握的问题。

“我们产生了重大分歧。”新疆维吾尔自治区奎屯市天北新区管委会绩效办主任邱新龙告诉记者。他介绍，他们希望能够既有对干部的考核，也有对工作绩效的评价，“没有考核是不完整的”，但学术机构很难做到“这么细，这么深”。

2008 年，出于提高行政机关的效率和工作质量的考量，天北新区管委会开始和兰州大学合作，在政府绩效评估方面开始探索。

“通过政府绩效考核这一管理手段促进工作，塑造管委会的形象。”邱新龙回忆当时的改革动因时说。这场试验从一开始就打上了注重实效的烙印，官方希望能够传递出“干多干少不一样，干好干坏不一样，易干难干不一样”的思想。

在操作中，管委会将绩效评估与公务员个人的奖金、评优评先挂钩，“提高了工作效率和工作质量，促进了公务员的服务水平，实现了良性循环。”在邱新龙看来，通过 3 年的探索，整体而言获得了广泛认可。

在周志忍看来，目前各地的实践“五花八门”，但因缺乏统一的行动指南，大部分都需要进一步完善提升。

7 年的理论和实践探索，让包国宪对第三方政府绩效评价在中国的推广和普及充满信心。在他看来，第三方评估作为一种必要而有效的外部治理机制，弥补了传统的政府自我评估的缺陷，提高了政府绩效评估结果的公信度，也会逐步形成公民参与公共事务的机制，对提高社会管理水平意义十分重大，而远非一次评估活动，一个项目的价值可比拟。

专家呼吁顶层设计

尽管对第三方政府绩效评价在中国的前景表示乐观，但包国宪同时提请注意，“要警惕实践的盲目性，成为一种运动或热潮都不好。”

“有些地方耍花架子，政府绩效评价成了新的政绩工程。有些地方为赶时髦，存在把学者和研究机构作为一种实用主义的装饰的想法。”包国宪说。

兰州大学中国地方政府绩效评价中心 2004—2005 年度对甘肃 14 个市（州）政府和省政府 39 个职能部门的绩效评价结果公布后，甘肃省公安、工商等相关部门都出台了一些有利于非公企业发展的配套政策。

但此后该中心递交的《甘肃省企业评价市（州）政府及省属部门绩效的结果报告（2006年）》并未被甘肃省政府公布。外界一度猜测，第三方政府绩效评价在甘肃的实践受到阻碍。

不可否认的是，作为政府管理模式创新的政府绩效评估，是政府改革的深入和创新，一定程度上是政府自身的革命。它科学性强，不可避免地会触及一些落后观念、一些习惯势力和一些体制障碍。

兰州大学中国地方政府绩效评价中心副主任沙勇忠教授认为，目前第三方政府绩效评价要形成强烈的需求尚待于政府自身的变革。

“政府自身的改革稍微往前走，就会对绩效管理提出需求。”他表示。

此外，沙勇忠认为目前第三方政府绩效评价的实践和探索还缺乏相关制度的配套和支持，比如相关的基础数据很难获取，信息严重不对称。

包国宪认为，第三方政府绩效评价目前还“没有形成制度保障”。

“如果不从制度安排上，从完善法制建设着手，包括立法、司法、一些政府法规的制定等。如果没有这些法律的支撑，永远走不出按照政府官员的好恶和实用主义需要的怪圈，不可避免地走上‘其兴也勃焉，其亡也忽焉’的道路。”

包国宪教授呼吁：“在国家层面，应该从顶层设计和制度安排上下工夫。”

肩负使命 扬帆起航

——中央纪委监察部绩效管理监察室工作速写

（《中国纪检监察报》2011年07月24日）

今年是全面推行政府绩效管理制度的开局之年，也是关键一年。作为深化行政管理体制改革、创新政府管理方式、建设服务型政府的重要举措，政府绩效管理工作现状如何？承担政府绩效管理工作部际联席会议办公室职能的中央纪委监察部绩效管理监察室做了哪些工作，如何开局、怎样起步？带着这些问题，记者近日走进了这个成立刚满一年的“年轻”厅室。

应运而生的“专业”机构

据绩效管理监察室同志介绍，政府绩效管理主要是指以绩效评估为主要手段，对政府及其机构履行职能、完成工作任务、实现经济社会发展目标的过程、实绩和效果进行综合性评价，并根据评价结果改进政府工作、降低行政成本、提高政府效能的一种管理理念和方式。

我国的政府绩效评估工作，起始于20世纪80年代各地开展的不同形式的工作考评实践。进入新世纪以来，随着党中央关于科学发展观和正确政绩观的提出，各地政府和部门积极引进国际绩效管理的理念和经验，探索开展绩效评估，形成了各具特色的工作模式，为全面推行政府绩效管理制度积累了宝贵经验。

记者了解到，开展政府绩效管理、建立健全相关制度，是党中央、国务院在新时期新阶段提出的一项重要任务。早在2003年，胡锦涛同志即在党的十六届三中全会上强调，要教育干部树立正确的政绩观，包括正确看待政绩、科学衡量政绩。温家宝同志也多次强调，要抓紧建立政府绩效管理制度，推行政府绩效评估，科学评估政府工作人员履行职责的情况。贺国强同志在中央纪委全会上强调，推行绩效管理和行政问责制度。

在党中央、国务院的关心和支持下，全国有21个省（区、市）、新疆生产建设兵团和一些国务院部门建立了不同类型的绩效管理工作领导体制和办事机构。2010年7月20日，经中央纪委书记办公会批准，中央纪委监察部绩效管理监察室正式组建。

根据中央编办批复和部委机关的职责分工，绩效管理监察室主要承担三项职责：一是组织开展政府绩效管理情况调查研究和监督检查工作，指导协调各地区各部门绩效管理监察工作；二是组织开展党政领导干部问责情况的监督检查工作，协调党政领导干部问责事项的调查处理；三是组织开展国务院部门行政审批制度改革工作，指导各地开展相关工作。

中央纪委监察部领导同志对成立绩效管理监察室高度重视，寄予殷切期望。贺国强、何勇同志作出明确指示；马馼、王伟同志多次提出明确要求。在委部机关有关厅室局的大力支持下，绩效管理监察室的人员、办公用房和设备等都得到了较好的落实。

全面推进政府绩效管理

绩效管理监察室成立以来，全体同志坚持边组建、边工作、边探索，深入开展调查研究，抓紧熟悉工作情况，逐步理清工作思路，各项工作进展顺利。

2月14日召开的中央纪委书记办公会上，贺国强同志将“做好绩效管理工作”列为委部机关2011年度25项重点工作之一，明确指出，今年是开展绩效管理工作的第一年，重点要健全机构、完善体制、加强调研、摸索经验，努力实现良好开局，抓好建立政府绩效管理工作部际联席会议制度、组织开展政府绩效管理工作试点、研究制定关于开展政府绩效管理工作的意见等三项工作。

为加强对全国政府绩效管理工作的综合指导和组织协调，绩效管理监察室积极筹备建立政府绩效管理工作部际联席会议制度，向国务院呈报了《关于建立政府绩效管理工作部际联席会议制度的请示》。3月10日，国务院批复同意建立政府绩效管理工作部际联席会议制度，联席会议由监察部、中央组织部、中央编办、发展改革委、财政部、人力资源社会保障部（公务员局）、审计署、统计局、法制办等9个部门组成，监察部为牵头部门。监察部部长为联席会议召集人。联席会议办公室设在监察部，日常工作由绩效管理监察室承担。以此为标志，推进政府绩效管理工作的领导体制和工作机制正式建立起来。

该室认真收集中央文件、中央领导同志关于推行绩效管理制度的论述和国内外关于绩效管理的专题资料并进行编辑研究，请各省（区、市）提供绩效管理方面工作情况，进行汇总分析；召开政府绩效管理工作座谈会，请有关地区、部门和专家学者就如何加快推行绩效管理制度进行共同研究；深入质检总局、财政部等10个中央国家机关和北京市开展调研，实地了解绩效管理工作情况。

该室还起草了《关于开展政府绩效管理试点工作的意见》，明确了试点工作的指导思想、基本原则；会同中央国家机关工委组成联合调研组，对农业部开展绩效管理的情况进行深入调研，起草了《关于农业部绩效管理工作调研情况的报告》，并根据调研情况对试点工作意见进行了进一步完善。6月上旬，国务院批复同意《关于开展政府绩效管理试点工作的意见》，28日，政府绩效管理工作部际联席会议在京召开政府绩效管理试点工作动员会，对试点工作进行具体部署。北京市、吉林省、福建省、广西壮族自治区、四川省、新疆维吾尔自治区、杭州市、深圳市等8个地区及发展改革委、财政部、国土资源部、环境保护部、农业部、质检总局等6个部门按照部署开始开展政府绩效管理试点工作。

着力规范领导干部问责

“组织开展党政领导干部问责情况的监督检查工作，协调党政领导干部问责事项的调查处理”是绩效管理监察室承担的又一项工作任务。

绩效管理监察室成立以来，认真落实《关于实行党政领导干部问责的暂行规定》，进一步研究规范问责方式和程序，与有关部门共同研究起草有关重点工作的行政问责办法，促进行政问责制度的完善；建立党政领导干部问责案件情况统计分析制度，加强对问责工作相关数据和典型案例的分析研究。

该室还注意收集问责案件线索，加强与相关处室的联系，及时了解、掌握网络及其他媒体披露的涉及问责的问题；参与直查和督办征地拆迁等问责案件，加强对贯彻执行中央政策措施不力、行政不作为以及严重侵害群众利益行为的问责。在此基础上，收集整理问责典型案例和相关法律法规，及时了解掌握各地开展问责工作情况，召开有关部门和专家座谈会，对问责工作存在的主要问题进行研究探讨，提出进一步完善问责制的对策建议。

中办、国办《关于实行党政领导干部问责的暂行规定》发布以来，各地区各部门认真贯彻落实，扎实开展问责工作。截至目前，全国已有24个省（区、市）设立或明确了负责问责工作的机构。各地区各部门还制定了大量具有问责内容的规范性文件，并把问责工作作为严肃纪律、规范行为、保证任务落实的重要举措，严肃查处了一批案件。

继续深化行政审批制度改革

绩效管理监察室成立后，在原有工作基础上，进一步推进国务院部门行政审批制度改革，并积极指导各地开展相关工作，取得了明显成效——

组织开展对国务院部门行政审批项目的第六轮集中清理和审核论证工作。组织国务院各部门对现有的行政审批项目进行审核论证，对国务院部门第五轮清理审核后保留的近 2000 项行政审批项目的名称、设立依据、实施机关等内容进行了校核，编制了国务院部门现有的行政许可项目目录和非行政许可审批项目目录。

严格审核论证拟新设的行政审批项目。对 20 多部行政法规和国务院文件起草、修改过程中涉及的 40 多项拟新设或调整的行政审批项目，从合法性、合理性等方面进行了严格审核论证，提出了明确的审核意见，及时向有关部门反馈。

完善行政审批制度改革有关机制制度建设。建立行政审批制度改革工作联系点制度，确定了天津市、杭州市等 6 个地方作为行政审批制度改革工作的首批联系点；建立专家咨询论证制度，从中央编办、全国工商联、北京大学等 23 家单位聘请专家学者组成行政审批制度改革工作专家咨询组，参与行政审批制度改革工作；建立行政审批制度改革工作情况统计报告制度，组织各地对近年来行政审批制度改革工作的有关情况进行统计、汇总。

加强对行政审批制度改革工作的政策研究。对一些地方和部门在推进行政审批制度改革过程中遇到的疑难、复杂问题进行了深入研究，提出了切实可行的意见和建议。

Ⅱ 试点部门的实践

一 财政部

财政预算绩效管理研究

全国预算与会计研究会课题组（http：//www. ahcz. gov. cn/portal/zdzt/yszc/jyjl/1328717270968772. htm）

随着我国市场经济体系的确立和公共财政体制的不断完善，政府理财已进入科学化精细化管理、以公共支出为重点的跟踪问效新阶段。财政绩效管理是继收支两条线、政府采购、部门预算、国库集中收支、预算编审改革后的新内容、新举措。它既是一项重要的工作，更是一次重大改革。如何建立科学的财政支出绩效评价制度，进一步提高财政资源的配置效率，以尽可能少的投入提供尽可能多的公共产品和公共服务，越来越引起社会的广泛关注，成为财政理论研究的热点和管理决策的重点。

经商定，全国预算与会计研究会和预算司共同组织北京、河北、内蒙古、辽宁、黑龙江、浙江、福建、安徽、广东、海南、四川、云南财政厅，水利部、国家质检总局、国务院机关事务管理局、中国地震局财务司等16个成员单位，对“财政预算绩效管理”课题进行了专题研究，并从8月下旬开始，会同预算司分别到河北、北京、黑龙江、云南等4省区（市）的各地级市就有关问题进行了重点调研。现报告如下：

一、加强财政预算绩效管理的意义

预算绩效管理是我国深化行政管理体制改革，打造“责任政府”和“服务型政府”的有效举措，是政府绩效管理的重要组成部分，加强预算绩效管理对切实增强政府工作人员效率观念，建设绩效政府具有重要的意义。

（一）加强绩效管理是落实科学发展观、完善公共财政管理制度的必然要求。党中央和国务院多次提出要完善预算制度，推进预算绩效管理。党的十五大提出科学发展观，十六届三中全会提出“建立预算绩效评价体系”，十七届二中全会提出“推行政府绩效管理和行政问责制度”，表明公共财政的科学发展观，就是通过建立预算绩效评价体系，推行政府行政问责制度，提高政府运行效率，实现高效、科学配置公共资源，不断增加社会财富，提升全社会的公共福利水平。绩效是经济性、效益性和有效性的统一，公共财政预算只有充分注重绩效，才能产出良好的社会经济效果。通过对财政资金投入和产出数量的比较，衡量一项经济活动是否符合科学发展的经济性原则；通过对项目计划与实际效果的比较，衡量一项经济活动是否符合科学发展的效益性要求；通过对政府行为绩效问责，衡量一项经济活动是否符合科学发展的有效性原则。

（二）加强绩效管理是实现财政科学化精细化管理的重要保障。财政科学化精细化管理，就是以科学发展观为统领，积极探索和掌握财政工作规律，建立健全财政法律、法规和管理制度，切实提高财政管理水平和资金使用效益。目前，我国预算管理离科学化、精细化要求还存在较大差距。主要表现在：预算编制比较粗放，与政府部门履行责任目标联系不紧；预算执行缺乏预期科学导向，存在一定的随意性和盲目性；项目资金监管松懈，资金使用效率不高；项目评价体系不完整，评价结果与预算安排脱节等。通过设立政府支出绩效目标，并用来考核衡量政府主管部门业绩，从制度上建立起政府主管部门财政支出责任约束机制，有利于抑制政府部门之间普遍存在的争资金、上项目的需求冲动；有利于建立正确的激励机制，打破政府部门支出利益格局，减少无效和低效支出。加强绩效管理，是从整体上提高政府的行政效率和管理水平的重要途径，也是实现财政科学化精细化管理的重要保障。

（三）加强绩效管理，是提高财政资金分配科学性、公平性的重要举措。科学合理的财政分配对于优化政府职能、提高政府的行为效率具有重要意义。传统的财政支出分配弊端是，缺乏科学合理的配置依据和标准，资金配置不规范、不透明；上下“博弈”、讨价还价；地区之间、部门之间、项目之间苦乐不均；资金短缺与资金浪费并存等。实现财政资金的公平分配，必须建立资金配置标准和项目立项的科学依据。加强绩效管理，就是通过编制年度绩效预算，将政府部门公共服务所需经费分解为可考核的绩效目标，结合上年绩效目标及绩效结果，编制合理的年度资金分配预算，从而实现财政资金分配的科学性和公平性。

（四）加强预算绩效管理是缓解预算收支矛盾的有效途径。当政府预算发生收支矛盾，通常会导致两种财政行为，一是增税，二是举债。但由于提高公众税收负担政府面临着社会压力和政治风险，常常以发行公债的方式弥补财政赤字。发行公债虽然可以在一定时间内缓解财政收不抵支的困难，但整个经济发展容易陷入不良循环之中。因此，为了缓解我国预算收支矛盾，防止过高的债务给政府带来财政风险，确保经济持续增长与各项社会事业协调发展，必须改变过去财政支出管理中那种“重收入轻支出、重分配轻管理、重使用轻绩效”的惯性思维。要通过财政预算支出绩效管理改革，形成以支出绩效为核心的部门预算支出管理制度，不断提高财政支出效率与效果，有效缓解预算收支矛盾，最大限度地发挥财政支出的积极效应，推动整个经济社会健康发展。

二、预算绩效管理的路径选择与指标体系设计

（一）预算绩效管理的路径、内容与方法。任何制度创新的改革方案，都需要寻求某种具有可操作性的路径选择。经过研讨，宜将改革的路径设定为：把绩效理念融入预算管理的全过程，建立事前有绩效目标，事中有绩效监控，事后有绩效评价的首尾衔接的预算绩效管理体系。通过这套体系持续、循环地运作，形成一套量化、科学的绩效目标和指标体系，推动公共部门绩效管理，强化部门责任，提高部门管理和决策水平。在此基础上再造预算管理流程，改革财政运行机制，逐步建立绩效预算体系，最终，通过绩效预算改革实现提高财政资金使用效益，建设廉洁、高效政府的目标。

绩效评价的内容，按照评价对象的不同，分为综合绩效评价、部门绩效评价、单位绩效评价和项目绩效评价四类。综合绩效评价即年度财政支出绩效的总体评价；部门绩效评价是指对部门年度预算支出绩效的总体评价；单位绩效评价即对公共支出单位财政年度内的绩效进行考核评价；项目绩效评价即对具体支出项目所产生的绩效进行考核评价。

绩效评价的方法主要有：一是相对比较法。该方法适用于财政支出项目收益测算比较困难，而财政支出项目比较固定的情况。一般只比较项目的预算（预测）支出，选择成本最低的方案执行。二是因素分析法。因素分析法是通过分析影响收益及成本的内、外因素进行综合分析、评价的一种方法。三是公众评价法。指通过专家评估、公众问卷及抽样调查，对各项绩效评价内容完成情况进行打分，并根据分值评价绩效目标完成情况的评价方法。四是效益分析法。将一定时期内的成本与效益进行对比分析，评价绩效目标完成情况的评价方法。在具体应用中，经常采用净现值法和内部收益率法，当项目的净现值大于0时，则项目可行，否则不可行；在采用收益率法时，如果计算出的收益率大于市场利率时，则项目可行，否则不可行。五是综合指数法。是指依据各项绩效指标的实际水平，对照评价标准值，分别计算各项指标指得分的评价方法。

（二）预算绩效管理的指标体系设计。支出绩效评价指标，是衡量、监测和评价财政支出的经济性、效率性和有效性，揭示财政支出存在问题的量化手段。财政支出绩效评价指标体系，就是把“不可衡量的事”变为可衡量的指标，以最低的成本、最大限度地满足社会经济发展的需要。

1. 产出指标。产出指标包括数量指标和质量指标，数量指标反映政府部门根据既定绩效目标完成公共服务和物品数量；质量指标反映政府部门提供公共服务和物品达到的标准、水平和效果。例如，在土地开发治理项目中，产出的数量指标主要是治理了多少亩土地，开发治理新增的粮食生产能力、可供养的人数、农民新增纯收入等指标。教育事业产出绩效评价指标主要包括新增（改造）校舍数量、新增教育设备数量、学生入学率、毕业率等；卫生类绩效评价产出指标主要包括新增医疗卫生设施和设备数量、提高就医病人能力指标等。

2. 效率指标。反映政府部门提供公共服务和物品的及时程度和效率。例如，土地治理项目绩效评价时，包括林草覆盖率增加值、绿色植被覆盖率增加值、水土流失治理面积等生态环境绩效指标。教育财政支出绩效评价的效率性指标主要有：固定资产利用率、收益率、万元财政投入培养学生数、义务教育入学率、辍学率、城镇儿童入园率等。医疗卫生财政支出绩效评价的效率性指标主要有：平均每所医院每天诊疗人次、平均每人次诊疗医疗费、平均每一出院者住院费用等。

3. 成本指标。反映提供公共服务和物品所需的成本，分单位成本和总成本。总成本描述提供公共服务和物品所投入的人力、物力和财力总量。单位成本反映既定数量和质量目标下的物品和服务单位成本量，一般通过总成本、产品数量、质量和相应标准比较得出。

4. 成果指标。成果类指标主要是用于反映政府、预算部门和单位财政支出项目使用财政资金，达到预期目标程度的指标。如职业教育项目的成果类指标主要包括：接受教育人员的知识水平和技能提高情况，受教育者的人均收入提高情况等；义务教育项目的结果指标主要是文盲率降低了多少，公众文化素质的提高程度等；社会治安项目的成果类指标包括每万人犯罪率降低了多少，案件发生率降低了多少等；县级政府财政支出的结果评价指标主要有：公用经费水平、环保效益指标、人文发展指数等。

5. 有效性指标。有效性指标反映财政支出项目产生的最终效果，反映服务对象的满意程度，例如，卫生项目绩效评价的有效性指标包括：治愈率、好转率、死亡率、发病率、感染率、生存率等。教育类项目绩效评价的有效性指标包括：大专以上文化人口比重、初中以上文化人口比重、毕业生升学率、就业率、学龄人口在校率等指标。

绩效评价的指标体系设计是一项技术性很强的工作，难免交叉重叠，需要在实践中不断完善。

三、各地绩效评价的初步成效、基本经验和存在问题

（一）初步成效

财政部 2011 年 4 月召开全国预算绩效管理工作会议后，各地加快了工作步伐，在总结经验的基础上，预算绩效管理工作全面启动。

1. 制度框架基本形成。目前，北京等 12 个省市为推进财政支出绩效评价出台了一系列文件，旨在建立和完善制度保障机制、工作运行机制、结果应用机制和持续推进长效机制。大部分试点市县也相继制定了绩效评价管理办法、绩效评价内部工作规程、专家管理办法、评价结果运用办法、绩效评价工作考核办法等，有的地方还建立了绩效评价工作联席会议制度，分项目制定了专项资金绩效评价管理实施细则。

2. 评价范围逐步扩大。据了解：浙江省 2010 年止已对 9728 个项目实施评价，涉及财政资金 1071 亿元。黑龙江省选择 2008 年至 2009 年通村公路建设资金、基本建设

支出、农村义务教育经费保障机制改革资金等 8 类、15 个专项资金开展了绩效评价，评价资金总额度达 26 亿元；2010 年，评价项目资金额度 1.4 亿元。北京市从 2002 至 2010 年，市财政组织开展的绩效评价项目（部门）累计达到 800 多项（个），评价项目资金 230 多亿元，实现了绩效评价工作在市级所有政府组成部门、直属机构和区县的全覆盖。云南省对 93 个社会关注度高、资金规模大的重点项目开展评价，2010 年评价资金总额逾 252.32 亿元；省财政厅重点评价项目扩大到 10 多个省级部门、37 个项目、252.32 亿元专项资金。并统一采用“优、良、中、差”等 4 个级次衡量各部门、各单位的项目绩效，开始出现了从“要我评价”到“我要评价”的转变。福建省近两年评价实施范围不断扩大，已涉及教育、农业、民政、社保、建设等诸多支出领域。2010 年，共有 72 个预算部门报送项目支出绩效评价报告，涉及金额达 11.5 亿元。2011 年已有 85 个预算部门开展了绩效自评工作，报送了支出绩效评价报告，涉及金额达 28.4 亿。

3. 绩效监管进一步加强。通过绩效项目跟踪监管，能够及时发现项目资金管理方面存在的如立项手续不全、执行主体不明确、内控制度不完善、实施进展缓慢、质量不合标准、挤占、挪用专项资金等问题。财政部门针对绩效监管暴露出的问题，及时反馈给项目主管部门和实施单位，并由财政会同主管部门及项目实施单位，集中研究整改措施。加强项目绩效监管，有利于财政资金安全运行，提高财政、项目主管部门和实施单位的综合管理水平。安徽省在绩效评价过程中重点把好项目绩效监督关口，每个评价项目成立工作小组，分赴基层，走访企业和群众，对项目实施情况进行深入细致的调查和分析，2011 年，省本级监督评审项目涉及财政资金 587.5 亿元。目前全省 17 个市和 61 个县已全面推开绩效评价。

4. 预算分配更趋合理。经过几年探索，财政部门逐步建立了以绩效结果为导向的预算资金分配模式，按绩效评价结果确定项目支持手段、资金投向和规模。申报项目设定绩效目标，审定项目测算资金需求，批准项目编制支出预算，增强了预算资金分配的科学性和合理性，有效提高了预算编制质量。广东省到 2010 年年底，全省各级财政部门共审核、批复了 27011 个项目的绩效目标，涉及金额 1513.72 亿元。其中，2009 年、2010 年省级共审核了 962 个项目的绩效目标，核减了近 200 多亿元的申报金额。云南省把绩效评价和预算评审结合起来，按照初审、复审、再复审程序，2011 年对 1194 个省级部门项目实行入库评审，并对其中 63 个项目进行了细化评审，审减金额达 8000 万元，使预算分配更加趋于合理。四川省 2010 年通过年初预算编审清理核销、调整归并存量专项项目 1750 多个，整合财政资金 148 亿元，确保了财政资金继续向最急需、最有效、最重要的领域倾斜。

5. 资金效益显著提高。各地通过支出绩效评价、项目跟踪指导和及时纠错，初步形成了财政资金的良性运行，提高了资金的使用效益。以内蒙古为例，2009 年至 2010 年，内蒙古自治区对中央财政现代化农业生产发展资金实施绩效管理，运用绩效目标设定，通过先建后补、以奖代补方式，提高了项目建设成效。中央财政投入 7 亿元，带动社会投入 33.5 亿元，覆盖 38 个旗县，建成东部玉米、西部马铃薯、中部农业和草原肉羊三大优势产业带。绩效评价结果显示，初步形成玉米马铃薯节水灌溉 200 万亩，玉米增产 35%，马铃薯增产 56%，农民人均增收 860 元；肉羊产业生产标准化率提高 25%，牧民人均增收 450 元。

（二）基本经验

2002 年试行绩效管理以来，各地创新了一些绩效管理的好做法、好经验。包括：广东省绩效管理制度化、常态化和分配、管理、评价、改进四位一体的经验；河北省项目绩效评价向预算编制、执行、结果应用环节延伸的经验；黑龙江省稳步推进重点项目支出和专项资金绩效评价，突出指标的可比性、完整性和针对性，构建相对完整的评价指标体系的经验；浙江省建立“一个目标、两种评价、三大体系”的经验；江苏省构建指标库、专家库、中介机构库“三库一系统”的经验；海南省必须注重“四性”即提高预算单位对项目的规划性、可执行性、财政部门审核预算的科学性和绩效评价的约束性的经验；北京市构建“事前、事中、事后”全过程绩效管理机制，将绩效理念贯穿到预算管理各个环节的经验；云南省严把申报、审核、批复三道关口的经验；内蒙古按先易后难，简便有效原则，建立项目库、专家库、资料档案库提供信息支撑的经验；福建省“统一组织，分级实施，先易后难，由点及面”和以制度建设为先导，以项目评价为核心，推动部门自评的经验；四川省以预算编审程序改革、预算执行中期评估、结余资金注销管理、财政支出绩效评价为抓手，初步建立起贯穿预算管理事前、事中、事后全过程的财政预算绩效管理体系的经验；以及水利部采取逻辑框架法和层次分析法，建立“流域水土保持项目”绩效评价指标体系的经验等等。

操作上带共性的经验主要有：

第一，必须注重基础工作。做好基础工作是进行绩效评价的关键。由于财政支出范围广泛，社会效益和生态效益无法完全用货币衡量，而且不同的项目有不同的长期效益和短期效益、直接效益和间接效益。因此，财政部门一直未能找到有效办法对财政支出进行准确衡量。绩效评价的基础工作包括：一是搜集各有关部门和单位的基础信息，建立一套与绩效评价相适应的绩效指标。包括部门工作性质、机构设置与职能范围、财务收支与财政支出经费情况及年度计划。特别要结合各单位的五年发展规划等。在此基础上将年度计划进一步细化为年度绩效计划指标。二是合理选择部门和单位经费预算与工作绩效挂钩的指标。指标的制定宜采取先易后难，逐步完善的办法，从项目预算着手，制定出分项目的绩效指标，并与其预算相对应，同部门总体绩效目标挂钩。三是针对部门不同性质和职能建立不同的绩效评价体系。这样才能为实施绩效控制、绩效评价和绩效问责提供坚实依据。

第二，必须做好项目评价分类。财政支出绩效评价面临的难点是财政支出内容和项目性质。从我国预算管理现状看，涉及二十多个大类，数百个款，数千个项，支出具有明显的层次性，而不同层次的评价主体和内容又有一定的差异。因此，只有对众多的支出项目进行科学分类，才能将性质相同或相似的支出项目归并在相同类别中进行评价，增加相互之间的可比性；也只有建立评价的分类体系，对各个层次使用统一的评价标准，才能提高支出评价工作质量。

第三，必须建立预算绩效审核论证制度。要研究制定《预算绩效审核论证和认证办法》，对部门申报项目的预期绩效、绩效目标和指标设置的科学性、合理性和可行性作出正确评判。在此基础上，将绩效管理融入预算编制各个环节之中，严格各个环节的绩效评价标准，避免无效、低效项目进入预算流程，促使财政部门根据预算绩效平衡预算，协助政府作出科学决策，提高财政预算编制质量。

第四，必须注重预算拨款与绩效挂钩。预算拨款与绩效挂钩，是指在预算编制时，根据部门（单位）上年度绩效指标完成情况，确定预算支出标准和基数，合理安排财政支出的一项理财方式。凡是能够进行量化考核的项目，都应与预算单位正常经费挂钩。完成任务按全额预算拨付经费；超额完成任务按比例奖励经费；完不成任务按比例扣减经费。凡是不能进行量化的项目，则按定性考核指标实行激励机制，对完成较好的部门和单位，可在部门（单位）经费预算以外给予奖励。通过预算拨款与绩效挂钩，克服效率低下的财政管理机制。

第五，必须注重绩效评价的准确性和公正性。为了保证绩效评价的准确性和公正性，在评价过程中，不仅要邀请专家进行审议，也要让民众参加评议。所有与绩效相关的项目，一律按量化指标或定性内容严格考核。用于民众评议的调查问卷设计要保持中性，可考虑聘请社会调查机构进行调查，以提高评议的准确性和公正性。通过对项目评价和绩效考核结果的分析，依靠技术手段建立起项目专家评价系统，并将系统应用到项目筛选和绩效考核中。

（三）存在问题

1. 法律依据问题。完善的法律制度是预算绩效管理得以有效实施的重要前提。已经实施绩效预算改革的西方发达国家都具有法律先行的鲜明特点，而我国预算绩效管理改革才刚刚起步，相关的法律制度尚未建立起来，现行《预算法》等法律法规中没有绩效管理条款，使预算绩效管理工作缺乏法律支撑。虽然地方省、市印发了相关通知和文件，但没有引起各级政府和社会的充分重视，开展工作面临的阻力仍然较大，财政部门协调各部门之间关系存在一定难度。因此，建议出台各项相应法律、法规，用法律规范绩效评价行为，调整各方面关系，推进此项工作的全面开展。

2. 绩效管理质量问题。绩效管理质量存在的问题，一是缺乏有效的技术手段和控制机制。尤其是对项目多、分散广、政策目标多元化（如国家质检总局、水利部的某些项目支出）、资金使用时间长的项目评价时，评价指标如何设置，如何保证各项定量、定性指标科学合理等，需要在实践中不断探索完善；二是评价方法单一，评价标准的偏差或错位，以及评价指标的逻辑分析等，尚处于较低的研究水平；三是目前绩效评价只针对单个项目或某一部门，不能反映项目之间、部门之间的绩效差异，对财政支出结构的合理性，和财政资金在不同领域分配的合理性，尚无法进行科学合理的评价。

3. 绩效结果应用问题。阻碍绩效评价结果应用的因素较多，主要有：一是项目从投入到产出，再到效益发挥，需要一个较长的过程，评价时点如果选择在项目完成后，则项目效益远未充分体现；如果选择在项目效益充分发挥后，则时间跨度过长，即使评价结果相对客观，也无法做到及时调整预算；二是绩效管理评价的多为民生项目，而民生项目的绩效目标大多是既定的，即使通过评价发现绩效不好，也不至于真正影响到预算安排；三是项目评价一般属于事后性的，绩效管理与预算管理对接不紧。特别是年中追加的专项资金的绩效目标，因为没有做到事前申报，加上部门预算编制时间紧，财政部门没有足够的力量审查项目预算的诸多要件，这无疑会影响绩效结果的应用。

4. 绩效管理各环节衔接问题。从实施预算绩效管理的情况看，有些项目立项时制订了总目标，但没有细化的效益目标和评价指标，使年度评价缺乏完整的依据，进而影响评价报告质量。由于评价报告质量不高，又影响项目评价的结果。因为各环节之间衔接不紧，最终影响部门绩效目标管理和部门预算。绩效目标、绩效指标的细化和量化是整个工作的难点，绩效管理各环节的衔接更是不可忽视的关键问题。因此，要建立有效的预算绩效管理信息系统，实现各类绩效数据共享，以提高绩效管理整体水平。

5. 会计核算方法问题。目前我国规定的会计核算方法有收付实现制和权责发生制两种，行政事业单位现行的是收付实现制会计方法。这种方法以现金收到或付出为标准来记录收入的实现或费用的发生，优点是能够准确记录货币收支，提供真实的现金指标，对加强现金管理，防止预算超支具有明显的作用。从适应预算绩效管理的角度看，收付实现制与权责发生制相比存在明显不足，由于收付实现制会计成本、费用的确认依据是款项的实际支付，而行政、事业单位固定资产不计提折旧，购置固定资产的资金一旦支出以后，就一直以原始成本始终挂在账面上，其提供公共服务所产生的业绩和资产自身消耗（成本）得不到准确反映；同时，由于收付实现制下收入、费用是按其款项实际收付的时间来确认记账的，不考虑收支项目的配比性，可以通过提前或延迟支付等手段人为操纵各会计期间的收支信息，直接影响到财务信息的真实性和可比性。因此，会计核算应实行权责发生制。

6. 专业人员配备问题。目前，一是人少事多，矛盾突出。省财政厅绩效评价（管理）处一般只有10人左右，有的省市人员更少，要对省级预算部门、单位申报的上万个项目逐一审核和批复，还要组织开展全省基本公共服务均等化综合绩效考评，工作人员欲速不达，常年超负荷运转。二是绩效管理队伍专业素质跟不上发展需要，市、县一级财政绩效评价（管理）科（股）有近30%的人员身兼数任，精力分散，需要增加相应的绩效管理专业人员。

四、全面推行财政预算绩效管理的对策建议

我国的国情决定了推行预算绩效管理的复杂性和艰巨性。现阶段，除了尽快研究完善相关法律、法规，逐步建立预算绩效管理信息数据库和操作系统外，当前必须着重做好如下几项具体工作：

（一）广泛深入开展预算绩效管理宣传。在传统预算管理中引入预算绩效管理，从重资金投入管理转向重预算编制、执行和监管全过程绩效管理，是财政理财理念的一大变革，也是财政管理工作的一次革命，它涉及各部门、各单位的既得利益，实施起来难度较大，迫切需要思想认识先行、各部门各单位的协同配合和社会各界的共同参与。要以贯彻党中央、国务院关于推进绩效管理的一系列文件精神和财政部《关于推进预算绩效管理的指导意见》为契机，深入开展财政绩效管理宣传活动。要重点宣传实施绩效预算重大的政治、经济和社会意义；宣传实施预算绩效管理的指导思想、基本原则、目标任务、主要内容和工作要求；宣传实施预算绩效管理对单位加强自身建设的必要性。在宣传方式上，要采取会议推动与上门宣传等方式，争取预算单位理解和配合。同时，利用各新闻媒体、政府网络平台、编制宣传册子等形式，引导全社会关注和重视绩效管理工作，努力营造良好的工作氛围。使大家从思想上认识到粗放式预算管理方式的弊端，树立“用钱必问效、问效必问责、问责效为先”的预算绩效管理理念，进一步增强各部门、各单位的大局意识、责任意识和主动意识。

（二）逐步建立健全绩效管理制度体系。科学的管理制度是指导各项工作的决定性因素，是实现科学化、规范化的基本手段。当前，抓紧制定完善预算绩效管理制度体系十分重要，要力求将预算绩效管理工作变成一项指令性、经常性、制度性的工作。一是从转变政府行政职能入手，逐步建立和完善政府绩效目标管理制度，实现政府管理制度的绩效化。二是通过目标细化方式，把政府部门目标转化为可量化的、以绩效为主的政府绩效目标体系，实现政府公共部门目标管理绩效化。三是按照预算编制、执行、监督和评价“四位一体”的要求，建立以绩效结果为导向，以制度建设为保障，以财政部门为监管主体、预算部门为责任主体的绩效管理制度体系。四是要求各部门在每月结束后定期向财政部门提交月报（部门所有支出项目当月绩效指标及实际达到绩效），如果结果与目标相差超过一定比例，主管部门必须说明原因。五是公共部门每季度初向财政部门提交一次绩效预算执行情况预报，便于财政部门合理配置资金。结合各地实际，建议对跨年度的部门预算项目支出，进行前、中、后绩效评价，促进部门和项目单位更加注重财政资金的使用效益。

（三）建立全国统一的绩效指标和标准体系。建立绩效评价指标和绩效标准体系，是实施预算绩效管理的核心问题，也是中央国家机关和各地的一致要求。国务院机关事务管理局认为，机关运行经费绩效评价指标体系反映机关运行经费绩效总体现象，是加强机关运行经费管理、强化支出责任、提高使用效率、实现机关降低运行经费目标的重要措施，也是贯彻科学理财、民主理财、依法理财的创新实践。经费绩效评价体系是根据机关运行经费支出绩效评价工作的要求，要根据机关运行的特点，按照一定的分类标准，对机关运行经费支出和评价对象进行科学合理、层次清晰的分类，形成完整的指标体系，以评价机关运行经费支出的经济性、效率性和有效性，揭示机关运行经费支出存在的问题。各地认为，绩效评价涉及各领域的各类支出，决定了具体评价指标、标准的复杂性和差异性，是一项庞大的系统工程。建议由财政部牵头，从国家层面建立统一的指标和标准体系，使地区间同类支出绩效具有可比性。同时，建议采取分工负责、先易后难的办法，在先期推行绩效管理的省市，就各类支出建立统一的框架性指标和标准体系，由财政部门依据该框架、标准进行统一疏理审定，并开展试点。通过不断实践，使这个框架体系更加充实完善，逐步建立起全国统一的绩效指标和标准体系。

（四）完善预算分配模式和会计核算制度。在配置财政资金时，可探索多种绩效资金预算分配模式。一是选择一些与经济发展紧密相关、单项支持额度高、效益风险大的项目，试行按绩效实施“竞争性”分配模式。这种分配模式能够更加鲜明地体现政府政策导向，集中财力办大事。二是对公共卫生服务或河道整治、市政建设养护等民生项目方面，实现由政府“购买服务”分配模式。这种分配方式有利于调动参与单位的理财积极性，提高财政资金的使用效率。三是政府委托社会专业机构承担相应的政府职能（由政府向其付费）的“委托管理”分配模式。例如，对农村义务教育，由符合资质的学校（机构）与受援学校签订“绩效合同”，财政按绩效合同拨款到委托单位。这种分配方式，可突破现行体制下基层学校的人、财、物难以跨区域流动的瓶颈，促进受援学校管理水平及教育质量的提升。与此同时，为了加强政府成本核算与业绩考核，增强预算信息的完整性、可靠性和透明度，更准确地反映政府的受托责任，必须尽快改革行政事业单位会计方法，引入权责发生制，以便准确全面地反映政府部门的活动成本和绩效。

（五）建立项目部门承诺制和资金报账制度。项目部门承诺制是试点地区在推行预算支出绩效评价过程中，创造的一种新的控管制度。其具体要求是：项目主管单位对项目的真实性和资金的专款专用做出承诺；财政部门对项目资金足额到位、按期拨款做出承诺；项目资金使用单位对资金安全运行作出承诺；监理部门对项目实施中的技术监理做出承诺；施工单位对项目工程进度和施工质量做出承诺；审计部门对项目财务决算和基建决算及时审计和公平、公正做出承诺。实践证明是一种行之有效的控制、管理办法，值得各地学习、借鉴。项目资金报账制包括三个方面的内容：一是项目实施前，实施单位将项目实施计划书，报项目主管单位和财政部门批准后，依据项目实施计划书、项目合同书、项目预算书及项目批文填制“财政资金拨付申请表”，经项目主管单位加注意见，报财政部门审核拨付项目前期费用；二是项目实施中，根据项目进度和工程质量，以及阶段性的工程质量验收单，由施工单位提出申请，项目主管单位加注意见，财政部门进行审核拨款；三是项目竣工验收后，实施单位要对项目及时进行决算，并将所有资料报项目主管单位和财政部门审核，拨付除预留一定数额的质量保证金外的剩余资金。与一般监管方法相比，实施财政项目资金报账制的特点，就是对项目资金使用由事后监管变为事前监管，由阶段性抽查变为全过程跟踪控制。在当前的经济环境下，实行财政项目资金报账制，有利于财政部门控制项目资金的规模和用途，便于财政部门统筹安排、确保重点；能够保证资金按性质专款专用，使有限的资金发挥更大的社会效益；能够有效防止资金挤占挪用，防止资金流失，保证资金安全运行；能够促进民生项目尤其是农田水利、乡村道路、复垦耕地、助残帮贫等项目及各项惠民政策落到实处。

（六）完善绩效评价结果应用制度。应用评价结果是绩效管理落到实处、取得实效的关键，也是全部工作的落脚点。绩效评价结果贵在应用。一是建立绩效数据管理制度。将绩效评价数据信息输入部门预算管理系统，在财政内部和政府部门之间实现共享，为政府和部门预算管理服务。二是建立财政绩效评价结果通报制度。在绩效评价完成后，将评价结果以文件的形式向项目主管部门通报，及时反馈评价中发现的问题，作为评价部门和单位改进预算管理、提高公共产品质量和公共服务水平的依据。三是建立财政绩效评价结果公开制度。通过网络、报刊等媒体向社会公开评价的结果，以提高财政资金使用的公开性和透明性，接受社会和公众监督。四是建立财政绩效评价结果上报制度。评价工作完成后，要以报告形式及时上报省委省政府、省人大和省政协，为领导决策提供依据。五是建立绩效评价结果与预算安排挂钩制度。对于考评得分高、资金使用效果好的部门（单位），继续支持或加大支持力度，绩效“最佳”的可按项目资金的一定比例给予单项奖励；评价结果“中等”的按谨慎性原则安排预算；评价得分低、资金使用效果较差的，将缓拨资金，责令整改，整改不到位的将减拨或停拨资金，甚至取消项目，调整资金用于效果较好的项目上。做到政策有进有退，有增有减，使绩效评价结果在预算分配中得到充分应用。

（七）完善绩效问责制度。各地实施经验证明，绩效问责是检验财政支出效率是否达到最优水平的重要一环，也是促进政府重视绩效管理的内在动因。如果没有相应的责任追究奖惩机制，绩效评价就会流于形式。要尽快建立政府领导领衔、社会广泛参与的“谁用款，谁负责”的绩效问责机制，对故意漏报、虚报、瞒报评价材料，绩效评价弄虚作假，或绩效评价结果与绩效目标严重背离的都要进行行政问责。将绩效评价结果纳入党委和组织部门对部门负责人德、才、绩、能和晋升任免的综合考核范围。操作上，建议由各级人大挂帅，以重点支出或重点项目为重点，在单位自评基础上，有针对性地召开年度项目绩效问责会，被问责单位就项目绩效情况作出公开陈述。包括：预算编制是否科学合理，预算执行是否符合制度规定，单位财务活动是否执行财务制度和财经纪律，项目资金是否专款专用，项目实施是否达到预期目标，资源配置效率是否达到最优化？有无套取财政资金，造成项目资金人为流失问题？其后，专家组或公众代表进行提问，项目负责人开展答辩，陈述整改措施，最后由专家组对问责结果作出评定。建立与部门预算相结合，与项目监管相结合，与干部任用、奖励惩罚相结合的全方位、多维度的绩效问责制度体系。

二 国土资源部

国土资源部创新理念推进绩效管理试点

（《中国纪检监察报》2012 年 04 月 29 日）

笔者从国土资源部日前召开的绩效管理和干部考核总结表彰暨工作部署会上获悉，国土资源部开展绩效管理试点工作以来，坚持顶层设计、高位推动，强化过程管理、结果运用，多措并举将试点工作逐步推向深入。国土资源部部长、党组书记、国家土地总督察徐绍史出席会议并讲话。

徐绍史强调，要举全部之力推进试点工作，使绩效管理成为改革发展的新动力。要正确处理手段与目的的关系，围绕党中央、国务院对国土资源管理的要求，科学设置绩效管理目标、建立评估指标体系，形成正确的决策导向和政绩导向，促进管理理念、管理职能和管理方式的转变，促进服务政府、法治政府、廉洁政府和绩效政府建设。要正确处理统筹与融合的关系，将绩效管理作为融合业务、党务、队伍建设的平台和载体，确保中央决策部署有效落实，实现机关工作作风持续改进，促进干部管理水平的整体提升。要正确处理内生与外控的关系，既要完善全员参与、全员设计、全员实施、全员监控的内控机制，又要运用特约监察员评估、行政相对人评估、社会和媒体评估等独立的第三方评估，建立多层次、开放式的外控体系，实现内生管控、内力驱动与外部监控、外力辅助的有机结合、良性互动。要正确处理管理与效率的关系，在指标设计、操作程序、评估方法上力求科学合理、简便易行，依托计算机网络和政务信息平台，实现量化指标自行登录、工作进程实时监控、评估结果自动生成，不断提高绩效管理的科学化水平。要正确处理继承与创新的关系，广泛学习涉猎已有的经验成果，大胆探索创新，争取形成规律性认识、制度成果和工作成果，真正起到试点和示范作用。

据悉，国土资源部在试点工作中，制定《国土资源部绩效管理试点办法》和《实施细则》；把中央决策部署转化为绩效管理的中心任务，分解成 6 类 22 项具体指标，将规范整体工作的通用性指标与体现各单位工作特点的个性指标有机结合、分层设置；制定时间表，设计“路线图”，制定日常、月度、季度工作操作流程，实现“以实绩为导向、以过程为保障、以效能为目标”的全过程管理和评估；组建 8 个绩效评估组，分赴 44 个单位开展集中评估、形成评估报告，综合提出各单位年度绩效评估结果；将绩效评估结果直接转化为领导班子、领导干部年度考核结果，作为评先评优、选拔任用的重要依据。

今年，国土资源部将在绩效管理制度设计上更加注重“简便化”，把工作业绩考核、领导班子和干部年度考核、领导干部“德”的考核、干部队伍建设考核以及党风廉政建设考核等各项考核统一整合到绩效管理平台上，实现“一考多用”；在工作机制上更加注重“全员化”，选取 6 家单位开展全员绩效管理试点，探索将司局层面绩效管理向内设处室和个人延伸的有效途径；在平台载体上更加注重“信息化”，加快绩效管理信息化系统建设，实现目标任务在线下达、量化指标在线报送、工作进程在线监督、评估结果在线生成、成果经验在线交流的全过程自动化管理。

国家土地督察制度实施五周年绩效评估报告发布

（http：//www.mlr.gov.cn/xwdt/jrxw/201111/t20111125_1032333.htm）

2011 年 11 月 24 日，国家土地督察制度实施五周年绩效评估新闻发布会在京召开，评估课题组成员黄贤金、吕萍、范柏乃、沙勇忠四位教授公布了评估结果。

2011 年是国家土地督察制度实施五周年，为准确、客观评价土地督察制度建设和实施情况，南京大学、中国人民大学、浙江大学、兰州大学联合成立的国家土地督察制度实施五周年绩效评估课题组，于 2010 年 12 月至 2011 年 10 月，对国家土地督察制度实施五年来的情况进行第三方评估。2011 年 11 月 24 日，国家土地督察制度实施五周年绩效评估新闻发布会在京召开。发布会现场，评估课题组成员黄贤金、吕萍、范柏乃、沙勇忠四位教授对国家土地督察制度实施五周年绩效评估情况进行了公布。

评估课题组围绕工作制度建设、职责履行、实施效果、社会影响等四个方面进行评估，认为国家土地督察制度实施五年来取得了七个方面的成效：促进了最严格的耕地保护制度的落实；促进了监督国家土地调控政策的规范执行；追缴国家土地收益，有效防止了国有资产流失；维护了被征地农民的合法权益；维护了土地管理的法治秩序；规范了地方政府土地利用和管理行为；推进了土地管理制度的完善。

评估结果为，国家土地督察制度框架体系初步形成，开创了我国土地监管的新模式和新格局，已成为国家土地监管体系中不可或缺的重要组成部分；国家土地督察制度的实施，有力促进了土地管理秩序总体向好，取得了凝聚社会共识、规范管理秩序、威慑土地违法等良好效果；国家土地督察制度实施保障中央政令畅通，为深化我国行政体制改革积累了有益经验。

基于评估结果以及土地监管面临新形势、新任务和新要求，评估课题组还提出了六点建议。评估课题组认为，要持续提升国家土地督察制度的实施绩效，不仅要进一步完善这项制度本身，加强队伍建设，更要加快土地、财税、金融、地方政府及官员政绩考核等相关制度的综合配套改革。

三 环境保护部

环保部要求央企签减排责任书

（《经济参考报》2011 年 09 月 06 日）

环保部 5 日晚间向各地方和电力、石油领域央企下发通知，要求与其签订“十二五”减排目标责任书。环保部称，在四项约束性指标的削减比例的考评上实行一票否决制，并将考评结果作为干部选拔任用的重要依据。

环保部 5 日公布了《污染减排政策落实情况绩效管理试点工作实施方案》，这是根据综合性工作方案制订并公布的首个具体实施方案。

环保部称，在今年内，将通过科学合理分解“十二五”减排目标任务，向各地方、国家电网、五大电力集团、中石化和中石油签订减排目标责任书。力争到 2012 年年底形成比较规范的污染减排绩效管理模式。

环保部强调，将及时把考评结果报送组织人事部门，将减排绩效考评结果作为地方、中央企业领导班子和领导干部综合考核评价、干部选拔任用的重要依据。对考评等级为不合格的地区和中央企业，撤销国家授予该地区和企业的环境保护或污染治理方面的荣誉称号。对在绩效考评工作中瞒报、谎报情况的地区，予以通报批评，对直接责任人员依法追究责任。

四 农业部

农业部绩效管理创新项目“生根结果”

(http://www.agri.gov.cn/V20/ZX/nyyw/201201/t20120118_2467233.htm)

2011年度农业部绩效管理创新项目评估会现场

现场陈述、专家评估、群众参与……1月17日，2011年度农业部绩效管理创新项目评估会现场互动热烈，20个司局精选的20个创新项目陆续精彩亮相、集中展示，博得现场阵阵掌声和专家的精彩点评。经过1年的大胆探索实践，2011年度农业部绩效管理创新项目全部顺利完成，正在各自领域发挥着重要作用。

据了解，2010年，为贯彻落实中央关于推行绩效管理、提高政府绩效的一系列决策部署，农业部在中央国家机关中率先开展绩效管理，实现了当年启动、当年实施、当年见效，为不断改进机关作风、提高行政效率、抓好工作落实提供了制度性保障，得到中央领导同志的充分肯定。为深入推进绩效管理工作，2011年农业部开创性地启动实施了创新项目，20个司局、6个试点事业单位立足从体制机制上解决制约影响农业农村经济科学发展的深层次问题，共设立了34个绩效管理创新项目。这些创新项目的落地生根，产生了良好的效果，为确保各项重大决策部署落实、推动农业农村经济发展发挥了积极作用、作出了重要贡献，成为农业部绩效管理的一大特色和亮点。

农业部党组成员、驻部纪检组组长朱保成在评估会上说，要把创新项目的做法坚持下去，力争每年每个司局每个单位，都能通过创新举措解决1—2个现实问题，持续改进农业部乃至整个农业系统的工作绩效，巩固农业农村经济发展的强劲势头。农业部党组成员、人事劳动司司长梁田庚在总结讲话时指出，农业部开展绩效管理是创新，在绩效管理中实施创新项目评估也是创新。评估活动开阔了视野和思路，达到了总结交流、相互促进的预期效果。要认真总结经验，及早谋划今年的创新项目，推动农业部绩效管理再上新台阶、再创新佳绩。农业部总经济师、办公厅主任陈萌山参加了评估活动。

中央纪委监察部、中央国家机关工委有关部门的负责同志到会指导，并对本次活动和创新项目取得的成效给予高度评价。

Ⅲ 试点省市的实践

一 北京市

北京："三效一创"绩效管理推动政府管理科学发展

（《北京日报》2010 年 3 月 29 日）

北京市自 2009 年起运用“三效一创”绩效管理体系对市级国家行政机关进行绩效考核。记者 3 月 28 日从市政府绩效管理办公室获悉，这一管理体系近日从全国 358 个项目中脱颖而出，荣获第五届“中国地方政府创新奖”。该体系也被专家称为政府绩效管理的“北京模式”。

所谓“三效一创”，是指政府部门的履职效率、管理效能、服务效果和创新创优四项重要管理指标。“三效一创”绩效管理体系，是通过提取政府管理“核心绩效指标”，运用相对科学的方法、标准和程序，对市政府各部门履职的过程、结果进行评价和分析，促进绩效提升的管理行为和工作体系。

评价中，“履职效率”细化为“职责任务”指标，对市政府各部门主要职责履行情况和重点工作任务完成情况进行评价；“管理效能”细化为“依法行政”和“能力建设”两个指标，对各部门依法行政、行政审批制度改革、效能监察及公务员队伍建设情况进行评价；“服务效果”细化为“服务中央在京单位与驻京部队”、“公众评价”、“领导评价”和“协调配合”四个指标，对各部门工作效果和服务对象满意度的评价；“创新创优”指标则是对各部门开展工作创新和创优的评价。在上述四项重要指标之外，还另设“行政问责”扣分项目，对市政府各部门勤政廉政、安全生产监管等方面进行刚性约束。

除去定量考评，该评价体系还注重日常管理和年终考评相结合，发挥结果导向和过程监控的作用。在领导评价的同时，特别突出公众评价，并提高公众评价的分值。

“北京模式”试行以来，极大调动了各部门创新创优的积极性。市政府各部门推出了 267 项创新措施，其中“重大项目绿色审批通道”、“征地多元化补偿机制”、“信息化城市管理系统”等146项措施，被专家评为年度创新成果。

“‘三效一创’体系作为一项科学的政府绩效评价体系将会得到不断完善和深化推进。”北京市政府绩效管理办公室表示，绩效考评结果将作为市委组织部门考核领导班子职责绩效的重要依据。

本市试点实施全过程预算绩效管理 绩效评价结果逐步向社会公布 预算管理不达标 资金或收回

（《北京日报》2012年03月12日）

本市市级部门预算已按要求全部批复完毕。记者昨日（11日）获悉，按照要求，报送市人大常委会审议部门预算的80家市级部门，除涉密单位外，将在3月中旬对外公布部门预算和三公经费。在本年度的部门预算编制和实施过程中，本市首次在市科委、市卫生局和市医管局试点了全过程预算绩效管理模式。

何谓全过程预算绩效管理？

市财政局有关负责人解读说，就是“预算编制有目标、预算执行有监控、预算完成有评价、评价结果有反馈、反馈结果有应用”，并明确提出，对预算绩效管理未达到相关要求的部门，以收回预算资金等形式实行绩效问责。

未来本市还将探索在资金分配环节引入竞争机制，提高财政资金的使用效益。到2015年，本市市级部门将全部推行全过程预算绩效管理。

编制有目标 想要财政资金先说明目的

编制预算时要有目标，说白了，就是一个部门想要取得财政资金，先要说明目的、用途和作用。

市科委2012年科技项目数170个，预算金额33.63亿元。“科技服务业促进”项目是其中一项，预算金额7000万元，由市科委高新处组织申报和实施。

随着项目申请文本一起申报的，还有一份项目支出绩效目标申报表。打开绩效目标申报表，记者发现，绩效指标里用了许多数字，如支持国际科技中介机构20家以上，支持重点设计项目20个以上，中国设计创新红星奖参评企业500家以上，支持战略性新兴产业化基地5家以上。其他不能量化的绩效目标，也尽量变得具体可考核，比如通过专项的实施促成技术交易额增长。

这些目标和数字看似简单，但整个过程却不简单。

早在去年年中，项目单位就根据之前项目实施情况及下一年工作计划，提出了2012年项目的目标和计划。第一件事就是对项目进行可行性论证，就是该不该立项申报预算。

在“科技服务业促进”项目中，支持国际技术转移中心（科技中介机构）建设，并采取资助方式支持一批技术转移机构开展国际技术转移业务是内容之一。但要拿到预算资金，首先就要说清为什么要支持科技中介机构?

科技中介机构可以促成技术的转让或交易，让技术发挥出应有效益。几年前，市科委开始科技中介机构建设，取得了一些效果。2011 年，本市全年技术合同成交额达 1890 亿元，占全国的 40%，以绝对领先优势成为国内最大的技术交易中心。在新的历史时期，建设国际性的技术转移中心就成为当务之急。

此次试点的三个部门所有项目，在可行性论证基础上全部进行了绩效目标填报工作，明确了项目实施计划和预期效果。在所有项目填报绩效目标的基础上，三个部门形成了本部门的支出绩效目标。

事前有评估　部分项目经过第三方评估

实际上，项目要进行可行性论证在本市已日益制度化、规范化。

市财政局有关负责人表示，自 2000 年以来，本市就不断加强项目支出预算管理，按照现行管理办法，500 万元以上的财政支出项目，都要进行可行性论证。此次试点预算绩效管理，除了各单位要填报和审核绩效目标之外，市财政局还会挑选出一些项目，组织进行第三方事前评估。

对于市科委申报的“科技服务业促进”项目，市财政局就组织了第三方评估，并由市财政局委托一家中介机构牵头实施。

中介机构先与市科委进行沟通，了解项目基本情况，查询“科技服务业促进”项目相关的资料和政策法规。然后，中介机构通过多种渠道聘请科技、财经等领域的专家，包括高校和研究院所专门从事“科技服务业促进”领域研究的专业人员，从事公共财政研究的财政管理专家，同时邀请人大代表和政协委员，组成了 7 人的评估专家组。

在多次到市科委进行实地调研，与项目具体实施部门进行沟通后，中介机构组织了专家集中会议，对项目必要性、可行性、绩效目标、财政支持方式、风险和不确定因素等内容进行讨论，综合得出“科技服务业促进”项目事前评估专家组意见。全过程持续了近一个月。

专家组意见指出，该项目立项依据充分，项目绩效目标明确，具有一定的可行性。专家组还建议，由于北京地区科技资源雄厚，这将对项目遴选带来一定难度，目前使用的项目遴选基本条件过于模糊，需要进一步细化。

有监控评价　执行较差部门将减少预算

预算获得批复后，就进入了执行阶段。在今年预算执行过程中，本市首次在三个试点部门实施预算执行过程中的绩效跟踪管理，即“执行有监控”。

在此次试点中，三个试点部门在 7 月底之前向财政部门上报部门和项目绩效完成的进度情况。当预算执行绩效与绩效目标发生偏离时，主管部门要及时向财政部门报告，并采取矫正措施。

如何判断是否“偏离”呢？市财政局有关负责人解释，比如预算绩效目标规定某项工作目标是 100，但上半年才完成了 20%，这种情况下就需要进一步跟踪调查，判断是主观原因还是客观原因，并根据原因采取相应的措施。

一年预算期结束后，市级部门要及时组织本部门的绩效自评工作，并将自测结果报财政部门备案。财政部门也将根据年度工作重点对各部门支出绩效实施财政绩效评价和再评价。市财政局有关负责人表示，今年年底，由财政部门实施评价和再评价项目的资金总额将超过300亿元，大约占市级财政预算支出的1/6。

绩效评价的结果，将作为以后年度编制部门预算和安排资金的重要依据。绩效评价结果较好的部门项目优先考虑或重点支持，较差的部门相应减少预算乃至取消预算安排。对于绩效评价中发现的问题，财政部门要提出改进和加强部门预算支出管理的意见，并督促部门整改。

市财政局表示，绩效评价的结果要逐步向社会公布，以加强社会公众对财政资金使用效益的监督。另外，本市还制定了绩效问责机制，对预算绩效管理未达到相关要求的部门，采取收回预算资金等形式实行绩效问责。

二　吉林省

吉林省构建绩效管理“五个三”工作格局

（《中国纪检监察报》2012年02月22日）

自2011年6月被国家确定为绩效管理工作试点省以来，吉林省认真贯彻落实全国绩效管理试点工作会议精神，按照中央纪委、监察部的部署要求，加强组织领导，明确工作思路，健全工作机制，认真组织开展绩效考评，构建“五个三”工作格局，扎实推进政府绩效管理工作。

做到“三个明确”，加强绩效管理工作统筹规划

明确指导思想。坚持以科学发展为主题，以加快转变经济发展方式为主线，突出发展和民生两个关键，科学构建绩效管理指标体系，规范绩效考评程序和方法，强化绩效管理结果运用，充分发挥绩效管理的导向和约束作用，提高党的凝聚力，提升政府公信力，增强干部执行力，强化制度约束力，推动各级机关进一步转变职能和作风，不断提高工作效率和质量，确保完成各项目标任务。

明确基本原则。坚持正确导向，推动科学发展；坚持统筹兼顾，突出发展和民生；坚持科学管理，提高质量和效率；坚持突出重点，确保方法简便易行；坚持客观公正，鼓励多方参与；坚持改革创新，注重实绩效果。

明确工作目标。强化绩效管理观念，优化指标体系，规范程序方法，发挥考评结果作用，健全工作机制，形成具有吉林特色的绩效管理制度基本框架，为推动全省经济社会又好又快发展、加快实现吉林老工业基地全面振兴提供重要保障。

成立三个机构，建立健全领导体制和工作机制

建立领导机构。2011年11月，吉林省成立绩效管理工作领导小组，负责统筹协调全省绩效管理工作，研究制定全省绩效管理工作方案和实施意见；组织督促各地区、各部门做好绩效管理工作的部署和相关政策措施的贯彻落实；组织开展工作检查，交流和通报情况，总结推广经验；协调解决工作中遇到的困难和问题。

确立工作机构。吉林省绩效管理工作领导小组在省纪委、监察厅设办公室（简称省绩效办），同时加挂省委、省政府绩效管理监察室牌子，主要负责全省绩效管理日常组织协调工作，对全省绩效管理工作进行指导和监督检查；调查研究绩效管理工作重大问题，提出有关意见建议；协调推进全省绩效管理工作；定期向领导小组及中央纪委、监察部报告全省绩效管理工作情况。

设立监督检查机构。2011年12月，设立绩效管理监察室，为省纪委、监察厅内设机构，加挂省委、省政府绩效管理监察室牌子，主要职责是：组织开展党政群机关绩效管理情况调查研究和监督检查工作，指导协调各地各部门绩效管理监察工作；组织开展党政领导干部问责情况的监督检查工作，协调、配合党政领导干部问责事项的调查处理；组织开展省政府部门行政审批制度改革工作，指导各地开展行政审批制度改革工作；承担省绩效管理工作领导小组的日常工作，负责牵头制定绩效评估管理制度，指导、协调、组织、实施全省绩效管理工作。

抓住三个环节，认真组织开展绩效管理考评

科学设定考评指标体系。努力将绩效管理与重点工作紧密结合起来，通过开展绩效管理推动各项工作取得更大成效。对政府工作部门的考评，包括重点工作（业务）目标和共性目标两个方面。重点工作（业务）目标为省政府确定的各部门重点工作；共性目标为依法行政、机关建设、党风廉政建设、专项资金和部门经费管理。对地区的考评，包括经济发展、社会事业、民生改善、行政效能、资源环境5项一级指标和14项二级指标、41项三级指标。对省直党群工作部门的考评，包括业务工作和机关建设两个方面。业务工作主要包括重点工作目标、职能工作目标和专项工作目标；机关建设主要包括领导班子建设、党风廉政建设和机关党的建设。

完善考评程序和方式。完善绩效管理工作的各项规章制度和操作规程，明确绩效管理的内容、方法和要求，确保绩效管理指标设定、节点控制、结果运用等各个环节工作有章可循、严格规范。立足科学简便、务实管用，实行自下而上、自上而下、综合认定等多种方式，探索运用现代评价方法，体现不同绩效管理目标的考评需要。将考评对象、指标、程序、结果等向社会公开，确保广大群众的知情权和参与权。同时，将党代表、人大代表、政协委员的评价引入考评，扩大考评的参与面。

科学运用考评结果。为充分发挥绩效考评的导向和激励约束作用，把绩效考评结果作为评价各地区、各部门工作的重要依据，作为改进工作、加强管理的重要依据，作为领导班子和领导干部考核、干部选拔任用的重要依据，作为党政领导干部问责的重要依据，作为奖惩的重要依据。通过绩效考评真正调动积极性、激发干劲、提高管理水平，鼓励推动地区和部门以及广大干部认真履行职责，创造性地开展工作。

组建三个考评组，明确绩效管理工作定位

按照吉林省绩效办的部署要求，省公务员局、省发改委、省直机关工委三个考评组已于2012年1月5日组织开展2011年度绩效管理考评工作。

第一组，省政府工作部门绩效管理考评工作由省公务员局牵头组织实施。考评时间为2012年1月5日至2月底，考评范围为48个省政府组成部门、直属特设机构、直属机构及部门管理机构，考评内容为各部门和单位年度重点工作（业务）目标和共性目标，以及其他反映部门整体绩效的相关内容。

第二组，市（州）政府、长白山开发区绩效考评工作由省发改委牵头组织实施。考评时间为1月上旬至3月，考评步骤包括各地自我评估、考评组考评、社会评价和实地考评，3月形成考评报告。目前正在规范考评依据，细化指标考评内容，近日将印发《考评实施方案》。

第三组，省直党群工作部门目标责任制考评工作由省直机关工委牵头组织实施。考评时间为2012年1月9日至2月底，考评内容为30个省直党群部门年度工作目标责任制落实情况。相关考评内容及赋分标准已制定完毕，近日将对考评组人员进行业务培训。

力争用三年时间，形成吉林特色绩效管理体系

2011年11月召开的吉林省绩效管理工作会议要求，突出绩效管理工作体系、考评程序和方式、科学运用考评结果等重点环节，强化组织领导、监督检查和教育引导等保障措施，积极探索创新，努力用三年左右时间，形成比较科学、规范、有效的绩效管理模式。

三 福建省

福建政府绩效管理十年探索：以人民满意为依归

（《中国纪检监察报》2011年08月02日）

2000年以来，福建省积极探索政府绩效管理工作，历经绩效考评、绩效评估、绩效管理三个阶段的发展，以权力制约、能力建设和激励问责等为核心举措，建立起以绩效目标、绩效责任、绩效运行、绩效评估、绩效提升为基本框架的政府绩效管理制度。今年年初，福建省被中央纪委、监察部列为地方及政府机关绩效管理试点省份。

炎炎夏日。

当记者来到距福建省永安市区20多公里的洪田镇中心小学时，陈玲娜老师正在指导学生作文。

陈玲娜是永安市北门小学语文教师，再过十多天，两年的支教生涯就将结束了。离别之际，面对农村孩子纯朴而热切的目光，她心里不舍，也很伤感。

2009年开始，福建省在永安市、闽侯县等11个县（市、区）开展“教师人事关系收归县管，实施教师校际交流工作”试点。

加大教育投入力度，推进义务教育均衡发展，是福建省政府及其部门绩效管理的一项重要指标。

与此同时，交通部门在绩效管理中连出“民生牌”：从2009年起，取消全省所有普通公路收费，一年可减轻群众负担40亿元。去年，投入10亿元改善农村客运，投入1.2亿元更新2500辆城市公交……

群众对交通部门的满意度也在逐年提高，福建省交通厅在省直41个部门的绩效排名，从2008年度的第24名，上升到2009年度的第3名，再到2010年度的第1名。

2000年以来，福建省以建设“廉洁、勤政、务实、高效”政府为目标，在全国率先构建具有福建特色的政府绩效管理模式，既实现了政府职能的转变，提高了政府运行效率，又提升了人民幸福指数，促进了科学发展观的落实，对加快海峡西岸经济区建设，推进福建科学发展、跨越发展，发挥了积极而重要的作用。

十年磨剑——一场政府的“自我革命”

5月，一份关于福建省2010年度政府及其部门绩效管理情况的通报出炉，2011年度的绩效管理方案也同时出台。

在福建，每年这个时候，省、市、县、乡四级政府及其部门的主官们，都会把目光投向绩效管理工作：过去一年的绩效排名如何，得分点和失分点在哪里，新一年工作如何推进？绩效评估成为各级政府开展工作的一个重要指标。

翻开通报，记者看到，9个设区市政府和省政府41个工作部门的具体得分情况，分别从指标考核、公众评议、察访核验三个方面进行加权计分，得出最后得分和排位顺序。厦门、福州、三明的得分位居设区市政府前三名；在省政府工作部门中，省交通运输厅、省地税局、省经贸委等12个单位被评为优秀。

福建探索政府绩效管理的十年，历经“绩效考评—绩效评估—绩效管理”三个阶段的发展历程：

2000年，省委、省政府作出《关于开展机关效能建设工作的决定》，提出“建立健全机关效能绩效考评和奖惩制度”。

从2005年开始，在9个设区市政府和省政府23个组成部门开展绩效评估工作。设区的市一级政府对县（市、区）政府及其部门开展绩效评估工作，县（市、区）一级政府也选择部分乡镇开展试点，积极探索在基层推行绩效评估的做法。

2007年，中央提出要加快建立政府绩效管理制度。福建在深化绩效评估的基础上，积极推行政府绩效管理制度，建立起以绩效目标、绩效责任、绩效运行、绩效评估、绩效提升为基本框架的政府绩效管理制度，构建具有福建特色的政府绩效管理模式。

2010年11月，福建省迎来机关效能建设十周年，在“深化机关效能建设，构建服务型政府理论研讨会”上，专家学者对福建省的效能建设和绩效管理工作从理论上加以总结，认为福建省是我国第一个在全省范围内实施绩效管理的范例，在建立服务型政府过程中迈出了关键一步。

民生优先——绩效评估指标体系悄然“变脸”

从去年开始，一场“环保风暴”在泉州越刮越猛：去年8月，194家化工、印染、制革、造纸行业的环保违法企业被断水断电；去年年底，在首批20个小流域水环境整治中，1000多家污染企业被关闭取缔、停产整顿；今年5月，该市又对331家违反环保法律法规的企业实施停产整顿或关闭。

这是福建坚持民生优先，在为民办实事上挥出的大手笔之一，目的就是提高老百姓的幸福指数。这也意味着，在指标调整和权重加减中，福建省的绩效评估指标体系悄然“变脸”。

在体现以人为本、重视民生方面，该省设立了城乡居民收入、教育发展、社会保障、医疗卫生、文化体育、就业等指标，每个指标由具体的二级指标合成。如医疗卫生指标，由每千人拥有卫生技术人员数、每千人拥有医疗机构病床数、人均住院费用增长率等7项二级指标合成。通过上述指标的设立，评估政府重视和关注民生的作为情况，从而反映了政府是否真正实践了执政为民的本质要求。

福建是水、大气和生态环境质量均为优的省份，森林覆盖率多年来冠居全国。为保护青山绿水，该省将环保监管职责纳入各级政府及部门绩效考核的重要内容。对没有完成年度环保工作目标，或发生环境事故造成恶劣影响的，按规定对相关领导和责任人进行问责。

目前，福建连续五年完成国家规定的减排硬指标，全省城市环境空气质量达到国家二级空气质量标准。优良的生态环境，为福建的跨越发展积蓄了强大的能量和后劲。

作为省会城市的福州市，随着全市经济总量和综合实力的逐步提升，在“家底”日益殷实的同时，“蛋糕”分配结构也有明显调整——即使在受国际金融危机影响最为严重的2009年，福州市在当年的一般预算支出中，民生领域的支出仍占全市一般预算支出的65%，高达132.4亿元。

今年年初，福州市政府提交市人大审议的预算清单中用于民生保障的投入，涉及教育、医疗、就业等10多个民生保障领域，财政资金投入增长全都在11%以上，最高的达到19.9%。

“绩效评估指标体系设计起到了导向性作用，如果不重视民生领域，不但指标考核过不了关，公众在评议中也会打低分。”福州市政府有关领导坦言。

科学评估——政府干事，群众“打分”

一位长期关注福建省政府绩效管理工作的学者指出，福建省绩效管理评估体系，呈现出评估指标越来越细、越来越突出科学发展、民生比重不断增加等特点。

2005 年，对设区市政府的绩效评估主要设定了可持续发展水平、构建和谐社会进程、勤政廉政等 7 个方面的一级指标，以及 28 个二级指标。至 2009 年度，一级指标增至 28 个，二级指标增至 66 个；2010 年度，一级指标增至 30 个，二级指标则增至 86 个。

福建省效能办负责人说："就经济发展指标而言，从以前注重量上增长，到近两年突出质上的提升，通过设定能源消耗、环境绩效、科技创新、品牌发展等指标，使科学发展观的要求在各级各部门中得到落实。"

在此，以 2010 年度设区市政府绩效管理工作为样本，来了解福建省政府绩效评估体系的设定和运行情况：

——指标考核。2010 年度设区市政府指标考核共设 30 个一级指标、86 个二级指标。考核数据由 25 个省直行政主管或业务监管部门负责采集，省统计局负责汇总统计。

——公众评议。由国家统计局福建调查队组织实施，年中和年终各开展一次，并按 3∶7 的比例合成评议结果。公众评议主要采取抽样调查方式进行，两次评议的总样本 880 个，调查对象包括人大代表、政协委员、企业经营者、城镇居民、农村居民等五大群体。针对不同群体设置不同的公众测评表和问卷调查表，共涉及经济发展、环境保护、社会治安、医疗卫生、廉洁从政等 21 个评议指标。通过问卷调查，对政府及其部门的行政能力、履职情况、服务水平、勤政廉政等情况进行评价。

——察访核验。由省监察厅、省效能办牵头，组成察访核验小组，通过现场察访、现场拍摄、查核数据与资料、电话暗访等方式，对 9 个设区市在机关工作作风、服务态度和服务质量等方面的情况进行察访，并对部分行政处罚件、行政审批件、领导批示及督办件进行抽查。针对明察暗访中发现的问题，对相关 7 个设区市分别予以扣分。

以上三方面的得分，按照指标考核 60%权重、公众评议 40%权重，再减去察访核验环节的扣分，计算得出各设区市政府绩效评估的最后得分。

福建省统计局社情民意调查中心负责人认为："政府做事，群众'打分'。充分发动群众参与，组织公众评议政务，这是福建省绩效管理工作的一大特色。"

社情民意调查中心负责人说："在公众评议阶段，福建省委托第三方进行，严格按照有关程序随机抽样，具有较强的公正性和权威性。客观的公众评议给政府部门带来不小的压力，是社会监督政府的一种良好方式。"

"四级"覆盖——强化评估结果应用

永定县效能办在效能监察中，发现某局工作人员因服务意识不强导致台商申办手续延误，立即调查并进行责任追究，免去经办副科长的职务，并对 3 名相关责任人实施效能告诫。

永定县在县直81个部门和24个乡镇中全面开展绩效管理工作，制定了《绩效管理工作奖惩办法》，每年对政府绩效指标分值居全市前三名的单位给予奖励，居全市后两位的单位给予通报批评。三年来，该县共有38个单位被评为“绩效管理优胜单位”，有3位干部被扣发全年奖金并受到效能告诫，6个单位被取消评先评优资格。

目前，福建省绩效管理工作已实现省、市、县、乡四级全覆盖，在四级政府及其部门中全面实施，初步建立了以绩效目标、绩效责任、绩效运行、绩效评估、绩效提升为基本框架的政府绩效管理制度。

福建省高度重视评估结果应用，每年都由省委办公厅、省政府办公厅联合对绩效评估结果进行通报，并将评估结果抄送组织部门，作为评价政府部门和干部工作实绩的重要依据。

省效能办及时反馈绩效评估情况，促进各级各部门认真整改，持续改进和提升绩效。近几年绩效评估后，部分设区市政府对环境质量、民生指标、社会安全等方面存在的差距和不足，都采取了相应的措施，取得了较为明显的成效。如厦门市、漳州市在维护群众利益方面，福州市、三明市在社会安全方面，南平市、宁德市在环境保护方面，莆田市、龙岩市在经济发展方面，都有了较大的进步。以落实科学发展观为价值取向的绩效评估方法，在福建各地得到有效实施。

四　四川省

我省构建省市县三级政府目标绩效管理框架

（《四川日报》2011年09月12日）

作为干部问责重要依据，对作风漂浮、敷衍塞责、效率低下以及因行政不作为、乱作为、慢作为等造成恶劣影响或严重后果的，严肃追究责任。

作为公务员奖惩的重要依据，建立健全公务员激励机制。

9月8日，《四川省人民政府关于开展政府绩效管理试点工作的意见》（以下简称《意见》）下发。我省将以成为全国8个开展绩效管理试点省市之一为契机，构建省、市、县三级规范统一的政府目标绩效管理框架。

《意见》提出，力争到2012年年底基本形成组织健全、内容科学、程序完备、操作规范、运转协调、结果公平的目标绩效管理体系，确定了“建立管理体系、优化指标设置、稳步推进实施、加强过程管理、分级考核评价、强化结果运用”等六项工作内容。

建立管理体系：进一步改进完善省政府对市（州）政府和省政府部门目标绩效管理工作。市（州）政府参照省政府目标绩效管理体系，对市政府部门实行绩效管理，改进完善对县（市、区）政府目标管理。选取有一定基础的县（市、区），开展乡（镇）政府和县级政府部门目标绩效管理工作试点。

优化指标设置：地方政府指标设置要强化对结构优化、民生改善、资源节约、环境保护、基本公共服务、依法行政和社会管理等方面的考核评价，体现分类指导的要求，反映不同区域的差异。政府部门指标设置要兼顾主要任务完成情况、职责履行、依法行政、公共服务、机关管理、改革创新等内容，体现不同部门的工作特点。

稳步推进实施：市（州）政府和省政府部门要以推动工作落实、提升工作绩效为目的，认真分解和细化各项指标任务，层层分解，落实到人，明确工作责任、质量要求和时间进度。要建立健全指标有效执行和实施的工作机制，制定具体措施，推动工作顺利开展。

加强过程管理：要加强指标执行情况的过程监控，适时开展专项督查调研，及时查找问题、分析原因、采取措施、确保任务落实。评估意见和数据提供单位要健全日常监控办法，加强过程监管、做好指标执行的台账管理。各级监察机构要建立绩效管理监察工作机制，认真受理绩效管理投诉。

分级考核评价：年度考核评价对被考评单位的工作业绩和实际效果进行全面综合评价，做到定档有依据、评价有理由、结果可查询。

强化结果运用：地方政府和部门应对照结果，查找薄弱环节，制定整改措施，不断提升工作绩效；要作为干部问责的重要依据，对作风漂浮、敷衍塞责、效率低下以及因行政不作为、乱作为、慢作为等造成恶劣影响或严重后果的，严肃追究责任；要作为公务员奖惩的重要依据，加大奖优罚劣力度，建立健全公务员激励机制。

省政府办公厅还同期印发《四川省政府绩效管理试点工作方案》，确定了开展市级政府目标绩效管理、县级政府目标绩效管理试点工作。

五 新疆维吾尔自治区

从“效能风暴”到科学考量

（《新疆日报》2012 年 04 月 07 日）

3 月 2 日，乌鲁木齐市市民李月走进自治区人力资源与社会保障厅的服务大厅，想补办她丢失的医保卡。原想着过程会很麻烦，但便捷的咨询、查询平台和高效的服务流程，工作人员良好的服务态度，使她不到半小时就补办好了医保卡。

李月享受到的优质服务是 2011 年新疆维吾尔自治区效能建设年成效的一个缩影。2011 年，一场“效能风暴”席卷全疆，到了今年，新疆作为全国开展政府绩效管理工作试点省区之一，开始稳步推进政府绩效管理，科学制定政府绩效综合评价体系，逐步实现行政管理的科学化、精细化、规范化。这不仅是对 2011 年效能建设和效能考评工作的进一步拓展和深化，也意味着新疆政府管理创新进入了一个新的阶段。

探索规范的政府绩效管理模式

2011 年，国务院政府绩效管理部际联席会确定，在工作基础比较好的北京、新疆、吉林等 8 个省区市开展政府绩效管理试点工作。为加强对全区政府绩效管理工作的综合指导和组织协调，自治区行政机关效能考评工作领导小组更名为“自治区绩效考评工作领导小组”，进一步明确了工作责任，理顺了工作关系，争取在尽可能短的时间内，为政府绩效管理工作顺利开展提供有力的组织保障。

今年 2 月底，自治区召开行政机关效能考评工作会议，自治区党委副书记、自治区主席努尔·白克力在会上说，政府绩效管理是一项创造性的系统工程，涉及的环节很多、范围很广、政策性很强、难度也很大。我区的重点是围绕建立健全领导体制和工作机制、完善绩效考评指标体系、创新评估手段、强化结果运用等进行实践探索，为提高地方政府绩效管理水平积累经验。力争到今年年底基本形成比较规范、有效管理的绩效管理模式，为在全区深入推行政府绩效管理制度奠定基础。

自治区绩效考评工作办公室相关负责人介绍，目前，绩效管理工作大体上可以分为对下级政府、直属部门、财政资金、政府投资项目和公共政策绩效管理五种情形。目前全国对这五种形式都有探索，但多数单位的绩效管理工作是对政府部门和下级政府开展的。

对于哪些工作必须纳入绩效管理，该负责人介绍，党中央、国务院重大决策部署落实情况，自治区重要工作部署落实情况，特别是明确要求考核的工作一定要纳入；同时，各地区各部门可以根据本地区本部门重要工作任务，突出重点工作和职能任务，自行确定绩效管理的内容和重点。

9 项一级指标科学考量绩效

今年是我区开展政府绩效管理的第一年，能否开好头、起好步，关系自治区政府绩效管理工作的长远发展。构建科学合理的绩效考评指标体系，是政府绩效管理制度的核心内容，直接决定绩效管理工作成效。

有资料显示，从目前我国的实践情况看，对地方政府的绩效考评指标体系一般包括经济建设、社会管理、文化建设、民生改善、节能环保、行政效能与廉政建设等几大方面。有的地方还设置了个性化指标，如江苏设立了“公众参与”指标，湖南设置了“省委省政府重点工程与重点工作”、“为民办实事”指标等。

为了使绩效考评指标体系更加科学合理，自治区本级行政机关的绩效考评重点是在总结去年工作的基础上，继续修订完善考评指标体系，延伸和扩大考评范围，将履行政府职能的自治区食品药品监督管理局等 8 个单位列入了绩效考评范围。

在今年的政府绩效管理工作中，一共设置了伊犁哈萨克自治州等 14 个地、州、市政府以及自治区行政机关 50 个工作部门单位作为考评对象，实行分类考评。地州市的绩效指标考评以定量指标为主，定性指标为辅，设置经济发展、社会和谐、生态优美、文化繁荣、民生改善、对口援疆、区域特色、廉政建设和行政效能等 9 项一级指标。

对政府部门的绩效考评指标体系包括履行职责、制度建设、效能效率、工作作风和部门单位全局性指标、职能性指标以及领导评价、公众满意度测评等方面。如自治区行政机关部门单位年度绩效考评指标由绩效目标和行政效能指标组成，部门单位设置的绩效考评指标包括全局性指标、职能性指标两大类别。

全局性指标都是围绕自治区“十二五”规划目标要求，自治区党委、自治区人民政府确定的部门单位年度重点工作目标、民生工作及公众关注的社会重点热点问题设置。

自治区 50 个工作部门按照工作性质，分为经济管理调节类、社会与政务管理服务类、执法监督监管类三类。职能性指标结合各部门单位的关键职能和任务设置。

据了解，考评内容基本涵盖政府和部门各项主要工作，全面考核政府及其部门整体绩效。同时，在权重分配上更注重了突出重点，发挥指标设计的导向作用。如对经济社会发展的考核，由注重经济增长指标向注重综合发展指标转变，更加重视发展的质量和效果，更加注重对结构优化、资源节约、就业和民生改善等方面的评价。

注重绩效考评结果的运用

从今年起，自治区绩效考评采用自我考评、指标考评、满意度测评、领导评价、察访核验、加扣分考评等方式相结合的方法进行，更加注重绩效考评结果的运用。

依据自治区党委办公厅、自治区人民政府办公厅关于自治区行政机关效能考评实施办法和工作细则的要求，今年绩效考评结果将作为自治区党委、政府评价各部门单位年度工作的重要依据，根据年度绩效考评结果，按照奖优、治庸、罚劣的原则，建立和完善相应的奖惩机制。

诸如，绩效考评结果会抄送组织（人事）部门，作为评价各级各部门及领导班子、领导班子成员工作实绩和选拔任用领导干部的重要依据；对绩效考评等次评定为优秀的单位部门给予奖励。把绩效考评结果作为问责的依据，对分类考评排名比较靠后的单位部门主要负责人进行约谈；对绩效考评结果被确定为较差等次的单位部门要向自治区党委、政府递交书面整改意见，自治区将予以通报批评，并对主要负责人按有关规定实行诫勉谈话，等等。

从“效能风暴”到科学考量，一个更科学、更常态的考评体系正在我区形成，必将催生更规范、更高效的政府及其服务。

六 杭州市

"让人民评判，让人民满意"
——杭州努力探索社会管理新路径
（《杭州日报》2011 年 11 月 02 日）

让广大人民群众满意，是加强和创新社会管理的出发点和落脚点，也是促进社会和谐稳定的现实基础。我市综合考评在多年的实践中，始终坚持"创一流业绩、让人民满意"宗旨，从"人民满意不满意单位"评选入手，积极探索公众民主参与社会管理的新路径，积累了不少有益经验。

坚持让人民评判，探索诉求表达新机制

开展综合考评，让群众评议政府，一方面扩大了公民有序政治参与，另一方面不同社会层面在评议过程中可以提出意见建议、合法理性地表达自身的利益诉求，为党委、政府掌握民情民意，解决群众关注的热点难点问题开辟了一条新渠道。

十余年来，我市综合考评共组织 135000 余人次参加社会评价（满意评选）活动，共征集到 61262 条意见和建议，其中许多都上升为市委、市政府工作目标或市直单位当年度目标任务。例如，2002 年通过连续几年对社会评价意见的梳理分析，发现了 7 个群众迫切需要解决和带有普遍性的问题，由此杭州在全国较早开展了以改善民生为重点的"破七难"工作。经过市委、市政府多年的克难攻坚，"清洁卫生难"、"困难群众生活就业难"等问题已得到较好解决，而像"上学难"、"看病难"等问题则有了明显缓解。

与此同时，我市还从维护最广大人民群众根本利益的要求出发，积极探索为不同的社会利益群体提供平等表达机会和参与渠道。2007 年，杭州在全国率先将外来务工人员纳入社会评价市民投票层面，赋予了"新杭州人"表达自身诉求的"话语权"，还先后将农村居民、社会组织纳入社会评价投票层面。目前，每年参与对市直单位社会评价的代表共有 9 个层面、约 1.5 万名，其中按比例随机抽取的市民代表（包括外来务工人员、农村居民）达 1 万余名。此外，在表达渠道上也不断推陈出新，尝试开展了网上评议，设立社会评价专线电话，并在全市各级公共服务窗口推行服务评价制，广泛接受公众评议。

杭州综合考评坚持公民导向，逐步搭建了一个政府主导、覆盖全市的公民参与网络，形成了一项稳定、开放的民主表达机制，为引导群众理性合法地表达自身利益诉求起到了有益的示范作用。

坚持让人民满意，探索落实民意新举措

我市综合考评从"人民满意不满意单位"评选入手，建立形成"评判—整改—反馈”制度，把落实群众意见整改成为市直各单位的一项常态化工作，为解决群众最关心、最直接、最现实的问题，探索出一条政府主导、公众参与、总体规划、持续改进的新路径。

每年综合考评一结束，考评部门都要将每一条群众意见转交有关部门办理，有关部门也把意见整改列入年度工作目标，对一些重大的意见整改措施还会在报纸和网上进行公示，充分听取广大群众的意见；年底，各单位还要把整改结果再向社会公示，最大限度地接受广大群众的监督和评判。据统计，通过持续不断的群众意见整改，几年来人民群众对市直单位工作的总体满意率都保持在90%以上。

从2007年开始，我市每年都通过新闻媒体向社会公开发布年度社会评价意见报告，全面总结上一年度整改落实群众意见的情况，反映整改过程中存在的薄弱环节和问题，分析当年度社会评价意见反映的主要内容，以及意见和问题的主要成因，并提出整改对策建议。这一系列“开门”抓整改的举措，不仅体现了政府部门尊重民意、回应群众的诚意，改进工作的勇气和决心，同时有效增强了政府与人民之间经常性的、制度化的、平等的互动。

坚持创一流业绩，探索创新服务新平台

新形势下加强和创新社会管理，关键是要进一步提高为民服务水平，根本是把“以人为本”这一科学发展观的核心理念落到实处。经过多年的持续改进，不少容易处理的群众意见已得到解决，剩余的老大难问题必须通过对服务方式、方法的创新来加以解决。2006年以来，综合考评开展了创新创优目标绩效评估，激励广大机关干部不断开拓创新。几年来，市直单位和区、县（市）按照有利于贯彻落实科学发展观和市委、市政府重大决策部署，有利于便民、利民、造福百姓，有利于提高机关工作水平和绩效的要求，结合工作实际，积极开拓创新，涌现了诸如“生活品质”、“城市更新”、“联乡结村”、“开放式决策”、“权力阳光”、“两轮推荐两轮票决”、“文化创意产业体系化发展”等一大批优秀创新成果。从2006年至2010年四年间，杭州市各区、县（市）和市直单位共推出412项创新创优工作目标，其中公共服务类的占32.8%，社会管理类占25.6%，不少创新创优工作走在了全国的前列，得到国家部委的表彰与推广。

市委十届十次全会对加强社会建设、创新社会管理提出了要求、做出了部署。综合考评要坚持把群众满意不满意作为出发点和落脚点，研究新方法、探索新机制，进一步发挥好导向和助推作用，为杭州科学发展提供有力支撑。当前，综合考评要加强各地各部门工作目标的日常监督和过程管理，确保市委、市政府年初确定的各项目标任务的全面完成；要加强社会评价意见整改和创新创优，促进机关进一步提能增效，优化服务，不断提高工作质量、服务水平；要进一步完善综合考评指标体系，加大社会建设、社会管理指标权重，推进杭州社会建设和管理创新迈上新台阶。

让标准走近公众 让服务更加规范
上城区政府管理与公共服务标准化建设成果丰硕

（《杭州日报》2011 年 09 月 28 日）

上城区政府管理与公共服务标准化服务现场

如果把作为行政管理和公共服务常设机构的政府比作“铁打的营盘”，那政府工作人员就如“流水的兵”。而要建立一个长效有序的、持续向社会和公众提供优质公共产品和公共服务的服务型政府，仅仅依靠“铁打的营盘流水的兵”那是远远不行的，而必须要有一个制度和体系的保证。为此，上城区政府自 2007 年开始，就率先在全国区、县（市）层面开展了“政府管理与公共服务标准化”理念的创新和实践探索，力求通过对区政府工作职能进行梳理和细分，制定政府管理和公共服务的“大标准”，从而实现从粗放式管理向精细化管理的转化，推动政府绩效管理建设。

近几年来，上城区通过一步一个脚印的努力，在构建政府管理和公共服务标准化体系上取得了一系列丰硕成果。2009 年 5 月，这一项目被国家级服务业标准化项目正式确定为政府管理和公共服务首个标准化试点，该区也因此成为国内打造服务型政府的先头兵。目前，包括 1 个大体系、4 个分体系、31 个子体系、300 余个职能标准化项目、800 余项法律法规及政策依据在内的“上城区政府管理与公共服务标准化体系”已构建完成，在经济发展、民生保障、城市管理、社会服务等方面正发挥着越来越大的作用。

让最佳秩序和社会效益相统一

所谓标准化，即“在经济、技术、科学及管理等社会实践中，对重复性事物和概念，通过制定、发布和实施标准，达到统一，以获得最佳秩序和社会效益”。

作为直接面向公众的基层政府，传统的政府管理体制往往容易导致管理权责模糊、服务环节烦琐、运作缺乏合力、行政成本和公众享受公共服务成本偏高等弊端。如传统办事模式中，凡三级审批的事项，申请人就得往社区、街道、区里一站站跑，既花费时间又浪费精力。而基于政府管理和公共服务标准化体系打造的上城区电子政务平台，就真正实现了"一站式服务，网络替人跑"。凡是区属范围的事，不论几级审批，申请人只要进"一站"交办即可。再加上限时办结、效能考核等措施的同步应用，大大提高了工作人员的服务意识和办事效率。

"民有所求，我有所为"，改变传统政府管理体制权责模糊、环节烦琐的弊病，构建规范化、优质化、效益最大化、服务阳光化的政府管理与公共服务标准，使每一项具体事项都有标准可依循、可操作、可检查、可评价，保证各项行政职能统一、规范、明确地履行，正是上城区应对群众与社会呼声的"唯民"之举。

目前，上城区以群众最关注的社区服务、养老、教育、住房等问题为重点和突破口，已制定了《上城区危旧房屋维修、拼接、改善规范》、《学校安全管理规范》、《老龄工作管理规范》等近40项，并作为省、市地方标准颁布实施，完成制定近70项区级地方标准规范。其中《居家养老服务与管理规范》已被确定为国家标准制定项目，进入标准制定阶段。

成为全程显性监督的最好法宝

在注重标准化体系建设与具体标准制定的同时，上城区更注重标准化工作成果的具体应用。该区本着"标准化为体、信息化为用"的一体化理念，在不断整合提升优化原有政府工作流程的同时，大胆探索尝试以信息化系统为支撑的政府工作标准化流程重构。

如在对外管理与服务方面，该区以网上行政服务中心、社区e家人、e学网等信息化系统为载体，实现了操作自动留痕、全程实时监督，有效解决了政府机关"中梗阻"现象，提高为社会服务的便利程度。在对内管理方面，通过街道综合信息管理应用系统、建设资金统一调度平台、区信息资源综合数据库，重点工程目标管理控制、网上绩效考核系统、智能监控管理系统等信息化系统，可将按标准履行政府管理和公共服务职责的过程体现到网上，并与全区绩效评估体系结合，实现标准化过程控制，大大节省绩效评估成本，增加绩效评估科学性。这就犹如一个透明的金鱼缸，不论从哪个角度观看，里面的情况都一清二楚，从而成为全程显性监督的最好法宝。

已出台的上城区政府管理与公共服务标准化成果（部分）

标准名称	标准编号	级别
居家养老服务管理规范	DB33/T837—2011	省级
城区政府公共管理和服务标准体系表 编制指南	DB33/TXXXXX—2011	省级
历史文化特色街区服务规范	DB33/T671—2007	省级

续表

标准名称	标准编号	级别
和谐（满意）社区建设测评规范（修订）	DB3301/T09—2011	市级
上城区社区 12345 信访服务规范（修订）	DB3301/T10—2011	市级
上城区危旧房屋维修、拼接改善规范（修订）	DB3301/T12—2011	市级
杭州市上城区社区档案管理规范	DB3301/T13—2008	市级
杭州市上城区社区工作者管理规范	DB3301/T15—2008	市级
学校安全管理规范	DB3301/T17—2008	市级
科技创业中心运行管理规范	DB3301/T18—2008	市级
居家养老服务与管理规范	已确定为国家级标准项目	
政府管理和公共服务标准体系编制要求	已列入省级标准制订计划	
110 接处警规范	已列入省级标准制订计划	
社区档案管理规范	已列入省级标准制订计划	
应用亮点展示	已列入省级标准制订计划	

以标准化管理规范居家养老服务

“曹士坤，男，85 岁，望江街道耀华社区，肢体三级残疾，每月服务 22 小时”……打开上城区民政局“e 家人居家养老服务评估系统”，详细的个人、健康、家庭等信息一目了然，根据这些信息，系统将自动评估出应服务时间。在上城区，一共有近 2000 位符合相关条件的老人，需要且可以由政府提供上门居家养老服务，但老人们的情况各不相同，如何为他们提供规范化、个性化的服务？“e 家人居家养老服务评估系统”解决了这一问题，通过系统来科学界定这些老人每月可享受由政府买单的居家养老服务时限。

作为《上城区居家养老服务与管理规范》的一个重要组成部分，“e 家人居家养老服务评估系统”的出现真正做到了对象准入的门槛高度统一、透明与公正。“居家养老涉及家家户户，有了这一系统，就像有了一杆秤”，上城区民政局社会福利科的工作人员说，“《规范》管人，不仅标准统一、便于操作，而且操作标准流程的设置也得到规范，工作效率大大提高。”

作为浙江省老龄化程度最高的城区，上城的“居家养老”工作一直走在全国前列。随着《上城区居家养老服务与管理规范》的出台，2010 年年底该区又推出了以“拓展养老服务、构建和谐家园”为主题的居家养老全覆盖工程，从“特惠型”向适度“普惠型”转变，将对全区 7.4 万名 60 岁以上老人，提供 6 大类 50 项规范化、特色化、人性化的居家养老服务。

以标准化流程构建网上行政中心

日前，新婚而男方有孩子的江西上饶人余女士，把“生二孩”的申请材料送到上城区小营巷社区电子政务平台的窗口后，工作人员就请她回家等候。余女士有些意外地说，别人告诉她办妥这件事要先后跑社区、街道、区计生局几家单位。工作人员笑着说，现在已实行电子政务平台办公，信息网上传输代替人“跑”了。

按传统的办事模式，凡三级审批的事项，申请人就得往社区、街道、区一站站跑，要花费不少时间和精力。而现在信息网上传输代人“跑”，不仅便捷，而且“服务”周到——每完成一个程序，都会自动发短信通知申请人。如余女士送出申请材料没几天，她的手机上就接二连三地收到“你的材料移送街道”、“你生二孩已进入公示程序”、“事情办结，可领二孩生育证”等电子政务平台的短信。余女士把这事说给娘家人听，他们都惊叹杭州的办事效率。

从以前的办一件事要跑断腿，到现在坐在家里点点鼠标，上城区以标准化流程构建的网上行政服务中心大大节省了百姓办事的时间和精力。目前，上城区信息平台已经汇集了全区5万余家企事业单位、个体经营户及40余万实有人口的基本信息、家庭户籍信息、特殊困难信息、互动服务等50余项共计400余万条数据，228项行政审批服务项目，其中210项已实现互联网上预受理，其余项目均可通过社区、街道或各业务部门以及区行政服务中心申报。截至今年，网上行政服务中心共受理事项39647件，办结数达37966件；办结平均时间缩短了三分之一。

以标准化模式创新城市管理执法

“426，490呼叫，近江南路4号有违停!”“你好，是天欣水果店吗，我们是上城区城市管理行政执法局望江中队，你有水果正放在店外，请自觉改正!”不到现场也可以看到违规情况？在上城区城管执法局望江中队SFG指挥室里，不仅可以通过监控发现违停、出店、无证等各类路面常见的违章现象，还可以直接用电话通知其自行改正违章行为，即使需要队员赶至现场，也基本能凭借“让证据可追溯”的监控视频资料在半小时内处理完毕。

所谓SFG，指的是市容秩序非现场管控视频指挥系统。2009年以来，上城区城市管理行政执法局在自主设计制定的《城管执法智能管控规范》标准基础上，开发出了上城区城管执法智能管控系统，并建成城市管理公共服务指挥中心，运用网格地图、地理编码、GPS、GIS等最新网络技术，综合运用路面探头、智能监控、车载监控等信息化设备，及时、准确传输市容秩序面貌，从而实现了第一时间发现问题，第一时间处理问题，第一时间解决问题的非现场执法模式，最大程度化解了城市管理的正面冲突。

目前，该区SFG平台已有97个普通监控探头、47个红外线智能报警探头、21辆无线监控执法车和指挥操作后台，可覆盖全区80%的主要道路和次要道路。从被动到主动、从滞后到提前、从粗放到量化、从无序到规范，这一系统已被正式列入国家住建部“住房和城乡建设行业遥感应用‘十二五’发展规划”。

领导题鉴与专家评价

中共浙江省省委书记、省人大常委会主任赵洪祝：杭州上城区社会管理的“五化”

做法有新意。

浙江省副省长王建满：标准化、信息化、透明化、服务化、集成化“五化”联动，创新社会管理的做法和经验，很有借鉴意义。

国家标准化管理委员会主任陈钢：通过标准化、信息化来实现行政管理的规范化、优质化、效益最大化、阳光化，原来是一种口号和理念，现在落到了实处。

国家标准化管理委员会原主任纪正昆：杭州市、上城区探索实践社会管理与公共服务标准化工作，取得了很好的、显著的效果，总结出一些很好的做法和经验，希望把国家标准化示范工作做得更好，以推广全国。

全国政协委员、国家行政学院原副院长唐铁汉教授：项目认识高、起点高，将“小服务”上升为“大服务”，将服务业的标准化升格为政府管理与公共服务的标准化，意义非常重大，体现了理念上的创新。

浙江大学公共管理学院陈国权教授：政府管理与公共服务标准化把政府管理中能量化的东西进行了量化，是去人格化的过程，为问责制和电子政务的改革打下了基础，有利于责任政府和电子政府的建设。

中国人民大学公共管理学院副院长蓝志勇教授：标准化使得管理方法从传统的杂乱无章的“拍脑袋”决策中解放出来，建立在坚实的理论基础和科学原理之上。

七 深圳市

绩效评估的“深圳公式”

（《南方》2010年06月04日）

“系统能够及时监控、及时评估，而且摆脱了人为主观印象分的局限性。这是适应深圳从传统社会到公民社会转型的需要，客观上也是政府理性、自觉地自我改革的表现。”

除了市民的直观感受和领导的书面评价，政府部门的工作是否能够拥有一份更加科学的“考卷”?

今年4月，一套独创的绩效评估指标浮出水面，宣告着深圳率先对这道困扰中国政务的拷问难题进行了回答。

一套神秘的“电子政务评估软件”

2010年5月24日，一场为期20天的深圳市《年度公共服务白皮书网上满意度调查》画上休止符。直观数据显示，40个发布公共服务白皮书的市直单位和区委（府）均收到一定数量的民意反馈，其中深圳市市场监督局更是收到了近500份有效网络调查问卷。

尽管绝对数字并不惊人，但对于一项刚刚启动月余的政务改革而言，其激起的涟漪效应却不容小觑。“我们将继续推行这一制度，向社会公布部门职责、工作任务、工作目标、进度要求及上年度完成情况，接受社会监督。”深圳市纪委副书记、市监察局局长杨洪说。

而这样一次满意度调查，其结果并不仅仅供纪委和监察部门参考。在深圳市今年4月出台的《市政府全面试行绩效管理工作实施方案》（以下简称《方案》）中，电子民调和其他民意统计形式一并，成为政府对市直单位和区委（府）绩效“打分”的重要标尺，权重超过30%。

在这项被外界评价为“静悄悄的行政革命”中，除上述外部评估外，内部评估则包括“电子系统自动评估”和“市政府领导评价意见”两大部分，分别占权重的65%和5%，与前者共同检验着一个部门工作的成败得失。

“实际上，效能监测本身并不是深圳的发明，但传统意义上的检查、考核，大都没有量化标准，造成下级部门搞‘花架子’，上级领导拍脑袋，打印象分，这些与中央赋予深圳的‘综改’角色极不相适应。”深圳一名研究绩效评估工作的专家学者如是说。

而在新的体系中，深圳市显然希望引入更加科学的评价理念。在深圳市绩效办信息中心，一套神秘的“电子政务评估软件”以复杂的数学模型为基础，其中包含点、线、面三个维度，并按照部门的共性与个性，分别进行双向比较。

“从手段上看，系统摆脱了人为主观印象分的局限性。这是适应深圳从传统社会到公民社会转型的需要，客观上也是政府理性、自觉地自我改革的表现。”杨洪说。

用人“标尺”

作为一项渐进式的改革，深圳在全面铺开绩效管理工作前，已在与企业和居民工作生活联系密切的十余个职能部门、区政府进行试点。反馈的情况显示，立体的监测体系在很大程度上还原了部门的施政效果，仅2008年一年，就有超过8个市局因履职不力受到不同程度的处理。

在很大程度上，绩效评估的目的是为合适的位置寻觅合适的人选。按照《方案》，绩效评估结果将与公务员提拔任用、考核评优、行政奖励、行政问责相结合，并作为重要材料抄送组织人事部门，作为考核班子、组织处理和奖惩任免干部的重要参考依据。

作为用人的一把科学标尺，绩效评估既决定着组织部门的特别关注目标，又有望为具体工作提供具有参照价值和说服力的理由。依照《方案》，评估结果可按照一定标准分为“优秀”、“良好”、“一般”、“较差”等档次。而最终被评为“较差”档次的，组织部门可以根据实际情况对被评估单位主要领导和分管领导以及相关责任人启动行政问责程序。

“我们曾经做过一个区级范围内的调查，80%的公务员认为绩效评估结果应该与奖惩、干部提拔任用挂钩，这也反映了受访者对运用绩效评估结果的认同。”深圳市福田区委常委、区纪委书记朱军说。

而这样的高度认同，也在一定程度上改变着各级领导、公务员对待民意和考核的态度，以及曾经略显封闭的工作方式。2008 年，深圳市六区区长、22 个市直有关部门负责人便敢为天下先，就各自上年度的环保表现进行现场陈述，专家、市民进行评议并现场打分，开启了国内“官民”及时互动的最大场面。

“绩效评估不仅仅是政府部门的排行榜，我们接下来还要把它打造成深圳效能监察的创新抓手。我们将尽力把一年一评的‘结果评估’，向每分每秒监控的‘过程评估’转变，不断校正政府各项工作的航向。”深圳市政府绩效评估办负责人对《南方》杂志记者表示。

深圳市抓住全国试点契机全面推进政府绩效管理

（http：//www. mos. gov. cn/mos/cms/html/3/200/201106/4292. html）

近年来，深圳市把绩效管理作为政府管理创新的重要举措，从 2007 年起开展政府绩效管理试点工作，2010 年在全市政府系统全面试行。经过几年的探索，建立了比较完善的政府绩效管理工作体系，初步实现了绩效管理的电子化、实时化和系统化，对改善行政管理、提高行政效能和推进服务型政府建设发挥了积极有效的作用。最近，深圳市被中央纪委监察部确定为全国开展政府绩效管理试点工作的 6 个省级和 2 个副省级地区之一。深圳市抓住这一有利契机，从多方面进一步完善和优化工作体系，从 2011 年起在全市政府系统正式推行绩效管理。

一、突出绩效评估重点，推进绩效管理系统化。一是围绕市委市政府的重大决策、重大事项、民生实事加大评估力度。完善政府机关公共服务白皮书制度，把白皮书完成情况作为政府绩效评估的重要指标之一，占较大权重。各单位严格对照市政府年度重点工作和重大民生事项制定白皮书，对纳入白皮书的工作事项分别确定年度具体目标和时间进度，向社会公布，接受社会监督。同时，加强对白皮书制定和完成情况的检查验证，保证白皮书质量，防止避重就轻和流于形式。二是围绕当前政府工作的薄弱环节进行有针对性的评估。针对市委市政府一些重要工作事项落实不到位以及部分政府重大项目建设推进缓慢的情况，切实加大对政府重要督办事项、政务协同情况和重大项目推进效率等薄弱环节的评估力度。把“政府督查事项落实”指标权重由 3%提高到 6%，新设“跨部门办文办事效率”指标，同时把市建筑工务署也纳入政府绩效管理，对政府投资项目建设开展专项评估，努力提升政府重大投资项目的建设效率，充分发挥绩效管理对政府绩效薄弱环节的改进和提升作用。三是根据深圳未来发展需要开展前瞻性的评估。学习借鉴国内外有关的评价体系，准确把握深圳经济社会发展规律，统筹考虑当前发展、未来发展和可持续科学发展的要求开展评估，增设“新兴产业增加值增长进步率”、“支柱产业占 GDP 比重进步率”、“专利申请量增长率”等评估指标，突出发展质量和效益，促进发展速度和结构、质量、效益相协调，体现发展方式转变和创新驱动，推动产业结构从一般加工业为主向先进制造业、现代服务业和信息技术、生物、互联网等新兴产业为主转变。

二、改进绩效评估机制，促进绩效管理科学化。一是优化指标体系，突出正确导向。紧紧围绕科学发展主题和加快转变经济发展方式主线，对照市“十二五”规划相关目标，按照创造“深圳质量”的新要求，在保持原有市政府工作部门、区政府（新区管委会）的两套评估指标体系的基础上，对具体的指标进行了增删、修订、合并。新的指标体系更加紧贴市委市政府中心工作，更加关注民生，更加优化政府工作流程，充分体现了科学发展、转型发展和政府提速、提效、提质的科学导向。二是细化评估方法，加强增长性和差异性评估。改进计算方法，充分考虑各区、各部门存在的客观差异，更加强调纵比（纵比分一般占60%以上），弱化横比，突出反映各单位自身工作的进步情况，缩小个体客观差异对评估结果的影响。实行分类评估，根据是否具有行政审批和行政执法职能，是否直接提供公共服务，将政府工作部门划分为A、B两类：A类是对外提供公共管理和服务的部门，B类主要是政府内部进行协调管理的部门；根据法律地位和功能定位的不同，将各区分为行政区和功能区两类。根据不同的对象，实行有差别的指标设置、权重分配、评分方法和结果运用。三是延伸绩效管理范围，建立“三位一体”工作体系。各部门把绩效管理延伸到部门内设机构，各区延伸到区属部门、街道办，与现行的政府绩效管理体系互相衔接；探索对公务员个人实行绩效管理，把政府绩效管理与公务员个人评价和岗位考核紧密结合，从而实现政府整体绩效、政府部门绩效与公务员个人绩效三位一体和联动管理。

三、完善绩效评估方式，推进绩效管理电子化、全程化。全年开展三种形式的评估：一是开展过程评估。完善“深圳市政府绩效电子评估与管理系统”和“深圳市政府绩效评估模型”，实现数据采集、报送和评估的自动化、精细化。通过电子系统，自动采集被评估单位的工作进展情况，自动对照年初确定的目标进度进行分析判断，产生初步的评估结果，以“绿、蓝、黄、红”四色区域分别代表“优秀、良好、一般、较差”四个等级，实时、直观地显示在电子大屏幕上，随时向各评估对象反映其绩效情况。不定期对公共服务白皮书和各项指标完成情况进行检查验证，每半年对政府绩效进行综合分析。绩效状况和评估结果通过电子评估系统实时供市领导和各单位查阅，将发现的问题反馈相关单位，及时督促改进相关工作。二是开展年度评估。年度评估由客观指标评估（65%）、市领导评价（10%）和社会公众满意度调查（25%）组成，力求全面、客观、公正。客观指标评估由电子系统自动完成。市领导评价由市委市政府领导，主要是对各部门、各区政府（新区管委会）工作总体情况的满意度进行评价。社会公众满意度调查充分听取和收集市民对政府的评价意见。各个指标、各种方式的评估，先由数据采集单位分别进行专题分析，总结各单位成绩，查找不足，提出改进建议，然后由市绩效办综合提出评估报告报市政府，并反馈给被评估单位作为改进工作的依据。三是开展专项评估。对特别重大的年度工作任务，如市委市政府确定的加快转变经济发展方式、“民生实事”、自主创新、安全生产管理等，实行专项评估，并提交专项评估报告。

四、强化结果运用，增强绩效管理刚性化。一是实时反馈。按季度采集数据并开展实时评估，绩效状况、评估结果以及加减分等情况均通过电子评估系统等方式实时向各单位反馈。各单位及时解决问题，不断改进工作，推动工作落实。二是加强通报。评估结果每半年向市政府常务会报告，每年向市委常委会和市政府常务会报告。同时，评估结果通报市委委员和组织人事部门，并纳入市管班子年度考核体系，作为干部使用的重要参考。三是强化奖惩。调整公务员年度考核时间，使绩效评估结果与公务员年度考核相衔接。对年度评估结果优秀的，视不同情况给予通报表扬、提高年度考核“优秀”人数比例、嘉奖、记功等奖励。对结果差的，根据不同情况分别给予责令限期整改、通报批评和降低其所在单位的绩效评估结果等次。对发生特别重大的党政领导干部问责情形的，予以问责。连续几年排名靠前和排名较前一年明显进步的单位予以通报表扬。四是加强鞭策。进一步细化评估结果等次，对年度绩效差的单位，除按照《深圳市政府绩效评估与管理结果运用规则》进行处理外，对年度评估结果等次连续两年排名后三名的部门和连续两年排名最后一名的区，即使其等次为“良好”，也由市领导进行诫勉谈话。

Ⅳ 非试点省的实践

一 河北省

政府部门花钱将绩效考核
河北财政预算绩效管理制度正式建立 开全国先河

（《河北青年报》2010 年 12 月 18 日）

■近日，河北以省政府名义发布关于深化推进预算绩效管理的意见

■明年起，各级政府部门在编制本年度预算的同时，还要编制一本预算绩效说明书

■资金使用未达到预期目标或规定标准，情节非常严重的，相关责任人将可能被开除

从明年起，河北省各级政府部门在编制本年度预算的同时，还要编制一本预算绩效说明书，阐述支出的必要性、可行性和有效性，不按规定要求编制和绩效低的项目不能进入预算流程，财政部门不予安排资金。

近日，《河北省人民政府关于深化推进预算绩效管理的意见》、《河北省预算绩效管理办法》、《河北省预算绩效管理问责办法》正式出台。据介绍，以河北省政府名义发布关于深化推进预算绩效管理的意见，预示着河北的财政预算绩效管理制度正式建立。省财政厅一负责人称“这在全国还是第一次”。

新政发布 资金无效益 下一年将“断炊”

据介绍，按照《河北省预算绩效管理办法》的相关要求，各级政府部门申报预算建议前，要对所申报的预算事项实施预期绩效自评。财政部门依据相关规划、计划、绩效说明书等，重点对预算项目的必要性、可行性、有效性，绩效目标和指标设置的科学性，申请资金额度的合理性，以及为完成绩效目标所计划采取的管理制度措施等进行审核论证。根据审核论证情况，财政部门再作出相应的资金安排。

按照规定，财政部门每年都将对各部门资金使用效果进行全过程考核，使用效果好，财政将继续支持；使用效果不好，不能产生良好效益，财政支持要相应减少；如果拨付的资金没有产生任何效益，甚至被挪用，下一年度不仅对其“断炊”，还要追究其相应责任。

如何监督　将根据绩效完成进度拨款

按照要求，预算部门和财政部门要对部门预算绩效目标的实现情况进行监督检查和控制。当预算执行绩效与绩效目标发生偏离时，预算部门要立即向财政部门报告，并采取矫正措施。

财政部门和预算部门还要根据不同项目所设定的便于考核的绩效完成进度拨款，发现无绩效或低于预期绩效的项目，要取消或减少预算安排，并收回相应未支出的预算资金。

此外，预算部门还要按财政部门统一要求编制绩效预算运行半年报告，于半年终了一个月内向财政部门上报项目绩效完成进度情况。财政部门也要对本级政府的综合支出和重点项目进行检查，建立预算绩效的监测与预警管理信息系统，采集和跟踪预算绩效信息，及时向本级政府、上级财政部门报告情况。

怎么问责　情节非常严重的可被开除

按照此次配套出台的《河北省预算绩效管理问责办法》规定，对在预算编制和执行过程中，由于故意或者过失导致预算绩效管理未达到相关要求，以致财政资金配置和执行绩效未能达到预期目标或规定标准的，将对相关责任人实行绩效问责。问责方式包括：告诫或者责令作出检查、通报批评、组织处理、行政处分和法律法规规定的其他方式。

情节轻微的，可实施告诫、责令检查、通报批评、取消评优资格等问责方式；情节较重的，可实施停职检查、调离岗位、警告、记过等问责方式；情节严重的，可实施引咎辞职、责令辞职、免职、降职、记大过、降级、撤职等问责方式；情节非常严重的，可实施开除问责方式。

■相关链接　河北预算绩效管理改革大事记

■2004年河北在全国率先出台相关方案，并从2005年起进行预算绩效管理改革试点。

■2006年开始进行绩效评价试点，为全面推行预算绩效管理打基础。

■2008年进一步在省级部门试点推行发展性支出三年滚动预算编制工作。

■2009年《河北省关于实行省级财政支出绩效问责的暂行规定》出台。

■2010年《河北省人民政府关于深化推进预算绩效管理的意见》、《河北省预算绩效管理办法》、《河北省预算绩效管理问责办法》正式出台，河北的财政预算绩效管理制度正式建立。

二　黑龙江省

黑龙江绩效管理助力行政效能提高

（《中国纪检监察报》2012 年 02 月 11 日）

记者日前从黑龙江省纪委、监察厅获悉，近年来，黑龙江省各级党委、政府和纪检监察机关把加强绩效管理全面推进效能监察工作作为深化行政管理体制改革、转变政府职能、优化经济发展环境的重要内容，不断加大推进力度，取得明显成效。

在深化行政审批制度改革过程中，黑龙江省建立行政审批服务中心 104 个，减少行政审批事项 513 项，审批时限压缩 41%；开通行政效能投诉网站和全省统一的 963777 投诉电话，不断加大投诉查处力度，查处了一批损害群众利益、影响经济发展的典型案件。

该省省级行政权力电子监察平台建设顺利推进，已在 13 个市（地）、5 个省直部门设置了 122 个音视频监察点，建设了 17 大类行政权力网上监察系统、4 类行政权力网上管理系统，实现了对 18 个厅局 52 项主要行政审批事项、6 个省级公共资源交易要素市场的效能监察和廉政预警监察，有效规范了行政权力运行。

该省政府绩效管理工作开局良好，起草了《黑龙江省人民政府关于加强绩效管理开展绩效评估实施方案》，组建了省政府绩效评估工作领导小组，对 48 个省政府部门履行职责及作风建设情况开展了绩效评估。同时，开发建设了市（地）政府绩效评估管理系统和政府部门绩效评估管理系统，为全面开展绩效管理工作奠定了基础。

记者了解到，下一步，该省将以推进绩效管理为重点，全面做好效能监察各项工作，不断加强行政管理、提高行政效能、增强政府执行力和公信力，为“十二五”规划顺利实施和全省经济社会更好更快发展提供有力保障。

三　浙江省

浙江探索财政预算绩效管理
既要用对钱　还要用好钱

（《浙江日报》2011 年 12 月 23 日）

这些天，绍兴市绩效管理处是绍兴市财政局最忙碌的处室之一，他们要在年底前对全市 85 个部门、6 个县市区、4 个经济开发区的财政资金绩效管理情况进行绩效考评，打分结果不仅直接影响相关部门明年的财政支出安排，还关系着这些部门的“政绩”。

2006年起，我省就在全国率先探索财政预算绩效管理。今年7月，省政府建立绩效管理联席会议制度。截至去年年底，全省共开展预算绩效评价项目9728个，涉及财政资金1071亿元，各地共出台绩效相关制度301项，所有市县财政局都已建立绩效管理专门机构。

绩效管理，管出绩效。今年，我省在省级部门开展了16个项目的绩效目标管理试点，并将绩效管理与2012年度省级部门预算编制同步进行，要求省级部门所有项目支出都要编报细化量化的绩效目标。我省许多地方将绩效管理作为部门预算安排的重要依据。义乌对34家单位的40个项目开展目标评审，评审后5项未通过，所有项目共核减预算资金7413万元，核减率达48.5%。

有了绩效“这根弦”，一些部门预算编制的旧观念也随之改变。绍兴市在2009年就实现了100万元以上财政支出项目绩效评价“全覆盖”，此前，部门编制预算时，总觉得拿的财政资金多多益善，而现在，新观念正在形成：编制预算必须精细化，经得起评价专家的审定。

评价要给力，必须有“问责”。对此，我省一些地方已经开始探索。诸暨在全省率先探索建立绩效问责制，由市纪委、财政局、审计局等组成的问责小组，采取公开质询、现场答问的方式对重点项目实施绩效问责。天台则将绩效管理纳入政府部门年度工作目标考核内容。

四　湖南省

为严管水资源实施刚性手段　湖南在全国首推水资源管理纳入政府绩效评估

（http：//news.xinhuanet.com/forture/2011-07/06/c_13969136.htm）

从今年起，水资源大省湖南把实施严格水资源管理考核指标纳入各级政府绩效考核内容。通过严格水资源管理考核，今年要实现全省万元GDP、万元工业增加值用水量下降8%的目标。据悉，水资源管理纳入市州政府绩效评估范围，这在全国是第一家。

2011年中央一号文件明确提出，实行最严格的水资源管理制度，确立用水总量、用水效率、水功能区限制纳污“三条红线”。根据《全国水资源综合规划》，到2020年，全国用水总量力争控制在6700亿立方米以内；万元国内生产总值用水量、万元工业增加值用水量均比2008年降低50%左右；农田灌溉水有效利用系数由目前的0.5提高到0.55；城市供水水源地水质基本达标，主要江河湖库水功能区水质达标率提高到

80%。这对我国未来经济社会的发展提出了非同寻常的新要求。

湖南省水利厅厅长戴军勇接受“践行中央一号文件”中央媒体采访团采访时介绍，湖南人均水资源占有量2500立方米，高于全国平均水平。然而，由于湖南特殊的地理位置和气候条件，决定了水资源自然禀赋并不优越，特别是一些制约水利良性发展的深层次矛盾和问题日益凸显：水利投融资体制不健全，水利管理体制不顺，农村水利基础设施薄弱，水能资源开发不规范，水体污染时有发生，距离人水和谐目标还有许多问题亟待解决。

戴军勇说，随着工业化、城镇化迅速推进，湖南部分地区的人口与经济规模达到或超过当地水资源、水环境承载能力，水资源供需矛盾逐步凸显，工程性缺水、季节性缺水、水质性缺水现象越来越多。

据了解，中央一号文件年初正式公布后，湖南省第一时间主动与水利部衔接，共同商定将湖南列为全国水利改革试点省，先行先试、改革创新，破除制约水利发展的体制机制性障碍，解决水利发展中存在的突出问题。湖南省委在随后出台的一号文件中明确提出用3年左右的时间，全面完成5大改革任务，“深化水资源管理体制改革”被列为头号改革任务。

根据《湖南省2011年市州政府绩效评估指标》，在700分的总分中，水资源管理和水利建设占了15分，其评估内容和计分方法为：万元工业增加值用水量下降到年度目标或以下的，计5分；每高于年度目标1立方米扣1分，最高扣5分；当年新上工业项目中有国家、省明文禁止的高耗水企业或明文规定应关停应整改的企业未关停未整改的，扣5分。辖区内水功能区达标率达到年度目标或以上的，计5分；每低于年度目标0.1%扣0.1分，最高扣5分；发生重大水污染事件未能及时处理或造成重大影响的，扣5分。此外，完成水利基础设施投资和建设任务的，计5分；未完成的，每少1%扣0.5分，最多扣5分。

此前，湖南就全面实施取水许可和水资源有偿使用制度，建立了与相关厅局的水资源管理工作和水污染防治工作协调机制，制定了《湖南省用水定额》，基本建成全面控制湘资沅澧四水干流水功能区和重点水域的水资源保护监测网站，开展了岳阳和韶山等7个省级节水型社会建设试点。“十一五”期间，湖南全面实现万元GDP和万元工业增加值用水量降低20%的目标，全省万元工业增加值用水量由2005年的300立方米/万元下降到了2010年100立方米/万元以下，水资源利用效率和效益显著提高。

戴军勇介绍，为落实以“三条红线”为核心的最严格水资源管理制度，湖南率先在长株潭三市实施“三条红线”控制指标管理模式，形成事权明晰、分工明确、运行有力的各项水资源管理制度。今年3月，湖南省郴州市苏仙区在全省率先成立水资源管理局，标志着湖南省市县水资源管理体制改革迈出实质性步伐。新化县、安仁县、怀化市、华容县、娄底市等地也已经或即将成立水资源管理局。积极推进试点单位涉水事务一体化管理，岳阳市、湘潭市、长沙市、株洲市先后实行水务一体化。此外，争取出台《湘江管理条例》，为推进湘江流域管理提供法制基础。

五 广东省

幸福广东，看得见摸得着

（《羊城晚报》2011 年 10 月 12 日）

广东版“幸福指标体系”在国内率先出台；引入经济基础、社会公平和民众需求三大维度，由客观指标和主观指标两部分构成；解决“做蛋糕”与“分蛋糕”的核心问题。

农村路灯亮了，增城市派潭镇湴汾村村民人人脸上笑开了花

羊城晚报记者朱文海 摄

11 日，幸福广东指标体系正式向社会发布，自此广东有了测量幸福温度的“幸福指标体系”。

在国内率先出台的广东版幸福指标体系，看得见、摸得着，它引入经济基础、社会公平和民众需求三大维度，对于加快转型升级、建设幸福广东、建设和谐社会有着重大意义。

更关注如何分“蛋糕”

广东经济发达，为何还要给自己出难题，编制“广东幸福指标体系”？中共中央政治局委员、广东省委书记汪洋指出：“我们要回归‘幸福本体论’，赋予幸福概念以群众主观感受的色彩，除了用经济发展水平和进程来衡量幸福之外，要更大程度地改进党委和政府的工作，使其工作目的性更强，也就是让各级党委和政府、广大党员干部积极为老百姓工作，不断增进民生福祉。”

在广东省社科院区域竞争力评估中心主任丁力看来，“幸福广东指标体系是广东针对现实存在的‘公平和效率’中不尽如人意的地方，所提出的一个弥补和完善的方案”。编制幸福广东指标体系，是把广东发展的核心问题拿了出来，即“做蛋糕”与“分蛋糕”的问题。“做蛋糕”是提高社会效率，“分蛋糕”是指促进社会公平。过去30年，广东比较注重效率，对公平有所忽视。现在广东地区差别、收入差别较大，很多老百姓觉得自己“被幸福”了，觉得经济发展并没有为自己带来实实在在的好处。“光做不分蛋糕，或光分不做蛋糕都不行。”

“编制幸福广东指标体系，是建设幸福广东的一个手段。”幸福广东指标体系编制领导小组办公室主任、广东省发改委主任徐建华告诉记者，编制指标体系有两大目的——

一方面，通过将有关指标纳入政绩考核机制，充分发挥指标体系的目标导向功能、检测诊断功能、考核评价功能，形成倒逼机制和反向压力，引导各级政府以普遍增强群众幸福感为工作导向，从制度上督促各级政府把建设幸福广东的各项工作落到实处。

另一方面，引导全社会不断深化对幸福的认识，培育健康的社会心态，形成正确的幸福观，并以此汇聚民意、凝聚建设幸福广东的共识，激发全社会研究和探索幸福广东建设路径的热情，让争取幸福、创造幸福成为社会的主流风气。总之，既要做好做大“蛋糕”，又要努力分好“蛋糕”，创造享受“蛋糕”的文化和环境。

重物质也重精神财富

作为全国首个省级幸福指标体系，幸福广东指标体系有哪些方面值得群众期待？

“这个指标体系侧重于社会和民生，比较符合我们现阶段的实际。”参与编制指标体系的广东省统计局总统计师邱俊作出如此评价。据介绍，幸福广东指标体系由客观指标（即“建设幸福广东评价指标体系”）和主观指标（即“广东群众幸福感测评指标体系”）两部分构成，整个设计引入经济基础、社会公平和民众需求三大维度，具有六大特点：

——突出以人为本，主客并重。指标体系突出以人为本的指导思想，努力反映人民的物质和精神生活提升变化。客观指标着重反映政府建设幸福广东的工作实绩，既设置了就业收入、教育文化等反映物质建设的指标，也设置了社会安全、权益保障等精神层面的指标。主观指标也是如此，但更侧重反映人民群众的主观感受，反映人民群众在精神层面更深层次的诉求。

——注重可比可得，简约可行。指标的选取以综合性和代表性指标为主，严格控制指标数量，避免重复评价。各项指标都具有较强的普适性，可以进行纵向和横向对比。

——兼顾发展差异，注重分类指导。指标体系充分考虑了广东省区域发展差距较大的特点，分珠三角和粤东西北两类区域实行差别化评价。同时，指标的选取也充分反映了各市的发展特点和优势。比如，北部山区各市在森林覆盖率等指标的评价上体现优势，珠三角各市则将在发展型消费占消费支出比重等指标的评价中体现优势。

——突出工作导向，力求全面客观。指标体系在评价方法上采用发展指数和水平指数评价相结合的方法，以水平指数反映各市有关工作的现状，以发展指数反映各市过去一年的工作成效，并将发展指数和水平指数合成为综合指数，最终同时公布三个指数的评价结果，以此促进政府树立以增进民众幸福为工作导向，并引导民众树立正确的幸福观。

——群众认可度高，体现共建共享。指标体系制定和评价工作高度注重共建共享的要求，广泛征求民众意见，凝聚社会共识。征求公众意见结果显示，指标体系中客观指标综合合适率为93%，主观指标综合合适率为88%，得到人民群众的高度认可。

——注重衔接协调，动态可调。指标体系充分借鉴了国内外有关幸福指标体系的相关成果和工作经验，并与广东省科学发展评价指标体系、全面小康社会评价指标体系、社会发展水平综合评价指标体系相衔接，确保了目标导向的一致性。同时，指标体系编制是一个动态的过程，指标体系将随着广大人民群众关注重点的变化以及政府工作的推进和对幸福认识的深化，适时进行调整。

建设幸福广东评价指标体系

一级指标	权重（%）		编号	二级指标	二级指标	权重（%）	
	珠三角地区	粤东西北地区		珠三角地区	粤东西北地区	珠三角地区	粤东西北地区
就业和收入	14	14	A1	农村居民人均纯收入	农村居民人均纯收入	30	30
			A2	城镇单位在岗职工平均工资	城镇单位在岗职工平均工资	30	30
			A3	城镇最高最低组别收入比	城镇最高最低组别收入比	10	10
			A4	农村最高最低组别收入比	农村最高最低组别收入比	10	10
			A5	劳动者报酬占 GDP 比重	劳动者报酬占 GDP 比重	10	10
			A6	城镇登记失业率	城镇登记失业率	10	10
教育和文化	9	10	B1	规范化幼儿园达标率	高中阶段教育毛入学率	20	20
			B2	义务教育规范化学校覆盖率	义务教育规范化学校覆盖率	25	25
			B3	职业技能培训人数占从业人员比重	职业技能培训人数占从业人员比重	25	25
			B4	每万人拥有公共文化设施面积	每万人拥有公共文化设施面积	15	15
			B5	年人均参与文化活动次数	年人均参与文化活动次数	15	15
医疗卫生和健康	9	10	C1	每千人口医疗机构床位数	每千人口医疗机构床位数	20	25
			C2	基层医疗机构门急诊量占比	基层医疗机构门急诊量占比	20	25
			C3	人均拥有体育场地设施面积	人均拥有体育场地设施面积	30	25
			C4	城乡居民体质达标率	城乡居民体质达标率	30	25

续表

一级指标	权重（%）		编号	二级指标	二级指标	权重（%）	
	珠三角地区	粤东西北地区		珠三角地区	粤东西北地区	珠三角地区	粤东西北地区
社会保障	12	12	D1	每万人拥有收养性社会福利单位床位数	每万人拥有收养性社会福利单位床位数	20	20
			D2	城乡基本养老保险覆盖率	城乡基本养老保险覆盖率	20	20
			D3	城乡三项基本医疗保险参保率	城乡三项基本医疗保险参保率	20	20
			D4	外来务工人员工伤保险覆盖率	外来务工人员工伤保险覆盖率	20	20
			D5	最低生活保障标准与城乡人均消费支出比例	最低生活保障标准与城乡人均消费支出比例	20	20
消费和住房	12	12	E1	居民消费价格指数	居民消费价格指数	30	30
			E2	城镇发展型消费占消费支出比重	城镇发展型消费占消费支出比重	20	15
			E3	农村发展型消费占消费支出比重	农村发展型消费占消费支出比重	20	15
			E4		农村低收入住房困难户住房改造建设完成率		20
			E5	城镇保障性住房任务完成率	城镇保障性住房任务完成率	30	20
公用设施	6	7	F1		农村饮用水安全普及率		25
			F2		行政村通客运班车率		25
			F3	城市每万人公交车辆拥有量	城市每万人公交车辆拥有量	60	25
			F4	每万人拥有城乡社区服务设施数	每万人拥有城乡社区服务设施数	40	25
社会安全	10	10	G1	各类生产安全事故死亡人数	各类生产安全事故死亡人数	25	25
			G2	食品和药品安全指数	食品和药品安全指数	35	35
			G3	万人治安和刑事警情数	万人治安和刑事警情数	40	40
社会服务	7	7	H1	每万人持证社工人数	每万人持证社工人数	25	25
			H2	困难群众救助覆盖率	困难群众救助覆盖率	25	25
			H3	每万人行政效能投诉量	每万人行政效能投诉量	25	25
			H4	信访案件按期办结率	信访案件按期办结率	25	25
权益保障	8	8	I1	涉及民生重大决策的民调率和听证率	涉及民生重大决策的民调率和听证率	20	20
			I2	行政复议案件按时办结率	行政复议案件按时办结率	20	20
			I3	法院案件法定审限内结案率	法院案件法定审限内结案率	20	20
			I4	村（居）务公开民主管理示范达标率	村（居）务公开民主管理示范达标率	20	20
			I5	劳动人事争议仲裁结案率	劳动人事争议仲裁结案率	20	20

续表

一级指标	权重（%）		编号	二级指标	二级指标	权重（%）	
	珠三角地区	粤东西北地区		珠三角地区	粤东西北地区	珠三角地区	粤东西北地区
人居环境	13	10	J1	森林覆盖率	森林覆盖率	15	15
			J2	城市人均公园绿地面积	城市人均公园绿地面积	15	15
			J3	村庄规划覆盖率	村庄规划覆盖率	15	15
			J4	城市全年空气二级以上天数比例	城市全年空气二级以上天数比例	15	15
			J5	生活垃圾无害化处理率	生活垃圾无害化处理率	15	15
			J6	城镇生活污水集中处理率	城镇生活污水集中处理率	15	15
			J7	水功能区水质达标率	水功能区水质达标率	10	10

幸福广东指标体系

四大看点

看点一

差别化　按照区域分类评价

“建设幸福广东评价指标体系最大亮点就是：根据珠三角和粤东、西、北地区的不同发展阶段，设置了有所区别的一级指标和二级指标，并设计了不同的指标和权重。”广东省政府参事、广东省委党校经济学教授陈鸿宇认为，这能反映出粤东西北和珠三角地区群众对幸福感的不同理解，使评价指标体系更加贴合各地实际。

据悉，“建设幸福广东评价指标体系”（即客观指标体系）突出推动各级政府围绕“建设幸福广东”改进有关工作，增强民生福祉，具体采用按区域分类进行差别化评价——根据《珠江三角洲地区改革发展规划纲要》，结合各市实际情况，将全省21个市按珠三角和粤东西北分为两类地区，并分别设置类别指标和差别权重。珠三角地区：包括广州市、深圳市、珠海市、佛山市、东莞市、中山市、惠州市、江门市、肇庆市等9个市；粤东西北地区：包括汕头市、汕尾市、潮州市、揭阳市、阳江市、湛江市、茂名市、韶关市、河源市、梅州市、清远市、云浮市等12个市。

看点二

更客观　三种指数同时测评

“客观指标评价方法包括计算水平指数、发展指数和综合指数等三种指数，更显客观。”广东省统计局总统计师邱俊表示，“水平指数”高低是改革开放30多年来逐步形成的，“发展指数”是逐年改变的，两者综合起来，就能够反映一个地区的历史基础和发展现状。

据介绍，测评时拟同时公布三个指数的评价结果，既反映政府工作所取得的成绩，也反映政府工作变化的趋势：

（1）水平指数是主要反映各市有关工作的现状，即反映存量。该指数根据各市各指标当年的实际完成情况计算得分，具体为：针对本身就是百分率的正向指标，采用直接赋值法进行评分；其余指标采用最优值比较法计算得分。最优值比较法，是以本区域最优市指标值实际为100分，将各市指标实际值与指标最优市实际值相比得出各市各项二级指标得分，加权汇总后得出各市水平指数。

（2）发展指数。主要反映各市较上一年的变化情况，即反映增量。该指数先以各指标本年度实际值与上一年度实际值的比较得出各项二级指标发展指数，再通过加权汇总后得出各市发展指数。各项指标以上一年度为基期，基期发展指数设为100。

（3）综合指数。反映各市的幸福建设工作的综合情况。该指数由水平指数和发展指数按照40%和60%进行加权平均后得出，兼顾存量与增量的关系。

看点三

重民意 导入群众主观感受

“设置‘广东群众幸福感测评指标体系’，主要是反映群众对幸福广东实现程度的感受。”国家统计局广东调查总队党组书记、总队长叶健夫认为，这套指标能比较准确地把握建设幸福广东的实质要求，反映了广东关注民生的战略取向。它突出体现了以人为本的理念，充分吸纳了民意，注重反映人民群众的主观感受，反映了人民群众在精神层面更深层次的诉求；它以促进和强化政府工作为导向，通过反映民众当前的民生福祉状态，引导政府以增进民众幸福为工作中心，同时也有助于引导民众树立正确的幸福观；它的问题设置具有较强的普适性和可操作性；它设置开放性问题，更加注重了个人感觉，反映不同群体对幸福的理解。

“广东群众幸福感测评指标体系”（即主观指标体系），设置一个总体评价指标和七个方面的指标。主观指标体系采用统一的问卷评价方法，通过委托广东调查总队开展问卷调查进行评价。

据了解，广东群众幸福感调查方案和调查问卷已经制定。调查方案拟在全省21个地级以上市市区及35个县（市）范围内抽选样本，总样本量为6900人，调查对象为年龄在16—65周岁且居住在本地一年以上的城乡居民。评价方法拟采用五分法，即每道调查题目设置“很满意（100分）、比较满意（80分）、一般（60分）、不太满意（40分）、很不满意（0分）”五个选项（还有一个“不清楚”的选项，不列入计算得分），并通过调查获得每个选项的得票率。以每个选项得票率为权重，通过加权平均得到每个题目的得分。

看点四

“倒逼” 政府决策应念百姓

中山大学政治与公共事务管理学院副院长、社会保障与社会政策研究所所长岳经纶认为：幸福广东指标体系，超越了GDP对市场活动的单一考核，考虑到了经济表现和社会进步，由单纯关注经济向关注社会进步转变，方向值得肯定。“指标体系会‘倒逼’被考核的政府部门改进工作。”

广东省统计局总统计师邱俊说：“幸福广东指标体系相当于一个民意调查，通过对幸福感的调查，促进政府努力改进决策和管理。”他指出，现在指标体系的设计是希望主客观互动，但哪个起主导作用，还有待于进一步解决。

广东省社科院区域竞争力评估中心主任丁力则表示，现在各地、各级政府都在强调民生问题，但是到底做了多少事，始终没有一个明确的说法，也没有一个标准来衡量。现在有了幸福广东指标体系，就有了客观的评价标准。政府先说做了多少工作，花了多少钱，然后民众通过主观指标来进行评价——政府的工作需要花这么多钱吗？政府的工作成果大众能感受到吗？久而久之，就会形成一个机制，政府会在决策时考虑老百姓想做什么，哪些是群众最关心的事。举个例子，现在的“住房难”问题，老百姓很着急，但政府并不一定放在很重要的位置，那就需要一个倒逼机制。

未附“广东群众幸福感测评指标体系表”。

六 重庆市

“三维一体”考核 民意决定干部“官帽子”

（《重庆日报》2011年10月31日）

考核优秀名单的细微变化

今年5月31日，对重庆的全体市管党政干部来讲，是一个心情颇为忐忑的日子。

这天下午，市委举行市管领导班子和领导干部2010年度考核情况通报会。会上，对10个区县党政领导班子先进集体、30名考核优秀的区县党政正职领导，以及市级部门领导班子先进领导集体和考核优秀的市级部门领导进行集中通报表彰。

按说这是一次每年都会进行的例会，但现场一名区县干部却称其“像一场大考”，而现在到了“发榜的时候”。

他的心情如此紧张，源自于重庆干部考核上的新变化。

细心的干部发现，今年获得优秀集体的区县领导班子名单，发生了一些细微的变化：优秀区县领导集体和优秀区县领导，不再由“一小时经济圈”内的经济强区“独霸江山”，而是出现了不少“两翼”地区经济相对落后的区县。

例如，石柱县、丰都县、武隆县、云阳县等，均获得了党政领导班子先进集体。地处渝西，经济并非最强的铜梁县，已经连续四年获得党政领导班子先进集体。

相对的是，主城一些传统经济强区，却跌出了先进领导集体的名单。

“全市40个区县（自治县），只评选10个区县党政领导班子先进集体，这个比例，要想进入优秀，还是要一点真功夫。”市委组织部考核处工作人员说。

这个结果，在一些政绩“唯 GDP 论者”看来，似乎是不可思议的。

不仅如此，细心的人还记得，在 2009 年市管党政干部考核中，我市最偏远的区县之一——巫溪县，也历史上首次获得了党政领导班子先进集体。巫溪县委书记郑向东说：“这在以往是不可想象的。”

对干部个人的考核中，名单同样呈现出这些细微变化。

在 2010 年的考核结果中，40 个区县（自治县），有 15 名区县委书记、15 名区县长被评为优秀，这个比例也并非全市 40 名区县委书记、40 名区县长“谁都能照顾得到”。

而石柱原县委书记盛婭农、县长冉茂忠，丰都县委书记高必金、县长黄长武，酉阳县委书记陈勇等经济相对不发达的“两翼”区县党政领导，赫然出现在优秀行列，有些还是书记、县长双双优秀。

与考核结果相呼应的是，铜梁县委书记魏寿明、石柱原县委书记盛婭农，从副厅级干部被提拔为正厅级干部。一大批优秀的党政干部被交流重用。

“改革目的，是让干部考核不再只是走走过场。要让干部考核结果成为干部任用的重要依据。”市考核办一位领导说。

那么，我市是如何让干实事、有水平的干部在考核中脱颖而出，并且做到结果令所有干部信服的呢？

创新“三维一体”考核模式

答案是我市在 2008 年推动的干部考核制度改革。

从 2008 年开始，我市着手在干部考核上进行改革探索。然而，这一改革却是针对“世界上最难的课题”。

市委常委、组织部部长陈存根曾总结，干部考核实践中存在“五难”：

一是业绩考核难量化。对干部的工作定性容易、定量难，干多干少、干好干坏、干与不干难以度量。

二是品德考核难做实。德的考核标准空泛化、方法简单化、结论公式化。

三是“官评官”难逗硬。上下级之间、同级之间考核测评，容易使干部相互形成“利益共同体”，不仅导致考核结果失真失实，而且助长“好人主义”。

四是“民评官”难参与。干部考核中群众参与不进来、评价不准确、意见不管用，民意调查往往流于形式。

五是“考”和“用”难结合。考核结果大多不用，“先进”大家轮流坐庄，考核成形式；选拔干部基本不看考核结果，推荐票数反成关键，削弱了考核生命力。

特别是全市市管干部上千名，做干部考核工作的人只有几十个，又不能“贴身”跟在这些被考核干部身边，如何能对他们的“德、能、勤、绩、廉”做出一个客观公正的评价？

因此，建立一套科学的考核制度，成为重庆干部考核改革的主要目标。

在经历了一系列的调研、考察之后，市委组织部拿出了“三维一体”的考核改革方案。

即按照“工作实绩靠算账、干部形象看测评、执政效果问民意、考核结果重运用”的思路，设计了实绩考核、民主测评、民意调查“三维一体”考核模式。

其中，实绩考核分社会发展和党建，根据市委组织部制定的各项指标打分，最终加总，占总成绩的60%。民主测评引进人大代表、政协委员、非党人士等对干部、班子进行评议，得分占总成绩的10%。民意调查则是将市委、市政府中心工作转换为老百姓关心的生活问题进行调查，得分占总成绩的30%。

目前这一方案已经经历3年考核实践，并在实际中逐步完善，形成了重庆干部考核的特色经验。

考核不再唯以GDP论英雄

考核中，实绩考核以其60%的比重成为重头戏。

然而，实绩是什么？应该由哪些指标组成？作为被考核者，渝北区区长黄玉林介绍，以前的实绩考核很大程度上由“GDP”说了算。而现在，市委、市政府每年的重大决策部署，成为考核的主要“坐标”。市委干部考核组根据这些中心工作和党建目标来确定考核指标，算硬账确定实绩成绩。

指着去年的考核成绩表，黄玉林介绍说，2010年全市区县第一组（主要为主城区）考核指标，共分地区生产总值和财政收入（16分），扩大开放、外引内联（11分），城乡居民收入（10分）等10个大指标。

10个大指标下，又分了数十项分指标。

例如地区生产总值和财政收入这一项，分为GDP增长率（4分），人均GDP增长率（6分），区县辖区内财政一般预算收入、预算外资金增长率（6分）等。

“一项项都很清楚，我们完成了指标就得分，没有完成就不得分，这个账是一笔硬账，没有半点虚头。”黄玉林说。

同时，在黄玉林看来，实绩账还是一笔细账：细化后数十项的指标，一些指标例如“实际利用内资总额”的分值只有1分，“进出口总额”的分值甚至是0.5分。

“这使我们分分必争，各方面工作都要落到实处。”黄玉林说。

值得一提的是，从这些实绩考核指标可以看出，真正被老百姓所诟病的“唯GDP论”被彻底打破。在2010年考核中，GDP增长率仅占4分，根本不能左右考核大局。

考核指标还体现出“避虚就实”的特点。直接考核反映工作成效的“硬指标”，类似“是否执行××决定”、“贯彻××文件”的发文开会、机构编制情况等“软措施”被剔除。

“这些指标的设置，将关系着实绩考核的正确导向性。”市委组织部干部考核处工作人员说，算细账，把指标做细、做实，而不是大而笼统，在考核中就更有针对性。

为了体现考核的公平性，市委考核组还坚持分类考核原则，对40个区县（自治县），按不同区位条件、发展基础、功能定位，分成四组考核，指标及权重各有侧重。

例如“一小时经济圈”区县，其经济发展指标相对分值较重，对于“两翼”地区区县，其生态保护、社会发展等方面指标分值则相对较重。

这正是经济相对落后的偏远区县干部为什么也能被评为优秀的原因之一。

对147个市级部门，也根据职能职责，分为党群政法、经济民生、综合服务三大板块考核，每个部门单独设置目标考核内容。

市委组织部考核处工作人员介绍说，改革后的实绩考核方法，一方面确保考核成绩的权威性，使所有被考核者信服；另一方面，可以促使区县围绕中心工作整体发力，在工作中不能厚此薄彼，拈轻怕重，因为丢了0.5分就有可能落后几个名次。

民意调查：第三方机构介入考核

在“三维一体”考核中，实绩考核之外，还有民主测评和民意调查。

尽管2008年以来，我市在民意测评上进行了系列创新，例如注重让普通职工来评价领导干部，并创新“德”的考评，在传统正向测评的同时，抓住干部队伍带倾向性、群众反响最强烈的突出问题，列出“贯彻上级部署态度不坚决、行动不迅速、学风不浓玩风浓、收受礼金红包”等10种负面现象进行反向调查等。但是考核方案3年来的具体实践中，民主测评的分值是连年下降：从2008年占总成绩的30%，下降到2010年的10%。

对此，市考核办一位领导表示，“官评官”毕竟存在着“靠关系打分”的现象，因此只能作为一个参考。

与之相对，民意调查的分值比重由10%上升为30%。

“民意调查是重庆干部考核中的一项重要创新。干部执政如何，不仅要看政绩，还要问问普通百姓。”市社情民意调查中心主任王军说，民意调查是民主政治推进的产物，架起了民意与政府执政对接沟通的桥梁。

作为独立的第三方机构，受市考核办的委托，市社情民意调查中心负责进行每年的民意调查。

王军介绍，目前我市民意调查主要采取CATI调查方法，即电话随机抽样调查。社情民意调查中心的数据库，基本涵盖了全市所有的座机电话。在民调中，电脑自动拨号系统将随机在数据库中抽取电话号码，调查员根据设定的调查问卷，向被调查者提问。

“被调查者做的不是概念题，而是满意度选择题。”作为一名长期关注并研究民意调查的专家，巴南区委组织部部长钱建超如此形容民意调查问卷中的问题。

2009年，他曾专门撰文分析干部考核引入民意调查和民意调查中指标设置的问题。钱建超认为，民意调查，对被调查者而言应该是一种直观感受，例如“吃水方不方便?”“家门口的路好不好走?”等，相应考察的则是农村居民饮水安全、农村道路硬化等工作，这样能得到最真实的调查结果。

为了保证调查的客观公正，市社情民意中心还分赴各区县进行入户调查。调查中，不与当地政府打任何招呼。

调查中，一些村干部意识到是市里在进行民调后，马上与当地乡镇联系。“只要出现这种情况，调查立即终止，调查员也马上撤退。”王军说。

市社情民意调查中心在入户调查时，还会抽调周边区县的大学生村官跟随监督，以确保调查公正性。

市社情民意中心所有关于干部考核的调查，全部有案可查，电话调查全部录音，即使个别地方对调查结果提出异议，在查阅备案资料和听取录音后也心服口服。

普通百姓：掌握干部半边“官帽子”

对于民意调查这一新事物，起初很多区县并未重视。例如璧山县，2009 年在全市的综合排名是 38 位，倒数第三。

“输就输在民调上。”璧山县委书记范明文说。考核结束后，璧山曾分析民调落后的原因：文体广场修了三年，没修好；农村公路不能畅通，通了路又不能通车；横穿县城的璧水河是一条臭水沟等等。

“只埋头追求经济发展，不顾及民生不行；加大民生投入，不了解老百姓真实需求还不行。”范明文说，为此，璧山先是进行了自身的民意调查，了解老百姓最需要解决的民生问题是什么。然后投入 38 亿元，相当于财政的 63.5%用于民生项目。

“去年，璧山以一天一个足球场的面积推动城市绿化，绿化面积达 289 万平方米；一天以 2 栋楼的速度推进立面改造，完成 140 万平方米；拆掉了 5400 多块广告牌；半年时间，完成了 73 公里的璧水河整治，现在每个月向河里投放一万斤鱼，让市民免费垂钓……”说起去年一年做的民生事，范明文背得滚瓜烂熟。因为这些事直接关乎璧山在一年一度“大考”中的成绩。

去年，璧山的民意调查成绩从 38 位跃升为全市第 2 位，增幅全市第一。加上经济发展指标为全市第一，去年璧山的综合测评获得了全市第一名。

“为老百姓做事，老百姓自然能看到。”范明文说。

也正因为民意调查对推动区县工作的巨大作用，三年来，其在考核中比重由 10%上升到 30%。市考核办表示，未来其比重还有上升的可能，甚至可能占整个考核的“半壁江山”。

这是因为，一方面区县及市级部门是否关注民生，老百姓最有发言权；另一方面，区县发展的实绩，客观上会反映在百姓生活上，其施政效果老百姓感同身受。因此，老百姓是最好的评价者。

特别是在我市民生导向型发展路线的影响下，市考核办对干部实绩的考核也大多体现在民生上。据市委组织部统计，2010 年我市干部考核指标中，有 60%直接指向民生。

由此，我市干部考核真正与民生导向发展路线紧密结合起来后，干部干得好不好，普通百姓的话语权占到了一半，这就等于把干部“官帽子”一半的决定权交到了老百姓手上。“只有服务百姓、执政为民才能在考核中取得好成绩”的理念也成为重庆党员干部的共识。

率先考核“基尼系数”发出的信号
——与重庆市发改委主任对话“收入分配改革”

（http：//news. xinhuanet. com/politics/2011 - 01/19/c _ 12998266 _ 4. htm）

最近，重庆市率先将衡量社会贫富差距的“基尼系数”写入“十二五”规划，作为考核地方政府的重要指标，引起广泛关注。在我国居民收入差距不断扩大情况下，重庆如何在未来五年将当地“基尼系数”由0.42降至0.35？围绕这一焦点问题，新华社“新华视点”记者与重庆市发改委主任杨庆育进行了对话。

“缩小贫富差距”不能再等了

【背景】据世界银行测算，中国2009年“基尼系数”为0.47，接近拉丁美洲和非洲国家水平。“基尼系数”是国际上综合考察居民收入分配差异的主要指标，其数值最小为“0”，表示收入分配完全平均，最大为“1”，表示绝对不平均。国际上通常把0.4作为贫富差距“警戒线”。

记者：缩小收入差距是改革中最难啃的骨头。重庆经济发展水平在全国并非名列前茅，为何要率先提出“基尼系数”约束指标？

杨庆育：首先要解决一个认识误区，“基尼系数”大小与经济发展程度并无直接联系。20世纪70年代前，我国人均GDP只有约200美元，“基尼系数”不到0.2，这些年收入差距总体上在持续拉大。发达国家平均“基尼系数”多在0.36以下，世界一些最富裕的国家收入差距并不大。

目前重庆市的“基尼系数”为0.42，未来五年全市人均GDP将达到8000美元，要谨防“中等收入陷阱”。国际经验显示，凡陷入“中等收入陷阱”的国家，由于贫富悬殊，导致发展停滞、社会动荡，无法转为高收入现代国家。

就像环保问题，等到污染严重了再治理很难。重庆不想掉进发展“陷阱”，决心在“十二五”期间加快收入分配改革，在“做大蛋糕”的同时“分好蛋糕”，扭转贫富差距拉大的趋势。

降低“基尼系数”的路线图

【背景】重庆市目前城乡居民收入差距为3.4∶1，高于全国水平。最高收入和最低收入的区县人均增加值相差10倍，高于上海和贵州的差距水平。

记者：重庆市“基尼系数”调控的重点有哪些？在收入分配改革中，很多内容需要国家层面推动，地方政府能有多大作为？

杨庆育：缩小贫富差距不是“劫富济贫”，而是要深化收入分配改革。重庆市降低“基尼系数”的重点是缩小个人收入差距，使低收入人群收入明显增加，中等收入人群持续扩大，“贫者扶助”与“富者约束”同步推进。

目前重庆提出的具体措施包括：适时调整最低工资标准；降低民营企业社保缴费门槛以扩大社保覆盖面；完善对垄断行业工资总额和工资水平的双重调控政策；提高

高收入人群社保缴费标准；通过征收房产税等措施抑制高收入人群收入过快上涨，等等。

初次分配居民争取“分成”50%

【背景】很多国家居民收入在初次分配中占比60%左右。改革开放初期，我国居民收入占比超过50%，目前降至40%以下。

记者：在国民财富分配中居民收入占比过低，是普通劳动者收入偏低的主因。重庆市要将“基尼系数”由0.42降到0.35，居民收入在初次分配中占比应达到多少？

杨庆育：降低“基尼系数”首先要“富民”，提高居民收入占比。未来五年，重庆将力争使居民收入占比达到50%左右，其中城镇居民人均收入增长75%，农村居民人均纯收入翻一番。全市城乡收入差距缩小到2.5∶1左右，率先在西部实现全面小康社会。

小企业是“富民”的秘密武器。提高居民收入占比，关键是要创造就业岗位，提高劳动者的议价能力。为此，重庆市提出大力发展微型企业，以求“藏富于民”。目前政府已出资5亿元扶持1万户微型企业，带动10万人就业。重庆将在未来五年内再扶持10万户微型企业，财政对每一户企业给予其资本金30%到50%的补助，带动100多万人就业。而这些微型企业主将进入中等收入者或富裕者群体。

除了财政补贴，重庆市还对扩大就业的企业实行税收优惠。国家规定企业所得税是25%，借西部大开发的优惠政策，重庆执行15%的税率。统计显示，2010年全市给企业的税收优惠达到180亿元。

二次分配政府不捂“钱袋子”

【背景】二次分配是实现社会公平的重要方式。据中央党校有关研究报告测算，2007年我国财政支出中，教育、医疗和社保三大民生支出占比约29%，明显低于一些人均GDP超过3000美元的国家。

记者：重庆市目前人均GDP已迈过4000美元关口，财政收入接近2000亿元。未来五年如何通过二次分配缩小贫富差距？

杨庆育：政府财政是公共财政，要舍得进行民生投入，不能捂“钱袋子”。一般预算50%以上用于民生、75%以上用于县区基层，是重庆市财政投入的“两条原则”。

我国对财产性收入、资源性收入等征税比例较低，以2009年为例，全国税收中资源税和房产税占比不到2%。未来五年，重庆将加强财税调节，开征高档商品房房产税，让占有财产多的人承担更大税负。

减税是提高居民收入的直接方式。中央经济工作会议提出，要研究制订收入分配改革方案，逐步完善个人所得税制度。如果工薪阶层月收入5000元以下不收税，就等于提高普通劳动者收入了，这有利于缩小收入差距。在法律允许的框架下，重庆在“民生减负”方面正积极探索。

七 甘肃省

甘肃创新重大项目社会稳定风险评估机制

（http：//news. xinhuanet. com/politics/2011－02/22/c _ 121109787. htm）

重大建设项目往往需要进行征地、拆迁等工作，多数涉及群众切身利益。为了从源头上避免群众合法权益在重大建设项目实施过程中受损，2010年以来，甘肃各地探索建立了涉及群众利益重大建设项目社会稳定风险评估机制，将社会矛盾化解在源头。

据介绍，这一评估机制主要包括事前评估和事中干预两部分内容。通过机制的实施，各地确保在出台政策、新上项目前，坚持科学民主决策；在出现矛盾苗头时及时掌握信息、吸纳社会各界意见，最终实现通过项目实施前的风险评估和及时有效的干预，避免因项目实施侵害群众利益。

目前，这一评估机制已经在甘肃省内多个地区建立并开始有效实施。记者从甘肃省天水市、定西市和嘉峪关市等地了解到，当地在2010年积极推进重大建设项目社会稳定风险评估，实行项目实施方案与矛盾化解方案同步制定、项目工作机构与风险评估班子同步组建、项目建设与信访工作同步开展，确保项目实施到哪里，评估化解工作就延伸到哪里。

征地、拆迁等一直是容易引发群体性利益矛盾的主要工作领域之一。嘉峪关市在兰新铁路二线工程建设中征地2350亩，由于政策兑现到位、工作措施到位，没有引发任何信访问题。

甘肃省内一些地方则通过评估机制，推迟了一批重大建设项目的实施。甘肃省庆阳市在2010年共评估各类重大建设项目108个，其中有21个项目因存在政策分歧、矛盾纠纷和稳定风险，被责令重新论证或暂缓实施。

陇南市礼县对关系群众切身利益的社会保障、公共服务、企业改制、重点项目建设和行业政策调整等事项，在决策前进行合法性、合理性、可行性和安全性评估，预测社会稳定风险，评估社会稳定程度，科学界定责任主体，并制定风险化解预案，有效避免了因决策不当、群众利益受损引发的信访问题。

记者从礼县信访部门了解到，当地还在此基础上建立了领导、专家和群众代表相结合的科学决策机制，聘请了9名省内外专家为政府顾问，完善了专家咨询、社会公示和公众听证制度，形成了群众参与、专家论证和领导集体决策体制。

同时，甘肃省整合信访、司法、民调、综治等方面的资源和力量，把重心从事后处理转移到事前排查化解上，对苗头性、倾向性问题，特别是群众反映强烈的热点、难点问题，建立健全矛盾纠纷“周例会”、“月分析”和“季研判”等工作制度。全省去年来共排查出各类矛盾纠纷近3.3万件，其中已调处化解近3.1万件，调处化解率接近94%，降低了群众维护自身合法权益的成本。

在新的一年，甘肃省要求全省各地继续坚持把改善民生、维护民利作为工作的出发点和落脚点，在提供公共产品、公共服务方面注重向基层和弱势群体倾斜，舍得投入资金解决人民群众最关心、最直接和最现实的利益问题。

V 非试点市的实践

一 天津市和平区

天津市和平区率先引入公共服务标准化体系规范行政管理

（http：//www.022net.com/2012/1-4/495131142224492.html）

2011年12月28日，天津市和平区体育馆街与区质监局共同举办“实施公共服务标准化体系发布会”，在全市率先将公共服务标准化引入政府行政管理和社区公共服务。和平区委副书记常大光出席发布会并讲话。

常大光在讲话中指出，关注民生、创新社会管理是和平区今后五年重点工作，公共服务标准化体系的引进具有重要意义和作用。《体育馆行政劳动保障服务中心标准体系》和《三盛里社区标准体系》两个标准体系的实施，走在了全区和全市规范街道及社区工作的前面。推行公共服务标准化工作，能够不断了解广大居民诉求，改进政府行政服务工作效能、树立政府良好管理形象，提升公民对政府的满意度。他希望质监部门加大与街道社区紧密联系，不断完善体系，搭建网络公共标准化体系平台，在全区6个街道办事处应用，从而提升政府工作效率，让百姓真正得到实惠，为建设国际性现代化宜居城区而努力奋斗。

体育馆街行政服务中心标准体系和三盛里社区标准体系按照GB/T24421编制，两个体系分别建立了三个子体系——服务通用基础标准、服务保障标准、服务提供标准。该标准体系共采用国家标准、行业标准、地方标准及企业标准500余个，涵盖了党政管理、社区文化等多项内容。通过统一社区标徽、标牌、指示牌，统一服务窗口设置，统一服务人员行为规范、统一信息平台；规范设置社区党组织、社区居委会、社区服务中心岗位责任等相应管理制度；清理各线工作职责、管理规程、办事流程，规范使用文本表格，以规范社区工作者的管理；建立公开、便民、高效、廉洁、规范、可问责的街道政务服务机制等有效措施，建立标准化的街道、社区服务体系，为政府工作创新机制、提高效能提供新思路、新途径、新方法。

天津市质监局、区民政局、天津公安和平分局等部门负责人及部分驻街企业代表、社区工作人员参加发布会。

二　山西省太原市

“人民政府就是要让人民满意”
——太原市“向人民汇报、请人民评议”活动纪实

(http://news.xinhuanet.com/local/2012-02/19/c_111542221.htm)

2月13日至18日，太原市10个与民生密切关联的部门通过电视网络直播，向全市人民汇报工作，接受人民评议。六天时间，近55万人次参与投票。整个活动促进了政府工作，拉近了政府与群众的距离。

百姓与官员零距离“交锋”

2月13日下午，太原电视台演播大厅，作为首个汇报单位，太原市公安局的电视短片和局长述职刚一结束，一个个略显“尖锐”的问题便抛上台去。

来自洋灰桥社区的群众代表王建梅抢到了首个问题。不久前，她丢了身份证去派出所补办，得知一周后可以到社区警务室领取。谁料社区警务室一直没人，结果白跑了好几趟。她就想知道，社区警务室什么时候能有人?

面对直播镜头，一开始，太原市公安局明显缺乏经验，只简单表示社区民警应该“经常”到社区警务室值班就说了“谢谢”。外交辞令般的回答，让现场观众一头雾水。在主持人的提示下，公安局负责人表示，每个社区民警每周都要有20个小时在社区为居民服务。

王建梅更加不解，“作为居民，我不可能知道那20个小时具体都在什么时间?”她强调，在太原每个小区都有这样的情况。随后，经过一番“交锋”，公安局的负责人才不得不承认，社区民警的值班时间是机动的。由于民警工作任务重，固定值班会浪费警力，他们打算将值班时间集中定在每周二和周四，为居民提供方便。

面对如此坦诚的回答，王女士满意地坐下了，现场第一次响起肯定的掌声。

此后，在持续10场的汇报、评议活动中，围绕打车难、入园难、食品安全等社会热点问题，老百姓与官员的零距离“交锋”不断上演。随着一件件老百姓“烦心事”的解决、一部部办公电话和举报电话的公布以及一系列民生新举措的即将出台，现场掌声不断。

群众与政府之间的距离渐走渐近

“这种形式的活动还是开天辟地头一遭。”这几天，太原市民刘超凡每天晚上都守在电视机前，准时收看“向人民汇报、请人民评议”节目。每场节目他都会发短信投票，在他看来，这就是他的“监督权”。

一位给老红军当过警卫员的群众说："这样的活动一下把老百姓和政府的关系拉近了，我感觉到我们的传统回来了，革命时代的作风回来了。"

在赢得市民称赞的同时，太原市政府问计于民、问需于民，从向上级负责到让人民满意，工作作风和工作导向悄然转变。以往不可捉摸的群众满意度，如今变成了实打实的数字。

统计结果表明，多数汇报部门的群众满意率在75%左右。其中，太原市工商局以85.78%拔得头筹，满意率最低的是太原市房管局，仅63.38%。

对此，太原市房管局长王静恩诚恳表示，"市民的评价，暴露出了我们工作中存在的问题，回去后会认真研究总结，实实在在解决群众反映的突出问题。"

活动领导组组长、太原市委常委、纪委书记弓跃表示，汇报和评议的宗旨就是让老百姓享有知情权，知道政府在做什么。同时也让政府部门找准问题，推动机关干部深入基层，转变作风，联系群众，解决问题。

人民要求是方向 人民满意是标准

据介绍，此次活动是近年来太原市举行的规模最大的群众评议活动。自2月2日起，太原市委、市政府就通过媒体、城市交通广告、户外电子屏以及手机短信等方式，全方位发布活动信息。至2月10日，此次活动的关注度已超过日均250万人次。

为确保真实反映群众心声，参加现场评议的群众代表以各部门的服务对象为主，1200名服务对象由电脑从11万余人的数据库中随机抽出。每场观众还包括人大代表、政协委员各15人、社区群众代表60人以及市政行风监督员10人。

此外，太原市还开通了短信和语音电话评议平台，并设置了场外群众参与奖项。据统计，节目播出以来，每晚有100余万市民通过电视、电台、网络等渠道了解相关内容。6天内，近55万人次市民参与投票打分。

太原市委表示，在今年活动的基础上，今后将扩大参评单位，并适时将群众评议结果纳入对干部的考核。山西省委常委、太原市委书记陈川平说，人民要求是方向，人民满意是标准。此次活动的形式是"向人民汇报、请人民评议"，其主要目的是让人民满意。因为，人民政府就是要让人民满意，政府部门也要有勇气把自己的不足主动告诉群众。

三 山东省青岛市

群众评价由"软指标"变成"硬压力"
山东青岛在绩效考核中构建"多样化民考官"机制

（《中国人事报》2010年5月17日）

电话民意调查、市民评议、特邀考官考核、第三方评价，近年来，山东省青岛市探索出了一条以公共服务对象满意度为标准、多种方式互补的“多样化民考官”新路子，使考核内容更加注重民生、考核过程更加发扬民主、考核结果更加体现民意。4年来，该市市区两级400余件为民办实事项目全部完成，市民通过“民考官”途径提出的近2万件具体问题，除部分因政策限制外，95%以上得到较好解决，群众满意率达99%。

青岛市“多样化民考官”机制具体是指，在对各区市和市直各单位目标绩效考核中，根据领导班子的不同职责，采用不同方式，广泛了解民意，并以不同的权重计入考核结果。

针对区市党委政府工作直接面向基层群众、管理服务面比较大的特点，青岛运用计算机辅助电话民意调查（CATI）方法，抽样调查居民满意度，并将其作为区市考核第一指标。调查前，开展“民考官金点子”活动，公开征集问卷内容，以群众最关心、最直接、最现实的问题为重点设计调查问卷。调查中，实行随机调查和定向调查相结合，从每个区市20多万部电话中随机访问500个样本，实施“背靠背”式调查。针对普通居民，随机调查人居环境、社会事业、社会治安等共性内容；针对学生家长、失业人员、低保人员和企业经营管理人员等特定群体，定向调查学校教育、就业帮扶、低保救助和行政效能等情况。市民回答作保密技术处理，确保受访市民讲真话、说实情。请区市党政“一把手”和市民代表现场旁听民意调查情况，调查实况“现场直播”到街道和镇。调查后，把群众的评价以16%的权重纳入对区市领导班子的目标绩效考核，并面向社会公布调查结果，跟踪督办解决群众反映的问题。

在政府部门工作绩效考核中，邀请万名市民代表评议。针对政府部门主要职责是进行公共管理和提供公共服务的特点，青岛市以随机抽样与组织推荐相结合的方式，组建了人数达1万名的市民代表队伍，对政府部门评议打分。其中包括各级党代表、人大代表、政协委员，下级部门代表，各民主党派、群团组织、社会组织代表，企事业单位代表，基层代表、专家代表、城乡居民代表等。市民代表分成4个组参与评议政府工作部门的绩效，评议结果以35%的权重纳入考核。2009年年底，市政府56个部门还集中开展了“向市民报告、听市民意见、请市民评议”活动。就是由各部门的主要负责人集中述职，通过视频网络系统向市民代表报告全年工作情况；听取市民代表和社会各界的意见建议，认真抓好整改落实；请市民代表根据市政府各部门工作职责、年度主要工作目标、述职报告，结合述职和平时掌握的情况，现场填写评议票。

选聘“特邀考官”，是青岛市在党群法检机关工作绩效考核中引入的新机制。针对党群法检机关服务对象主要是特定群体和特定层面的特点，聘请熟悉机关工作、专业知识丰富的“特邀考官”，以答辩制形式考核工作绩效。从2006年开始，建立“特邀考官”制度，共选拔党代表、人大代表、政协委员和民主党派、无党派人士代表，以及专家学者100多人，构建了一支多元化、专业化的考官队伍。“特邀考官”年初参与评审制定目标，平时参与考核监督工作进度，年终以开放答辩形式，从效益性、创新性、重要性和工作难度 4 个维度，对党群法检机关工作进行公开评审，评审结果以 35%的权重纳入考核。

在“窗口部门”绩效考核中，青岛采取了委托独立第三方评价的方式。为更加客观准确地了解“窗口部门”的服务成效，通过公开招标，聘请国内知名专业机构零点调查公司，对市教育局、市卫生局等 15 个公共服务部门的工作绩效进行评价，评价结果以 15%的权重纳入考核。同时，充分发挥新闻媒体的监督作用，政府部门负责人通过网络、广播等媒体举办的政府在线访谈、民生在线和行风在线节目或栏目，主动听取群众意见建议，委托市监察局现场监督，将工作整改情况纳入考核。

“民考官”真实反映市民诉求，汇集各方面建议，为科学决策发挥了重要作用。近年来，青岛各项发展指标均实现较大幅度增长。在 2009 年中国社科院发布的《中国城市竞争力报告》中，青岛位列包括港澳台城市在内的中国最具竞争力城市第 7 位。

编后：

青岛“多样化民考官”机制，将传统考核的“上级——下级”两方关系，转变为“上级——公众——下级”的三方关系，获取了真实的民意表达，提高了绩效考核的科学化水平。特别是针对市管党政领导班子的不同职责特点，采取多种不同手段，调查对象都是对某项工作较为熟悉的服务对象或知情者，提高了调查的针对性。引入第三方参与的方式，使调查实施主体多元化，确保了绩效考核信息的客观真实。这样的绩效考核方式，真正把群众评价由“软指标”变成“硬压力”，强化了“群众满意是第一追求”的导向，发挥了“绩效诊断”作用，使各级党委政府把群众评价作为查问题、促工作的有力抓手，真正下大力气做利民、惠民、富民之事。

四 河南省平顶山市

河南平顶山以“幸福”考核干部

成为市委组织部考核任免干部的三大指标之一，当地官员表示“工作有压力”

（《南方都市报》2010 年 11 月 30 日）

中央已经数次强调考核政府和干部不再唯 GDP 论，于是，新的考核标准——幸福指数，在全国一些地方悄然兴起。近日，河南省平顶山市有两名乡镇党委书记因“群众幸福指数没有提升”而未能通过组织部门的考察，向外界展示了当地对这一考核指标的重视程度。但《学习时报》发文指出，一些地方政府在制定和落实幸福指数的过程中热情超乎想象，这种热情的背后隐含着对幸福指数的数字依赖和指标崇拜；有些地方在确定幸福指数时，想当然地设定一些和百姓幸福毫不相干的内容，将幸福指数调查统计变成了数字游戏。不过，中组部官员对这一做法表示肯定，鼓励地方上尝试、探索，以推动干部考核方式不断完善。

近日，河南省平顶山市有两名乡镇党委书记因“群众幸福指数没有提升”而未能通过组织部门的考察，这一消息一经公布，就引起广泛关注。平顶山市副市长郑茂杰昨日接受南方都市报记者采访时表示：“幸福指数是个综合体系，由16个项目组成，涵盖了方方面面，要求每个单位、部门所开展的工作能量化的就量化，并且以人民群众的满意度和指数提升为主要目标。组织部门有一套以幸福指数为依托的干部考评体系，这是落实科学发展的探索。在评价过程中，也有主观因素，尤其幸福指数满意度方面。因此感到工作有压力。”

据郑茂杰反映，他本人主管城市建设，在城市道路建设过程中，有些群众可能对整个城市规划不了解，会产生误解，这就会影响考核。不过郑茂杰同时表示，目前这套考评体系只是有益探索，会不断调整和不断修订完善。

平顶山市委组织部一部门负责人在接受《河南商报》采访时说，现今，河南全省综合实力排序、主要经济指标占全市比重、幸福指数提升情况已成平顶山市考核任免干部的三大指标。

这位负责人解释，组织部门依据幸福指数考核干部时，看的不是排名。“关键是自己与往年相比，是否有提升，这意味着你是否更加注重民生，是否在民生方面投入更多。”

其实，不止是平顶山，江苏省江阴市早在几年前也已经采用“幸福指数”的评价体系，当地提出建设“幸福江阴”，目标是：让每一个勤劳淳朴的江阴人个个都有好工作、家家都有好收入、处处都有好环境、天天都有好心情、人人都有好身体。对应这“五个好”，江阴分四个大类确定相应的指标体系，设定了相应的目标值和测评权数。

中组部一官员昨日在接受南都记者采访时指出，从导向上看，地方政府正在力求发挥政府的导向作用，改变此前“唯GDP论英雄”的评判标准，表明其更加注重民生、百姓幸福感，是值得肯定的。这也和“十二五规划”的“社会公平”目标一致。对于地方政府将“幸福指数”列入官员政绩考核，其方向、目标和导向值得鼓励。可以说，目前评价官员的政绩好坏，就是看为老百姓干了多少事情，而幸福指数的推出，就使这一目的更为明显。而近年来，组织部门对政府官员的考核中，也越来越注重人民群众的意见感受。从此前调查群众对组织工作满意度、群众对政府满意度，到目前的“幸福指数”，一步步改革，体现了政府更注重体现民意，更倾听百姓心声，这也是未来组织工作的方向之一。尽管目前各地对于“幸福指数”的测评都在尝试中，但我们需要理解的是，作为探索方式，手段和方法都会逐步完善。由于各地资源贫富不同，百姓生活水平、档次不同，政治经济文化以及区域特点不同，很难制定一套放之四海而皆准的体系统一全国。随着各地探索深入，需要上级部门深入研究固化做法。从上级领导、媒体百姓，应该抱着鼓励、欣赏、支持配合态度，推动方式不断完善。

五　广西壮族自治区百色市

政府绩效管理助推百色老区科学发展
——我市机关绩效考评工作实践与创新

（《右江日报》2010 年 11 月 09 日）

近年来，我市坚持以科学发展观为指导，把绩效管理作为提高党政机关行政效能、加强干部队伍建设、推动经济社会发展的重要举措，按照“围绕中心、服务大局、突出重点、关注过程、科学考评、运用结果、创先争优”的工作思路，通过建立公正公开、科学合理的绩效考评工作机制，极大推进了机关作风、管理理念以及工作方法的转变，极大提升了领导干部履职能力和机关的执行落实力，极大地推动了经济社会的全面协调可持续发展，极大地提高了人民群众对政府工作的满意度，对我市经济社会科学发展、跨越发展、和谐发展起到了强有力的助推作用。

一、注重一个“变”字，以全面强化绩效管理意识为前提，转变观念，落实保障

在党政机关管理实践中，我们长期感到为难的事情是对工作业绩难以进行科学规范的、常态持久的、准确合理的评价。政府绩效管理是现代管理学中的新领域，使我们跳出传统的行政管理形态，开始综合运用绩效管理体系的科学方法、标准与程序，一以贯之地对地方党政机关的工作业绩、经济社会成就和问题作出尽可能客观的评价，以及“立足于政府理想职能的实现程度”不断进行改善提高。然而，推行绩效管理并非是一呼百应、一蹴而就的容易事。由于习惯于“眼睛向上”听从服从和实行自上而下的考核方式、下级对上级绝对负责的管理机制，多数单位对老一套工作管理模式驾轻就熟，不愿弃舍。因此，推进政府绩效管理必须要将解放思想、更新观念、全面强化绩效管理意识作为前提。我们通过学习、考察、研讨、讲座、挂职锻炼等手段多渠道地加强对各级各部门领导干部进行教育灌输，不断提升理论素养和管理水平，从而在工作中自觉接受、乐于接受，进一步夯实了推行绩效管理措施的工作基础。

在现时体制下，政府绩效管理要避免非权威性、不稳定性和不确定性，必须要构建起横向到边、纵向到底和行为规范、运转协调、公正透明、廉洁高效的管理机制。我市及市直部门和县（区）、乡（镇）各级党政机关（含公共管理职能的事业单位）都组建绩效考评组织领导机构和工作机构，全面负责绩效管理各项具体工作。我们做到了“四个落实”：一是工作机构和人员“三定”（定责、定编、定级）方案落实；二是财政预算和专项经费落实；三是办公场所和设施配备落实；四是业务队伍和公众考评网络落实。全市已经形成市委市政府统一领导、绩效考评领导小组统筹负责、绩效考评办公室具体实施、相关机构单位明确职能性目标任务、每项工作责任落实到岗到人、

社会各界和群众积极配合参与的工作格局，为绩效管理提供了坚强有力的体制支撑。

二、突出一个“导”字，以科学设置绩效管理指标为关键，遵循原则，导向务实

在绩效管理体系中，考评指标设置的问题非同小可，原则上要体现出实事求是、重视结果，目标清晰、效率优先，因地制宜、持续发展，以民为本、公众满意，奖优罚劣、改善提升的导向性和操作性。我市围绕党委、政府的中心工作并结合各级各部门自身职能职责层层设定比较务实的考评指标体系。一是对县（区）、乡（镇）实行“公共考核指标＋专项考核指标＋特色工作指标＋加减分考核指标”的目标管理模式。二是对部门实行“职能性目标＋共性目标＋加减分考核指标”的目标管理模式。针对绩效管理对象工作任务的异同，为缩小绩效考评的差异性，我们侧重于从对象自身工作和共性工作两大方面进行综合考评。三是在确定目标体系的过程中，由各被考评单位按照体现全局性、先进性和可考性的要求，从定性和定量两个方面，对工作提出具体的目标任务、措施、标准和完成时限，初步形成指标体系，再依据指标审定工作流程，组织相关部门，在综合进行横向比较、纵向比较、基准比较的基础上，结合上级要求和全市总体工作部署，对被考评单位上报的指标逐项进行审核对接认可，提出修改意见，并对应每项指标制定评分细则，返还给各被考评单位修改完善后重新上报。经过几上几下反复沟通和综合审查并报经绩效管理领导小组同意后，以正式文件下发实施，汇编形成《机关绩效考评指标考核责任分解书》，发送相关领导和各绩效考评责任单位，作为工作推进、落实和考评的实施依据，同时也作为各被考评单位相互了解工作情况，相互公开、相互监督的依据。通过以上相关办法措施，尽量避免评价指标结构与体系缺乏一致性等问题，使政绩评价实现主观测评与客观衡量相统一，定性评价与定量分析相统一，充分调动和发挥了干部队伍锐意进取、干事创业积极性。现在，全市以开展“快乐学习”为主旨的创建学习型机关活动、以实现“岗位承诺”为目标的创先争优活动、以打造“勤廉单位”为载体的作风效能建设活动方兴未艾。

三、抓住一个“法”字，以实现绩效考评客观结果为目标，规范方法，评有依据

绩效考评谋求的是了解掌握政府履行职能的效果、效率、效益、公正性和回应性程度，从而探讨提高绩效的对策。公平公正是绩效考评的基本要求，要保证结果的客观性，应当采取多元化形态以避免主体单一，从多角度考量党政机关绩效，以能够立体、多维、全面地反映出真实情况，并将行之有效的做法总结提炼逐步形成科学规范的考评制度。我市在绩效考评实践中构建全方位、多角度、多层次的考核评估监控机制，做到“六个结合”：把指标考核、公众评议、领导评价、察访核验以及内部民主测评、外部群众满意度测评等工作程序有机结合来，把定性考评与定量考评方法有机结合，把年终考核、半年考核与平时考核有机结合，阶段性考核与经常性考核有机结合，目标管理和党委政府重大事项督查有机结合，公众评议与民主监督有机结合，力求做到考评科学合理有效。具体工作中特别严格把握“四个环节”：一是在指标考核方面，充分发挥各级数据采集责任单位的主观能动作用，对定量指标和定性指标进行跟踪考

核；二是在公众评议方面，由考评机构邀请各级党代表、人大代表和政协委员，并组织协调相关部门和基层单位、社会团体代表、管理相对人、服务对象以及重点企业、重点项目业主等参加评议，根据被考评单位和调查对象的不同，设置不同的调查内容，多角度、多层面对被考评单位的整体工作进行全面评价；三是在领导评价方面，由考评机构设计评价表请各级领导以无记名方式，对被考评单位的工作情况进行综合评价；四是在察访核验方面，组织督查队伍对选定的重要工作项目采取实地调查、专项检查、抽样检查等方式对相关指标完成情况进行核实。对整个指标完成情况的考评过程做到评定有依据、评价广泛性、评议多群体、考评有监督，实现对考评全过程的动态管理，也使绩效考评充分体现公众意愿。

四、强调一个“用”字，以综合运用绩效考评成果为保证，激励约束，创先争优

我们开展绩效管理的重要目标就是综合运用绩效考评成果，以不断改进政府管理、提高政府效能、重塑政府形象。首先，注重绩效管理的沟通和反馈。必须针对发现问题及时落实措施，抓整改求实效。我市各级绩效考评机构对察访核验中发现的存在问题、薄弱环节以及征求到的意见建议，采取多种方式，加强与被考评单位进行绩效管理沟通和反馈，共同分析查找工作中存在问题和薄弱环节，提出改进工作的意见和建议，督促被考评单位研究制定和落实整改措施抓整改，及时清除影响绩效管理的障碍和不利因素。我们根据工作需要召开各有关县（区）、市直单位的整改工作督办会，适时把相关单位绩效考评存在问题整改方案、整改承诺在新闻媒体上进行公布，明确了责任单位、整改时限和整改任务，接受社会的监督，引起了全社会对绩效考评工作的广泛关注，对推进工作落实收到了良好效果。

其次，切实建立绩效激励约束机制。在传统行政管理中一些难以理喻的弊端层出不穷。绩效考评作为一种新激励约束机制建立起来，给党政机关和干部队伍带来了一派蓬勃向上、百舸争流、奋勇当先的勃勃生机。为了鼓励先进鞭策后进，我市在责任制绩效目标考核成果运用上有“四个特点”：一是按优劣排队，不讲情面。根据被考评单位的目标绩效考核总分排序，按照相应的比例要求，将考核档次分为优秀、良好、一般、较差四个档次，使考评体现出工作效能优劣的划分上。二是与升迁挂钩，排除干扰。实行有效的“双挂钩”激励措施：与干部提拔任用、评选先进挂钩。各部门（单位）考核档次结果由组织人事部备案，作为领导干部调整、任用的政绩依据，对年终获优秀档次的单位进行表彰奖励，并适当提高年度优秀公务员评选比例，调动了干部工作积极性和激励创先争优。三是同上级奖励对接，加送礼包。运用考评结果设置加分规则，对获得国家级综合性及专项表彰的、获得省部级综合性及专项表彰的分别给予不同程度的加分；四是将问责机制引入，敢于碰硬。运用考评结果设置扣分规则，对出现涉及在安全生产、社会治安综合治理、计划生育问题，或出现严重党风廉政建设问题的、重要经济指标不完成的、单位领导班子闹不团结的、绩效考评过程中弄虚作假等现象的，在确定考评等次时，作降低一个等次处理。

六 四川省宜宾市

四川宜宾对村干部实施绩效问责破解监管难题

（http：//news. xinhuanet. com/lianzheng/2010 - 12/16/c _ 12886771. htm）

四川省宜宾县是人口大县，现有行政村 535 个，人口 103 万。2010 年以来，该县对村干部实施绩效问责考核，有效破解对村干部的监督管理难的问题。制度实施以来，乡镇纪委先后对工作推进不力的 15 名村支书进行诫勉谈话，乡镇党委、政府对经教育后工作无转变的 6 名村副主任依法进行罢免，促进了农村经济社会发展。

年初，乡镇党委、政府以百分制将各村目标细化为共同目标、中心工作和单项目标三类，各类分别占一定分值。共同目标即党建、廉政建设、安全维稳等共有的目标任务，占总分的 36%；临时突击性工作目标，占总分的 4%；单项目标则是根据各村的实际情况，从基础设施建设、产业结构调整等方面确定的发展目标，占总分的 60%。目标确定后，各村每月将上月工作落实情况书面报乡镇党委政府。乡镇党委政府对工作推进情况进行考评，考评结果与村干部的绩效工资、政治待遇等切身利益挂钩。

同时，乡镇纪委对各项工作推进情况进行督查，对推进不力的进行诫勉谈话。如不见转变的，给予停薪留职三个月；期满仍无转变者，则调整岗位、责令辞职或向村民代表大会通报，组织依法罢免。通过实施绩效问责，极大调动了村干部工作的积极性，促进了乡镇经济社会发展。以该县双龙镇为例，到 2010 年 9 月，全镇 31 个村中有 24 个村超额完成年度工作目标任务。村民关注的出行难问题得到进一步解决，全镇新建道路 60 余公里，其中 17 个村修通水泥路，另有 8 个村的水泥路正在紧张施工中。农业产业结构调整迈出新步伐，促进了农民增收致富。

七 陕西省榆林市

陕西榆林“三位一体”绩效考核促各项工作再上新台阶

（http：//www. rofine. com/Article/1385. html）

12 月 24 日，记者就榆林实行“目标责任考核、领导班子考核、领导干部考核”的“三位一体”考核机制的有关问题采访了市供销社、畜牧局、教育局、物价局、招商局等市直部门单位。这些被考核的部门单位负责人表示，“三位一体”的考核机制对全面贯彻落实科学发展观具有积极推动作用，同时可以促进各项工作再上一个新的台阶。

市供销社主任白云社说，2010 年，市供销社被中华全国供销社合作社列为西北地区唯一的一个改革发展联系点。近几年，市供销社始终把考核工作作为全年工作的重要载体，加强领导，强化措施，落实责任，扎实推进，实现各项事业的科学发展。

2010 年，市畜牧兽医系统认真贯彻落实中央一号文件精神，紧紧围绕“两基地、一中心”建设，以增加农民收入为主线，以现代特色畜牧业示范项目为抓手，着力转变畜牧业发展方式，大力推进畜禽标准化规模养殖，狠抓动物疫病防控、畜产品质量安全监管，加强饲料饲草基地建设，全市畜牧产业呈又好又快持续稳定发展态势。市畜牧局局长陈应新说，今年他们不断完善系统考核机制，促进了榆林畜牧业的快速发展。

按照市委、市政府推进目标责任考核工作的部署要求，市教育局结合工作实际，进一步细化目标任务，夯实工作责任，强化工作措施，有效地促进了全市教育改革发展。局长常少明说，“十二五”期间，全市教育系统将进一步强化和完善目标责任考核工作，加速推进榆林教育的现代化进程。

市物价局在绩效考核中注重把握住“实效”这个目标，始终围绕中心，以强化价格监管服务为重点，以加强作风建设为抓手，全面贯彻落实科学发展观，真抓实干，创先争优。局长王永平告诉记者，近年来的绩效考核对增强物价局领导班子凝聚力、战斗力和创造力，提升领导干部执政能力和水平起到积极而深远的作用，也使服务社会、关注民生的积极性和主动性不断提高。

市投资环境 110 办公室副主任高军说，他们一直注重考核成果的运用，为榆林的经济社会发展营造良好投资环境。

2010 年，市招商部门按照市委、市政府提出的“七抓七促七突破”战略指导思想，紧紧围绕我市“两基地、一中心”建设，以承接东部地区产业转移作为招商引资的重点，面向长三角、珠三角、环渤海、台港澳等区域，瞄准国内外大企业、大集团，创新招商思路，改进招商方式，拓宽招商领域，优化投资环境，狠抓责任落实，不断提高招商引资质量和水平，招商引资工作亮点频现。

Ⅵ 非试点县的实践

一 河北省邯郸市磁县

河北磁县：绩效考评引发吏治"革命"

（《瞭望东方周刊》2010 年 1 月 5 日）

河北磁县通过公开竞争、择优录用政府工作人员

今年 7 月起，河北磁县县委书记李德进和县长杨云华的上网频率突然增加了许多——这个月，他们的办公电脑上多了一个"领导班子领导干部绩效管理与考评系统"。

打开这个系统，输入名字和密码，就可以将全县 19 个乡镇和 93 个县直单位的各项工作进展尽收眼底。

比如想了解县内重点工程的建设情况，登录系统，来到"重点项目详细信息查询"页面，就会看到"107 国道复线暨中华大街南延项目"的完成情况为"正常"，进度为"96％"，任务目标为"中华大街南延磁县段完工"，2009 年计划完成投资"2.28 亿元"，预算为"2.58 亿元"。

再看“督查群众意见”一栏，其中有一条写着“中华大街南延与魏峰线连接处坡度较大，行路不太方便”，后面紧跟着就有一条“处理意见”：“项目单位准备填土做缓坡”。再后面的“备注”栏则提示“见图片”，一张发于10月10日的图片显示缓坡正在修筑。

如果愿意，李德进他们可以在后面的“点评”栏中作出对工程进展的评价，工程责任单位的负责人就可看到。如果他们不做点评，系统也会留下记录，表明县领导已“到此一游”。

这种“到此一游”非同凡响，各乡镇、各部门随时“暴露”在县领导的眼皮底下。“这套系统让领导变得无处不在。”磁县光禄镇党委书记张翊说，“压力突然增加了，懈怠不得。”

这套系统由复旦大学公共绩效与信息化研究中心与磁县共同开发。复旦大学公共绩效与信息化研究中心主任助理张俊峰对本刊记者说，他们与十多个地方政府做过干部绩效考评改革，“磁县是做得最彻底的”。许多磁县干部在谈及体会时，把这种管理方式称为一场“革命”。

日常化考核

这套系统给磁县干部带来的第一个冲击是，以往一年一次的年度考评日常化了——每月初要报计划，月底要做小结，在此基础上，每季度一考核并进行排名。

以高臾镇第三季度考评为例，考评指标分30个小项，其中重点工作四项：三年大变样工作、一跑三争、财税收入、招商引资；日常工作从经济、社会、党建、文化等方面分26小项。

高臾镇的第三季度考评表中，“三年大变样”一项显示其任务目标是：1. 完成一万平方米违章建筑的拆除工作；2. 完成107复线暨中华大街南延的美化绿化工作，此项得分为940分（满分1000分）。“一跑三争”的任务目标是争取市以上财政资金110万元，其中非政策性资金80万元；争取县以上批复、核准或备案项目一个，此项得分990分。“招商引资”一项任务目标为引进县外投资项目一个，引进县外到位资金1000万元，此项得分为满分1000分。

30个小项权重各不相同，“一跑三争”和“招商引资”权重最高，为150分，“基层工会建设”最低，为10分。据此，高臾镇第三季度总分1267.34分，在19个乡镇中排在第十位。

日常考核在整项考核中占30%权重。张俊峰说：“以前的考核，就是年终考核，有时就是听凭自己在那忽悠。”

当然，年终考核还是最主要的，占70%，由实绩考评、社会评价、创新性工作以及失误问责四部分构成。

360度测评

社会评价包括民主测评和民意调查，其中民主测评有县级四大班子领导测评、平级同类同组单位、本部门内测评，总分300分；民意调查对象为两代表一委员、相关企业代表、群众代表，总分200分。

群众代表如何选取？磁县县委组织部长李凯林说："第一年做，不想搞得太复杂，群众的选取以服务对象为主，乡镇50到100人，县直机关50到200人，由他们对某单位作出评价。"

创新性工作为加分项，如超额完成任务，获得上级领导批示，被上级单位推广经验等。

绩效问责是扣分项，包含被县委县政府或上级单位通报批评，被上级媒体曝光，出现纪检和司法机关立案查处的案件，出现安全生产事故、社会稳定事件、计划生育等一票否决的工作。如被国家部门批评的扣200分，被省级部门批评的扣100分，市级50分。

磁县县委组织部常务副部长张海军介绍说，有这样一个公式：领导班子考核总分＝工作实绩得分（1500分）＋社会评价得分（500分）＋创新工作（加分项）－错误问责（扣分项）。

还需要说明，年度综合考核中包括考核主体年度工作评分和分管县领导评分，其中考核主体占80％，县里分管领导占20％。

所谓考核主体就是掌握着考核权力的部门，共29个，如三年大变样办公室负责对城建工程的考核，发改局负责考核固定资产投资等。

"在这个体系中，上级、平级、下级构成了一个360度测评，"张俊峰说，"三个角度主体不一，你不至于因为得罪了某个人而得低分，也不会因为得到某位领导的赏识而得高分。"

"加分上不封顶，扣分下不设底，奖就奖得眼红，罚就罚得心痛。"李德进说，这样才能让干部争先恐后。

"引狼"机制

以往，干部说起考核有个段子："考核前轰轰烈烈，考核中匆匆忙忙，考核后无声无息。"这样的年度考核当然毫无威慑力可言。

这套新考核体系试图寻找一种突破。"强化考核的结果运用，如果不运用，那么前面所有的努力都等于前功尽弃。"李德进说。

目前，年度考核已经启动，按照设计，对于最终综合得分高的要给予"相当可观"的奖励。比如，19个乡镇会排出优秀、良好、一般、较差四个等次，优秀的乡镇不超过9个，每个将得到10万元的奖励。

这10万元中的30％奖励乡镇一把手，其余奖励其他相关人员。同时，这也是选拔干部的一个依据。

而落后者不但得不到奖励，还要承受相当沉重的压力。"我们准备启动行政职务代理制，年度考核排名后三位的单位一把手将免去其主要领导职务，代理岗位一年，如果第二年还停滞不前，就地免职。”李德进说，“这也就是管理学上的‘引狼’机制。”

对于被考核者，正向的激励与逆向的淘汰都使他们无法再高枕无忧。张翊说：“它逼得你搞创新，按部就班不行了。”

他正在实施的一个重大项目是：将光禄镇的三个村开发成一个小城镇，打造成磁县生态循环第一村。“我已经从江苏引进了一个战略投资者。”

官员缺乏退出机制

事实上，2007 年磁县就开始尝试对干部考核的改革。2008 年又提出建立包括民主测评、民主推荐、经济社会发展、信访稳定、社会评价、经济责任审计、违纪违法等十方面内容的干部“立体坐标定位体系”。复旦大学研发的这套系统与此一脉相承，更具可操作性。

磁县将这套系统作为调整干部的手段。两年多来，先后调整重用了 11 名实绩突出的干部，两名干部因绩效考核不理想，从县直一把手的岗位上被调整，两名县直一把手因群众公信度低，被调整到外单位降职使用。

“用人机制从此搞活了。”李德进说，这正是他力推干部绩效考核的动力所在。

磁县属邯郸市，处晋、冀、鲁、豫四省交界处，曹操曾在此练兵讲武，磁州窑声名远播。

2007 年，磁县提出“对接大城区、培育产业区、优化古城区、拓展新城区、开发滨湖区、保护生态区”的发展格局，要把磁县从长期封闭的县城心态、县城标准中解放出来。

但是，在工作推进过程中，李德进发现干部的动力和活力不足。他总结在干部队伍中存在“一对矛盾”、“三个反差”。“一对矛盾”是：一方面，许多人期望组织上重用，另一方面，许多岗位、许多重要工作没有合适理想的人选。“三个反差”，一是自我设计与组织需要反差大；二是自我估价与社会认可反差大；三是自我能力与事业需要反差大。

他说：“目前的干部管理有传统上的惯性，以时间长短、论资排辈、熬年头来衡量，形成一种固有的官场文化，对干部能力高低和工作业绩好坏缺乏准确的判断标准。除了反腐，缺乏一个有效的退出机制。”

他认为，这种现状被一些干部默认，形成一种制度惯性和不良导向，这种惰性的官场文化扼杀了干部创新干事的激情和活力。

在李德进看来，这套体系实际上构建了一个干部的退出机制，“对于庸官，以前我没有理由调整你，但是现在如果有 30% 的群众考评不满意率，那么，对不起，你只好走人。”

县委书记的选择空间缩小了

在另一个层面上，这样的一套制度事实上限制了县委书记的用人权。“我只能在考核通过的人当中选择，选择空间缩小了。”李德进说。

但是他乐于如此。“这里涉及干部公信度的问题。”他解释说，“地方领导往往调整一次干部降低一次威信，因为社会会对这种调整进行不同的解读，有的从能力、事业需求上给予正面的解读；有的从领导私利方面去解读；有人用社会关系去解读；更有人用权钱交易去解读。”

他说，出现不同的解读是正常的，关键是必须有一套制度，用大家公认的标准做事，找到各方面认可的执行体系。

两年多来，磁县按照考评体系对干部队伍进行多次调整，每次调整县委都设定一个主题，比如，此次解决的是城管体制改革问题，涉及建设局、城管局、规划局等的人事调整；下一次调整的主体是教育，围绕教育局、磁县一中、职教中心通盘考虑。

“总之，每次调整都有鲜明的目标，而不是让人在背后嘀咕。评判标准是整个考评体系，调整又有明确的主题，围绕这个主题来选人用人，没有被调整的也不会胡思乱想，以为自己再也没有机会了。”

“因此，这套体系的建立，可以说是对县委用人权力的一场革命，压缩了县委书记选人的权力空间，但从我个人角度来讲，也可以说得到了解脱。”李德进说。

二 辽宁省抚顺市抚顺县

抚顺县积极构建“四位一体”绩效管理体系

（http：//fushun. nen. com. cn/74874607252799488/20120314/2592878. shtml）

抚顺县委、县政府在深入贯彻落实科学发展观，推进“五大系统”建设工作中，探索实践了绩效管理工作的新思路、新方法，构建起涵盖目标设定、指标考核、督促检查、奖惩问责“四位一体”的绩效管理工作体系，倾力把全县各项指标落到实处，彰显出绩效管理成效，为全县经济社会全面提速创造了良好环境。

抚顺县纪委绩效办主任徐玉环介绍说：“我们纪委把各乡镇、各部门的工作纳入到全县总体发展思路和目标上。从2009年开始建立了绩效考核的指标、任务体系，连续三年共制定重点目标任务3969项，仅2011年就制定下发目标任务1835项。”

同时，他们将县属各单位、乡镇企事业单位分为主体经济部门、服务部门和执法监督部门，根据职能不同，分别侧重于经济指标完成、服务职能体现和执法监督管理等方面来设定，并将每项工作任务都明确到单位负责人、分管领导和具体责任人。同时根据部门职能不同，分别确定目标及重点。

抚顺县纪委还积极创新工作思路，按照“五个相结合”的原则开展绩效考核工作。一是分类考核与同项比较相结合原则。分类考核是指根据职能不同，划分了乡镇、县委部门和政府部门三类考核平台，同类单位比较打分排名，评出等级；二是基础考核与动态考核相结合的原则，实行百分制考核，基础考核为100分，主要包括经济和社会指标55—65分，和谐社会创建20—25分，软环境建设15—25分。动态考核指考核中的加减分项考核。如有出现重大安全事故、群体性事件，或较严重的违纪、违法行为等作为一票否决事项；三是考核目标与考核干部相结合的原则。绩效考核结果不仅作为评价单位及领导班子的依据，还要作为年终评价领导干部个人的重要依据；四是年终考核与日常考核相结合的原则。

徐玉环告诉记者："全县设立了8个日常考核小组，每半月对重点工作进行一次调度，每月对重点指标进行一次通报，制作光荣榜和落后榜张贴到全县各乡镇、各部门的所有办公区。依据专业考核与群众评议相结合的原则，在百分考核基础上，又单独设定了15分群众评议分。通过下评上、平行评、上评下等方式，通过问卷，多方位，多角度地了解各项定性指标的完成情况。"

两年来，通过开展绩效管理工作及全县上下的共同努力，抚顺县县域经济保持了较快的增长速度，主要经济指标在全省排名均前进6至10名以上，地区生产总值年均递增38.1%，财政收入年均递增41.9%。

三 江苏省连云港市灌南县

江苏灌南县成为"全国政府绩效管理创新示范点"

(http://district.ce.cn/zg/200912/30/t20091230_20719682.shtml)

12月28日上午，中国经济网记者在江苏省灌南县举办的全国政府绩效管理研究会年会暨绩效管理与县域经济社会发展研讨会上获悉：全国政府绩效管理研究会授予灌南县"全国政府绩效管理创新示范点"称号。

县域经济社会发展研讨会现场，中国行政管理学会执行副会长兼秘书长、全国政府绩效管理研究会会长高小平对灌南勤政、优政、廉政的"三政"绩效管理给予了充分肯定，他说："全国政府绩效管理研究会属首次在县一级城市召开，他标志着灌南的'三政'绩效管理模式具有普适性、科学性，适应目前的科学发展，符合人民的要求。灌南模式目前已成为我国县域政府系统绩效管理工作推进的里程碑，必将进一步加快推进我国政府系统管理机制创新。通过年会的召开，旨在扩大灌南'三政'绩效管理机制的影响和传播，今后在一些欠发达地区能够得到延续。"

据连云港市委常委、灌南县委书记吴立生介绍时说："灌南模式注重常规绩效、创新绩效和合规绩效相结合，管理对象范围扩大，不仅考核团体，也有效考核个人，更注重过程控制，其管理形式简化高效，实现'三政'绩效管理模式以来，全县削减了一半以上的会议数量，周一至周五几乎基本不开会，主要领导可节省更多的时间和精力进行招商等工作。我们县将在 2010 年上半年实现全县所有机关干部全员化管理。”

激发干群工作潜力

灌南县在全国率先推出以“勤政、优政、廉政”为主的三政绩效管理模式，亮点多、措施实、行之有效，经过近两年的实践运用，有力助推县域经济社会实现跨越式发展。通过三政绩效管理可以使得促进全县上下主动找事干，实现规定动作和自选动作的全对接。该县还在全国率先将副科级以上干部纳入管理，目前全县 112 家单位、650 名副科级以上干部全部纳入“三政”绩效管理，围绕绩效计划实施过程控制与日常管理，实现周记录、月自评、季检查、半年述绩、年度总评，并通过三政绩效管理网实现管理的科学简化和高效运转。改变年初制定目标、年底算总账的“一锤子买卖”现象，保证常规工作稳步推进，创新工作不断突破，廉洁自律警钟长鸣，促进个体绩效和团队绩效的最终实现，确保全县目标任务的圆满完成。连云港市委常委、灌南县委书记吴立生亲自抓绩效，亲自设计管理框架，并通过网上绩效管理平台实现有效管理，县领导每天可在网上直接监控重点部位和重点干部，点对点指导工作、提高组织和个人绩效。

县域经济科学发展

三政绩效管理对全县经济社会发展的促进作用十分明显，据介绍，灌南已连续六年获得江苏省财政收上台阶先进县，2008 年财政收入达到 20 亿，2009 年达 25 亿元，连续六年获得连云港市综合目标考核第一名，综合实力首次进入苏北十强。今年，面对世界金融危机的影响，灌南的县乡干部带领全县人民科学应对，取得了发展速度快的良好效果，全县主要指标继续居省市前列，其中工业用电量增幅全省第一，农民人均纯收入增幅全省第二，外贸出口增幅全省第三，财政一般预算收入增幅全省第五，财政收入绝对值、地区生产总值增幅等均居全市第一，连续四年被中科院评为全国最具投资潜力中小城市百强县，今年在评比中更是名列第 14 位，比去年前移两位。今年全年实现工业投入 120 亿元，全县规模企业总数达到 230 家，全县共引进实施项目 301 个，其中化工、船舶、物流等超亿元重大产业项目 51 个。总投资 60 亿元的亚新制管、10 亿元的杰孚特重工、4 亿元的嘉隆化工等 20 多个超亿元重大项目加快推进。

研究实践收获颇丰

三政绩效管理的实践及成效吸引了专家与国家相关部门的关注，全国政府绩效管理研究会、清华大学等专家组专程到灌南进行调研，新疆、广东、湖南、山东、安徽等十多个省市 40 多批代表团前来参观考察，《中国行政管理》、《市县领导参阅》、《江苏通讯》等全文刊登了灌南县三政绩效管理的创新举措和经验体会。连云港市委书记王建华批示要在全市推广。2008 年 11 月 6 日在青岛召开的全国高绩效论坛，灌南县应邀参加并进行了专题交流，连云港市委常委、县委书记吴立生当选全国政府绩效管理研究会副会长，并应邀赴清华大学介绍相关做法与经验。灌南县和全国政府绩效管理研究会联合创办的会刊《绩效管理》杂志、全国绩效管理网、全国绩效管理培训基地在全国产生很大的影响，为推动全国县级绩效管理工作作出了积极的贡献。今年，灌南三政绩效管理经验先后入选“清华大学公共管理学院”案例库、“中国地方政府创新”数据库和案例库，并列入“中国政府创新简报”。

四 浙江省绍兴市新昌县

新昌全面实施“积分制”绩效考核

(http：//xcnews. zjol. com. cn/xcnews/system/2012/04/22/014960557. shtml)

从今年起，新昌将全面实施领导干部“积分制”绩效考核管理和乡镇（街道）、县级机关工作绩效考核，为加快推进“三城四化”战略实施提供有效保障。考核体系主要包括两个工作绩效考核办法，两个“积分制”绩效考核管理办法和包村（社区）、值班住夜两个配套制度。

按照乡镇（街道）、机关工作绩效考核办法的规定，新昌将坚持“明确目标、分类考核、突出绩效、奖惩挂钩”的原则，运用绩效管理的理念，扎实推动各项工作任务落到实处。乡镇（街道）工作绩效考核办法将16个乡镇（街道）分成平台建设、特色工作、山区经济三大类，考核内容包括常规工作、重点工作和附加分三部分，并按照考核总得分设立一、二、三等奖，分别给予不同幅度的工作奖励，考核结果将作为县委对各乡镇（街道）班子成员实绩考核的重要依据。县级机关工作绩效考核办法将77个部门单位分为党群、经济、建设、管理、金融通信五大类，工作目标设共性类、个性类、队伍建设和效能建设等四类，基本分100分，并设附加分，按照考核总得分和分类评出绩效考核A、B、C类单位，考核结果直接计入县委管理的领导干部积分制管理，A、B类单位可获绩效考核重点工作奖励资金。

事业兴衰成败，关键在人。乡镇（街道）、机关部门领导干部“积分制”绩效考核管理办法规定，新昌将建立科学全面的领导干部量化评价和跟踪管理体系，坚持突出实绩、综合评价、客观公正、强化运用的原则，对领导干部实行德、能、勤、绩、廉等方面的动态量化评价，激发领导干部干事创业热情，拓宽领导干部“能上能下”、“能进能出”渠道，增强领导干部队伍的生机和活力。领导干部“积分制”绩效考核管理以1年为1个积分单位，5年为1个积分周期，年度考核基准分100分，实行正向积分和反向扣分相结合，其中德行考核为反向扣分，其余为正向积分。据悉，新昌还将建立全县领导干部“积分制”绩效考核管理档案，考核得分、排名和奖惩情况将作为领导干部调整使用的重要依据。

乡镇（街道）领导干部包村（社区）考核办法和乡镇（街道）值班、住夜制度则对新昌各乡镇（街道）的工作纪律、工作重心下移等作出明确规定，要求各乡镇（街道）领导干部切实转变工作作风，脚踏实地、埋头苦干，到最需要的地方去，到最艰难的地方去，在服务基层和群众中推动新昌科学发展。

五　山东省泰安市新泰市

新泰积极实施效能“6657”评估工程

（http：//www.xintaishequ.com/portal.php? mod=view&aid=277）

2010年以来，新泰在行政效能建设工作中，实施了“6657”工程，即组织66家重点联系企业对全市57个行政机关和事业单位行政效能情况进行评估。

评估每季度进行一次，采取无记名投票的形式进行，评估成绩与各行政部门行政效能年度考核成绩直接挂钩。在今年第一季度的评估中，企业对行政部门的平均满意率达到97.5%，提出意见和建议6条，被评估部门制定整改措施18条。问卷评估完成后，市效能办对本年度初评情况进行了通报，对发改局等排名前10名的单位进行通报表扬，对排名后3名的单位提出批评。市监察局、效能办的负责同志与对排名后三位及不满意票相对较多的单位负责同志进行了组织谈话，帮助他们认真分析存在问题，制定整改措施，落实整改责任，并下发了限期整改通知书。

六　湖南省岳阳市岳阳县

专家探讨政府绩效评估　党政机关全覆盖“岳阳模式”受肯定

（http：//news.xinhuanet.com/society/2010-10/15/c_12663315.htm）

如何科学评定政绩并以此作为评价任用干部的标准？湖南岳阳县创造性地探索出一套多角度、全方位的党政合一评估模式。在14日举行的全国政府绩效评估高层论坛上，他们的这一做法获得一致好评。专家认为，县级绩效评估“岳阳模式”值得推广。

这次由全国政府绩效管理研究会主办的高层论坛，吸引了来自江苏、湖南等省的专家学者。中国行政管理学会执行副会长高小平等专家认为，绩效评估一个最大的难点就是难从整体上规划和分类不同的对象，从而形成一套合理的评估机制和体系。岳阳县在全县各乡镇、县直各部门全面开展绩效评估，在绩效评估对象上坚持党政合一，在评估体系上坚持科学分类，结果运用上坚持刚性有效，逐步形成了“岳阳模式”，推动了管理机制创新，激发了干部队伍活力。他们的成功经验值得借鉴。

我国从20世纪80年代初开始研究绩效评估，到本世纪初，绩效评估研究以及绩效评估工作受到各方关注，不少地方还作了非常有益的探索。2009 年以来，岳阳县积极开展党政管理绩效评估工作，把党务管理和政务管理全部纳入绩效评估范围，将县“四大家”机关、县直部门、乡镇机关工作人员全部纳入绩效管理。岳阳县还根据各单位实际情况，按职能类型和服务对象的不同，把单位分为副处级单位、经济管理部门、经济服务部门、公共服务部门等七个类别，乡镇工作按基础条件好坏，分为两个类别。绩效评估的内容分为基础工作指标和动态管理指标两大类。

为保证党政管理绩效评估客观公正，岳阳县采取考、评、议相结合的方式，综合运用指标考核、领导评议、公众评议、考察核实等方法，将日常评估与年终评估相结合、定性评估与定量评估相结合、领导评估与公众评估相结合。岳阳县规定，将评估结果作为考核单位领导干部政绩和工作人员业绩的重要依据，对被评为年度优秀或良好等次的评估对象，县里在使用干部时作提拔重用班子成员的基本条件；对被评为年度一般等次的评估对象，单位班子成员不得提拔重用。根据这一奖惩机制，岳阳县委将 2009 年评为绩效评估先进单位的 47 名干部调整到主职岗位上来，14 名领导干部则因去年度绩效考评排名靠后，被取消提拔重用的资格。

七　广东省江门市鹤山市

政府绩效考核：从“被动应考”到“主动迎考”

（《南方日报》2010 年 12 月 13 日）

传统目标考核往往是主要领导愿意考核，而操作者存在畏难情绪，考核对象存在抵触情绪。产生这种现象原因在于人们对开展绩效考核的不认同。

近年来，鹤山市逐步建立起与基层治理、机关作风、公共财政、服务效率相关联的考核评价制度，引导公共部门与镇级政府转变职能，注重绩效，关注民生，重视民意，形成一整套符合基层实际、有地方特点的政府绩效评价体系，从实践上较好地解答了“为何考评、谁来考评、考评什么、如何考评”等政府绩效管理的关键问题，初步实现了以科学的考核评价推动科学发展。

有什么样的考核评价制度，就有什么样的政府行为

“郡县治则天下治”，县域是统筹城乡发展的主战场。实现县域的科学发展，关键在于政府。而如何引导政府转变经济发展方式和提升行政效率，绩效考核办法起着关键作用。可以说，有什么样的考核评价制度，就有什么样的政府行为。

中编办《关于深化乡镇机构改革的指导意见》明确提出乡镇政府的职能是“促进经济发展、增加农民收入，强化公共服务、着力改善民生，加强社会管理、维护农村稳定，推进基层民主、促进农村和谐”。根据这一职能定位，我市对镇的考核指标体系按“经济发展、社会发展、人民生活、生态环境”四类指标组设置 29 个二级指标。主要通过网上评议、服务窗口现场评议、基层评议、“两代表一委员”评议、各镇（街）及市直部门主要领导互评、市四套领导班子考评、上级部门考评以及民主测评等 8 种评议方式评价部门绩效。在此基础上用“加减”法，鼓励创先争优，惩戒部门不作为、乱作为者。

凸显公众导向

公众满意是衡量政府工作的最终标准，老百姓是政府绩效考评的重要主体。我市推行综合绩效考评，实现了党组织、政府、人大、政协、专业评价组织、社会组织和公众等多元考评主体的有机结合。其中，凸显公众作为评价主体的重要地位，高度重视其合理诉求，目的是希望通过政府绩效评价体系这一媒介，提高政府工作的民意回应性，切实增强各级干部的责任意识、服务意识与惠民意识。

尊重客观规律

传统的目标考核以上级部门和领导的意志为导向，年初向各部门、镇下达各项社会管理、经济发展的目标，年底打分排名、评先评优。这种模式操作起来相对简单，而且对加强目标管理、提高政府的工作效率产生了较大作用，但也暴露出越来越多的问题：其一，目标的设定是一件复杂的系统工程，要考虑诸多因素，而实际操作大多由领导干部凭借主观判断，拟定一个标准，其科学性和客观性大打折扣；其二，过分依赖主要业绩指标数据，容易误导政府行为。比如刑事案件的案发率越高，在常理上也就意味着政府的治安绩效越低，于是容易导致有关部门有意减少立案。况且主要业绩指标数据都是政府部门内部核定，缺乏外部监督或更专业的机构来确认。有鉴于此，我们将话语权交给了公众，并将核心业务指标与重大督办项目的完成情况结合起来，用“加减法”鼓励公共部门取信于民，最大限度地履行好部门职能。

在镇级政府整体绩效评价方面，也不再给各镇下达任务指标，而是将当年各项指标的测量结果，分别跟各镇往期相比和同期其他乡镇的指标测量结果相比较。其本质就是转变设置固定目标的刻板管理，采用灵活浮动的比较式的激励。纵比能显现出自身的进步速度，横比则不仅能反映出自身在群体中所处的发展层次，而且能够明显地辨识出自身的优势和不足。这样就使考评的结果既反映了工作成效，又发现了问题所在，找到了存在差距，进而可以更好地配置资源，改进工作流程，最终实现政府的管理目标。

注重结果运用

考核评价是一种手段，恰当运用结果改进绩效才是目的。通过结果运用，促进服务型政府、责任政府、法治政府、廉洁政府建设和干部作风转变。结合以往的经验，我市采取政治、经济和风险激励三种方式，实现了绩效评价不走形式、不走过场。

一是政治激励。将政府绩效评价意见和结果直接与干部的年度考核挂钩，与评先评优挂钩，并作为领导班子调整和干部任用、奖惩、培训的重要依据。

二是经济激励。设立绩效考核奖，体现多劳多得、质优多得的分配原则。在收入上向镇倾斜，有效地激励镇干部安心基层，提高工作积极性与执行力。

三是风险激励。建立镇党政正职的风险基金管理制度，把各镇党政正职绩效考核奖的10%作为预存风险基金。离任时经确认未能圆满履行任期责任或部分指标数据不实的，按有关规定扣减或扣完离任人的风险基金。实践证明，这项制度有利于加强对镇党政正职的监督，促使其转变作风，破除短期行为、片面行为，最终推动科学发展。

提高社会认同度

传统目标考核往往是主要领导愿意考核，而操作者存在畏难情绪，考核对象存在抵触情绪。产生这种现象的原因在于人们对开展绩效考核的不认同。自2003年我市开展政府绩效考核的探索以来，调动了各方参与者的积极性，既有上级党委、政府的高度重视，有组织实施机构的精心设计、有效协调，也有相关部门和考核对象的积极参与和大力配合，更有服务对象和百姓的有效参与。通过动员多主体参与政府绩效考评，传播了政府绩效的理念，传递了政府绩效信息，使政府绩效考评体系深入"官心"和"民心"，社会认同度高，实现了"被动应考"到"主动迎考"的飞跃。

八　广西壮族自治区柳州市鹿寨县

三百六十度评价法"引爆"绩效风暴
——鹿寨县率先在全区推行绩效考评管理新机制的调查

（《广西日报》2010年9月12日）

柳州北行30多公里，桂林南下百余公里，便是地处桂中腹地交通要冲的鹿寨。这个人口不到50万人的小县，近来因率先在广西刮起一场深刻的政府绩效考评管理风暴备受瞩目。

构建群众评议平台，"民评官"，"官评官"，上级、平级、下级构成360度评价法……这种绩效考评管理新模式能够改变以往"等、靠、拖、赖"现象吗？"问绩于民"能否落到实处？它引发政府管理的哪些变革？带着这些问题，记者深入鹿寨调查采访，获得诸多启迪。

构建公共评议平台　谁优谁差群众评定

今年1月15日晚上，鹿寨县江口乡政府会场里，50名群众代表认真聆听该乡领导班子成员汇报2009年的工作实绩，并就修路等民生问题进行质询，之后为被测评的乡领导干部一一打分。这是江口乡"2009年度领导班子及成员群众满意度评议会"现场进行群众满意度测评的场景。

"政绩由群众说了算，这样的评议效果好！"虽然时间已过半年多，但是江口乡丹竹村村民李树强说起那晚的情景仍兴奋不已。7 月 19 日，在枫木大叶塘水库的水渠边，李树强指着水泥铺砌的崭新水渠和远处蜿蜒山间的村道说："我们反映问题后，政府即筹资修村道和水渠。今年虽然重旱，但是我们一点不受旱，而且路好了，运送农产品方便多了。"

去年 3 月，鹿寨作为广西开展绩效管理与考评的试点县，率先在全区启动绩效管理新模式。该县与上海复旦大学公共绩效与信息化研究中心合作，探索建设的"四位一体"政府绩效管理与考评体系，在全县 9 个乡镇和 65 个县直部门领导班子与领导干部推行绩效管理。这个体系由部门绩效考评、领导班子和领导干部绩效考评、公务员绩效考评、重点工作及重点项目督查 4 个系统构成，4 个系统既各自独立又相互支持。从构建部门、领导班子和领导干部绩效目标入手，把信息化手段运用到绩效计划、全面监控、过程考核、结果分析的全过程，让绩效管理真正成为落实工作的"监控器"、工作责任的"动力阀"、廉洁自律的"加压泵"、开拓创新的"助推器"。由于给各部门、各单位"明责"，量化了目标，又将绩效考核结果与奖惩挂钩，绩效考核中的每一分都与各单位及责任人紧密联系，全县干部不敢有丝毫懈怠，各部门、各单位的竞争意识和压力感大大增加，干部创先争优意识和赶超意识明显增强。

鹿寨为何要吃绩效考评的"螃蟹"?

"过去，有些部门虽然在年初制定了目标，但由于没有构建科学的考评体系，到年底无法正确评价，许多人自说自话。"鹿寨县委书记刘芳一语道破玄机——创新建立绩效管理与考评体系，就是让干部想干事、会干事、能干事、真干事、干成事。

今年，鹿寨利用这套考评体系，对全县 74 个单位（含乡镇）2009 年度工作目标完成情况、领导班子建设和领导班子工作实绩、领导干部工作实绩和综合素质能力进行了综合绩效考核。从绩效考评结果来看，该县推行的绩效管理，全面提高了政府管理效能，优化了行政资源配置，促进了各项工作的健康快速发展，绩效管理与考评"鹿寨模式"浮出水面。

"到此一游"反响强烈　项目实现"无缝对接"

推行绩效管理只是一种手段，目的是要推动工作的落实。说起这一点，鹿寨县住房与城乡建设局局长吴本上感受颇深。

今年，鹿寨县城污水处理工程由于建设方融资出现问题进程缓慢受到通报批评。鹿寨把该工程纳入绩效管理考评体系中，各相关部门签订了"军令状"，第一把手亲自抓。短短几个月，这个落后项目建设进入"快车道"，反而提前一个月竣工运行。

"对一项重点工作或重点项目的管理，不能只等年底才去考核，全程监控管理十分关键。"鹿寨县委副书记、县长覃建波说。

比如，该县在开展林改工作中，对什么时候完成勘界、什么时候确权、什么时候完成发证任务，都作了硬性规定。如果哪项工作不能按计划进行，就及时查找原因，是职能部门不履职，还是职能部门的权力根本解决不了，是否需要县里主要领导出面协调解决，等等。在该县的绩效管理与考评体系里，这些内容都记录得清清楚楚。县领导打开电脑进入系统，对该项重点工作的进展情况进行“点评”，工程责任单位的负责人就可看到。如果县领导不做点评，系统也会留下记录，表明其已“到此一游”。

这种“到此一游”反响强烈，各乡镇、各部门随时“暴露”在县领导的眼皮底下。“这套系统让领导变得无处不在。压力突然增加了，懈怠不得。”鹿寨县中渡镇党委书记郭建鹏说。

360 度评干部绩效　选人用人更科学

鹿寨县绩效管理与考评体系在全面引入外部评价机制外，还建立了一个包括上级评价、兄弟部门互评、下级评价在内的内部民主测评体系。在这个体系中，上级、平级、下级构成了一个 360 度评价法。三个角度主体不一，一个人不会因为得罪了某个人而得低分，也不会因为得到某位领导的赏识而得高分。

鹿寨县委办副主任、县绩效办副主任黄雪勇介绍说，县四家班子领导从贯彻执行能力、开拓创新精神等 7 方面给每位正科级领导干部的测评，本单位班子成员及单位干部职工从决策执行能力、应对复杂局面能力、民主意识和群众观念等 11 方面给正职领导的测评。这样相较于之前的“德、能、勤、绩、廉”五个评价要素，绩效管理考评体系的测评指标得到了进一步细化，评价的针对性更强，有助于干部有效找到自己的短板。江口乡党委副书记、乡长刘立红对前后的改变有切身体会：“以前考核很难准确把握自己的不足，新的考评体系有了很大的改善。”

这套新的考核体系试图寻找一种突破。其明确规定：连续两年绩效考评或年度考核被诫勉谈话的乡科级领导干部，要改任非领导职务；实行末位淘汰制，连续两年绩效考评排在全县列入绩效考评单位末 3 位的单位主要领导，要改任非领导职务干部。

这种绩效管理的“引狼”机制，搞活了鹿寨用人机制。今年前 5 月，该县对县直单位和部分乡镇领导干部调整时，充分运用绩效考核提供的信息，践行我区提出的“六戒”，提拔 7 人，调整岗位 52 人，免去 6 人的职务，让能干事、会干事、真干事、干成事的干部得到了重用，把庸碌无为的人放下去，使干部培养、提拔更加具有针对性、可行性、科学性，选人用人的公信度得到了提高。

绩效考评的有益探索

政府部门该干什么，该怎么干？相关人员干得好不好怎么评判？鹿寨县创新绩效管理考评模式，以落实“明责”、“问责”、“履责”此“三责”为重点，从构建部门、领导班子和领导干部绩效目标入手，将信息技术运用到绩效计划、全面监控、过程考核、结果分析等全过程，较好地解决了“政绩造假”、工作落实、干部培养、选人用人等方面的问题。

这种深化、创新绩效管理和考评的做法，是非常有益的探索。

绩效管理是现代公共机关以及企事业管理的前沿课题。绩效考评不科学，可能导致“能者难重用，庸者居高位”。因此必须积极探索绩效考评的有效途径，在任免、升降、奖励和问责等各个环节上扩大民主的措施和群众的参与面，不断增强他们的参与程度，从而有效地克服选人、用人上的不正之风，真正把那些有激情、想干事、能干事、能干成事的干部选拔上来。

九 四川省宜宾市高县

四川高县：强化干部日常考核和实绩评价的实践

（http：//dangjian. people. com. cn/GB/17916064. html）

强化干部日常考核和实绩评价，是客观公正评价使用干部的重要基础。近年来，四川省宜宾市高县坚持从“考什么、怎么考、如何用”等关键环节入手，积极探索健全科级领导班子和领导干部“实事承诺、目标选贤”考核评价机制和干部初始提名“五步三差额”制度，切实增大日常考核和实绩评价在干部任职考察中的权重，进一步健全了干部考核评价机制，为创先争优长效开展提供了制度机制保障，促进了县域经济社会科学发展。

一、背景

由于发展阶段、工作环境、工作内容等不尽相同，现行的干部考评机制与科学发展观要求存在一些不相适应的地方。

（一）重显性政绩，轻隐性政绩，考核指标体系缺乏科学性。目前考核标准偏重“显性政绩”，大多是以数据看干部，唯GDP论实绩，“官出数字、数字出官”的现象时有发生。容易导致追求短期效益的干部受到褒奖，而那些扎实做事、注重长远社会效益的干部则被忽视。加之各乡镇的经济基础、县级部门的职能差异较大，完成工作任务难易程度不一致，目前的考核评价标准难以体现个性特点，缺乏层次性和针对性，影响了考核结果的准确性和可比性。

（二）重综合评价，轻专业考核，考核评价方法缺乏灵活性。目前干部考核评价操作性、适用性、系统性、专业性不强，难以区分不同时期、不同乡镇、不同县级部门、不同岗位干部的特点和差别，难以反映考核评价对象的本质个性和潜在能力。考核通常采用定期集中方式进行，平时不算账、年终算总账，缺少日常工作状态的跟踪调查，使考核者对领导班子和领导干部情况的了解缺乏应有的深度。

（三）重部门考核，轻社会参与，考核评价主体缺乏全面性。现行考核评价体系多数是上级考下级、官员考官员，群众对干部的决策和政绩知情不够，群众中熟悉情况的人评价的权重较小，考核评价机制社会化程度不高，考核信息不对称等致使群众评议带有一定的片面性。同时，考核结果难以作为干部奖惩和升降的重要依据，考核结果与干部任用脱钩，影响了考核评价的客观公正性。

二、"实事承诺、目标选贤"考评制度的主要做法

2010年以来，高县积极探索健全"指标下达—实事承诺—双重评价—察访核验—全程量化—实绩选贤"的考评体系，树立"凭实绩用干部、看公论选干部"的用人导向。

（一）改进指标设置，注重针对性、科学性，着力解决"考什么"的问题。在考核指标的设置上，重点把握四个原则：一是坚持因地制宜，体现差异性。把全县乡镇按发展水平分为一、二、三类，县级部门按职能性质分为党群、综合管理、社会事务、垂管单位四类，将不同类别的干部分类进行考核排位。二是坚持化繁为简，突出针对性。将过去名目繁多的考核、检查、评比有效整合，精简常规性指标、压缩一般性指标、归并同类性指标、突出特色性指标，科学合理确定实事目标和党建目标。各乡镇、部门实事目标承诺不超过8项，党建社会承诺不超过5项，确保考在点子上，考在关键处。三是坚持适度加压，增强主动性。为防止各单位申报目标"打埋伏"，要求申报时一并填报近三年相关目标实际完成值和平均值，凡申报指标出入较大的，必须说明理由。四是坚持分级承诺，注重实效性。探索实行"三级"目标承诺制：单位负责人代表班子向县委政府承诺、班子成员向"班长"承诺、中层干部向班子成员承诺。

（二）创新考核方式，注重日常性、实效性，着力解决"怎么考"的问题。坚持把日常考核与年度考核、定量分析与定性评价、组织认定与群众公认有机结合起来，确保了干部考核在操作层面更加方便易行、规范高效。一是平时考核与年度考核相结合。坚持平时算细账，年终算总账，平时考核实行动态验收，责任单位和干部个人承诺目标完成一项、申请一项、验收一项。二是定量分析与定性评价相结合。将领导班子和干部个人的工作实绩量化计分，在此基础上充分考虑前期基础、目前现状、长远效果作出定性评价，按30%、60%、10%的比例分类评定为"出色完成任务"、"全面完成任务"、"基本完成任务"三个等次。三是组织认定和群众公认相结合。在通过业绩申报、述职评议等组织措施强化实绩考核的同时，聘请有关专家和群众代表组成督查工作组开展实地察访核验，在高县党政网开设评议专栏实行网上投票评议，广泛征求公众意见，切实把干部的考核评价权交给群众。

（三）强化实绩导向，注重公认性、导向性，着力解决"如何用"的问题。坚持把日常考核与班子评先选优、干部培养使用挂钩，以实绩评优劣、定升降，较好地找到干部日常考核与任职考察的有机接点。一方面，坚持从好的班子中选干部。把日常考核和实绩评价结果作为乡镇、部门评选"四好"班子、"五好"乡镇党委的重要依据，年度内班子成员出缺需要补充时，优先从"四好"班子、"五好"乡镇党委中提名产生。另一方面，坚持用实绩突出的干部。建立干部个人实绩档案，将干部日常考核和实绩评价及时录入考评信息库。干部选拔任用中，把个人实绩写入考察材料，作为比选的主要依据，真正确保了干得好的用得好，让吃苦者吃香、让有为者有位。

三、干部初始提名“五步三差额”制度的主要做法

高县有机运用“实事承诺、目标选贤”考评结果，探索建立干部选拔任用“五步三差额”提名制度，较好探索了在哪里提名、谁来提名、怎样提名等问题。

（一）拓宽选人视野，着力解决“在哪里提名”的问题。分类（党政、经济管理、专业技术和政法等）建立干部初始提名库，把连续两年目标考核名列前茅和被县委表彰为“四好”班子、“五好”乡镇党委的科级后备干部；在信访维稳、征地拆迁等急难险重工作中表现出色、群众公认，或受县委县政府及以上表彰的党员干部；负责的业务工作连续三年在全市或连续两年在全省同系统名列前茅的优秀干部；受到市委、市政府及以上表彰的先进个人；上挂、下派工作中表现突出的干部纳入初始提名库管理。无论组织提名还是个人提名，须在提名库中产生。

（二）规范提名主体，着力解决“谁来提名”的问题。从制度层面明确了初始提名主体：一是个人提名。采取个人自荐、群众举荐、职务出缺单位正副科级领导干部提名等方式，署名提出提名人选。二是组织提名。空缺职位所在单位党委（党组、党组织）根据具体职位要求，可按空缺职数1∶2的比例研究提出提名人选。三是分管或联系单位的县级领导提名。根据空缺职位具体要求，县委、县政府分管或联系领导可按空缺职数1∶2的比例，提出提名人选。四是县人大、县政协、县公安局、县法院、县检察院县级领导提名。本单位内设及下属（或派出）机构正副科级领导职位出现空缺，单位县级领导可按1∶2的比例，提出提名人选。

（三）坚持差额提名，着力解决“怎样提名”的问题。干部出缺需要调整补充时，需在县委常委会（全委会）上通报空缺职位和干部初始提名库名单。一是差额提名。除个人自荐和群众举荐等额外，其余推荐按1∶2比例提名。二是差额酝酿提名。组织部召开部务会，按每个职位1∶3的比例提出提名人选。三是差额确定提名。县委书记、副书记、组织部长、纪委书记“五人小组”共同讨论后，听取县人大常委会、县政协主要领导的意见，按照1∶2的比例酝酿确定提名人选。同时，科学分析党组织、领导干部和干部群众提名推荐结果，有机把握提名主体之间的差异性。

四、成效及启示

建立“实事承诺、目标选贤”考评机制，强化干部日常考核与实绩评价，既是选准用好干部的前提，更是鲜明崇尚实干的用人导向。实践中，我们获得了以下几点有益的启示。

（一）要把健全科学考评机制作为强化干部日常考核和实绩评价的“总开关”。制度将县级部门和乡镇分类进行考核排位，其中不同类别单位的考核内容根据其共性特点而各有侧重，体现了岗位职责和岗位要求的不同。同时，推行实事目标承诺制度，加大群众“评绩”力度，增强考核参与主体的广泛性，使考核内容和指标体系更加全面客观，改变过去干部考核“平时不算账，年终算总账”的做法，解决了“干部干与不干、干好干坏、干多干少一个样”的问题，体现了“科学、规范和公正、公平、公

开”的原则。

（二）要把鲜明崇尚实干作为改进干部任职考察的“风向标”。高县“实事承诺、目标选贤”考评机制，改变了过去干部队伍建设重选拔轻管理的现象，将干部个人的品行、才能、实绩与任职岗位相匹配，更加客观地评价干部，防止简单的“以票取人”，避免干部日常考核不够准确导致任职考察失真失实等问题，让在重大工作、重要项目、重大考验中表现突出的干部和长期在条件艰苦地方努力工作、实绩突出、群众公认的干部脱颖而出，激发了整个干部队伍模范履职尽责的积极性、主动性和创造性，增强了广大干部干事创业的自豪感、荣誉感、成就感。

（三）要把规范干部初始提名主体和范围作为提升选人用人公信度的“金钥匙”。干部初始提名是干部选拔任用的首要环节，也是干部监督的薄弱环节。“五步三差额”制度对不同空缺职位，分类明确了初始提名主体，既有县级领导班子成员，又有空缺职位单位党组织及干部群众代表，真正把干部的初始提名权交给了各级党组织和广大党员干部，拓宽了干部选拔的视野，打破了“论资排辈”和“平衡照顾”的陈规陋习，有效解决了“由谁提名”和“怎样提名”的问题，变“少数人选人”为“多数人选人”。

（四）要把明确干部初始提名责任和纪律作为提高组织工作满意度的“保障线”。根据谁提名、谁负责的原则，“五步三差额”制度明确初始提名责任主体，坚持用好的作风选作风好的人。领导干部个人提名必须署名填写提名推荐表，对推荐的人选负责。单位党组织提名的，必须经集体讨论决定，写出书面推荐材料，由单位主要负责人对提名全过程负责。领导干部推荐不实、弄虚作假、徇私舞弊、有意隐瞒实情的，要采取诫勉谈话、通报批评、纪律处理等措施，做到提名有权、失察有责，变有权无责为有权有责，权责一致，减少初始提名人“看走眼”、知其不可提而提的现象。

十 宁夏回族自治区银川市贺兰县

测评德能勤绩廉 通报结果大家评
贺兰绩效考核排队引发干部思想“大地震”

（《宁夏日报》2011年02月20日）

“我觉得自己工作干得不错，怎么排在后面了？”“今后干工作再也不能掉以轻心了。”这是近日贺兰县各部门、各单位领导及科级干部见面后说得最多的几句话。今年1月，贺兰县委组织部对2010年科级干部实绩考核情况进行通报，将526名在职科级干部年度履职情况公布于众，引发了科级干部思想“大地震”。

根据县科级干部绩效考核办法，今年1月贺兰县委组织部集中人力用20余天时间，对全县科级干部2010年绩效工作进行了严格考核，考核主要根据科级干部季度单位自评、半年组织测评、年终综合评价等结果核定，涉及德、能、勤、绩、廉等各个方面内容，突出工作实绩和创先争优的考核。考核结束后，打破行业部门界限，按照得分高低，对所有在职科级干部进行排序，并在全县予以通报，征求群众的意见建议。

考核结果排队对各部门、各单位科级干部思想产生了很大触动，尤其是排名靠后的一些科级干部，在积极向组织说明情况的同时，更加注重查找自身工作中存在的问题和不足，更加注重抓好今年各项工作的谋划部署，干事创业的激情被进一步激发出来，抓工作的紧迫感明显增强，全县上下争先进位、比学赶超的热情空前高涨。

第四篇

研究报告·热点论文

Ⅰ 研究报告

说明：本年鉴所录入研究报告均为第三方机构独立或者受委托实施开展绩效评估活动的成果。

《国家土地督察制度实施五周年绩效评估报告》

发布者：国家土地督察制度实施五周年绩效评估课题组

发布时间：2011 年 11 月 24 日

报告摘要：土地问题始终是我国经济社会发展进程中一个全局性、战略性、根本性的问题。为保障我国粮食安全、维护国家长远利益和人民群众根本利益，确保国家粮食安全和中央土地调控政策等在地方得到切实执行，我国自 2006 年正式建立国家土地督察制度。2011 年，适逢“十二五”起始时期，国家土地督察制度恰好实施五周年，为适应新形势下经济社会发展需求和行政管理体制的要求，总结经验，找出差距，更好地履行国家土地督察职责，国土资源部决定开展国家土地督察制度实施五周年绩效评估工作。

评估的实施委托南京大学、中国人民大学、浙江大学、兰州大学等单位联合成立国家土地督察制度实施五周年绩效评估课题组共同开展，并成立了评估专家指导组，为评估过程提供咨询指导。评估课题组根据公共政策绩效评估的理论、方法与程序，研究制定了绩效评估方案、评估指标及评估程序，对全国 28 个省（市、区）的普通群众、地方政府领导及国土资源系统干部分别开展了问卷调查，围绕典型问题进行了案例剖析，对报纸、电视、网络等媒体的相关报道作了抽样统计分析。在此基础上，从工作制度建设、职责履行、实施效果、社会影响四个方面展开评估。

评估结果表明，国家土地督察制度的实施取得了较大成效，但也暴露出一些问题，如土地督察法制建设急需加强，土地督察制度建设有待进一步健全和深化；地方政府土地违法的制度性、体制性根源依然存在；土地督察队伍的可持续发展问题值得关注。然而总体看来，国家土地督察制度框架体系初步形成，开创了我国土地监管的新模式和新格局，并已成为国家土地监管体系中不可或缺的重要组成部分；国家土地督察制度的实施，对坚守18亿亩耕地红线、促进经济平稳较快发展发挥了积极作用，为土地政策参与宏观调控积累了宝贵经验；国家土地督察制度的实施，取得了凝聚社会共识、规范管理秩序、威慑土地违法等良好效果，有力促进了土地管理秩序总体向好；国家土地督察制度的实施，为较好保障中央政令畅通、深化我国行政体制改革积累了有益经验。建议今后要明确土地督察的法律地位，尽快建立土地督察的法律法规体系；适应加快经济发展方式转变的要求，以推动地方政府土地治理方式为目标调整土地督察工作格局，完善工作机制；实行“党政同责”，加快构建土地违法违规纠错整改的共同责任机制；推进土地、财税、金融等相关制度的综合配套改革，消除地方政府土地违法的制度性根源；加强土地督察队伍建设，提高土地督察可持续发展能力；强化社会宣传，构建对地方政府土地管理的社会监督机制。

《政府向民间组织购买公共服务研究报告》

出版者：社会科学文献出版社

出版时间：2011年

报告摘要：政府向民间组织购买公共服务目前广泛分布于养老、社区、社工、扶贫、残障等公共服务领域，以及出现在上海、深圳、北京、宁波、成都等城市。呈现出受政策因素主导、缺乏整体性的规划和部署，与经济社会发展水平以及政府转变力度密切相关，主要发生在新兴或者传统力量无法有效满足需求的社会性服务领域等特点。购买服务的方式多种多样，竞争性购买比例并不大，各种购买方式之间没有明显的优劣好坏之分。购买服务的资金来源多样，没有从整体上纳入政府财政预算，在全国范围呈现不均衡与个体推进状态。购买服务缓解了民间组织的资金困境，拓展了生存空间，促进了相关产业发展，有利于政府职能转型和服务型政府建设。

《2011年中国政府网站绩效评估总报告》

发布者：中国软件评测中心

发布时间：2011年12月

报告摘要：政府网站是各级人民政府及其部门“政府信息公开、网上办事、政民互动”的重要平台和窗口，也是推进行政管理体制改革、推动建设服务型政府的重要载体和平台。

在“以评促建、以评促用”的思想指导下，自2002年起，中国软件评测中心在原国务院信息化工作办公室、工业和信息化部等部门的委托和指导下，一年一度对全国部、省、市、县近千家政府网站进行调查评估。

2011年，中国软件评测中心累计采集了1094家部委、省级、地市级、区县和开发区政府网站数据，采用日常监测、用户调查等方法手段，联合人民网、新浪网、腾讯网、中国经济网、中国青年网等权威网络媒体开展用户认知度、满意度测评，以尽可能保证评估结果的公平公正。本次评估对以往评估指标体系进行了升级完善，分别制定出针对部委网站、地方网站、工程领域专栏和国家级开发区网站的评估指标。评估结果显示：（1）部委网站整体绩效水平提升，优秀网站比例有所提高；各测评维度中信息公开最好，在线办事仍是短板；各部委网站绩效差异明显，建设水平参差不齐。（2）地方政府网站总体呈现省级、地市和区县由高到低的阶梯式，区县网站水平仍然滞后，但中西部优秀网站数量增加；东部地区政府网站综合绩效与中西部地区差距继续拉大。信息公开、互动交流较好，就业、住房服务整体发展滞后。（3）工程领域专栏建设呈现出处于内容提升阶段、处于内容建设阶段、处于专栏建设阶段的局面。（4）国家级经济技术开发区网站建设与应用水平存在较大差异。

《2011 年吉林省政府网站绩效评估报告》

发布者：吉林大学行政学院电子政务系

发布时间：2011 年

报告摘要：为全面提升吉林省各级政府和部门网站的建设质量和运维水平，自 2003 年起，吉林省政府办公厅就对政府网站开展绩效评估工作。2011 年，吉林大学行政学院电子政务系受吉林省政府办公厅的委托，配合吉林省政府网站绩效评估专家组，具体承担了综合评估的测评工作。

本次吉林省政府网站绩效评估范围由原来只评估市（州）政府网站和省政府部门网站，拓展到涵盖县（市）政府网站和省政府直属事业单位网站，共包括 105 个政府网站。评估工作主要从三方面开展，分别是政府网站绩效综合评估、社会公众满意度评价和政府网站运行日常监测。其中，政府网站绩效综合评估通过信息公开、办事服务、公众参与、网站设计及性能四方面内容进行考核；社会公众评估由网上自主报名、审查通过后的公众组成评估人员；日常监测则利用专业系统对网站进行监测，对监测日志分析获得相关技术数据。此外，为兼顾某些政府网站的特殊性和表扬其成长性与相对优势，对特色网站从信息公开特色、办事服务特色、互动交流特色、内容与形式创新特色、网站群管理特色和国际化程度特色六个方面进行了评估。

评估结果显示，吉林省政府网站存在的问题主要有：信息公开程度有待提高、网站服务功能有待提升、网站互动交流实效有待加强、网站资源整合程度有待加深、网站建设的意识和观念不强，原因可能是：网站建设人员数量和能力不足、政府网站建设主管部门的权限不够。为此，建议强化网站建设的创新意识，树立服务型政府网站建设理念；明确进一步发展目标，落实网站建设的长效机制；加强网站工作人员的业务培训，增强服务素质和能力；提升网站主管部门管理权限，加强领导重视和管理变革。

《贵州省法治政府建设研究报告》

出版者：社会科学文献出版社

出版时间：2011 年

报告摘要：本研究报告从法治政府建设的基本理论和实践入手，对 2010—2011 年贵州省法治政府建设的主要成就和问题进行了回顾和反思。文章认为，2010—2011 年，贵州省在地方行政立法、行政审批制度改革、行政复议试点、政府信息公开、电子政务建设等方面的成就值得关注，但也暴露出一些问题。最后，文章对未来贵州省法治政府建设进行了展望。

《2010—2011 年贵州省应急管理状况研究报告》

出版者：社会科学文献出版社

出版时间：2011 年

报告摘要：本研究报告运用政府危机管理理论方法，通过对贵州省应急管理机制建设的考察，在掌握大量实证材料基础上，分析了贵州省应急管理运行状况和存在的主要问题，并进行了相应对策研究。研究表明，贵州省自 2005 年正式构建政府应急管理机制以来，应急管理制度框架已基本确立，工作运行平稳，应急能力不断增强。但也存在诸如管理体制、预案、工作重点、绩效考核等方面的问题。针对问题以及应急管理工作未来发展趋势，贵州省各级政府应通过制度创新，完善应急管理机制，实现应急管理的科学化、系统化，不断提升政府应急能力。

《2011 年深圳市政府网站绩效评估报告》

发布者：深圳市政府网站绩效评估工作组

发布时间：2012 年 1 月

报告摘要：为进一步引导各区、各部门政府网站建设和应用，提升政府网站服务能力，深圳市政府办公厅组织开展 2011 年深圳市政府网站绩效评估工作。本次评估工作实现四方面创新：一是进一步根据部门职责和特点细化考核分类，将部门网站分为有行政审批服务、无行政审批服务、对内决策支撑服务三类，实施分类评估；二是丰富政府网站绩效评估方式，增加自行评价、公众评议、特色服务评选等环节，更加客观、公平、公正地评价各单位网站绩效水平；三是研发政府网站内容监测综合管理系统，大力开展网站内容日常监测工作，重点监测内容日常更新维护、链接保障、服务提供情况，确保内容可用、准确、及时、规范；四是强化考核结果应用，每季度和年度考核结果上报市绩效办，纳入各区、各部门政府绩效考核范畴。

评估结果显示，深圳市政府网站总体服务能力及绩效水平持续提升，发展虽不均衡但差距在缩小，部分网站存在的问题有：深度信息公开、更新维护保障有待提高；办事服务能力有待提升，无法满足用户的基本需求；互动渠道有待丰富，互动效果有待加强。据此，建议深入分析用户普遍化、个性化的需求；系统性梳理职能业务，加强信息资源建设；规范服务的关键要素，提升服务的规范性；加强信息资源整合，为用户提供人性化、实用化服务。

《深圳政府绩效管理模式研究报告》

出版者：社会科学文献出版社

出版时间：2010 年

报告摘要：建立政府绩效管理制度，科学考核评价政府工作业绩，促进政府部门提高工作效能，是我国政府管理中面临的新课题。近三年来，深圳通过试行政府绩效管理，建立起政府绩效管理指标体系、政府工作社会满意度评价体系、政府公共服务白皮书发布和监督制度，初步搭建起政府绩效管理的制度框架，探索出一套行之有效的绩效管理程序，为新形势下的政府管理提供了案例。

《榆林政府投资项目管理研究报告》

出版者：社会科学文献出版社

出版时间：2010 年

报告摘要：政府投资项目管理是榆林投资经济发展中重要而迫切的研究问题。本研究报告首先对榆林市政府投资项目管理现状以及存在的问题与原因进行了总结分析；其次，根据国内外政府投资项目管理模式与经验提出了榆林市政府投资项目创新管理模式；最后，对榆林市政府投资项目管理的进一步完善提出了一些对策建议。

Ⅱ 热点论文

本年鉴选取的热点论文检索年限以 2007 年 1 月 1 日至 2011 年 12 月 31 日五年间发表的文章为限，于 2012 年 9 月 20 日在中国知网中国学术文献网络出版总库中输入检索词“政府＋绩效”，选取被引频次最高的前 49 篇，列表如下：

序号	题　名	作者	作者单位	文献来源	发表时间	被引频次
1	政府绩效评估中的公民参与：我国的实践历程与前景	周志忍	北京大学政府管理学院教授、博导	中国行政管理	2008-01-01	134
2	政府绩效评估：现状与发展前景	蔡立辉	中山大学政务学院	中山大学学报（社会科学版）	2007-09-15	114
3	政府绩效评估指标设计的类型和方法	卓越	厦门大学公共管理系主任，博士生导师	中国行政管理	2007-02-01	100
4	地方政府绩效评估指标的设计与筛选	倪星	中山大学政务学院	武汉大学学报（哲学社会科学版）	2007-03-23	95
5	我国地方政府绩效评价的回顾与模式分析	包国宪；曹西安	兰州大学中国地方政府绩效评价中心	兰州大学学报（社会科学版）	2007-01-28	74
6	关于地方政府绩效评估主体系统构建的几个问题	邱法宗；张霁星	天津工业大学管理学院公共管理系主任；天津行政管理学会秘书长	中国行政管理	2007-03-01	62
7	中国地方政府支出规模的膨胀趋势	平新乔	北京大学中国经济研究中心	经济社会体制比较	2007-01-10	58
8	绩效问责：行政问责制的新发展	徐元善；楚德江	徐州师范大学管理学院院长、教授；徐州师范大学讲师	中国行政管理	2007-11-01	53
9	深化政府审计监督完善政府治理机制	秦荣生	北京国家会计学院	审计研究	2007-01-28	51
10	国际政府绩效审计研究：一个文献综述	刘秋明	厦门大学管理学院会计系	审计研究	2007-01-28	48

续表

序号	题　名	作者	作者单位	文献来源	发表时间	被引频次
11	我国政府绩效管理研究的回顾与反思	周志忍	北京大学政府管理学院、政治发展与政府管理研究所	公共行政评论	2009-02-15	47
12	政府绩效评估指标体系三维立体逻辑框架的结构与运用研究	彭国甫；盛明科	湘潭大学管理学院	兰州大学学报（社会科学版）	2007-01-28	46
13	政府绩效审计：国际演进及启示	戚振东；吴清华	西安交通大学管理学院；复旦大学管理学院；中国华融资产管理公司	会计研究	2008-02-15	46
14	政府绩效评价中不同主体的价值取向	包国宪；冉敏	兰州大学管理学院	甘肃社会科学	2007-01-25	41
15	深化中国政府绩效评估研究需要新的视野	彭国甫；盛明科	湘潭大学管理学院毛泽东思想研究中心	湖南师范大学社会科学学报	2007-01-25	41
16	政府绩效评价：指标设计与模式构建	吴建南；杨宇谦；阎波	中国人民大学中国财政金融政策研究中心；西安交通大学管理学院；西安交通大学公共政策与管理学院	西安交通大学学报（社会科学版）	2007-09-05	41
17	构建地方政府绩效评估体系的三个基本问题	彭国甫	湘潭大学管理学院	湘潭大学学报（哲学社会科学版）	2007-07-15	40
18	公共支出结构、偏好匹配与财政分权	龚锋；卢洪友	武汉大学经济与管理学院财税系	管理世界	2009-01-15	39
19	试论政府绩效审计的若干理论问题	王会金；易仁萍	南京大学商学院；中国内部审计协会	审计研究	2007-01-28	39
20	对“参与式”政府绩效评估制度的评估	王锡锌	北京大学法学院、宪法行政法中心	行政法学研究	2007-02-15	39
21	我国政府绩效管理和评估法制化问题研究	胡税根；金玲玲	浙江大学公共管理学院；浙江大学法学院	公共管理学报	2007-01-20	36
22	我国政府绩效管理中亟待梳理的几个关键问题	刘昕	中国人民大学公共管理学院组织与人力资源研究所	中国行政管理	2007-04-01	36
23	晋升激励、产业同构与地方保护：一个基于政治控制权收益的解释	刘瑞明	西北大学经济管理学院	南方经济	2007-06-15	36
24	中国地方政府创新的动因、特征与绩效——基于“中国地方政府创新奖”的多案例文本分析	吴建南；马亮；杨宇谦	西安交通大学公共政策与管理学院；西安交通大学公共政策与管理学院；西安交通大学管理学院	管理世界	2007-08-15	36
25	中国政府绩效评估：理论与实践	蓝志勇；胡税根	浙江大学行政管理研究所；浙江大学公共管理学院政府绩效评估研究中心	政治学研究	2008-06-18	36

续表

序号	题　名	作者	作者单位	文献来源	发表时间	被引频次
26	地方政府绩效评价中的公众满意度调查	郑方辉；吴轶	华南理工大学公共政策评价中心；原点市场研究有限公司	市场研究	2007-03-25	35
27	科学发展观的地方政府绩效评估理念和体系探析	宋斌；鲍静	中国地质大学；中国行政管理杂志社	甘肃行政学院学报	2007-02-15	32
28	论我国服务型政府绩效评估的发展趋势	彭向刚	吉林大学行政学院	吉林大学社会科学学报	2008-03-24	32
29	我国政府绩效审计理论研究与实践现状	周亚荣	武汉大学经济与管理学院	审计与经济研究	2008-03-10	32
30	绩效评估：地方政府管理创新的新途径	彭国甫	湘潭大学管理学院毛泽东思想研究中心	西安交通大学学报（社会科学版）	2007-07-15	31
31	地方政府绩效评估体系的路径选择——福建的分析	吴建南；阎波	西安交通大学公共政策与管理学院副院长、教授、博导；西安交通大学管理学院管理科学与工程专业博士生	中国行政管理	2008-02-01	30
32	论政府信任的产生与效果及其模型构建	李砚忠	南开大学周恩来政府管理学院	学术探索	2007-02-15	29
33	论构建全民均等享有的基本公共服务体系	宋迎法	中国矿业大学	中共南京市委党校南京市行政学院学报	2007-04-10	28
34	政府绩效管理：体系与战略	吴克昌；张强	华南理工大学政治与公共管理学院博士、副教授、副院长；华南师范大学政治与行政学院博士、副教授	中国行政管理	2007-11-01	28
35	从绩效评估走向绩效管理——美国经验和中国实践	朱立言	中国人民大学公共管理学院	行政论坛	2008-03-25	28
36	政府绩效评估的“主体资格”探微	谢吉晨	南京师范大学公共管理学院	理论导刊	2007-03-10	27
37	政府绩效评估与绩效预算	蔡红英	中南财经政法大学财政税务学院	中南财经政法大学学报	2007-03-15	27
38	政府绩效评估价值缺失与指标体系重构	臧乃康	南通大学公共管理学院	福建论坛（人文社会科学版）	2007-09-15	27
39	地方政府绩效评估中的公民参与问题研究	芦刚	吉林大学	吉林大学	2007-04-01	27
40	服务型政府绩效评估体系的基本框架与构建方法	盛明科	中国人民大学公共管理学院	中国行政管理	2009-04-01	26

续表

序号	题　名	作者	作者单位	文献来源	发表时间	被引频次
41	美国政府绩效评估的缘起和发展	陈天祥	中山大学行政管理研究中心	武汉大学学报（哲学社会科学版）	2007-03-23	26
42	我国第三方政府绩效评价组织的自律实现问题探析	包国宪；张志栋	兰州大学管理学院院长、教授、博士生导师；兰州大学管理学院硕士研究生	中国行政管理	2008-01-01	26
43	地方政府执行力：现存问题及对策研究	薛瑞汉	河南省行政学院《学习论坛》编辑部	北京行政学院学报	2008-06-10	26
44	我国政府公务员之工作倦怠研究	朱立言；胡晓东	中国人民大学公共管理学院组织与人力资源所	中国行政管理	2008-10-01	26
45	公众满意度测评理论与实证研究	朱国玮	湖南大学工商管理学院	兰州大学学报（社会科学版）	2007-05-28	25
46	基于公众满意度导向的地方政府绩效评价	郑方辉；雷比璐	华南理工大学；《学术研究》杂志社	中国特色社会主义研究	2007-06-11	25
47	服务型政府绩效评估体系研究的理论基础与现实依据	盛明科	湘潭大学公共管理学院	湘潭大学学报（哲学社会科学版）	2008-01-15	25
48	反思中国政府绩效评估实践	倪星	中山大学行政管理研究中心	中山大学学报（社会科学版）	2008-05-15	25
49	新公共治理、政府绩效评价与我国政府财务报告的改进	常丽	东北财经大学内部控制与风险管理研究中心	会计研究	2008-04-15	25

第五篇

学术会议·工作会议

Ⅰ 2010 年

第八届（2009 年）中国政府网站绩效评估结果发布暨经验交流会

会议时间：2010 年 1 月 12 日

会议地点：人民大会堂

主办单位：中国软件评测中心、人民网、中国经济网

参会人员：来自中共中央办公厅、全国人大常委会办公厅、国务院办公厅、全国政协办公厅、最高人民法院、最高人民检察院、中纪委监察部、中宣部以及国务院 60 个部门、27 个省（自治区、直辖市）和部分地市、区县的代表共 700 余人参加了会议。

会议主题：2009 年，中国政府网站绩效评估工作得到了中央纪委监察部的高度关注和深入指导，进一步延伸了评估领域、拓展了评估内容。同时，在人民网、中国经济网等重点新闻媒体的全力配合与推动下，2009 年网站评估更加突出了对网民用户的调查，以推动政府网站更好地按照“以人为本、以用户为中心”的理念持续发展。中国软件评测中心发布了 2009 年中国政府网站绩效评估结果。

第八届（2009 年）中国政府网站绩效评估结果发布暨经验交流会议现场

宁德市政府部门绩效管理现场会

会议时间：2010 年 1 月 15 日

会议地点：福建省宁德市

主办单位：福建省宁德市政府

会议主题：与会人员听取了宁德市食品药品监督管理局、宁德市工商局实施绩效管理的工作经验，并观摩了绩效管理资料文档。宁德市工商局通过绩效评估体系的建立和年度工作的适时调整，较为科学地诠释了“三定方案”赋予的工商职能，使全市各级工商部门进一步明确了职能定位，各地工商部门年度的工作思路进一步适应了宁德经济社会的发展，工作绩效进一步集中展现了工商管理职能的科学作为。

广东东莞维权站年度绩效评估总结暨表彰会

会议时间：2010 年 1 月 17 日

会议地点：广东省东莞市

主办单位：广东省妇女维权与信息服务东莞站

参会人员：东莞市妇联领导、特聘专家、志愿者等 150 人出席了会议。

会议主题：会议表彰了一批积极参与维权站志愿服务的优秀志愿者，并为增聘的 4 名专家颁发了聘书。

宁夏回族自治区政府第 57 次常务会议

会议时间：2010 年 1 月 28 日

会议地点：宁夏银川

主办单位：宁夏回族自治区政府

参会人员：宁夏回族自治区政府主席王正伟等。

会议主题：宁夏回族自治区政府第 57 次常务会议，审议并通过了《宁夏绩效审计办法》。审议中，区政府主席王正伟指出，出台《宁夏绩效审计办法》是政府管理制度创新的具体体现，是政府效能建设的新举措。他希望宁夏各级审计机关以此为契机，积极实践绩效审计，推动审计工作转型，更好地为党委、政府的中心工作服务。

宁德市政府绩效管理工作汇报会

会议时间：2010 年 3 月 11 日

会议地点：福建省宁德市

主办单位：福建省宁德市委市政府

参会人员：福建省政协常委龚守栋，省效能办副主任张淑萍，市委常委、常务副市长傅贤光等。

会议主题：为了确保落实绩效管理目标，市政府层层落实工作任务，建立健全绩效责任体系，并要求各县（市、区）政府和市直有关部门制定本级本部门的绩效工作方案，细化工作目标任务，提出具体工作措施，明确工作落实牵头单位、责任领导和责任人。市效能办组织有关人员，对县（市、区）政府和市直各部门的绩效管理方案进行认真的审核和把关，对不符合要求的方案，提出修改意见，使各级各部门的工作方案更加切实可行，真正做到绩效管理目标任务落实到单位、落实到岗位、落实到个人。

河南省政府部门绩效评估暨深化公务员考核工作座谈会

会议时间：2010 年 3 月 18 日

会议地点：河南省焦作市

主办单位：河南省政府

参会人员：河南省政府发展研究中心巡视员赵景书和省公务员局有关领导等。

会议主题：座谈会上，来自洛阳、新乡等 7 个地市负责公务员管理工作的有关负责人就各地做好公务员绩效考核工作进行相互交流，总结工作、经验和存在问题，提出了进一步改进公务员考核工作的建议。会议要求，各级人力资源和社会保障部门要从落实科学发展观、推进服务型政府建设的高度，进一步增强做好公务员绩效考核工作的责任感和紧迫感，加强公务员队伍建设，树立政府良好形象。考核机制要更加科学，建设一支高素质的公务员队伍。要对考核结果加以运用，探索建立适合不同单位特点的考核办法，进一步提高全省公务员考核工作的质量，更好地发挥考核的激励作用。

北京市政府督查暨绩效管理工作会议

会议时间：2010 年 3 月 20 日

会议地点：北京

主办单位：北京市政府

参会人员：北京市委常委、常务副市长吉林等。

会议主题：总结交流 2009 年北京市政府督查系统和市级国家行政机关绩效管理工作，安排部署 2010 年任务。

兰州市“行政效能建设年”活动动员大会

会议时间：2010 年 3 月 30 日

会议地点：甘肃省兰州市

主办单位：甘肃省兰州市政府

参会人员：兰州市委副书记、市长袁占亭等。

会议主题：会议传达了甘肃省委常委、市委书记陆武成对开展“行政效能建设年”活动的重要批示。兰州市委副书记、市长袁占亭在会上指出，全市各级各部门和广大政府工作人员，一定要按照市委、市政府的要求，切实把效能建设贯穿于各项工作的始终，落实到加快发展的具体实践中，促使各级行政机关面貌有大改观、行政效能有大提升、各项工作有大推进。

全国法院行政审判绩效考评工作经验交流视频会

会议时间：2010 年 3 月 30 日

会议地点：上海

主办单位：中华人民共和国最高人民法院

参会人员：中华人民共和国最高人民法院江必新副院长等。

会议主题：江必新副院长在讲话中指出，构建科学的行政审判绩效考评体系，是落实中政委三项重点工作的重大举措，是实现“公正、廉洁、为民”司法核心价值的客观需要，是提升司法公信力的必然要求。要充分体现行政审判的特点，尤其不能简单地以案件数量多少评价行政审判工作实绩，并尽可能为开展行政审判工作创造有利条件。

全国法院行政审判绩效考评工作经验交流视频会上海高院分会场

《全国口岸管理运行绩效评估体系》课题起草组会议

会议时间：2010 年 3 月 30 日至 4 月 1 日

会议地点：广西东兴市

主办单位：国家口岸办

参会人员：来自上海、辽宁、福建、山东、宁波等相关课题起草组成员的 9 省市代表参加了会议。

会议主题：会议通报了课题组工作进展情况，听取了课题总报告文字组和指标组汇报前一阶段工作情况，对课题总报告（初稿）的结构、内容及评估指标的设置等组织了研讨，并就下一步课题研究相关工作做了具体安排。会上，与会代表踊跃发言，确定课题总报告分为：全国口岸管理运行绩效评估工作现状分析，建立评估体系的目的、意义和作用，评估体系的基本设想和架构，建立评估体系的对策和建议四部分，并对各部分的内容和结构进行了修改和完善，为课题总报告的进一步优化奠定了基础。

《全国口岸管理运行绩效评估体系》课题起草组会议现场

全国义务教育学校实施绩效工资经验交流会

会议时间：2010 年 4 月 1 日

会议地点：重庆

主办单位：教育部人事司主办，重庆市教育委员会承办参会人员：教育部副部长陈小娅出席会议并讲话。人力资源和社会保障部、财政部有关负责人应邀参加了会议。

会议主题：陈小娅充分肯定了各地实施工作取得的成效和经验。并指出，校内教师绩效考核和奖励性绩效工资分配，是关系绩效工资制度能否取得实效、能否调动教师积极性的关键环节。同时要求，各地要进一步提高对义务教育学校实施绩效工资工作重要性和复杂性的认识，增强政治责任感、使命感和工作的紧迫感，高度重视和认真研究解决实施中出现的新情况、新问题，坚持因地制宜，分类指导，将中央政策和地方实际有机结合起来，不断探索，切实把好事办好。要继续狠抓落实，强化省级统筹，尽快完成扫尾工作。充分发挥绩效工资的激励导向作用，全面深化教育人事制度改革。

开县教委主任张光青在会上作交流发言

国网能源研究院绩效管理体系建设项目启动会

会议时间：2010 年 4 月 9 日

会议地点：北京

主办单位：国网能源研究院

参会人员：能源院党组副书记牛忠宝主持启动会，能源院副院长胡兆光、蒋莉萍出席会议，全体员工参加会议。

会议主题：华北电力大学余顺坤教授就能源院开展绩效管理体系建设项目设计的整体思路及设计方法等内容进行了全面讲解。余顺坤教授重点从系统工程的角度，从科学管控模式的构建、高效组织架构的搭设、部门及岗位职责的梳理界定及各项管理制度的合理配备等方面，对如何构建科学合理的绩效管理体系进行了阐述，并全面介绍了高绩效组织的必备条件。通过培训，全体员工对能源院绩效管理体系建设项目有了更加深刻的认识和理解。

吉林省民政厅公务员岗位绩效考核试点工作动员会

会议时间：2010 年 4 月 29 日

会议地点：吉林省长春市

主办单位：吉林省民政厅

参会人员：吉林省民政厅厅人事处处长曹文龙、王爱平专员等。

会议主题：吉林省公务员局在吉林省民政厅开展公务员岗位绩效考核试点工作是一项具有创新性、探索性的工作，全省 2010 年是第一次尝试。之所以将省民政厅作为公务员岗位绩效考核试点单位，是由于多年来吉林省民政厅党组始终高度重视公务员考核工作，不断改进和创新考核制度，2009 年底下发了《厅机关公务员及处室年度考核实施细则（试行）》和《厅直属事业单位领导班子和领导干部年度考核实施细则（试行）》，建立起一整套符合民政自身特点的方式方法，各项民政工作走在全省前列，连续三年被评为政府绩效评估工作先进单位。

沈阳市政府绩效评估工作会议

会议时间：2010 年 5 月 17 日

会议地点：辽宁省沈阳市

主办单位：沈阳市政府

参会人员：沈阳市市长陈海波，市委常委、常务副市长顾春明等。

会议主题：总结 2009 年全市政府绩效评估工作，奖励取得优胜的先进单位和个人，动员全市政府机关和广大公务员进一步坚定信心，保持激情，确保完成 2010 年各项工作任务。市长陈海波在会上讲话，要求各地区、各部门要充分认识绩效评估工作的重要意义，加强领导、科学实施，为建设高效廉洁政府提供强有力的机制保障，并通过绩效评估，推进各项重点工作落实。市委常委、常务副市长顾春明宣读表彰通报。

公立医院绩效考核研讨会

会议时间：2010 年 5 月 18 日

会议地点：北京

主办单位：卫生部医管司

参会人员：卫生部医管司张宗久司长、国务院参事室秦小明参事、部分地方卫生行政部门负责同志、部分大型公立医院管理人员以及相关研究机构的专家参加了研讨会。

会议主题：交流公立医院绩效考核的做法和经验，研究探讨在公立医院改革试点的新形势下，如何探索建立以公益性为核心的公立医院绩效考核制度，加强政府对公立医院的治理，从而维护公立医院的公益性质，提高公立医院的运行绩效。

广东省2010年度创建宜居城乡工作绩效考核工作会议

会议时间：2010年5月25日

会议地点：广东省河源市

主办单位：广东省河源市政府

参会人员：河源市长刘小华等。

会议主题：与会人员就创建宜居城乡迎考工作进行了研究。会议决定进一步加强创建宜居城乡建设工作的领导，调整充实创建宜居城乡建设工作联席会议成员，设立迎考工作领导小组，立即启动创建迎考工作。

中美政府绩效管理学术报告会

会议时间：2010年6月6日

会议地点：中国人民大学

主办单位：中国人民大学公共管理学院

参会人员：中国人民大学公共管理学院院长董克用教授、美国马里兰大学公共政策学院院长唐纳德·F. 凯特尔（Donald F. Kettl）教授共同主持，中国人民大学副校长杨慧林教授、马里兰大学校长华莱士·D. 陆道魁（Wallace D. Loh）教授，美国马里兰州现任州长马丁·奥马利（Martin O'Malley）先生，克林顿时期美国联邦政府社会保障部部长肯尼斯·斯蒂芬·安坡费尔（Kenneth Stephen Apfel）教授，监察部绩效管理监察室负责人陈雍同志，中国人民大学公共管理学院方振邦教授等出席会议。

会议主题：从理论、政策到实践层面分别对中美两国的政府绩效管理的设计思路和实践经验做了介绍，启发听众结合两国异同进行对比和思考。

第五届中美公共管理国际学术研讨会

会议时间：2010年6月14日

会议地点：福建省厦门市

主办单位：厦门大学公共事务学院

参会人员：朱崇实教授、陈振明教授等。

会议主题：金融危机与政府作用。

第五届中美公共管理国际学术研讨会会议现场

抚顺市政府绩效考核暨业务培训工作会议

会议时间：2010 年 6 月 29 日

会议地点：辽宁省抚顺市

主办单位：辽宁省抚顺市政府

会议主题：抚顺市将全面分解落实 2010 年省政府对市政府绩效考评指标，进一步强化绩效管理。根据省政府对各市政府绩效考评实施方案，确定 2010 年考评内容为发展战略、经济发展、社会发展、民生工程、环保生态、软环境建设六个类别 33 项内容。考评方式将实现政府绩效的全过程管理，切实使考评方式由“年底考核”向“全程管理”转变，评分办法将进一步细化。

广东财政绩效管理协作研讨会暨“深化财政绩效管理改革研究”全国协作课题会议

会议时间：2010 年 6 月 29 日至 30 日

主办单位：广东省财政科学研究所

国家科技评估中心“科学基金资助与管理绩效国际评估”专题研讨会

会议时间：2010 年 6 月 29 日

会议地点：北京

主办单位：国家科技评估中心

参会人员："科学基金资助与管理绩效国际评估"国际评估专家委员会主席、中科院外籍院士 Richard N. Zare 教授，科技部科技评估中心特邀国际高级顾问、欧洲著名的科技政策与科技评估专家 Erik Arnold 博士，科技评估中心陈兆莹副主任等参会。

会议主题：陈兆莹副主任详细介绍了科技评估中心在本次国际评估中承担的任务，并围绕国际评估任务大纲（TOR）拟定的 10 个评估议题，从评估角度、证据收集等方面介绍了国内评估报告的准备情况。Richard N. Zare 主席对科技评估中心前期的准备工作予以高度肯定，认为通过后期工作的努力，评估中心可为国际评估委员会提供专业的技术支持。此外，Zare 主席也对下一阶段的证据搜集和报告准备工作提出了建设性的意见和建议。在研讨中，基金委计划局领导还就国际评估委员会的组建、国内外评估专家的沟通、评估日程的调整等事宜征求了国际评估委员会主席和评估中心专家组的意见，并达成共识。

内江市政府网站绩效考评督促交流工作会

会议时间：2010 年 7 月 8 日

会议地点：四川省内江市

主办单位：四川省内江市政府

参会人员：内江市电子政务办公室副主任张十一、王虹，及相关科室人员，市中区、东兴区、隆昌县、资中县和威远县政府门户网站负责人及技术人员。

会议主题：会议详细解读了《内江市（区）县政府网站绩效评估指标体系》，对内江市以及各县（区）现有政府网站（6 大门户站），进行逐项分析、评估，现场自查和互评，查找问题，督促本地各政府门户网站提出下半年发展计划，制定建设目标、整改措施。

呼和浩特市人大常委会立法绩效评估座谈会

会议时间：2010 年 7 月 13 日

会议地点：内蒙古呼和浩特市

主办单位：内蒙古呼和浩特市人大常委会

参会人员：呼和浩特市人大常委会副主任赛娜等。

会议主题：有关方面专家针对《呼和浩特市社会市面蒙汉两种文字并用管理办法》的具体规定、与当前经济社会发展的相符性、在实施过程中的可操作性等问题与市人大常委会法规绩效评估领导小组交换了意见。

广西武鸣县2010年度机关绩效考评工作会议

会议时间：2010年7月27日

会议地点：广西武鸣县

主办单位：广西武鸣县委

参会人员：武鸣县领导李小龙、方伟项、黄海韬、庞前辉等县直各部门有关人员和绩效考评工作小组全体成员。

会议主题：武鸣县在13个镇考核单位中，评为优秀4个、良好7个、合格2个。22个县直党群系列考核单位中，评为优秀的7个、良好的11个、合格的4个。在51个县直政府系列考核单位中，评为优秀的15个、良好的26个、合格的10个。李小龙就如何开展好2010年度绩效考评工作提出了四点意见：一是要认真总结，充分肯定2009年度绩效考评工作所取得的成效；二是要提高认识，切实增强做好绩效考评工作的责任感、使命感；三是要明确要求，突出重点，扎实做好2010年绩效考评工作；四是要加强组织领导，确保我县绩效考评各项任务落实到实处。

2010年全国省区协作课题——“深化财政绩效管理改革研究”第二次会议

会议时间：2010年8月1日至2日

会议地点：新疆阿勒泰

主办单位：财政部科研所综合室，广东省财政科研所

参会人员：财政部科研所副所长刘尚希，新疆维吾尔自治区财政厅副厅长王富强，新疆、四川、成都、南京、青岛、江阴等省市财政部门有关人员。

会议主题：会议由牵头单位广东省财政科研所主持，根据上次课题会议的精神，各省市分别介绍了各地赴基层调研的财政绩效管理实际情况，交流讨论了各地推进财政绩效管理的经验和问题，商议确定了各地区课题报告的完成时间。

全国公务员纪律惩戒和申诉控告工作座谈会暨业务培训班

会议时间：2010年8月10日至12日

会议地点：甘肃省兰州市

主办单位：国家公务员局

参会人员：全国各省、市、自治区以及部分县区公务员局有关人员约100人。

会议主题：会议就公务员纪律惩戒制度的发展历程和基本原则、公务员纪律惩戒制度实施中的问题以及如何完善公务员权益保障制度、积极推进公务员申诉工作等相

关业务知识进行了培训。此外，会议还就进一步贯彻执行《行政机关公务员处分条例》，加强公务员纪律惩戒工作进行了研讨。

合肥市政府投资项目绩效审计评价办法研讨会

会议时间：2010 年 8 月 10 日

会议地点：安徽省合肥市

主办单位：安徽省合肥市审计局

参会人员：安徽省市县（区）三级审计机关、审计科研所有关人员。

会议主题：会议认真讨论了合肥市审计局制定的《政府投资项目绩效审计评价办法（初稿）》。《办法》创新传统投资审计评价模式，采用定性分析转化为量化指标的评价方法，以百分制形式对项目建设全过程进行分析评价，同时设置了一票否决指标和综合加分指标，对建设项目进行全面、客观的评价。与会人员对评价办法给予了高度肯定，认为办法方向正确、思路清晰、内容合理、便于操作，是对投资审计工作的有效拓展，也是现阶段投资审计发展的必然趋势。会议同时对评价指标的具体设置提出了一些完善意见，如进一步突出效益性指标、合并常规性指标等。

合肥市政府投资项目绩效审计评价办法研讨会会议现场

焦作市公共卫生与基层医疗卫生事业单位实施绩效工资工作会议

会议时间：2010 年 8 月 16 日

会议地点：河南省焦作市

主办单位：河南省焦作市委

参会人员：焦作市委常委、副市长赵建军，副市长乔学达等出席会议。

会议主题：会议传达了河南省公共卫生与基层医疗卫生事业单位实施绩效工资工作电视电话会议精神，安排了焦作市实施绩效工资工作。

湖南邵阳绩效文明考核评估工作暨为民办实事表彰会

会议时间：2010 年 8 月 31 日

会议地点：湖南省邵阳市

主办单位：湖南省邵阳市委

参会人员：邵阳市委常委、常务副市长周吉平，市委常委、宣传部长赵丽莎，市领导陈健生、毛益顺等。

会议主题：邵阳市委常委、常务副市长周吉平在会上指出，开展绩效文明考核评估，是深化行政管理体制改革、加强政府自身建设的重要内容，也是提高行政效能、促进后发赶超的重大举措。就今年如何做好绩效文明考核工作，周吉平强调，一是要服务大局，以绩效文明考核评估推动各方面工作。要以绩效文明考核评估为动力，促进经济平稳较快发展、努力加大民生投入、全面促进政府自身建设。二是要完善机制，务求邵阳特色的绩效文明考核评估工作取得实效。要加强组织领导、切实服务经济社会发展、认真落实各项工作，逐步建立科学合理的绩效文明考核评估体系。

南通市审计系统绩效审计案例交流会

会议时间：2010 年 9 月 25 日至 26 日

会议地点：江苏省南通市

主办单位：江苏省南通市审计局

参会人员：南通市委常委、常务副市长黄成等。

会议主题：会议精心挑选了近年来比较成功的 16 篇绩效审计案例，现场进行交流。

农业部绩效管理工作座谈会

会议时间：2010 年 9 月 27 日

会议地点：北京

主办单位：农业部

参会人员：农业部部长韩长赋，农业部副部长危朝安等。

会议主题：交流各司局开展绩效管理工作的好经验好做法，研究部署推进绩效管理工作。农业部部长韩长赋强调，要以改革创新的精神扎实推进绩效管理工作，切实把绩效管理与履职尽责结合起来，充分发挥绩效管理规范行政行为、推动工作落实的作用。要坚定“两个千方百计、两个努力确保”的目标不动摇，通过强化绩效管理，狠抓措施落实，高标准高质量地完成全年农业农村经济各项目标任务，为国民经济发展作出更大贡献。

全国政府绩效评价与县域科学发展高峰论坛

会议时间：2010 年 10 月 11 日

会议地点：广东省鹤山市

主办单位：中国行政管理学会绩效管理研究分会主办，广东省鹤山市人民政府与华南理工大学政府绩效评价中心承办

参会人员：中国行政管理学会执行副会长兼秘书长、全国政府绩效管理研究会会长高小平，全国政府绩效管理研究会秘书长张定安，以及来自全国各省（市）机关、院校的专家教授、从事实际工作的相关县（市）领导约 100 人出席了会议。

会议主题：中国行政管理学会和全国政府绩效管理研究会授予鹤山市“全国政府绩效管理创新示范点”称号，对该市近年来在政府绩效评价工作方面所进行的积极探索和取得的成效给予了充分肯定。论坛分主题演讲、理论探讨、实践创新三个单元。在主题演讲单元，鹤山市委书记郭伟作了题为《以政府绩效评价推动鹤山科学发展》的主题发言。随后，国家行政学院公共管理教研部主任薄贵利教授、广东省经济学会会长王珺教授、江苏连云港灌南县委书记吴立生以及兰州大学管理学院院长包国宪教授分别作了题为《国家发展战略与县域发展》、《广东县域经济发展的特征与趋势》、《“三政”绩效管理助推县域科学发展》、《中国县级政府绩效评价体系框架及系统》的主题演讲。中国行政管理学会执行副会长兼秘书长、全国政府绩效管理研究会会长高小平作论坛总结。他说，这次论坛内容多、密度高、时间短、收效大。整个会议与时间赛跑，充分体现了绩效特点。

全国政府绩效评估高层论坛

会议时间：2010 年 10 月 13 日至 15 日

会议地点：湘潭大学

主办单位：湘潭大学公共管理学院，中共岳阳县委

参会人员：中国行政管理学会执行会长、全国政府绩效管理研究会会长高小平教授，国家行政学院竹立家教授，兰州大学包国宪教授，厦门大学卓越教授，西安交通

全国政府绩效评价与县域科学发展高峰论坛现场

大学吴建南教授，全国政府绩效管理研究会秘书长张定安教授等专家。

会议主题：与会专家对国内外政府绩效评估最前沿的理论进行了很好的梳理，并交流、分享了各自研究的成功经验。论坛围绕“政府绩效评估与行政管理体制改革”、“政府绩效评估体系建设与机制创新”、“政府绩效评估的地方经验与模式”三个分论题展开了深入的交流与探讨。论坛上，卓越、包国宪、吴建南、竹立家、何振5位教授作了专题学术报告，高小平作了专家报告。业内人士认为，举办全国政府绩效评估高层论坛，既有利于推进政府绩效评估理论的发展，又有助于推进理论与实践相结合。此次高层论坛的举行，加强了政府绩效评估理论研究者与实际工作部门之间的经验交流与理论对话，将有利于更好地服务经济社会发展和政府管理创新。

四川省文化厅绩效管理工作会

会议时间：2010年11月5日

会议地点：四川省成都市

主办单位：四川省文化厅

参会人员：四川省文化厅厅党组书记、厅长郑晓幸，厅党组成员、副厅长王志平，厅党组成员、省文物局局长王琼，副巡视员盛宗毅和机关全体干部。

会议主题：会议旨在进一步动员全厅广大干部职工解放思想，提振信心，把握规律，积极主动投身绩效管理工作，合力攻坚，奋发有为，推动文化大发展大繁荣，确

全国政府绩效评估高层论坛现场

保全面完成省政府下达的年度各项绩效考核任务，努力推进绩效考核工作在省政府组成部门排序中实现上行升位。

云南省行政绩效管理暨行政绩效审计工作总结布置会议

会议时间：2010 年 11 月 9 日

会议地点：云南昆明

主办单位：云南省绩效办

会议主题：云南省行政绩效管理工作领导小组副组长、审计厅副厅长吴绍吉在总结中指出，2010 年上半年，全省行政绩效管理工作和绩效审计工作全面推进，成效十分明显。会议强调，行政绩效审计的重点是对各级行政机关完成所承担的重大建设项目和重要工作任务而开展的各项行政性工作，以及相应的资金筹集、拨付、管理使用情况进行绩效评价。要求各级审计机关必须坚决贯彻“围绕中心，服务大局”工作方针，以坚定的信心、夯实的态度、有力的措施和科学的方法开展行政绩效审计工作，并于 2010 年 12 月 10 日前上报绩效审计调查报告，确保完成全年行政绩效审计任务，向省人民政府交出一份合格的答卷。

化解行政争议新机制实务研讨座谈会

会议时间：2010 年 11 月 29 日

会议地点：福建省莆田市

主办单位：福建省高级人民法院、省人民政府法制办、北京大学共同主办参会人员：最高人民法院副院长江必新，省委常委、政法委书记徐谦，省高级人民法院院长马新岚，市领导杨根生、林光大、杨鹏飞、徐凡新等出席会议。

会议主题：江必新在讲话中对福建法院工作予以充分肯定。他强调，各级法院在化解行政争议工作中要在为大局服务上有新作为。要牢固树立服务大局的观念，正确辨识和把握大局，找准法院工作与大局的结合点，积极参与重点工程项目建设等重大问题的决策论证、合法性论证，提供法律帮助和建设性意见，充分发挥行政审判的职能作用，为“十二五”规划的实现提供有效有力的司法保障。

全国创建创业型城市工作绩效考评会议

会议时间：2010 年 12 月 7 日至 8 日

会议地点：陕西省西安市

主办单位：国家人力资源和社会保障部

参会人员：全国 88 个城市的 320 余名代表参加了会议。

会议主题：2008 年 9 月，国务院印发了促进以创业带动就业工作指导意见。两年来，各地按照国务院的部署和要求，立足当地实际，积极探索创新，相继出台了一系列政策措施，做了大量卓有成效的开创性工作，特别是在完善创业政策措施、健全创业服务平台、探索创业项目制度、开展各类创业推进活动等方面，工作扎实有效，为营造创业氛围，改善创业环境，开拓创业带动就业工作新局面发挥了重要作用。今后一个时期，要把促进以创业带动就业工作作为就业工作的重点来抓，以落实新的促进创业的税收政策为契机，以创建创业型城市为抓手，以鼓励更多劳动者创业和带动就业为目标，全面推进促进以创业带动就业工作。

2010 年（第二届）中国政府网站绩效评估与第五届中国特色政府网站评选结果发布大会

会议时间：2010 年 12 月 8 日

会议地点：北京梅地亚会议中心

主办单位：中国社会科学院信息化研究中心，国脉互联政府网站评测研究中心

参会人员：国内电子政务顶级专家，国家部委、省、市及区县 300 余名政府网站领导及代表参会。

会议主题：大会以“整合协同 深化应用 提升电子政务绩效”为主题。会上，中国互联网协会常务副理事长、国家信息化专家咨询委员会委员高新民做了以《十二五公共领域信息化面临的形势和任务》为题的重要发言。他指出，公共领域信息化的创新趋势是扩展、泛在和平台，要以服务的理念推动门户网站发展，进一步面向对象需求，

全国创建创业型城市工作绩效考评会议现场

发挥互动功能，组织社区网络，创新商业模式，开展绩效评估，充分利用新技术。本次会议不仅是服务型政府建设背景下的政府网站发展巡礼，还是“十二五”信息化规划在电子政务领域的思想预演，为电子政务服务提供商开拓了市场、捕捉商机的绝佳平台，是“十二五”电子政务趋势研讨的年度峰会。

中国互联网协会常务副理事长、国家信息化专家咨询委员会委员
高新民作主题发言

甘肃天水市麦积区 2010 年度绩效考核工作会议

会议时间：2010 年 12 月 13 日

会议地点：甘肃省天水市

主办单位：甘肃省天水市麦积区区委

参会人员：天水市麦积区委副书记杨续祥，区委常委、纪委书记李小敏，区委常委、组织部长张思佳等。

会议主题：全面、客观、公正、准确地考核今年全区各乡镇、街道、区直部门和双管单位一年来各项目标任务的完成情况，客观准确地评价全区各级党政领导班子和领导干部的工作实绩。杨续祥在讲话中指出，要充分认识绩效考核工作的重要性，绩效考核是贯彻落实十七大和十七届五中全会精神的具体体现，是全面深化干部人事制度改革的有效手段，是建立健全干部激励约束机制的重要措施，是加强干部队伍作风建设的重要途径。通过客观、公正、准确地搞好绩效考核工作，为区委做好 2010 年工作总结和安排部署好 2011 年工作提供科学依据，为加强全区领导班子建设和干部队伍建设、推动全区经济社会又好又快发展打下坚实的基础。

第九届（2010）中国政府网站绩效评估结果发布暨经验交流会

会议时间：2010 年 12 月 16 日

会议地点：人民大会堂

主办单位：中国软件评测中心、人民网、腾讯网

参会人员：全国人大常委会办公厅、国务院办公厅、全国政协办公厅、最高人民法院、最高人民检察院、中纪委监察部、中共中央国家机关工作委员会以及国务院 65 个部门、27 个省（自治区、直辖市）和部分地市、区县代表，以及 70 余家新闻媒体共 700 余人。

会议主题：2010 年中国政府网站绩效评估工作重点进行三个方面优化调整：一是结合保障民生和企业合法权益的服务需求，研究制定了服务型政府网站绩效评估指标，聚焦各级政府网站在教育、社保、就业、医疗、住房、交通、证件办理、企业开办、资质认定、信息公开、互动交流 11 个领域的服务能力；二是重点从项目信息、诚信信息、案件查办公开以及咨询投诉等方面，对 32 个省级工程建设领域专项治理工作政府网站进行评估，推动工程建设领域信息全面深入公开、健全预防腐败工作机制；三是进一步加强用户满意度调查工作，不仅强化了与人民网、腾讯网网上用户调查，还健全了网络评论员机制，从不同用户角度对政府网站进行满意度评论。会上，中国软件评测中心发布了 2010 年中国政府网站绩效评估结果。

第九届（2010）中国政府网站绩效评估结果发布暨经验交流会现场

沈阳市 2010 年度政府绩效总评工作会议

会议时间：2010 年 12 月 17 日

会议地点：辽宁省沈阳市

主办单位：辽宁省沈阳市人力资源和社会保障局

会议主题：会议上，对 2010 年参加考评的单位所关心的考评内容、时间安排、考评方式、考评步骤等一系列问题，给予了细致的解答。并明确了各负责考评的责任单位的职责。其中重点强调，各责任单位的考评小组成员要坚持公道正派、清正廉洁的工作作风，在考评工作期间，尽量减少对被考评单位正常工作的干扰，不得接受被考评单位的吃请、赠送礼券、土特产品，如出现违纪问题，定会按照有关规定对责任人予以处理。会议还对 2011 年的政府绩效考评工作提前作出了相应的通知和部署。

中国行政管理学会 2010 年会暨“政府管理创新”研讨会

会议时间：2010 年 12 月 19 日

会议地点：北京国谊宾馆

主办单位：中国行政管理学会

参会人员：中国行政管理学会会长王澜明，中国行政管理学会副会长兼秘书长高小平、李兴山、李宝荣、石亚军、王浦劬、吴江、辛铁樑、朱维究出席会议。国内行政管理学界的专家、学者以及地方党政部门实践工作者 200 多人参加了本次会议。

会议主题：与会代表本着团结奋进、务实求真的精神，紧紧围绕政府管理创新中的一些重大理论和现实问题，对政府管理创新的战略意义和实践价值、政府管理创新的总体趋势及目标、现阶段政府管理创新的重点、方法和内容等问题，进行了比较深入的研讨。中国行政管理学会副会长王浦劬为研讨会作了小结。

中国行政管理学会 2010 年会暨“政府管理创新”研讨会

徐州市公安机关绩效考核暨办公室工作会议

会议时间：2010 年 12 月 22 日

会议地点：江苏省徐州市

主办单位：江苏省徐州市公安局

参会人员：徐州市局党委委员、副局长刘宏方，市区各分局分管领导、办公室主任、派出所统计内勤，市局直属各单位、机关各处（室）、消防支队分管领导、综合（秘书）科科长，各县（市）局和有关分局专职机要员以及市局办公室全体人员。

会议主题：徐州市局办公室负责同志对 2010 年以来绩效数据及办公室工作情况进行了通报。刘宏方副局长对做好下一步公安办公室工作提出了三点要求：一是要以决战决胜的姿态，切实抓好年底各项重点工作。二是要强化服务意识，积极推动办公室管理工作创新。三是要认真贯彻省厅密码工作 80 周年座谈会精神，切实提高密码通信保障水平。

辽宁省大连市 2010 年度省政府绩效考评指标统计上报工作会议

会议时间：2010 年 12 月 23 日

会议地点：辽宁省大连市

主办单位：辽宁省大连市委

参会人员：大连市委常委、常务副市长肖盛峰，市政府秘书长徐国臣等。

会议主题：会议通报了大连市前一阶段各部门落实省政府考评指标工作情况，对2010年政府绩效评估工作作了具体部署。会议指出，2010年是“十一五”的收官之年，大连市紧紧抓住东北振兴和辽宁沿海经济带开发开放的双重机遇，圆满完成了2010年年初确定的各项任务。要再接再厉，争取在2010年的考核工作中再次取得优异成绩，实现“九连冠”。

广东江门新会区直党政机关“行政绩效工作目标责任白皮书”年终评估会议

会议时间：2010年12月28日至29日

会议地点：广东省江门市

主办单位：广东省江门市新会区直党政机关作风建设考核领导小组办公室

参会人员：各受评单位分管领导及新会区委办、区府办、纪委监察局和机关工委等单位评估小组成员共70人。

会议主题：由各单位负责人按抽签顺序进行10分钟的汇报，介绍本单位《2010年度行政绩效工作目标责任白皮书》落实情况，与会人员共同对各单位白皮书质量、区重点工作、政府年度绩效考核目标任务和职能工作完成情况进行评估评分。

Ⅱ　2011年

2010年度山东省政府网站绩效评估工作总结表彰会

会议时间：2011年1月18日

会议地点：山东省济南市

主办单位：山东省信息化领导小组办公室、山东省经济和信息化委员会

参会人员：山东省经信委副主任杨少军、高方出席了会议。山东省政协副主席赵玉兰、省委宣传部副部长刘保聚、省人大常委会副秘书长李开建、省政协副秘书长李鲁烟、省纪委效能监察室副主任惠金常等领导应邀出席了会议。来自47个省直部门、17市及30个获奖区县的代表参加了会议。

会议主题：会议对取得优秀成绩的省、市、县三级共50个优秀网站进行了表彰。会议总结了“十一五”期间山东省政务网站建设情况以及“十二五”时期政务网站的建设和具体工作要求。

2010年度山东省政府网站绩效评估工作总结表彰会现场

2011年广东省省情分析与咨询会——第二届广东政府公共服务发展高层论坛

会议时间：2011年1月12日

会议地点：广东省广州市

主办单位：广东省省情调查研究中心

参会人员：广东省人民政府副省长，省政协委员、广东省社会科学院研究员、广东省省情调查研究中心专家委员会主任郑梓桢，广东省社会科会院院长梁桂全等。

会议主题：专题演讲：

专题一：政府转型与公共服务建设（15：50—16：35）

主讲嘉宾：迟福林　中国（海南）改革发展研究院院长

专题二：政府公共服务绩效评估与公众满意度评价（16：35—17：20）

主讲嘉宾：卓越　厦门大学公共事务学院副院长

2010年武汉东湖高新区绩效考核和年度考评工作会

会议时间：2011年1月17日

会议地点：湖北省武汉市

主办单位：湖北省委

参会人员：湖北省省委副书记、武汉市市委书记杨松，武汉市委常委、东湖高新区党工委书记贾耀斌，市委常委、市委秘书长彭丽敏，市委领导夏士杰、沈烈风、夏亚民、孙茜雯、宋治平、李昌贤、周广运、卢胜、吴好平，管委会机关副处级以上干部，直属国有企业、各街乡镇办事处主要负责同志。

会议主题：湖北省省委副书记、武汉市市委书记杨松带领工作组考核东湖高新区市级绩效目标完成情况，并对高新区市管领导班子和领导干部进行年度考评。

政府执行力与公共财政绩效管理研讨会暨广东省行政管理学会2011年年会

会议时间：2011年2月24日至25日

会议地点：广东省广州市

主办单位：广东省行政管理学会

参会人员：广东省委常委、组织部长、省行政管理学会会长李玉姝及省人大常委会副主任钟阳胜，省财政厅党组书记、厅长曾志权，财政部等中央有关部门及省直机关，省内各市、县（区）财政系统及政府有关部门负责人，国内部分知名科研院所、高校的专家学者等共250余人参加了会议。

2010 年武汉东湖高新区绩效考核和年度考评工作会现场

会议主题：曾志权厅长总结了广东财政坚持改革创新、加强绩效管理所取得的明显成效，对绩效管理所面临的困难和问题作了深入分析，提出要继续坚持理论和实践相结合，深化对绩效财政理论的研究和实践探索，建立起一个以健全的法律体系为依据，以完善的运行机制为基础，以科学的评价体系为支撑，以有效的协调机制为保障的绩效财政管理体系。

政府执行力与公共财政绩效管理研讨会暨广东省行政管理学会 2011 年年会会议全景

全国行政机关公务员考核工作经验交流会

会议时间：2011 年 2 月 28 日至 3 月 1 日

会议地点：江西省南昌市

主办单位：国家公务员局

参会人员：国家人力资源和社会保障部副部长、国家公务员局党组书记、副局长杨士秋等。

会议主题：贯彻落实《2010—2012 年深化干部人事制度改革规划纲要》和全国行政机关公务员管理工作会议精神，交流和推广公务员考核工作的经验和做法，引导和推动各地考核工作创新发展。

中央纪委监察部廉政理论研究中心“政府投资项目绩效评估研究”课题研讨会

会议时间：2011 年 3 月 22 日

会议地点：江苏省张家港市

主办单位：中央纪委监察部廉政理论研究中心

参会人员：中央纪委监察部廉政理论研究中心主任丁顺生、副主任谢光辉，中央纪委绩效管理监察室副局级纪检监察专员崔扬等。

会议主题：复旦大学公共绩效与信息化研究中心主任牛军钰就中心承担的子课题——“政府投资项目绩效评估的比较分析研究”进行了汇报，并与在座其他专家围绕课题报告的修改与完善进行了交流。中央纪委监察部廉政理论研究中心主任丁顺生对下一步工作提出建议和意见。

中央纪委监察部廉政理论研究中心“政府投资项目绩效评估研究”课题研讨会现场

2010 年度四川省政府网站绩效评估结果发布暨经验交流会

会议时间：2011 年 4 月 8 日

会议地点：四川省成都市

主办单位：中国软件评测中心、四川省电子政务外网运营中心

参会人员：来自四川省市（州）、县（市、区）和省级各部门的代表 300 余人参加了会议。

会议主题：四川省政府办公厅副主任曹代学，代表省政府办公厅向在此次评估中取得优异成绩的地区和部门表示了热烈祝贺，并对 2011 年全省政府网站建设工作提出了要求。他强调说，测评目的是通过这样一种形式，促进大家总结经验，发现问题，找出差距，完善提高。中国软件评测中心副主任张少彤、四川省电子政务外网运营中心副主任邵晓红分别发布了 2010 年四川省政府网站绩效评估结果和网民评议结果，攀枝花市、环境保护厅、成都市金牛区分别作了大会交流发言。会议还对取得优秀名次的地区和部门颁发了荣誉证书。

2010 年度四川省政府网站绩效评估结果发布暨经验交流会现场

中纪委监察部绩效管理监察室绩效管理讨论会

会议时间：2011 年 5 月 3 日

会议地点：北京

主办单位：中纪委监察部

参会人员：中国人事科学研究院院长吴江，全国政府绩效管理研究会副会长、北京大学政府管理学院教授周志忍，国家行政学院领导人员考试测评研究中心副主任刘旭涛，中国人民大学公共管理学院院长助理、教授刘昕，复旦大学公共绩效与信息化研究中心主任牛军钰等。

会议主题：会上，复旦大学公共绩效与信息化研究中心主任牛军钰主任与其他专家一起，共同探讨目前监察室开展绩效管理工作的进展，交流想法，提出建议。

陕西省工信厅事业单位绩效工资和年度目标责任考核工作培训会议

会议时间：2011 年 5 月 12 日至 13 日

会议地点：西安

主办单位：陕西省工信厅

参会人员：陕西省工信厅属 23 家相关事业单位的主管领导和人事科（处）长等共 40 余人。

会议主题：陕西省工信厅人事处王殿坤副处长（正处级）在会上传达了省委组织部、省编办、省人社厅近期关于事业单位人事制度改革、规范事业单位人事管理和开展省属事业单位机构编制清理等工作的有关文件精神，对省工信厅属事业单位加快人事制度改革进程、全面实施岗位设置管理和绩效工资制度、结合年度目标责任考核工作促进单位内部管理等方面的工作提出了具体要求。

陕西省工信厅事业单位绩效工资和目标考核工作培训会议现场

全国口岸管理运行绩效评估体系课题会

会议时间：2011 年 6 月 16 日至 18 日

会议地点：江西省九江市

主办单位：国家口岸管理办公室

参会人员：国家口岸办副主任白石、王敏出席会议，来自全国 15 个省、市、自治区的口岸办领导及课题起草组成员共 40 人参加了会议。

会议主题：会议听取和审议通过了课题工作组提交的《全国口岸管理运行绩效评估体系研究报告》；通报了交通运输部、公安部、国家质检总局、外交部、铁道部等国家八部委专家组对课题的评审意见；讨论通过了《全国口岸管理运行绩效评估体系试点实施方案》，并就下一步开展试点口岸的实施工作作了动员部署。会议强调，一要从推动口岸管理方式转变和科学发展的高度来认识开展试点工作的重要性；二要把开展绩效评估试点作为推进“口岸大通关”工程的新举措；三要加强组织领导、稳步推进，确保试点工作取得成效。

国家大学科技园绩效评价专家答辩会

会议时间：2011 年 6 月 22 日至 29 日

会议地点：北京 广西

主办单位：科技部高新司、教育部科技司

参会人员：64 家国家大学科技园代表

会议主题：64 家国家大学科技园参加绩效评价答辩会，向与会专家提交《国家大学科技园绩效评价报告》，答辩内容涉及创业公共服务、技术服务与转移、运营管理、园区与学校科研管理部门的联动、对依托高校的贡献和对区域经济的贡献等方面。

政府绩效管理试点工作动员会

会议时间：2011 年 6 月 28 日

会议地点：北京

参会人员：中央纪委副书记、监察部部长、政府绩效管理工作部际联席会议召集人马馼，中央纪委常委、监察部副部长、政府绩效管理工作部际联席会议成员兼办公室主任王伟，发展改革委副主任穆虹，财政部副部长李勇，国土资源部副部长张少农，环境保护部副部长张力军，农业部副部长危朝安，中央纪委驻质检总局纪检组组长王炜和北京市常务副市长吉林，吉林省副省长马俊清，福建省常务副省长张昌平，广西壮族自治区常务副主席李金早，四川省常务副省长魏宏，新疆维吾尔自治区常务副主席黄卫及深圳市、杭州市政府有关领导出席会议。各试点单位监察厅（局）长、绩效管理机构负责人，政府绩效管理工作部际联席会议成员单位联络员，中央纪委监察部有关部门负责同志参加了会议。

会议主题：推行政府绩效管理制度是深入贯彻落实科学发展观、加快转变经济发展方式的必然要求，是推进政府职能转变、提高政府执行力和公信力的重要举措，是转变机关作风、加强政府勤政廉政建设的重要抓手。党中央、国务院对这项工作高度重视，对加快建立和推行政府绩效管理制度多次作出部署，提出明确要求。要准确把握政府绩效管理试点工作的总体要求，紧紧围绕主题主线，认真贯彻群众路线，积极稳妥推进试点工作；要在制定绩效考评指标体系上下大工夫，把“十二五”规划提出的目标任务、党委政府部署的重点工作、社会比较关注的热点问题细化实化量化为考评的重点指标，兼顾各专项考评要求，体现地区和部门差异，搞好与其他考核指标体系的整合与衔接；要合理确定考评方式方法，坚持立足实际与借鉴国际先进方法相结合、定性考评与定量考评相结合、内部考评与外部考评相结合、过程评估与结果评价相结合、传统考评方法与现代科学技术相结合；要严格规范工作程序，进一步明确部门职责分工，制定完善规章制度，加强督促检查和绩效管理监察；要有效运用考评结果，把考评结果作为评价工作、加强管理以及领导班子和领导干部考核、干部选拔任用、公务员奖惩、党政领导干部问责的重要依据，充分发挥绩效考评的导向和激励约束作用。

2010年度福建省科技重大专项财政支出绩效评价会

会议时间：2011年7月13日

会议地点：福建省福州市

主办单位：福建省科技厅

会议主题：会议对开展财政支出绩效评价工作的背景、重要性及发展趋势，以及开展财政绩效评价工作安排做了详细说明。评审专家分别对“通信技术与产品”、“粮食作物育种技术研究”、“肝脏主要疾病新药的研发”3个科技重大专项进行了绩效评价，专家组认为3个科技重大专项的多数承担单位都很好地完成了专项合同中的绩效目标，财政资金使用较合理，专项成果及社会经济效益等达到了预期效果。

国家科技基础条件平台认定和绩效考核评审会

会议时间：2011年8月11日至14日

会议地点：北京

主办单位：科技部发展计划司、财政部教科文司

参会人员：科技部发展计划司副司长蔡文沁、财政部教科文司副巡视员宋秋玲、科技部平台中心主任戴国强等。

会议主题：评审专家根据科技部、财政部制定的《国家科技基础条件平台认定指标》和《国家科技基础条件平台运行服务绩效考核指标》，对首批开展认定和绩效考核的25家科技平台的建设运行与共享服务情况进行了认真细致的评审。通过认定的科技平台，将按照绩效考核结果对科技平台运行服务进行奖励补贴。

浙江省新昌县县级机关绩效考核工作会议

会议时间：2011 年 8 月 16 日

会议地点：浙江省新昌县

主办单位：新昌县县委

参会人员：新昌县领导陈泉标、杨能、吕国民、潘启富、张国本，县委常委、组织部长金水法等。

会议主题：新昌县县委副书记陈泉标对上半年县级机关各部门执行绩效考核工作情况表示充分肯定，并就如何进一步抓好下一步工作提出要求。

鞍山市政府绩效考核工作调度会

会议时间：2011 年 8 月 18 日

会议地点：辽宁省鞍山市

主办单位：辽宁省鞍山市政府

参会人员：鞍山市委常委、常务副市长刘桂香等。

会议主题：相关部门通报了上半年省政府对市政府绩效考核工作进度情况，刘桂香要求承担指标的各有关部门要明晰位次，查找差距，增强时不我待的紧迫感和危机感；只争朝夕，落实责任，务必圆满完成绩效考核工作；强化考核，确保政府绩效考核工作省内一流。

四川省政府绩效管理试点工作会议

会议时间：2011 年 9 月 9 日

会议地点：四川省政府小礼堂

主办单位：四川省政府

参会人员：四川省委常委、常务副省长魏宏，省政府秘书长、办公厅主任于伟，

省纪委副书记、监察厅厅长徐波，省政府副秘书长薛康、省政府副秘书长何旅章、省政府副秘书长蔡竞等省政府绩效管理试点工作领导小组成员，省人大副秘书长吕华、省政协副秘书长何顺洪和省直机关工委副书记王宗榜，省发展改革委等省直55个部门（单位）的负责同志，各市（州）政府常务副市（州）长，各市（州）政府秘书长，各市（州）监察局长参加了会议。

会议主题：魏宏指出，绩效管理是政府管理创新和先进的制度设计。它突破了传统管理模式、管理体制的束缚，遵循了行政管理的基本规律，代表着现代行政管理的发展方向。它是以公共产出最大化和公共服务最优化为目标实施的一种全面的管理和客观评判。他指出，四川省在省级部门实行绩效管理已经两年，从主要做法和特点来看，突出了对部门履职情况的评价，坚持了规定性的评价主体，注重了科学有序的社会参与。在现有基础上进一步分析、总结、优化我省政府绩效管理工作尤为重要。

四川省政府绩效管理试点工作会议现场

全国绩效评价工作创新培训会

会议时间：2011年9月27日

会议地点：宁夏银川

主办单位：科技部科研条件与财务司，宁夏回族自治区科学技术厅，宁夏回族自治区财政厅

参会人员：全国20个省市自治区的100多名科技评价工作者。

会议主题：交流先进的政府绩效评价学科理论建设和技术成果，促进创新发展，推进国家绩效评价体系建设进程。

全国绩效评价工作创新培训会现场

第二届政府绩效管理与绩效领导国际研讨会

会议时间：2011年10月1日至2日

会议地点：美国波特兰

主办单位：兰州大学管理学院、美国波特兰州立大学马克·汉菲尔德政府学院、日本早稻田大学Okuma公共管理学院、越南胡志明国家政治与公共管理学院、美国罗格斯大学公共事务与管理学院

参会人员：兰州大学管理学院院长、兰州大学中国地方政府绩效评价中心主任包国宪教授等世界多所高校政府绩效专家和学者。

会议主题：本次会议的主题为“innovations Toward Sustainable Solutions”（面向可持续方案的改革）。由兰州大学中国地方政府绩效评价中心和美国波特兰州立大学马克·汉菲尔德政府学院政府绩效课题组联合提交的论文《Beyond Performance Management：A Proposed Value－Based Governance and Leadership Research Agenda》引起了与会代表的广泛关注和极大兴趣，包国宪教授和美国波特兰州立大学马克·汉菲尔德政府学院Douglas Morgan教授围绕以价值为基础的政府绩效管理模型和研究框架共同做了大会报告，介绍了课题组自2010年以来取得的核心研究成果，提出了基于价值基础的政府绩效管理的研究概念框架和具体问题，首次从公共行政研究范式的高度论述了以价值为基础的绩效管理的地位和意义。

第二届政府绩效管理与绩效领导国际研讨会现场

宣城市 2011 年度安徽省政府目标管理考核任务调度会

会议时间：2011 年 10 月 13 日

会议地点：安徽宣城

主办单位：安徽宣城市政府

参会人员：宣城市委常委、常务副市长韩永生等。

会议主题：调度会上，宣城市目标办通报了当前省政府考核该市的各项目标任务完成情况；市统计局等 16 个考核责任单位汇报了所承担的考核指标运行态势、存在的问题和今后工作安排。

《政府投资项目绩效审计评价体系研究》课题启动会

会议时间：2011 年 10 月 28 日

会议地点：北京

主办单位：审计署

参会人员：审计署副审计长石爱中，由署机关、特派办和地方审计机关的审计人员组成的课题组成员和来自署办公厅、科研所、审计学会、广电通讯审计局、京津冀特派办、长沙特派办等单位的专家。

会议主题：课题起草组就课题前期准备工作过程、课题研究的基础和出发点、投资司和各特派办开展政府投资项目绩效审计评价的简要历史、课题研究的框架及分工等事项，向课题组成员作了详细说明。

课题组成员就政府投资项目绩效审计评价的必要性以及开展这一工作的重要意义进行了讨论，并对课题研究提纲提出了一些修改意见和建议。会上还就如何开展政府投资项目绩效审计评价、评价结果的利用等相关问题进行了讨论。

大连市 2011 年度省政府绩效考评指标落实情况通报会

会议时间：2011 年 11 月 17 日

会议地点：辽宁省大连市

主办单位：辽宁省大连市委

参会人员：大连市委常委、常务副市长、市政府绩效管理工作领导小组常务副组长肖盛峰，大连市政府秘书长徐国臣等。

会议主题：通报全市落实省考指标情况，部署完成全年指标任务。

北海市 2011 年度民政救灾、救助工作绩效考评推进会

会议时间：2011 年 11 月 17 日下午 15 时 30 分

会议地点：广西北海市长青老龄活动中心五楼会议室

主办单位：广西北海市民政局

参会人员：各县（区）民政局、涠洲管委会社会事务局救灾、低保工作分管领导及救灾股股长、低保办主任（所长）。

会议主题：1. 各县（区）民政局、涠洲管委会社会事务局救灾、低保工作分管领导汇报工作情况；2. 市民政局救灾科、救助科通报自治区民政厅绩效核验情况，布置相关绩效考评工作；3. 提出整改要求及工作目标。

国家土地督察制度实施五周年绩效评估报告新闻发布会

会议时间：2011 年 11 月 24 日

会议地点：北京

参会人员：黄贤金教授、吕萍教授、范柏乃教授、沙勇忠教授等。

会议内容：2011 年是国家土地督察制度实施五周年，为准确、客观评价土地督察制度建设和实施情况，南京大学、中国人民大学、浙江大学、兰州大学联合成立的国家土地督察制度实施五周年绩效评估课题组，于 2010 年 12 月至 2011 年 10 月，对国家土地督察制度实施五年来的情况进行第三方评估。2011 年 11 月 24 日，国家土地督察

制度实施五周年绩效评估新闻发布会在京召开。发布会现场，评估课题组成员黄贤金、吕萍、范柏乃、沙勇忠四位教授对国家土地督察制度实施五周年绩效评估情况进行了公布。

评估课题组围绕工作制度建设、职责履行、实施效果、社会影响四个方面进行评估，认为国家土地督察制度实施五年来取得了七个方面的成效：促进了最严格的耕地保护制度的落实；促进了监督国家土地调控政策的规范执行；追缴国家土地收益，有效防止了国有资产流失；维护了被征地农民的合法权益；维护了土地管理的法治秩序；规范了地方政府土地利用和管理行为；推进了土地管理制度的完善。

评估结果为，国家土地督察制度框架体系初步形成，开创了我国土地监管的新模式和新格局，已成为国家土地监管体系中不可或缺的重要组成部分；国家土地督察制度的实施，有力促进了土地管理秩序总体向好，取得了凝聚社会共识、规范管理秩序、威慑土地违法等良好效果；国家土地督察制度实施保障中央政令畅通，为深化我国行政体制改革积累了有益经验。

2011 年 11 月 24 日，国家土地督察制度实施五周年绩效评估新闻发布会在京召开，评估课题组成员黄贤金、吕萍、范柏乃、沙勇忠四位教授公布了评估结果。

基于评估结果以及土地监管面临新形势、新任务和新要求，评估课题组还提出了六点建议。评估课题组认为，要持续提升国家土地督察制度的实施绩效，不仅要进一步完善这项制度本身，加强队伍建设，更要加快土地、财税、金融、地方政府及官员政绩考核等相关制度的综合配套改革。

“国家政治安全视角下的互联网虚拟社会风险治理研究”开题论证会

会议时间：2011 年 11 月 26 日上午

会议地点：湖北省武汉市

主办单位：华中科技大学公共管理学院

参会人员：华中科技大学公共管理学院院长徐晓林教授等。

会议主题：当前加强和改善互联网虚拟社会管理是我国执政党面临的现实问题和重大挑战，如何识别互联网虚拟社会的潜在风险，对其进行预警防控，是新时期党和政府亟待解决的迫切问题。围绕“在国家安全视角下，互联网虚拟社会的风险是什么，风险从哪里来，风险如何演化，如何对风险进行感知、识别、分析、评估、预警、处置、监控，如何构建风险防控机制”等问题，课题组重点关注移动互联网时代网络舆情的衍生效应和次生效应，并以该校的电子决策剧场为基础，构建网络风险防控的技术平台，设计互联网虚拟社会风险治理的顶层战略。

杭州市政府绩效管理试点工作动员大会

会议时间：2011 年 10 月 27 日

会议地点：浙江省杭州市

主办单位：浙江省杭州市委

参会人员：杭州市委常委、常务副市长杨戌标等

会议主题：贯彻落实国务院、监察部有关要求，动员和部署下一步工作。杨戌标指出，推行政府绩效管理制度，是深入贯彻落实科学发展观、加快转变经济发展方式的必然要求，是推进政府职能转变、提高政府执行力和公信力的重要举措，是转变机关作风、加强政府勤政廉政建设的重要抓手。杨戌标强调，要实现到 2012 年底“政府执行力和公信力的明显提升，为全面实行绩效管理制度奠定坚实的基础”的目标，时间紧、任务重，涉及面广、分类复杂，各地各部门一定要高度重视，科学安排，确保这项工作顺利实施。要尽快建立相应的工作机制，形成条块结合、覆盖全市的绩效管理试点工作体系。要建立并落实工作责任制，把试点工作目标任务逐项分解到具体部门、处室和工作人员，一级抓一级、层层抓落实，并抓好日常检查和定期察访核验。要注重运用现代科学理论知识、科学方法和技术，积极探索、大胆创新，努力形成科学规范、特色鲜明的政府绩效管理模式，力争在政府绩效管理试点工作中走在前列。

中央纪委监察部廉政理论研究中心“政府绩效管理：理论构建与中国实践”第一次课题研讨会

会议时间：2011 年 11 月 1 日

会议地点：广东省深圳市

主办单位：中央纪委监察部廉政理论研究中心、复旦大学公共绩效与信息化研究中心

参会人员：研讨会由中央纪委监察部廉政理论研究中心副主任谢光辉主持，共有

北京市纪委监察局、辽宁省政府绩效考核办、福建省纪委监察厅、江西省纪委监察厅、广东深圳市监察局、浙江省杭州市纪委监察局、广西区南宁市纪委监察局、江苏省张家港市纪委监察局8家单位参加。

会议主题：各党政单位课题组介绍了各自开展政府绩效管理工作的基本情况。会议就课题研究的相关事宜达成一致意见，明确总课题由“理论构建篇”与“实践创新篇”两部分组成，其中“实践创新篇”集中反映各党政单位的创新实践成果，主要包括政府绩效管理全面分析报告、政府绩效管理创新特色总结报告、政府绩效管理七大类相关材料三部分内容，整个课题预计于2013年全面结题。

中央纪委监察部廉政理论研究中心“政府绩效管理：理论构建与中国实践”第一次课题研讨会全景

湖南省娄底市绩效评估暨为民办实事工作督办会

会议时间：2011年11月8日

会议地点：湖南省娄底市

主办单位：湖南省娄底市委市政府

参会人员：娄底市委副书记刘事青，市委常委、副市长周纯良，副市长刘益丈，各县市区、娄底经开区、万宝新区管委会相关负责人，市人社局、环保局、发改委、财政局、经信委、住建局等市直有关部门参加会议。

会议主题：会议要求全市各级各部门攻难点、出实招、求实效，全力做好各项工作，确保全年工作任务圆满完成。在听取各县市区和市直有关部门发言后，刘事青指出，为民办实事和列入省绩效评估考核内容的工作确实是政府应该要做的，确实是上级党委、政府的要求，确实是人民群众的期盼，要站在为民办实事、站在提高工作绩效、顺应人民群众期盼的角度，站在维护娄底大局、娄底形象的角度来重视、办好这些工作。

奇台县政府绩效管理试点工作动员暨培训工作会议

会议时间：2011年11月21日

会议地点：新疆奇台县

主办单位：新疆奇台县县委县政府

参会人员：奇台县县长孟凡，县委常委、纪检委书记尹洪涛，县领导韩冬兵、托呼达拜、买代提、马文新、李国平等。

会议主题：奇台县县长孟凡刚讲话要求，政府绩效管理试点工作要科学制定绩效考核方案，一是分类设计绩效考核指标体系，坚持四个原则，一要坚持围绕中心，突出重点；二要坚持统筹兼顾，体现差异；三要坚持协调沟通，动态设计；四要坚持整合资源，注重协调。二是认真制定绩效考核办法，重点把握四个结合，一要坚持内部考核与外部考核相结合；二要坚持定性考核与定量考核相结合；三要坚持过程评估与结果评价相结合；四要坚持传统考核与现代科学技术相结合。会上，县委常委、常务副县长韩冬兵宣读了奇台县开展政府绩效管理试点工作实施方案。此次政府绩效管理试点工作分为三个阶段，现在到年底为夯实基础，启动试点阶段，2012年为全面实施，抓好落实阶段，2013年为重点深入，创新机制阶段。

奇台县政府绩效管理试点工作动员暨培训工作会议现场

2011年度国家社科基金重大项目“公众幸福指数导向下的我国政府绩效评价体系研究”开题会

会议时间：2011年11月30日

会议地点：广东省深圳市

主办单位：华南理工大学政府绩效评价中心

参会人员：华南理工大学政府绩效评价中心主任郑方辉教授等。

会议主题：科学发展、以人为本、增强人民的幸福感逐渐成为我国政府的治理战略，然而，现有的政府绩效评价体系仍然停留在传统的GDP导向上，这既不适应社会发展的需要，又无助于提升公民的幸福感。因此，构筑以幸福指数为导向的政府绩效评价体系，不仅有助于提高政府绩效水平，而且有助于提升公民的幸福感。为此，课题组致力于研究以下内容：以公众幸福指数为导向，以政府整体绩效评价为重点，构建包含体制内评价和第三方评价的中国式政府绩效评价体系。

2011年全国政府绩效管理研究会年会暨政府绩效考评与效能监察研讨会

会议时间：2011年12月1日

会议地点：广东省深圳市

主办单位：中国行政管理学会政府绩效管理研究会主办，深圳市政府绩效管理委员会办公室、华南理工大学、厦门大学承办。

参会人员：来自全国各地的政府绩效管理专家学者和地方党政部门实践工作者共100多人。

会议主题：与会代表对政府绩效管理的主要内容、考评指标体系、方法、程序、技术平台等进行了深入研讨。与会代表一致认为，建立和深化政府绩效管理制度，建设效能政府，是深入贯彻落实科学发展观、加快转变经济发展方式、推进政府职能转变和管理创新、提高政府执行力和公信力的必然要求和重要举措。

张家界市2011年度全市绩效评估年终迎检考评工作会

会议时间：2011年12月1日

会议地点：湖南省张家界市

主办单位：湖南省张家界市委

参会人员：张家界市委副书记、市委秘书长范运田，市委常委、常务副市长杜芳禄，市委常委、市委组织部部长朱水平等。

会议主题：安排部署了 2011 年全市绩效评估和为民办实事年终评估与 2011 年省委省政府对该市年终绩效评估和为民办实事考核迎检有关工作，并对事项作了说明。

第十届（2011）中国政府网站绩效评估结果发布暨经验交流会

会议时间：2011 年 12 月 2 日

会议地点：人民大会堂

主办单位：中国软件评测中心、人民网、新浪网、神州数码

参会人员：全国人大常委会办公厅、国务院办公厅、全国政协办公厅、最高人民法院、最高人民检察院、中纪委监察部、中共中央国家机关工作委员会以及国务院 58 个部门、26 个省（自治区、直辖市）和部分地市、区县、开发区代表，以及 70 余家新闻媒体共 700 余人参加了会议。

会议主题：2011 年中国政府网站绩效评估工作重点从四个方面进行优化调整：一是结合保障民生和企业合法权益的服务需求，完善服务型政府网站绩效评估指标，细化了教育、社保、就业、医疗、企业开办、资质认定等 11 个领域服务能力的评估细则，并拓展了对婚育收养、公用事业、经营纳税 3 个领域的评估；二是更加强调政府自身建设，深化政务公开，加强政务服务，以推动网站内容建设从根源上得到保障；三是开展新技术应用调查工作，了解政府网站应用互联网新技术，面向用户提供移动应用、无障碍服务的情况；四是更加重视扩展基层服务，将国家级经济技术开发区、国家级高新技术开发区网站纳入评估范围，推动网站建设更加有效地支撑开发区发展。中国软件评测中心发布了 2011 年中国政府网站绩效评估结果。

第十届（2011）中国政府网站绩效评估结果发布暨经验交流会会议现场

政府绩效管理工作研修班座谈会

会议时间：2011 年 12 月 6 日

会议地点：北京

参会人员：中央纪委副书记、监察部部长、政府绩效管理工作部际联席会议召集人马馼，中央纪委常委、监察部副部长、政府绩效管理工作部际联席会议成员兼办公室主任王伟，环境保护部、农业部、质检总局、北京市、广西壮族自治区、哈尔滨市、沈阳市、深圳市绩效管理工作机构等的学员代表。

会议主题：深入学习贯彻党的十七届六中全会精神，充分认识加快推进政府绩效管理工作的重要性，坚持围绕中心、服务大局，准确把握工作定位，积极稳妥地推进政府绩效管理工作。

2011 年度国家社会科学基金重大项目“建立社会稳定风险评估机制研究”开题论证会

会议时间：2011 年 12 月 10 日

会议地点：西安交通大学

主办单位：西安交通大学

参会人员：西安交通大学朱正威教授等。

会议主题：课题在借鉴国内外“风险管理”实践的基础上，密切结合当前社会稳定和风险评估机制的现状，从重大事项的自身特点出发，以公共治理理论、复杂系统理论、社会系统理论为基础，通过系统分析方法，从风险管理的国家比较、社会稳定风险识别与重大事项影响评估方法研究、重大事项利益相关主体关系协调与冲突防范机制研究、重大事项社会稳定风险感知、重大事项社会稳定风险评估机制设计研究、重大事项社会稳定风险评估案例与应用研究、社会稳定风险评估的实践与国家战略 7 个子项目展开研究。专家组对课题设计给予了充分肯定，并就进一步完善和深入课题研究、使课题成果更有现实性和针对性等方面提出了建设性意见。

2011 年国家社科基金重大项目“地方政府党风廉政建设责任制考核评价体系研究”开题报告会

会议时间：2011 年 12 月 10 日

会议地点：武汉大学

主办单位：武汉大学

参会人员：武汉大学李和中教授等。

会议主题：课题组认为，目前，地方政府党风廉政建设责任制虽取得了一定成绩，但在如何考评方面处于弱势状态，这导致廉政建设责任制流于形式，无法科学有效地考评政府公职人员，进而提升政府责任水平，因此，研究地方政府党风廉政建设责任制的考核评价体系具有极强的现实意义和理论意义。在吸收各地先进经验，分析现有政策法规的基础上，课题组力图设计一套科学、客观、实用、可操作性强的地方政府党风廉政建设责任制考核评价体系。

2011年国家社科基金重大项目“基层政府社会管理体制机制创新研究”开题论证会

会议时间：2011年12月14日

会议地点：中国人民大学

主办单位：中国人民大学

参会人员：中国人民大学行政管理学系主任孙柏瑛教授、北京大学王浦劬教授、中国行政管理学会高小平研究员、国家行政学院薄贵利教授、北京航空航天大学胡象明教授、中国人民大学科研处沃晓静副处长、项目团队成员北京大学周志忍教授、中国人大公共管理学院张成福教授、国务院发展研究中心葛延风研究员、北京市人民政府研究室万军处长、人大公共管理学院吴爱明副教授、国家行政学院易丽丽博士以及中国人大公共管理学院行政管理学系部分博士生、硕士生参加会议。

会议主题：随着经济的发展，各种社会矛盾逐渐显现，如社会结构不健全，城乡差距拉大，因土地征用、房屋拆迁、劳资关系、医患关系等引发的社会矛盾明显增多。作为政府管理的末梢，基层政府直接面临上述挑战，因此，研究基层政府社会管理体制机制创新具有战略性、现实性和重要性。鉴于此，课题组计划从“以基层政府为主体的基层组织研究”、“基层组织的变化与变革”、“社会管理中基层政府与其他组织间的互动关系”、“以基层政府组织变革揭示的基层社会治理结构”等角度展开研究，探索中国基层政府社会管理的民众权益保障机制、多元治理体系和公共服务体系。

国家社科基金重大招标项目“中国特色社会主义社会管理体系研究”开题报告会

会议时间：2011年12月17日上午

会议地点：南京大学

主办单位：南京大学

参会人员：南京大学服务型政府研究所所长张康之教授。

会议主题：课题组认为，当前我国正处于经济社会发展的重大转型时期，政府社会管理面临着从农业社会向工业社会、后工业社会转变的新挑战，传统的统治型、管理型治理模式无法适应当前社会治理的需要，因此，探索如何加强和改进社会管理的理念、模式、途径和机制，从而适应服务型治理模式的需要，在当前的中国是一项开拓性、创新性的重大理论和实践研究。鉴于此，课题组从人类社会治理思想史的全面梳理和交叉研究入手，立足中国特色的社会主义治理模式，构建具有哲学特征的社会主义社会管理体系，还原转型期中国社会的治理实践。

桂林市2011年绩效管理与考评工作培训会

会议时间：2011年12月21日

会议地点：广西桂林市直机关礼堂

主办单位：广西桂林市委

参会人员：桂林市委常委、组织部部长秦春成，桂林市委常委、纪委书记王祝广，广西壮族自治区绩效考评领导小组办公室主任农生文等。

会议主题：会议就如何做好绩效管理工作进行了深入浅出的讲解，介绍了建立健全绩效管理领导体制、工作机制和提高督察科学化水平的方法，并提出强化考核结果应用的观念，建议将考核结果与部门机构改革、编制管理、财政预算绩效管理有机结合起来，从而提高绩效管理工作成效，有效促进政府职能、干部考核评价体系的转变，提高政府的执行力、公信力、权威性。

天津市2011年度政府系统网站绩效评估工作总结大会

会议时间：2011年12月8日

会议地点：天津

主办单位：天津市政府办公厅

参会人员：天津市63家参评单位网站分管领导和网站负责同志、市政府办公厅政务网编辑部、市信息中心及新闻媒体共150余人。

会议主题：会议指出，近年来，在天津市委、市政府的高度重视和关心支持下，通过各区县、各部门的共同努力，全市政府网站建设和管理工作取得了显著成效。政府网站日益成为政府信息公开的主渠道和政府为公众提供服务的重要窗口。全市各级政府门户网站，以建设服务型政府网站为目标，紧紧围绕全市中心工作和广大人民群众关心的问题，强化政府网站信息公开、在线服务、政民互动三大功能定位，服务水平明显提高。会议要求，各区县、各部门要认真贯彻落实党中央、国务院和市委、市政府的要求，进一步采取有效措施，切实加强和规范政府网站的建设管理工作，充分发挥政府网站在深化政务公开、加强政务服务中的作用，不断提升为公众服务水平。本市政府系统网站绩效评估工作是根据国务院办公厅和市政府关于进一步加强政府网站管理工作的要求，自 2011 年 8 月开始，经过测评指标征求意见、网站自查、公众网络投票、综合评估等阶段，由天津市信息中心作为第三方测评机构，对全市 16 家区县政府网站和 47 家政府部门网站分别从信息公开、在线服务、公众参与、日常保障、用户体验、特色建设 6 个方面进行综合评估，为各单位下一步政府网站建设和管理工作提出针对性建议。

天津市 2011 年度政府系统网站绩效评估工作总结大会现场

第六篇

大事记

Ⅰ　2010年

从2010年开始，深圳将给所有市政府组成部门和6个行政区以及光明、坪山两个功能新区进行“打分”，“大部制改革”后政府绩效评估将在深圳全面试行。绩效评估今年覆盖40个部门。同时，“考分”挂钩干部任免。

2010年以来，贵州省黔西县在“双考双评双挂钩”动态跟踪考核管理工作中，实施“四个到位”（工作安排部署到位、督促检查到位、业务指导到位、跟踪服务到位）考核县直单位领导班子成员工作实绩。

2010年1月5日，江苏省审计厅厅长赵耿毅在绩效审计普及年动员会上提出，以财政为主体的公共资金使用也要提高效益和效率，围绕政府投资、专项资金、预算执行和国有企业的审计，都应以促进经济增长方式转变、提高公共资源的使用绩效，改善政府管理，提高政府效能为目的。今年，绩效审计工作量要占到系统全部工作量的80%。

2010年1月8日，中共中央政治局就世界主要国家财税体制和深化我国财税体制改革进行第十八次集体学习。中共中央总书记胡锦涛在主持学习时强调，面对错综复杂的国际国内形势，我们要夺取应对国际金融危机冲击全面胜利、保持经济平稳较快发展，把改革开放和社会主义现代化建设不断推向前进，就必须深化财税体制改革，完善公共财政体系，提高财政管理绩效。

2010年1月12日，安徽省试点县均已实行了“零差率”改革，医保和新农合经办机构也开始执行新的报销比例，元月底基层医改将完成竞争上岗工作。

2010年1月12日，四川省政府首次推行绩效管理，将引入公众评价。65个省政府部门被要求撰写绩效管理工作报告，对过去一年本部门的工作任务完成情况、主要成绩、存在问题和改进措施等作出说明，并交由相关各方考核评价。这是四川省在省政府部门首次推行绩效管理。

2010年4月，为切实加强浙江婺城区基本公共卫生服务项目管理，提高专项资金使用绩效，根据浙江省卫生厅、省发改委、省财政厅、省人口计生委《关于促进基本公共卫生服务逐步均等化的实施意见》（浙卫发〔2009〕223号）及省卫生厅、财政厅《关于印发浙江省基本公共卫生服务项目绩效考核实施办法（试行）的通知》（浙卫发

〔2010〕167 号）文件精神和要求，浙江婺城区于 2010 年 4 月份出台了《关于印发婺城区公共卫生服务考核细则的通知》（婺卫字〔2010〕43 号）文件，近日，婺城卫生局根据绩效考核的细则要求，对下属各乡镇（街道）社区卫生服务中心开展基本公共卫生服务项目工作进行半年考核。考核主要对三大类十二项公共卫生服务工作的实际取得效果进行了评估，考核重点从过程管理转向目标管理，注重绩效，主要体现关键指标完成情况和城乡居民的满意度。

2010 年 4 月，云南金平县推行以行政绩效管理、行政成本控制、行政行为监督、行政能力提升为主要内容的效能政府四项制度以来，金平县认真研究部署，精心组织，采取了强力措施扎实稳妥推进效能政府四项制度建设。由于措施得力，全县上下广泛发动、人人参与，形成推动效能政府四项制度的整体合力。

2010 年 4 月 22 日，工信部新闻发言人朱宏任在当日召开的一季度工业通信业经济运行新闻发布会上透露，已经排出淘汰落后产能的时间表，淘汰落后产能目标完成情况将纳入地方政府绩效考核体系，力争在 5 月份把淘汰落后产能的各项任务分解落实到各个省、区、市，对未按规定期限完成淘汰落后产能任务的地区和企业将加大处罚力度。

2010 年 5 月 16 日，四川省委日前下发《关于贯彻〈2010—2020 年深化干部人事制度改革规划纲要〉的实施意见》，围绕构建干部选拔任用、考核评价、管理监督、激励保障 4 方面，形成 17 项重点举措和 80 个改革项目，对部分项目还提出了具体的量化指标和完成时限。据四川省委组织部有关负责人介绍，四川省将选择部分市州和 20 个县（市、区），就防止简单以票取人、防止考察失真失实、防止年龄层层递减、完善干部选拔任用工作规程、建立拟提拔干部廉政报告制度等 22 个热点难点问题分项开展试点，为整体推进改革积累经验。

2010 年 6 月 10 日，住房城乡建设部发出通知，要求切实加强政府办公和大型公共建筑节能管理工作，建立问责制，把公共建筑节能工作作为主要领导干部评价考核指标。

2010 年 6 月，云南省元阳县以百分制对全县 137 个村（社）班子和主要干部的工作实绩实行绩效考评。考评分两类：班子的考核以“优秀、良好、一般和差”四个等次划分，干部的考核以“优秀、称职、基本称职和不称职”四个等次划分。考评内容以年度工作目标考核、平时工作考核、党员群众民主测评和特别贡献奖励 4 个方面 11 个类别组成。绩效考评每半年进行一次。

2010 年 6 月，湖南省机关效能建设领导小组办公室发出省直 57 个单位规范权力运行制度建设情况通报；湖南省工商局注重权力运行每一个环节风险点的查找和分析，并根据权力运行风险的具体表现形式制定相应的防范措施；湖南省规范权力运行制度建设工作从 2010 年 6 月启动，将一直延续到 2011 年 2 月底。

2010 年 7 月 7 日，江苏新沂市国土局充分发挥基层国土所在履行“保发展、保红线”中的职能作用，把国土资源管理工作分为五大项 12 个小项 55 个子项纳入对各基层所年度工作绩效考核内容，要求各基层所全面履行管理职责，全面提高管理能力，全面提升服务水平。一是考核原则突出双保要求，二是考核内容突出工作重点，三是考核奖惩突出兑现承诺，四是考核机制突出争先创优。

2010 年 7 月 8 日，江西省九江市纪检监察宣传教育工作会暨廉政文化建设推进会在湖口县召开，该市市委常委、纪委书记朱建国，市委常委、湖口县委书记汪泽宇参加廉政文化示范点观摩活动。会议总结回顾了去年以来的党风廉政宣传教育工作和近年来开展的廉政文化建设工作。会议指出，要落实新要求，充分认识加强廉政文化建设的重要性和紧迫性；要站在新起点，全面了解本市廉政文化建设的特点和规律；要实现新突破，努力拓展本市廉政文化传播的广度和深度。会上对一批省市廉政文化建设示范点进行授牌，并开展了现场观摩和经验交流活动。

2010 年 7 月 8 日，广东遂溪县为深入贯彻落实科学发展观，科学评定各镇各部门的工作实绩，促进各级各部门强化发展意识，优化发展环境，抓好全县今年提出的“招商引资年、效能建设年”各项工作的落实，提高机关效能，印发了《遂溪县绩效考核及奖罚实施办法（试行）》，首次将机关党建工作纳入绩效考核体系，力求做到党建工作与行政业务工作同检查、同考核，以期通过“绩效考核”推动基层党建上新水平。通过将机关党建工作纳入绩效考核体系，创新党建考核的方式、方法和机制，改变了以前形式、内容单一的考核局面，实现了党建工作的动态有效管理，取得了良好的效果。并通过考核奖惩机制的运用，鼓励先进，激发后进，不断促进了该县机关党建工作取得新成绩。

2010 年 7 月 11 日，江苏省沭阳县出台《乡镇场党委书记和县直单位主要负责人考核暂行办法》，对 96 名乡科级“一把手”进行年中考核，与以往不同的是，首次将领导干部“忠于配偶”等个人品德纳入了考核。

2010 年 7 月 12 日，河南省委政法委法官绩效考评组组长岳绍琪带领考评组成员一行 4 人到睢阳区法院检查指导法官绩效考评工作。会议首先听取了区委常委、政法委书记高德祥关于区政法委推进法官绩效考评工作的情况汇报，及区法院院长袁功景关于睢阳区法院 2010 年上半年绩效考核工作的情况汇报。今年以来，睢阳区法院从进一步提高执法质量和效率、推进法官队伍建设、全面提升法官的政治和业务素质、促进法院各项工作全面发展的高度，认真落实河南省委政法委豫政法（2008）120 文件等文件精神，精心谋划，狠抓落实，制定科学合理的绩效考核方案，积极营造争先创优、奋发向上的良好氛围，综合运用考核方法，实现科学考核，进一步提升对绩效考核工作重要性的认识，为实行绩效考核工作提供有力的组织保障。

2007 年以来，湖南省长沙市委市政府在全体市管班子中全面推行绩效考核，形成了工作目标、社会评估、自身建设“三位一体”的考核机制，有力助推了全市经济社会率先发展。为进一步扩大人民群众的知情权，提高绩效考核的透明度，2010 年首次全面公布了各单位工作目标。市绩效办工作人员说，全面公布各单位年度目标任务，就是要把工作责任落实到部门、落实到领导、落实到岗位，实现决策、执行、监督的无缝衔接的有力举措。

2010年7月13日，从即日起，黑龙江省大庆市委抽调40名同志组成10个考察组分赴全市各县区、各部门、各单位，除结合平时考核、年度考核等干部考察方式外，首次专门对领导班子和领导干部实绩进行考察。这是市委考察干部理念和方式方法的一次转变，进一步完善干部考察评价体系，通过“考察事”来“考察人”。

2010年7月14日，山西省召开年度目标责任考核工作座谈会，省委组织部通报了年度目标责任考核工作进展情况，研究讨论对各市和省直各部门实施年度目标责任考核的指标、程序、办法等，征求有关职能部门对开展这项工作的意见和建议。山西省将年度目标责任考核、领导班子和领导干部考核、党风与廉政建设考核合而为一，建立和实施“三位一体”的年度目标责任考核制度。省委常委、组织部长汤涛出席并讲话。

2010年7月14日，呼和浩特市人大常委会召开立法绩效评估工作座谈会。今年市人大常委会将2001年颁布实施的《呼和浩特市社会市面蒙汉两种文字并用管理办法》作为我市初次进行立法绩效评估的对象。通过实地抽查、单位抽查、召开座谈会、深入立法联系点调研等评估方法，对法规实施后产生的社会总体效果是否符合立法预期目的及执法过程中存在的困难和问题进行全面、系统、客观的评价。

2010年7月14日，在创先争优活动中，四川省长宁县桃坪乡党委率先在全县推行村干部“季度单项考核”，不断强化村干部的目标责任意识，提高了执行力，激发了村干部争先进位的积极性。明确内容，注重考核针对性；创新形式，注重考核实效性；奖惩逗硬，注重考核目的性。

2010年7月14日，黑龙江省海林市依据中共中央《关于进一步建立促进科学发展的党政领导班子和领导干部考核评价机制的意见》，运用平衡计分卡考评、满意度考评和考核组考评三种方法互促互补、各占权重的方法，综合评价领导班子和领导干部，进一步健全完善体现科学发展观和正确政绩观要求的考评办法，发挥干部考核评价机制的风向标、指挥棒作用，引导领导班子和领导干部围绕科学发展改进工作、提高水平、增强能力、务实落实。

2010年7月15日，内蒙古乌海市各公安派出所以科学发展观为指导，以信息化深化应用为抓手，不断创新工作方法，信息化在侦破刑事案件、抓获在逃犯罪嫌疑人、管理流动人口等工作中发挥着越来越重要的作用。通过信息化手段，全市各公安派出所绩效考核工作转入日常，改变了以前临近考核突击加班补资料、补档案的情况，考核工作实现了日常化。警务平台绩效考核系统自2007年投入使用以来，市公安局坚持每月考核倒查，通报工作中存在的问题和录入信息数据，有效促进了派出所日常业务工作的开展。

2010 年 7 月 15 日，江苏省连云港市地税局在经过历时半年的研发、完善、试行后，于近日正式上线运行“绩效管理与电子监察系统”，实现了考核网络化的实时运作和现代化管理。在实施过程中，为了更好地体现“工作任务责任到人、工作流量分解到人、工作实绩衡量到人”的考核初衷，该局结合“三个一流”工程考核、执法检查、内控机制管理，从 2010 年年初开始集中力量由人事、信息、监察等部门联合研制开发了一套较为完备的“绩效管理与电子监察系统”，并于日前正式在市、县范围内推广运行。“绩效管理与电子监察系统”的推广运行便于税务工作人员适时记录工作进展情况，并建立起完整的工作备档，方便日后查询与跟进，进一步激发了干部队伍的整体活力，促进了税收管理科学化、规范化、精细化。

2010 年 7 月 20 日，四川郫县推行“三圈联考联评”强化干部日常考察，将干部的“工作圈”、“学习圈”、“生活圈”全部纳入考察范围内，并以此加强干部在“八小时外”的自我约束和自我管理。据悉，此项工作引起了省委组织部的高度重视，已纳入全省深化干部人事制度改革重点突破项目试点之一。

2010 年 7 月 20 日，四川巴中国税通过绩效评估等三系统健全队伍激励机制，健全工作绩效评估体系。以行政管理绩效和征管服务绩效考评为重点，制定绩效考评办法及配套管理措施，以目标设置为基础，强化过程监控和人文管理，下达工作绩效目标和重点工作项目任务，把日常考评和年度考评结合起来，合理分配市、县（区）级目标考评职责，加强考评指导和监督。围绕税收主业完善重点项目的绩效考评办法，统筹行政管理工作，形成联动考评合力，调动主业和行政管理各部门工作积极性。

2010 年 7 月 21 日，江苏省沭阳县在对干部的考核中加入了个人品德考核，其中一项为“忠于配偶”。考核结果将存入本人档案，并在一定范围内进行公布。对组织干部工作可以批评，批评是改进工作的催化剂，但是绝不能一味地“打板子”。

2010 年 7 月 26 日，黑龙江牡丹江市委组织部与市纪委、市直机关工委、市委督察组联合组成 3 个考核组，深入市直 26 个承担经济发展或民生保障任务的重要职能部门，开展领导班子和领导干部执行力专项考核，激励干部干事创业、敢于负责，推动全市新一轮追赶型跨越式发展。为进一步改进领导班子和领导干部工作作风，提高工作落实的质量和效率，牡丹江市制定出台了《领导班子和领导干部执行力情况考核办法》，从考核内容、考核方式、结果运用等方面，对如何考核市管领导班子和领导干部执行力，加强领导班子和领导干部执行力建设，做出了具体规定。

2010 年 7 月 28 日，就如何选用德才兼备的好干部，如何增强干部任用工作中的群众满意度和选人用人的社会公信度，黑龙江省集贤县委通过严把干部任用“六道关”：“条件关”、“推荐关”、“考察关”、“酝酿关”、“审批关”、“任免关”，赢得了社会对干部选拔任用工作的认可。集贤县委通过严把干部任用“六道关”，不仅提高了干部任用的社会公信度和群众满意度，更营造了风清气正的干部任用环境。

2010 年 7 月 28 日，浙江省出台了《关于进一步从严管理干部的实施意见》，新政将品德作风作为干部提拔依据。《实施意见》明确指出，要加强对领导干部德的考察，明确评价重点，健全评价方法；探索完善平时考核的多种途径，加强对干部的经常性了解，健全对领导干部在完成重大任务、应对重大事件、对口支援等急难险重工作中现实表现的专项考察制度；进一步改进任职考察和延伸考察工作，完善考察预告制度和生活圈、社交圈考察办法。《实施意见》指出，研究加强对市、县（市、区）、乡（镇）党政一把手重点管理的办法和措施，加强对关键岗位干部的重点管理。

2010 年 7 月 28 日，为深入贯彻落实科学发展观，完善体现科学发展观和正确政绩观要求的干部考核评价体系，把各级领导干部的思想和行动引导到科学发展上来，努力建设善于领导科学发展的坚强领导集体，贵州省出台《关于建立促进科学发展的党政领导班子和领导干部考核评价机制的实施意见》，提出了 6 个方面的要求和 18 条具体措施。

2010 年 7 月 28 日，新疆维吾尔自治区举行纪念公务员法颁布五周年座谈会，回顾五年来新疆公务员队伍的建设与发展，总结取得的成绩和经验，展望今后一个时期建设和发展的方向。国家公务员局、自治区党委组织部、自治区人力资源和社会保障厅及各地州代表参加了座谈。

2010 年 7 月 28 日，辽宁省沈阳市政府机构改革评估工作会议上公布了《沈阳市政府机构改革评估实施方案》。会议要求，市各部门、区县（市）编委办要统一思想，加强组织领导，明确目标责任，完善措施办法，切实抓好组织实施，确保政府机构改革评估工作扎实有效。而检查评估结果将列入政府绩效考核之中，这一点也是沈阳领先于其他省市的创新举措。

2010 年 7 月 29 日，四川省巴中市巴州区工商局为进一步规范和加强机关、基层人员绩效管理，促进勤政廉政、提高工作效能，强化目标督察加强绩效管理，不断创新机关对基层所指导方式，着力强化目标督察，优化责任监管，创新绩效目标考核效果明显。

2010 年 7 月 29 日，江西省德安县在深入开展创先争优活动中，注重抓基层、打基础，把激发基层干部的内在动力纳入重要议事日程。通过“3＋1＋1”模式（三道加法、一道紧箍咒、一项承诺），充分发挥基层干部的主体地位，调动其干事创业的热情。

2010 年 7 月 30 日，北京市区县按公务员竞争上岗覆盖比例，将分为全面开展、部分开展、达到基本要求、未达标四等次，公务员竞争上岗的比率至少要达到 33％。为推进 2010 年全面推行公务员竞争上岗工作和职位管理各项任务的完成，制定并实施了《2010 年区县开展竞争上岗考评办法》。另据了解，本市针对市、区县机关副处级以下公务员共 119175 人进行的调查显示，在这些公务员中，基层和生产一线工作经历少于 2 年的共有约 1.66 万人，占调查人数的 14％左右。下一阶段，市人社局将与市委组织部研究选派机关干部到基层一线补充工作经历。

2010 年 7 月 30 日，湖北省咸宁市公务员局成立并举行揭牌仪式。省公务员局党组书记温兴生，市委常委、常务副市长胡立山为市公务员局揭牌。公务员局正式成立，标志着公务员管理工作进入一个新的阶段，对推进咸宁市经济社会发展和更好地实施人才强市战略，建设高素质、专业化公务员队伍发挥重要作用。咸宁市公务员局是全省第一个成立的正县级事业编制机构。

2010 年 8 月 2 日，江苏省滨海县审计局按照省审计厅“绩效审计普及年”要求，牢固树立绩效审计理念，将绩效审计始终贯穿于政府投资审计、专项资金审计（调查)、经济责任审计和企业审计中，逐步探索绩效审计模式，建立绩效评价体系，努力实现审计项目的低成本、优质量、高效益。

2010 年 8 月 2 日，四川省岳池县为客观、公正、准确地考核评价干部的政治品质和道德品行，重点从项目设置、评价方式、结果运用三个方面进行了积极探索，建立了干部德的考核体系，完善了干部德的考核评价标准，增强了考核工作的针对性、准确性、实效性和可操作性，为真正实现“德才兼备，以德为先”选拔任用干部提供了重要依据。

2010 年 8 月 3 日，安徽省肥东县严格按照党的十七大部署和要求，以《党政领导干部选拔任用工作条例》为总准则，以扩大干部工作民主为方向，以提高选人用人公信度和群众满意度为着力点，结合实际、积极探索、创新举措，着力构建科学有效的干部选拔任用工作机制，从源头上预防腐败问题的发生，收到了较好成效。

2010 年 8 月 3 日，甘肃省庆城县国税局把绩效考核作为干部管理的突破口，在结合省、市局绩效管理办法的基础上，立足工作实际，大胆实践创新，制定了《庆城县国家税务局 2010 年绩效管理考核办法（试行)》，该《办法》把各部门分为税收业务部门和行政管理部门两大类，通过按季度下达绩效计划书的形式明确考核项目，并且用部门工作成绩来衡量县局班子成员成绩。7 月份，该局利用近半个月的时间，按照《考核办法》、《计划书》和《调整计划书》的要求进行了详细的考核，绩效管理初见成效。

2010 年 8 月 3 日，云南省审计厅向省人大常委会提交了《关于 2009 年度云南省省级预算执行和其他财政收支的审计工作报告》，绩效审计结果首次写入报告。在对 22 个省级部门和单位绩效情况的审计中，发现部分单位职能职责不明确、机构不健全。例如，由于省轻纺工业行业协会、省流通行业协会的职能职责及内设机构未得到核定，其行业管理、指导和协调作用未得到发挥；省疾控中心从事经营活动，影响了其公共服务职能的正常履行。

2010 年 8 月 4 日，陕西省石泉县饶峰镇新华村村民李祖军近日当了回评委，评议的对象是饶峰镇党委、政府领导班子成员。10 名镇领导就三年来的工作进行述职述廉，李祖军和来自 16 个村的党员代表、人大代表以及比例达 50%以上的群众代表一起，听着报告、提着问题并认真填写评议表。这是该县探索开展的以“对人民负责、请人民监督，让人民满意”为主题的“三级评议”干部考核新方式。“三级评议”，即乡镇党代表、人大代表、群众代表评议乡镇党委、政府领导班子成员；村干部、村民代表评议包联村干部；党员、村民代表评议村两委干部。县委组织部有关人士表示，创新开展“三级评议”工作，主要是“考人”，旨在引导干部既对上负责，又对下负责，做到“权为民所用”。同时，也让群众把能干事、会干事、为百姓干事、能干成事的干部选出来，为组织上启用这种优秀干部提供参考，以达到让“想干事的有机会、能干事的有舞台、干成事的有地位”。

2010年8月4日，贵州省思南县全方位调整机关作风和效能建设考核评价实施方案，以进一步促进全县机关作风转变，提高工作效能。其中，该县首次将乡镇列为了考核对象。

2010年8月4日，河南瀍河回族区绩效办召开了全体领导干部学习会议，绩效办党支部书记翟世杰传达了“三具两基一抓手”的精神实质，即：“三具”，就是做任何事情一具体就突破、一具体就深入、一具体就落实；“两基”，就是切实抓好基层、打好基础；“一抓手”，就是把实施项目带动作为各项工作的总抓手。使全体人员深刻认识到“三具两基一抓手”工作方法，是新时期一种崭新的工作理念，也是一种创造性的工作实践，体现了实事求是的思想，反映了求真务实的工作作风，是对转变领导方式的深入思考和精辟论证，对于转变发展思路，提升干部素质，改进干部作风，具有重要指导意义。

2010年8月5日，安徽合肥庐阳区宣教中心试水机关事业单位绩效工资改革。改革实施一个月来，该区宣传工作展现了可喜的变化，对外宣传发稿量是以前的十几倍；中心人员由以前的“单项操作”变成了现在的“一专多能”。

2010年8月9日，湖北宜城市委立足于“内则修身、外则成业”，将加强领导班子思想政治建设融入深入学习实践科学发展观活动、“创先争优”活动之中，不断推进各级领导班子和领导干部思想更开放，政治环境更开明。一是强化思想政治学习，“静下心来”学理论；二是拓展培训方式，“对症求教”取真经；三是推行挂职考察调研，“实践锻炼”求真知。

2010年8月10日，江苏省公务员局不断创新考核方法，完善考核机制，扩大考核的民主参与，增强考核针对性，使公务员考核的基础性作用得到充分发挥，有力地促进了全省公务员队伍建设。

2010年8月27日，陕西省永寿县为了保证目标责任考核的客观公平公正，积极探索，努力完善考核办法。在对乡镇考核上，围绕乡村实际，考核产业发展，促进农民增收，将考核内容设为新农村建设、果业生产、畜牧养殖、计划生育、小城镇建设和党的建设6个方面的单项工作，实行单项重点工作考核。在奖惩上，除在电视台通报以外，还每季度拿出72万元，对乡镇各重点单项工作，分别奖励，并坚持“拉大奖励差距”的原则，每季度考核第一名的乡镇和最后一名的乡镇，经费奖励相差近4万元，进一步调动乡镇工作积极性。

2010 年 8 月 30 日，山东省安丘市坚持“创先与评后、争优与选劣”同布置、同推进，采取承诺、监督、回访、通报、问责“五位一体”的方式，建立“评后选劣”的倒逼机制，制定了《年度最佳最差公务人员评选办法》，组织群众监督评议团成员、党代表、人大代表等公开推选候选人。对评出的年度最差公务人员进行公开通报，构成违纪的给予纪律处分。

2010 年 9 月 2 日，甘肃省西和县探索建立起“双承诺、双评议、双考核”一体化激励考评新机制，充分激发调动了村干部干事创业的积极性。

2010 年 9 月 8 日至 9 日，吉林省绩效办评估组为全面了解掌握全省各地 2010 年省政府十件民生实事落实情况及市、县、区政府绩效评估工作开展情况，前往松原市进行了实地考察。通过“听”、“查”、“看”、“访”的方式，对松原市的民生实事落实情况有了全面了解，并对松原市取得的成就给予了高度评价和充分肯定。

2010 年 9 月 13 日，天津市宝坻区目标管理系统正式上线。

2010 年 9 月 15 日，甘肃省民勤县坚持以德才素质评价为中心、实绩考核评价为重点，实施了立体评价、动态考核、领导干部不良行为记载等办法，拓宽了考察识别干部的信息来源，增强了干部考察的科学性和准确性。

2010 年 9 月 16 日，陕西省岚皋县积极探索建立“以岗定绩”、“以绩定格”、“以绩定用”的“三定”凭实绩用干部机制，不断催生干部动力，凝聚发展合力。

2010 年 9 月 16 日，山东省沂水县为全力推进重点项目建设，近期实行“督察员”制度，从组织人事部门抽调工作人员全力靠在重点建设项目上，现场督事察人，帮助解决问题，收到了明显效果。一是现场督事察人，二是帮助解决问题，三是协调办理手续。

2010 年 9 月 20 日，浙江宁波市探索领导干部道德量化考核评价体系，把干部的德量化成各级分项指标，进行打分。德行评价中等以下的干部将不予提拔、任用。

2010 年 9 月 21 日，湖南省湘潭市绩效考核社会公认评估调查问卷开始发放。湘潭市绩考办负责人介绍，党政机关绩效考核包括社会公认评估、自身建设、目标考核三部分，其中社会公认评估权重约占总分的 10%—30%。今年的社会公认评估出现了三大新的特点。一是更加民主，调查样本量相比去年增加了 15%；二是更加科学，调查问卷绝大部分采用机读问卷，同时增加了行政执法部门的评估权重；三是更加公开，调查期间，绩考部门将邀请“两代表一委员”、纪检监察部门以及媒体记者全程参与和监督。

2010 年 9 月 21 日，山西省年度目标责任考核工作说明大会召开。山西省委常委、常务副省长、省年度目标责任考核领导组副组长李小鹏指出，实施年度目标责任考核，事关山西发展大局。实施年度目标责任考核，其中，“目标”要科学量化，包括山西省转型发展、跨越发展的科学定位，“十二五”主要经济社会发展目标，以及对各市和省直有关部门（单位）2010 年度考核指标的量化分解。

2010年9月29日，南京政府网络舆情工作将纳入绩效考核。今后在南京各级政府机关网站上投诉、咨询，事事都会有回音。由南京市委宣传部拟订的《关于深化网络发言人制度建设，进一步提升网络互动工作水平的意见》（简称《意见》）已作为市委红头文件下发到各单位。《意见》确定，要推动网络互动工作形成日常化、常态化。建立健全舆情监测、网帖下载与处置、网络发布等涉网工作机制，细化完善相关工作流程。一般性网帖按日常程序办理，重大性网帖按要求及时逐层上报，并尽快受理和答复。对个体化网帖、公共性网帖要及时归类分析，做到及时受理、妥善答复，确保件件有回音，事事有落实。涉及单位的重大性、热点性事件以及单位负责人的网帖等，单位负责人可在网上答复，提高网帖回复的权威性、直接性。同时，要强化队伍建设，选拔通晓网络舆情的干部，充实到网络发言人等涉网岗位。并且要突出绩效考核，把应对网络舆情工作纳入本单位思想作风建设考核目标。

2010年10月8日，山东蓬莱为提升公务员队伍建设水平，精心谋划推进公务员队伍建设的有效形式，综合运用教育培训提高、强化监督制约、创新制度规范等措施，全力营造公务员队伍建设良好氛围，汇集推动全市跨越发展合力。做到改善队伍结构，激发队伍活力，强化队伍考核。

2010年10月14日，全国政府绩效评估高层论坛在湖南省岳阳县举行。中国行政管理学会执行副会长兼秘书长、全国政府绩效管理研究会会长、研究员高小平等30余位来自国内的知名专家学者参加。此次论坛以研究绩效管理，推动科学发展为主题，意在把理论工作者和实践工作者组织在一起，形成一种良性互动，通过共同努力，为中国行政改革创造经验、提升理念、作出贡献。兰州大学管理学院院长、博导包国宪教授、厦门大学公共事务学院副院长、博导卓越教授等专家学者，根据各自多年的理论研究，就各位代表交流的绩效管理实践经验，进行了点评，并对岳阳县经济社会发展提出了宝贵建议。

2010年10月12日，由全国政府绩效管理研究会主办，中共鹤山市委、市人民政府和华南理工大学政府绩效评价中心承办的全国政府绩效评价与县域科学发展高峰论坛在广东省鹤山市隆重召开。会上，中国行政管理学会和全国政府绩效管理研究会授予鹤山市“全国政府绩效管理创新示范点”称号。

2010年11月，海南海口市2009年度机关绩效考评工作全面完成，56个试点单位中13个被评为优秀，27个被评为良好，16个达标。全市各单位8200多名党员干部参加了以学习贯彻《廉政准则》为主要内容，以落实“六个一”教育内容为重点的学习活动。全市52个单位共梳理出权力事项2211项，排查风险点5466个，建立防控措施8862条。开设《椰城纠风热线》。农村“三资”委托代理更是破解了农村集体资金、资产、资源管理难题。这一系列“组合拳”有力地推动了海口市反腐倡廉工作迈上了新台阶，为海口市经济社会又好又快发展打下了扎实的基础。

2010年11月1日，河南滑县在县管干部考核工作中，采取考核内容项目化、民主评议立体化、量化计分层次化、结果运用实效化的方式，使考核工作程序进一步标准化、规范化，考核结果更加具体化、直观化，形成了科学的考核导向、用人导向。

2010年11月1日，吉林省长春市为将“三满意”机关建设活动推向深入，将组织万名市党代表、市人大代表、市政协委员和基层、企业、群众代表，围绕服务基层、服务企业和服务群众等方面情况，对政府部门、党群机关、人大机关、政协机关、法检机关进行评议。

2010年11月2日，广西壮族自治区玉林市博白县召开改革公务员考核评优办法工作动员会，该县通过建立完善公务员管理机制，客观评价公务员的德、能、勤、绩、廉，进一步明确公务员年度考核的结果将作为调整公务员职务、级别、工资以及公务员奖励、培训、辞退的依据。该县此次公务员考核评优办法明确了公务员考核的对象、内容、标准、程序、组织管理和考核结果的使用等方面的要求。

2010年11月2日，湖南省张家界市正式出台《2010年政府绩效评估实施意见》，从总体上对2010年政府绩效评估工作作出了具体部署安排。为体现评估的科学性、公平性，2010年，张家界市在认真总结去年政府绩效评估工作经验和充分吸收省内外各市州先进做法和广泛征求全市各方意见的基础上，对政府绩效评估办法进行了一系列新的调整和完善。

2010年11月3日，江苏省徐州市丰县政府办相关领导前往灌南考察，就机关目标管理绩效考核、领导班子领导干部考核的相关问题进行了交流。灌南政府办相关领导给予了热情的接待，该县政府办在县领导的高度重视下，形成了统一的绩效管理机构，对绩效考核的方案方法进行了深入的研究，并形成了自己的一整套体系材料，在国内有着先进性。

2010年11月4日，由云南省昆明市政府实施四项制度联席会议办公室主办，昆明日报、昆明信息港承办的“效能昆明——我们在行动”领导干部在线访谈活动进入第二十七期访谈。本期做客昆明信息港春城会客厅的单位为寻甸县政府，届时，访谈嘉宾将对群众普遍关心和社会关注的问题进行现场解答，受理群众投诉。

2010年11月5日，宁夏回族自治区银川市近年建立的覆盖全市各级干部实绩考核评价体系，激发了干部激情干事的内生动力，形成了良好的干部干事导向和选人用人导向。实绩考核，成为干部管理和选拔任用的“指挥棒”。完善了干部实绩考核评价体系，实现了分类分层实绩考核评价，增强了实绩考核工作的科学性和准确性，充分运用了干部实绩考核结果。

2010年11月8日，国务院发布了关于加强法治政府建设的意见。意见指出，“对因有令不行、有禁不止、行政不作为、失职渎职、违法行政等行为，导致一个地区、一个部门发生重大责任事故、事件或者严重违法行政案件的，要依法依纪严肃追究有关领导直至行政首长的责任”。

2010年11月15日，江苏省铜山区铜山镇“五项机制”强化领导班子自身建设。

铜山镇党委以“政治坚定、团结和谐、亲民为民、求实创新、清正廉洁”为目标，带头确立“发展一方经济，促进一方和谐，富裕一方百姓，集聚一方人才”的追求，带头倡导“把心思用在工作上，把情感系在民心上，把作风拧在求实上，把功劳记在集体上”的价值取向，从进一步建立健全自身建设的“五项机制”入手，努力把党委、政府领导班子建设成为坚决贯彻党的理论和路线方针政策、善于领导科学发展的坚强领导集体。

2010年11月23日，江苏省灌南县北陈集镇目标绩效考核工作以加强制度建设、严格考核奖惩为抓手，完善考核实施方案，规范操作程序，强化监督检查，把三政绩效管理工作作为推进各项工作、实现目标任务的有力抓手，有效调动了镇村干部干事创业的积极性、主动性和创造性，有力地促进了全镇社会经济快速发展。集思广益，制定最合适的绩效考核方法；精心组织职责分明，确保绩效考核落实；注重实际严密操作，增强绩效考核效果；奖惩分明，考核结果激励导向作用凸显。

2010年11月25日，由中国行政管理学会、中国监察学会、福建省机关效能建设领导小组等单位联合主办的“深化机关效能建设·构建服务型政府”理论研讨会在福建省福州市召开。

2010年11月29日，黑龙江省绥芬河市检察院2010年以来将绩效考核与目标管理作为干警创先争优的“助推器”，促进各项检察工作创新、协调发展。在考核过程中，该院建立了例会制度，每周一在全院大会上进行讲评，每月各科室负责人集中汇报当月工作打算及工作完成情况，每季度对各项工作完成情况进行通报。该院还组成督导组坚持跟踪考核，并将考核结果作为干警评先选优、职务晋升的依据。

2010年12月9日，广东省深圳市启动政府绩效公众满意度调查，市政府日前已通过“政府在线”网站向市民发出邀请：从12月1日至31日，市民可通过问卷抽样调查和网上电子民调两种方式，从“总体情况”、“工作效率”、“改进工作情况”3个方面对市政府工作部门和各区政府的绩效进行评价。此外，政府绩效评估与管理结果和奖惩情况也将作为市委及组织人事部门考核班子、组织处理和奖惩任免干部的重要参考依据。

2010年12月10日，海南省近期将安排13个考核组深入全省各市县、省直各单位，用20天时间对省直单位领导班子和领导干部进行年度绩效考核。海南省委组织部12月10日召开会议，对该项工作进行动员和培训。

2010年12月13日，2010年广西合山市将“平衡计分卡”引进合山市党政机关。实践近1年来，其创造的能量之大、效率之高、质效之好，让人有些不可思议：“通过全程参与，每个股室、每个工作人员都认识到各自的工作是全局工作的量化和细化分解，明确了各股室、个人在全局工作的战略位置和重要性。”合山市国土资源局副局长杨鹏生说，正是这番体会，使他以更加积极的心态和更多的热情投入工作当中。

2010年12月13日，江西萍乡市出台《领导干部德行考察评价办法》，通过民主测评、调查走访、一票否决等方式，对拟提拔的领导干部考察对象进行德行专项考察，将德行好坏标准具体量化，用数字来评判，提高选人用人质量。

2010 年 12 月 13 日，辽宁省政府对于各市政府绩效考评的原则，将按照 2010 年 4 月份下发的《2010 年度省政府对各市政府绩效考评工作实施方案》（以下简称《方案》）来实施。《方案》特别强调对于各市政府绩效的全程管理，并将考评方式由“年底考核”变成“全程管理”。根据《方案》的内容显示，涉及的方面主要是以保障和改善民生为主，着重强调绩效管理，考评内容包括发展战略、经济发展、社会发展、民生工程、环保生态、软环境建设 6 个类别。

2010 年 12 月 14 日，广东鹤山市逐步建立起与基层治理、机关作风、公共财政、服务效率相关联的考核评价制度，引导公共部门与镇级政府转变职能，注重绩效，关注民生，重视民意，形成一整套符合基层实际、有地方特点的政府绩效评价体系，从实践上较好地解答了“为何考评、谁来考评、考评什么、如何考评”等政府绩效管理的关键问题，初步实现了以科学的考核评价推动科学发展。

2010 年 12 月 19 日，中国行政管理学会 2010 年会暨“政府管理创新”研讨会在北京国谊宾馆隆重举行。中国行政管理学会会长王澜明主持会议并就会议主题作了发言。中国行政管理学会副会长兼秘书长高小平、李兴山、李宝荣、石亚军、王浦劬、吴江、辛铁樑、朱维究出席会议。国务院法制办党组成员胡可明、国务院发展研究中心宏观研究部副部长魏加宁、中国政法大学党委书记石亚军、中央机构编制办公室行政管理体制改革司巡视员郭沛、中共福建省纪委常委廖廷辉、四川省人民政府政务服务中心副主任牛建平、国家行政学院教授薄贵利、武汉科技大学副校长顾杰等 20 多位专家学者在会上做专题发言，20 位与会代表作了即席发言。国内行政管理学界的专家、学者以及地方党政部门实践工作者 200 多人参加了本次会议，共收到论文 300 多篇。中国行政管理学会副会长王浦劬为研讨会作了小结。

2010 年 12 月 30 日，广东深圳市政府日前正式向市民发出邀请，为今年的政府绩效打分。在这项将决定政府部门和领导奖惩、升职的评估中，市民评价所占比重达到了 30%。这也是深圳自 2007 年启动政府绩效评估试点以来，首次邀请市民参与该项评估。

Ⅱ 2011年

2011年，自今年起，广西将城镇化工作纳入每年绩效考评范围，作为考核领导干部年度工作实绩的重要内容；建立自治区、市、县城镇化动态监测机制，对各市县城镇化工作进行综合评比、排序，加强城镇化发展绩效的评估与反馈机制。

2011年1月6日，湖北省襄阳市襄州区地税局2010年度公务员考核和评先表模工作全面展开。该局以公开、公平、公正为原则，首先召开了2010年度副科级干部述职述廉测评大会，会上该局副科级实职干部进行了述职述廉，并对其进行年度考核测评。随后该局对一般干部职工进行了年度工作总结、年度考核测评和先进工作者、地税"七星"的投票评选工作。

2011年1月，重庆市召开自公务员法实施以来的首次公务员考核奖励工作专题会议，为进一步强化考核奖励在公务员管理中的激励导向作用，推进公务员日常管理规范化、制度化，推出了六项创新措施：一是围绕"三个结合"，着力推进公务员考核工作制度化。二是抓住"三个关键"，着力推动奖励表彰工作规范化。

2011年1月13日，广西壮族自治区实施质量兴桂战略工作绩效考评组在自治区环境保护厅机关党委专职副书记孙克勤的带领下，对钦州市开展实施质量兴桂战略绩效工作进行考核。市政府副秘书长朱庆标、市实施质量兴市战略工作领导小组办公室主任、市质监局局长蒋金光陪同检查。市实施质量兴市战略工作各成员单位领导参加了考评会。

2011年1月16日，上海市第十三届人民代表大会第四次会议上午在世博中心开幕，市长韩正作政府工作报告。韩正在报告中说，做好2011年和未来五年经济社会发展工作，必须以创新精神加强政府自身建设，要加快把上海建设成为全国行政效率最高的行政区之一。

2011年1月17日，2010年度武汉市东湖高新区绩效考核和年度考评工作会召开，湖北省省委副书记、武汉市市委书记杨松带领工作组考核东湖高新区市级绩效目标完成情况，并对高新区市管领导班子和领导干部进行年度考评。

2011年1月18日，在北京市人大平谷团的小组审议会上，北京市副市长丁向阳表示，北京的经济发展模式将会在转为消费拉动型的同时，着力打造千亿级GDP的区县。同时，他建议，应将居民的幸福指数纳入区县政府和委办局的绩效考核内。

2011 年 1 月 26 日，广东省珠海市人力资源和社会保障局出台《珠海市公务员考核实施办法（试行）》，着力改变公务员“干好干坏一个样、干多干少一个样”现象。打破一年一次的考核传统，改为“月度自评、季度考评、年终总评”的一年三评，加大对公务员平时的考核力度；连续两年年度考核被确定为不称职等次的，予以辞退。

2011 年 2 月 6 日，经贵州省黔西南州直机关工委目标绩效管理领导小组审定，黔西南州侨联 2010 年目标绩效考核荣获一等奖。这是黔西南州侨联连续两年绩效考核工作获一等奖。

2011 年 2 月 9 日，江苏金坛市全面推行捆绑式考核，在“能力作风建设深化年”动员大会表彰“科学发展、创新服务”优胜单位和通报五星级服务科室、窗口单位的同时，首次公布了倒数两名的科室名单，再掀“效能风暴”。金坛市委书记方国强称，该市要在群雄并进的新环境下脱颖而出，不仅需要全面放大“特色产业、生态山水、后发空间”等硬环境优势，更要全力打响“效率金坛”软环境品牌。

2011 年 2 月 11 日，宁夏银川市 2010 年度绩效考评结果出炉，有 246 名公务员获得优秀公务员称号，其中 32 人因连续 3 年获得优秀等次被记三等功。对于考核结果的运用，银川市委副秘书长、银川市绩效考评办公室主任夏斌介绍，绩效考评结果将与干部提拔挂钩。

2011 年 2 月 15 日，湖北省武汉市将居民收入增长纳入政府绩效管理。武汉市地区生产总值计划增长 12％以上。市发展和改革委员会主任郭胜伟 14 日表示，2011 年，预期安排城乡居民收入与经济发展保持同步，让经济发展更加惠及民生，顺应广大居民进一步改善生活的新期待。

2011 年 2 月 15 日，通过基础工作、重点工作、质量管理体系执行情况等六方面考核，陕西省榆林检验检疫局被评为 2010 年度陕西检验检疫系统绩效考核优秀单位。

2011 年 2 月 16 日，福建泉州市委、市政府出台了《2011 年泉州市绩效评估暨“五大战役”考评方案》，把绩效评估对象扩大到全市所有的党政机关、群团组织和参照公务员管理的单位，把绩效评估的内容与创先争优、干部考评、精神文明创建、民主评议政风行风和“五大战役”考评等活动结合起来，重点考评各级组织服务科学发展、跨越发展的能力和水平。

2011 年 2 月 18 日，辽宁省沈阳市政府经过对 460 多条建议进行认真筛选论证，将其中 10 件群众关注度高、社会影响面大的建议列为今年“办实事”的内容。“办实事”纳入沈阳市政府绩效考核。

2011 年 2 月 18 日，呼和浩特市国土资源局审批办为进一步规范管理，提高工作效率，按照“工作争先、服务争先、业绩争先”和“学习优、作风优、素质优”的要求，结合国土资源系统开展的“两整治、一改革”专项行动，建立健全内部管理制度，准确评价工作人员的德才表现、工作实绩和履行政务服务中心各项管理制度的情况，以

“带一流队伍、创一流业绩”为目标，以提高人员素质为核心，以落实政务服务中心各项管理制度为重点，施行了绩效考评机制，制定了《绩效考核实施细则》及评分标准。

2011 年 2 月 18 日，为提高年度考核工作的针对性和实效性，日前，浙江上虞市采取公示考实、群众考认、领导考评、目标考绩、组织考核、综合评档为主要内容的“五考一评”方法，对领导干部年度考核实行多元立体考评。

2011 年 2 月 19 日，中共中央政治局常委、国务院总理温家宝为中国行政管理学会题词：“加强行政管理研究，推动政府体制改革”。

2011 年 2 月 21 日，湖南省益阳市于 2010 年在其门户网站开通了“党风廉政舆情在线”，将包括市委书记、市长在内的 20000 多名领导干部的基本情况公之于众，湖南省政府绩效评估政务公开增加分值，掀起了一股网络问政新风。

2011 年 2 月 22 日，青海省司法厅召开 2010 年度领导班子领导干部目标责任暨绩效和党风廉政建设责任制考核大会。副省长何挺出席会议并强调，考核是手段，运用是目的，要与时俱进抓好党风廉政建设责任制的全面落实，结果要让群众满意，被考评对象心服气顺，进一步增强司法行政干部队伍的内驱力和执行力。

2011 年 2 月 22 日至 23 日，中国行政管理学会全体工作人员集中学习讨论温家宝总理题词精神，并向全国各省、自治区、直辖市行政管理学会、中国行政管理学会各专业分会发出通知，要求组织理事、会员学习、领会、贯彻总理题词精神。

2011 年 2 月 24 日至 25 日，由广东省行政管理学会和省财政厅财政科学研究所联合举办的“政府执行力与公共财政绩效管理研讨会暨广东省行政管理学会 2011 年会”在广州举行。这次研讨会是在黄华华省长正式提出把绩效财政作为“十二五”时期广东财政改革与发展着力建设的目标的背景下召开的。省委常委、组织部长、省行政管理学会会长李玉妹，省人大常委会副主任钟阳胜等出席会议并讲话。李玉妹指出，推进绩效管理，既是一项创新性很强的工作，也是一项提升政府执行力的系统工程，对服务“加快转型升级，建设幸福广东”具有十分重要的意义。

2011 年 2 月 27 日，湖北省委、省政府召开视频会议，对省管领导班子和领导干部年度目标责任考核工作进行动员部署。省委副书记、省政协主席杨松出席会议并作动员讲话，省委常委、省纪委书记黄先耀出席会议，省委常委、组织部部长侯长安主持会议，省委常委、省委秘书长李春明就目标考核体系作了说明。

2011 年 2 月 28 日至 3 月 1 日，全国行政机关公务员考核工作经验交流会在南昌市工商局成功召开。南昌市工商局关于基层公务员考核的经验介绍引发与会各级领导关注，国家人社部部长杨士秋对南昌市工商局的做法和经验给予了高度肯定。

2011 年，中国行政管理学会有多项学术研究成果得到国务院领导的重视和批示，并为中央政府及有关部委提供咨询参考。研究的领域主要有：“关于政府管理创新”、“环保在转变发展方式中的作用”、“以电子政务创新推进行政改革和政府管理创新”、“推进节约型机关建设”、“沿海蓝色经济区建设与合作发展机制创新”、“社会组织法制化”、“通过制度和体制改革推进节约型机关建设”等。中国行政管理学会承担了“太原市效能政府建设”、“北京市西城区政务服务中心建设”、“国家公务员考核体系”和“国家质检总局行政执行力”等课题研究。

2011 年 3 月 5 日，广西南宁成功召开“建设机关绩效综合管理信息平台，构建南宁特色惩防体系专家研讨会”。复旦大学公共绩效与信息化研究中心与南宁市共同建设的机关绩效综合管理信息平台的探索得到了与会专家的一致肯定。

2011 年 3 月 8 日，广西南宁市地税局荣获 2010 年度广西壮族自治区地税系统绩效考评先进单位一等奖，并取得总分第一名的优异成绩。

2011 年 3 月 22 日，中央纪委监察部廉政理论研究中心在江苏省张家港市召开了“政府投资项目绩效评估研究”课题研讨会，中央纪委监察部廉政理论研究中心主任丁顺生、副主任谢光辉，中央纪委绩效管理监察室副局级纪检监察专员崔扬等出席研讨会。复旦大学公共绩效与信息化研究中心、北京市纪委监察局、湖北省纪委监察厅、江苏省张家港市纪委监察局、福建省厦门市纪委监察局等单位作为课题承担方参加了研讨会。

2011 年 4 月 6 日，湖北省武汉市开始高调开展“责任风暴”、“治庸计划”。该市“治庸办”一日内处分了近 40 人。从密集治理腐败，再前移到治理“庸官懒政”，专家认为，此举值得肯定。此外，专家也指出，“治庸风暴”早已有之，但大多沦为“一阵风”。如何将“一阵风”变成长效机制，正在考验各地官员的政治智慧。

2011 年 4 月 6 日，据国家公务员局介绍，国家公务员局目前正在研究起草加强公务员平时考核工作的文件，将对平时考核的内容、方法、结果使用等做出原则性规定，同时将加大群众满意度在考核中的分量，把领导评价、群众评价、相关职能部门评价与社会评价结合起来，多渠道、多角度地评价公务员。

2011 年 4 月 12 日，中国行政管理学会负责人在北京会见了埃森哲全球公共服务部负责人。宾主双方围绕公共服务、城市管理、医疗卫生管理等方面的研究和咨询工作进行了深入交流。双方一致表示，将以太原市“效能政府”建设研究项目为契机，进一步加强在公共服务领域的探讨和研究方法的交流。

2011 年 4 月 27 日，政府绩效管理工作部际联席会议第一次会议在北京召开。会议审议通过了《关于政府绩效管理工作部际联席会议成员单位职责分工的意见》、《2011 年政府绩效管理工作要点》和《关于开展政府绩效管理试点工作的意见》，研究部署了当前和今后一个时期政府绩效管理工作。中央纪委副书记、监察部部长、政府绩效管理工作部际联席会议召集人马馼主持会议并讲话。

2011 年 5 月 16 日，中国人民大学人文社会科学学术成果评价研究中心对 2010 年度《复印报刊资料》转载学术论文指数进行排名，《中国行政管理》作为《复印报刊资料》的重要转载来源期刊，在 238 种公共管理类学术期刊中，全文转载量位列第一名。对此，《光明日报》、《中国新闻出版报》等媒体进行了报道。

2011年5月，由中国行政管理学会绩效管理研究分会和兰州大学中国地方政府绩效评价中心主编的《中国政府绩效管理年鉴（创刊卷2010）》由中国社会科学出版社出版。这是我国第一部关于政府绩效管理的综合性、史料性大型工具书。该年鉴对2009年以前我国各级政府绩效管理的整体状况及进展进行了比较全面的回顾和梳理，融史实性、学术性、资料性为一体。该书框架结构完整，由篇目、类目两个层次组成，共设置七个篇目，分别是重要文献，理论综述，专题研究，实践聚焦，学术团体、学术机构与学术会议，大事记和附录。《中国政府绩效管理年鉴》以后每两年出版一卷。

2011年5月，兰州大学管理学院自主设置“政府绩效管理”二级学科博士点获得批准通过。

2011年6月17日，国务院日前下发关于加强地质灾害防治工作的决定，要求地方各级人民政府要把地质灾害防治工作纳入政府绩效考核，考核结果作为领导班子和领导干部综合考核评价的重要内容。

2011年6月28日，国务院政府绩效管理工作部际联系会议在北京召开了全国政府绩效管理试点工作动员会，决定从今年起在部分省区市和国家部委开展政府绩效管理试点工作。

2011年7月27日，中国行政管理学会在吉林省长春市召开全国行政管理学会联络会议，交流各地行政管理学会学习总理题词精神情况和近年工作经验，研究加强行政管理研究的具体措施。来自国家有关部委，各省、区、市行政管理学会的会长、秘书长以及有关院校的专家学者近百人参加了会议。会议讨论通过了《全国行政管理学会联络会议关于加强各行政管理学会之间联络合作工作的协议》。

2011年7月27日，黑龙江省哈尔滨市政府已决定2011年在政府系统全面开展政府绩效管理试行工作。为保证此次工作的顺利开展，当地市政府十分注重前期工作的准备，目前已就2011年度政府各部门绩效计划的制订与修改向全社会征求意见。为保证意见征求工作的圆满完成，市政府特地在政府网站上开辟了“民意征集”专栏。民众可在专栏内查询到各自关心部门制订出的计划，并在最后的“公众评议”一栏中留下自己的意见。

2011年8月9日，福建三明市绩效管理工作视频会议召开，市委常委、常务副市长张发录出席并主持会议，市领导梁晋阳、陈有极出席会议。会议回顾总结了2010年全市绩效管理工作情况，部署安排了2011年全市绩效管理工作的内容。会议提出不断把政府绩效管理引向深入。

2011年8月11日，完善体现科学发展观和正确政绩观要求的干部考核评价体系，是深化干部人事制度改革的重要一环。广西南宁市江南区以全面推行绩效考评为抓手，在这方面进行了大胆的探索和有益的尝试，建立用工作实绩和民主测评这两把“尺子”评班子量干部的绩效考评体系，使干部考核评价工作更具有导向性、公正性和可操作性。实践证明，只有加强制度创新，才能推动绩效考评工作，更好发挥绩效考评的综合作用。

2011年8月12日，由监察部绩效管理监察室副主任陈雍率领的监察部绩效管理调研组到南宁市调研绩效管理相关工作。南宁市委副书记、市绩效管理领导小组组长刘长林汇报了南宁市绩效管理、行政效能监察及电子监察、行政审批制度改革及党政领导干部问责等工作情况。南宁市委常委、纪委书记、市绩效管理领导小组副组长邓金玉主持汇报会。

2011年8月中旬，国家监察部绩效管理监察室调研组在陈雍副主任的带队下详细考察了南宁、玉林等地的政府绩效管理项目，并给予了高度评价。陈雍副主任认为，广西绩效管理工作总体思路清晰，目标明确，措施具体，工作扎实。他希望广西各级各部门大胆探索，勇于实践，为政府绩效管理在全国的全面推行创造更多更好的经验。

2011年8月16日，浙江省新昌县召开县级机关绩效考核工作会议。县领导陈泉标、杨能、吕国民、潘启富、张国本出席会议。县委常委、组织部长金水法主持会议。县委副书记陈泉标对上半年县级机关各部门执行绩效考核工作情况表示充分肯定，并就如何进一步抓好下一步工作提出要求。

2011年8月17日，四川达州市委、市政府召开目标绩效管理工作汇报会，市委书记焦伟侠出席会议并作重要讲话。焦伟侠强调，要坚持把谋发展、抓发展、促发展贯穿目标绩效管理的始终，以可操作、可衡量、可检验的具体要求践行科学发展观，在引领发展上发挥导向作用，在富裕群众上发挥推动作用，在改进作风上发挥促进作用，在衡量实绩上发挥标尺作用，强力督促全市各级各部门各单位认真查找差距，采取有力措施，推动工作落实，确保圆满或超额完成今年省委、省政府下达我市的各项目标任务，以追赶跨越、加快发展的实际成效推进川渝鄂陕结合部区域中心城市建设。

2011年8月18日，辽宁鞍山市政府召开政府绩效考核工作调度会，鞍山市委常委、常务副市长刘桂香出席会议并提出具体要求。会上，相关部门通报了上半年省政府对市政府绩效考核工作进度情况，鞍山市部分指标在省内排名前三名，但也有一部分指标排名比较落后。

2011年8月20日，中国行政管理学会政策科学研究分会主办的全国政策科学研究会2011年会暨公共政策创新与企业转变经营方式研讨会在甘肃省天水市召开。来自全国各地政府机关、行政管理学界和国有大中型企业的代表30人参加了研讨会。与会代表对加强在新形势下，进一步贯彻落实科学发展观，探索企业转变经济增长方式和公共政策创新等问题进行了研讨。

2011年9月，从本月起至11月15日，江西174家政府网站将接受绩效评估。评估将从信息公开、在线服务、公众参与、网站设计、网站安全等方面进行考核，其中，对网站日均最低信息量进行了限定。评估结果计划2012年初发布。

2011年9月1日，监察部绩效管理监察室与北京市政府绩效办、市监察局进行座谈，听取北京市贯彻落实政府绩效管理试点工作动员会精神、部署开展试点工作情况的介绍，并就试点工作中有关问题进行了研究、沟通。

2011 年 9 月 8 日，《四川省人民政府关于开展政府绩效管理试点工作的意见》（以下简称《意见》）下发。四川将以成为全国 8 个开展绩效管理试点省市之一为契机，构建省、市、县三级规范统一的政府目标绩效管理框架。

2011 年 9 月 9 日，四川省政府绩效管理试点工作会议在省政府小礼堂召开。四川省委常委、常务副省长魏宏指出，四川省在省级部门实行绩效管理已经两年，从主要做法和特点来看，突出了对部门履职情况的评价，坚持了规定性的评价主体，注重了科学有序的社会参与。在现有基础上进一步分析、总结、优化我省政府绩效管理工作尤为重要。

2011 年 9 月 14 日，浙江省日前召开的政府绩效管理工作联席会议第一次会议，该省今年将从建立领导体制和工作机制等五个方面狠下工夫，全面推行政府绩效管理。

2011 年 9 月 14 日，广西河池市全市绩效考评工作会议召开。河池市委副书记秦斌要求，各级各部门要认真分析形势，统一思想，加快推进今年绩效考评工作，通过绩效考评推动全市各项工作的全面落实。

2011 年 9 月 16 日至 19 日，中共中央政治局常委、中央纪委书记贺国强到广西调研工作。访问南宁期间，贺书记参观了复旦大学公共绩效与信息化研究中心建设的“南宁市机关绩效综合管理信息平台”，并给予了很高的评价。贺书记认为，“南宁市机关绩效综合管理信息平台”项目的实施为全国推进绩效管理相关工作提供了更多更好的经验。

2011 年 9 月 19 日，国务院办公厅转发全国政务公开领导小组关于开展依托电子政务平台加强县级政府政务公开和政务服务试点工作意见的通知。通知要求，用一年左右时间，在全国选择 100 个县（市、区）开展试点工作，建立和完善统一的电子政务平台，充分利用平台全面、准确发布政府信息公开事项。

2011 年 9 月 21 日，根据监察部《关于印发〈关于开展政府绩效管理试点工作的意见〉的通知》（监发〔2011〕6 号）要求，浙江省杭州市发布政府绩效管理试点工作方案，为做好我市政府绩效管理试点工作，进一步提升我市政府绩效管理的制度化、规范化、科学化水平。

2011 年 9 月 25 日，中国行政管理学会公安管理研究分会和中国人民公安大学在贵州省遵义市联合举办了积极警务下的社会管理创新学术论坛。来自全国 26 个省、市、区公安机关、警察院校的专家学者 60 余人参加了会议。大会收到 388 篇论文。与会代表就“建设世界城市中的首都治安管理工作”、“主动整合社会资源积极破解社会矛盾化解难题”、“积极警务下做好互联网舆情导控工作”等多个专题进行了研讨。

2011 年 9 月 26 日，由科技部和自治区科技厅、财政厅共同主办的全国绩效评价工作创新培训班在宁夏举办。来自全国 16 个省市自治区的 200 多名学员参加了培训。

2011 年 9 月 27 日，甘肃省纪委监察厅绩效管理监察室主任魏建宝带领副主任李晓国一行四人莅临白银市检查指导政府绩效管理工作。当天上午，魏主任一行先后视察了白银市电子监察中心和政务大厅，查阅了相关资料。魏主任对白银市绩效管理工作给予了充分的肯定，要求与会各单位、各部门高度重视绩效管理工作，研究制定并完善相关制度，采取有针对性和操作性的措施，不断推进政府绩效管理监察工作。

2011 年 9 月 27 日，国家人事司举办了部属事业单位绩效考核培训班。培训分为事业单位岗位分析和岗位说明书编制、事业单位绩效量化考核办法、事业单位绩效工资分配三个专题。培训班由人事司副司长孙晓明主持，人社部中国人事科学研究院副院长罗双平研究员到会作专题报告，部属各事业单位主管领导、人事干部和部分单位业务部门的中层干部共 60 多人参加了培训。

2011 年 10 月 1 日至 2 日，由兰州大学管理学院、美国波特兰州立大学马克·汉菲尔德政府学院、日本早稻田大学 Okuma 公共管理学院、越南胡志明国家政治与公共管理学院、美国罗格斯大学公共事务与管理学院共同主办的第二届政府绩效管理与绩效领导国际研讨会在美国波特兰隆重召开，本次会议的主题为“innovations Toward Sustainable Solutions”（面向可持续方案的改革）。这是继 2009 年第一届政府绩效管理与绩效领导国际会议在我国成功召开后的又一次政府绩效领域的国际盛会。此次研讨会，共有来自全球各地的学者、官员 120 余人参加了此次会议。会议共分领导力、公共合作、政府绩效和可持续发展四个主题，设有 18 个分会场，共对 69 篇文章进行了大会报告和分组讨论。会议内容涵盖了政府绩效管理与绩效领导的理论问题、方法技术、实践模式和安全研究，也讨论了自然资源管理、公民参与和绩效管理教育等问题。

2011 年 10 月 11 日，湖南道县纪委、监察局联合县创先争优办、县“排忧解难服务月”活动办、县委组织部、县“两办”督察室、县作风办、县绩效考核办等组成 2 个督察组，携带摄像机、照相机，采取明察暗访、查签到册、固定电话查岗等方式，对全县 100 个单位干部职工作风建设等进行了一次集中督察，并根据《道县绩效管理暂行办法》对相关人员进行了处理。

2011 年 10 月 12 日至 13 日，中组部调研“南通公务员行为规范”。中共中央政治局委员、书记处书记、中组部部长李源潮曾就南通出台的《南通市公务员思想道德和社会诚信行为规范》作出批示，肯定南通做法。按照批示精神，10 月 12 日至 13 日，中组部干部一局副局长刘晔华一行 4 人，前往南通专题调研《行为规范》实施情况。南通市相关领导丁大卫、黄巍东、韩立明等参加活动。

2011 年 10 月 19 日，国家质检总局机关及直属系统绩效管理试点工作动员视频会议召开。会上，国家质检总局局长支树平要求，在试点工作中坚持改革创新，努力形成具有质检特色的绩效管理模式，为全国政府绩效管理试点探索和积累经验。

2011 年 10 月 19 日，中国行政管理学会、电子科技大学、美国行政管理学会共同主办，中国行政管理杂志社、俄罗斯莫斯科大学公共管理学院协办，电子科技大学政治与公共管理学院承办的第七届公共管理国际会议在成都召开。会议主题为“公共管理未来模式与服务型政府价值取向”。来自世界30多个国家和地区的160余位公共管理学界的专家学者参加，收到论文976篇，录用443篇。与会者就目前公共管理重大理论问题和热点、难点问题提出了建设性意见与建议。

2011年10月21日，由复旦大学公共绩效与信息化研究中心与南昌市工商局共同主办“政府绩效管理创新与实践——江西省南昌市工商行政管理局公务员考核”专家研讨会在南昌隆重召开。会上，南昌市工商局就市局机关公务员绩效考核与基层公务员绩效考核的主要做法进行了介绍，演示了市局领导绩效管理“驾驶舱”。随后，与会专家围绕国内公务员考核、政府绩效管理进行了积极深入的探讨，对南昌市工商局的做法表示高度肯定。

2011年10月24日，吉林省省委书记孙政才主持召开省委常委会议，听取贯彻落实中办国办经济责任审计规定和加强我省经济责任审计工作建议，政府绩效管理试点工作有关情况，全国加强廉政风险防控规范权力运行现场会、全国惩治和预防腐败体系建设工作会议精神及贯彻意见的汇报。

2011年10月25日，在联合国开发计划署驻华代表处召开的“公众参与政府绩效评估”项目基线调查报告会暨滨州试点协议签字仪式上，联合国开发计划署与市政府签署协议书，正式确认滨州市为“联合国开发计划署（UNDP）公众参与政府绩效评估项目试点合作城市”。联合国开发计划署在中国设立“公众参与政府绩效评估”项目，目标是建立一套公众参与政府绩效评估指标体系，通过促进公民参与政府绩效评估，帮助在中国建设一个透明、有回应力和负责任的公共行政系统。该项目致力于更好地推动地方政府绩效评估和管理创新，在全国范围内挑选政府绩效管理工作基础好、领导积极支持的省市作为试点单位。

2011年10月25日，中国行政管理学会会长王澜明在北京会见了美国行政管理学会前会长、罗格斯大学公共事务学院院长霍哲，候任会长、中佛罗里达大学公共管理系教授刘国材。宾主双方就进一步加强中美两国行政管理学会的交流与合作交换了看法，希望共同努力，推动行政管理学术事业的发展。

2011年10月26日至28日，为积极推进国土资源部绩效管理试点工作，学习地方政府绩效管理工作的先进经验和做法，根据监察部绩效管理监察室的推荐，国土资源部人事司牛继宝处长及绩效办张晓、夏英煌和马啸等同志组成调研组，于2011年10月26日至28日赴辽宁省沈阳市、山东省青岛市，对地方政府开展绩效考评工作的情况进行专项调研。

2011年10月31日，中国审计学会“国家审计与政府绩效管理”合作课题在常州市进行成果交流。中国审计学会翟熙贵会长、江苏省审计厅金海江副厅长、江苏省审计学会单建宁秘书长、吉林省审计学会沐云秘书长、甘肃审计学会李敬道秘书长等有关领导和同志参加了成果交流。会议期间，江苏省审计厅赵耿毅厅长专程到会场亲切看望与会专家学者。

2011 年 11 月 1 日，今日零时起，湖南省湘西自治州绩效考核社会公认度评估网上测评正式开始。根据工作安排，今年统一在 11 月 1 日至 11 月 10 日期间对纳入绩效考核的 8 县市、湘西经济开发区和 76 个州直单位领导班子（州人大、州政协各委室除外）进行集中评估。这次绩效考核社会公认度评估的内容包括经济与社会发展水平、发展环境与发展前景、社会治安与社会稳定、自身建设与干部作风、领导班子执政能力与水平等。

2011 年 11 月 1 日，中央纪委监察部廉政理论研究中心与复旦大学公共绩效与信息化研究中心共同申请承担了“2011 年度教育部哲学社会科学研究重大委托项目——政府绩效管理：理论构建与中国实践”课题研究工作。为了更好地开展课题研究工作，中央纪委监察部廉政理论研究中心联合复旦大学公共绩效与信息化研究中心在广东省深圳市组织召开了第一次课题研讨会。

2011 年 11 月 3 日，中组部最近印发了《关于加强对干部德的考核意见》。这是贯彻落实德才兼备、以德为先用人标准，选准用好干部，树立正确选人用人导向的重要举措，对于保持党的先进性，建设高素质干部队伍，提高选人用人公信度具有重要意义。《意见》明确，要以对党忠诚、服务人民、廉洁自律为重点，加强对干部政治品质和道德品行的考核。考核政治品质，主要考核干部在政治方向、政治立场、政治态度、政治纪律、党性原则等方面的表现。考核道德品行，主要考核干部的社会公德、职业道德、个人品德、家庭美德。

2011 年 11 月 7 日，2010 年海南省政府部门绩效考评结果近日出台，在这份“成绩单”上，省教育厅、省人力资源和社会保障厅等 7 家单位登上了通报表扬的光荣榜，这也是海南省首次对省政府部门全面进行绩效考评。据了解，为使考评指标更加明确，组织考评工作的省政府绩效考评工作领导小组对考评指标、考评对象进行充分细化。考评中，采取平时考评、年终考评和综合评议相结合的办法，考核省委、省政府重大决策部署贯彻落实情况，重点工作和重大工程推进情况，以及社会各层面对考评对象的评价等多个方面。

2011 年 11 月 11 日，浙江省着力推进政府绩效管理工作：一是建立健全政府绩效管理工作联席会议制度，二是探索建立科学的政府绩效考评指标体系，三是组织开展政府绩效管理试点工作，四是加强对政府绩效管理工作的研究和宣传。

2011 年 11 月 12 日，从社会公德到家庭美德，从职业道德到“官德”，“德”成为 2011 年坊间最热议的话题。近日，中央连续出台举措加强对官员道德的考核，并将职业道德纳入公务员培训，彰显官方回应公众对以制度约束官员品行的急切期待。同时，公众也期待通过加强“官德”建设，对良好社会道德风尚的形成起到示范作用。

2011 年 11 月 14 日，湖南省召开预算绩效管理工作会议。在会议上，副省长、省财政厅厅长李友志强调，要积极推进预算绩效管理工作，2012 年开始实施预算绩效管理试点，分步实施积极推进，到 2015 年全面推行预算绩效管理。让群众知道政府花了多少钱，办了什么事，花钱的效果如何，让群众真正满意和放心。

2011 年 11 月 15 日，国家公务员局下发《公务员职业道德培训大纲》，要求将公务员职业道德培训列入公务员初任、任职和在职培训的必修内容，作为每个培训班次的重要内容。“十二五”时期，将全体行政机关公务员和参照公务员法管理单位工作人员轮训一遍，培训时间不少于 6 学时。

2011 年 11 月 15 日，中国行政管理学会 2011 年会暨“加强行政管理研究，推动政府体制改革”研讨会在江苏省昆山市召开。来自全国各地政府部门、高等院校、党校及行政学院的专家学者近 300 人参加会议，收到论文 340 余篇。来自全国行政管理学界的专家学者和政府实际工作部门的同志围绕政府体制改革主题进行了广泛深入讨论。与会人员围绕加强行政管理研究对推动政府体制改革的重要意义、建立健全政府运行机制、加强政府社会管理和完善社会管理格局、政府体制改革推进战略、政府履职方式的改进与创新、强化政府网络应对能力、提升公共服务水平的对策、完善行政问责制和绩效管理体系等专题进行研讨。

2011 年 11 月 17 日，北京市人大常委会初审的《北京市审计条例（草案）》（下称草案）规定，绩效审计应在各级政府全面开展，并重点关注政府部门履行职责中财政资金使用的效率性和效果性。

2011 年 11 月 22 日，中国行政管理学会后勤管理工作委员会在福州市举办了四届二次理事会暨后勤改革研讨会。来自全国 20 个省、市、自治区中央国家机关和地方政府机关、大型国有企业、科研院所等单位后勤部门的 180 名代表参加了会议。与会代表联系工作实际，交流了后勤改革的经验与做法，肯定了在服务大局、保障运转、改善民生等方面取得明显成效的同时，探讨了在体制创新和解决供需矛盾等方面仍须破解的难题。

2011 年 11 月 24 日，国家土地督察制度实施五周年绩效评估新闻发布会在京召开，评估课题组成员黄贤金、吕萍、范柏乃、沙勇忠四位教授公布了评估结果。

2011 年 11 月 30 日，由全国政府绩效管理研究会主办，深圳市监察局（市绩效办）、华南理工大学、厦门大学联合承办的全国政府绩效管理研讨会在深圳召开。会上，全国政府绩效管理研究会授予我市“全国政府绩效管理创新示范点”。

2011 年 11 月 30 日，江苏省苏州市日前召开学习贯彻十七届六中全会文艺界座谈会，苏州将研究制定“文化强市”绩效考核指标体系，用以分析研究和对照检查“文化强市”的建设成效。苏州市委常委、宣传部长蔡丽新表示，在十七届六中全会精神的引领下，苏州将努力建成“文化事业繁荣、文化产业发展、文化人才辈出、历史文化与现代文明相融的‘文化强市’”。

2011 年 12 月 1 日，由全国政府绩效管理研究会主办，深圳市政府绩效管理委员会办公室、华南理工大学、厦门大学联合承办的“全国政府绩效管理研究会年会暨政府绩效管理与效能监察研讨会”在广东省深圳市隆重召开。来自国家、各省（市区）机关、院校的政府绩效管理学界专家学者和地方党政部门实践工作者共 100 多人出席了会议。本次会议共收到论文 200 多篇，研讨会气氛热烈，与会代表紧紧围绕政府绩效管理理论与实践中的一些重要问题，对政府绩效管理的主要内容、考评指标体系、方法、程序、技术平台等进行了深入研讨。

2011 年 12 月 1 日，江西省以集约化的电子政务强化社会管理。江西省这种被称为集约化的电子政务建设方式，最显著的特点是“四统一”，即：一是统一网络，用电子政务的统一网络平台支撑所有的应用系统，达到又快又省的建设效果；二是统一软件，由省一级开发统一的软件，用一个软件解决条块建设上下联动的有关问题；三是统一监察软件统一监察系统；四是统一运营。由省市县三级政府信息中心做好跨部门系统的运行维护。这种在运行维护方面有比较稳定队伍来运营的方式，能有效保护信息系统的安全运行。

2011 年 12 月 1 日，中国行政管理学会绩效管理研究分会 2011 年会在深圳市召开。会议主题为“绩效管理和效能监察”。来自中央国家机关、地方政府、高等院校和科研院所的专家学者以及政府绩效管理实践工作者 100 余人参加了研讨会。研讨会为理论和实践搭建了良好的平台，与会者交流了目前政府绩效管理的理论探索和实践创新经验。

2011 年 12 月 2 日，政府绩效管理工作研修班在中国纪检监察学院开班。中央纪委常委、监察部副部长、政府绩效管理工作部际联席会议办公室主任王伟出席开班式并讲话。他强调，要认真学习贯彻党中央、国务院关于推行政府绩效管理制度的部署和要求，进一步总结经验、开拓思路、明确任务，以改革创新精神扎实推进政府绩效管理工作，不断提高工作的制度化、规范化、科学化水平，为更好地推动政府职能转变和管理创新、促进勤政廉政建设服务。

2011 年 12 月 6 日，政府绩效管理工作研修班座谈会在北京召开。中央纪委副书记、监察部部长、政府绩效管理工作部际联席会议召集人马馼出席会议并讲话。她强调，要深入学习贯彻党的十七届六中全会精神，充分认识加快推进政府绩效管理工作的重要性，坚持围绕中心、服务大局，准确把握工作定位，积极稳妥地推进政府绩效管理工作。

2011 年 12 月 13 日，国土资源部在北京召开绩效管理试点工作动员大会，就部机关、国家土地督察局、直属事业单位全面实施绩效管理试点进行部署。国土资源部党组成员、副部长张少农出席并在讲话时强调，绩效管理试点工作要举全部之力推进、实施、落实，努力实现简便易行、全员参与和自治化管理的总体要求，确保试点工作取得实效、试出特色，为全面推行绩效管理制度试出经验、提供示范。

2011 年 12 月 17 日，由中国行政管理学会县级行政管理研究分会主办，南昌大学公共管理学院、永丰县政府承办的社会管理创新和县域和谐发展研讨会在南昌召开，来自国内有关高校和地方政府的专家学者、实践工作者 80 余人参加了会议。会议研讨了当前我国社会经济背景下，县域经济发展与社会管理过程中的问题，结合实际具体探讨其影响因素、政策环境、典型经验、成功模式、风险控制以及地方政府管理和服务创新等重大理论与实际问题。

2011 年 12 月 18 日，湖南省长沙市召开 2011 年度绩效考核述职测评大会，市委、市人大、市政府、市政协领导班子成员，以及各市管领导和垂直单位领导班子，通过公开述职的方式报告工作，接受评议，让领导者与被领导者、监督者与被监督者、服务者与被服务者之间“上下互评、左右互评、内外互评”。

2011 年 12 月 19 日，广西贵港市举办培训班对从三区两县市和市直各单位抽调的 70 名年终绩效考核工作人员进行培训，这标志着贵港市市本级 2011 年年终绩效考核工作正式开始。在培训班上，贵港市委常委、秘书长、市绩效考评领导小组副组长宋震寰提出，每位考核工作人员要准确把握年终绩效考核重大意义，增强工作责任感；要准确把握年终绩效考核程序步骤，掌握考核工作重点；要准确把握年终绩效考核纪律要求，塑造良好形象。

2011 年 12 月 19 日下午，上海督察局组织全局干部召开了政府绩效管理工作动员部署会议，刘玉杰副局长主持会议，何平副局长在会上作了动员讲话。何平在讲话中强调，全局干部要充分认识做好政府绩效管理工作的重要意义。中央和部党组对政府绩效管理工作高度重视，全局干部一定要站在全局的高度，以高度的政治责任感、历史使命感和自我荣誉感扎实工作、探索创新、试出经验、试出水平，为部党组交出一份满意的答卷。

2011 年 12 月 20 日，河北省政府绩效管理试点工作动员会要求，力争到 2012 年底初步探索出体现科学发展观要求、具有河北特色的绩效管理模式，为全面推行政府绩效管理积累经验。会上宣读了省委办公厅、省政府办公厅《关于开展政府绩效管理试点工作的意见》。省委常委、常务副省长杨崇勇，省委常委、省纪委书记臧胜业出席会议并讲话。

第七篇

附　　录

Ⅰ　中国政府绩效管理著作

《高校社科文库——绩效评估视野下地方政府有效性的制度建构》

作者：张玉

出版社：光明日报出版社

出版时间：2010

内容简介：在当代中国走向现代化的进程中，基于政府主导型现代化发展模式的逻辑使然，政府对经济和社会的发展，起着举足轻重的作用。因而，有关政府有效性问题的研究，也构成了行政学和经济学经久不衰的研究主题。由于社会发展体现为一个动态渐进的自然历史过程，所以，从静态上看，不存在一种放之四海而皆准的政府有效性的合理界定，从动态上看，不存在一成不变的政府有效性评估指标的固定量化。对于市场经济体制发育成熟、民主法制秩序较为完善的西方发达国家来说，政府有效性的建构在很大程度上取决于"自下而上"的渐进性制度的生成过程；而对于正处于由计划经济体制向市场经济体制全面转型的当代中国来说，政府有效性的建构则不能笼统的归结为静态层面上政府职能的转化和动态层面上政府绩效评估指标体系的逐层量化。因而必须从经济发展与制度建构相互关系的深层机理上，来动态考察地方政府有效性的合理内涵、影响因素及其由此而规约着的制度路径。

《日本政府绩效评估模式研究》

作者：袁娟

出版社：知识产权出版社

出版时间：2010

内容简介：受西方新公共管理运动兴起的影响，为解决行政僵化、财政危机、政府信用危机等方面的问题，为适应公民社会走向成熟化及公民对行政服务需求多样化等社会环境的变化，20世纪末，日本自下而上开始了政府绩效评估。《日本政府绩效评估模式研究》全面系统地研究了日本政府绩效评估的基本状况、发展沿革和主要特点。在中央政府的绩效评估方面，介绍了日本总务省的跨部门政策评价和各府省所进行的政策评价；在地方政府的绩效评估方面，介绍了日本地方政府的行政评价做法，还用专门的章节比较详细地介绍了地方政府的事务事业评价及公共设施评价；《日本政府绩效评估模式研究》还研究了独立行政法人评价，以期为中国行政事业单位的绩效管理提供一定的参照。另外，《日本政府绩效评估模式研究》还就日本政府绩效评估指标体系、日本政府绩效评估中的公民评议与第三方评估等进行了深入研究。对日本政府绩效评估进行深入系统的研究，可以为我国研究、开展政府绩效评估提供参考和借鉴。

《多视角下的民族区域自治地方政府绩效评价研究》

作者：谢冰

出版社：科学出版社

出版时间：2010

内容简介：本书依据政府绩效评价相关理论，结合民族区域自治地方政府开展绩效评估的实践，分别从政治、经济、科技、人力资源等多个视角，审视了民族区域自治政府的职能及其对民族地区社会经济发展的作用。并就民族区域自治政府绩效评价指标体系框架的构建，民族区域自治政府多元目标体系的协调，民族区域自治政府的财政政策、科技政策、人力资源政策的绩效评估内容与方法等问题，进行了理论分析和实证检验。分析中注重理论的创新性、方法的实用性和可操作性。

《社会建设与政府绩效评估研究》

作者：陈天祥

出版社：东方出版中心

出版时间：2010

内容简介：本书是2007年度国家社会科学基金项目“社会建设框架下的政府绩效评估”的研究成果。各篇论文根据论述主题，分为“政府社会建设分项绩效评估研究体系框架研究”、“中国社会建设绩效分析报告”、“中国社会建设分项绩效评估研究”三编。书中用文献法、问卷调查法、访谈法、统计分析法对相关资料和数据进行了研究，在获得大量第一手资料的基础上，针对现有政府绩效评估实践的缺陷，探讨完善社会建设领域政府绩效评估的方法，从而使对政府社会建设绩效评估的探讨建立在坚实的基础上，更具有可靠性。本书可供相关专业研究者参考，也可供具中等文化程度以上的读者阅读。

《政府治理视角下的中国政府绩效审计研究》

作者：周亚荣

出版社：武汉大学出版社

出版时间：2010

内容简介：绩效审计目前已成为世界各国政府审计的主流。本书从政府治理的视角对中国政府绩效审计进行研究，在对政府审计与政府治理的关系进行探讨的基础上，分析了不同政府治理模式及其对政府绩效审计的影响，提出中国的政府治理正处于传统管理到现代治理的转型期，进而分别就服务型政府初期和服务型政府成熟期的政府绩效审计目标、审计主体、审计范围和审计方式、审计评价、审计产品等方面给予政策建议，并通过深圳近年来开展政府绩效审计的实践验证本书的一些建议。

《2009广东省地方政府整体绩效评价红皮书》

作者：郑方辉，李文彬，李少抒

出版社：华南理工大学出版社

出版时间：2010

内容简介：该著作主要内容包括：年度报告，研究概述，政府绩效评价发展及意义，政府整体绩效评价的概念模型，本项研究的路径与技术体系，2009技术方案完善与说明，总体评价结果，全省总体评价结果，按21个地级以上市的分类结果，按领域层的分类结果，地级以上市全部指标得分情况，121个县（市、区）指数结果等。

《地方政府公共支出绩效管理研究》

作者：张雷宝

出版社：浙江大学出版社

出版时间：2010

内容简介：国内系统而深入地探讨财政支出绩效管理问题的优秀学术成果尚不多，而关于地方政府财政支出绩效管理问题的研究成果更是稀缺。因此，在此领域展开深入细致的研究和讨论，不仅在理论上具有一定特色和价值，而且在我国（即地方政府层次较多且支出规模庞大）也具有较强的现实针对性。本著作较为全面、系统和深刻地剖析了我国地方政府公共支出绩效管理改革中遭遇的诸多理论与实践难题，是公共财政学和公共管理这个学科交叉领域较为难得的优秀成果。

《政府领导绩效评价模型与评价技术分析》

作者：王巍

出版社：科学出版社

出版时间：2010

内容简介：20世纪70年代以来，英国、美国等发达国家兴起了一场旨在提高政府绩效的“新政府运动”，其主要特点是以“政府绩效评估”作为核心管理工具。可以说，传统的“行政领导”正在向“绩效领导”转变。如何实现在经济增长中对“领导人才”这一稀有资源的开发，已经引起各国政府的高度重视和专门研究。

本书结合管理学、经济学和组织行为学等学科的最新研究成果，以科学发展观为导向，在总结以往研究成果和实践经验的基础上，构筑出一种可量化的、更具操作性的政府领导绩效评价理论方法体系，构建政府领导绩效评价模型，采用定性模拟、边际分析、最优控制分析和数据包络分析等研究方法，通过“科学发展指数”——内含“相对贡献度”、“相对进步效度”、“综合效率指数”和“综合潜力指数”，来衡量领导绩效的实力状况，以此刻画领导绩效的总体发展水平和综合进步情况。本书有助于政府公务员、经济管理（公共管理和行政管理）专业大学本科学生及公共管理专业（bn）MPA硕士研究生对政府绩效管理的深入研究，亦可为从事行政管理、公共管理、非营利性组织等领域研究的专家、学者提供参考。

《审计与政府绩效评估机制研究》

作者：郝玉贵

出版社：经济科学出版社

出版时间：2010

内容简介：审计和政府绩效评估的关系和机制问题，是政府绩效管理与和谐社会建设研究的前沿问题。本书从政府与社会的关系出发，依据审计与政府绩效评估动因理论和价值取向，分析审计与政府绩效评估的关系理论，比较国内外审计参与型政府绩效评估实践，构建政府绩效评估概念框架，并据此设计政府四重绩效要素的具体评估准则，作为评估者遵循的技术标准。评估主体根据具体评估准则实施政府绩效的评估程序和方法，获取政府四重绩效实际信息，并与四重绩效目标比较分析评判四重绩效的达标程度及组合状态：不和谐、半和谐、和谐等。从而确定社会的和谐程度，并决定政府流程是否需要改进。

《当代中国县级政府基本公共服务绩效评估指标体系的理论构建与实证研究——基于社会公正的视角》

作者：江易华

出版社：中国社会科学出版社

出版时间：2010

内容简介：本系列成果分三辑出版，每辑涵括两个书目。本系列成果有三个基本特点：一是理论与实践紧密结合。既进行深入的理论开掘，又直面当前政府管理和公共服务实践中的重点、热点和难点问题。二是宏观研究与微观研究有机统一。既系统剖析全国性乃至全球性的服务型政府和公共服务体系建设和改革问题，又多维透视城乡基层政府和社区的公共服务问题；既注重构思服务型政府建设的总体战略，又着力探究公共服务创新的具体路径和政策建议。三是定性分析与定量分析高度协同。本系列成果的形成，大都以深度访谈、典型个案、大样本问卷调查和统计数据为基础，较多地采用统计分析、计量分析的方法，从而使得研究结论和对策建议更具科学性和有效性。

《地方政府公共事业管理的绩效评估与模式创新研究》

作者：彭国甫等

出版社：人民出版社

出版时间：2010

内容简介：新的研究范式拓展了地方政府公共事业管理绩效评估与模式创新研究的新视野、新途径。对地方政府公共事业管理绩效评估体系构建的理论基础、指标体系和具体方法作了新的系统探索。对地方政府公共事业管理理念、管理体制、管理机制、管理方式与方法创新中面临的重大理论和实践问题，从绩效改善的角度作了深入探讨。第一次从经济发展绩效、社会分配绩效、公共服务和公共产品供给绩效、农民政治参与和农村社会稳定绩效四个维度对新中国成立以来地方政府农村公共事业管理制度的变迁和绩效作了系统研究，系统提出了基于绩效改善的地方政府农村公共事业管理制度创新的具体途径。地方政府公共事业管理绩效评估三维指标体系及其评估方法具有较强的科学性和可行性。对北京、上海、哈尔滨、广州、成都、重庆、武汉、杭州、石家庄、苏州、西宁 11 个地区 1995—2005 年政府公共事业管理绩效的实证评估及相关政策建议，具有一定的实际参考价值。

《公共部门绩效评价》

作者：李文彬，郑方辉

出版社：武汉大学出版社

出版时间：2010

内容简介：本书构建了“理论—方法—实践”三位一体的研究框架，理论层面：厘清政府部门绩效评价的含义，回顾评价的历程，详述公共部门绩效评价的理论模型、导向与理论，为绩效评价梳理理论渊源和铺陈理论脉络。方法层面：详述各种定量与定性的评价方法，诸如序列比较法、配对比较法等相对评价方法，关键绩效法、平衡计分卡法等绝对评价法，360 度评价法、满意度调查等描述法以及层次分析法等数学分析方法，以及评价的组织与过程控制方法，为绩效评价提供科学的方法选择。实践层面：详述“4E”模型、欧盟通用框架、平衡计分卡、ISO 标准和 SERVQUAL 模型的操作过程，为绩效评价实践提供经验素材。本书可作为高等学校公共管理类专业教学参考用书、MPA 学院及政府相关人士的参考读物。

《政府服务评价——中国电子政务发展水平测评（文化·组织·IT 治理智库—IT 治理丛书）》

作者：杨云飞

出版社：清华大学出版社

出版时间：2010

内容简介：如何评价政府工作绩效？如何评价电子政务的工作绩效？本书从电子政务发展水平的视角出发，剖析了近十年来国际电子政务评价体系研究实践的演变进程，探讨了具有普遍意义的政府生存基础理论，结合国家电子政务总体框架，提出了以“电子集中、电子安全、电子管理、电子服务、电子决策”为基本框架的电子政务评价指标体系，并利用该套指标体系对 2006 年全国电子政务发展水平进行了实证测评，取得了重要成果。

本书以翔实丰富的第一手资料、前所未有的理论高度、波澜壮阔的行文布局、华彩绮丽的实战案例，向读者展现了当前国际电子政务评价体系的发展前沿和我国电子政务建设应用的发展水平，为我国政府服务评价提供了一种全新的视野、全面的手段和全新的蓝图，对我国正在推进的政府体制转型具有重大参考价值，是一部在政府绩效评价领域理论高度与实践深度兼备的力作。

《权责发生制政府会计改革问题研究——基于政府绩效治理的视角》

作者：姚宝燕

出版社：厦门大学出版社

出版时间：2010

内容简介：该著作以教育部人文社会科学重点研究基地重大课题“基于绩效管理的应计制政府会计改革问题研究”为基础，内容不仅具有理论性，而且也具有现实性和针对性。具有延续性，理论结构和体系具有完整性。

《政府绩效评估概论》

作者：王爱冬

出版社：高等教育出版社

出版时间：2010

内容简介：该著作以我国地方政府绩效评估体系的构成为线索，探讨了科学发展观视野下政府绩效评估体系的基本内容。政府绩效评估是一个复杂的系统工程，它是由评估指标、评估主体、评估方法、评估结果运用、评估制度、评估价值取向等组成的综合体系。全书共十章，主要内容包括政府绩效评估理论概述、政府绩效评估指标体系的构建、政府绩效评估主体的多元化、政府绩效评估中的公民参与、政府绩效评估的类型和方法、政府绩效评估结果的管理和运用、政府绩效评估的法制化、政府绩效评估中的民生价值取向、政府网站绩效评估的发展、政府绩效评估的发展趋势。该书力图建立一个较为系统的理论框架，并为我国的实践发展提供参考。既可作为公共管理类专业本科生、研究生的专业课及选修课教材，同时也适用于MPA学生的专业课及选修课教材，还可以作为各级行政学院及公务员的培训教材使用。

《政府绩效评估——中俄国际学术研讨会文集（2010）》

作者：陈一之主编

出版社：云南大学出版社

出版时间：2010

内容简介：本书收录了中方论文16篇和俄方论文5篇，内容涉及政府绩效评估立法的深层次问题探析、中国政府信息资源开发绩效评估的实现模式与对策、地方政府绩效评估的难点及动力分析、我国政府绩效评估现状与路径探析、中国地方政府官员考核评价要素及维度问题思考等热点问题。

《区域治理与绩效（2009年浙江发展经验与中国模式国际研讨会论文集）》

作者：郎友兴，史雯，毛丹，罗杰

出版社：浙江大学出版社

出版时间：2010

内容简介：该著作是一本基于一次国际学术研讨会而编辑的集子。研讨会是由浙江大学公共管理学院政治学系、瑞典隆德大学东亚和东南亚研究中心等联合主办的"浙江发展经验与中国发展模式"国际学术研讨会，此研讨会于2009年12月5日至6日在杭州召开，来自中国国内约50位学者、地方官员和来自瑞典、美国、德国、韩国、西班牙等国10名海外学者，就浙江发展的经验以及中国未来的发展模式展开了富有成效的讨论。会议共收到中英文论文43篇，本书选出23篇论文编辑成册。

《政策绩效评估：地方部门案例（公共管理与公共政策学术前沿丛书）》

作者：赵德余

出版社：复旦大学出版社

出版时间：2011

内容简介：该著作讨论了政策评估的逻辑框设计与选择依据，并结合地方性和政府部门性的政策项目绩效评估的具体案例，对政策绩效评估中常用的定量实证方法及其基本模型进行了探索性的运用和尝试。此书为政策项目评估的初学者以及初级研究者和政府政策研究部门提供政策绩效评估研究的入门读物和案例资料，不仅可供学生在评估课堂上进行案例学习时参考，而且还特别适合于那些初次从事政策快速评估的研究人员提供范例和借鉴。

《绩效考核与绩效管理》

作者：林新奇

出版社：对外经济贸易大学出版社

出版时间：2011

内容简介：本书主要聚焦于绩效考核的三大难题，即指标设定问题、考评主体问题、程序执行问题。应该说都是偏重于技术层面的问题。这是绩效考核中大家往往最看重的问题，也是最复杂、操作难度最大的问题。为此本书的主要篇幅放在了这里。特别是，本书额外关注了程序执行问题，或者叫各环节的衔接统合问题，这是大家一般都比较忽视、却非常重要的问题。

《中国政府预算改革及其绩效评价》

作者：杨玉霞

出版社：北京师范大学出版社

出版时间：2011

内容简介：本书的研究主要有以下特点：一是理论上有所创新。本书构建了规范化政府预算近期及远期目标模式，为我国政府预算改革的迅速推进并取得预期效果提供理论指导。突破了我国政府预算改革一直以来缺乏理论指导的现状。二是以改革的视角对政府预算改革绩效进行了综合评价。本书选择从整体上透视政府预算改革这个角度，设计了中国政府预算绩效评价体系，以规范化政府预算目标模式为参照系，运用演绎推理的方法、对比的方法、模型的方法，综合评价了1998年以来政府预算改革的绩效。三是研究方法上有所创新。本书对政府预算改革效应运用具体的评价指标及修正后的汉森模型进行了定量分析，更直观、更具说服力地展现了预算改革的绩效，并运用演绎推理的方法推导出我国政府预算改革目标实现的途径。

《从绩效管理到绩效领导的公共部门创新理论与实践》

作者：包国宪等主编

出版社：科学出版社

出版时间：2011

内容简介：本书是首届政府绩效管理与绩效领导国际学术研讨会的论文集，此次会议是由兰州大学管理学院、美国波特兰州立大学马克·汉菲尔德政府学院和日本早稻田大学公共服务研究所共同举办，兰州大学中国地方政府绩效评价中心承办的。与会学者围绕“绩效领导、绩效评估与公共治理创新”的主题，深入地探讨了全球政府绩效管理与绩效领导领域内的热点问题，交流了最新的研究成果，分享了成功的实践经验。本书共收录了参会的国内外知名学者的17篇英文文献，适合政府管理者、科研人员、教育工作者、研究生以及相关人员参考。

《中国高新区公共治理绩效评价》

作者：闫国庆，孙琪，周志丹等

出版社：浙江大学出版社

出版时间：2011

内容简介：本书从绩效评价角度来研究高新技术产业开发区公共治理问题，构建我国高新区公共治理绩效评价体系，对54个国家级高新区进行综合排名，并提出提升高新区公共治理绩效的对策建议，对高新区要素资源引进和融合，以及培育创新产业与营造产业创新环境等具有重要的决策参考价值。

《政府绩效管理与绩效评估》

作者：赵晖

出版社：南京师范大学出版社

出版时间：2011

内容简介：当前，我国正在开展围绕全面建设市场经济而进行的新一轮行政管理体制改革，通过政企、政社、政事分离来切实转变政府职能。因此，应用企业绩效评估技术还需要充分考虑我国政府的特殊行政环境和社会形势，认真研究当前我国政府绩效管理所存在的问题，综合比较企业绩效评估与政府绩效评估的差异，将企业绩效评估中的优势应用到政府绩效管理中来。

赵晖所著的《政府绩效管理与绩效评估》以政府绩效管理与绩效评估为主线，在概述我国政府绩效管理与绩效评估的基础上，分专题对政府绩效评估的主体、平衡计分卡在政府绩效管理中的运用、我国地方政府绩效评估指标研究、我国公务员绩效考核等问题进行了系统深入的研究。

《基于公民视角的政府电子化服务绩效评估》

作者：张敏

出版社：当代中国出版社

出版时间：2011

内容简介：作者采用抽样调查、统计分析和深度访谈等方法研究了北京市普通公民和公务员对北京市政府电子化服务的使用状态，分析了北京市政府电子化服务中存在的基本问题。在实证研究北京市政府电子化服务绩效的基础上，作者使用顾客满意度测量方法构建并完善了基于公民视角的政府电子化服务绩效评估体系。

《中国地方政府绩效评价红皮书》

作者：郑方辉，尚虎平

出版社：新华出版社

出版时间：2011

内容简介：2011年，国务院批复由监察部（中央纪委）牵头建立政府绩效管理工作部际联席会议制度，选择北京、深圳等八个地区进行地方政府及其部门绩效管理试点，财政部进行财政预算资金绩效管理试点等。这种安排，将我国政府绩效评价研究与实践推向全国性的制度层面，亦为统一与规范目前各自为政的评价组织与技术体系提供了条件。

《政府绩效管理——深圳的探索与实践》

作者：杨洪

出版社：新华出版社

出版时间：2011

内容简介：杨洪编著的《政府绩效管理——深圳的探索与实践》一书，是对深圳政府绩效管理工作的回顾、总结和展望，是深圳市开展政府绩效管理工作探索的结晶。在全国启动政府绩效管理试点工作之际，编写出版本书很有意义。本书主要介绍了深圳市推行政府绩效管理工作的积极意义、思想理念、组织体系、指标体系、技术体系以及区级政府和市政府工作部门在实施政府绩效管理工作方面的做法，并对深圳市政府绩效管理工作的未来发展作了前瞻性分析。

《中国地方政府绩效差距研究——基于府际关系视角的解释性框架》

作者：王华

出版社：上海社会科学院出版社

出版时间：2011

内容简介：本书分为6章，主要内容包括：导论；改革与分权：地方政府的成长；差距度量：评估地方政府绩效；地方政府解析：理论模型建构等。

《我国政府绩效评价理论框架之构建——基于公共受托责任理论的分析》

作者：刘笑霞

出版社：厦门大学出版社

出版时间：2011

内容简介：该著作是“应计制政府会计改革研究丛书”之一。全书分为政府绩效评价相关基本概念的界定，政府绩效评价的主体和对象，政府绩效评价指标体系的构建——以一级政府为对象等内容。

《中国政府绩效评估30年》

作者：陈汉宣、马骏、包国宪主编

出版社：中央编译出版社

出版时间：2011

内容简介：本书的出版，既是对中国政府绩效评估30年实践的一个初步理论概括，也有望进一步引领国内这一学科领域的前进方向。政府绩效评估一直以来都是现代公共管理的前沿课题，并始终贯穿于公共管理学理论和实践发展的整个历史进程。在当下中国，绩效评估已成为地方政府行为的指挥棒和风向标，亦是政府职能创新极为重要的管理工具。该书从内容架构上分为“地方个案综合研究专题”、“评估指标研究专题”、“评估主体研究专题”、“绩效评估专论”等专题，汇集全国20多位政府绩效评估领域的权威专家、知名学者在中国政府绩效评估这一领域的最新研究进展和丰硕实践成果，重点探讨中国地方政府绩效评估中多层次、广覆盖的具体案例。深入分析和共享各地考核体系的设计初衷、具体操作、改进空间、未来发展等方面的成功经验。

《中国政府绩效审计研究——理论基础与制度变迁》

作者：欧阳华生

出版社：经济科学出版社

出版时间：2011

内容简介：第一章为引言，包括第一节研究背景，第二节研究成果与文献综述，第三节研究思路、方法、创新与不足。第二章为政府绩效审计基本理论，包括第一节政府绩效审计内涵，第二节政府绩效审计作用，第三节政府绩效审计要素。第三章为中国政府绩效审计产生的基础与必然性，包括第一节政府绩效审计与政府行政，第二节政府绩效审计与公平、效率，第三节中国政府绩效审计产生的必然性等几章内容。

《政府绩效责任审计及其评价模型》

作者：刘世林

出版社：中国时代经济出版社

出版时间：2011

内容简介：审计的本质属性是什么？这个问题一直是审计学界最关心的热门话题，纵观国内外审计学论著和国内审计法规条文发现，审计界较为普遍认同的观点主要有两种：第一种观点是：“审计本质是一项具有独立性的经济监督活动”。这一表述可以称为“监督论”，对审计本质属性“监督论”的表述既符合审计产生的目的，也符合我国宪法关于建立国家审计机关，实行审计监督制度的规定精神。第二种观点是：“审计是为管理和决策服务的参谋和顾问”。这一表述可以称为“服务论”，主要是站在内部审计为经济组织提高经济效益、降低决策风险服务的角度研判审计的本质特征，也符合审计为经济组织价值增长服务的根本目标和战略思想。

《中国政府管理改革突破口——绩效预算在珠三角地区的理论与实践》

作者：广东省财政科学研究所

出版社：经济科学出版社

出版时间：2011

内容简介：本书由广东省财政科学研究所编著，全书分为三个部分：各级领导对财政绩效管理的重要指示、研究专题、案例分析，书中收入了“政府执行力与公共财政绩效管理研讨会暨广东省行政管理学会”、“广东模式财政绩效管理——中共广东省委领导下的集体创新”等文。

Ⅱ 中国政府基金资助的政府绩效研究项目

一 国家自然科学基金资助项目

项目批准号/申请代码	项目名称	项目负责人	依托单位	项目起止年月
71073140/G030603	地方政府绩效与地方政府信用的互动及互动机理研究	范柏乃	浙江大学	2011年1月至2013年12月
71073074/G0306	政府绩效管理的价值分析及其理论范式研究	包国宪	兰州大学	2011年1月至2013年12月
71103140/G030603	问责制度何以影响地方政府绩效——目标责任制情况下的“问责悖论”研究	阎　波	西安交通大学	2012年1月至2014年12月
71102134/G0206	政府支持与创业投资决策及绩效：理论与实证研究	王兰芳	上海财经大学	2012年1月至2014年12月
71173103/G0310	基于利益演化和社会信任视角的食品安全监管绩效评估及风险预警研究	王冀宁	南京工业大学	2012年1月至2015年12月
71172103/G020502	绩效评估公正感的结构、前因及效应研究	江卫东	南京理工大学	2012年1月至2015年12月
71173143/G0306	我国自主创新政策的供给演进、绩效测量与优化方案研究	江　蕾	上海财经大学	2012年1月至2015年12月
71173167/G0306	效能建设、创新扩散与绩效改进：面向中国地方政府的实证研究	吴建南	西安交通大学	2012年1月至2015年12月

二 国家社会科学基金资助项目

项目批准号/申请代码	项目名称	项目负责人	依托单位	计划完成时间
	中国地方政府绩效评估理论与实证研究	孙洪敏	辽宁社会科学院	2012-11-30
	政府绩效评估与公众参与研究	倪星	中山大学	2012-10-30
	建设服务型政府进程中的行政效能综合评估体系研究	彭向刚	沈阳师范大学	2013-12-31
	我国公共文化服务体系绩效评估研究	蒯大申	上海社会科学院	2012-6-30
	建设服务型政府中人力资源绩效管理模式改革研究	王斌	西南大学	2012-8-31
	地方政府绩效评估方法和管理研究	陈小华	中共杭州市委党校	2012-10-1
	我国地方政府治理创新的路径与绩效研究	胡宁生	南京审计学院	2012-12-31
	边疆治理模式绩效评价与创新研究	方盛举	云南大学	2012-12-31
	地方政府行政成本与财政转移支付问题研究	张光	厦门大学	2013-12-31
	县级行政成本与建设节约型政府研究	王敬尧	华中师范大学	2013-12-30
	绩效管理视角下的当代中国政府公信力研究	杨畅	湖南省社会科学院	2011-12-31
	大都市发展中的政府治理机制创新与绩效评估体系研究	易承志	华东政法大学	2012-12-31
11AZZ004	提高政策效能与我国地方政府公共政策执行力研究	丁煌	武汉大学	2013-12-31
11AZZ008	国家电子政务网络建设与提升政府公共服务和管理能力研究	董礼胜	中国社会科学院	2013-12-31
11BZZ034	我国政府公共政策评估模式研究	周建国	南京大学	2012-9-30
11BZZ048	我国财政公共化发展的评价指标体系研究	雷艳红	厦门大学	2014-7-1
11BZZ054	公开选拔领导干部制度绩效的实证分析及制度创新研究	梁丽芝	湘潭大学	2014-12-30
11BZZ056	健全和完善党政领导干部绩效考核机制研究	洪向华	中央党校	2013-6-10
11CZZ033	公共服务绩效评估体系研究	郭金云	四川大学	2013-12-30
11BGL055	西部农村公共服务供给效率评价与改进策略研究	邓宗兵	西南大学	2013-9-30
11BGL075	我国政府绩效管理本土化策略的实证研究	刘旭涛	国家行政学院	2013-3-31
11BGL073	地方政府绩效评估结果偏差的影响因素、生成机理及矫正对策研究	何文盛	兰州大学	2014-6-1
11BGL077	基本公共服务均等化视角下我国省级政府技术效率研究	唐天伟	江西师范大学	2013-12-31
11BGL085	公共绩效管理与政府财务报告改革研究	常丽	东北财经大学	2012-12-30
11CGL061	西方林产品绿色政府采购绩效评价及我国实施前景研究	李小勇	北京林业大学	2013-9-30
11AZZ004	提高政策效能与我国地方政府公共政策执行力研究	丁煌	武汉大学	2013-12-31

Ⅲ　中国各级政府设立的政府绩效管理机构

近年来，从中央到地方，各级政府纷纷设立了专门的政府绩效评价和管理机构。根据公开渠道资料的完备度和相关机构的成熟度，《年鉴》编辑部选取中央纪委监察部绩效管理监察室、政府绩效管理工作部际联席会议办公室、浙江杭州市综合考评委员会办公室、广西百色市绩效考评领导小组办公室4个典型的政府绩效管理机构作详细介绍，其余省市县设立的政府绩效管理机构罗列其后，以供政府公务人员和学术界参考。

一　典型政府绩效管理机构简介

（一）中央纪委监察部绩效管理监察室

在党中央、国务院的关心和支持下，全国有21个省（区、市）、新疆生产建设兵团和一些国务院部门建立了不同类型的绩效管理工作领导体制和办事机构。2010年7月20日，经中央纪委书记办公会批准，中央纪委监察部绩效管理监察室正式组建。

1. 工作职责

组织开展政府绩效管理情况调查研究和监督检查工作，指导协调各地各部门绩效管理监察工作；组织开展党政领导干部问责情况的监督检查工作，协调党政领导干部问责事项的调查处理；组织开展国务院部门行政审批制度改革工作，指导各地开展行政审批制度改革工作。

2. 内设机构及其职能

（1）综合处　起草室内工作计划和总结等文字材料；承办室内会议的会务工作，督办会议决定事项；负责室内文稿审核、文书资料管理、印章保管使用以及行政后勤等工作；负责室内安全、保密、网页维护和信息发布等工作；协助室领导做好室内思想政治和组织人事工作；承办领导交办的其他事项。

（2）调研处　组织开展政府绩效管理、绩效管理监察、党政领导干部问责、行政审批制度改革工作调查研究，提出有关工作建议；负责有关重要文稿的起草工作；承办领导交办的其他事项。

（3）一处　组织政府绩效管理工作有关会议，起草有关文件和领导讲话；起草政府绩效管理、绩效管理监察年度工作要点和总结；组织对政府绩效管理情况进行监督检查；指导协调各地各部门绩效管理监察工作；组织开展全国性或重要的绩效管理监察专项工作；指导、规范行政效能投诉受理工作；推动行政服务中心和电子监察系统建设；承办领导交办的其他事项。

（4）二处　综合指导推行党政领导干部问责制工作，研究起草有关政策规定；组织开展党政领导干部问责情况的监督检查；协调、配合党政领导干部问责事项的调查处理；承办领导交办的其他事项。

（5）三处　组织行政审批制度改革工作有关会议，起草有关文件和领导讲话；研究提出加强行政审批事项规范管理的意见并组织实施；组织审核论证国务院各部门行政审批事项并提出处理意见；组织督促检查行政审批制度改革各项工作的落实；指导各地开展行政审批制度改革工作；承办领导交办的其他事项。

（二）政府绩效管理工作部际联席会议办公室

2011 年 3 月 10 日，国务院批复同意建立政府绩效管理工作部际联席会议制度。联席会议办公室设在监察部，日常工作由绩效管理监察室承担。以此为标志，推进政府绩效管理工作的领导体制和工作机制正式建立起来。

1. 主要职能

研究提出加强政府绩效管理的相关政策和措施；组织协调和综合指导国务院各部门和各省（区、市）开展政府绩效管理工作；组织拟定政府绩效评估指标体系、程序和具体办法；组织推动和监督政府绩效管理各项工作的落实；研究与政府绩效管理工作有关的其他重大问题，向国务院提出建议。

2. 成员单位

联席会议由监察部、中央组织部、中央编办、发展改革委、财政部、人力资源社会保障部（公务员局）、审计署、统计局、法制办 9 部门组成。监察部为牵头部门。监察部部长马馼为联席会议召集人。

联席会议办公室设在监察部，承担联席会议日常工作。联席会议成员、监察部副部长王伟兼任办公室主任。

（三）浙江杭州市综合考评委员会办公室

2006 年 8 月，杭州市委在整合市级机关目标管理办公室、市直单位“满意单位不满意单位”评选和机关效能建设等职能的基础上，组建了杭州市综合考评委员会办公室，作为杭州市综合考评委员会的常设办事机构，挂靠中共杭州市直属机关工作委员会，机构级别为正局级。

1. 机构职能

（1）研究拟定市直单位、区县（市）目标管理、社会评价、领导考评、绩效评估等综合考评工作的年度计划、考评办法及相关措施，经批准后组织实施。

（2）负责对市直单位、区县（市）综合考评工作的日常监督、管理和指导，并对实施过程中存在的深层次问题进行研究，提出相关意见建议。

（3）负责全市机关效能建设工作，组织、协调、督促、检查机关效能建设任务的落实。

（4）协调管理市直单位的各类工作检查、评比、考核等事项。

（5）指导区、县（市）效能建设工作。

（6）承担市委、市政府和市综合考评委员会交办的其他工作。

2. 内设机构及其职能

（1）秘书处　综合协调机关的日常工作；负责机关综合性文件和重要文稿的起草；负责机关文秘、宣传、人事、档案、信访、信息、保密、安全保卫、会议会务、后勤事务及机关财产管理工作；负责机关信息化建设工作；负责目标考核、社会评价和领导考评的数据汇总工作。

（2）目标管理处　负责研究制定市直单位的年度工作目标，经批准后组织实施，并对实施情况进行督促检查；负责市直单位年度工作的绩效评估和考核工作；负责有关目标管理工作的调查研究、信息提供和对外交流；负责协调、管理市直单位各类工作检查、评比、考核等事项；指导区、县（市）目标考核工作。

（3）评选工作处　负责研究拟定市直单位的社会化评价工作方案，并组织实施；负责社会评价意见的征集、梳理、分解落实，并做好意见整改的指导、协调和督察工作；负责有关社会评价工作的调查研究、信息提供和对外交流；负责领导考评工作的组织实施；组织协调全市机关效能建设工作；负责机关效能建设任务的检查、督促和落实；承担市机关效能建设工作办公室的日常工作；指导区、县（市）社会评价和效能建设工作。

（4）区县工作处　探索研究对区、县（市）的综合考评体系；研究拟定对区、县（市）的综合考评方案，经批准后组织实施；负责区、县（市）年度工作目标的日常考核管理工作；协调管理涉及区、县（市）的各类检查、考核和评比等事项。

（5）绩效评估中心　承担综合考评社会评价和绩效评估的具体工作，负责综合考评数据的采集、统计、分析工作，承担杭州考评网以及考评管理系统的日常信息维护和管理。

3. 方式

单位地址：杭州市密渡桥路70号美都恒升名楼6楼

邮政编码：310005

公开电话：0571－85253955

传真：0571－85253954

E－mail：kpb@hz.gov.cn

(四) 广西百色市绩效考评领导小组办公室

2009 年 5 月 10 日，百色市绩效考评领导小组办公室正式挂牌成立。根据《关于市绩效考评领导小组办公室机构和编制问题的批复》(百编〔2008〕61 号)，同意成立市绩效考评领导小组办公室（以下简称市绩效办)，暂挂靠市纪委、市监察局。市绩效办主任由正处级领导担任，专职副主任由副处级领导担任；内设第一绩效考评科，第二绩效考评科。

1. 主要职责

承办市绩效考评领导小组的日常工作；根据经济社会发展不同时期的工作重点，修订和完善绩效考评指标和考评办法；审定考评对象根据职能任务和工作要求制订的年度绩效计划；督促检查考评对象绩效目标完成情况，提出改进意见和建议，开展日常评估工作；对各县（区）和市直属机关进行年度绩效考评工作；指导各县（区）组织开展对乡（镇）和县（区）直属机关的绩效考评工作；完成市绩效考评领导小组交办的其他事项。

2. 内设机构及其主要职责

第一绩效考评科 负责研究对各县（区）绩效考评相关问题，组织修订和完善考评指标和考评办法；审定各县（区）年度绩效计划，督查绩效目标完成情况，开展日常评估和年度绩效考评工作；收集、汇总各县（区）年度考评情况报市绩效考评领导小组审定，指导各县（区）组织开展绩效考评工作；起草有关工作报告，筹办有关会议，负责文秘、信息等日常事务；

第二绩效考评科 负责审定市直属机关年度绩效计划，督促检查绩效目标完成情况，完成领导交办的其他工作。

二 国务院各部委及其部门设立的政府绩效管理机构

1. 中央纪委监察部绩效管理监察室
2. 政府绩效管理工作部际联席会议
3. 国土资源部绩效管理试点工作领导小组办公室
4. 农业部绩效管理领导小组及绩效办
5. 农业部全国农技中心绩效管理试点工作办公室
6. 国家质检总局绩效管理办公室

三 省级政府及其部门设立的政府绩效管理机构

1. 北京市政府绩效管理办公室
2. 河北省干部考核委员会及其办公室

3. 河北省绩效办
4. 辽宁省政府绩效评估领导小组办公室
5. 吉林省政府绩效评估委员会办公室
6. 黑龙江省政府绩效评估工作领导小组
7. 福建省公务员局绩效考核小组
8. 湖南省绩效评估委员会办公室
9. 广西壮族自治区绩效考评领导小组办公室
10. 重庆市考核办
11. 四川省绩效委办公室
12. 贵州省直机关目标管理领导小组办公室
13. 云南省行政绩效管理制度协调推进领导小组办公室
14. 甘肃省非公有制企业评议政府部门活动领导小组
15. 新疆维吾尔自治区绩效考评工作领导小组

四 市级政府及其部门设立的政府绩效管理机构

1. 山东省青岛市目标管理绩效考核委员会办公室
2. 山东省烟台市建委承诺办公室
3. 上海市杨浦区机关工作目标管理绩效考核办公室
4. 江苏省连云港市目标办
5. 江苏省南通市绩效考评指导委员会
6. 浙江省温州市考绩委员会办公室
7. 浙江省杭州市级机关满意单位不满意单位评选活动领导小组办公室
8. 浙江省杭州市综合考评委员会办公室
9. 福建省宁德市绩效评估办
10. 福建省漳州市机关效能建设工作领导小组办公室
11. 湖南省岳阳市人民政府行政绩效考核领导小组办公室
12. 湖南省张家界市绩效评估委员会
13. 湖南省长沙市绩效考核办
14. 湖南省株洲市绩效评估办
15. 广东省深圳市政府绩效评估委员会办公室
16. 广西防城港市纪委绩效办
17. 广西南宁市绩效考评领导小组
18. 广西河池市绩效办
19. 广西百色市绩效考评领导小组办公室

20. 四川省内江市目标绩效考核管理委员会
21. 陕西省榆林市公共项目绩效管委会办公室
22. 陕西省榆林市政府绩效管理委员会（考核办）
23. 新疆哈密地区绩效管理试点工作领导小组

五 县级政府及其部门设立的政府绩效管理机构

1. 河北省邯郸市磁县“战略＋小康＋考核”推进委员会
2. 河北省唐山市唐海县政府投资项目绩效评价领导小组
3. 辽宁省抚顺市抚顺县绩效考核领导小组办公室
4. 黑龙江省大兴安岭地区漠河县监察局行政绩效管理活动办公室
5. 浙江省温州市苍南县绩效考核委员会办公室
6. 浙江省温州市文成县考绩委员会
7. 江苏省连云港市灌南县绩效办
8. 福建省南平市延平区机关效能建设办公室
9. 福建省宁德市古田县绩效评估领导小组办公室
10. 福建省宁德市柘荣县绩效评估领导小组
11. 福建省三明市大田县绩效办
12. 福建省三明市沙县绩效办
13. 福建省三明市尤溪县绩效办
14. 福建省厦门市思明区机关效能建设工作领导小组办公室
15. 湖南省湘西土家族苗族自治州龙山县绩效考核办
16. 湖南省岳阳市岳阳县绩效管理办公室
17. 湖南省岳阳县党政管理绩效评估领导小组
18. 湖南省长沙市长沙县绩效考核领导小组办公室
19. 广东省佛山市顺德区绩效评审委员会
20. 广东省江门市鹤山市市直机关绩效考核评价领导小组办公室（考评办）
21. 广西柳州市柳江县绩效考评领导小组
22. 广西柳州市鹿寨县绩效管理考评委员会
23. 云南省曲靖市富源县行政绩效管理制度工作协调领导小组办公室
24. 云南省玉溪市华宁县绩效管理制度协调推进领导小组办公室
25. 陕西省咸阳市泾阳县考核委员会办公室
26. 新疆昌吉州奇台县人民政府绩效管理领导小组办公室
27. 新疆伊犁哈萨克自治州奎屯市天北新区管委会绩效办

Ⅳ　中国政府创新奖历年获奖名单

第五届“中国地方政府创新奖”获奖名单

1. 内蒙古公安边防总队：草原110
2. 山东省青岛市委市政府：多样化民考官机制
3. 陕西省石泉县委县政府：关爱留守儿童长效机制建设
4. 浙江省杭州市政府：开放式决策
5. 广东省深圳市民间组织管理局：社会组织登记管理体制改革
6. 北京市政府：“三效一创”绩效管理体系
7. 福建省厦门市政府：市民健康信息系统建设
8. 新疆兵团农七师奎屯天北新区管理委员会：天北新区兵地融合管理体制创新
9. 辽宁省沈阳市委市政府：信访工作新机制
10. 江苏省江阴市委市政府：“幸福江阴”综合评价指标体系构建

第六届“中国地方政府创新奖”获奖名单

1. 广东省机构编制委员会办公室：大部门体制改革
2. 陕西省子长县人民政府：公立医院改革
3. 上海市浦东新区民政局：公益服务园
4. 浙江省慈溪市委市政府：基层组织和社会组织协同治理模式
5. 河北省环境保护厅：流域生态补偿机制
6. 辽宁省纪委、省政府监察厅、省政府纠风办：民心网
7. 江西省万载县委县政府：农村社会工作本土化的新模式
8. 海南省人民政府政务服务中心：行政审批“三集中”
9. 中共遂宁市委政法委员会：重大事项社会稳定风险评估机制
10. 浙江省绍兴市人民政府：中心镇权力规制
11. 国家林业局：集体林权制度改革（特别奖获奖单位）
12. 中国气象局、中国气象学会：气象防灾减灾宣传志愿者中国行（特别奖获奖单位）
13. 海南省人民政府政务服务中心：行政审批“三集中”（媒体传播特别奖）

V　国外政府绩效管理著作

一　国外译著

《数字政府：技术与公共领域绩效》

Digital Government: Technology and Public Field Performance

作者：［美］达雷尔·韦斯特著，郑钟扬译

出版社：科学出版社

出版时间：2011

内容简介：在网络时代，政府如何运用最新技术手段运作，展示自己的形象，与公民沟通？进入21世纪，世界各国、各地的政府如何应对技术与社会发展新局势？政府工作中的哪些事务可以通过网络在线办理？公民如何参与社会事务，如何通过网络表达自己的意愿，履行自己的义务？达雷尔·韦斯特在本书中详尽收集海量政府网站信息，运用统计分析和比较方法，力图回答这些问题。本书是一部研究数字政府运作情况的力作，引证文献、参考资料十分丰富。本书适合研究机构研究人员、大专院校师生、对网络和社会问题感兴趣的广大读者参阅。

《美国马里兰州的绩效预算管理》

Performance Budgeting in the State of Maryland, USA

作者：齐守印、李杰刚、徐卫编译

出版社：中国财政经济出版社

出版时间：2011

内容简介：本书有两个特点：一是全面系统地介绍马里兰州的绩效预算管理情况，并加以归纳分析；二是提供关于马里兰州绩效预算管理方面一些原汁原味的法规、制度、规章、文本等情况，使读者掌握第一手资料。其中，重点选译的该州与绩效预算管理有关的法规和制度，对建立我国绩效预算制度体系有直接的参考作用；选译的教育、警察、农业、环保、卫生以及议会、预算管理局等部门预算，可以从中清晰地看出其具体的绩效目标和指标设计等情况，对于我们推行绩效预算管理有很好的示例作用。这也是本书用大量篇幅全文翻译这些资料的一个重要考虑。

二 国外原著

1. **From the Ground Up: Improving Government Performance With Independent Monitoring Organizations**

Author (s): Stephen Kosack, Courtney Tolmie, Charles C. Griffin

Publishing house: Brookings Institution Press (March 15, 2010)

Publication Date: 2010

This book is based on a simple concept: no one is in a better position to hold a government accountable than those it governs. When governments fail to meet the needs of their citizens, the international community often turns to large external organizations such as the International Monetary Fund or the World Bank. These analysts and monitors may have the resources and expertise to analyze and advise on public spending and governance, but where do they go when the time comes to implement new policies? And can they really have a more nuanced understanding of the country's problems than its own citizens? Who is there to watch day and night to hold the government accountable?

From the Ground Up proposes that the international community's efforts to improve public expenditure and budget execution decisions would be more effective if done in collaboration with local independent monitoring organizations. Stephen Kosack, Courtney Tolmie, and Charles Griffin track the work of sixteen independent monitoring organizations from across the developing world, demonstrating how these relatively small groups of local researchers produce both thoughtful analysis and workable solutions. They achieve these results because their vantage point allows them to more effectively discern problems with governance and to communicate with their fellow citizens about the ideals and methods of good governance.

The authors also outline some disadvantages facing independent monitoring organizations, such as insufficient resources, inadequate access to data, and too little influence with high government officials. Collaboration with larger international organizations could help independent monitoring organizations overcome such obstacles, increasing their chances of improving governance.

2. **Performance Auditing: Contributing to Accountability in Democratic Government**

Author (s): Jeremy Lonsdale, Peter Wilkins, Tom Ling

Publishing house: Edward Elgar Publishing

Publication Date: 2011

It is time, 15 years on from the coining of the Audit Explosion, to re-appraise the growth of new forms of auditing. As we move into what might be called Auditing in Austerity this book gives us that overview. An extremely well – informed team of authors has been assembled to deliver a comparative analysis that successfully mixes insider and outsider perspectives. This should be required reading, not just for auditors and their academic hangers – on, but for the wider audience of those interested in contemporary developments in democratic accountability and policymaking. Christopher Pollitt, Catholic University of Leuven, Belgium This book fills an important gap in the market. At a time when governments around the world face the largest deficits in decades, there is a strong need to reduce public expenditures whilst ensuring greater value for money from public services. This book addresses these concerns and many more. Each of the chapter authors is a senior practitioner and/or an academic who specialises in performance auditing and accountability in modern complex democracies. They explore the nature of the concepts which underlie current practice; set out a variety of institutional structures and processes, and identify the limits of both theory and practice. These make this a book of considerable significance and one which makes an important contribution to our understanding of the democratic process.

3. **The Performance of Performance Standards**

Author (s): James J. Heckman, Carolyn J. Heinrich, Pascal Courty, Gerald Marschke, Jeffrey Smith

Publishing house: W. E. Upjohn Institute (April 29, 2011)

Publication Date: 2011

The authors of these chapters explore how performance standards and incentives affect the behavior of public managers and agency employees, their approaches to service delivery, and ultimately, for participants.

4. **Improving the Performance of Government Employees: A Manager's Guide**

Author (s): Stewart Liff

Publishing house: AMACOM/American Management Association

Publication Date: 2011

With public scrutiny intensifying every day, optimizing the performance of government employees and departments is more critical than ever before. And just as in the private sector, the key for managers is to understand how different management systems perform individually and interact with one another. This book examines the roles and challenges of structural and technical systems, information and decision – making processes, rewards systems, and human capital management, and shows managers how to: deliver clear and consistent messages to all employees; position employees and units to provide the best possible service to the public; hold them accountable through clear expectations and measurable goals; and work with a strong leadership team to maintain, adjust, and improve all procedures. Liff devotes a chapter to each system and discusses its impact on overall performance as well as how to work proactively and innovatively to implement changes that will make a big difference. Including real - world government case studies demonstrating dramatic change, the book is both an inspiration and a blueprint for substantial improvement within every facet of government work.

5. **Building High Performance Government Through Lean Six SIGMA: A Leader's Guide to Creating Speed, Agility, and Efficiency**

Author (s): Mark Price, Walter Mores, Hundley M. Elliotte

Publishing house: McGraw - Hill Professional

Publication Date: 2011

Your handbook to successful LSS deployment in federal services Implementing Lean Six Sigma in a federal agency can be a vastly different process than applying it in the private sector; with government comes a host of unique challenges and complexities. Written by an author team that ranks among the few recognized LSS leaders who have worked directly with its deployment in the federal sector, "Lean Six Sigma for Federal Services" provides an overview of the key strategic elements when planning for LSS deployment in your organization. Numerous examples drawn from past and current deployments in the Internal Revenue Service, Naval Air Support Command, and other civilian and military agencies illustrate how to overcome constraints and challenges peculiar to government organizations. Table of Contents: ROI of Lean Six Sigma for the Federal Government; PART 1: How Lean Six Sigma Works in the Federal Space; Chapter 1: Profit vs. Mission Effectiveness; Chapter 2: Complexity and Regulations; Chapter 3: Authority and Accountability Challenges; Chapter 4: Initiative Overload; Chapter 5: Incentives and Motivation; PART 2: Thinking Strategically about Deployment in Your Organization; Chapter 6: Business Transformation: Best LSS practices from the private sector; Chapter 7: Initiative Management; Chapter 8: Strategy to Execution: Value Chain Optimization; Chapter 9: Human Capital Planning; Chapter 10: Financial Controls and Results Realization; Chapter 11: Case Study.

6. **Government Performance and Results: An Evaluation of Gpra's First Decade (ASPA Series in Public Administration and Public Policy)**

Author (s): Jerry Ellig, Maurice McTigue, Jerome Ellig, Henry Wray

Publishing house: CRC Press

Publication Date: 2011

The complexity of governments today makes the accountability desired by citizens difficult to achieve. Written to address performance policies within state and national governments, Government Performance and Results: An Evaluation of GPRA's First Decadesummarizes lessons learned from a 10 – year research project that evaluated performance reports produced by federal agencies under the Government Performance and Results Act (GPRA) . The results of this project can help answer a wide variety of questions in political economy and public administration, such as: What factors make performance reports relevant and informative? Has the quality of information disclosed to the public improved? Why do some agencies produce better reports than others? Has GPRA led to greater availability and use of performance information by federal managers? Has GPRA led to greater use of performance information in budget decisions? What steps would make federal management and budget decisions more performance oriented? The book documents the current state of the art in federal performance reporting, measures the extent of improvement, compares federal performance reports with those produced by state governments and other nations, and suggests how GPRA has affected management of federal agencies and resource allocation by policymakers. It also identifies obstacles that must be overcome if GPRA is to deliver on the promise of performance budgeting. The authors chronicle the improvements observed in federal performance reporting through the lens of the Mercatus Center's annual Performance Report Scorecard. As budget shortfalls and new debt burdens increase interest in public management and budgeting techniques that allow governments to do more with less, this is an appropriate time to take stock of what GPRA has accomplished and what remains to be done. By comparing best performance reporting practices in the US federal government with those in states and other countries, this book speeds the diffusion of useful knowledge at a critical time.

7. **Government Performance: GPRA Modernization Act Provides Opportunities to Help Address Fiscal, Performance, and Management Challenges: Testimony before the Committee on the Budget, U. S. Senate**

Author (s): Dodaro (au), Gene L.

Publishing house: DIANE Publishing

Publication Date: 2011

Thank you for the opportunity to discuss how the provisions put into place by the Government Performance and Results Act (GPRA) Modernization Act of 2010 (GPRAMA), I could help address significant fiscal, performance, and management.

8. **U. S. Government Accountability Office: Fiscal Year 2012 Performance Plan**

Author (s): Dodaro, Gene L.

Publishing house: DIANE Publishing Company

Publication Date: 2011

GAO's mission is to support the Congress in meeting its constitutional responsibilities and to help improve the performance and ensure the accountability of the federal government for the benefit of the American people. We examine how taxpayer dollars are spent and advise lawmakers and agency heads on ways to make government work better. In short, we accomplish our mission by providing objective and reliable information and analysis to the Congress, to federal agencies, and to the public, and we recommend improvements, when appropriate, on a wide variety of issues.

Although GAO is a legislative – branch agency, we produce a strategic plan, a performance plan, and an annual performance and accountability report with information comparable to that reported by executive – branch agencies. The strategies and means that we use to accomplish our mission are described in these documents. We assess our performance using a balanced set of quantitative performance measures that focus on key areas——results, client, people, and internal operations. We report on these measures in the annual performance and accountability report. The performance and accountability report also fulfills our requirement to report annually on the work of the Comptroller General under the U. S. Code (31 U. S. C. 719).

9. **Program Budgeting and the Performance Movement: The Elusive Quest for Efficiency in Government (Public Management and Change)**

Author (s): West, William F.

Publishing house: Georgetown University Press

Publication Date: 2011

Formal systems of comprehensive planning and performance – based management have a long if disappointing history in American government. This is illustrated most dramatically by the failure of program budgeting (PPB) in the 1960s and resurrection of that management technique in a handful of agencies over the past decade. Beyond its present application, the significance of PPB lies in its relationship to the goals and assumptions of popular reforms associated with the performance movement. Program Budgeting and the Performance Movement examines PPB from its inception in the Department of Defense under Robert McNamara to its limited resurgence in recent years. It includes an in – depth case study of the adoption and effects of PPB at the National Oceanic and Atmospheric Administration. The fact that program budgeting is subject to the same limitations today that led to its demise four decades ago speaks to the viability of requirements, such as those imposed by the Government Performance and Results

Act, that are designed to make government more businesslike in its operations. (1) Introduction: Lessons Not Learned (2) A Brief History of Planning, Programming, Budgeting Systems (3) The Survival and Evolution of Program Budgeting at Department of Defense (4) NOAA's Adoption of PPB and Matrix Management (5) Evaluating NOAA's Management Initiatives (6) PPB and the Holy Grail of Performance Management (7) Administrative Doctrine and Administrative Reality Appendix References Index.

10. **Public Management: Organizations, Governance, and Performance**

Author (s): Laurence J. O'Toole, Kenneth J. Meier

Publishing house: Cambridge University Press

Publication Date: 2011

How effective are public managers as they seek to influence how public organizations deliver policy results? How, and how much, is management related to the performance of public programs? What aspects of management can be distinguished? Can their separable contributions to performance be estimated? The fate of public policies in today's world lies in the hands of public organizations, which in turn are often intertwined with others in latticed patterns of governance. Collectively, these organizations are expected to generate performance in terms of policy outputs and outcomes. In this book, two award – winning researchers investigate the effectiveness of management in the public sector. Firstly, they develop a systematic theory on how effective public managers are in shaping policy results. The rest of the book then tests this theory against a wide range of evidence, including a data set of 1000 public organizations.

Table of Contents: List of figures; List of tables; Preface; (1) Public management and performance: an evidence – based perspective; (2) A model of public management and a source of evidence; (3) Public management in interdependent settings: networks, managerial networking and performance; (4) Managerial quality and performance; (5) Internal management and performance: stability, human resources and decision making; (6) Nonlinearities in public management: the role of managerial capacity and organizational buffering; (7) Public management in intergovernmental networks: matching structural networks and managerial networking; (8) Public management and performance: what we know, and what we need to know; Glossary; References; Index.

资料来源：

http: //books. google. com/

http: //scholar. google. com/

http: //www. powells. com/

Ⅵ　国外著名基金会资助的政府绩效研究项目

序号	项目名称	资助基金	立项时间
1	Partnership for Public Service, Inc.	Rockeffeller Brother Fund	January 20, 2010
2	Public Citizen Foundation, Inc.	Rockeffeller Brother Fund	March 15, 2010
3	Public Interest Projects, Inc.	Rockeffeller Brother Fund	August 18, 2010
4	New Procedures to Constrain Government Debt Formation	Swiss National Science Foundation	October 01, 2010
5	Constitutional Government	Rockeffeller Brother Fund	November 18, 2010
6	The Project on Government Oversight, Inc.	Rockeffeller Brother Fund	November 18, 2010
7	Government organizations' innovative use of the Internet	National Research Foundation of Korea	2011

资料来源：

http：//www. nrf. re. kr/nrf _ eng _ cms/

http：//www. nsf. gov/

http：//www. rbf. org/

http：//www. snf. ch/E/Pages/default. aspx

Ⅶ 国外政府绩效管理研究报告

1. **Government Performance Reforms and Nonprofit Human Services：20 Years in Oregon**

Author (s)：Carlson，J. (Carlson，Janet)；Kelley，A. S. (Kelley，Alison S.)；Smith，K. (Smith，Ken)

Publishing house：Nonprofit and Voluntary Sector Quarterly

Publication Date：2010

Performance measure reforms have greatly influenced the operations of government entities over the past two decades. This case study investigates the impact of these reforms on nonprofit human service organizations in Oregon，a state with a long history of performance activities. The authors pursue two research questions：(1) what impact did these reforms have on the performance and capacity of the nonprofit entities engaged in human services. (2) and what is the impact of the reported performance on the funding decisions made by the state legislature. The authors observe substantial improvement in the performance of the nonprofit organizations as well as increased capacity for their future performance. Somewhat surprisingly，the authors also observe that funding for programs with common performance measures received large increases in funding，whereas programs with unique measures were cut dramatically. The authors compare outcomes measurement from performance measurement，accounting，and evaluation perspectives and conclude with several suggestions for future research.

2. **District of Columbia：Performance Report Shows Continued Progress**

Author (s)：United States General Accounting

Publishing house：General Books

Publication Date：2011

After the end of each fiscal year，the District is to report on its performance (i. e.，the performance accountability report) . The performance report is to include a statement of the actual level of performance achieved compared to each of the goals stated in the performance accountability plan for the year, the title of the District of Columbia management employee most directly responsible for the achievement of each goal and the title of the employee's immediate supervisor or superior, and a statement of the status of any court orders applicable to the government of the District of Columbia during the year and the steps taken by the government to comply with such orders. The law also requires that GAO, in consultation with the Director of the Office of Management and Budget, review and evaluate the District's performance accountability report and submit comments no later than 3 April 15 to your committees. Last year, our report on the District's fiscal year 2001 performance accountability report found continued progress was made from the prior year's report. Specifically, it noted the expansion of the activities covered by the report, and use of a consistent set of performance goals allowing more effective progress reporting. While acknowledging this progress, our report also included recommendations that future performance accountability reports (1) more fully comply with the requirement to report on court orders by establishing objective criteria for determining which court orders to include and by providing more information on the status and steps taken to comply with court orders, (2) include information on the extent to which its performance measures and data have been verified and validated and discuss strategies to address known data limitations, and (3) include goals and performance measures for more of the District's.

3. **Comprehensive Performance Assessment and Public Services Improvement in England? A Case Study of the Benefits Administration Service in Local Government**

Author (s): Murphy, P. (Murphy, Peter); Greenhalgh, K. (Greenhalgh, Kirsten); Jones, M. (Jones, Martin)

Publishing house: Local Government Studies

Publication Date: 2011

The purpose of this paper is to independently evaluate the impact of the Comprehensive Performance Assessment regime on one particular public service, namely the provision of council tax and housing benefits distributed by local authorities throughout the course of the regime. This service was assessed in every iteration of the CPA methodologies and it included one of the few key performance indicators (KPIs) where the definition of the performance indicator, the means of collection and the public reporting of its results, remained the same throughout the CPA period between 2002 and 2008.

The findings show that there were considerable and consistent improvements in benefits administration nationally within England and across all of its regions. The paper then investigates a series of propositions. Whether there was any significant variations in the performance of larger as opposed to smaller authorities, or between predominantly rural authority areas and urban authorities or between authorities with different party political control. Finding no significant differences the research suggests implementation of the CPA regime itself appears to have had a catalytic effect upon the performance of the benefit administration services within local authorities throughout this period. The paper therefore concludes with a brief discussion as to whether the findings support the theoretical position of proponents of neo – institutionalism isomorphism or more traditional rational actor theories of public choice.

4. **How Citizens View Government Performance Reporting Results of a National Survey**

Author (s): Grosso Ashley L. ; Van Ryzin Gregg G.

Publishing house: Public Performance & Management Review

Publication Date: 2011

Performance reporting to citizens is an important way to keep government accountable and transparent. This study uses data from a national online survey to examine the sources through which citizens obtain performance information about local government, how much they trust these sources, and their assessments of local government efforts at performance reporting. Results suggest that by far the most common source of information about local government performance is the local news, followed by the informal channel of friends or neighbors. The most trusted sources are nonprofit or civic associations, followed by colleges or universities. Levels of trust of government agencies and officials as sources of performance information were much lower. Ratings of local government efforts at performance reporting were positively associated with the presence of Web – based performance information, releasing an annual report, holding public meetings, and sending households a local government "report card" . There was a strong positive association between government efforts at performance reporting and trust of government as a performance information source.

5. **Citizen Involvement in Performance Measurement and Reporting: A Comparative Case Study from Local Government**

Author (s): Woolum Janet

Publishing house: Public Performance & Management Review

Publication Date: 2011

Performance measurement has become a regular aspect of the management process for many local governments. Performance management systems are widely recognized as important managerial tools. By incorporating the views of citizens, they can also provide information about issues and specific programs important to citizens and external stakeholders. Understanding how or if performance issues important to citizens can be reflected, the process jurisdictions can use to accomplish this, and the impact of these efforts on the citizen - government relationship are important for both theory and practice. This article presents a comparative case study of efforts by five local governments to involve citizens in defining and reporting performance information. The findings show similarities in the approaches used to involve citizens in performance measurement and reporting efforts, but they also show a difference in perspective between administrators and citizens on how performance should be tracked and reported. In most cases, the conditions for "citizen - driven" performance measurement were rarely met.

6. **How to Measure Public Administration Performance: A Conceptual Model with Applications for Budgeting, Human Resources Management, and Open Government**

Author (s): Van Dooren Wouter; De Caluwe Chiara; Lonti Zsuzsana

Publishing house: Public Performance & Management Review

Publication Date: 2011

The economic crisis provides some insights on the role of measurement systems. As shown by the ongoing discussion of credit rating agencies by political actors and in the news media, measurement is not a neutral device, but an active agent in societal processes. Comparative measurements of international public administration are as frail, technocratic, and overly aggregated as bond ratings, but nonetheless are increasingly used by journalists, aid organizations, foreign investors, and, indeed, rating agencies to hold governments accountable. Better measurement is needed in public administration performance. This article builds on study reports from the OECD's Government at a Glance project to address the issue of how to measure public administration performance. The fields of budgeting, human resources management, and open government illustrate both the potential and the challenge of such measurements.

资料来源：

http://books.google.com/

http://scholar.google.com/

http://www.powells.com/

Ⅷ 国外政府绩效管理的学术会议

Strategic Management of Internationalisation

1. Conference Date

15 – 16 December, 2011

2. Conference Place

Lund, Sweden

3. Organizers

the Nordic University Association (NUS), the Nordic Association of University Administrators (NUAS) and the OECD's Programme on Institutional Management in Higher Education (IMHE)

4. Conference Themes

The conference will examine some of the challenges facing universities and governments as a result of the growing internationalisation of higher education throughout the world. Participants will have the opportunity to hear from leading experts on global trends, to learn about new developments and to consider practical responses. Case studies of national policy and institutional practice will be debated and new approaches to the evaluation of internationalisation discussed.

http://congresslund.com/smoi

The International Conference on Leadership, Technology and Innovation Management (ICLTIM – 2011)

1. Conference Date

02 – 04 December, 2011

2. Conference Place

Taksim Campus of Beykent University, İstanbul, Turkey

3. Organizers

International Strategic Management and Managers, Beykent University of Istanbul

4. Participants

International Conference on Leadership, Technology and Innovation Management 2012 (ICLTIM - 2012) aims to be the premier forum for the presentation of new advances and research results in the fields of theoretical, experimental and applied leadership, technology and innovation management. The conference will bring together leading researchers, economists, businesspeople, managers, engineers and scientists in this field of study from around the world.

5. Conference Themes

International Conference on Leadership, Technology and Innovation Management 2011 (ICLTIM - 2011) aims to be the premier forum for the presentation of new advances and research results in the fields of theoretical, experimental and applied leadership, technology and innovation management. The conference will bring together leading researchers, economists, businesspeople, managers, engineers and scientists in this field of study from around the world.

http: //icltim. beykent. edu. tr/index. php? Welcome

The International Conference on Leadership, Technology and Innovation Management (ICLTIM - 2011)

8th International Conference on E - Governance (ICEG - 2011)

1. Conference Date

17 - 18 October, 2011

2. Conference Place

Ahmedabad, Gujarat, India

3. Organizers

Institute of Management, Nirma University, Ahmedabad

4. Participants

A significant milestone in the e – governance arena, the conference promises to be an invigorating confluence of the best brains from the academia and the industry. Scientists, faculty, and students from prestigious universities across the globe have expressed a keen desire to be part of this mammoth event. Major information technology solution providers have assured industry participation. And most importantly, key government officers and NGO/ community volunteers have guaranteed strong representation of the user community. Given the presence and support of experts across the globe, the conference promises to be an important opportunity of sharing research findings and learning from current e – governance experiments.

The delegates will have opportunity to attend sessions in "Knowledge Sharing Summit (KSS – 2011)" being hosted by CSI and Government of Gujarat.

5. Conference Themes

Government Transformation: Agenda for E – Gov 2. 0

Authors are invited to submit original and unpublished papers, nominating a theme – related track or designating the paper as non – theme related ("Other") . Accepted papers will appear in the conference proceedings provided that at least one author registers for and attends the conference. High quality papers will be nominated for the "Best Paper Awarding" . Better papers may be selected for publication in suitable journals.

http: //www. iceg. net/2011/index. html

11th European Conference on eGovernment: Faculty of Administration

1. Conference Date

16 – 17 June, 2011

2. Conference Place

Ljubljana, Slovenia

3. Organizers

University of Ljubljana, Ljubljana, Slovenia

4. Participants

The conference programme committee consists of key individuals from countries around the world working and researching in the e – Government community.

5. Conference Themes

Evaluation of eGovernment Implementation at Federal, State and Local government Levels in Malaysia. ICT Education and Access as Strategies to Generate and Distribute eGovernment Content. The Role of National Culture on Citizen Adoption of eGovernment websites. A Framework for Transitioning to Mobile Government. The Stages of eGovernment: Correlation Between Characteristics That Affect eGovernment Systems and so on.

http://academic-conferences.org/eceg/eceg2011/eceg11-home.htm

The International Conference on Management (ICM 2011)

1. Conference Date

13-14 June, 2011

2. Conference Place

Hydro Hotel, Penang Malaysia

3. Organizers

University of Ljubljana, Ljubljana, Slovenia

4. Participants

Contributions from various areas of management are welcome; also scholars in other disciplines offering new perspectives on the conference theme are encouraged to participate.

5. Conference Themes

International Conference on Management (ICM 2011) is a traditional conference for scholars of management studies, welcoming participants from around the world, with broad and diverse research interests. Among the many topics related to management, the special focus of ICM 2011 is on Social Responsibility, Professional Ethics and Management. Issues of ethical management, social and environmental sustainability and cohesion of organizations, fair remuneration of workers and management have become prominent during the recent financial crises.

The aim of the conference is to present and discuss research that contributes to the sharing of new theoretical, methodological and empirical knowledge, and to better understanding of management practices, in particular in the field of social responsibility and ethics in management. Papers related to issues of intercultural dialogue and management in multicultural societies are thus especially welcome.

http://www.internationalconference.com.my/past/icm2011.htm

The International Conference on Management (ICM 2011)

17th GCC eGovernment and eServices Forum

1. Conference Date

21 - 25 May, 2011

2. Conference Place

Dubai, United Arab Emirates

3. Organizers

The eGovernment Institute

4. Participants

The conference will be attended by eGovernment executives, decision - makers ad key policy makers from regional and global government organizations, ministries, departments, and agencies.

5. Conference Themes

The forum examines the GCC eGovernment 2011 Readiness, GCC eService Delivery Standards: mGovernment, ePayments and eContent, and the Options and Opportunities - eGovernment Technological Change: 2011 and Beyond. The forum will serve as a platform for industry experts, key government representatives, and academics from various countries to come together to discuss the latest issues and trends related to eGovernment. Overall, the forum's objective is to create a framework for outstanding eGovernment models and formulate winning e - Government strategies, which will enhance administrative productivity, efficiency and transparency.

http: //www. datamatixgroup. com/conferences/conference. asp? id=601

The National Public Sector Strategic Management Conference 2011

1. Conference Date

27 - 28 September, 2010

2. Conference Place

17th GCC eGovernment and eServices Forum

Canberra, ACT, Australia

3. Organizers

Liquid Learning Group

4. Participants

The National Public Sector Strategic Management conference will provide an opportunity for Strategic Management professionals across all areas of government to come together, share, network and expand on their knowledge, experience and tools.

5. Conference Themes

Within an evolving and dynamic Public Sector environment, Strategic Management needs to remain flexible and agile to meet future challenges and drive organisations forward. Through improving how people understand, communicate and implement strategic initiatives, the Public Sector is able to succeed in meeting long - term objectives. Through a range of professional case studies, expert commentaries, and built - in discussion, participants will refine approaches and skill sets for enhancing Strategic Management within the Public Service.

http: //www. sassinfo. org/meeting/c/1907. html

Establishing Shared Services in Local Government

1. Conference Date

September, 2010

2. Conference Place

London, United Kingdom UK

3. Organizers

sharedserviceslink. com

4. Participants

Susie West, Susie West, CEO and Founder, sharedserviceslink. com

Nick Cave, Director of Pathfinder Project, Buckingham Shire County Council

David Lines, Manager Shared Services Business Development and Deputy Shared Services Programme Director, Oxford Shire County Council

Sergio Sgambellone, Head of Shared Services, Surrey County Council

Paul White, Head of Shared Services & Procurement, Northampton Shire County Council and so on.

5. Conference Themes

The conference focused on how partnering or collaborating with other public authorities to share services and how establishing and continuously improving internal shared services within authorities.

http: //www. conferensum. com/conference – proceedings/finance – accounting/establishing – shared – services – in – local – government – (6796) . conf

10th European Conference on eGovernment: National Centre for Taxation Studies

1. Conference Date

17 – 18 June, 2010

2. Conference Place

University of Limerick, Ireland

3. Organizers

The University of Limerick in the National Centre for Taxation Studies, Limerick, Ireland

4. Participants

The conference programme committee consists of key people in the e – Government around the world.

5. Conference Themes

As governments seek to remodel and restyle their services, e – Government continues to arouse interest and attention. New dynamic issues such as e – democracy, e – citizenship, e – Identity and e – voting have become core elements in the development of public sector delivery. The multi – tier nature of e – Government, relevant at local government, central government but also at the supranational level such as the European Union, makes it of importance to academics and practitioners alike. Vital questions are posed which link technological development and a streamlining of government services to more social based values of inclusion, accessibility and power relationship ratios.

e – Government encompasses more than just technology – it challenges the way in which public sector service providers and citizens interact. Democratic renewal, the transformation of service delivery, community leadership and citizenship integration are all key elements of this fascinating subject.

The advisory group for the conference invites submissions of papers on both the theory and advanced practice in respect of the conference themes outlined below, from academics, government departments and practitioners in the public and private sector. The conference to be held in Limerick in June 2010 is also seeking case studies and reports of work – in – progress.

http: //academic – conferences. org/eceg/eceg2010/eceg10 – home. htm

16th GCC eGovernment and eServices Forum

1. Conference Date

22 – 26 May, 2010

2. Conference Place

Dubai, United Arab Emirates

3. Organizers

The eGovernment Institute

4. Participants

The forum will be attended by eGovernment executives, decision – makers ad key policy makers from regional and global government organizations, ministries, departments, and agencies.

5. Conference Themes

Present and Future eGovernment Challenges in the Region

National eGovernment Strategies: Objectives and Future Plans

Innovation in eGovernment

Failures & Success in GCC eGovernment Projects

Transformation Strategy – Government Business Reengineering

eService Oriented Architectures and Content Standards

Developing Appropriate Business and ICT Architecture and eProject Management

Integrating eGovernment Business Processes and Technology Investment

The Trust Environment – Privacy, Security, and Authentication

Reengineering Current Government Administration Processes through eGovernment Technologies and Applications

G2G Processes, Collaboration, Code Sharing, and Other Efforts

Secure eGovernment and eServices Delivery

Successful eGovernment Projects in the Middle East, Europe, US, South America, South East Asia

eGovernment Roadmap for Developing Countries in the Region

Emerging Technologies, Wireless eGovernment Solutions

Organizational Change, Training, Culture, and Sustainability

And more…

http://www.datamatixgroup.com/conferences/conference.asp?id=552

7th International Conference on e-Government - ICEG 2010

1. Conference Date

22-24 April, 2010

2. Conference Place

Bangalore, India

3. Organizers

Indian Institute of Management, Bangalore (IIMB)

4. Participants

The academic researchers, government and policy professionals, and independent researchers.

5. Conference Themes

The conference program will be organized into the following themes but not limited to:

Public Health & ICT

Micro Finance & ICT

E-Government and M-Government

http://www.iceg.net/2010/

International Conference on eGovernment and eGovernance

1. Conference Date

19-21 March, 2010

2. Conference Place

Antalya, Turkey

3. Organizers

Organizers：Department of Political Science，Niger Delta University，Wilberforce Island，Bayelsa State，Nigeria

4. Participants

International Conference on eGovernment & eGovernance (ICEGEG) aims to provide a platform to leaders，bureaucrats，technocrats，researchers，practitioners and academics across the globe to present and discuss on their research findings，experiences，strategies，policies，technologies，case studies and best practices in the field of eGovernment and eGovernance. The conference provides an opportunity for all stakeholders to come together to gain an understanding of real－world eGovernment and eGovernance issues and to discuss ways to put research into practice.

5. Conference Themes

eBusiness may be defined as the application of information and communication technologies (ICTs) in support of all the activities of business. eGovernment refers to the use of information and communication technologies (ICTs) to provide public goods and services to citizens. eGovernment involves simplifying and conducting processes relating to information，communications and transactions within and between governmental institutions，the public at large，and companies，by utilizing information and communication technologies (ICTs) .

"International Conference on eBusiness and eGovernment" (ICEBEG) provides a sphere for scholars and practitioners on all aspects of applying internet and related technologies in private and public sector organisations.

http：//www.icebeg.net/icegeg－2010/index.html

Social Media for Government 2010

1. Conference Date

25－28 January，2010

2. Conference Place

Edmonton，Canada

3. Organizers

SustaiNet Software Solutions Company，IABC Edmonton，IABC Ottawa，Canadian Women in Communications (CWC)

4. Participants

This conference has been researched with and designed for Federal，Provincial & Municipal Government Managers，Directors，Analysts，Leaders，Officers，Administrators，Specialists，Advisors，Coordinators，Staff，Assistants & Consultants.

5. Conference Themes

Attend this conference to learn why using social media should be embraced by your organization, along with helpful tools, tips and techniques to get started. Hear practical advice, firsthand, from leading experts including the City of Edmonton, Human Resources and Skills Development Canada, Genome Alberta, Grande Alberta Economic Region, Workplace Safety and Insurance Board of Ontario, and many more.

http://www.aliconferences.com/conf/social_media_govt_canada0110/partners.htm

Social Media for Government 2010

Social Media for Defense & Government

1. Conference Date

20 – 22 January, 2010

2. Conference Place

Washington, DC Metro Area, USA

3. Organizers

The Institute for Defense & Government (IDGA)

4. Participants

IDGA's Social Media for DoD & Govt, military, government, academic and private sector leaders and so on.

5. Conference Themes

IDGA's Social Media for Defense and Government 2010 is a unique forum on the embracement, implementation and utilization of new media platforms that meet the Government's goals of transparency that allow for more efficient internal and external communication. As the public consistently develops their knowledge and use of various online tools for their personal, career and business development goals, DoD & Gov't have made it their mission to reach the public via these new and emergent forms of media. The IDGA's Social Media for Defense & Government will provide critical insight into existing technologies including Twitter and Facebook as well as advanced elements such as the government's general information page, blogs, and closed social media suite.

http://www.idgasocialmedia.com/Event.aspx?id=228150&MAC=SM2010Diary

资料来源：

http://www.meeting.edu.cn/meeting/

http://atlas-conferences.com/

http://www.thisconference.com/

http://www.sassinfo.org/index.html